본 도서는 항균잉크로 인쇄하였습니다.

항균 99.9%

안심도서

항균잉크(V-CLEAN99)의 특징

- 바이러스, 박테리아, 곰팡이 등에 항균효과가 있는 산화아연을 적용
- 산화아연은 한국의 식약처와 미국의 FDA에서 식품첨가물로 인증받아 **강력한 항균력**을 구현하는 소재
- 황색포도상구균과 대장균에 대한 테스트를 완료하여 **99.9%의 강력한 항균효과** 확인
- 잉크 내 중금속, 잔류성 오염물질 등 **유해 물질 저감**

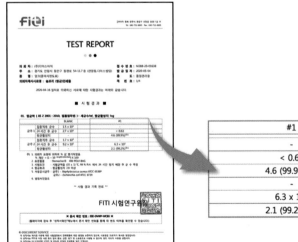

TEST REPORT

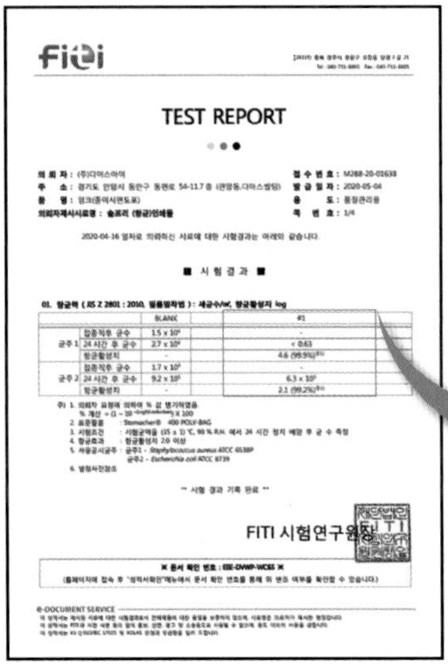

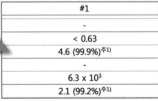

#1
-
< 0.63
4.6 (99.9%)주1)
-
6.3×10^3
2.1 (99.2%)주1)

Clean Zone

시대교육그룹

시 대 에 듀

독학사 4단계

경영학과

회계학
인사조직론

Preface

머리말

학위를 얻는 데 시간과 장소는 더 이상 제약이 되지 않는다. 대입 전형을 거치지 않아도 '학점은행제'를 통해 학사학위를 취득할 수 있기 때문이다. 그중 독학학위제도는 고등학교 졸업자이거나 이와 동등 이상의 학력을 가지고 있는 사람들에게 효율적인 학점인정 및 학사학위취득의 기회를 준다.

본 교재는 독학사 과목 중 경영학과 학위를 목표로 하는 분들을 위하여 집필된 도서로 경영학과 4단계 학위취득 종합시험 과정을 다루고 있다. 경영학과 2단계에서 경영정보론, 마케팅원론, 마케팅조사, 원가관리회계, 인적자원관리, 조직행동론, 회계원리 등을, 3단계에서 소비자행동론, 경영전략, 경영분석, 노사관계론, 재무관리론, 재무회계 등을 공부하신 독자분들은 4단계를 준비하기 위해 회계학, 인사조직론, 마케팅관리, 재무관리를 학습하게 될 것이다.

이 교재는 경영학과 4단계 시험에 응시하는 수험생들이 단기간에 효과적인 학습을 할 수 있도록 다음과 같이 구성하였다.

» 핵심이론

독학학위제 주관처인 국가평생교육진흥원의 평가영역과 관련 내용을 Big data에 기반하여 면밀히 분석하여 시험에 꼭 나오는 '최신 핵심이론'을 구성하였다. 이론 내용에서 중요 내용은 다시 한번 굵은 글씨로 강조하여 학습하는데 핵심을 놓치지 않도록 하였다.

» OX 문제 및 실전예상문제

핵심이론의 내용을 'OX문제'로 다시 한번 체크하고, '실전예상문제'를 통해 핵심이론의 내용을 문제로 풀어보면서 4단계 객관식과 주관식 문제를 충분히 연습할 수 있게 구성하였다. 특히, 한 문제당 배점이 10점이 달하는 '주관식 문제'는 실제 시험 경향에 맞춰 부분배점과 약술형 문제 등으로 구현하여 4단계 합격의 분수령인 주관식 문제에 대비할 수 있도록 하였다.

» 최종모의고사

마지막으로 실력 점검을 할 수 있도록 실제 시험과 같은 문제 수와 기출동형 문제로 '최종모의고사(총 2회분)'를 수록하였다. 실제 시험을 보듯이 시간을 재면서 OCR 답안지로 풀어보고, 정답 및 해설을 통해 오답 내용과 본인의 약점을 최종 파악하여 실제 시험장에서는 실수하지 않도록 구성하였다.

시간 대비 학습의 효율성을 높이기 위해 이론 부분을 최대한 압축하려고 노력하였다. 예상문제들이 실제 기출 유형에 맞지 않아 시험 대비에 만족하지 못하는 수험생들이 많은데 이 책은 그러한 문제점을 보완하여 수험생들에게 시험에 대한 확신을 주고, 단기간에 고득점을 획득할 수 있도록 노력하였다.

끝으로 이 책으로 독학학위취득의 꿈을 이루고자 하는 수험생들이 합격하기를 바란다.

편저자 씀

Study with me

독학학위제 소개

독학학위제란?

「독학에 의한 학위취득에 관한 법률」에 의거하여 국가에서 시행하는 시험에 합격한 사람에게 학사학위를 수여하는 제도

- 고등학교 졸업 이상의 학력을 가진 사람이면 누구나 응시 가능
- 대학교를 다니지 않아도 스스로 공부해서 학위취득 가능
- 일과 학습의 병행이 가능하여 시간과 비용 최소화
- 언제, 어디서나 학습이 가능한 평생학습시대의 자아실현을 위한 제도
- 학위취득시험은 4개의 과정(교양, 전공기초, 전공심화, 학위취득 종합시험)으로 이루어져 있으며 각 과정별 시험을 모두 거쳐 학위취득 종합시험에 합격하면 학사학위취득

독학학위제 전공 분야 (11개 전공)

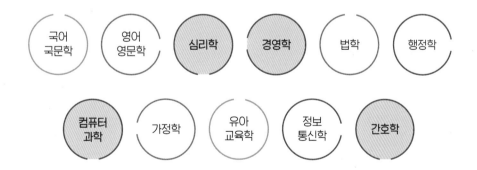

국어국문학 / 영어영문학 / 심리학 / 경영학 / 법학 / 행정학

컴퓨터과학 / 가정학 / 유아교육학 / 정보통신학 / 간호학

※ 유아교육학 및 정보통신학 전공 : 3, 4과정만 개설
※ 간호학 전공 : 4과정만 개설
※ 중어중문학, 수학, 농학 전공 : 폐지 전공으로 기존에 해당 전공 학적 보유자에 한하여 응시 가능

※ 시대에듀는 현재 4개 학과(심리학, 경영학, 컴퓨터과학, 간호학과) 개설 중

Guide

독학학위제 시험안내

Study with me

과정별 응시자격

단계	과정	응시자격	과정(과목) 시험 면제 요건
1	교양	고등학교 졸업 이상 학력 소지자	• 대학(교)에서 각 학년 수료 및 일정 학점 취득 • 학점은행제 일정 학점 인정 • 국가기술자격법에 따른 자격 취득 • 교육부령에 따른 각종 시험 합격 • 면제지정기관 이수 등
2	전공기초		
3	전공심화		
4	학위취득	• 1~3과정 합격 및 면제 • 대학에서 동일 전공으로 3년 이상 수료 (3년제의 경우 졸업) 또는 105학점 이상 취득 • 학점은행제 동일 전공 105학점 이상 인정 (전공 16학점 포함) • 외국에서 15년 이상의 학교교육과정 수료	없음(반드시 응시)

응시 방법 및 응시료

• 접수 방법 : 온라인으로만 가능
• 제출 서류 : 응시자격 증빙 서류 등 자세한 내용은 홈페이지 참조
• 응시료 : 20,200원

독학학위제 시험 범위

• 시험과목별 평가 영역 범위에서 대학 전공자에게 요구되는 수준으로 출제
• 시험 범위 및 예시문항은 독학학위제 홈페이지(bdes.nile.or.kr) – 학습정보-과목별 평가영역에서 확인

문항 수 및 배점

과정	일반 과목			예외 과목		
	객관식	주관식	합계	객관식	주관식	합계
교양, 전공기초 (1~2과정)	40문항×2.5점 =100점	–	40문항 100점	25문항×4점 =100점	–	25문항 100점
전공심화, 학위취득 (3~4과정)	24문항×2.5점 =60점	4문항×10점 =40점	28문항 100점	15문항×4점 =60점	5문항×8점 =40점	20문항 100점

※ 2017년도부터 교양과정 인정시험 및 전공기초과정 인정시험은 객관식 문항으로만 출제

합격 기준

• 1~3과정(교양, 전공기초, 전공심화) 시험

단계	과정	합격 기준	유의 사항
1	교양	매 과목 60점 이상 득점을 합격으로 하고, 과목 합격 인정(합격 여부만 결정)	5과목 합격
2	전공기초		6과목 이상 합격
3	전공심화		

• 4과정(학위취득) 시험 : 총점 합격제 또는 과목별 합격제 선택

구분	합격 기준	유의 사항
총점 합격제	• 총점(600점)의 60% 이상 득점(360점) • 과목 낙제 없음	• 6과목 모두 신규 응시 • 기존 합격 과목 불인정
과목별 합격제	• 매 과목 100점 만점으로 하여 전 과목(교양 2, 전공 4) 60점 이상 득점	• 기존 합격 과목 재응시 불가 • 기존 합격 과목 포함하여 총 6과목 초과하여 선택할 수 없음 • 1과목이라도 60점 미만 득점하면 불합격

시험 일정 및 경영학과 4단계 시험 시간표

※ 시험 일정 및 시험 시간표는 반드시 독학학위제 홈페이지(bdes.nile.or.kr)를 통해 확인하시기 바랍니다.

1단계 2~3월 중 → 2단계 5월 중 → 3단계 8월 중 → 4단계 10월 중

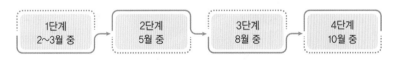

• 경영학과 4단계 시험 과목 및 시험 시간표

구분(교시별)	시간	시험 과목명
1교시	09:00 ~ 10:40 (100분)	국어, 국사, 외국어 중 2과목 선택 (외국어를 선택할 경우 실용영어, 실용독일어, 실용프랑스어, 실용중국어, 실용일본어 중 1과목 선택)
2교시	11:10 ~ 12:50 (100분)	• 재무관리 • 마케팅관리
중식	12:50 ~ 13:40 (50분)	
3교시	14:00 ~ 15:40 (100분)	• 회계학 • 인사조직론

※ 입실시간: 08:30까지 완료, 합격기준: 6과목 이상 합격(교양 2과목, 전공 4과목)

※ 시대에듀에서 개설된 과목은 빨간색으로 표시

독학학위제 과정

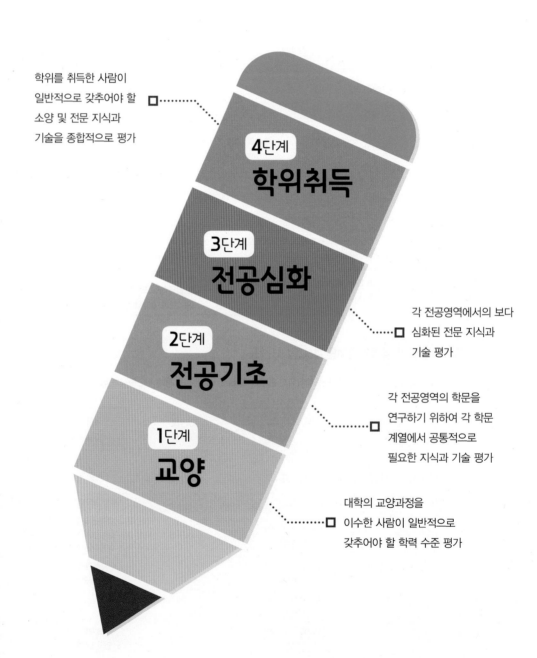

학위를 취득한 사람이 일반적으로 갖추어야 할 소양 및 전문 지식과 기술을 종합적으로 평가

각 전공영역에서의 보다 심화된 전문 지식과 기술 평가

각 전공영역의 학문을 연구하기 위하여 각 학문 계열에서 공통적으로 필요한 지식과 기술 평가

대학의 교양과정을 이수한 사람이 일반적으로 갖추어야 할 학력 수준 평가

독학학위제 출제방향

국가평생교육진흥원에서 고시한 과목별 평가영역에 준거하여 출제하되, 특정한 영역이나 분야가 지나치게 중시되거나 경시되지 않도록 한다.

교양과정 인정시험 및 전공기초과정 인정시험의 시험방법은 객관식(4지택1형)으로 한다.

단편적 지식의 암기로 풀 수 있는 문항의 출제는 지양하고, 이해력·적용력·분석력 등 폭넓고 고차원적인 능력을 측정하는 문항을 위주로 한다.

독학자들의 취업 비율이 높은 점을 감안하여, 과목의 특성상 가능한 경우에는 학문적이고 이론적인 문항뿐만 아니라 실무적인 문항도 출제한다.

교양과정 인정시험(1과정)은 대학 교양교재에서 공통적으로 다루고 있는 기본적이고 핵심적인 내용을 출제하되, 교양과정 범위를 넘는 전문적이거나 지엽적인 내용의 출제는 지양한다.

이설(異說)이 많은 내용의 출제는 지양하고 보편적이고 정설화된 내용에 근거하여 출제하며, 그럴 수 없는 경우에는 해당 학자의 성명이나 학파를 명시한다.

전공기초과정 인정시험(2과정)은 각 전공영역의 학문을 연구하기 위하여 각 학문 계열에서 공통적으로 필요한 지식과 기술을 평가한다.

전공심화과정 인정시험(3과정)은 각 전공영역에 관하여 보다 심화된 전문적인 지식과 기술을 평가한다.

학위취득 종합시험(4과정)은 시험의 최종 과정으로서 학위를 취득한 자가 일반적으로 갖추어야 할 소양 및 전문지식과 기술을 종합적으로 평가한다

전공심화과정 인정시험 및 학위취득 종합시험의 시험방법은 객관식(4지택1형)과 주관식(80자 내외의 서술형)으로 하되, 과목의 특성에 따라 다소 융통성 있게 출제한다.

Guide

독학학위제 단계별 학습법

Study with me

1 단계

평가영역에 기반을 둔 이론 공부

독학학위제에서 발표한 평가영역에 기반을 두어 효율적으로 이론 공부를 해야 한다. 각 장별로 정리된 '핵심이론'을 통해 핵심적인 개념을 파악한다. 모든 내용을 다 암기하는 것이 아니라, 포괄적으로 이해한 후 핵심 내용을 파악하여 이 부분을 확실히 알고 넘어가야 한다.

2 단계

시험 경향 및 문제 유형 파악

독학사 시험 문제는 지금까지 출제된 유형에서 크게 벗어나지 않는 범위에서 비슷한 유형으로 줄곧 출제되고 있다. 본서에 수록된 이론을 충실히 학습한 후 단원별 예상문제를 풀어 보면서 문제의 유형과 출제의도를 파악하는 데에 집중하도록 한다. 교재에 수록된 문제는 시험 평가영역의 가장 핵심적인 부분을 반영하여 만든 문항이므로 실제 시험에서 어떠한 유형이 출제되는지에 대한 감을 잡을 수 있을 것이다.

3 단계

OX문제와 실전예상문제를 통한 단원정리

각 단원 말미에 있는 OX문제를 통해 해당단원에서 가장 중점적인 학습포인트를 확인하고 실전예상문제를 통해 다시 한 번 출제유형을 정리한다. 이 부분은 향후 복습 시에도 우선적으로 살펴보아 2회독, 3회독시 중점적으로 보아야 하는 부분을 파악하여 보다 효율적인 학습활동을 하도록 한다.

4 단계

최종모의고사를 통한 마무리

독학사 시험은 절대평가의 시험이므로 해당 학과의 학습영역에 대한 기본적인 소양을 갖추고 있는지를 테스트하는 시험이다. 실제 시험 전 실력점검을 위해 최종모의고사를 풀어보며 부족한 부분을 파악해 보도록 한다.

독학학위제 합격수기

"저는 학사편입 제도를 이용하기 위해 2~4단계를 순차로 응시했고 한 번에 합격했습니다. 아슬아슬한 점수라서 부끄럽지만 독학사는 자료가 부족해서 부족하나마 후기를 쓰는 것이 도움이 될까 하여 제 합격전략을 정리하여 알려 드립니다.

#1. 교재와 전공서적을 가까이에!

학사학위취득은 본래 4년을 기본으로 합니다. 독학사는 이를 1년으로 단축하는 것을 목표로 하는 시험이라 실제 시험도 변별력을 높이는 몇 문제를 제외한다면 경영학의 기본이 되는 중요한 이론 위주로 출제됩니다. 시대고시기획의 독학사 시리즈 역시 이에 맞추어 중요한 내용이 일목요연하게 압축·정리되어 있습니다. 빠르게 훑어보기 좋지만 내가 목표로 한 전공에 대해 자세히 알고 싶다면 전공서적과 함께 공부하는 것이 좋습니다. 교재와 전공서적을 함께 보면서 교재에 전공서적 내용을 정리하여 단권화하면 시험이 임박했을 때 교재 한 권으로도 자신 있게 시험을 치를 수 있습니다.

#2. 아리송한 용어들에 주의!

강화계획은 강화스케줄이라고도 합니다. 강화계획은 가변비율계획(또는 변동비율계획), 고정비율계획, 가변간격계획(또는 변동간격계획), 고정간격계획으로 나눌 수 있습니다. 또 다른 예를 들어볼까요? 도식은 스키마, 쉐마라고 부르기도 합니다. 공부를 하다보면 이렇게 같은 의미를 가진 여러 용어들을 볼 수 있습니다. 내용을 알더라도 용어 때문에 정답을 찾지 못할 수 있으니 주의하면서 공부하시기 바랍니다.

#3. 시간확인은 필수!

쉬운 문제는 금방 넘어가지만 지문이 길거나 어렵고 헷갈리는 문제도 있고, OMR 카드에 마킹도 해야 하니 실제로 주어진 시간은 더 짧습니다. 1번에 어려운 문제가 있다고 해서 1번에서 5분을 허비하면 쉽게 풀 수 있는 마지막 문제들을 놓칠 수 있습니다. 문제 푸는 속도도 느려지니 집중력도 떨어집니다. 그래서 어차피 배점은 같으니 아는 문제를 최대한 많이 맞히는 것을 목표로 했습니다.

① 어려운 문제는 빠르게 넘기면서 문제를 끝까지 다 풀고 ② 확실한 답부터 우선 마킹하고 ③ 다시 시험지로 돌아가 건너뛴 문제들을 다시 풀었습니다. 확실히 시간을 재고 문제를 많이 풀어봐야 실전에 도움이 되는 것 같습니다.

#4. 문제풀이의 반복!

어떠한 시험도 그렇듯이 문제는 많이 풀어볼수록 좋습니다. 이론을 공부한 후 실전예상문제를 풀다보니 부족한 부분이 어딘지 확인할 수 있었고, 공부한 이론이 시험에 어떤 식으로 출제될 지 예상할 수 있었습니다. 그렇게 부족한 부분을 보충해가며 문제유형을 파악하면 이론을 복습할 때도 어떤 부분을 중점적으로 암기해야 할 지 알 수 있습니다. 이론 공부가 어느 정도 마무리되었을 때 시계를 준비하고 최종모의고사를 풀었습니다. 실제 시험시간을 생각하면서 예행연습을 하니 시험 당일에는 덜 긴장할 수 있었습니다.

학위취득을 위해 오늘도 열심히 학습하시는 동지 여러분에게도 합격의 영광이 있으시길 기원하면서 이만 줄입니다."

Features

Study with me

이 책의 구성과 특징

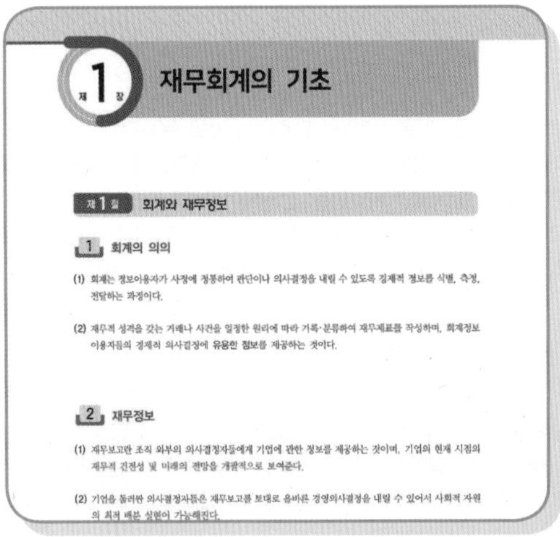

제1장 재무회계의 기초

제1절 회계와 재무정보

1 회계의 의의

(1) 회계는 정보이용자가 사정에 정통하여 판단이나 의사결정을 내릴 수 있도록 경제적 정보를 식별, 측정, 전달하는 과정이다.

(2) 재무적 성격을 갖는 거래나 사건을 일정한 원리에 따라 기록·분류하여 재무제표를 작성하며, 회계정보 이용자들의 경제적 의사결정에 유용한 정보를 제공하는 것이다.

2 재무정보

(1) 재무보고란 조직 외부의 의사결정자들에게 기업에 관한 정보를 제공하는 것이며, 기업의 현재 시점의 재무적 건전성 및 미래의 전망을 개괄적으로 보여준다.

(2) 기업을 둘러싼 의사결정자들은 재무보고를 토대로 올바른 경영의사결정을 내릴 수 있어서 사회적 자원의 최적 배분 실현이 가능해진다.

1 두꺼운 기본서는 NO! 핵심이론

평가영역을 바탕으로 꼼꼼하게 정리된 '핵심이론'을 통해 꼭 알아야 하는 이론을 명확히 이해할 수 있어요.

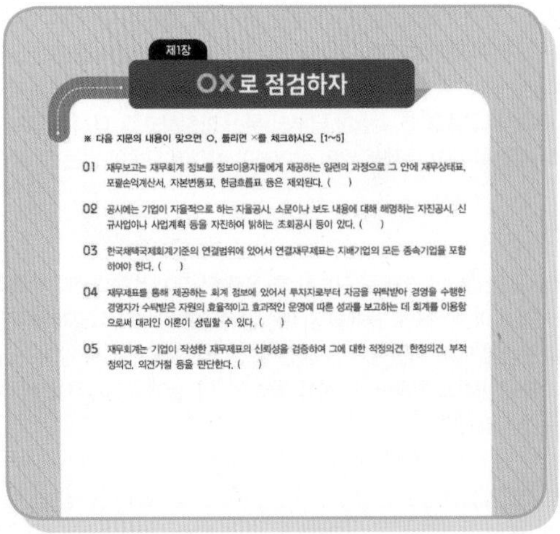

제1장

OX로 점검하자

※ 다음 지문의 내용이 맞으면 O, 틀리면 ×를 체크하시오. [1~5]

01 재무보고는 재무회계 정보를 정보이용자들에게 제공하는 일련의 과정으로 그 안에 재무상태표, 포괄손익계산서, 자본변동표, 현금흐름표 등은 제외된다. ( )

02 공시에는 기업이 자율적으로 하는 자율공시, 소문이나 보도 내용에 대해 해명하는 자진공시, 신규사업이나 사업계획 등을 자진하여 밝히는 조회공시 등이 있다. ( )

03 한국채택국제회계기준의 연결범위에 있어서 연결재무제표는 지배기업의 모든 종속기업을 포함하여야 한다. ( )

04 재무제표를 통해 제공하는 회계 정보에 있어서 투자자로부터 자금을 위탁받아 경영을 수행한 경영자가 수탁받은 자원의 효율적이고 효과적인 운영에 따른 성과를 보고하는 데 회계를 이용함으로써 대리인 이론이 성립할 수 있다. ( )

05 재무회계는 기업이 작성한 재무제표의 신뢰성을 검증하여 그에 대한 적정의견, 한정의견, 부적정의견, 의견거절 등을 판단한다. ( )

2 핵심이론을 OX문제로 check! OX문제로 점검하자

핵심이론을 학습한 후 중요 내용을 OX문제로 꼭 점검해보세요.
실전예상문제를 풀어보는 전에 OX문제로 핵심 지문을 복습한다면 효율적으로 학습하는 데 도움이 될 것입니다.

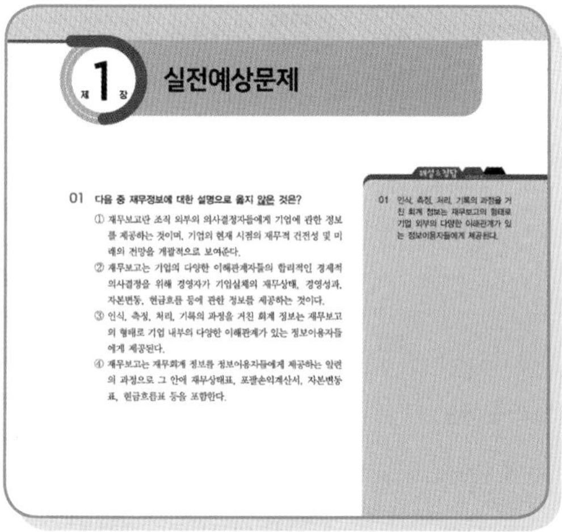
제 1 장 실전예상문제

01 다음 중 재무정보에 대한 설명으로 옳지 않은 것은?

① 재무보고란 조직 외부의 의사결정자들에게 기업에 관한 정보를 제공하는 것이며, 기업의 현재 시점의 재무적 건전성 및 미래의 전망을 개괄적으로 보여준다.
② 재무보고는 기업의 다양한 이해관계자들의 합리적인 경제적 의사결정을 위해 경영자가 기업실체의 재무상태, 경영성과, 자본변동, 현금흐름 등에 관한 정보를 제공하는 것이다.
③ 인식, 측정, 처리, 기록의 과정을 거친 회계 정보는 재무보고의 형태로 기업 내부의 다양한 이해관계가 있는 정보이용자들에게 제공된다.
④ 재무보고는 재무회계 정보를 정보이용자들에게 제공하는 일련의 과정으로 그 안에 재무상태표, 포괄손익계산서, 자본변동표, 현금흐름표 등을 포함한다.

해설 & 정답

01 인식, 측정, 처리, 기록의 과정을 거친 회계 정보는 재무보고의 형태로 기업 외부의 다양한 이해관계가 있는 정보이용자들에게 제공된다.

3 객관식 문제와 주관식 문제 OK!

실전예상문제

독학사 4단계 시험에서는 어떤 문제가 나올까? '핵심이론'에서 공부한 내용을 기억하며 '실전예상문제'를 풀어보면서 4단계 시험을 위한 문제를 연습해보세요. 특히, 3단계부터는 배점이 40점이나 부여된 주관식 문제(4문제)가 출제되므로 주관식 문제에 대한 감을 잡아보세요.

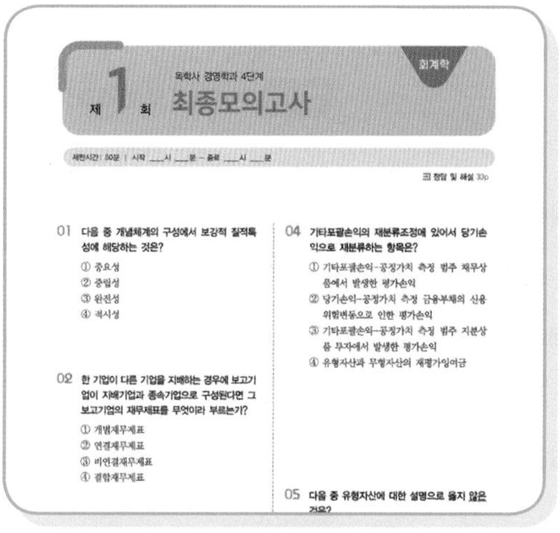
독학사 경영학과 4단계
제 1 회 최종모의고사
회계학

제한시간 : 50분 | 시작 ___시 ___분 – 종료 ___시 ___분

정답 및 해설 33p

01 다음 중 개념체계의 구성에서 보강적 질적특성에 해당하는 것은?

① 중요성
② 중립성
③ 완전성
④ 적시성

02 한 기업이 다른 기업을 지배하는 경우에 보고기업이 지배기업과 종속기업으로 구성된다면 그 보고기업의 재무제표를 무엇이라 부르는가?

① 개별재무제표
② 연결재무제표
③ 비연결재무제표
④ 결합재무제표

04 기타포괄손익의 재분류조정에 있어서 당기손익으로 재분류하는 항목은?

① 기타포괄손익–공정가치 측정 범주 채무상품에서 발생한 평가손익
② 당기손익–공정가치 측정 금융부채의 신용위험변동으로 인한 평가손익
③ 기타포괄손익–공정가치 측정 범주 지분상품 투자에서 발생한 평가손익
④ 유형자산과 무형자산의 재평가잉여금

05 다음 중 유형자산에 대한 설명으로 옳지 않은 것은?

4 최종모의고사로 실전 감각 UP!

최종모의고사

'핵심이론'을 공부하고, 'OX문제'&'실전예상문제'를 풀어보았다면 이제 남은 것은 실전 감각 기르기와 최종 점검입니다. '최종모의고사(총 2회분)'를 실제 시험처럼 시간을 두고 OCR 답안지를 이용해서 풀어보고, 정답과 해설을 통해 복습한다면 좋은 결과가 있을 것입니다.

Contents

목 차

Study with me

제1과목 회계학

제1장 재무회계의 기초
핵심이론 · · · 005
실전예상문제 · · · 009

제2장 재무회계의 개념체계
핵심이론 · · · 015
실전예상문제 · · · 023

제3장 자산회계처리
핵심이론 · · · 031
실전예상문제 · · · 064

제4장 부채 및 자본 회계처리
핵심이론 · · · 105
실전예상문제 · · · 125

제5장 수익·비용의 인식 및 측정
핵심이론 · · · 153
실전예상문제 · · · 160

제6장 재무제표
핵심이론 · · · 171
실전예상문제 · · · 180

제7장 원가계산제도
핵심이론 · · · 189
실전예상문제 · · · 218

제8장 원가-조업도-이익분석
핵심이론 · · · 233
실전예상문제 · · · 246

제9장 종합예산 및 변동예산
핵심이론 · · · 255
실전예상문제 · · · 265

제10장 원가배분
핵심이론 · · · 271
실전예상문제 · · · 292

제11장 특별의사결정과 자본예산
핵심이론 · · · 301
실전예상문제 · · · 311

제2과목 인사조직론

제1장 인적자원관리의 기초개념
핵심이론 · · · 321
실전예상문제 · · · 329

제2장 인적자원관리의 개념모형
핵심이론 · · · 341
실전예상문제 · · · 350

제3장 직무분석과 직무평가
핵심이론 · · · 363
실전예상문제 · · · 374

제4장 인사고과
핵심이론 · · · 387
실전예상문제 · · · 402

제5장 인적자원의 확보관리
핵심이론 · · · 417
실전예상문제 · · · 427

제6장 인적자원의 개발관리
핵심이론 · · · 443
실전예상문제 · · · 458

제7장 인적자원의 활용관리
핵심이론 · · · 477
실전예상문제 · · · 488

제8장 인적자원의 보상관리
핵심이론 · · · 503
실전예상문제 · · · 517

제9장 인적자원의 유지관리
핵심이론 · · · 533
실전예상문제 · · · 546

제10장 인적자원 정보시스템과 인적자원 감사
핵심이론 · · · 561
실전예상문제 · · · 569

제11장 관리이론의 전개과정
핵심이론 · · · 583
실전예상문제 · · · 594

제12장 조직구성원의 이해
핵심이론 · · · 609
실전예상문제 · · · 631

제13장 기억조직의 환경과 문화적 특성
핵심이론 · · · 657
실전예상문제 · · · 669

제14장 관리자의 기본적 임무
핵심이론 · · · 681
실전예상문제 · · · 699

최종모의고사

• 제1회 최종모의고사 · · · 711
• 제2회 최종모의고사 · · · 724

정답 및 해설

• 제1~2회 최종모의고사 정답 및 해설 · · · 741

BUSINESS ADMINISTRATION

제 1 과목

회계학

제1장 재무회계의 기초
제2장 재무회계의 개념체계
제3장 자산 회계처리
제4장 부채 및 자본 회계처리
제5장 수익·비용의 인식 및 측정
제6장 재무제표
제7장 원가계산제도
제8장 원가－조업도－이익분석
제9장 종합예산 및 변동예산
제10장 원가배분
제11장 특별의사결정과 자본예산

시대에듀

독학사

경영학과 4단계

고득점으로 대비하는 가장 똑똑한 수험서!

제 1 장

재무회계의 기초

제1절 회계와 재무정보
제2절 재무회계의 환경과 국제회계기준
실전예상문제

제 1 장 재무회계의 기초

제 1 절 회계와 재무정보

1 회계의 의의

(1) 회계는 정보이용자가 사정에 정통하여 판단이나 의사결정을 내릴 수 있도록 경제적 정보를 식별, 측정, 전달하는 과정이다.

(2) 재무적 성격을 갖는 거래나 사건을 일정한 원리에 따라 기록·분류하여 재무제표를 작성하며, 회계정보 이용자들의 경제적 의사결정에 **유용한 정보**를 제공하는 것이다.

2 재무정보

(1) 재무보고란 조직 외부의 의사결정자들에게 기업에 관한 정보를 제공하는 것이며, 기업의 현재 시점의 재무적 건전성 및 미래의 전망을 개괄적으로 보여준다.

(2) 기업을 둘러싼 의사결정자들은 재무보고를 토대로 올바른 경영의사결정을 내릴 수 있어서 사회적 자원의 최적 배분 실현이 가능해진다.

(3) 재무보고는 기업의 다양한 이해관계자들의 합리적인 경제적 의사결정을 위해 경영자가 기업실체의 재무상태, 경영성과, 자본변동, 현금흐름 등에 관한 정보를 제공하는 것이다. 이때 재무보고의 가장 주된 수단은 재무제표이다.

(4) 인식, 측정, 처리, 기록의 과정을 거친 회계 정보는 재무보고의 형태로 기업 외부의 다양한 이해관계가 있는 정보이용자들에게 제공된다.

(5) 재무보고는 재무회계 정보를 정보이용자들에게 제공하는 일련의 과정으로 그 안에 **재무상태표, 포괄손익계산서, 자본변동표, 현금흐름표** 등을 포함한다.

제 2 절 재무회계의 환경과 국제회계기준

1 재무회계의 환경

(1) 전자공시제도 중요도 상중하

① 기업이 인터넷을 통해 경영상의 주요사항을 알리는 것으로 이러한 공시제도는 금융감독원의 전자공시시스템(DART)을 통해 관리된다.

② 공시에는 기업이 자율적으로 하는 **자율공시**, 소문이나 보도 내용에 대해 해명하는 **조회공시**, 신규사업이나 사업계획 등을 자진하여 밝히는 **자진공시** 등이 있다.

참고

공시의 요소
① 공시할 사안이 발생하면 투자자가 신속하게 판단할 수 있도록 지체 없이 알려야 한다.
② 금액이나 시기 등의 정보를 확실하게 알려 믿음을 주어야 한다.
③ 투자자가 쉽게 이해할 수 있도록 정보 내용을 설명해야 한다.
④ 모든 이해관계자들에게 차별 없이 정보가 가도록 공시해야 한다.

(2) 회계의 사회적 기능

① **대리인 이론**
재무제표를 통해 제공하는 회계 정보에 있어서 투자자로부터 자금을 위탁받아 경영을 수행한 경영자가 수탁 받은 자원의 효율적이고 효과적인 운영에 따른 성과를 보고하는 데 회계를 이용함으로써 대리인 이론이 성립할 수 있다.

② **자원의 효율적 배분**
경제적으로 유한한 자원이 보다 효율성이 높은 기업으로 집중되도록 하려면 어느 기업이 효율적인 기업인지를 회계보고를 통해 알려주어야 한다.

2 국제회계기준

(1) 한국채택국제회계기준(K-IFRS) 중요도 상중하

① '주식회사의 외부감사에 관한 법률'의 적용대상기업 중 '자본시장과 금융투자업에 관한 법률'에 따른 주권상장법인의 회계처리에 적용하는 기준이다.

② 비상장법인의 경우에도 한국채택국제회계기준을 선택·적용할 수 있다.

③ 한국채택국제회계기준은 국제회계기준위원회에서 공표한 국제회계기준을 기초로 한국회계기준위원회에서 제정하고, 금융위원회에 보고한 후 공표한 것이다.

④ **장점** : 국제적으로 통용되는 회계기준을 채택함으로써 회계정보의 신뢰성을 향상시키고, 다른 나라로부터의 자금조달이 용이해지며 차입원가를 절감할 수 있다.

⑤ **특징** : K-IFRS는 **원칙중심**의 회계기준, **연결재무제표 중심**의 회계기준, **공시의 강화**, **공정가치 적용 확대** 등을 들 수 있다.

(2) 일반기업회계기준

① '주식회사의 외부감사에 관한 법률'의 적용대상기업 중 한국채택국제회계기준에 따라 회계처리하지 않는 비상장법인이 적용해야 하는 회계처리기준이다.

② 일반기업회계기준도 기준서와 해석서로 구성된다.

참고

한국의 회계기준 체계

회계기준	적용대상	외부감사	관련 법령
한국채택국제회계기준	주권상장법인 및 금융회사	의무	주식회사 등의 외부감사에 관한 법률
일반기업회계기준	외부감사대상 주식회사		
중소기업회계기준	외부감사대상 이외의 주식회사	면제	상법

제1장

OX로 점검하자

※ 다음 지문의 내용이 맞으면 O, 틀리면 ×를 체크하시오. [1~5]

01 재무보고는 재무회계 정보를 정보이용자들에게 제공하는 일련의 과정으로 그 안에 재무상태표, 포괄손익계산서, 자본변동표, 현금흐름표 등은 제외된다. (   )

02 공시에는 기업이 자율적으로 하는 자율공시, 소문이나 보도 내용에 대해 해명하는 자진공시, 신규사업이나 사업계획 등을 자진하여 밝히는 조회공시 등이 있다. (   )

03 한국채택국제회계기준의 연결범위에 있어서 연결재무제표는 지배기업의 모든 종속기업을 포함하여야 한다. (   )

04 재무제표를 통해 제공하는 회계 정보에 있어서 투자자로부터 자금을 위탁받아 경영을 수행한 경영자가 수탁받은 자원의 효율적이고 효과적인 운영에 따른 성과를 보고하는 데 회계를 이용함으로써 대리인 이론이 성립할 수 있다. (   )

05 재무회계는 기업이 작성한 재무제표의 신뢰성을 검증하여 그에 대한 적정의견, 한정의견, 부적정의견, 의견거절 등을 판단한다. (   )

정답과 해설 01 × 02 × 03 O 04 O 05 ×

01 재무보고는 재무회계 정보를 정보이용자들에게 제공하는 일련의 과정으로 그 안에 재무상태표, 포괄손익계산서, 자본변동표, 현금흐름표 등을 포함한다.

02 공시에는 기업이 자율적으로 하는 자율공시, 소문이나 보도 내용에 대해 해명하는 조회공시, 신규사업이나 사업계획 등을 자진하여 밝히는 자진공시 등이 있다.

05 회계감사는 기업이 작성한 재무제표의 신뢰성을 검증하여 그에 대한 적정의견, 한정의견, 부적정의견, 의견거절 등을 판단한다.

제 1 장 실전예상문제

01 다음 중 재무정보에 대한 설명으로 옳지 않은 것은?

① 재무보고란 조직 외부의 의사결정자들에게 기업에 관한 정보를 제공하는 것이며, 기업의 현재 시점의 재무적 건전성 및 미래의 전망을 개괄적으로 보여준다.

② 재무보고는 기업의 다양한 이해관계자들의 합리적인 경제적 의사결정을 위해 경영자가 기업실체의 재무상태, 경영성과, 자본변동, 현금흐름 등에 관한 정보를 제공하는 것이다.

③ 인식, 측정, 처리, 기록의 과정을 거친 회계 정보는 재무보고의 형태로 기업 내부의 다양한 이해관계가 있는 정보이용자들에게 제공된다.

④ 재무보고는 재무회계 정보를 정보이용자들에게 제공하는 일련의 과정으로 그 안에 재무상태표, 포괄손익계산서, 자본변동표, 현금흐름표 등을 포함한다.

02 다음 중 회계의 목적으로 가장 적합한 것은?

① 거래처의 채권과 채무를 기록 및 계산한다.

② 기업의 소유주에게 이익을 극대화 시켜준다.

③ 자금조달을 원활히 할 수 있도록 자료를 제공한다.

④ 기업 이해관계자들의 의사결정에 유용한 회계정보를 제공한다.

해설 & 정답 checkpoint

01 인식, 측정, 처리, 기록의 과정을 거친 회계 정보는 재무보고의 형태로 기업 외부의 다양한 이해관계가 있는 정보이용자들에게 제공된다.

02 회계의 목적은 기업 이해관계자들의 의사결정에 유용한 회계정보를 제공하는 것에 있다.

정답 01 ③ 02 ④

checkpoint 해설 & 정답

03 한국채택국제회계기준의 특징으로 원칙중심의 회계기준, 연결재무제표 중심의 회계기준, 공시의 강화, 공정가치 적용 확대 등을 들 수 있다.

04 한국채택국제회계기준에서 규정하고 있는 기본 재무제표 중 재무상태표는 정태보고서에 해당한다.

05 관리회계는 공통된 기준이나 정해진 보고형식이 없으나 재무회계는 일반적으로 인정된 회계처리 기준에 따라 작성된다.

정답 03 ④ 04 ① 05 ③

03 한국채택국제회계기준(K-IFRS)에 대한 설명으로 옳지 <u>않은</u> 것은?

① 한국채택국제회계기준은 회계처리에 대하여 구체적인 회계처리 방법을 제시하기보다는 전문가적 판단을 중시하는 접근 방법을 따르고 있다.
② 한국채택국제회계기준의 연결범위에 있어서 연결재무제표는 지배기업의 모든 종속기업을 포함하여야 한다.
③ 한국채택국제회계기준은 국제회계기준위원회에서 공표한 국제회계기준을 기초로 한국회계기준위원회에서 제정하고, 금융위원회에 보고한 후 공표한 것이다.
④ 한국채택국제회계기준의 특징으로 원칙중심의 회계기준, 연결재무제표 중심의 회계기준, 공시의 강화, 공정가치 적용 축소 등을 들 수 있다.

04 한국채택국제회계기준에서 규정하고 있는 기본 재무제표 중 정태보고서에 해당하는 것은?

① 재무상태표
② 포괄손익계산서
③ 현금흐름표
④ 이익잉여금처분계산서

05 다음 중 재무회계와 관리회계에 관한 설명으로 <u>틀린</u> 것은?

① 관리회계의 주된 목적은 경영자의 관리적 의사결정에 유용한 정보를 제공하는 것이다.
② 재무회계의 주된 목적은 정보이용자의 경제적 의사결정에 유용한 정보를 제공하는 것이다.
③ 관리회계는 일반적으로 인정된 회계원칙에 따라 정해진 양식으로 보고해야 한다.
④ 재무회계는 법적 강제력이 있는 반면 관리회계는 내부보고 목적이므로 법적 강제력이 없다.

해설 & 정답 checkpoint

06 다음 중 공시가 갖추어야 할 요소로 올바르지 않은 것은?

① 신속성
② 안전성
③ 정확성
④ 공정성

06 공시는 투자자를 보호할 목적으로 하는 것이므로 신속성, 정확성, 용이성, 공정성의 요소를 모두 갖추어야 한다.

정답 06 ②

주관식 문제

01 다음 빈칸에 들어갈 알맞은 용어를 쓰시오.

재무상태표는 (①)의 (②)를 나타내는 재무제표이고, 포괄손익계산서는 (③)의 (④)를 나타내는 재무제표이다.

01
정답 ① 일정 시점
② 재산상태
③ 일정 기간
④ 경영성과

checkpoint 해설 & 정답

02

정답 ① 재무상태표
② 포괄손익계산서
③ 자본변동표
④ 현금흐름표

02 다음 빈칸에 들어갈 알맞은 용어를 쓰시오.

재무제표	특징
(①)	• 일정시점에 있어서 기업의 재무상태를 나타내는 재무제표이다. • 자산, 부채, 자본으로 구성되며 여기서 재무상태란 기업의 자산, 부채, 자본의 상태를 말한다.
(②)	• 일정기간의 경영성과에 대한 정보를 제공하는 재무보고서를 말한다. • 수익, 비용, 이익, 기타포괄손익으로 구성되며 이를 통해 일정기간의 기업의 이익에 관한 정보를 제공한다.
(③)	• 일정기간 동안 발생한 자본의 변동을 나타내는 재무제표이다. • 소유주의 투자, 소유주에 대한 분배로 구성되며 이를 통해 자본의 구성항목인 자본금, 자본잉여금, 자본조정, 기타포괄손익누계액 및 이익잉여금(또는 결손금)의 연간 변동내역을 보여준다.
(④)	• 일정기간 기업의 현금흐름을 나타내는 표로서 발생주의 회계의 문제점을 보완하기 위해 작성한다. • 영업활동으로 인한 현금흐름, 투자활동으로 인한 현금흐름, 재무활동으로 인한 현금흐름으로 구성되며 이를 통해 활동별로 발생되는 현금의 흐름에 관한 전반적인 정보를 상세하게 제공해 준다.

고득점으로 대비하는 가장 똑똑한 수험서!

제 2 장

재무회계의 개념체계

제1절 재무보고의 목적 및 질적 특성
제2절 재무제표와 구성요소
제3절 인식과 측정
실전예상문제

제2장 재무회계의 개념체계

제1절 재무보고의 목적 및 질적 특성

1 재무보고의 목적

(1) 재무보고는 현재 및 잠재적인 투자자와 채권자 그리고 기타 정보이용자들이 투자와 신용제공 및 이와 유사한 문제에 대한 합리적인 의사결정을 하는 데 유용한 정보를 제공하여야 한다.

(2) 재무보고는 현재 및 잠재적인 투자자와 채권자 그리고 기타 정보이용자들이 배당이나 이자 및 증권의 매각, 대여금의 상환 등으로부터 유입될 것으로 예상되는 현금 수취액의 금액과 시기 및 불확실성을 평가하는 데 도움이 되는 정보를 제공하여야 한다.

(3) 재무보고는 기업의 경제적 자원과 경제적 자원에 대한 청구권 및 자원과 청구권에 변동을 일으키는 거래와 사건, 환경의 영향 등에 관한 정보를 제공하여야 한다.

2 재무제표의 작성과 표시를 위한 개념체계

(1) 질적 특성

① 일반목적 재무보고를 통해 제공되는 정보가 그 목적을 달성하기 위해 갖추어야 할 주요 속성을 말한다.
② 근본적으로 재무정보가 유용하기 위해서는 목적이 적합해야 하고 나타내고자 하는 바를 충실하게 표현해야 한다.
③ 재무정보가 비교 가능하고 검증 가능하며, 적시성 있고 이해 가능한 경우에는 그 재무정보의 유용성은 보강된다.

(2) 근본적 질적 특성 중요도 상중하

근본적 질적 특성은 **목적 적합성**과 **표현의 충실성** 두 가지 모두 만족하여야 유용할 수 있다. 만약 하나라도 만족하지 않는 경우에는 유용하지 않은 정보가 될 수 있다.

① **목적 적합성**

의사결정에 유용한 정보가 되려면 정보이용자의 경제적 의사결정에 차이가 발생하도록 할 수 있어야 하는데 이를 목적 적합성이라고 한다.

㉠ **예측가치** : 미래예측을 위해 사용될 수 있는 재무정보의 가치를 의미한다.

㉡ **확인가치(피드백 가치)** : 과거의 평가를 확인하거나 변경하는 데 사용될 수 있는 재무정보의 가치를 의미한다.

㉢ **중요성** : 정보가 누락되거나 잘못 기재되어 특정 보고기업의 재무정보에 근거한 정보이용자의 의사결정에 영향을 미칠 수 있는 정보로서의 가치를 의미한다.

② **표현의 충실성**

나타내고자 하는 현상을 충실하게 표현해야 하는데 이를 표현의 충실성이라고 한다.

㉠ **완전한 서술** : 정보이용자가 현상을 이해하는 데 필요한 모든 정보의 제공을 의미한다.

㉡ **중립적 서술** : 정보의 선택이나 표시에 편의가 없는 재무정보의 제공을 의미한다.

㉢ **오류 없는 서술** : 현상의 기술이나 절차상에 오류나 누락이 없는 정보의 제공을 의미한다.

(3) 보강적 질적 특성 중요도 상 중 하

유용한 재무정보가 되기 위해서는 목적 적합성과 충실한 표현이라는 근본적 질적 특성을 갖추어야 하며, 유용한 재무정보가 되기 위한 근본적 질적 특성을 보강시키는 질적 특성을 말한다.

① **비교 가능성** : 기업 간 비교 가능성과 기간 간 비교 가능성이 있는 정보의 제공을 의미한다.

② **검증 가능성** : 나타난 현상에 대해 정보이용자가 검증 가능할 수 있는 정보의 제공을 의미한다.

③ **적시성** : 의사결정에 영향을 미칠 수 있도록 적시성 있는 정보의 제공을 의미한다.

④ **이해 가능성** : 정보이용자에게 쉽게 이해될 수 있는 정보의 제공을 의미한다.

(4) 유용한 재무보고에 대한 제약 : 원가

① 재무정보의 보고에는 원가가 소요되고, 해당 정보보고의 효익이 그 원가를 정당화한다는 것이 중요하다.

② 원가는 재무보고로 제공될 수 있는 정보에 대한 포괄적 제약요인이다.

(5) 재무제표 작성의 기본가정 : 계속기업의 가정 중요도 상 중 하

① 계속기업이란 예상 가능한 기간 동안 영업을 계속할 것이라는 가정하에 재무제표를 작성하는 것을 의미한다.

② 역사적 원가주의, 감가상각, 수익비용대응 개념, 유동성배열법 모두 계속기업 가정을 근거로 하고 있다.

③ 청산 등의 의도가 있는 경우 다른 기준을 적용하여 작성하는 것이 타당할 수 있으며, 이 때 적용한 기준은 별도로 공시하여야 한다.

3 개념체계와 K-IFRS와의 관계

(1) 개념체계의 위상

① 개념체계는 외부 이용자를 위한 재무보고의 기초가 되는 개념을 정립한다.
② 개념체계는 한국채택국제회계기준이 아니므로 특정한 측정과 공시 문제에 관한 기준을 정하지 아니한다.
③ 개념체계는 어떤 경우에도 특정 한국채택국제회계기준에 우선하지 않는다.

(2) 개념체계의 목적

① 새로운 한국채택국제회계기준의 제정 및 개정 검토에 도움을 준다.
② 한국채택국제회계기준에서 허용하는 대체적인 회계처리방법의 수의 축소를 위한 근거를 제공한다.
③ 재무제표의 작성 시 한국채택국제회계기준을 적용하고 한국채택국제회계기준이 미비한 주제에 대한 회계처리를 하는 데 도움을 준다.
④ 재무제표가 한국채택국제회계기준을 따르고 있는지에 대해 감사인의 의견형성에 도움을 준다.
⑤ 재무제표에 포함된 정보를 재무제표의 이용자가 해석하는 데 도움을 준다.
⑥ 한국채택국제회계기준을 제정하는 데 사용한 접근방법에 대한 정보를 제공한다.

제 2 절 재무제표와 구성요소

참고

전체 재무제표

① 전체 재무제표는 다음을 모두 포함하여야 한다.
- ㉠ 기말 재무상태표
- ㉡ 기간 포괄손익계산서
- ㉢ 기간 자본변동표
- ㉣ 기간 현금흐름표
- ㉤ 주석(유의적인 회계정책 및 그 밖의 설명으로 구성)
- ㉥ 회계정책을 소급하여 적용하거나, 재무제표의 항목을 소급하여 재작성 또는 재분류하는 경우 가장 이른 비교기간의 기초 재무상태표

② 각각의 재무제표는 전체 재무제표에서 동등한 비중으로 표시한다.

1 재무상태표(Statement of financial position)

(1) 자산(assets)

자산이란 과거의 거래나 사건의 결과로 특정실체에 의해 획득된 미래의 경제적 효익이다. 즉, 용역잠재력이 있는 자원을 말한다. 자산은 보편적으로 1년을 기준으로 유동자산과 비유동자산으로 구분된다.

(2) 부채(liabilities)

부채란 과거의 거래나 사건의 결과로 미래에 특정 실체에 자산이나 용역을 이전해야 하는 특정 실체의 의무이다. 즉, 기업이 장래에 타인에게 갚아야 할 빚이다. 부채도 1년을 기준으로 유동부채와 비유동부채로 구분된다.

(3) 자본(owner's equity)

자본은 자산에서 부채를 차감한 것으로 순자산, 잔여지분 또는 소유주지분이라고도 한다. 자본은 자본금 및 자본잉여금, 자본조정, 이익잉여금, 기타포괄손익누계액으로 구성된다.

2 포괄손익계산서(Comprehensive income statement)

(1) 수익(revenue)

수익은 기업이 일정기간 동안 경영활동을 통해 벌어들인 금액을 말한다. 수익항목으로는 매출액, 기타수익 등이 있다.

(2) 비용(expense)

비용은 기업이 일정기간 동안 수익을 얻기 위하여 소비된 재화 및 용역의 원가를 말한다. 비용항목으로는 매출원가, 물류원가, 관리비, 기타비용, 금융원가, 법인세비용 등이 있다.

(3) 이익

수익에서 비용을 차감한 금액을 순이익(net income)이라고 한다. 반대로 비용이 수익을 초과할 경우 그 초과액은 순손실이라 한다.

(4) 기타포괄손익 중요도 상 중 하

당기손익거래에서 발생한 항목 중에서 미실현손익을 말한다. 예로는 매도가능증권평가손익, 파생상품평가손익 등이 있다. 당기의 기타포괄손익은 재무상태표의 자본항목인 기타포괄손익누계액에 누적되어 표시된다.

3 자본변동표(Statement of changes in equity)

(1) 소유주의 투자

소유주의 투자란 주주들의 회사에 대한 투자를 말하는 것으로서 순자산의 증가를 가져온다.

(2) 소유주에 대한 분배

소유주에 대한 분배란 현금배당 등을 함으로써 회사의 순자산이 감소하게 되는 것을 말한다.

4 현금흐름표(Statement of cash flows)

(1) 영업활동으로 인한 현금흐름

영업활동으로 인한 현금흐름이란 제품의 생산과 상품 및 용역의 구매·판매활동에 해당하는 영업활동에 의한 현금의 유입과 유출을 말한다.

(2) 투자활동으로 인한 현금흐름

투자활동으로 인한 현금흐름이란 고정자산 취득 및 처분, 투자유가증권 취득 및 처분과 관련하여 증감되는 현금의 유입과 유출을 말한다.

(3) 재무활동으로 인한 현금흐름

재무활동으로 인한 현금흐름이란 은행 차입 및 주식발행, 배당금 지급 등과 같이 회사자금 조달활동으로 인해 증감되는 현금의 유입과 유출을 말한다.

5 주석(Footnotes)

(1) 주석은 각주라고도 부르며 재무제표 본문의 특정 항목에 대한 추가적 정보를 재무제표 본문 밖의 '**별지**'에 기술한 것을 말한다.

(2) 기본적인 주석 사항은 회사의 개황과 주요 영업내용, 회사가 채택한 회계정책, 자산과 부채의 측정기준 등이 있다.

참고

주기(parenthetical disclosure)
주기란 정보이용자에게 충분한 정보 제공을 위해 재무제표의 내용 중 필요한 사항에 보충적으로 설명을 첨부하는 것으로 재무제표상의 해당 과목 다음에 그 회계 사실의 내용을 간단한 문자 또는 숫자로 괄호 안에 표시하여 설명하는 것을 말한다.

제 3 절 인식과 측정

참고

인식과 측정의 정의
인식(recognition)은 재무제표 요소 정의에 부합하고 인식기준을 충족하는 항목을 재무상태표나 포괄손익계산서에 반영하는 과정이며, 측정(measurement)은 재무제표 기본요소의 금액을 결정하는 것이다.

1 인식 기준

재무제표 요소의 정의에 부합하는 항목이 재무제표에 인식되기 위해 충족해야 하는 기준은 다음과 같다.

(1) 그 항목과 관련된 미래 경제적 효익이 기업에 유입되거나 기업으로부터 유출될 가능성이 높다.

(2) 그 항목의 원가 또는 가치를 신뢰성 있게 측정할 수 있다.

자산의 인식	자산은 미래 경제적 효익이 기업에 유입될 가능성이 높고 해당 항목의 원가 또는 가치를 신뢰성 있게 측정할 수 있을 때 재무상태표에 인식한다.
부채의 인식	부채는 현재 의무의 이행에 따라 경제적 효익이 내재된 자원의 유출 가능성이 높고 결제될 금액에 대해 신뢰성 있게 측정할 수 있을 때 재무상태표에 인식한다.
수익의 인식	수익은 자산의 증가나 부채의 감소와 관련하여 미래 경제적 효익이 증가하고 이를 신뢰성 있게 측정할 수 있을 때 포괄손익계산서에 인식한다.
비용의 인식	비용은 자산의 감소나 부채의 증가와 관련하여 미래 경제적 효익이 감소하고 이를 신뢰성 있게 측정할 수 있을 때 포괄손익계산서에 인식한다.

① 인식은 자산, 부채, 자본, 수익, 비용과 같은 재무제표 요소 중 하나의 정의를 충족하는 항목을 재무제표에 반영하기 위해 포착하는 과정이며, 그러한 재무제표 중 하나에 어떤 항목을 명칭과 화폐금액으로 나타내고 그 항목을 해당 재무제표의 하나 이상의 합계액에 포함시키는 것을 의미한다.
② 자산과 부채의 인식 결과 수익, 비용 또는 자본 변동을 인식하는 것이 재무제표 이용자들에게 목적적합성과 표현의 충실성과 같은 유용한 정보를 제공하는 경우에는 자산이나 부채를 인식한다.

2 측정 기준 중요도 상 중 하

(1) 역사적 원가

① 자산을 취득하거나 창출할 때의 역사적 원가는 자산의 취득 또는 창출에 발생한 원가의 가치로써 자산을 취득 또는 창출하기 위하여 지급한 대가와 거래원가를 포함한다.

② 부채가 발생하거나 인수할 때의 역사적 원가는 발생시키거나 인수하면서 수취한 대가에서 거래원가를 차감한 가치이다.

③ **장점** : 신뢰성과 검증 가능성이 있으며 객관적이다.

④ **단점** : 수익·비용 대응의 원칙이 잘 이루어지지 않으며, 자산의 공정가치를 표시하지 못한다.

(2) 현행가치

① **공정가치**

측정일에 시장참여자 사이의 정상거래에서 자산을 매도할 때 받거나 부채를 이전할 때 지급하게 될 가격을 말한다.

② **자산의 사용가치 및 부채의 이행가치**

㉠ 자산의 사용가치 : 기업이 자산의 사용과 궁극적인 처분으로 얻을 것으로 기대하는 현금흐름 또는 그 밖의 경제적 효익의 현재가치를 말한다.

㉡ 부채의 이행가치 : 기업이 부채를 이행할 때 이전해야 하는 현금이나 그 밖의 경제적 자원의 현재가치를 말한다.

③ **현행원가**

㉠ 자산의 현행원가는 측정일 현재 동등한 자산의 원가로써 측정일에 지급할 대가와 그 날에 발생할 거래원가를 포함한다.

㉡ 부채의 현행원가는 측정일 현재 동등한 부채에 대해 수취할 수 있는 대가에서 그 날에 발생할 거래원가를 차감한다.

㉢ 장점 : 수익·비용 대응의 원칙이 잘 이루어지며, 목적 적합한 정보를 제공한다.

㉣ 단점 : 신뢰성이 결여되며, 자의성 개입으로 이익조작 가능성이 있다.

참고

공정가치

① 공정가치는 측정일에 시장참여자 사이의 정상거래에서 자산을 매도하면서 수취하거나 부채를 이전하면서 지급하게 될 가격을 말한다.

② 공정가치를 측정할 때 주된 시장 또는 가장 유리한 시장의 가격에서 거래수수료, 법적 비용 등 거래원가는 조정하지 않는다.

③ 공정가치 추정 시 사용하는 가치평가기법에는 시장접근법, 원가접근법 및 이익접근법이 있다.

④ 공정가치 평가의 유용성

㉠ 기업의 미래현금흐름 또는 현금창출능력을 평가하는 데 적합하다.

㉡ 자산·부채의 매수, 보유 또는 처분에 대한 기업의 의사결정의 결과로 나타나는 성과를 적절히 반영한다.

㉢ 이익의 인위적인 조정인 이익거래(gains trading)를 예방한다.

제2장

OX로 점검하자

※ 다음 지문의 내용이 맞으면 O, 틀리면 ×를 체크하시오. [1~5]

01 적시성이란 정보가 누락되거나 잘못 기재되어 특정 보고기업의 재무정보에 근거한 정보이용자의 의사결정에 영향을 미칠 수 있는 정보로서의 가치를 말한다. (　　)

02 비교 가능성은 제공되는 정보 간의 유사성과 차이점을 정보이용자가 식별하고 이해할 수 있어야 하는 것을 말하는 것으로 일관성 및 통일성과 유사한 개념이다. (　　)

03 개념체계는 어떤 경우에도 특정 한국채택국제회계기준에 우선한다. (　　)

04 자본변동표는 소유주의 투자와 소유주에 대한 분배로 구성되어 있다. (　　)

05 기타포괄손익이란 당기손익거래에서 발생한 항목 중에서 미실현손익을 말한다. (　　)

정답과 해설　01 ×　02 ×　03 ×　04 O　05 O

01 중요성이란 정보가 누락되거나 잘못 기재되어 특정 보고기업의 재무정보에 근거한 정보이용자의 의사결정에 영향을 미칠 수 있는 정보로서의 가치를 말한다.

02 비교 가능성은 제공되는 정보 간의 유사성과 차이점을 정보이용자가 식별하고 이해할 수 있어야 하는 것을 말하며 일관성 및 통일성과는 다르다.

03 개념체계는 어떤 경우에도 특정 한국채택국제회계기준에 우선하지 않는다.

제 2 장 실전예상문제

01 다음 중 재무보고를 위한 개념체계의 설명으로 옳지 않은 것은?

① 개념체계는 한국채택국제회계기준이 아니므로 특정한 측정과 공시에 관한 기준을 정하지 아니한다.
② 개념체계가 한국채택국제회계기준과 상충되는 경우에는 개념체계가 한국채택국제회계기준보다 우선한다.
③ 개념체계는 한국회계기준위원회가 관련 업무를 통해 축적한 경험을 기초로 수시로 개정될 것이다.
④ 재무정보가 완벽하고 충실한 표현을 하기 위해서는 서술이 완전하고 중립적이며 오류가 없어야 한다.

02 주식시장에 상장되어 있는 두 회사 중 한 회사에 투자하기 위해 두 회사의 회계정보를 비교하고자 하는 경우 회계정보가 갖추어야 할 속성으로 가장 적합한 것은?

① 비교 가능성
② 신뢰성
③ 목적 적합성
④ 중립성

03 다음 중 근본적 질적 특성에 해당하는 것은?

① 비교 가능성과 검증 가능성
② 검증 가능성과 적시성
③ 적시성과 이해 가능성
④ 목적 적합성과 표현 충실성

해설 & 정답 checkpoint

01 한국채택국제회계기준은 언제나 재무보고를 위한 개념체계보다 우선하여 적용된다.

02 한 기업의 재무상태와 경영성과의 추세를 식별하기 위해 재무제표를 기간별로 비교할 수 있어야 하며, 다른 기업의 상대적인 재무상태와 경영성과 및 재무상태변동을 평가하기 위해 기업 간 재무제표를 비교할 수 있어야 한다.

03 근본적 질적 특성으로 목적 적합성과 표현 충실성이 있다.

정답 01 ② 02 ① 03 ④

checkpoint 해설 & 정답

04 목적 적합성에는 예측가치, 확인가치, 중요성이 있다.

05 보강적 질적 특성에는 비교 가능성, 검증 가능성, 적시성, 이해 가능성이 있다.

06 역사적 원가주의, 감가상각, 수익비용대응 개념, 유동성배열법 모두 계속기업의 가정을 근거로 하고 있다.

07 개념체계가 개정되었다고 자동으로 회계기준이 개정되는 것은 아니다.

정답 04 ③ 05 ② 06 ① 07 ④

04 다음 중 목적 적합성에 해당하지 <u>않는</u> 것은?

① 예측가치
② 확인가치
③ 적시성
④ 중요성

05 다음 중 보강적 질적 특성에 해당하는 것은?

① 중요성
② 검증 가능성
③ 안전성
④ 중립성

06 역사적 원가주의나 감가상각비의 계상 등은 회계의 어떤 가정에 근거를 두고 있는가?

① 계속기업의 가정
② 목적 적합성
③ 표현의 충실성
④ 보수주의

07 개념체계에 대한 설명 중 옳지 <u>않은</u> 것은?

① 개념체계는 회계기준위원회의 공식 임무에 기여한다.
② 공식 임무는 전 세계 금융시장에 투명성, 책임성, 효율성을 제공하는 회계기준을 개발하는 것이다.
③ 회계기준위원회의 업무는 세계 경제에서의 신뢰, 성장, 장기적 금융안정을 조성함으로써 공공이익에 기여하는 것이다.
④ 개념체계가 개정되면 자동으로 회계기준이 개정된다.

08 다음 중 보강적 질적 특성 중의 하나인 이해 가능성에 대한 설명에 해당하는 것은?

① 제공되는 정보 간의 유사성과 차이점을 정보이용자가 식별하고 이해할 수 있어야 한다.

② 제공되는 정보에 대하여 합리적인 판단력이 있고 독립적인 서로 다른 관찰자가 어떤 서술이 충실한 표현이라는 데 의견이 일치할 수 있어야 한다.

③ 의사결정에 영향을 미칠 수 있도록 적시성 있는 정보의 제공을 의미한다.

④ 정보가 복잡하다는 이유로 재무보고서에서 제외하면 안 된다.

09 재무보고를 위한 개념체계에서 기본 가정은 무엇인가?

① 발생주의

② 계속기업의 가정

③ 역사적 원가주의

④ 완전공시의 원칙

10 다음 중 측정기준에 대한 설명으로 옳지 <u>않은</u> 것은?

① 현행가치와 달리 역사적 원가는 자산의 손상이나 손실부담에 따른 부채와 관련되는 변동을 제외하고는 가치의 변동을 반영하지 않는다.

② 자산을 취득하거나 창출할 때의 역사적 원가는 자산을 취득 또는 창출하기 위하여 지급한 대가와 거래원가를 포함한다.

③ 부채가 발생하거나 인수할 때의 역사적 원가는 발생시키거나 인수하면서 수취한 대가에서 거래원가를 가산한 가치이다.

④ 공정가치는 측정일에 시장참여자 사이의 정상거래에서 자산을 매도할 때 받거나 부채를 이전할 때 지급하게 될 가격이다.

해설 & 정답 checkpoint

08 이해 가능성이란 정보이용자에게 쉽게 이해될 수 있는 정보의 제공을 의미하는 것으로 정보가 복잡하다는 이유로 재무보고서에서 제외하면 안 된다.

09 재무보고를 위한 개념체계에서는 계속기업을 유일한 기본 가정으로 규정하고 있다.

10 부채가 발생하거나 인수할 때의 역사적 원가는 발생시키거나 인수하면서 수취한 대가에서 거래원가를 차감한 가치이다.

정답 08 ④ 09 ② 10 ③

11 현금흐름표는 활동별로 구분하여 작성되는데 이의 구성 요소가 아닌 것은?

① 영업활동으로 인한 현금흐름
② 투자활동으로 인한 현금흐름
③ 세무활동으로 인한 현금흐름
④ 재무활동으로 인한 현금흐름

checkpoint 해설 & 정답

11 현금흐름표는 영업활동으로 인한 현금흐름, 투자활동으로 인한 현금흐름, 재무활동으로 인한 현금흐름으로 구성되며 이를 통해 활동별로 발생되는 현금의 흐름에 관한 전반적인 정보를 상세하게 제공해준다.

12 다음 중 현행가치로 분류되지 않는 것은?

① 공정가치
② 역사적 원가
③ 자산의 사용가치 및 부채의 이행가치
④ 현행원가

12 현행가치에는 공정가치, 자산의 사용가치 및 부채의 이행가치, 현행원가가 이에 속한다.

13 동일하거나 동등한 자산을 현재시점에서 취득할 경우 그 대가로 지불하여야 할 현금이나 현금성 자산의 금액으로 평가하는 자산의 측정기준은?

① 역사적 원가
② 순실현가능가치
③ 현행원가
④ 현재가치

13 현행원가란 동일하거나 동등한 자산을 현재시점에서 취득할 경우 그 대가로 지불하여야 할 현금이나 현금성 자산의 금액을 말한다.

정답 11 ③ 12 ② 13 ③

14 다음 중 중간재무보고에 대한 설명으로 옳지 않은 것은?

① 재무상태표는 당해 중간보고기간 말과 직전 회계연도의 동일 기간을 비교하는 형식으로 작성한다.
② 포괄손익계산서는 당해 중간기간과 당해 회계연도 누적기간을 직전 회계연도의 동일 기간과 비교하는 형식으로 작성한다.
③ 자본변동표는 당해 회계연도 누적기간을 직전 회계연도의 동일 기간과 비교하는 형식으로 작성한다.
④ 현금흐름표는 당해 회계연도 누적기간을 직전 회계연도의 동일 기간과 비교하는 형식으로 작성한다.

해설&정답 checkpoint

14 재무상태표는 당해 중간보고기간 말과 직전 연차보고기간 말을 비교하는 형식으로 작성한다.

주관식 문제

01 다음 빈칸에 들어갈 알맞은 용어를 쓰시오.

(①)는 다음과 같은 회계기준을 위한 기반을 제공한다.
첫째, 투자자와 그 밖의 시장참여자가 정보에 입각한 경제적 의사결정을 내릴 수 있도록 재무정보의 국제적 비교 가능성과 정보의 질을 향상시킴으로써 (②)에 기여한다.
둘째, 자본제공자와 자본수탁자 간의 정보 격차를 줄임으로써 (③)을 강화한다.
셋째, 투자자에게 전 세계의 기회와 위험을 파악하도록 도움을 주어 자본 배분을 향상시킴으로써 경제적 (④)에 기여한다.

01
정답 ① 개념체계
② 투명성
③ 책임성
④ 효율성

정답 14 ①

checkpoint 해설 & 정답

02

정답 ① 자산
② 부채
③ 수익
④ 비용

02 다음 빈칸에 들어갈 알맞은 용어를 쓰시오.

인식 기준	(①)은 미래 경제적 효익이 기업에 유입될 가능성이 높고 해당 항목의 원가 또는 가치를 신뢰성 있게 측정할 수 있을 때 재무상태표에 인식한다.
	(②)는 현재 의무의 이행에 따라 경제적 효익이 내재된 자원의 유출 가능성이 높고 결제될 금액에 대해 신뢰성 있게 측정할 수 있을 때 재무상태표에 인식한다.
	(③)은 자산의 증가나 부채의 감소와 관련하여 미래 경제적 효익이 증가하고 이를 신뢰성 있게 측정할 수 있을 때 포괄손익계산서에 인식한다.
	(④)은 자산의 감소나 부채의 증가와 관련하여 미래 경제적 효익이 감소하고 이를 신뢰성 있게 측정할 수 있을 때 포괄손익계산서에 인식한다.

고득점으로 대비하는 가장 똑똑한 수험서!

제 3 장

자산 회계처리

제1절 자산의 본질과 분류
제2절 현금 및 현금성 자산
제3절 매출채권 및 기타채권
제4절 금융자산
제5절 재고자산
제6절 유형자산
제7절 무형자산
제8절 투자부동산
실전예상문제

제3장 자산 회계처리

제1절 자산의 본질과 분류

1 자산의 본질

(1) 자산은 과거 사건의 결과로 기업이 통제하는 미래 경제적 효익을 창출할 것으로 기대하는 자원이다.

(2) 자산이 갖는 미래 경제적 효익이란 직접 또는 간접으로 미래 현금 및 현금성 자산의 기업에의 유입에 기여하게 될 잠재력을 말한다.

(3) 자산이 갖는 미래 경제적 효익은 다양한 형태로 기업에 유입될 수 있는데 자산은 기업이 판매하는 재화나 용역의 생산에 개별적으로, 또는 그 밖의 자산과 복합적으로 사용된다.

2 자산의 분류

참고

자산의 분류 기준
자산은 1년을 기준으로 유동자산과 비유동자산으로 분류한다. 다만, 정상적인 영업주기 내에 판매되거나 사용되는 재고자산과 회수되는 매출채권 등은 보고기간 종료일로부터 1년 이내에 실현되지 않더라도 유동자산으로 분류한다.

(1) **유동자산**

① 유동자산은 단기간 내에 현금화되거나 정상적인 영업활동으로 소멸되는 경제적 자원을 말하는 것으로 이의 종류는 크게 **당좌자산**과 **재고자산**으로 나눌 수 있다.
② 기업의 정상영업주기 내에 실현될 것으로 예상하거나 정상영업주기 내에 판매하거나 소비할 의도가 있다.
③ 주로 단기매매 목적으로 보유하고 있는 것으로, 보고기간 후 12개월 이내에 실현될 것으로 예상한다.

④ 현금이나 현금성 자산으로써 교환이나 부채상환 목적으로의 사용에 대한 제한 기간이 보고기간 후 12개월 이상이 아니다.

(2) 유동자산의 분류 중요도 상 중 **하**

① **당좌자산** : 판매과정을 거치지 않고 현금으로 교환할 수 있는 유동자산이며, 현금 및 현금성 자산, 매출채권, 단기금융자산, 미수금, 미수수익, 선급금, 선급비용 등이 이에 속한다.

② **재고자산** : 판매과정을 통하여 현금 또는 다른 자산으로 교환되거나 제품의 제조활동에 투입할 목적으로 보유하는 유동자산을 말하며, 상품, 제품, 반제품, 재공품, 원재료, 저장품 등이 있다.

(3) 비유동자산

① 비유동자산은 장기성 자산으로 **투자자산**, **유형자산**, **무형자산**, **기타 비유동자산**으로 구분된다.

② 투자목적으로 보유하는 자산은 투자자산으로, 영업활동에 사용할 목적으로 장기간 보유하고 있는 영업용 자산은 유형자산으로 분류하여야 한다.

③ 무형자산은 물리적 형체가 없지만 식별 가능하고, 기업이 통제하고 있는 미래 경제적 효익을 창출하는 비화폐성 자산이다.

(4) 비유동자산의 분류 중요도 상 중 **하**

① **투자자산** : 장기적인 투자수익을 목적으로 보유하는 주식이나 채권 등의 금융자산, 타인에 대한 임대를 목적으로 보유하는 유·무형 자산, 영업활동에 사용되지 않는 투자부동산, 특정 목적의 장기성 예금, 그리고 다른 기업을 지배하거나 통제할 목적으로 장기간 보유하는 관계기업투자주식을 포함한다.

② **유형자산** : 재화의 생산이나 용역의 제공 또는 자체적으로 사용할 목적으로 보유하면서 물리적 형태가 있는 비유동자산으로써 토지, 건물, 구축물, 기계장치, 선박, 차량 운반구, 비품, 건설 중인 자산 등이 이에 속한다.

③ **무형자산** : 재화의 생산이나 용역의 제공 또는 자체적으로 사용할 목적으로 보유하면서 물리적 형태는 없지만 식별 가능한 비유동자산으로써 산업재산권, 광업권, 어업권, 차지권, 저작권, 개발비, 프랜차이즈, 영업권 등이 이에 속한다.

④ **기타 비유동자산** : 투자자산, 유형자산, 무형자산에 속하지 않은 비유동자산으로써 투자수익이 없고 다른 자산으로 분류하기 어려운 자산을 말한다. 이에는 이연법인세자산, 임차보증금, 장기성 매출채권, 장기선급비용, 장기선급금, 장기미수금 등이 있다.

제 2 절 현금 및 현금성 자산

1 현금 및 현금성 자산의 의의 중요도 상중하

(1) 현금이란 통화, 통화대용증권 및 요구불예금을 의미한다.

(2) 통화란 지폐와 주화로 구성되며, 통화대용증권이란 통화로 대신 사용할 수 있는 증권이라는 뜻으로 수표 등을 의미한다.

(3) 요구불예금이란 사용이 필요할 때 요구하면 즉시 지불해 주는 예금이라는 뜻으로 일반적인 보통예금이나 당좌예금 등을 의미한다.

(4) 현금성 자산이라 함은 큰 거래비용이 없이 현금으로 전환이 용이하고, 이자율 변동에 따른 가치변동의 위험이 중요하지 않은 유가증권 및 단기금융상품으로서, 취득당시 만기가 3개월 이내에 도래하는 것을 말한다.

(5) 우표나 수입인지는 현금처럼 유통될 수 없으므로 소모품(비)이나 선급비용으로 분류하고 차용증서는 대여금으로 분류한다. 또한, 선일자수표는 매출채권 또는 미수금으로 분류한다.

2 당좌예금

(1) 당좌예금은 기업이 은행과 당좌계약을 맺고서 은행에 현금을 예입하고 필요에 따라 수표를 발행하여 현금을 인출할 수 있는 예금이다.

(2) 당좌예금 계정의 차변에는 현금의 예입이 기록되고 대변에는 인출이 기입된다.

(3) 당좌예금의 인출은 당좌예금 잔액의 범위 내에서 행해지는 것이 원칙이다.

참고

당좌차월

① 은행과 미리 당좌차월계약을 체결하여 일정한 한도 내에서 예금잔액을 초과하여도 수표를 발행하여 은행이 지급할 수 있도록 하는데 이것을 당좌차월이라고 한다.

② 당좌차월은 회사의 은행에 대한 부채라고 볼 수 있어 단기차입금으로 분류한다.

③ 금융회사의 요구에 따라 즉시 상환하여야 하는 당좌차월은 기업의 현금관리의 일부를 구성하는데 이때 당좌차월은 현금 및 현금성 자산의 구성요소에 포함된다.

3 은행계정조정표

(1) **의의** : 일정 시점에서 회사의 당좌예금 잔액과 은행의 당좌예금원상 잔액이 어느 한쪽의 기장오류로 인하여 불일치하는 경우 이들 양자 간의 차이를 조사하여 수정하여야 하는데, 이때 작성하는 표가 은행계정조정표이다.

(2) **불일치 사유**

① **기발행미결제수표** : 회사는 수표를 발행하여 당좌예금이 감소하였지만 동 수표가 은행에 지급제시되지 않아 은행 측에서는 당좌예금의 출금처리가 되지 않은 것으로 은행 측의 잔액을 차감하여 수정하여야 한다.

② **은행미기입예금** : 회사에서는 입금기록을 하였으나 은행 측에서 입금기록을 하지 않는 경우로 이 경우에는 은행 측에 가산하여 수정하여야 한다.

③ **회사미통지예금** : 은행에서 입금으로 기록하였으나 회사 측에서는 입금처리되지 않는 경우로 회사는 입금을 기록하여 회사 측 잔액을 증가시켜 수정하여야 한다.

④ **회사미기입출금** : 은행에서는 출금처리하였으나 회사가 출금 사실을 통지받지 못하여 출금처리를 하지 못한 경우로 회사는 예금잔액을 감소시키는 수정을 해야 한다.

⑤ **기장의 오류** : 회사나 은행에서 장부기입의 누락이나 금액의 착오를 일으킨 경우로 회사 측의 오류일 때에는 회사의 금액을 조정하고, 은행 측의 오류일 경우에는 은행잔액을 조정하여 일치시킨다.

참고

현금과부족과 소액현금제도

① 현금과부족

현금의 장부 잔액과 실제 잔액이 다르고 당장 그 원인을 알 수 없을 경우에는 그 차액을 일시적으로 현금과부족계정에 기록하여 장부 잔액을 실제 금고 잔액과 일치시킨다. 나중에 원인이 밝혀지면 적절한 계정으로 대체하고, 만약 결산기말까지 그 원인이 밝혀지지 않는다면 잡손실 또는 잡이익 계정에 대체한다.

② 소액현금제도

적은 액수의 현금지출을 효율적으로 관리하기 위한 제도로, 이 제도는 소액의 현금지출에 필요한 금액을 자금부서에서 사전에 예측하여 소액현금담당자에게 수표를 발행하여 지급하고, 소액현금담당자는 수표를 현금으로 인출하여 필요한 지출에 사용한 후 지출내역을 증빙자료와 함께 보고하는 제도이다.

제 3 절 매출채권 및 기타채권

1 매출채권

(1) **외상매출금** : 외상매출금은 일반적 상거래에서 발생한 채권으로 상품이나 제품을 외상으로 판매하고 대금을 회수하지 않은 미수액이다.

(2) **받을어음** : 어음은 상품의 외상거래에 있어서 구두 약속보다 법적 구속력이 있기 때문에 신뢰성이 있는 증거가 된다. 상품을 매출하고 약속어음을 받으면 받을어음 계정 차변에 기록한다. 어음은 어음수취인과 만기일, 만기금액, 채무자인 어음발행인의 거래은행, 이자율(이자부 어음) 등이 기재된다.

2 매출에누리·매출환입·매출할인

(1) **매출에누리** : 매출에누리란 제품 또는 상품에 결함 또는 하자가 있는데 그 결함 또는 하자가 중대하지 아니하여 대금을 감액해 주는 것으로, 매출에누리는 매출수익에서 차감하고 그만큼 받을 수 있는 권리가 사라지므로 매출채권에서도 차감해 주어야 한다.

(2) **매출환입** : 매출환입이란 제품 또는 상품에 중대한 결함 또는 하자가 있어 그 제품 또는 상품을 반품받는 것으로, 매출환입은 매출수익에서 차감하고 그만큼 받을 수 있는 권리가 사라지므로 매출채권에서도 차감해 주어야 한다.

(3) **매출할인** : 매출할인이란 외상대금의 조기회수에 대한 대가로 금액을 일부 할인해주는 것으로, 외상거래 시 매출할인에 대한 조건이 '2/10, n/30'이라는 말은 30일 외상거래 조건이나, 10일 이내에 상환할 시에는 2%의 매출할인을 적용하겠다는 의미이다.

3 매출채권의 양도와 대손의 처리

(1) 매출채권의 양도 중요도 상 중 **하**

① 매출채권은 받을어음과 외상 매출금으로 구성되는데, 받을어음을 양도하는 것을 **어음할인**이라고 하며 외상 매출금을 양도하는 것을 **팩토링**(factoring)이라고 한다.

② 매출채권의 양도는 그 경제적 실질에 따라 매각거래와 차입거래로 구분된다.

③ 당해 채권에 대한 권리와 의무가 양도인과 분리되어 실질적으로 이전되는 경우는 매각거래로 판단되는 양도로 보아 회계처리한다.

> **참고**
>
> **매출채권의 제거조건**
>
> ① 위험과 보상 : 위험과 보상의 대부분을 양도했다면 매출채권을 제거시킨다.
>
> ② 통제 : 매출채권의 소유에 따른 위험과 보상의 대부분을 양도했다는 판단이 명확하지 않을 경우 통제기준을 적용하는데, 매출채권에 대한 통제를 보유하고 있지 않다고 판단되면 해당 매출채권을 제거시킨다.
>
> ③ 지속적 관여 : 매출채권에 대한 통제를 보유하고 있으면 해당 매출채권에 대하여 지속적인 관여를 하고 있는 것으로 보고, 지속적인 관여의 정도에 상당하는 부분까지 해당 매출채권을 제거하지 않고 계속하여 인식한다.

(2) 대손처리 : 충당금설정법 중요도 상중하

① 대손상각비는 모두 회수불능 채권에 대한 손실을 계상하는 비용계정으로 매출채권에 대한 것일 경우 판매비와 관리비로 분류하고 기타채권에 대한 것일 경우 영업외비용으로 분류한다.

② K-IFRS에서는 매출채권의 추정미래현금흐름의 현재가치에 기초하여 장부금액과의 차이를 대손상각비로 인식한다.

> 대손충당금의 기말잔액 = 손상 고려 전 매출채권의 명목 금액 - 매출채권 현재가치

③ 대손의 회계처리방법인 충당금설정법은 매출액 또는 수취채권 잔액으로부터 회수불능채권의 금액을 추정하여 차변에 대손상각비, 대변에 대손충당금으로 기입하는 방법으로, 이 방법에 의하면 회수불능채권의 추정액과 대손충당금의 잔액을 비교하여 양자의 차액만큼 대손충당금 계정에 추가로 설정하거나 환입한다.

④ 충당금설정법의 장점은 수익을 창출하는 과정에서 발생하는 원가가 그 특정수익이 보고된 기간의 비용으로 처리되어야 한다는 **수익·비용 대응의 원칙에 기초**를 두고 있고, 재무상태표에 보고되는 자산은 장래에 실제로 실현될 것으로 예상되는 금액, 즉 **순실현가능가치로 평가**해야 한다는 사실에 기초를 두고 있다는 점에서 이론적 타당성이 있다는 것이다.

⑤ 이 방법의 단점은 대손율의 설정에 있어서 회계담당자의 주관이 개입될 가능성이 높고, 대손율 차이에 따라 **기업 간 비교 가능성이 저해될 가능성**이 있다는 점이다.

4 기타의 수취채권

(1) 단기대여금 : 차용증서, 어음 등을 받고 현금 및 현금성 자산을 대여할 때 그 채권을 대여금이라 하며, 재무상태표일로부터 대여기간이 1년 이내인 경우를 단기대여금이라 한다.

(2) **미수금** : 미수금은 재고자산의 매매와 같은 일반적 상거래(주된 영업활동) 이외에서 발생한 미수채권으로 유가증권, 비유동자산의 처분 등으로 나타나는 채권이다.

(3) **미수수익** : 당기 중에 당해 기간 귀속되는 수익은 발생하였으나 결산일까지 현금을 수령하지 못한 경우 결산일까지 발생된 수익을 인식하며 상대계정으로 미수수익을 인식한다.

(4) **선급금** : 거래처로부터 상품, 제품, 원재료, 부품 등과 같은 자산을 인도받기 전에 자산 취득대가의 일부 또는 계약금을 먼저 지급하였을 경우 그 금액을 선급금으로 처리한다.

(5) **선급비용** : 당기에 지출한 금액 중에서 차기 이후에 기간경과분이 도래하는 비용은 당기에 비용으로 인식하지 않고 선급비용으로 자산 처리한 후 차기 이후에 기간이 경과하면 비용으로 인식한다.

(6) **가지급금** : 가지급금은 현금이 지급되었으나 계정과목·금액을 확정할 수 없을 때 일시적으로 처리하는 자산계정이다. 예를 들면, 사원의 출장으로 인한 여비의 전도, 내용불명의 지급 등이 있다.

(7) **미결산계정** : 현금의 수급이 없고 거래 자체가 완료되지 않아 처리할 계정과목이나 금액이 미확정인 경우 잠정적으로 처리하는 계정이 미결산계정이다.

제 4 절 금융자산

1 금융자산의 의의 중요도 상 중 하

(1) **금융자산이란 현금과 금융상품을 말한다.** 한국채택국제회계기준에서는 금융상품을 보유자에게 금융자산을 발생시키고 동시에 상대방에게 금융부채나 지분상품을 발생시키는 모든 계약으로 정의하였다.

(2) 여기서 계약이란 명확한 경제적 결과를 가지고 법적 구속력을 가지고 있고 자의적으로 회피할 여지가 적은 둘 이상의 당사자 간의 합의를 말하는 것으로 계약에 의하지 않은 자산과 부채는 금융자산, 금융부채가 아니다.

참고

금융자산, 금융부채, 지분상품

① 금융자산(보유자)

㉠ 현금

㉡ 다른 기업의 지분상품

㉢ 다음 중 하나에 해당하는 계약상의 권리
- 거래상대방에게서 현금 등 금융자산을 수취할 계약상의 권리
- 잠재적으로 유리한 조건으로 거래상대방과 금융자산이나 금융부채를 교환하기로 한 계약상의 권리

㉣ 기업이 자신의 지분상품으로 결제되거나 결제될 수 있는 다음 중 하나의 계약
- 수취할 자기지분상품의 수량이 변동 가능한 비파생상품
- 확정 수량의 자기지분상품에 대하여 확정 금액의 현금 등 금융자산을 교환하여 결제하는 방법이 아닌 방법으로 결제되거나 결제될 수 있는 파생상품

② 금융부채(발행자)

㉠ 다음 중 하나에 해당하는 계약상의 의무
- 거래상대방에게 현금 등 금융자산을 인도하기로 계약상 의무
- 잠재적으로 불리한 조건으로 거래상대방과 금융자산이나 금융부채를 교환하기로 한 계약상 의무

㉡ 지분상품으로 결제되거나 결제될 수 있는 다음 중 하나의 계약
- 인도할 지분상품의 수량이 변동 가능한 비파생상품
- 확정수량이 지분상품에 대하여 확정금액의 현금 등 금융자산을 교환하여 결제하는 방법이 아닌 방법으로 결제되거나 결제될 수 있는 파생상품

③ 지분상품(발행자)

기업의 자산에서 모든 부채를 차감한 후의 잔여지분을 나타내는 모든 계약을 말한다.

(3) 금융자산에 해당하는 계정으로는 현금 및 현금성 자산, 매출채권, 미수금, 대여금, 지분상품 및 채무상품 등이 있으며, 금융부채에 해당하는 계정으로는 매입채무, 미지급금, 차입금, 사채 등이 있다.

(4) 반면에 선급금, 선급비용, 재고자산, 유형자산, 무형자산, 투자부동산 등은 비금융자산이라고 할 수 있다.

2 금융자산의 분류

(1) 현금

화폐(현금)는 교환의 수단이므로 금융자산이며, 재무제표에 모든 거래를 인식하고 측정하는 기준이 된다. 현금은 통화, 통화대용증권, 요구불예금으로 구성된다.

(2) 다른 기업의 지분상품

다른 기업이 발행한 주식 등을 취득하여 보유하는 경우 금융자산으로 분류한다.

(3) 금융자산을 수취하거나 잠재적인 유리한 조건으로 금융자산이나 금융부채를 교환할 계약상의 권리

① 매출채권과 매입채무
② 받을어음과 지급어음
③ 대여금과 차입금
④ 투자사채와 사채

(4) 자기지분상품으로 결제될 수 있는 계약

기업이 자기지분상품으로 결제되는 계약을 체결하는 경우 그 대가로 수취하는 자기지분상품은 금융자산으로 분류한다.

3 지분상품 중요도 상중하

(1) 당기손익-공정가치측정 금융자산(FVPL 금융자산)

① 지분상품의 경우 단기매매목적으로 보유한다면 당기손익-공정가치측정 금융자산으로 분류하여야 한다.
② 당기손익-공정가치측정 금융자산은 공정가치로 공시해야 한다.

(2) 기타포괄손익-공정가치측정선택 금융자산(FVOCI 금융자산)

① 지분상품 중에서 최초 인식 시점에 지분상품 중 단기매매항목이 아니고 조건부 대가도 아닌 지분상품을 기타포괄손익-공정가치측정선택 금융자산으로 분류되도록 선택하였다면 기타포괄손익-공정가치측정선택 금융상품으로 분류한다.
② 기타포괄손익-공정가치측정선택 금융자산은 회계기간 말의 공정가치로 평가해서 공시해야 하고, 처분 시에 공정가치평가 수행 후 처분에 대한 회계처리를 함으로써 처분손익이 당기손익으로 인식되지 않는다는 특징이 있다.

4 채무증권 중요도 상중하

참고

채무증권의 분류 기준
채무증권의 경우 사업모형이 계약상 현금흐름을 수취하기 위해 보유한다면 상각후원가측정 금융자산으로 분류하고, 사업모형이 계약상 현금흐름의 수취와 금융자산의 매도 둘 다를 통해 목적을 이루고자 한다면 기타포괄손익-공정가치측정 금융자산으로 분류한다. 또한, 회계불일치의 해소 등 특정한 조건을 충족하는 경우에는 당기손익-금융가치측정 금융자산으로 지정하여 분류할 수 있다.

(1) 상각후원가측정 금융자산(AC 금융자산)

계약조건에 따라 원금과 이자의 현금흐름이 생기는 금융자산에 투자하는 목적은 당해 금융자산을 중도에 매각하려 하기보다는 당해 금융자산의 보유를 통해 관련 이자와 현금을 회수하는 것을 사업목적으로 하는 경우가 일반적이다.

(2) 기타포괄손익-공정가치측정 금융자산(FVOCI 금융자산)

채무증권을 보유하면서 이자와 원금을 수취하고, 상황에 따라 그 채무증권을 매도하여 목적을 이루려는 사업모형의 경우에는 기타포괄손익-공정가치측정 금융자산으로 인식하고 회계기간 말의 공정가치로 평가해서 공시하는 것이 필요하다.

(3) 당기손익-공정가치측정 금융자산(FVPL 금융자산)

서로 다른 기준에 따라 자산이나 부채를 측정하거나 그에 따른 손익을 인식하는 경우에 측정이나 인식의 불일치(회계불일치)가 발생할 수 있는데 이때 금융자산을 당기손익-공정가치측정 금융자산으로 분류하여 이러한 불일치를 제거하거나 유의적으로 줄일 수 있다면 최초 인식 시점에 해당 금융자산을 당기손익-공정가치측정 금융자산으로 지정할 수 있다.

5 금융부채

(1) 다음 중 하나에 해당하는 계약상 의무

① 거래상대방에게 현금 등 금융자산을 인도하기로 한 계약상 의무

② 잠재적으로 불리한 조건으로 거래상대방과 금융자산이나 금융부채를 교환하기로 한 계약상 의무

(2) 자기지분상품(자기주식)으로 결제되거나 결제될 수 있는 다음 중 하나의 계약

① 인도할 자기지분상품의 수량이 변동 가능한 비파생상품

② 확정 수량의 자기지분상품에 대하여 확정 금액의 현금 등 금융자산을 교환하여 결제하는 방법이 아닌 방법으로 결제되거나 결제될 수 있는 파생상품

(3) 금융부채의 최초 측정 및 후속측정

① **금융부채의 최초 측정** : 금융부채는 최초 인식 시 공정가치로 측정한다. 다만, 당기손익-공정가치측정 금융부채가 아닌 경우 당해 금융부채의 발행과 직접 관련되는 거래원가는 최초 인식하는 공정가치에 차감하여 측정한다.

② **금융부채의 후속측정** : 최초 인식 후 다음을 제외한 모든 금융부채는 유효이자율법을 사용하여 상각후원가로 측정한다.

㉠ 당기손익-공정가치측정 금융부채

㉡ 금융자산의 양도가 제거조건을 충족하지 못하거나 지속적 관여 접근법이 적용되는 경우에 생기는 금융부채

㉢ 금융보증계약

㉣ 시장이자율보다 낮은 이자율로 대출하기로 한 약정

㉤ 사업결합에서 취득자가 인식하는 조건부 대가

참고

유효이자율법

유효이자율법이란 금융부채의 상각후원가를 계산하고 관련 기간에 걸쳐 이자비용을 배분하는 방법으로 금융부채는 상각후원가로 측정한다. 즉, 유효이자율법에 따라 이자비용을 인식하며 발행차금을 상각하여 후속측정된 장부가액을 계산한다.

제 5 절 재고자산

1 재고자산의 의의와 상품의 특수한 매매

(1) 재고자산의 의의

① 재고자산이란 기업의 정상적인 영업활동에서 판매를 목적으로 보유하는 실물자산으로서 이에는 **상품, 제품, 반제품, 재공품, 원재료, 저장품** 등이 있다.

② 재고자산의 매입원가는 매입가격에 수입관세와 제세금(과세당국으로부터 추후 환급받을 수 있는 금액은 제외), 매입운임, 하역료 그리고 완제품, 원재료 및 용역의 취득과정에 직접 관련된 기타 원가를 가산한 금액이다.

③ 매입할인, 리베이트 및 기타 유사한 항목은 매입원가를 결정할 때 차감한다.

④ 재고자산은 기말에 **개별법, 선입선출법, 이동평균법, 총평균법** 등을 적용하여 평가한다.

⑤ 기업회계기준에서는 시가와 취득원가를 비교하여 시가가 취득원가보다 낮은 경우 시가로 평가하는 **저가기준**에 의한 재고자산 평가방법을 택하고 있다.

참고

제조업의 재고자산

① 제조업을 영위하는 기업의 재고자산은 주로 원재료, 재공품 및 제품으로 구성된다.
② 제조업을 영위하는 기업은 원재료가 생산과정에 투입되어 재공품으로 전환되고, 생산과정이 완료되면 재공품이 제품으로 대체되며, 제품이 판매될 때 매출원가로 대체된다.
③ 원재료가 제품으로 전환되는데 소요되는 원가를 전환원가라고 한다.
④ 전환원가는 직접노무원가 등 생산량과 직접 관련된 원가와 고정 및 변동 제조간접원가의 체계적인 배부액을 포함한다.
⑤ 변동제조간접원가는 간접재료원가나 간접노무원가처럼 생산량에 따라 직접적으로 또는 거의 직접적으로 변동하는 제조원가를 말한다.
⑥ 고정제조간접원가는 공장 건물이나 기계장치의 감가상각비와 수선유지비 및 공장 관리비처럼 생산량과 상관없이 비교적 일정한 수준을 유지하는 간접 제조원가를 말한다.

(2) 상품의 특수한 매매 중요도 상중하

① **미착상품** : 멀리 떨어진 지역으로부터 상품을 매입하는 경우 상품이 도착하지 않은 상태에서 화물인수증이나 선하증권 등과 같은 화물대표증권을 통해 매입한다. 이때 운반 중에 있는 상품을 미착상품이라 한다. 미착상품은 상품은 도착하지 않았지만 이미 소유권은 매입자에게 있는 것이 일반적이다.
② **위탁판매** : 특정 지역에 유통망이 없으면 그 지역 판매업자에게 상품의 판매를 부탁할 수 있다. 이렇게 타인에게 상품의 판매를 위탁하여 판매하는 것을 위탁판매라고 한다. 위탁판매를 위해서 특정 지역의 판매자(수탁자)에게 옮겨진 상품을 적송품이라 한다.
③ **시용판매** : 고객이 상품을 시험적으로 사용해 보고 매입의사를 표시하면 매출로 인식하는 판매를 시용판매라고 한다. 시용판매에서 상품은 고객에게 인도되었지만 고객이 시험 사용 중인 상품을 시용품(시송품)이라 한다.
④ **할부판매** : 상품의 판매대금을 여러 차례로 분할하여 받는 조건으로 판매하는 것을 할부판매라고 한다. 할부판매는 인도시점에서 매출로 인식한다.
⑤ **반품률이 높은 재고자산** : 반품률이 높은 상품판매의 경우에는 반품률의 합리적 추적 가능성 여부에 따라 재고자산의 포함여부를 결정한다. 따라서 반품률을 과거의 경험 등에 의하여 합리적으로 추적 가능한 경우에는 상품 인도시점에 반품률을 적절히 반영하여 판매된 것으로 보아 판매자의 재고자산에서 제외한다. 그러나 반품률을 합리적으로 추정할 수 없는 경우에는 구매자가 상품인수를 수락하거나 반품기간이 종료된 시점까지는 판매자의 재고자산에 포함한다.

참고

재매입약정 판매

재매입약정은 자산을 판매하고 그 자산을 다시 사기로 약속하거나 다시 살 수 있는 선택권을 갖는 계약이다. 회사가 판매한 자산을 원래 판매가격보다 낮은 금액으로 다시 사는 계약이라면 리스로 회계처리하고, 회사가 판매한 자산을 원래 판매가격 이상의 금액으로 다시 사는 계약이라면 금융약정(금전대차거래)으로 회계처리한다. 이러한 경우에는 판매로 보지 아니하므로 회사의 재고자산에 포함시켜야 한다.

2 재고자산의 평가방법 중요도 상중하

(1) 재고자산의 수량결정

① **실지재고조사법**

㉠ 실지재고조사법은 기중 입고와 출고가 발생할 때마다 상품계정에 기록하지 않고 기말에 실사를 통해 파악된 **기말재고수량**을 파악하여 **판매가능수량** 중 기말재고수량을 제외한 나머지는 판매되거나 사용된 것으로 간주하는 방법이다.

㉡ 장점은 편리하고 저가품인 다량의 상품취급업체에 적합하나, 단점으로 기말재고조사의 실시로 영업에 지장을 줄 수 있고 재고감모손실이 매출원가에 포함된다는 점이다.

② **계속기록법**

㉠ 계속기록법은 재고자산의 입·출고 시점마다 구입수량, 단가 및 금액에 대한 기록을 계속적으로 관리하는 방법으로 이는 **당기판매가능수량** 중에서 당기에 실제로 판매된 수량을 차감하여 **기말재고수량**을 계산하는 방법이다.

㉡ 장점은 재고감모손실이 매출원가에 포함되지 않고 통제목적에 적합한 반면, 단점은 창고의 재고액을 알 수 없고 번잡하며 외부보고목적에 부적합하다는 점이다.

(2) 재고자산의 단가결정

① **개별법** : 가장 이상적인 방법으로 구입 시 상품마다 가격표를 붙여 두었다가 출고될 때 가격에 표시된 매입가격을 개별수익에 대응하도록 하는 방법이다. 특수한 경우(보석류)를 제외하고는 적용하기 어렵다.

② **선입선출법** : 선입선출법(FIFO)은 먼저 매입된 것이 먼저 팔린다는 가정에 따라 최근에 매입한 것이 기말재고자산으로 남고 먼저 매입한 것이 매출원가를 구성하므로 물가상승 시 당기순이익이 과대계상되고 기말재고자산도 과대계상된다.

③ **총평균법**

㉠ 총평균법은 1년 동안의 재고자산 원가를 가중평균하여 단가를 결정하는 방법으로 총매입원가를 총매입수량으로 나눠 단위당원가를 계산하는 방법이다.

㉡ 총평균법은 장부를 계속 기록하지 않아도 평균단가를 산출하므로 실지재고조사법의 경우에 사용한다.

㉢ 실지재고조사법은 매입과 매출의 순서에 관계없이 가중평균하여 평균단가를 한번 결정하므로 총평균법의 적용은 재고실사법과 일치한다.

④ **이동평균법**

㉠ 이동평균법은 재고자산의 매입 시마다 현재까지의 총매입원가를 총수량으로 나누어 재고자산의 단위당원가로 계산하는 방법이다.

㉡ 이동평균법하에서 평균단가는 매입이 발생할 때마다 산출된다.

㉢ 이동평균법은 장부를 계속 기록하면서 단가를 구하므로 계속기록법에서만 사용할 수 있다.

㉣ 계속기록법하에서 평균법을 적용하여 재고자산의 가액을 결정하면 매출이 있을 때마다 매출원가가 계산된다.

참고

재고자산의 원가흐름의 가정 비교(물가상승 가정)

① 당기순이익의 크기: 후입선출법 〈 총평균법 〈 이동평균법 〈 선입선출법
② 매출원가의 크기: 선입선출법 〈 이동평균법 〈 총평균법 〈 후입선출법
③ 기말재고액의 크기: 후입선출법 〈 총평균법 〈 이동평균법 〈 선입선출법
→ 선입선출법은 실지재고조사법이나 계속기록법 중에서 어떠한 방법을 선택하더라도 매출원가와 기말재고의 금액이 동일하다.

(3) 재고자산의 저가평가

① 기말재고자산 평가 시 저가법을 적용하는데, **저가법이란 취득원가와 공정가액을 비교하여 낮은 가액으로 평가하는 방법**을 말한다.

② 재고자산의 원가를 회수하기 어려울 수 있는 경우인 물리적으로 손상된 경우, 완전히 또는 부분적으로 진부화된 경우, 판매가격이 하락한 경우, 완성하거나 판매하는 데 필요한 원가가 상승한 경우에는 재고자산의 장부가액과 순실현가치와의 차이인 재고자산평가손실을 인식한다.

③ 재고자산평가손실은 발생한 기간에 비용으로 인식하며 재고자산을 순실현가치로 감액한다.

④ 순실현가능가치란 정상적인 영업과정의 예상판매가격에서 예상되는 추가완성원가와 판매비용을 차감한 금액을 의미하며, 정상적인 영업과정에서 재고자산의 판매를 통해 실현할 것으로 기대하는 순매각금액을 말한다.

⑤ 재고자산을 순실현가치로 감액하는 저가법은 **항목별**로 적용한다.

⑥ 저가법 적용 시 경우에 따라서 서로 유사하거나 관련 있는 항목들을 **통합**하여 적용하는 것이 적절할 수 있다.

⑦ 완성될 제품이 원가 이상으로 판매될 것으로 예상하는 경우에는 그 생산에 투입하기 위해 보유하는 원재료 및 기타 소모품을 감액하지 아니한다.

⑧ 원재료가격이 하락하여 제품의 원가가 순실현가능가치를 초과할 것으로 예상된다면 해당 원재료를 순실현가능가치로 감액한다. 이 경우 원재료의 현행대체원가는 순실현가능가치에 대한 최선의 이용가능한 측정치가 될 수 있다.

⑨ 매 후속기간에 순실현가능가치의 변동으로 순실현가능가치가 상승한 명백한 증거가 있는 경우에는 최초의 장부금액을 초과하지 않는 범위 내에서 평가손실을 환입한다. 그 결과 새로운 장부금액은 취득원가와 수정된 순실현가능가치 중 작은 금액이 된다.

(4) 재고자산감모손실 및 재고자산평가손실

① 재고자산감모손실

㉠ 재고를 조사한 결과 보관중의 파손, 분실, 도난 등의 원인으로 인하여 장부상의 재고액과 실지재고액이 일치하지 않는 경우 동 차액을 재고자산감모손실이라 한다.

㉡ 이 경우에는 재고자산감모손실계정을 설정하여 그 차변에 기입하고 동시에 장부잔액을 그만큼 감소시킨다.

㉢ 정상적으로 발생하는 감모손실은 **매출원가**에 가산하고, 비정상적으로 발생하는 감모손실은 **기타비용(영업외비용)**으로 분류한다.

㉣ 정상감모손실은 재고자산의 매입이나 제조과정에서 회피 불가능한 지출을 의미한다.

② **재고자산평가손실**

㉠ 실지재고액의 시가가 취득원가보다 하락한 경우에는 그 차액을 재고자산평가손실이라 한다.

㉡ 이 경우에는 재고자산평가손실계정을 설정하여 그 차변에 기입하고 역시 장부잔액을 그만큼 감소시킨다.

㉢ 기업회계기준에서는 저가기준을 적용할 때 재고자산의 취득원가와 비교되는 공정가치는 순실현가능가치(예상판매가격 − 예상처분비용)로 평가하도록 하고 있다.

㉣ 재고자산평가손실이 발생하는 경우 재고자산평가손실충당금(누계액)은 재고자산의 차감적 평가계정으로 표시하고 재고자산평가손실은 **매출원가**에 가산한다.

참고

재고자산의 추정

① 매출총이익률법

㉠ 매출총이익률법은 기초재고액에 당기매입액을 가산한 금액인 판매가능 재고자산이 회계처리의 대상이 되고, 판매된 재고자산의 원가는 매출원가가 되며, 판매되지 않은 재고자산의 원가는 기말재고액이 된다는 가정에 근거하여 계산된다.

㉡ 매출액에 원가율(= 1 − 매출총이익률)을 곱하여 매출원가를 추정하고 판매가능 재고자산에서 추정 매출원가를 차감하여 기말재고액을 추정한다.

② 매출가격환원법

㉠ 매출가격환원법은 소매재고법이라고도 하며, 소매업을 전문으로 하는 백화점이나 슈퍼마켓 등에서 많이 적용되는 방법이다.

㉡ 이 방법에서는 매출가격으로 계산된 기말재고액에 원가율을 곱하여 원가기준의 기말재고액을 계산하게 된다.

제 6 절 유형자산

1 유형자산의 의의

(1) 유형자산은 재화의 생산, 용역의 제공, 타인에 대한 임대 또는 자체적으로 사용할 목적으로 보유하는 것으로, 물리적 형체가 있으며 1년을 초과하여 사용되는 자산을 말한다.

(2) 유형자산으로는 토지, 건물, 구축물, 선박, 차량운반구, 공구와 기구, 비품, 건설 중인 자산 등이 있는데 이중 토지와 건설 중인 자산은 비상각 자산이다.

(3) 유형자산은 구입, 제작 또는 건설, 현물출자, 교환, 증여, 무상취득 등 여러 가지 형태로 취득한다.

(4) 유형자산을 취득하는 시점에서 장부에 기록해야 할 유형자산의 가치는 자산가치를 가장 객관적으로 측정할 수 있는 취득원가로 기록하는 것을 원칙으로 하고 있다.

(5) 유형자산의 취득원가는 순수구입대금에 부대비용을 가산하는데, 부대비용은 본래 의도한 용도에 적합한 상태에 이르기까지 발생한 모든 비용을 의미한다.

2 유형자산의 취득

(1) 구입에 의한 취득

① 유형자산을 취득하는 시점에서 장부에 기록해야 할 유형자산의 가치는 자산가치를 가장 객관적으로 측정할 수 있는 취득원가로 기록하는 것을 원칙으로 하고 있다.
② 취득원가는 구입원가 또는 제작원가 및 경영진이 의도하는 방식으로 자산을 가동하는 데 필요한 장소와 상태에 이르게 하는 데 직접 관련되는 원가를 말한다.
③ 자산의 취득과정에서 발생한 매입에누리와 환출 및 매입할인이 있는 경우에는 이를 취득원가에서 차감한다.

참고

취득원가에 포함할 항목
① 설치장소 준비를 위한 지출
② 외부 운송 및 취급비용
③ 설치비
④ 설계와 관련하여 전문가에게 지급하는 수수료
⑤ 유형자산의 취득과 관련하여 국·공채 등을 불가피하게 매입하는 경우 해당 채권의 매입금액과 회계기준에 따라 평가한 현재가치와의 차액
⑥ 자본화대상인 차입원가
⑦ 취득세 등 유형자산의 취득과 직접 관련된 제세공과금
⑧ 해당 유형자산의 경제적 사용이 종료된 후 원상회복을 위하여 그 자산을 제거·해체하거나 또는 부지를 복원하는데 소요될 것으로 추정되는 원가가 충당부채의 인식요건을 충족하는 경우 그 지출의 현재가치
⑨ 유형자산이 정상적으로 작동되는지 여부를 시험하는 과정에서 발생하는 원가. 단, 시험과정에서 생산된 재화의 순매각금액은 당해 원가에서 차감한다.

(2) 자가제작과 자가건설에 의한 취득

① 유형자산을 기업 스스로 제작하거나 건설하는 경우에는 제작과 건설에 소요되는 모든 직접재료비 및 직접노무비뿐만 아니라 건설 및 제작에 관련하여 발생하는 모든 간접비도 유형자산의 취득원가로 계상한다.

② 건설 또는 제작에 소요된 재료비, 노무비, 경비 등의 지출액은 우선 건설 중인 자산 계정으로 처리한 후 건설 또는 제작이 완료된 시점에 해당 유형자산 계정으로 대체한다.

③ 자가건설에 따른 내부이익과 자가건설 과정에서 원재료, 인력 및 기타 자원의 낭비로 인한 비정상적인 원가는 취득원가에 포함하지 않는다.

(3) 주식발행에 의한 취득

① 주식을 발행하여 유형자산을 구입한 경우에 유형자산을 판매한 자에게 **교부한 주식의 발행가격**을 기준으로 취득원가를 계상하도록 하고 있다.

② 현물출자를 통해 취득한 유형자산의 취득원가는 교부한 주식의 공정가치를 기초로 한다고 볼 수 있다.

(4) 교환에 의한 취득

① **동종자산과의 교환**

㉠ 동일한 업종 내에서 유사한 용도로 사용되고 공정가치가 비슷한 동종자산과의 교환으로 유형자산을 취득하거나, 동종자산에 대한 지분과의 교환으로 유형자산을 양도하는 경우에는 제공된 유형자산으로부터의 수익창출과정이 아직 완료되지 않았기 때문에 교환에 따른 거래손익을 인식하지 않아야 하며, 교환으로 받은 자산의 취득원가는 교환으로 **제공한 자산의 장부금액**으로 한다.

㉡ 교환되는 동종자산의 공정가치가 유사하지 않은 경우에는 거래조건의 일부로 현금과 같은 다른 종류의 자산이 포함될 수 있다.

㉢ 교환에 포함된 현금 등의 금액이 유의적이라면 동종자산의 교환으로 보지 않는다.

② **이종자산과의 교환**

㉠ 기업이 현재 소유하고 있는 유형자산을 양도하면서 이종의 유형자산을 교환하여 취득하는 경우가 있는데 이때 다른 종류의 자산과의 교환으로 취득한 유형자산의 취득원가는 교환을 위하여 **제공한 자산의 공정가치**로 측정한다.

㉡ 교환을 위하여 제공한 자산의 공정가치가 불확실한 경우에는 교환으로 취득한 자산의 공정가치를 취득원가로 할 수 있다.

㉢ 자산의 교환에 현금수수액이 있는 경우에는 현금수수액을 반영한 공정가치로 취득원가를 결정한다.

(5) 일괄취득

① 둘 이상의 유형자산을 일괄취득하는 경우 개별 자산의 취득원가는 일괄취득원가를 각 자산의 **공정가치비율**로 안분하여 계산한다.

② 토지와 건물을 모두 사용할 목적으로 일괄취득하는 경우에는 일괄취득원가에 취득세, 중개수수료 등 취득부대원가를 가산한 금액을 토지와 건물의 공정가치비율로 안분하여 계산한다.

③ 취득 후 건물을 철거하고 토지만 사용할 목적으로 일괄취득한 경우 일괄취득원가 전액이 토지의 취득원가이다.

(6) 정부보조에 의한 취득

① 정부보조금이란 기업의 영업활동과 관련하여 과거나 미래에 일정한 조건을 충족하였거나 충족할 경우 기업에게 자원을 이전하는 형식의 정부지원을 말하는 것으로 보상금, 조성금 또는 장려금 등의 명칭으로도 불리기도 한다.

② 합리적으로 가치를 산정할 수 없는 정부지원과 기업의 정상적인 거래와 구분할 수 없는 정부와의 거래는 제외한다.

③ 자산 관련 정부 보조금은 재무상태표에 이연수익으로 표시하거나 자산의 장부금액을 결정할 때 차감하여 표시한다.

④ 수익 관련 정부 보조금은 당기손익의 일부로 별도의 계정이나 기타수익과 같은 일반계정으로 표시하거나 관련 비용에서 보조금을 차감하는 회계처리를 할 수도 있다.

3 유형자산 후속원가의 발생

(1) 자본적 지출과 수익적 지출 중요도 상중하

① 자본적 지출은 당해 유형자산의 미래 경제적 효익을 증가시키는 지출로 자산으로 회계처리한다.

② 자본적 지출에는 증설, 개량, 엘리베이터 설치, 냉·난방장치의 설치 등이 있다.

③ **수익적 지출**은 당해 유형자산의 성능수준을 **원상회복**하거나 **능률**을 **유지**하기 위한 지출로 발생시점에 비용으로 회계처리한다.

④ 수익적 지출에는 수선, 소액의 지출, 건물의 도장, 소모된 부속품이나 벨트의 교체 등이 있다.

참고

자본적 지출과 수익적 지출의 구분

자본적 지출	수익적 지출
① 생산용량의 증대 혹은 시설확장을 위한 지출 ② 생산능률을 향상시켜 원가를 실질적으로 감소시키는 지출 ③ 유형자산의 내용연수를 연장시키는 지출	① 수선유지를 위한 경상적 지출 ② 일정금액 이하 소액지출 ③ 본래의 정상적 기능을 유지·발휘시키는 지출 ④ 비능률적이거나 비합리적인 지출

(2) 후속측정(재평가) 중요도 상중하

① 기업은 보유하고 있는 유형자산에 대하여 **원가모형**이나 **재평가모형** 중 하나를 회계정책으로 선택하여 유형자산 분류별로 동일하게 적용한다.

② **원가모형** : 최초 인식 후에 유형자산은 원가에서 감가상각누계액과 손상차손누계액을 차감한 금액을 장부금액으로 한다.

③ **재평가모형** : 최초 인식 후에 공정가치를 신뢰성 있게 측정할 수 있는 유형자산은 재평가일의 공정가치에서 이후의 감가상각누계액과 손상차손누계액을 차감한 재평가금액을 장부금액으로 한다. 재평가는 보고기간 말에 자산의 장부금액이 공정가치와 중요하게 차이가 나지 않도록 주기적으로 수행한다.

4 유형자산의 감가상각 중요도 상중하

참고

감가상각의 의미

유형자산은 시간이 경과하거나 사용 정도에 따라 일정기간 후에는 그 가치가 소멸되어 기업에 더 이상 경제적 효익을 제공하지 못한다. 따라서 기업은 유형자산의 취득원가를 수익에 대응시키기 위하여 합리적이고 체계적인 방법에 따라 배분하여야 하는데, 이러한 절차를 감가상각이라 한다.

(1) 정액법

- 감가상각비 = (취득원가 - 잔존가액) × 상각률
- 상각률 = 1 ÷ 내용연수

(2) 정률법

- 감가상각비 = (취득원가 - 감가상각누계액) × 상각률
- 미상각잔액 = 취득원가 - 감가상각누계액
- 정률 = $1 - \sqrt[n]{\frac{잔존가치}{취득원가}}$ (n = 내용연수)

(3) 생산량비례법

- 감가상각비 = (취득원가 - 잔존가액) × 당기실제생산량 ÷ 추정총생산량

(4) 연수합계법

• 감가상각비 = (취득가액 – 잔존가액) × 잔여내용연수 ÷ 내용연수의 급수 합계
• 내용연수의 급수 합계 = 내용연수 × (1 + 내용연수) ÷ 2

(5) 이중체감잔액법

• 감가상각비 = 유형자산의 미상각잔액(장부금액) × 감가상각률
= (취득원가 - 감가상각누계액) × 감가상각률
• 상각률 = (1 ÷ 내용연수) × 2

5 유형자산의 처분

(1) 유형자산을 매각하거나 영구적으로 폐기하여 미래 경제적 효익이 기대하지 못할 때 장부상에서 제거한다.

(2) 처분과 관련하여 발생하는 계정과목은 유형자산처분손익(영업외손익)이 발생한다.

제 7 절 무형자산

1 무형자산의 의의 및 종류

(1) 무형자산의 의의

① 무형자산이란 재화의 생산이나 용역의 제공, 타인에 대한 임대 또는 관리에 사용할 목적으로 기업이 보유하고 있으며, 물리적 형체가 없지만 식별 가능하고 기업이 통제하고 있으며 미래 경제적 효익이 있는 비화폐성 자산을 말한다.

② 무형자산에는 산업재산권, 라이선스와 프랜차이즈, 저작권, 컴퓨터소프트웨어, 개발비, 임차권리금, 광업권 및 어업권 등이 포함된다.

(2) 무형자산의 종류 중요도 상 중 하

① **산업재산권**

㉠ 일정기간 독점적·배타적으로 이용할 수 있는 권리로서 **특허권, 실용신안권, 의장권, 상표권 등**을 말한다.

㉡ 특허권은 신기술이나 신제품 등의 특정 발명이 특허법에 등록되어 기업이 일정기간 독점적·배타적으로 사용할 수 있는 권리를 말한다.

㉢ 실용신안권, 의장권 및 상표권은 각기 특정고안, 특정의장 및 특정상표를 관련법에 등록하여 소유자가 일정기간 독점적으로 사용할 수 있는 무형의 법적 권리를 말한다.

㉣ 상호권은 상인이 타인의 방해를 받지 않고 상호를 사용하며, 타인이 부정하게 상호를 사용하는 것을 막을 수 있는 권리를 말한다.

② **라이선스** : 라이선스는 특정 기술이나 지식을 일정기간 동안 이용할 수 있는 권리를 말한다.

③ **프랜차이즈** : 프랜차이즈는 일정한 지역 내에서 특정한 상품을 독점적으로 판매하거나 용역을 독점적으로 사용할 수 있는 권리를 말한다.

④ **광업권** : 광업권은 광업법에 의하여 등록된 일정한 광구에서 등록을 한 광물과 그 광산에 같이 있는 다른 광물을 채굴하여 취득할 수 있는 권리를 말한다.

⑤ **어업권** : 어업권은 수산업법에 의하여 등록된 일정한 수면에서 독점적·배타적으로 어업을 경영할 권리를 말한다.

⑥ **차지권** : 차지권은 임차료 또는 지대를 지급하고 타인이 소유하는 토지를 사용하여 수익을 얻을 수 있는 권리를 말한다.

⑦ **저작권** : 저작권이란 특정한 저작물을 독점적·배타적으로 사용할 수 있는 권리를 말한다.

⑧ **컴퓨터 소프트웨어** : 무형자산의 인식조건을 충족하는 소프트웨어를 구입하여 사용하는 경우 동 구입비용은 컴퓨터 소프트웨어의 과목으로 하여 무형자산으로 처리한다.

⑨ **영업권**

㉠ 영업권은 기업을 경영하는 가운데 이루어진 정상적인 수익력을 초과하는 **초과수익력**을 의미한다.

㉡ 기업회계기준서 제1103호 '사업결합'에서 영업권은 매수취득(사업결합매수)한 영업권만 인정한다. 즉, **내부적으로 창출한 영업권은 인정하지 않는다.**

㉢ 영업권의 손상차손은 인식하지만 손상차손의 환입은 인정하지 않는다. 이는 금액의 신뢰성 있는 추정이 어렵기 때문이다.

⑩ **개발비**

㉠ 개발비는 신제품·신기술 등의 개발과 관련하여 발생한 비용으로서 개별적으로 식별이 가능하고 미래의 경제적 효익을 확실하게 기대할 수 있는 것이다.

㉡ 내부적으로 창출한 무형자산이 인식기준을 충족하는지를 평가하기 위하여 무형자산의 창출과정을 연구단계와 개발단계로 구분한다.

㉢ 무형자산을 창출하기 위한 내부 프로젝트를 연구단계와 개발단계로 구분할 수 없는 경우에는 그 프로젝트에서 발생한 지출이 모두 **연구단계**에서 발생한 것으로 본다.

㉣ 연구단계에서 발생하는 무형자산은 인식하지 않는다. 즉, 연구단계에 대한 지출은 발생시점에 비용으로 인식한다.

㉤ **연구비는 판매비와 관리비로 처리한다.**

ⓗ 개발단계는 연구단계보다 훨씬 더 진전되어 있는 상태이기 때문에 어떤 경우에는 내부 프로젝트의 개발단계에서는 무형자산을 식별할 수 있으며, 그 무형자산이 미래 경제적 효익을 창출할 것임을 제시할 수 있다.

ⓢ 개발비는 비경상개발비와 경상개발비로 나뉜다.

ⓞ 무형자산으로 계상되는 개발비에는 비경상개발비만 계상되고, 경상개발비는 판매비와 관리비로 계상하도록 하고 있으나, 제조와 관련한 경상개발비는 제조경비로 처리된다.

참고

연구활동과 개발활동의 사례

연구활동	개발활동
① 새로운 지식을 얻고자 하는 활동 ② 연구결과나 기타 지식을 탐색, 평가, 최종 선택, 응용하는 활동 ③ 재료, 장치, 제품, 공정, 시스템이나 용역에 대한 여러 가지 대체안을 탐색하는 활동 ④ 새롭거나 개선된 재료, 장치, 제품, 공정, 시스템이나 용역에 대한 여러 가지 대체안을 제안, 설계, 평가, 최종 선택하는 활동	① 생산이나 사용 전의 시제품과 모형을 설계, 제작, 시험하는 활동 ② 새로운 기술과 관련된 공구, 주형, 금형 등을 설계하는 활동 ③ 상업적 생산 목적으로 실현 가능한 경제적 규모가 아닌 시험공장을 설계, 건설, 가동하는 활동 ④ 신규 또는 개선된 재료, 장치, 제품, 공정, 시스템이나 용역에 대하여 최종적으로 선정된 안을 설계, 제작, 시험하는 활동

참고

개발단계에서 발생한 지출을 무형자산으로 인식하기 위한 요건(모두 충족해야 함)

① 무형자산을 사용하거나 판매하기 위해 그 자산을 완성할 수 있는 기술적 실현 가능성
② 무형자산을 완성하여 사용하거나 판매하려는 기업의 의도
③ 무형자산을 사용하거나 판매할 수 있는 기업의 능력
④ 무형자산이 미래 경제적 효익을 창출하는 방법. 그 중에서도 특히 무형자산의 산출물이나 무형자산 자체를 거래하는 시장이 존재함을 제시할 수 있거나 또는 무형자산을 내부적으로 사용할 것이라면 그 유용성을 제시할 수 있어야 한다.
⑤ 무형자산의 개발을 완료하고 그것을 판매하거나 사용하는 데 필요한 기술적·재정적 자원 등의 입수 가능성
⑥ 개발과정에서 발생한 무형자산 관련 지출을 신뢰성 있게 측정할 수 있는 기업의 능력

2 무형자산의 상각

(1) 무형자산의 상각이란 유형자산의 감가상각과 마찬가지로 무형자산의 원가와 효익을 체계적으로 대응시키는 과정이다.

(2) 무형자산을 상각할 경우에는 일반적으로 **정액법**이 사용된다.

(3) 기업회계기준에서는 무형자산의 상각방법으로 합리적인 방법을 선택하여 적용하도록 하고 있으며, 합리적인 상각방법을 정할 수 없는 경우에는 정액법을 사용하여 당해 무형자산의 사용 가능한 시점부터 합리적인 기간 동안 상각하도록 하고 있다.

참고

무형자산의 내용연수

① 내용연수가 유한한 경우 상각을 수행한다.
② 내용연수가 비한정인 경우 상각하지 않으며, 매년 또는 무형자산의 손상을 시사하는 징후가 있을 때 손상검사를 수행한다.
③ 내용연수가 비한정인 무형자산의 내용연수를 유한으로 변경하는 것은 회계추정의 변경으로 회계처리한다.

3 인식 후의 측정 중요도 상 중 하

(1) 무형자산의 회계정책으로 **원가모형**이나 **재평가모형**을 선택할 수 있다.

(2) **원가모형** : 최초 인식 후에 무형자산은 원가에서 상각누계액과 손상차손누계액을 차감한 금액을 장부금액으로 한다.

(3) **재평가모형** : 최초 인식 후에 무형자산은 재평가일의 공정가치에서 이후의 상각누계액과 손상차손누계액을 차감한 재평가금액을 장부금액으로 한다. 공정가치는 활성시장을 기초로 하여 측정한다. 보고기간 말에 자산의 장부금액이 공정가치와 중요하게 차이가 나지 않도록 주기적으로 재평가를 실시한다.

4 무형자산의 제거

(1) 처분하는 때 또는 사용이나 처분을 통하여 미래 경제적 효익이 기대되지 않을 때 무형자산을 제거 또는 폐기한다.

(2) 무형자산의 제거로 인하여 발생하는 이익이나 손실은 순매각가액과 장부금액의 차이로 결정한다. 그 이익이나 손실은 자산을 제거할 때 당기손익으로 인식한다.

제 8 절 투자부동산

1 투자부동산의 정의 및 인식기준

(1) 투자부동산의 정의 중요도 상중하

① 투자부동산이란 **임대수익**이나 **시세차액** 또는 두 가지 모두를 얻기 위하여 소유자나 금융리스의 이용자가 보유하고 있는 부동산을 말한다.

② 투자부동산이란 임대수익이나 시세차익을 위해 보유하는 자산이므로 같은 형태의 부동산이라 해도 부동산매매업에서 판매를 목적으로 보유하는 부동산은 재고자산으로 분류되며, 자가사용부동산의 경우에는 유형자산으로 분류하여야 한다.

참고

투자부동산 해당 여부

투자부동산에 해당하는 항목의 예	투자부동산에 해당하지 않는 항목의 예
① 장기 시세차익을 얻기 위하여 보유하고 있는 토지 ② 장래 사용목적을 결정하지 못한 채로 보유하고 있는 토지 ③ 직접 소유(또는 금융리스를 통해 보유)하고 운용리스로 제공하고 있는 건물 ④ 운용리스로 제공하기 위하여 보유하고 있는 미사용 건물 ⑤ 미래에 투자부동산으로 사용하기 위하여 건설 또는 개발 중인 부동산	① 정상적인 영업과정에서 판매하기 위한 부동산이나 이를 위하여 건설 또는 개발 중인 부동산 ② 제3자를 위하여 건설 또는 개발 중인 부동산(건설계약) ③ 자가사용부동산 ④ 금융리스로 제공한 부동산

(2) 인식 후의 측정 중요도 상중하

① 투자부동산의 후속측정에는 **원가모형**이나 **공정가치모형** 중 하나를 선택하여 모든 투자부동산에 적용해야 한다.

② **원가모형**: 원가모형에 의하여 측정하는 투자부동산 중 감가상각대상자산은 유형자산과 마찬가지로 감가상각을 하여야 하고 투자부동산의 공정가치는 주석으로 공시해야 한다.

③ **공정가치모형**: 공정가치모형의 개념은 주로 공정가치가 투자부동산의 경영성과를 가장 목적 적합하고 투명하게 보여준다는 관점에 기초하기 때문에 공정가치모형을 적용하였을 경우 투자부동산이 공정가치 변동으로 발생하는 손익은 발생한 기간의 당기손익에 반영하며, 감가상각은 적용하지 않는다.

(3) 계정대체

① **자가사용의 개시** : 투자부동산을 자가사용부동산으로 대체함
② **자가사용의 종료** : 자가사용부동산을 투자부동산으로 대체함
③ **정상적인 영업과정에서 판매하기 위한 개발의 시작** : 투자부동산을 재고자산으로 대체함
④ **제3자에게 운용리스 제공** : 재고자산을 투자부동산으로 대체함
⑤ **건설이나 개발의 완료** : 건설 중인 자산(유형자산)을 투자부동산으로 대체함

2 투자부동산의 제거

(1) 투자부동산의 제거란 투자부동산을 처분하거나 투자부동산의 사용을 영구히 중지하고 처분으로도 더 이상의 경제적 효익을 기대할 수 없는 경우에는 제거한다.

(2) 투자부동산의 폐기나 처분으로 발생하는 손익은 순처분금액과 장부금액의 차액이며 폐기나 처분이 발생한 기간에 당기손익으로 인식한다.

(3) 처분대가는 공정가치로 인식하며, 지급이 이연되는 경우 수취하는 대가의 현금등가액으로 인식하고 명목금액과 현금등가액의 차이는 대금회수기간 동안 이자수익으로 인식한다.

OX로 점검하자

제 1 절 자산의 본질과 분류

※ 다음 지문의 내용이 맞으면 O, 틀리면 ×를 체크하시오. [1~5]

01 정상적인 영업주기 내에 판매되거나 사용되는 재고자산과 회수되는 매출채권 등은 보고기간 종료일로부터 1년 이내에 실현되어야 유동자산으로 분류할 수 있다. ( )

02 장기미수금 등의 비유동자산 중 1년 이내에 실현되는 부분은 유동자산으로 다시 분류한다. ( )

03 장기적인 투자수익을 목적으로 보유하는 주식이나 채권 등의 금융자산은 투자자산에 속한다. ( )

04 무형자산은 물리적 형체가 없지만 식별 가능하고, 기업이 통제하고 있는 미래 경제적 효익을 창출하는 비화폐성 자산이다. ( )

05 비품과 소모품은 유형자산에 속한다. ( )

정답과 해설 01 × 02 O 03 O 04 O 05 ×

01 정상적인 영업주기 내에 판매되거나 사용되는 재고자산과 회수되는 매출채권 등은 보고기간 종료일로부터 1년 이내에 실현되지 않더라도 유동자산으로 분류한다.

05 비품은 유형자산에 속하지만 소모품은 당좌자산에 속한다.

제 2 절 현금 및 현금성 자산

※ 다음 지문의 내용이 맞으면 O, 틀리면 ×를 체크하시오. [1~5]

01 현금성 자산이라 함은 큰 거래비용이 없이 현금으로 전환이 용이하고, 이자율 변동에 따른 가치변동의 위험이 중요하지 않은 유가증권 및 단기금융상품으로서, 취득당시 만기가 6개월 이내에 도래하는 것을 말한다. (　　)

02 선일자수표는 대여금으로 분류한다. (　　)

03 현금과부족은 장부상 현금 잔액과 실제 현금잔액이 계산의 착오나 거래의 누락 등에 의해서 일치하지 않는 경우 처리하는 임시계정으로서 반드시 외부에 공시하는 재무제표에 표시되어야 한다. (　　)

04 당좌예금도 현금과 마찬가지로 총계정원장만으로는 상세한 거래내용을 알 수 없으므로 당좌예금출납장이라는 보조부를 사용할 수도 있다. (　　)

05 기발행미결제수표란 회사는 수표를 발행하여 당좌예금이 감소하였지만 동 수표가 은행에 지급제시되지 않아 은행 측에서는 당좌예금의 출금처리가 되지 않은 것으로 은행 측의 잔액을 차감하여 수정하여야 한다. (　　)

정답과 해설 01 × 02 × 03 × 04 O 05 O

01 현금성 자산이라 함은 큰 거래비용이 없이 현금으로 전환이 용이하고, 이자율 변동에 따른 가치변동의 위험이 중요하지 않은 유가증권 및 단기금융상품으로서, 취득당시 만기가 3개월 이내에 도래하는 것을 말한다.

02 선일자수표는 매출채권 또는 미수금으로 분류한다.

03 현금과부족은 장부상 현금 잔액과 실제 현금잔액이 계산의 착오나 거래의 누락 등에 의해서 일치하지 않는 경우 처리하는 임시계정으로서 외부에 공시하는 재무제표에 표시되어서는 안 된다.

제 3 절 매출채권 및 기타채권

※ 다음 지문의 내용이 맞으면 O, 틀리면 ×를 체크하시오. [1~5]

01 채권잔액비례법은 회계기말에 매출채권의 경과기간에 따라 서로 다른 대손율을 적용하여 회수가능액을 평가하는 방법을 말한다. ( )

02 외상거래 시 매출할인에 대한 조건이 '2/10, n/30'이라는 말은 30일 외상거래 조건이나 10일 이내에 상환할 시에는 2%의 매출할인을 적용하겠다는 의미이다. ( )

03 충당금설정법의 단점으로는 수익·비용 대응의 원칙에 위배될 수 있고, 재무상태표상 수취채권의 순실현가치가 표시되지 않는다는 점이다. ( )

04 거래처로부터 상품, 제품, 원재료, 부품 등과 같은 자산을 인도받기 전에 자산의 취득대가의 일부 또는 계약금을 먼저 지급하였을 경우 그 금액을 선급금으로 처리한다. ( )

05 자산의 증감이 발생한 것은 확실하지만 거래 자체가 확정되지 않아 계정과목과 거래금액을 확정할 수 없을 때 잠정적으로 처리하는 계정이 미결산계정이다. ( )

정답과 해설 01 × 02 O 03 × 04 O 05 O

01 연령분석법은 회계기말에 매출채권의 경과기간에 따라 서로 다른 대손율을 적용하여 회수가능액을 평가하는 방법을 말한다.

03 직접상각법의 단점으로는 수익·비용 대응의 원칙에 위배될 수 있고, 재무상태표상 수취채권의 순실현가치가 표시되지 않는다는 점이다.

제 4 절 금융자산

※ 다음 지문의 내용이 맞으면 O, 틀리면 ×를 체크하시오. [1~5]

01 미수금, 미지급금, 재고자산, 유형자산, 무형자산, 투자부동산 등은 비금융자산이라고 할 수 있다. (　)

02 당기손익-공정가치측정 금융자산은 회계기간 말에 공정가치로 평가하는데 공정가치평가로 인한 당기손익-공정가치측정 금융자산평가손익은 당기손익으로 처리하도록 하고 있다. (　)

03 채무증권의 경우 사업모형이 계약상 현금흐름을 수취하기 위해 보유한다면 상각후원가측정 금융자산으로 분류하고, 사업모형이 계약상 현금흐름의 수취와 금융자산의 매도 둘 다를 통해 목적을 이루고자 한다면 기타포괄손익-공정가치측정 금융자산으로 분류한다. (　)

04 지분법이란 유의적인 영향력이 있는 경우 투자자산을 최초에 원가로 인식하고, 취득시점 이전에 발생한 피투자자의 순자산 변동액 중 투자자의 몫을 해당 투자자산에 가감하여 보고하는 회계처리방법을 말한다. (　)

05 금융부채는 최초 인식 시 공정가치로 측정하는데, 당기손익-공정가치측정 금융부채가 아닌 경우 당해 금융부채의 발행과 직접 관련되는 거래원가는 최초 인식하는 공정가치에 차감하여 측정한다. (　)

정답과 해설 01 × 02 O 03 O 04 × 05 O

01 선급금, 선급비용, 재고자산, 유형자산, 무형자산, 투자부동산 등은 비금융자산이라고 할 수 있다.

04 지분법이란 유의적인 영향력이 있는 경우 투자자산을 최초에 원가로 인식하고, 취득시점 이후 발생한 피투자자의 순자산 변동액 중 투자자의 몫을 해당 투자자산에 가감하여 보고하는 회계처리방법을 말한다.

제 5 절 재고자산

※ 다음 지문의 내용이 맞으면 O, 틀리면 ×를 체크하시오. [1~5]

01 개별법이 적용되지 않는 재고자산의 단위원가는 선입선출법, 가중평균법 및 후입선출법을 사용하여 결정한다. (   )

02 전환원가는 직접재료원가 등 생산량과 직접 관련된 원가와 고정 및 변동제조간접원가의 체계적인 배부액을 포함한다. (   )

03 고정제조간접원가는 생산설비의 정상조업도에 기초하여 전환원가에 배부하는데, 실제조업도가 정상조업도와 유사한 경우에는 실제조업도를 사용할 수 있다. (   )

04 완성될 제품이 원가 이상으로 판매될 것으로 예상하는 경우에는 그 생산에 투입하기 위해 보유하는 원재료 및 기타 소모품을 감액하지 아니한다. (   )

05 보유하고 있는 재고자산의 순실현가능가치 총합계액이 취득원가 총합계액을 초과하면 재고자산평가손실은 계상될 수 없다. (   )

정답과 해설 01 × 02 × 03 O 04 O 05 ×

01 개별법이 적용되지 않는 재고자산의 단위원가는 선입선출법, 가중평균법을 사용하여 결정한다.

02 전환원가는 직접노무원가 등 생산량과 직접 관련된 원가와 고정 및 변동제조간접원가의 체계적인 배부액을 포함한다.

05 보유하고 있는 재고자산의 순실현가능가치 총합계액이 취득원가 총합계액을 초과하더라도 재고자산평가손실은 계상될 수 있다.

제 6 절 유형자산

※ 다음 지문의 내용이 맞으면 O, 틀리면 ×를 체크하시오. [1~5]

01 토지의 원가에 해체, 제거 및 복구원가가 포함된 경우에는 그러한 원가를 관련 경제적 효익이 유입되는 기간에 감가상각한다. ( )

02 기업은 원가모형이나 재평가모형 중 하나를 회계정책으로 선택하여 모든 유형자산에 동일하게 적용한다. ( )

03 둘 이상의 유형자산을 일괄취득하는 경우 개별 자산의 취득원가는 일괄취득원가를 각 자산의 공정가치비율로 안분하여 계산한다. ( )

04 유형자산의 제거로 인하여 발생하는 손익은 순매각금액과 장부금액의 차이로 결정한다. ( )

05 교환거래에 상업적 실질이 있는지 여부를 결정할 때 교환거래의 영향을 받는 영업 부분의 기업특유가치는 세전 현금흐름을 반영하여야 한다. ( )

정답과 해설 01 O 02 × 03 O 04 O 05 ×

02 기업은 원가모형이나 재평가모형 중 하나를 회계정책으로 선택하여 유형자산의 분류별로 동일하게 적용한다.

05 교환거래에 상업적 실질이 있는지 여부를 결정할 때 교환거래의 영향을 받는 영업 부분의 기업특유가치는 세후 현금흐름을 반영하여야 한다.

제 7 절 무형자산

※ 다음 지문의 내용이 맞으면 O, 틀리면 ×를 체크하시오. [1~5]

01 무형자산의 미래 경제적 효익은 제품의 매출, 용역수익, 원가절감 또는 자산의 사용에 따른 기타 효익의 형태로 발생할 수 있다. ( )

02 내부적으로 창출한 브랜드, 제호, 출판표제, 고객목록과 이와 실질이 유사한 항목은 무형자산으로 인식하지 아니한다. ( )

03 최초에 비용으로 인식한 무형항목에 대한 지출은 그 이후에 무형자산의 인식기준을 충족하는 경우 원가로 인식할 수 없다. ( )

04 무형자산의 경제적 효익이 소비되는 형태를 신뢰성 있게 결정할 수 없는 경우에는 정률법으로 상각한다. ( )

05 내용연수가 비한정인 무형자산을 유한 내용연수로 재평가하는 경우에는 자산손상의 징후에 해당되지 않으므로 손상차손을 인식하지 않는다. ( )

정답과 해설 01 O 02 O 03 O 04 × 05 ×

04 무형자산의 경제적 효익이 소비되는 형태를 신뢰성 있게 결정할 수 없는 경우에는 정액법으로 상각한다.

05 내용연수가 비한정인 무형자산을 유한 내용연수로 재평가하는 경우에는 자산손상의 징후에 해당되므로 회수가능액을 추정하여 손상차손을 인식한다.

제 8 절 투자부동산

※ 다음 지문의 내용이 맞으면 O, 틀리면 ×를 체크하시오. [1~5]

01 지배기업 또는 다른 종속기업에게 부동산을 리스하는 경우 해당 부동산은 개별재무제표나 연결재무제표에 투자부동산으로 분류할 수 없다. ( )

02 투자부동산을 처분하려는 경우에는 재고자산으로 대체한다. ( )

03 운용리스로 제공하기 위하여 보유하고 있는 미사용 건물은 투자부동산으로 분류하지만, 금융리스로 제공한 부동산은 투자부동산으로 분류하지 않는다. ( )

04 리스 이용자가 사용권자산으로 보유하는 투자부동산을 공정가치모형을 사용하여 측정할 때 기초자산을 공정가치로 측정한다. ( )

05 투자부동산의 손상, 멸실 또는 포기로 제3자에게서 받는 보상은 받을 수 있게 되는 시점에 당기손익으로 인식한다. ( )

정답과 해설 01 × 02 × 03 O 04 × 05 O

01 연결실체는 단일의 경제적 실체이므로 연결재무제표에서는 자가사용부동산으로 분류하지만, 개별재무제표에서는 투자부동산으로 분류한다.

02 투자부동산을 개발하여 처분하는 경우에만 재고자산으로 대체하며, 개발하지 않고 처분하는 경우에는 재고자산으로 대체하지 않는다.

04 리스 이용자가 사용권자산으로 보유하는 투자부동산을 공정가치모형을 사용하여 측정할 때 기초자산이 아닌 사용권자산을 공정가치로 측정한다.

제 3 장 실전예상문제

제 1 절 자산의 본질과 분류

01 다음 중 유동자산에 속하는 것은?

① 재고자산
② 유형자산
③ 무형자산
④ 투자자산

02 다음 중 비유동자산에 속하는 것은?

① 재공품
② 건설 중인 자산
③ 미수금
④ 선급금

03 다음 중 기타 비유동자산에 속하지 않는 것은?

① 임차보증금
② 장기선급금
③ 장기미수금
④ 산업재산권

checkpoint 해설 & 정답

01 유동자산은 단기간 내에 현금화되거나 정상적인 영업활동으로 소멸되는 경제적 자원을 말하는 것으로 이의 종류에는 크게 당좌자산과 재고자산으로 나눌 수 있다.

02 비유동자산은 장기성 자산으로 투자자산, 유형자산, 무형자산, 기타 비유동자산으로 구분된다.

03 산업재산권은 무형자산에 속한다.

정답 01 ① 02 ② 03 ④

04 다음 중 유형자산에 대한 설명으로 옳지 않은 것은?

① 물리적인 형태가 있다.
② 1년을 초과하여 사용할 것으로 예상된다.
③ 판매를 목적으로 보유한다.
④ 감가상각을 통해 자산이 비용화된다.

05 다음 중 무형자산에 속하지 않는 것은?

① 저작권
② 이연법인세자산
③ 프랜차이즈
④ 영업권

06 다음 중 자산으로 계상할 수 없는 것은?

① 상품을 판매하고 아직 받지 못한 외상대금
② 거래처에 상품을 주문하고 지급한 계약금
③ 구입을 추진 중인 기계장치
④ 금고 속의 현금

해설 & 정답 checkpoint

04 판매를 목적으로 보유하는 자산은 재고자산이다.

05 무형자산이란 재화의 생산이나 용역의 제공 또는 자체적으로 사용할 목적으로 보유하면서 물리적 형태는 없지만 식별 가능한 비유동자산으로써 산업재산권, 광업권, 어업권, 차지권, 저작권, 개발비, 프랜차이즈, 영업권 등이 이에 속한다.

06 회계상 거래로 인식하기 위해서는 재무상태의 변화와 금액의 측정 가능성이 있어야 한다.

정답 04 ③ 05 ② 06 ③

checkpoint 해설 & 정답

01
정답 ① 1년
② 재고자산
③ 투자자산
④ 기타 비유동자산

주관식 문제

01 다음 빈칸에 들어갈 알맞은 용어를 쓰시오.

자산은 (①)을 기준으로 유동자산과 비유동자산으로 분류한다. 다만, 정상적인 영업주기 내에 판매되거나 사용되는 재고자산과 회수되는 매출채권 등은 보고기간 종료일로부터 (①) 이내에 실현되지 않더라도 유동자산으로 분류한다. 유동자산은 단기간 내에 현금화되거나 정상적인 영업활동으로 소멸되는 경제적 자원을 말하는 것으로 이의 종류에는 크게 당좌자산과 (②)으로 나눌 수 있고, 비유동자산은 장기성 자산으로 (③), 유형자산, 무형자산, (④)으로 구분된다.

해설&정답 checkpoint

제 2 절 현금 및 현금성 자산

01 다음 중 현금 및 현금성 자산에 대한 설명으로 틀린 것은?

① 현금성 자산으로 분류되는 단기의 개념은 1년 또는 정상영업 주기 이내이다.
② 현금성 자산이란 유동성이 매우 높은 단기투자자산이다.
③ 현금에는 통화와 통화대용증권, 요구불예금이 포함된다.
④ 당좌차월은 현금 및 현금성 자산으로 분류한다.

01 당좌차월은 단기차입금으로 분류한다.

02 다음의 설명 중 틀린 것은?

① 상품을 매입하고 어음을 발행하면 지급어음계정으로 처리한다.
② 당점 발행수표는 당좌예금계정으로 처리한다.
③ 120일 만기의 양도성예금증서는 현금성 자산이다.
④ 보통예금과 당좌예금은 현금성 자산이다.

02 현금성 자산이라 함은 큰 거래비용이 없이 현금으로 전환이 용이하고, 이자율 변동에 따른 가치변동의 위험이 중요하지 않은 유가증권 및 단기금융상품으로서, 취득당시 만기가 3개월 이내에 도래하는 것을 말한다.

03 상품 ₩1,000,000을 매출하고 대금은 수표로 받아 당좌예입한 경우 차변에 기입할 계정과목과 금액은?(단, 당좌차월 잔액이 ₩400,000이다)

① 현금 ₩1,000,000
② 당좌예금 ₩600,000과 당좌차월 ₩400,000
③ 당좌예금 ₩1,000,000
④ 당좌예금 ₩400,000과 당좌차월 ₩600,000

03 당좌차월을 상환한 후 나머지를 당좌예입한다.

정답 01 ④ 02 ③ 03 ②

checkpoint 해설 & 정답

04 단기금융상품은 만기 1년 이내인 정기예금 및 정기적금 등을 말한다. 만기 1년 이내의 기준일로 적절한 것은?

① 정기예금 및 정기적금을 가입한 기준일
② 재무상태표 기준일
③ 정기예금 및 정기적금을 찾는 기준일
④ 정기예금 및 정기적금의 이자지급 기준일

04 금융자산은 목적에 따른 보유 기간이 재무상태표일로부터 1년 이내이면 단기금융자산으로 분류하며, 1년을 초과하면 장기금융자산으로 분류한다.

05 선일자수표는 어떻게 처리하는가?

① 매출채권 또는 미수금
② 단기대여금
③ 소모품
④ 단기차입금

05 선일자수표는 매출채권 또는 미수금으로 처리한다.

06 회사 측과 은행 측의 당좌예금 잔액을 비교하여 차이의 원인을 찾고 양자의 잔액을 일치시키는 조정양식을 무엇이라 하는가?

① 은행계정조정표
② 은행계산서
③ 은행조회서
④ 은행검증표

06 회사 측과 은행 측의 당좌예금 잔액을 비교하여 차이의 원인을 찾고 양자의 잔액을 일치시키는 조정양식을 은행계정조정표라고 한다.

정답 04 ② 05 ① 06 ①

주관식 문제

01 다음 자료를 보고 (물음 1)과 (물음 2)에 답하시오.

(주)한국은 2020년 12월 31일 자금담당직원이 회사자금을 횡령하고 잠적한 사건이 발생하였다. 12월 31일 현재 회사 장부상 당좌예금계정 잔액을 검토한 결과 ₩200,000이었으며, 은행 측 당좌예금계정 잔액을 조회한 결과 ₩170,000으로 확인되었다. 회사 측 잔액과 은행 측 잔액이 차이가 나는 이유는 다음과 같다고 할 경우 그 차액은 자금담당직원이 회사에서 횡령한 것으로 추정한다.

- 은행 미기입예금 ₩60,000
- 은행 수수료 ₩10,000
- 기발행 미인출수표 ₩50,000
- 미통지입금 ₩40,000
- 타사발행수표를 (주)한국의 당좌예금 계좌에서 차감한 금액 ₩30,000

(물음 1) 수정 후 회사 측과 은행 측의 올바른 잔액은 얼마인가?

(물음 2) 자금담당직원이 회사에서 횡령한 것으로 추정할 수 있는 금액은 얼마인가?

해설 & 정답 checkpoint

01

정답 (물음 1)

- 회사 측
  = ₩200,000 − ₩10,000
  + ₩40,000
  = ₩230,000
- 은행 측
  = ₩170,000 + ₩60,000
  − ₩50,000 − ₩30,000
  = ₩150,000

(물음 2)

횡령액 = ₩230,000 − ₩150,000
= ₩80,000

checkpoint 해설 & 정답

01 매출에누리는 불량품, 수량부족, 견본과의 상이 등으로 인하여 매출액에서 차감되는 금액이고, 매출환입은 일단 매출되었던 상품을 반환받은 것으로 매출액에서 차감된다.

02 대손상각비와 대손충당금의 과소설정으로 당기순이익의 과대계상, 자산의 과대계상, 자본이 과대계상되는 결과를 가져온다.

03 단기간의 상거래 채권에 대하여 발행하는 어음은 대부분 무이자부어음이다.

정답 01 ③ 02 ① 03 ④

제 3 절 매출채권 및 기타채권

01 다음 중 외상매출금에 대한 설명으로 옳지 않은 것은?

① 외상매출금은 일반적 상거래에서 발생한 채권을 말한다.
② 외상거래의 기장 시에는 총계정원장에 통제계정인 외상매출금 계정을 설정하고, 보조원장으로 매출처 원장을 거래처별로 설정하여 회계처리하는 것이 편리하다.
③ 매출환입은 불량품, 수량부족, 견본과의 상이 등으로 인하여 매출액에서 차감되는 금액이고, 매출에누리는 일단 매출되었던 상품을 반환받은 것으로 매출액에서 차감된다.
④ 매출할인은 할인기간 내에 대금을 상환하는 것으로 매출액에서 차감되는 금액이다.

02 결산 시 대손충당금을 과소설정하였다. 정상적으로 설정한 경우와 비교할 때 어떠한 차이가 있는가?

① 당기순이익이 많아진다.
② 당기순이익이 적어진다.
③ 자본이 과소표시 된다.
④ 자산이 과소표시 된다.

03 받을어음에 관한 다음 설명 중 타당하지 않은 것은?

① 거래처로부터 어음을 받아 둔 외상거래 채권이다.
② 어음은 일정기간 후에 대금을 지급할 것을 약정하는 증권이다.
③ 구매자의 입장에서는 지급어음으로 회계처리한다.
④ 단기간의 상거래 채권에 대하여 발행하는 어음은 대부분 이자부어음이다.

04 기말의 매출채권 잔액은 ₩2,000,000이고, 이 중에서 2%가 회수되지 못할 것으로 추정된다. 기초의 대손충당금이 ₩45,000이고 당기 중 ₩10,000의 매출채권이 대손으로 확정되었다면 기말에 추가로 설정해야 할 대손충당금은 얼마인가?

① ₩40,000
② ₩30,000
③ ₩10,000
④ ₩5,000

05 (주)춘천의 2015년 1월 1일 현재 대손충당금 잔액은 ₩250,000이며, 2015년 중 대손확정된 금액은 ₩130,000이고 대손된 채권 중 회수된 금액은 ₩20,000이다. (주)춘천은 대손추산액을 산정하는 방법으로 연령분석법을 사용하고 있으며, 2015년 말 현재 매출채권을 연령별로 분석한 자료와 회수율은 다음과 같다. (주)춘천이 2015년도 포괄손익계산서에 인식할 대손상각비와 2015년 말 현재 재무상태표의 대손충당금 잔액은 얼마인가?

연령	금액(₩)	회수 예상율(%)
1개월 이내	1,500,000	95
1개월 ~ 3개월	800,000	90
3개월 ~ 6개월	500,000	80
6개월 ~ 12개월	300,000	50
12개월 이상	70,000	0

	대손상각비	대손충당금
①	₩335,000	₩405,000
②	₩335,000	₩475,000
③	₩365,000	₩405,000
④	₩365,000	₩475,000

해설 & 정답 checkpoint

04 추가설정 대손충당금
= ₩2,000,000 × 2% − (₩45,000 − ₩10,000)
= ₩5,000

05 • 대손상각비
= ₩405,000 − (₩250,000 − ₩130,000 + ₩20,000 − ₩70,000)
= ₩335,000
• 대손충당금
= (₩1,500,000 × 5%) + (₩800,000 × 10%) + (₩500,000 × 20%) + (₩300,000 × 50%)
= ₩405,000

정답 04 ④ 05 ①

checkpoint 해설 & 정답

06 ₩775,000 - ₩1,700
- (₩150,000 - ₩80,000)
+ (₩1,500 - ₩800)
= ₩704,000

07 • 할인일의 어음가치
= ₩50,000,000
+ ₩50,000,000 × 6% × 4/12
= ₩51,000,000
• 현금수령액
= (₩50,000,000 + ₩50,000,000 × 6% × 6/12)
- (₩51,500,000 × 12% × 2/12)
= ₩50,470,000
• 매출채권처분손실
= ₩51,000,000 - ₩50,470,000
= ₩530,000

08 차입거래에 해당하므로 이자비용으로 회계처리한다.

정답 06 ② 07 ③ 08 ②

06 (주)독도의 당기 매출액은 ₩775,000이며 모두 신용매출이었고 당기 대손상각비는 ₩1,700이었다. 매출채권과 대손충당금의 기초금액은 ₩80,000과 ₩800이며 기말금액은 ₩150,000과 ₩1,500일 경우 현금으로 회수한 매출채권은 얼마인가?

① ₩702,600
② ₩704,000
③ ₩707,400
④ ₩842,600

07 만기가 6개월이고 액면이자율이 연 6%인 받을어음(이자부어음) ₩50,000,000을 발행일에 수취하여 4개월 간 보유하다가 거래은행에 연 12%의 이자율로 할인한 경우 매출채권처분손실은 얼마인가?

① ₩1,060,000
② ₩1,000,000
③ ₩530,000
④ ₩500,000

08 외상판매 후 거래처로부터 받은 받을어음을 어음만기일 이전에 은행에서 할인하였고, 이는 차입거래에 해당하는 것으로 판단된다. 다음 설명 중 타당하지 <u>않은</u> 것은?

① 받을어음의 소유에 따른 위험과 보상이 은행에 이전되지 않았다.
② 매출채권처분손실을 인식한다.
③ 받을어음을 할인하는 시점에 단기차입금이 증가하는 것으로 기록한다.
④ 어음만기일에 단기차입금과 받을어음이 감소하는 것으로 기록한다.

해설 & 정답 checkpoint

주관식 문제

01 다음 자료에서 2020년 말 대손충당금 추가설정액은 얼마인가? (단, 대손충당금은 매출채권 잔액의 2%를 설정하며, 전기회수불능채권은 대손충당금으로 상계처리한 것으로 가정한다)

2020년 1월 1일 : 대손충당금 이월액 1,000,000원
2020년 7월 1일 : 전기회수불능채권 현금회수액 400,000원
2020년 12월 31일 : 매출채권 잔액 200,000,000원

01
정답 200,000,000원 × 2%
− (1,000,000원 + 400,000원)
= 2,600,000원

02 기말에 기설정된 대손충당금 잔액이 ₩60,000이고, 기말에 매출채권잔액 ₩2,000,000에 대해 2%의 대손충당금을 설정했을 경우 회계처리를 하시오.

02
정답 (차) 대손충당금 ₩20,000
(대) 대손충당금환입 ₩20,000(주1)
(주1) 대손충당금환입
= ₩60,000 − (₩2,000,000 × 2%)
= ₩20,000

checkpoint 해설 & 정답

제 4 절 금융자산

01 계약에 의하지 않은 자산과 부채는 금융자산, 금융부채가 아니다.

01 다음 중 금융자산에 대한 설명으로 옳지 않은 것은?

① 금융자산이란 현금과 금융상품을 말한다.
② 금융상품은 거래당사자 일방에서 금융자산을 발생시키고 동시에 거래상대방에게 금융부채나 지분상품을 발생시키는 모든 계약을 말한다.
③ 계약에 의하지 않은 자산과 부채도 금융자산, 금융부채가 될 수 있다.
④ 계약이란 명확한 경제적 결과를 가지고 법적 구속력을 가지고 있고 자의적으로 회피할 여지가 적은 둘 이상의 당사자 간의 합의를 말하는 것이다.

02 기업의 자산에서 모든 부채를 차감한 후의 잔여지분을 나타내는 모든 계약은 발행자 입장에서 지분상품에 해당한다.

02 다음 중 보유자 입장에서 금융자산에 해당하지 않는 것은?

① 기업의 자산에서 모든 부채를 차감한 후의 잔여지분을 나타내는 모든 계약
② 거래상대방에게서 현금 등 금융자산을 수취할 계약상의 권리
③ 기업이 자신의 지분상품으로 결제되거나 결제될 수 있는 수취할 자기지분상품의 수량이 변동 가능한 비파생상품
④ 잠재적으로 유리한 조건으로 거래상대방과 금융자산이나 금융부채를 교환하기로 한 계약상의 권리

03 다른 기업의 지분상품은 보유자 입장에서 금융자산에 해당한다.

03 다음 중 발행자 입장에서 금융부채에 해당하지 않는 것은?

① 거래상대방에게 현금 등 금융자산을 인도하거나 한 계약상 의무
② 잠재적으로 불리한 조건으로 거래상대방과 금융자산이나 금융부채를 교환하기로 한 계약상 의무
③ 지분상품으로 결제되거나 결제될 수 있는 인도할 지분상품의 수량이 변동 가능한 비파생상품
④ 다른 기업의 지분상품

정답 01 ③ 02 ① 03 ④

해설 & 정답 checkpoint

04 **금융자산을 수취하거나 잠재적인 유리한 조건으로 금융자산이나 금융부채를 교환할 계약상의 권리에 해당하지 않는 것은?**

① 매출채권과 매입채무
② 투자사채와 사채
③ 선급비용과 재고자산
④ 대여금과 차입금

04 선급금, 선급비용, 재고자산, 유형자산, 무형자산, 투자부동산 등은 비금융자산에 해당한다.

05 **다음 중 금융자산에 해당하지 않는 것은?**

① 현금 및 현금성 자산
② 투자부동산
③ 지분상품
④ 채무상품

05 금융자산에 해당하는 계정으로는 현금 및 현금성 자산, 매출채권, 미수금, 대여금, 지분상품 및 채무상품 등이 있으며, 금융부채에 해당하는 계정으로는 매입채무, 미지급금, 차입금, 사채 등이 있다.

06 **당기손익-공정가치측정 금융자산에 대한 설명으로 옳지 않은 것은?**

① 지분상품의 경우 단기매매목적으로 보유한다면 당기손익-공정가치측정 금융자산으로 분류하여야 한다.
② 당기손익-공정가치측정 금융자산의 취득 시에는 취득시점의 공정가치를 장부가액으로 회계처리한다.
③ 당기손익-공정가치측정 금융자산은 회계기간 말에 공정가치로 평가하는데 공정가치평가로 인한 당기손익-공정가치측정 금융자산 평가손익은 기타포괄손익으로 처리하도록 하고 있다.
④ 일반적인 주식은 단기간 내의 매매차익을 얻기 위하여 취득하는 금융상품으로 보는 것이 일반적이다.

06 당기손익-공정가치측정 금융자산은 회계기간 말에 공정가치로 평가하는데 공정가치평가로 인한 당기손익-공정가치측정 금융자산 평가손익은 당기손익으로 처리하도록 하고 있다.

정답 04 ③ 05 ② 06 ③

checkpoint 해설 & 정답

07 일반적인 자산의 처분과 마찬가지로 처분가액과 장부가액을 비교하여 처분손익을 인식하는데, 여기서 장부가액이란 처분 전 공정가치평가를 수행한 후의 금액이다. 따라서 처분손익이 인식되지 아니한다.

08 기업회계에서 이자수익은 유효이자율법에 따라 인식하는 것을 원칙으로 하고 있다.

정답 07 ② 08 ①

07 기타포괄손익-공정가치측정선택 금융자산에 대한 설명으로 옳지 않은 것은?

① 기타포괄손익-공정가치측정선택 금융자산의 취득 시에는 공정가치에 취득부대비용을 포함한 취득원가를 장부가액으로 회계처리한다.

② 처분 시 처분가액과 장부가액을 비교하여 처분손익을 인식하는데, 여기서 장부가액이란 처분 전 공정가치평가를 수행하기 전의 금액이므로 이에 따라 처분손익이 인식된다.

③ 기타포괄손익-공정가치측정선택 금융자산은 공정가치로 평가하는데 공정가치평가로 인한 평가손익은 기타포괄손익으로 처리하도록 하고 있다.

④ 배당금은 받을 권리가 확정되고 경제적 효익의 유입 가능성이 높으며 배당액을 신뢰성 있게 측정할 수 있을 때 수익으로 인식한다.

08 상각후원가측정 금융자산에 대한 설명으로 옳지 않은 것은?

① 기업회계에서 이자수익은 정액법에 따라 인식하는 것을 원칙으로 하고 있다.

② 상각후원가측정 금융자산은 만기까지 보유하면서 이자와 원금을 회수하는 것이 목적이므로 처분이란 일반적으로 만기상환을 의미하며 이 경우 처분손익은 발생하지 않을 것이다.

③ 상각후원가측정 금융자산의 취득 시에는 공정가치에 거래원가를 가산한 취득원가를 장부가액으로 회계처리한다.

④ 상각후원가측정 금융자산의 회계기간 말에는 유효이자율법에 따라서 유효이자를 이자수익으로 인식하며 그에 따른 상각후원가를 기말장부가액으로 표시한다.

09 금융부채의 회계처리에 대한 설명으로 옳지 않은 것은?

① 금융부채는 최초 인식 시 공정가치로 측정한다.
② 당기손익-공정가치측정 금융부채를 포함하여 당해 금융부채의 발행과 직접 관련되는 거래원가는 최초 인식하는 공정가치에 차감하여 측정한다.
③ 소멸하거나 제3자에게 양도한 금융부채의 장부금액과 지급한 대가의 차액은 당기손익으로 인식한다.
④ 기존 차입자와 대여자가 실질적으로 다른 조건으로 채무상품을 교환하거나 기존 금융부채의 조건이 실질적으로 변경된 경우에는 최초의 금융부채를 제거하고 새로운 금융부채를 인식한다.

10 다음 중 상각후원가측정 금융자산에 관한 설명으로 가장 올바르지 않은 것은?

① 상각후원가측정 금융자산은 유효이자율법을 적용하여 상각후원가로 평가한다.
② 원칙적으로 지분상품은 상각후원가측정 금융자산으로 분류될 수 없다.
③ 원칙적으로 모든 채무증권은 상각후원가측정 금융자산으로 분류한다.
④ 상각후원가측정 금융자산 취득 시 지출된 거래원가는 취득원가에 우선 가산한 후 유효이자율법에 의해 이자수익에 가감한다.

해설 & 정답 checkpoint

09 당기손익-공정가치측정 금융부채가 아닌 경우 당해 금융부채의 발행과 직접 관련되는 거래원가는 최초 인식하는 공정가치에 차감하여 측정한다.

10 채무증권은 사업모형에 따라 상각후원가측정 금융자산 또는 기타포괄손익-공정가치측정 금융자산으로 분류한다.

정답 09 ② 10 ③

checkpoint 해설 & 정답

11 당기손익-공정가치측정 금융자산은 처분할 경우 공정가치로 평가했던 장부가액과 처분가액을 비교하여 처분손익을 계상한다.

11 (주)대한은 2021년 초에 (주)민국의 주식 1,000주를 시세차익 목적으로 취득하여 당기손익-공정가치측정 금융자산으로 보유하고 있던 중 2022년 말의 공정가치로 처분하였다. (주)대한이 2022년의 포괄손익계산서에 계상할 처분손익은 얼마인가?

일자	구분	주당금액
2021년 1월 3일	취득원가	₩100,000
2021년 12월 31일	공정가치	₩95,000
2022년 12월 31일	공정가치	₩102,000

① 손실 ₩5,000,000
② 손실 ₩7,000,000
③ 이익 ₩2,000,000
④ 이익 ₩7,000,000

정답 11 ④

주관식 문제

01 다음 자료를 보고 물음에 답하시오.

- (주)한국은 2021년 초 (주)제주가 발행한 보통주식 2,000주(액면가액 ₩1,000)를 1주당 ₩2,000에 취득하였고, 2021년 말 (주)제주 주식의 1주당 공정가치는 ₩2,200이었다.
- (주)제주는 2022년 3월초 5%의 현금배당을 결의한 후 지급하였고, 2022년 말 (주)제주 주식의 1주당 공정가치는 ₩1,800이었다.
- (주)한국은 2023년 5월 보유 중인 (주)제주의 주식을 1주당 ₩2,000에 전량 매각하였다.

위의 투자주식을 당기손익-공정가치측정 금융자산이나 기타포괄손익-공정가치측정선택 금융자산과 같이 분류할 경우 빈칸을 채우시오.

구분	당기손익-공정가치측정 금융자산	기타포괄손익-공정가치측정선택 금융자산
2021년 말 금융자산평가이익	(①)	₩400,000
2022년 배당금수익	(②)	₩100,000
2022년 말 금융자산평가손실	₩800,000	(③)
2023년 금융자산처분이익	₩400,000	(④)

해설 & 정답 checkpoint

01

정답 ① ₩400,000
② ₩100,000
③ ₩400,000
④ ₩0

checkpoint 해설 & 정답

02

정답 (물음 1)
처분 이익
= ₩110,000 - ₩98,000
= ₩12,000

(물음 2)
기타포괄손익-공정가치측정 금융자산에 해당하는 지분상품을 처분할 때는 처분손익을 인식하지 않는다. 단, 처분 시에 거래원가가 있다면 처분손익이 발생할 수 있다.

[문제 하단의 해설 참고]

02 다음 자료를 보고 물음에 답하시오.

(주)한국은 2021년 초 지분상품을 거래원가 ₩2,000을 포함하여 ₩102,000원에 구입하였고, 이 지분상품의 2021년 말 공정가치는 ₩98,000이다. (주)한국은 2022년 4월 초 공정가치인 ₩110,000원에 지분상품을 처분하였다. 단, 처분 시 거래원가는 발생하지 않았다.

(물음 1) 위 지분상품을 당기손익-공정가치측정 금융자산으로 인식했을 경우 처분으로 인한 당기손익은 얼마인가?

(물음 2) 위 지분상품을 기타포괄손익-공정가치측정 금융자산으로 최초 선택하여 인식했을 때 처분으로 인한 당기손익은 얼마인가?

구분	당기손익-공정가치측정 금융자산 회계처리	기타포괄손익-공정가치측정 금융자산 회계처리
2021년 초	(차) 금융자산 ₩102,000 (대) 현금 ₩102,000	(차) 금융자산 ₩102,000 (대) 현금 ₩102,000
2021년 말	(차) 평가손실 ₩4,000 (대) 금융자산 ₩4,000	(차) 기타포괄 ₩4,000 손실 ₩4,000 (대) 금융자산
2022년 4월 초	(차) 현금 ₩110,000 (대) 금융자산 ₩98,000 처분이익 ₩12,000	(차) 금융자산 ₩12,000 (차) 현금 ₩110,000 (대) 기타포괄 ₩4,000 손실 ₩8,000 기타포괄이익 ₩110,000

해설 & 정답 checkpoint

제 5 절 재고자산

01 다음 중 재고자산에 대한 설명으로 옳지 않은 것은?

① 재고자산이란 기업의 정상적인 영업활동에서 판매를 목적으로 보유하는 실물자산으로서 이에는 상품, 제품, 반제품, 재공품, 원재료, 저장품 등이 있다.
② 재고자산의 취득원가는 매입가액 또는 제조원가에 부대비용을 가산하여 결정한다.
③ 기말에 가서는 개별법, 선입선출법, 이동평균법, 총평균법 등을 적용하여 평가한다.
④ 재고자산 평가방법으로 기업회계기준에서는 시가와 취득원가를 비교하여 시가가 취득원가보다 낮은 경우 취득원가로 평가한다.

01 기업회계기준에서는 시가와 취득원가를 비교하여 시가가 취득원가보다 낮은 경우 시가로 평가하는 저가기준에 의한 재고자산 평가방법을 택하고 있다.

02 재고자산의 회계처리에 관한 다음 설명 중 타당하지 않은 것은?

① 기초의 재고자산과 당기에 매입한 재고자산을 매출원가와 기말재고자산으로 배분한다.
② 기말재고자산의 금액이 커질수록 당기의 매출원가도 커진다.
③ 기초재고와 당기매입을 합하면 당기에 판매할 수 있는 판매가능 재고자산이 된다.
④ 판매가능 재고자산은 당기의 매출원가와 기말재고로 나뉜다.

02 기말재고자산의 금액이 커질수록 당기의 매출원가는 작아진다.

03 재고자산 단가결정에 있어서 소매업을 전문으로 하는 백화점이나 슈퍼마켓 등에서 많이 적용하는 방법은?

① 선입선출법
② 총평균법
③ 이동평균법
④ 매출가격환원법

03 매출가격환원법은 소매재고법이라고도 하며, 소매업을 전문으로 하는 백화점이나 슈퍼마켓 등에서 많이 적용되는 방법이다.

정답 01 ④ 02 ② 03 ④

안심Touch

checkpoint 해설 & 정답

04 매매가 빈번할 경우 계속기록법은 기중의 회계처리 부담이 큰 것이 단점이다.

05 도착지 인도기준에 의하여 운송 중인 매입상품은 판매자의 재고자산이다.

06 물가가 지속적으로 상승할 경우 기간이익은 선입선출법보다 작게 나타난다.

정답 04 ② 05 ① 06 ③

04 계속기록법에 관한 다음 설명 중 타당하지 않은 것은?

① 상품을 매입하거나 판매할 때마다 상품계정을 증감시키는 분개를 하는 방법이다.
② 매매가 빈번하더라도 기중의 회계처리 부담이 적다는 장점이 있다.
③ 재고자산의 실물관리 측면에서 유리하다.
④ 기중의 어느 시점이라도 상품계정의 잔액이 얼마인지를 알 수 있다.

05 다음 항목 중 기말재고자산에 포함되지 않는 것은?

① 도착지 인도기준에 의하여 운송 중인 매입상품
② 수탁자에게 판매를 위탁하기 위하여 발송한 상품
③ 선적지 인도기준에 의하여 운송 중인 매입상품
④ 소비자가 구입의사를 표시하기 전에 시용판매된 제품

06 가중평균법에 관한 다음 설명 중 타당하지 않은 것은?

① 계속기록법을 사용하는 경우에는 이동평균법을 적용한다.
② 기초재고와 당기에 매입한 상품의 취득원가를 가중평균하여 단위원가를 결정한다.
③ 물가가 지속적으로 상승할 경우 기간이익은 선입선출법보다 크게 나타난다.
④ 실지재고조사법에서는 총평균법이 사용된다.

07 다음 중 재고자산으로 분류해야 하는 것은?

① 증권회사가 판매목적으로 보유하고 있는 장기투자증권
② 가구회사가 영업활동에 사용할 목적으로 보유하고 있는 가구
③ 부동산회사가 투자목적으로 보유하고 있는 토지
④ 수탁자가 대리판매를 하기 위해 보유하고 있는 상품

08 다음 자료에 의하여 매출원가를 계산하면 얼마인가?

- 기초상품재고액 : 200,000원
- 총매입액 : 530,000원
- 매입환출액 : 40,000원
- 매입에누리액 : 10,000원
- 매입할인액 : 25,000원
- 매출할인액 : 10,000원
- 상품 매입운임 : 15,000원
- 기말상품재고액 : 300,000원

① 270,000원
② 370,000원
③ 430,000원
④ 470,000원

09 선입선출법에 관한 다음 설명 중 타당하지 <u>않은</u> 것은?

① 먼저 매입한 상품이 먼저 판매된다고 가정한다.
② 손익계산서상 매출원가는 최근의 취득원가로 산정된다.
③ 물가가 지속적으로 상승하는 시기에는 후입선출법에 비해서 기간이익이 더 크게 표시된다.
④ 계속기록법과 실지재고조사법의 적용결과가 동일하게 나타난다.

해설 & 정답 checkpoint

07 재고자산은 판매목적으로 보유하고 있는 자산을 말한다.

08 • 상품 순매입액
= 530,000원 + 15,000원
− 40,000원 − 10,000원
− 25,000원
= 470,000원
• 매출원가
= 200,000원 + 470,000원
− 300,000원
= 370,000원

09 손익계산서상 매출원가는 오래 전에 구입한 상품들의 취득원가로 산정된다.

정답 07 ① 08 ② 09 ②

안심Touch

checkpoint 해설 & 정답

10 실지재고조사법은 기말 재고수량의 파악을 통해 기말상품과 매출원가를 파악하려는 방법이다.

11 개별법은 물량흐름과 원가흐름을 가장 잘 일치시킬 수 있는 방법으로 수익비용의 대응이 가장 정확하다.

12 25개 × ₩140 − (10개 × ₩100 + 15개 × ₩110)
= ₩850

정답 10 ④ 11 ③ 12 ①

10 다음 중 실지재고조사법과 계속기록법에 대한 설명 중 옳지 않은 것은?

① 실지재고조사법은 기말에 재고수량을 직접 확인하는 방법이다.
② 계속기록법은 상품의 입, 출고를 기록하여 기말재고수량을 간접적으로 파악하는 방법이다.
③ 계속기록법은 현재의 재고수준을 필요할 때마다 장부상 확인 가능하다.
④ 실지재고조사법은 기중에 매출원가와 상품재고액을 언제든 파악할 수 있는 방법이다.

11 다음의 재고자산 단위원가를 결정하는 방법 중 수익비용의 대응이 가장 정확한 방법은 무엇인가?

① 총평균법
② 이동평균법
③ 개별법
④ 선입선출법

12 다음 재고자산 자료를 보고 (주)독도의 매출총이익을 구하면 얼마인가?(단, (주)독도는 원가배분방법으로 선입선출법을 사용하고 있다)

일자	매입매출구분	수량(개)	개당 단가(₩)
7월 7일	기초재고	10	100
8월 8일	매입	30	110
9월 9일	매출	25	140
10월 10일	매입	15	120

① ₩850
② ₩2,650
③ ₩3,500
④ ₩6,100

13 **다음 자료에 의하여 기말 외상매입금 잔액을 계산하면 얼마인가?**

- 기초 상품재고액 ₩500,000
- 기말 상품재고액 ₩600,000
- 기중 상품매출 ₩1,500,000
- 매출총이익률 30%
- 기초 외상매입금 ₩400,000
- 기중 외상매입금 지급 ₩1,200,000

단, 상품매입은 전부 외상이다.

① ₩330,000　② ₩340,000
③ ₩350,000　④ ₩360,000

14 **(주)SVC는 기말재고조사법으로 회계처리하는 회사이다. 동사가 2016년 말에 외상구입한 상품에 대한 매입기록을 하지 않았으며, 이 상품이 기말재고 실사 시 누락되었다고 할 때 2016년 말의 자산, 부채, 자기자본과 당기순이익에 미치는 영향으로 올바른 것은?**

	자산	부채	자기자본	당기순이익
①	영향없음	과소계상	과대계상	과대계상
②	영향없음	과대계상	과소계상	과소계상
③	과소계상	과대계상	영향없음	영향없음
④	과소계상	과소계상	영향없음	영향없음

15 **다음 중 재고자산의 평가에 관한 설명으로 틀린 것은?**

① 재고자산은 취득원가와 순실현가능가치 중 낮은 금액으로 측정한다.
② 원재료의 현행대체원가가 장부금액보다 낮게 추정된다면 예외없이 재고자산평가손실이 발생한다.
③ 상품 및 제품의 순실현가능액은 예상판매가격에서 추가예상원가 및 기타 판매비용을 차감한 금액으로 추정한다.
④ 재고자산의 판매가 계약에 의해 확정되어 있는 경우 순실현가능액은 그 계약가격이다.

해설 & 정답 checkpoint

13 • 당기매입액
= ₩1,500,000 × (1 − 30%) + ₩600,000 − ₩500,000
= ₩1,150,000
• 기말 외상매입금 잔액
= ₩400,000 + ₩1,150,000 − ₩1,200,000
= ₩350,000

14 이월상품의 재고자산과 외상매입금이 과소계상되었다. 자기자본과 당기순이익에는 영향이 없다.

15 완성될 제품이 원가 이상으로 판매될 것으로 예상하는 경우에는 그 생산에 투입하기 위해 보유하는 원재료 및 기타 소모품을 감액하지 아니한다.

정답 13 ③ 14 ④ 15 ②

checkpoint 해설 & 정답

16 매입환출을 회계상 영업외수익으로 잘못 처리한 경우 영업이익이 과소계상된다.

01

정답 (물음 1)
- 매출원가로 계상
  = (500개 − 450개) × ₩200 × 20% = ₩2,000
- 영업외비용으로 계상
  = (500개 − 450개) × ₩200 × 80% = ₩8,000

(물음 2)
재고자산평가손실
= (₩200 − ₩180) × 450개
= ₩9,000

(물음 3)
기말재고자산가액
= 450개 × ₩180 = ₩81,000

(물음 4)
당기매출원가
= ₩70,000 + ₩600,000 − ₩81,000 − ₩8,000
= ₩581,000

정답 16 ④

16 **매입환출을 회계상 영업외수익으로 잘못 처리한 경우 나타날 수 있는 사항으로 잘못된 것은?**

① 매출원가가 상대적으로 과대계상된다.
② 법인세차감전순이익에는 영향이 없다.
③ 매출총이익이 과소계상된다.
④ 영업이익이 과대계상된다.

주관식 문제

01 **다음은 (주)한국의 기말재고자산 평가와 관련된 자료이다.**

장부수량	실지 재고수량	취득단가	단위당 시가	기초상품 재고액	당기 매입액
500개	450개	₩200	₩180	₩70,000	₩600,000

재고감모분 중 20%는 원가성이 있으며 나머지는 원가성이 없는 것으로 판단된다.

(물음 1) 매출원가 및 영업외비용으로 계상될 재고자산감모손실을 구하라.

(물음 2) 재고자산평가손실을 구하라.

(물음 3) 재무상태표에 기록될 기말재고자산가액을 구하라.

(물음 4) 손익계산서에 기록될 당기매출원가를 구하라.

02 다음 자료를 보고 (물음 1)과 (물음 2)에 답하시오.

다음은 (주)한국의 재고자산에 관한 거래자료이다. 모든 거래는 외상으로 이루어졌다. 재고자산의 실사결과 기말재고자산의 수량은 125개로 밝혀졌다.

거래 내용	수량(개)	단가(₩)
기초재고	120	300
당기매입	240	300
당기매출	230	500

(물음 1) 계속기록법에 의한 매출원가와 기말재고는 각각 얼마인가?

(물음 2) 실지재고조사법에 의한 매출원가와 기말재고는 각각 얼마인가?

해설 & 정답 checkpoint

02

정답 (물음 1)

- 매출원가 = 230개 × ₩300 = ₩69,000
- 기말재고 = ₩36,000 + ₩72,000 − ₩69,000 = ₩39,000

(물음 2)

- 기말재고 = 125개 × ₩300 = ₩37,500
- 매출원가 = ₩36,000 + ₩72,000 − ₩37,500 = ₩70,500

checkpoint 해설 & 정답

제 6 절 유형자산

01 다음 중 유형자산의 특징으로 옳지 않은 것은?

① 유형자산은 재화의 생산, 용역의 제공, 타인에 대한 임대 또는 자체적으로 사용할 목적으로 보유하는 것으로, 물리적 형체가 있으며 1년을 초과하여 사용되는 자산을 말한다.
② 유형자산에는 토지, 건물, 구축물, 선박, 차량운반구, 공구와 기구, 비품, 건설 중인 자산 등이 있다.
③ 기업이 토지를 보유하고 있으면 영업활동으로 사용할 목적이 아닌 투자목적으로 보유하고 있는 토지라도 유형자산으로 분류된다.
④ 적격자산의 취득, 건설 또는 생산과 직접 관련된 차입원가는 미래 경제적 효익의 발생 가능성이 높고 신뢰성 있게 측정 가능할 경우에 당해 자산 원가의 일부로 자본화하여야 한다.

01 기업이 토지를 보유하고 있더라도 영업활동으로 사용할 목적이 아닌 투자목적으로 보유하고 있는 토지는 투자자산으로 분류되고, 매매목적으로 보유하고 있는 토지는 재고자산으로 분류된다.

02 다음 중 유형자산의 취득원가에 포함시킬 수 없는 것은?

① 구입가격
② 시운전비
③ 취득세
④ 재산세

02 재산세는 취득원가에 포함하지 않고 기간비용으로 회계처리한다.

03 다음 중 유형자산의 취득원가를 구성하지 않는 것은?

① 설계와 관련하여 전문가에게 지급하는 수수료
② 자본화대상인 차입원가
③ 자산의 취득과정에서 발생한 매입할인
④ 외부 운송 및 취급비용

03 자산의 취득과정에서 발생한 매입에누리와 환출 및 매입할인이 있는 경우에는 이를 취득원가에서 차감한다.

정답 01 ③ 02 ④ 03 ③

04 (주)독도는 스마트 팩토리를 구축하기 위한 기계를 구입하였다. 대금 중에서 ₩200,000,000은 당좌수표를 발행하여 지급하였으며 나머지 ₩100,000,000은 외상이었다. 외상대금은 연 12%의 이자를 지급하고 6개월 후에 지급하기로 하였다. 이 기계를 공장으로 운반하기까지의 운임 ₩20,000,000과 설치비 ₩10,000,000은 당좌수표를 발행하여 지급하였고 이 기계의 시운전을 위한 비용 ₩3,000,000은 현금으로 지급하였다. 이 기계의 취득원가는 얼마인가?

① ₩300,000,000
② ₩330,000,000
③ ₩333,000,000
④ ₩339,000,000

05 다음은 유형자산의 감가상각방법을 나타낸다. A, B에 해당하는 것은?

> • 정액법 = (취득원가 − A) ÷ 내용연수
> • 정률법 = (취득원가 − B) × 감가상각률

	A	B
①	잔존가액	감가상각누계액
②	잔존가액	내용연수
③	감가상각누계액	잔존가액
④	내용연수	잔존가액

06 다음 중 수익적 지출로 회계처리하여야 할 것으로 가장 타당한 것은?

① 냉난방 장치 설치로 인한 비용
② 파손된 유리의 원상회복으로 인한 교체비용
③ 사용용도 변경으로 인한 비용
④ 증설·확장을 위한 비용

해설 & 정답 checkpoint

04 기계의 취득원가
= ₩300,000,000 + ₩20,000,000 + ₩10,000,000 + ₩3,000,000
= ₩333,000,000

05 • 정액법 = (취득원가 − 잔존가액) ÷ 내용연수
• 정률법 = (취득원가 − 감가상각누계액) × 감가상각률

06 파손된 유리의 원상회복으로 인한 교체비용은 수익적 지출에 해당한다.

정답 04 ③ 05 ① 06 ②

checkpoint 해설 & 정답

07 • 감가상각비
= 50,000,000원 ÷ 20년
= 2,500,000원
• 감가상각누계액
= 2,500,000원 × 3년
= 7,500,000원

08 자본적 지출을 수익적 지출로 회계 처리하여 비용이 과대계상되고 자산이 과소계상된다.

09 유형자산을 취득한 초기에 정률법을 적용하여 감가상각할 경우 정액법에 비해서 이익이 작고 유형자산의 금액도 작게 표시된다.

정답 07 ② 08 ③ 09 ③

07 춘천상사는 2015년 1월 1일 토지와 건물을 각각 아래와 같이 취득하였을 경우 2017년 12월 31일의 감가상각비와 감가상각누계액은 각각 얼마인가?

> 토지취득가액 : 100,000,000원
> 건물취득가액 : 50,000,000원
> 감가상각방법은 정액법, 내용연수는 20년, 잔존가액은 0원

	감가상각비	감가상각누계액
①	2,500,000원	5,000,000원
②	2,500,000원	7,500,000원
③	5,000,000원	15,000,000원
④	7,500,000원	22,500,000원

08 매장 건물에 엘리베이터를 설치하고 아래와 같이 회계 처리한 경우 발생하는 효과로 옳은 것은?

> (차) 수선비 80,000,000원 (대) 보통예금 80,000,000원

① 비용의 과소계상
② 부채의 과대계상
③ 자산의 과소계상
④ 순이익의 과대계상

09 유형자산을 취득한 초기에 정률법을 적용하여 감가상각할 경우 정액법에 비해서 이익과 유형자산의 금액이 어떻게 나타나는가?

① 이익이 크고 유형자산의 금액도 크게 표시된다.
② 이익이 크고 유형자산의 금액은 작게 표시된다.
③ 이익이 작고 유형자산의 금액도 작게 표시된다.
④ 이익이 작고 유형자산의 금액은 크게 표시된다.

10 **다음 중 유형자산의 재평가모형 회계처리에 관한 설명으로 틀린 것은?**

① 재평가의 빈도는 재평가되는 유형자산의 공정가치 변동에 따라 달라진다.
② 특정 유형자산을 재평가할 때 동일한 분류 내의 유형자산 분류 전체를 재평가한다.
③ 자산의 장부금액이 재평가로 인하여 증가된 경우 원칙적으로 그 증가액은 기타포괄손익으로 인식한다.
④ 자산의 장부금액이 재평가로 인하여 감소한 경우 원칙적으로 그 감소액은 기타포괄손익으로 인식한다.

11 **2020년 1월 1일에 ₩40,000,000의 차량을 취득하였다. 내용연수는 4년, 잔존가치는 ₩4,000,000으로 추정하였다. 2020년 12월 31일에 정액법을 적용하여 감가상각비를 인식하였고, 2021년 6월 30일에 사용하던 차량을 ₩20,000,000에 처분하였다. 차량의 매각시점에 얼마의 처분손익을 인식해야 하는가?**

① 처분이익 ₩6,500,000
② 처분이익 ₩11,000,000
③ 처분손실 ₩6,500,000
④ 처분손실 ₩11,000,000

12 **다음 설명의 A, B, C의 내용으로 옳은 것은?**

> 토지를 판매목적으로 취득하면 (A)으로, 토지를 투기목적으로 취득하면 (B)으로, 토지를 영업에 사용할 목적으로 취득하면 (C)으로 처리한다.

	A	B	C
①	투자자산	재고자산	유형자산
②	재고자산	투자자산	유형자산
③	재고자산	유형자산	투자자산
④	투자자산	유형자산	재고자산

해설 & 정답 checkpoint

10 자산의 장부금액이 재평가로 인하여 감소된 경우에 그 감소액은 즉시 당기손익으로 인식한다.

11 • 매각시점까지 감가상각누계액
= ₩9,000,000 + ₩9,000,000 × 6/12 = ₩13,500,000
• 처분손실
= ₩40,000,000 − ₩13,500,000 − ₩20,000,000
= ₩6,500,000

12 토지를 판매목적으로 취득하면 재고자산으로, 토지를 투기목적으로 취득하면 투자자산으로, 토지를 영업에 사용할 목적으로 취득하면 유형자산으로 처리한다.

정답 10 ④ 11 ③ 12 ②

checkpoint 해설 & 정답

13 • 정률법 = ₩1,000,000 × 40% = ₩400,000
• 연수합계법 = ₩1,000,000 × (1 − 10%) × 5/15 = ₩300,000
• 정액법 = ₩1,000,000 × (1 − 10%) ÷ 5년 = ₩180,000

14 • 2023년 초 장부금액 = ₩210,000 − (₩210,000 × 2/5) = ₩126,000
• 2023년 감가상각비 = ₩126,000 × 4/10 = ₩50,400

정답 13 ② 14 ④

13 다음 자료를 보고 유형자산의 감가상각방법 중 정액법, 정률법 및 연수합계법 각각에 의한 1차년도 말 계상된 감가상각비가 큰 금액부터 나열한 것은?

- 기계장치 취득원가: ₩1,000,000(1월 1일 취득)
- 내용연수: 5년
- 잔존가치: 취득원가의 10%
- 정률법 상각률: 40%

① 정률법 〉 정액법 〉 연수합계법
② 정률법 〉 연수합계법 〉 정액법
③ 연수합계법 〉 정률법 〉 정액법
④ 연수합계법 〉 정액법 〉 정률법

14 (주)서울은 2021년 1월 1일에 ₩210,000의 건물을 취득하였다. 건물의 내용연수는 5년, 잔존가치는 없는 것으로 추정하여 정액법으로 감가상각하였다. 2023년에 잔존내용연수 4년으로 감가상각방법은 연수합계법으로 변경하였을 경우 2023년도 감가상각비는 얼마인가?

① ₩31,500
② ₩40,000
③ ₩42,000
④ ₩50,400

주관식 문제

01 (주)한국은 2020년 7월 1일에 택배 트럭을 ₩100,000,000에 구입하였다. 이 트럭의 잔존가치는 ₩10,000,000이고 경제적 내용연수는 5년이다. 이 트럭을 경제적으로 사용할 수 있는 주행거리는 100,000㎞이며 2020년도에 12,000㎞, 2021년도에 25,000㎞를 주행하였다. 이 자료를 이용하여 다음 물음의 방법으로 2021년도의 감가상각비를 계산하시오.

(물음 1) 정액법

(물음 2) 정률법(단, 상각률은 40%라고 가정한다)

(물음 3) 연수합계법

(물음 4) 사용시간비례법

해설 & 정답 checkpoint

01

정답 (물음 1)
감가상각비
= (₩100,000,000 − ₩10,000,000) ÷ 5
= ₩18,000,000

(물음 2)
감가상각비
= (₩100,000,000 − ₩20,000,000) × 40%
= ₩32,000,000

(물음 3)
감가상각비
= (₩100,000,000 − ₩10,000,000) × (5/15 × 6/12 + 4/15 × 6/12)
= ₩27,000,000

(물음 4)
감가상각비
= (₩100,000,000 − ₩10,000,000) × (25,000㎞/100,000㎞)
= ₩22,500,000

checkpoint 해설&정답

02

정답 • 2023년 1월 1일 장부가액
= ₩4,000,000 − (₩4,000,000 × 0.369) − (₩4,000,000 − ₩1,476,000) × 0.369
= ₩1,592,644
• 2023년 1월 1일 유형자산처분손실
= ₩1,592,644 − ₩1,500,000
= ₩92,644

03

정답 ₩6,300,000 − (₩40,000 + ₩60,000 + ₩120,000)
= ₩6,080,000

02 (주)독도는 2021년 1월 1일에 ₩4,000,000의 기계장치를 취득하고, 2023년 1월 1일에 ₩1,500,000에 처분하였다. 정률법으로 상각할 때 유형자산처분손익은 얼마인가?(단, 적용되는 상각률은 0.369이다)

03 (주)한국은 새로운 생산라인을 도입하였으며 이에 따라 다음과 같은 비용이 발생하였다. 새로운 생산라인과 관련된 유형자산의 취득원가는 얼마인가?

내역	금액(₩)
생산라인 도입을 위한 공장 내부 수리비	500,000
설치장소 준비원가	100,000
기계 구입비용	5,000,000
최초운송 및 취급관련 비용	160,000
기계설치 및 조립비용	140,000
최초 테스트 비용	80,000
기능 및 설치 평가에 관한 전문가 수수료	100,000
새로운 생산라인의 홍보비용	40,000
신제품 소개비용	60,000
새로운 생산라인에 대한 영업사원 교육훈련비	120,000
합계	6,300,000

해설 & 정답 checkpoint

제 7 절 무형자산

01 다음 중 자산에 해당하는 것은?

① 개발비
② 연구비
③ 경상개발비
④ 기부금

01 개발비는 비경상개발비와 경상개발비로 나뉘는데 무형자산으로 계상되는 개발비는 비경상개발비를 말한다.

02 다음 중 무형자산에 해당하지 않는 것은?

① 산업재산권
② 시추권
③ 내부적으로 창출한 영업권
④ 웹사이트

02 내부적으로 창출한 영업권은 원가를 신뢰성 있게 측정할 수 없고 기업이 통제하고 있는 식별 가능한 자원이 아니기 때문에 자산으로 인식하지 아니한다.

03 다음 중 비용으로 인식되는 연구활동의 사례에 해당하지 않는 것은?

① 새로운 지식을 얻고자 하는 활동
② 생산이나 사용 전의 시제품과 모형을 설계, 제작, 시험하는 활동
③ 연구결과나 기타 지식을 탐색, 평가, 최종 선택, 응용하는 활동
④ 재료, 장치, 제품, 공정, 시스템이나 용역에 대한 여러 가지 대체안을 탐색하는 활동

03 생산이나 사용 전의 시제품과 모형을 설계, 제작, 시험하는 활동은 개발활동의 사례에 해당한다.

04 무형자산의 상각에 관한 다음 설명 중 타당하지 않은 것은?

① 내용연수에 걸쳐 취득원가를 체계적으로 원가배분한다.
② 내용연수가 비한정인 무형자산은 상각하지 않는다.
③ 대부분 정률법으로 상각한다.
④ 누계액계정을 사용하지 않고 당기 상각액을 직접 해당 무형자산에서 차감한다.

04 무형자산은 정액법으로 상각한다.

정답 01 ① 02 ③ 03 ② 04 ③

checkpoint 해설 & 정답

05 생산 중의 고장에 대한 수리는 개발비가 아니라 제조원가이다.

06 영업권이란 인수기업의 순자산가치를 초과하여 대가를 지급한 경우 그 초과금액을 말한다.

07 개별적으로 식별이 불가능한 개발비는 무형자산으로 계상할 수 없다.

정답 05 ① 06 ① 07 ②

05 개발비로 계상하기에 적절하지 않은 것은?

① 생산 중의 고장에 대한 수리
② 생산 전 시제품을 설계하는 활동
③ 신제품 등으로 선정된 안을 설계하는 활동
④ 새로운 기술과 관련된 공구를 만드는 활동

06 기업으로부터 분리하였을 때 식별 불가능한 무형자산은?

① 영업권
② 산업재산권
③ 광업권
④ 프랜차이즈

07 무형자산에 대한 설명 중 옳지 않은 것은?

① 상품화된 특정 소프트웨어의 개발비는 무형자산으로 계상된다.
② 개별적으로 식별이 불가능한 개발비도 무형자산으로 계상할 수 있다.
③ 내부적으로 창출한 영업권은 원가를 신뢰성 있게 측정할 수 없고 기업이 통제하고 있는 식별 가능한 자원이 아니기 때문에 자산으로 인식하지 아니한다.
④ 내부 프로젝트의 연구단계에서는 미래 경제적 효익을 창출할 무형자산이 존재한다는 것을 제시할 수 없기 때문에 연구단계에서 발생한 지출은 발생시점에 비용으로 인식한다.

08 다음 웹사이트 원가 중 무조건 비용 처리하는 단계는?

① 웹사이트의 계획단계
② 적용과 하부구조 개발단계
③ 그래픽 디자인 개발단계
④ 콘텐츠 개발단계

09 무형자산의 손상차손에 관한 다음 설명 중 타당하지 않은 것은?

① 국제회계기준을 적용할 경우 매 보고기간 말에 자산 손상의 징후가 있는지 검토해야 한다.
② 자산의 가치가 급격히 떨어졌다고 판단되면 해당 자산의 회수가능액을 추정하여 장부금액과 비교하는 손상검사를 실시한다.
③ 자산의 회수가능액이 장부금액에 미달하면 그 차액을 손상차손으로 인식하여 손익계산서에 기간비용으로 반영한다.
④ 자산의 회수가능액은 순공정가치와 사용가치 중 작은 금액을 적용한다.

10 (주)대한은 (주)민국을 흡수합병하기로 하고 합병대가로 ₩40,000,000을 지급하였다. (주)민국의 재무상태표상 순자산가액은 ₩24,000,000이고 식별 가능한 순자산의 공정가액은 ₩30,000,000이다. 이 경우 영업권 금액은 얼마인가?

① ₩6,000,000
② ₩10,000,000
③ ₩16,000,000
④ ₩40,000,000

11 K-IFRS에서 규정하고 있는 무형자산의 상각에 대한 설명으로 옳지 않은 것은?

① 무형자산으로 인식되기 위해서는 식별 가능해야 한다.
② 사업결합으로 취득한 영업권은 상각하지 않으나 매년 손상검사를 해야 한다.
③ 내용연수가 유한한 무형자산의 상각기간과 상각방법은 적어도 매 회계연도 말에 검토한다.
④ 내용연수가 유한하거나 비한정인 무형자산은 상각하여야 한다.

해설 & 정답 checkpoint

08 웹사이트의 계획단계는 연구단계로 보아 무조건 비용 처리한다.

09 자산의 회수가능액은 순공정가치와 사용가치 중 큰 금액을 적용한다.

10 영업권
= ₩40,000,000 − ₩30,000,000
= ₩10,000,000

11 내용연수가 유한한 무형자산은 상각하고, 내용연수가 비한정인 무형자산은 상각하지 아니한다.

정답 08 ① 09 ④ 10 ② 11 ④

checkpoint 해설 & 정답

01

정답 (물음 1)
당기손익으로 인식할 연구비
= ₩700,000 + ₩10,000
+ ₩30,000
= ₩740,000

(물음 2)
자산으로 인식할 개발비
= ₩550,000 + ₩65,000
+ ₩20,000
= ₩635,000

주관식 문제

01 다음 자료를 보고 (물음 1)과 (물음 2)에 답하시오.

제약회사인 (주)명문의 2020년도 독감 치료용 신약을 위한 연구, 개발 및 생산과 관련된 자료이다.

독감의 원인이 되는 새로운 바이러스를 찾기 위한 지출	₩700,000
바이러스 규명에 필요한 동물실험을 위한 지출	₩10,000
상업용 신약 생산에 필요한 설비 취득을 위한 지출	₩450,000
신약을 개발하는 시험공장 건설을 위한 지출 (상업적 생산목적으로 실현 가능한 경제적 규모가 아님)	₩550,000
신약의 상업화전 최종 임상실험을 위한 지출	₩65,000
신약 생산 전 시제품을 시험하기 위한 지출	₩20,000
바이러스 동물실험결과의 평가를 위한 지출	₩30,000

(물음 1) (주)명문이 2020년에 당기손익으로 인식할 연구비는 얼마인가?

(물음 2) (주)명문이 2020년에 자산으로 인식할 개발비는 얼마인가?(단, 개발비로 분류되는 지출의 경우 2020년 말 시점에 개발비 자산인식요건을 충족한다고 가정한다)

해설&정답 checkpoint

02 (주)하나는 전기차 개발을 위해 ₩5,000,000을 투입한 개발 프로젝트를 완료하였다. 이 중 2020년 6월 30일 무형자산의 인식요건을 충족하는 ₩4,000,000을 개발비로 계상하고, 5년 간 정액법에 의해 상각하기로 하였다. 그리고 이를 기반으로 그 다음 연도인 2021년 7월 1일에 특허를 취득하였다. 특허출원에 직접 소요된 비용은 ₩500,000이었으며, (주)하나는 이 특허권을 10년에 걸쳐 정액법으로 상각하기로 하였다.

(물음 1) 2020년 12월 31일 결산시점에서 개발비 관련 회계처리를 하시오.

(물음 2) 2021년 12월 31일 결산시점에서 특허권 관련 회계처리를 하시오.

정답 (물음 1)

(차) 급여 ₩400,000(주1) (대) 개발비 ₩400,000

(주1) 개발비상각비 = ₩4,000,000 ÷ 5년 × 6/12 = ₩400,000

(물음 2)

(차) 특허권	₩500,000	(대) 현금(또는 미지급비용)	₩500,000
특허권상각비	₩25,000(주2)	특허권	₩25,000

(주2) 특허권상각비 = ₩500,000 ÷ 10년 × 6/12 = ₩25,000

02 [문제 하단의 설명 참고]

checkpoint 해설 & 정답

제 8 절 투자부동산

01 다음 중 투자부동산에 관한 설명으로 틀린 것은?

① 투자부동산이란 임대수익이나 시세차익을 얻기 위해 보유하고 있는 부동산이다.
② 투자부동산은 원가모형과 공정가치모형 중 하나를 선택할 수 있다.
③ 투자부동산에 대하여 원가모형을 선택한 경우 감가상각대상자산에 대하여 유형자산과 마찬가지로 감가상각비를 인식한다.
④ 정상적인 영업과정에서 단기간에 판매하기 위하여 보유하고 있는 토지만 투자부동산으로 분류한다.

01 정상적인 영업과정에서 단기간에 판매하기 위하여 보유하고 있는 토지는 재고자산으로 분류한다.

02 다음 중 투자부동산으로 분류할 수 없는 것은?

① 미래에 투자부동산으로 사용하기 위하여 건설 또는 개발 중인 부동산
② 금융리스로 제공하기 위하여 보유하고 있는 미사용 건물
③ 직접 소유하고 운용리스로 제공하고 있는 건물
④ 장기 시세차익을 얻기 위하여 보유하고 있는 토지

02 운용리스로 제공하기 위하여 보유하고 있는 미사용 건물은 투자부동산으로 분류한다.

03 다음 중 투자부동산인 항목은 어느 것인가?

① 제3자를 위하여 건설 또는 개발 중인 부동산
② 금융리스로 제공한 부동산
③ 정상적인 영업과정에서 판매하기 위한 부동산
④ 장래 사용목적을 결정하지 못한 채로 보유하고 있는 토지

03 장래 사용목적을 결정하지 못한 채로 보유하고 있는 당해 토지는 시세차익을 얻기 위하여 보유하고 있는 것으로 본다.

정답 01 ④ 02 ② 03 ④

해설&정답 checkpoint

04 K-IFRS에 규정된 투자부동산에 대한 설명으로 옳지 않은 것은?

① 정상적인 영업과정에서 판매하기 위하여 개발을 시작한 부동산은 재고자산으로 대체한다.
② 투자부동산의 폐기나 처분으로 발생하는 손익은 순처분금액과 장부금액의 차액이며 폐기나 처분이 발생한 기간에 손익으로 인식한다.
③ 투자부동산에 대하여 공정가치모형을 선택한 경우에는 최초 인식 후 모든 투자부동산을 공정가치로 측정한다.
④ 투자부동산의 공정가치 변동으로 발생하는 평가손익은 기타포괄손익으로 처리한다.

04 투자부동산의 공정가치 변동으로 발생하는 평가손익은 당기손익으로 처리한다.

05 투자부동산의 회계처리에 대한 설명으로 옳지 않은 것은?

① 운용리스를 통해 보유하게 된 건물을 금융리스로 제공하고 있다면 해당 건물은 투자부동산으로 분류된다.
② 투자부동산을 정상적인 영업과정에서 판매하기 위해 개발을 시작하면 재고자산으로 대체한다.
③ 투자부동산을 원가모형으로 평가하는 경우에는 투자부동산, 자가사용부동산, 재고자산 사이에 대체가 발생할 때에 대체 전 자산의 장부가액을 승계한다.
④ 공정가치로 평가하게 될 자가건설 투자부동산의 건설이나 개발이 완료되면 해당일의 공정가치와 기존 장부금액의 차액은 당기손익으로 인식한다.

05 금융리스를 통해 보유하게 된 건물을 운용리스로 제공하고 있다면 해당 건물은 투자부동산으로 분류된다.

06 (주)가나는 2020년 1월 1일에 투자부동산을 ₩4,000,000에 취득하였다. 이 투자부동산의 내용연수는 10년이고 잔존가치는 없으며 2022년 12월 31일의 공정가치는 ₩5,000,000이다. 2023년 1월 1일에 이 투자부동산을 ₩3,800,000에 처분하였다. (주)가나는 K-IFRS에 따라 투자부동산에 대하여 원가모형을 선택하며 정액법으로 감가상각한다면 2023년 포괄손익계산서에 계상되어야 할 손익은 얼마인가?

① ₩200,000 ② ₩300,000
③ ₩1,000,000 ④ ₩1,200,000

06
- 처분이익
  = 순처분금액 - 장부가액
  = ₩1,000,000
- 순처분금액 = ₩3,800,000
- 장부가액
  = ₩4,000,000 - ₩4,000,000 × 3/10
  = ₩2,800,000

정답 04 ④ 05 ① 06 ③

안심Touch

checkpoint 해설 & 정답

01

정답 (물음 1)
원가모형을 적용하는 경우 감가상각을 하며, 공정가치는 평가하지 않는다.

(물음 2)
공정가치모형을 적용하는 경우 감가상각을 하지 않으며, 공정가치를 평가하여 당기손익에 반영한다.

주관식 문제

01 (주)독도는 2021년 1월 1일에 투자목적으로 건물을 ₩10,000(내용연수 10년, 잔존가치 ₩0, 정액법 상각)에 취득하였다. 회사는 유형자산을 정액법으로 감가상각한다. 2021년 결산일과 2022년 결산일의 동 건물의 공정가치는 각각 ₩8,000과 ₩9,500이다. 2023년 6월 30일 ₩11,000에 처분하였다.

(물음 1) 회사가 투자부동산에 대하여 원가모형을 적용할 경우에 2023년 6월 30일의 회계처리를 하시오.

(물음 2) 회사가 투자부동산에 대하여 공정가치모형을 적용할 경우에 2023년 6월 30일의 회계처리를 하시오.

»» (물음 1)

(차) 감가상각비	₩500	(대) 감가상각누계액	₩500
(차) 현금	₩11,000	(대) 투자부동산	₩10,000
감가상각누계액	₩2,500	처분이익	₩3,500

(물음 2)

(차) 현금	₩11,000	(대) 투자부동산	₩9,500
		처분이익	₩1,500

제 4 장

부채 및 자본 회계처리

제1절 부채의 의의와 분류
제2절 유동부채
제3절 비유동부채
제4절 충당부채 및 우발부채
제5절 기업형태와 자본계정
제6절 납입자본 및 이익잉여금
제7절 자본유지조정 및 기타포괄손익
실전예상문제

제4장 부채 및 자본 회계처리

제1절 부채의 의의와 분류

1 부채의 의의

부채란 과거의 거래나 사건의 결과로써 특정 기업이 미래에 다른 기업에게 자산을 이전하거나 용역을 제공해야 하는 현재의 의무로부터 발생하는 미래의 가능한 경제적 효익의 희생을 말한다. 부채는 다음과 같은 특징이 있다.

(1) 과거사건의 결과란 부채를 발생시킨 사건이 이미 발생한 것이어야 한다.

(2) 현재의 의무란 미래에 현금 등을 양도하거나 사용하여 결제해야 하는 현재의 의무여야 한다.

(3) 미래 경제적 자원의 희생이란 이의 이행을 위하여 미래에 현금, 상품, 서비스 등과 같은 경제적 효익을 가진 자원의 유출이 기대된다는 의미이다.

2 부채의 분류

(1) 유동부채

① 유동부채는 보고기간일(결산일)로부터 만기가 1년 이내에 도래하는 부채를 유동부채라 한다.
② 정상영업주기내에 소멸할 것으로 예상되는 매입채무와 미지급비용 등은 1년 이내에 결제되지 않아도 유동부채로 분류한다.
③ 유동부채에는 매입채무, 단기차입금, 미지급금, 선수금, 예수금, 미지급비용, 유동성장기부채, 선수수익 등이 포함된다.

(2) 비유동부채

① 비유동부채는 재무상태표일 기준으로 지급기일이 1년 이후에 도래하는 장기채무를 말하는 것으로 보고기간 후 12개월 이후에 상환하거나 의무를 이행하여야 하는 장기부채를 의미한다.
② 비유동부채는 장기차입금부채, 장기충당부채 및 기타유동부채로 구분되어 재무상태표에 표시된다.

제 2 절 유동부채

1 매입채무

(1) **외상매입금** : 외상매입금은 일반적 상거래(주된 영업활동 거래)에서 발생한 채무로써 재무상태표일로부터 1년 이내에 지급해야할 금액이다.

(2) **지급어음** : 지급어음은 일반적 상거래에서 발생한 어음상의 의무로써 지급기일이 재무상태표일로부터 1년 이내에 도래하는 어음이다.

2 기타의 채무 중요도 상 중 하

(1) **선수금** : 선수금은 상거래에서 미리 계약금의 명목으로 선수한 금액을 말하는 것으로 수주공사·수주품 및 일반적 상거래에서 발생한 선수액을 말한다.

(2) **선수수익** : 선수수익은 차기 이후에 귀속될 수익을 당기에 대금을 선수취하는 경우 받은 대가를 말하며 당기에 귀속되는 수익이 발생하지 않았고 그 대금만 먼저 수취했으므로 선수수익이라는 부채로 재무상태표에 반영한다.

(3) **미지급금** : 미지급금은 일반적 상거래 이외의 거래에서 발생한 채무로서 1년 이내에 지급할 것을 말한다. 이는 이미 계약상 확정된 채무로써 그 지급이 완료되지 아니한 것을 의미한다.

(4) **미지급비용** : 당기 중에 비용은 발생하였으나 결산일까지 현금으로 지급하지 못한 경우 결산일에 당기 중에 발생된 비용을 인식하며 상대계정으로 미지급비용(부채계정)을 인식한다.

(5) **예수금** : 예수금은 일반적 상거래 이외에서 발생한 일시적 제예수액으로써 미래에 변제할 의무가 있는 것을 말하는 것으로 기업이 거래처나 종업원이 제3자에게 납부해야 할 금액을 일시적으로 보관하였다가 제3자에게 지급해야 하는 금액을 의미한다.

(6) **단기차입금** : 단기차입금은 1년 내에 상환될 차입금을 말하는 것으로 금전소비대차 계약에 의하여 금전을 차입하는 경우 1년 내에 상환될 금액으로 한다.

(7) **유동성장기차입금** : 유동성장기차입금은 장기차입부채 중 1년 내에 상환될 것 등을 말한다. 예컨대, 사채 중 1년 이내에 상환될 금액이나 장기차입금 중 상환조건에 따라 1년 이내에 분할하여 상환될 금액 등은 유동성장기차입금으로 보고한다.

(8) **단기충당부채** : 단기충당부채는 1년 이내에 사용되는 충당부채로써 그 사용목적을 표시하는 과목으로 기재한다. 즉, 단기충당부채에는 판매보증충당부채, 공사보증충당부채, 경품충당부채 등과 같이 사용목적을 표시하는 과목으로 기재하며 1년 이내에 사용되는 것만 표시하여야 한다.

(9) **당기법인세부채** : 당기법인세부채는 미지급법인세를 말하는 것으로 당해 기간의 과세소득에 대하여 납부해야 할 법인세 및 법인세에 부가되는 세액(주민세나 농어촌특별세 등)의 미지급액으로, 결산 시 법인세법에 따라 과세당국에 납부하여야 할 법인세비용을 인식할 때 사용하는 계정이다. 따라서 과세소득이 발생하면 납부할 법인세비용을 당기법인세부채로 인식하고 향후 과세당국에 법인세를 납부하면 당기법인세부채를 감소시키는 회계처리를 한다.

제 3 절 비유동부채

1 화폐의 시간가치 중요도 상 중 하

(1) 미래가치

$$FV_n = PV(1+r)^n = PV \times CVIF_{t,n}$$
$$\rightarrow (1+r)^n = \text{복리이자요소}(CVIF)$$

(2) 현재가치

$$PV = FVn(1+r)^{-n} = FVn \times PVIF_{t,n}$$
$$\rightarrow (1+r)^{-n} = \text{현가이자요소}(PVIF) = 1/CVIF$$

(3) 영구연금의 현재가치

$$PV(\text{연구연금}) = \frac{C}{1+r} + \frac{C}{(1+r)^2} + \frac{C}{(1+r)^3} + \cdots = \frac{C}{r}$$

(4) 연금의 현재가치(현가이자요소)

$$PV(\text{연금}) = \frac{C}{1+r} + \cdots + \frac{C}{(1+r)^n} = C\left[\frac{1}{r} - \frac{1}{r(1+r)^n}\right] = C \times PVIFA_{r,n}$$

(5) 연금의 미래가치(복리이자요소)

$$PV_n(\text{연금}) = C(1+r)^{n-1} + \cdots + C = C\left[\frac{(1+r)^n}{r} - \frac{1}{r}\right] = C \times PVIFA_{r,n}$$

2 비유동부채의 종류

(1) 사채

참고

사채와 주식의 차이점

주식회사가 장기자금을 조달하는 방법으로 신주를 발행하는 것과 사채를 발행하는 것의 두 가지 방법이 있는데, 사채란 주식회사가 일반 대중으로부터 비교적 장기의 자금을 조달할 목적으로 집단적 또는 대량적으로 부담하는 채무에 대한 채권이며 이에 대하여 유가증권이 발행되는 것을 의미한다.

사채와 주식은 기업의 장기자금의 주요 조달 원천이지만 다음과 같은 차이점이 있다.

① 사채는 회사의 채무이지만 주식은 회사의 채무가 아니다. 즉, 사채를 소유한 사람은 회사의 채권자로서 회사의 외부인이지만 주식을 소유한 사람은 주주이며 회사의 구성원이다.

② 사채권자는 회사의 경영에 참여할 수 없으나 주주는 주주총회에서 의결권을 행사함으로써 경영에 참여할 수 있다.

③ 회사는 사채권자에 대하여 이익의 유무에 관계없이 일정한 이자를 지급해야 하나 주주에 대해서는 불확정적인 이익을 배당한다.

④ 사채는 만기에 상환되고 회사 해산의 경우에 주식에 우선하여 변제되는 데 반하여 주식은 상환되지 않고 잔여재산이 있으면 분배받는다.

① 사채 발행가액의 결정 중요도 상중하

㉠ 사채는 발행자가 약정기간 동안 표시이자를 지급하고 만기에는 원금을 상환하기로 하는 채무증권으로, 사채의 발행가액은 사채에서 발생하는 미래현금흐름(원금과 이자지급)을 사채발행일 현재 유효이자율로 할인한 현재가치로 계산한다.

㉡ 유효이자율이란 사채의 발행으로 인하여 미래에 지급하게 될 액면금액과 이자의 현재가치가 발행금액과 일치하도록 하는 할인율을 의미한다.

㉢ 사채발행비용이 있는 경우에는 발행시점의 유효이자율은 시장이자율보다 높다.

㉣ 사채의 발행가액은 액면이자율과 시장이자율의 차이에 의해 액면발행, 할인발행, 할증발행이 결정된다.

구분	회계처리	조건
액면발행	(차) 현금 ××× (대) 사채 ×××	액면이자율 = 시장이자율
할인발행	(차) 현금 ××× (대) 사채 ××× 사채할인발행차금 ×××	액면이자율 < 시장이자율
할증발행	(차) 현금 ××× (대) 사채 ××× 사채할증발행차금 ×××	액면이자율 > 시장이자율

② **사채 발행기간 중의 회계처리** 중요도 상 중 하

㉠ 사채의 이자비용은 사채의 표시이자율에 따라 지급되며 이때 사채할인(할증)발행차금을 동시에 상각(환입)하여 사채이자에 가감한다.

㉡ 사채할인(할증)발행차금은 사채발행 시부터 최종상환 시까지 기간에 유효이자율법을 적용하여 상각 또는 환입하고 사채이자에 가감하며 사채의 장부가액에 가산(차감)된다.

㉢ 유효이자율법이란 사채할인발행차금 또는 사채할증발행차금을 유효이자율을 적용하여 상각 또는 환입하는 방법을 말한다.

㉣ 이자수익이나 이자비용을 계산하는데 있어서 액면에 기재된 표시이자율에 따라 이자수익이나 이자비용을 인식하는 것이 아니라 실제 그 거래에 적용된 이자율인 유효이자율에 따라 이자수익이나 이자비용을 인식하여 손익계산서에 반영한다.

참고

유효이자율법과 정액법의 비교

발행유형	유효이자율법·정액법		유효이자율법		정액법	
	사채의 장부가액	현금이자 비용	할인(할증)액 상각	총이자비용	할인(할증)액 상각	총이자비용
할인발행	증가	일정	증가	증가	일정	일정
할증발행	감소	일정	증가	감소	일정	일정

※ 유효이자율법에 의하면 사채발행차금상각액은 할인발행, 할증발행 모두 항상 증가하고, 총이자비용은 할인발행은 증가하고, 할증발행은 감소한다.

③ **사채의 상환** 중요도 상 중 하

㉠ 사채의 만기시점에 상환가액은 액면가액이 되며 미상각사채할인(할증)발행차금은 존재하지 않는다. 따라서 상환가액과 액면가액이 동일하여 사채상환손익이 발생하지 않는다.

㉡ 만기일 이전에 조기상환하면 상환 시 사채의 장부금액과 상환금액이 달라져 사채상환손익이 발생한다.

(2) 장기차입금

① 금전대차거래로부터 발생하는 부채로 장기차입금이란 실질적으로 이자를 부담하는 차입금으로서 만기가 재무상태표일로부터 1년 이후에 도래하는 것을 말한다.

② 장기차입금 중 만기가 재무상태표일로부터 1년 이내에 도래 시 유동성장기부채라는 계정과목으로 하여 유동성 대체를 하여야 한다.

(3) 장기매입채무 : 장기연불조건의 매매거래에서 발생하는 부채로 장기매입채무란 지급기한이 재무상태표일로부터 1년 후에 도래하는 장기의 외상매입금 및 지급어음을 말한다.

(4) **장기미지급금** : 장기미지급금이란 유동부채에 속하지 아니하는 일반적 상거래 이외에서 발생한 채무를 말하는 것으로 장기의 채무, 즉 설비자산이나 부동산 등을 구입할 때 발생하는 장기의 미지급금이다.

(5) **장기충당부채** : 장기충당부채는 1년 이후에 사용되는 충당금으로써 그 사용목적을 표시하는 과목으로 기재한다. 여기에는 판매보증충당부채, 공사보증충당부채, 퇴직급여충당부채 등이 있다.

(6) **이연법인세부채**

① 이연법인세부채란 재무제표 작성일 현재 존재하는 가산할 일시적 차이로 인하여 미래에 납부하여야 할 법인세 부담액이 증가하는 경우를 말한다.

② 가산할 일시적 차이의 존재로 인하여 법인세비용이 법인세법 등의 법령에 의하여 납부하여야 할 금액을 초과함으로써 발생하는 법인세와 관련된 부채를 의미한다.

③ 이연법인세부채는 재무상태표의 다른 부채와 구분하여 표시하여야 하며, 또한 당기법인세부담액과 당기법인세환급액도 구분하여야 한다.

④ 이연법인세부채는 관련된 부채항목의 재무상태표상 분류에 따라 유동부채 또는 비유동부채로 분류한다.

참고

장기차입금/장기매입채무/장기미지급금 등

장기차입금/장기매입채무/장기미지급금 등은 명목금액과 현재가치의 차이가 중요한 경우에는 이것을 현재가치로 평가하여야 하며, 그 차액은 현재가치할인차금의 과목으로 하여 장기차입금/장기매입채무/장기미지급금 등에서 차감하는 형식으로 보고하여야 한다. 그리고 이 현재가치할인차금은 유효이자율법을 적용하여 상각하며 이자비용으로 계상하여야 한다.

제 4 절 충당부채 및 우발부채

1 충당부채

(1) **충당부채의 의의** 중요도 상중하

① **충당부채의 개념**

㉠ 충당부채는 과거사건이나 거래의 결과에 의한 현재의무로서, 지출의 시기 또는 금액이 불확실하지만 그 의무를 이행하기 위해 자원이 유출될 가능성이 높고(확률적 발생확률이 50% 초과), 당해 금액의 신뢰성 있는 추정이 가능한 의무이다.

ⓛ 충당부채는 결제에 필요한 미래 지출의 시기 또는 금액의 불확실성으로 인하여 매입채무와 미지급비용과 같은 기타 부채와 구별된다. 또한, 우발부채와도 구분된다.

ⓒ 우발부채는 과거사건에 의하여 발생하였으나 기업이 전적으로 통제할 수 없는 하나 이상의 불확실한 미래사건의 발생 여부에 의하여서만 그 존재가 확인되는 잠재적 의무, 또는 과거사건에 의하여 발생하였으나 당해 의무를 이행하기 위하여 경제적 효익을 갖는 자원이 유출될 가능성이 높지 아니한 경우, 또는 당해 의무를 이행하여야 할 금액을 신뢰성 있게 측정할 수 없는 경우에 해당하여 인식하지 아니하는 현재의무이다.

ⓔ 우발부채는 부채로 인식하지 아니한다.

② **충당부채의 요건**

㉠ 과거사건의 결과로 현재의무가 존재한다.

ⓛ 당해 의무를 이행하기 위하여 경제적 효익을 갖는 자원이 유출될 가능성이 높다.

ⓒ 당해 의무의 이행에 소요되는 금액을 신뢰성 있게 추정할 수 있다.

참고

현재의무의 의미

현재의무는 법적의무와 의제의무를 포함한다.

① 법적의무란 명시적 또는 묵시적 조항에 따른 계약, 법률, 기타 법적 효력 중 하나에 의하여 발생하는 의무를 말한다.

② 의제의무란 과거의 실무관행, 발표된 경영방침 또는 구체적이고 유효한 약속 등을 통하여 기업이 특정 책임을 부담하겠다는 것을 상대방에게 표명하고, 그 결과 기업이 당해 책임을 이행할 것이라는 정당한 기대를 상대방이 가지게 함에 따라 발생하는 의무를 말한다.

(2) 충당부채의 측정

① 충당부채로 인식하는 금액은 현재의무를 보고기간 말에 이행하기 위하여 소요되는 지출에 대한 **최선의 추정치**이어야 한다.

② 현재의무를 이행하기 위하여 소요되는 지출에 대한 최선의 추정치는 보고기간 말에 의무를 이행하거나 제3자에게 이전시키는 경우에 합리적으로 지급하여야 하는 금액이다.

③ 충당부채로 인식하여야 하는 금액을 추정하는 경우 관련된 불확실성은 상황에 따라 판단한다.

④ 측정하고자 하는 충당부채가 다수의 항목과 관련되는 경우에 당해 의무는 모든 가능한 결과와 그와 관련된 확률을 가중평균하여 추정한다. 이러한 통계적 추정방법을 기대가치라고 한다.

⑤ 특정 금액의 손실이 발생할 확률에 따라 충당부채로 인식하는 금액은 다르게 된다.

⑥ 가능한 결과가 연속적인 범위 내에 분포하고 각각의 발생확률이 동일할 경우에는 당해 범위의 중간값을 사용한다.

(3) 충당부채의 종류

① **제품보증충당부채**

㉠ 제품의 보증은 제품을 판매한 이후 품질, 수량, 성능의 결함에 따른 무상수리, 제품교환을 말한다.

㉡ 제품보증은 제품의 판매와 동시에 자동적, 자발적으로 제공된다.

㉢ 제품보증약정을 하고 제품을 판매한 경우는 보증에 대한 의무발생 가능성이 높으므로 자원의 유출 가능성이 높고, 금액의 신뢰성 있는 추정이 가능하므로 충당부채인식요건을 충족한다.

② **퇴직급여충당부채**

㉠ 퇴직급여충당부채는 회계연도 말 현재 전 임직원이 일시에 퇴직할 경우 지급하여야 할 퇴직금에 상당하는 금액으로 한다.

㉡ 회계연도 말 현재 전 임직원의 퇴직금소요액과 퇴직급여충당부채의 설정잔액 및 기중의 퇴직금 지급액과 임원퇴직금의 처리방법 등을 주석으로 기재한다.

참고

퇴직연금제도

① 퇴직연금제도는 사외에 적립된 퇴직연금기금의 운용 책임이 종업원에게 귀속되는 확정기여형 퇴직급여(Defined Contribution plans)와 기금운용의 책임이 기업에 귀속되는 확정급여형퇴직급여(Defined Benefit plans)가 있다.

② 확정기여형의 경우 기업이 매년 일정 기여금을 사외의 금융기관에 적립하면 그 기금은 종업원의 책임하에 관리되고 기금의 운용성과에 따라서 종업원이 받는 퇴직급여의 수준이 달라질 수 있다.

③ 확정급여형은 기업의 책임하에 사외 적립금을 운용하고 종업원이 퇴직할 때 노사 협약이나 계약에 의해 확정된 퇴직금을 지급할 의무를 기업이 부담하므로 종업원은 사외 적립금의 운용성과와 관계없이 확정된 금액의 퇴직급여를 받는다.

2 우발부채 및 우발자산

(1) 우발부채 중요도 상중하

우발부채란 다음의 ① 또는 ②에 해당하는 잠재적인 부채를 말하며, 부채로 인식하지 아니한다.

① 과거사건은 발생하였으나 기업이 전적으로 통제할 수 없는 하나 또는 그 이상의 불확실한 미래사건의 발생 여부에 의해서만 그 존재여부가 확인되는 잠재적인 의무

② 과거 사건이나 거래의 결과로 발생한 현재 의무이지만 그 의무를 이행하기 위하여 경제적 효익을 갖는 자원이 유출될 가능성이 매우 높지 않거나 또는 그 가능성은 매우 높으나 그 의무를 이행하여야 할 금액을 신뢰성 있게 추정할 수 없는 경우

(2) 우발자산

① 우발자산이란 과거 사건에 의하여 발생하였으나 기업이 전적으로 통제할 수 없는 하나 이상의 불확실한 미래사건의 발생 여부에 의하여서만 그 존재가 확인되는 잠재적 자산으로써 이것은 재무제표에 인식하지 아니한다.

② 우발이득과 우발자산은 어느 경우에나 재무제표의 본문에 인식해서는 안 되며, 단지 경제적 효익을 가진 자원의 유입 가능성이 높으면 우발자산을 주석으로 기재해야 한다. 그러나 수익의 실현이 거의 확실시되거나 자원이 유입될 것이 확정되는 상황변화가 발생하면 해당 기간에 관련 자산과 수익을 인식해야 한다.

참고

충당부채와 우발부채/우발자산의 인식

금액추정가능성 / 자원유출/유입 가능성	신뢰성 있는 금액 추정 여부	
	추정 가능	추정 불가능
높음	충당부채(F/S)/우발자산(주석)	우발부채(주석)/우발자산(공시없음)
아주 낮지 않음	우발부채(주석)/우발자산(공시없음)	
희박	공시하지 않음	

제 5 절 기업형태와 자본계정

1 기업의 형태

(1) 개인기업

한 개인이 자본에 출자를 하고 단독으로 소유하여 출자, 경영 및 지배가 일치되는 형태의 기업을 말한다.

(2) 법인기업 중요도 상 중 하

① **합명회사** : 합명회사는 2인 이상의 무한책임사원만으로 구성되는 일원적 조직의 회사로서 전사원이 회사 채무에 대하여 직접·연대·무한의 책임을 지고, 원칙적으로 각 사원이 업무집행권과 대표권을 가지는 회사이다. 경제적으로 서로 신뢰할 수 있는 소수인이 결합하는 소규모공동기업에 적합한 형태이다.

② **합자회사** : 합자회사는 무한책임사원과 유한책임사원 각 1인 이상으로 구성되는 이원적 조직의 회사로, 무한책임사원의 출자는 재산·노무·신용 중 어느 것이든지 출자할 수 있고, 유한책임사원은 금전 그 밖의 재산만을 그 출자의 목적으로 할 수가 있다. 경제적으로 경영능력이 있으나 자본이 없고, 자본이 있으나 경영능력이 없는 소수인이 결합하여 소규모의 공동기업을 경영하는데 적합한 회사이다.

③ **주식회사**

㉠ 주식회사는 사원(주주)의 지위가 균등한 비율적 단위로 세분화된 형식(주식)을 가지고, 사원은 주식의 인수가액을 한도로 회사에 대하여 출자의무를 부담할 뿐, 회사채무자에 대하여 아무런 책임을 지지 않는 회사를 말한다.

㉡ 주식회사는 의사결정기관으로서의 주주총회와 집행기관으로서의 이사회·대표이사 및 감독기관으로서의 감사가 있다.

㉢ 주식회사는 경제적으로 사회에 널리 분산된 소자본을 규합하여 대규모의 공동기업으로 경영하는데 적합한 회사이다.

④ **유한회사** : 유한회사는 그 사원은 원칙적으로 출자가액을 한도로 하는 출자의무를 부담할 뿐 직접 아무런 책임을 부담하지 않는 회사로, 폐쇄성, 법규제의 간이화 그리고 사원의 책임과 자본 등 세 가지로 그 특징이 요약된다. 경제적으로 주식회사의 축소판으로 설립절차나 운영이 간편하기 때문에 비교적 소규모의 공동기업경영에 적합한 회사이다.

⑤ **유한책임회사** : 유한책임회사는 미국의 유한책임회사제도를 참고하여, 2011년 개정 상법에서 새롭게 도입된 기업형태로, 각 사원들이 출자금액만을 한도로 책임을 지게 되는 회사이다. 또한, 이사나 감사 등의 기관을 둘 필요도 없는 등 상대적으로 유연하며 탄력적인 지배구조를 그 특성으로 하기 때문에 소규모 기업에 적합하다.

(3) 협동조합

경제적 약자가 자신들의 이익을 보호하기 위하여 공동출자하여 운영하는 기업형태이다.

(4) 공기업

국가나 지방자치단체와 같은 공공단체가 공익을 목적으로 출자하여 경영되는 기업형태이다.

2 자본계정 중요도 상중하

자본은 자산에서 부채를 차감한 순자산으로 잔여지분 또는 소유주지분 등으로 정의한다.
자본은 자본금, 자본잉여금, 자본조정, 기타포괄손익누계액, 이익잉여금 등으로 구분한다.

(1) 자본금

① 주식회사는 기업의 경영활동에 장기간 사용할 자금을 조달하기 위해 주식을 발행한다.

② 기업회계기준상 자본금계정은 주주의 불입자본 중 상법의 규정에 따라 수권자본의 범위 내에서 이사회의 의결로 발행된 주식의 액면가액으로 회사의 정관에 자본금으로 확정되어 있는 법정자본금을 의미한다.

③ 자본금은 '**액면가액 × 발행주식수**'로 계산한 금액이다.

④ 주식의 발행형태에 따라 액면발행, 할증발행(주식발행초과금), 할인발행(주식할인발행차금)이 있다.

참고

주식의 발행에 대한 회계처리

주식의 발행형태	회계처리			
액면발행	(차) 현금	×××	(대) 자본금	×××
할증발행	(차) 현금	×××	(대) 자본금 주식발행초과금	××× ×××
할인발행	(차) 현금 주식할인발행차금	××× ×××	(대) 자본금	×××

⑤ 보통주는 우선주에 대한 상대적인 의미에서 표준이 되는 주식을 말하는 것으로 이익 또는 이자배당, 잔여재산의 분배 등과 같은 재산적 이익을 받는데 있어서 우선주·후배주·혼합주 등과 같이 특별한 권리 내용이 없는 주식을 의미한다.

⑥ 우선주는 배당 또는 잔여재산 분배 등에서 우선권이 있는 주식이다. 특히 상환우선주의 회계처리에서 주의할 점은 발행기업이 의무적으로 상환해야 하는 계약상 의무를 부담하거나, 보유자가 상환을 청구할 수 있는 권리를 보유한다면 자본금이 아니라 금융부채로 분류한다. 이때 상환우선주의 배당은 손익계산서상 비용으로 표시한다.

참고

우선주의 종류

우선주의 종류는 우선권의 내용에 따라 누적적 우선주, 비누적적 우선주, 참가적 우선주, 비참가적 우선주 등으로 구분할 수 있다.

우선주 구분	의미
누적적 우선주	특정연도에 있어서의 우선주에 대한 배당액이 소정의 우선 배당률 또는 배당액에 미달할 경우 그 부족분을 차년도 이후의 이익 중에서 차년도 이후의 배당과 합쳐서 지급을 받을 수 있는 우선주를 말한다.
비누적적 우선주	당해 영업연도에 우선배당을 받지 못하더라도 그 미지급배당액을 다음 영업연도의 이익에서 보충 배당받지 못하는 우선주를 말한다.
참가적 우선주	소정의 우선배당 이외에 보통주에 대해서 배당을 하고 남은 이익에 대해서도 다시 추가배당을 받을 수 있는 우선주를 말한다.
비참가적 우선주	소정의 배당을 받을 뿐 잔여의 이익이 있더라도 그것은 모두 보통주의 주주에게만 배당되어 추가배당을 받을 수 없는 우선주를 말한다.

(2) 자본잉여금

① **주식발행초과금** : 기업이 자본조달을 위해 주식을 발행할 때 액면가액을 초과하는 금액으로 발행하는 경우 그 초과액을 말한다.

② **감자차익** : 기업이 발행했던 주식을 소각하면서 지급하는 금액이 주식의 액면가액보다 적을 경우 발생하는 차익이다.

③ **자기주식처분이익** : 기업이 발행했던 그 기업 자신의 주식을 취득하였다가 취득가액보다 높은 가액으로 처분하는 경우 그 차익을 말한다.

(3) 자본조정

① **자기주식** : 자기주식은 기업이 이미 발행하여 사외에서 유통되고 있는 주식을 발행회사가 매입 소각하거나 재발행할 목적으로 유상 또는 무상으로 취득한 주식을 말하는 것으로 기업이 주식의 매입소각, 합병이나 영업양도에 의한 양수회사의 권리행사, 주식매수청구권의 행사에 따른 취득 등의 경우에 발행하였던 주식을 재취득하여 보유하는 것을 의미한다.

② **주식할인발행차금** : 주식의 발행금액이 액면금액보다 낮을 때, 액면금액에 미달하는 금액을 주식할인발행차금이라고 한다. 주식할인발행차금은 차변에 기록하고 자본조정항목으로 분류하여 자본에서 차감하는 형식으로 표시하여야 한다. 이때 주식발행과 관련된 신주발행비는 주식할인발행차금에 가산하여 처리한다.

③ **자기주식처분손실** : 기업이 취득하여 보유하고 있던 그 기업 자신의 주식을 취득가액에 미달하는 금액으로 처분하는 경우 그 손실액을 말한다.

④ **감자차손** : 기업이 발행했던 주식을 소각하면서 지급하는 금액이 주식의 액면가액보다 많을 경우 발생하는 손실금액이다.

참고

주식할인발행차금/자기주식처분손실/감자차손의 회계처리

주식할인발행차금/자기주식처분손실/감자차손은 자본거래에서 발생한 손실이므로 관련된 자본잉여금, 즉 주식발행초과금/자기주식처분이익/감자차익과 먼저 상계(출자의 환급)하고 남은 잔액이 있다면 이익잉여금과 상계(배당)하여야 하는데 이익잉여금의 처분 권한이 주주총회에 있으므로 주주총회 때까지 자본조정 항목으로 분류해 놓은 것이다.

⑤ **신주청약증거금** : 기업이 설립 이후 자본금을 증자하는 경우 주식청약을 받으면서 계약금의 형식으로 받는 금액이 신주청약증거금이다. 증자의 목적이므로 자본항목이지만 아직 주식이 발행되지 아니하였으므로 주식발행시점까지 임시로 자본조정으로 분류하였다가 주식의 발행시에 자본금과 주식발행초과금 등으로 회계처리한다.

⑥ **출자전환채무** : 기업이 부담하고 있는 채무를 채무이행의 어려움 등 여러 가지 사유로 인해 채권자와 합의에 의하여 부채를 자본으로 전환하기로 하여 부채를 소멸시키고 주식을 발행하는 과정에서 주식발행시점이 합의시점보다 지연되는 경우 아직 주식이 발행되지 아니하였으므로 주식발행시점까지 임시로 자본조정으로 분류하였다가 주식의 발행 시에 자본금과 주식발행초과금 등으로 회계처리한다.

⑦ **주식매수선택권** : 주식매수선택권이란 기업이 기업의 설립이나 경영 등에 기여하는 임직원에게 유리한 가격으로 기업의 신주를 매입할 수 있도록 부여한 권리를 말한다. 주식선택권 행사시점에 약정용역제공기간 동안 제공받은 용역 등에 대한 대가와 현금납입액(행사가격)이 자본으로 최종 대체될 것이므로 용역제공기간 동안 제공받은 용역 등에 대한 대가를 자본항목으로 분류하되 아직 주식이

발행되지 아니하였으므로 주식발행시점까지 임시로 자본조정으로 분류하였다가 주식의 발행 시에 현금납입액과 함께 자본금과 주식발행초과금 등으로 회계처리한다.

⑧ **미교부주식배당금** : 주식배당이란 영업활동에서 발생한 이익 중 일부를 금전에 의한 배당을 하지 않고 주식을 이용하여 주주에게 배당하는 것으로 발행주식의 액면금액을 배당액으로 하여 자본금의 증가와 이익잉여금의 감소로 회계처리한다. 즉, 주식배당은 자본금의 증가로 간주하여야 하나 자본금 변동을 엄격히 제한하고 있으므로 미교부주식배당금을 미확정된 계정으로 보아 자본조정 계정으로 처리한 후 실제 주식을 발행하여 교부하는 시점에서 자본금으로 대체하는 것이 타당하다.

(4) 기타포괄손익누계액

① **해외사업환산손익** : 기업이 국내뿐만 아니라 해외에 지점이나 사업장이 있는 경우 회계기간 말에 재무제표를 작성할 때는 해외지점이나 해외사업장도 포함해서 작성해야 한다. 그런데 해외지점이나 해외사업장은 그 국가의 화폐로 재무제표를 작성 관리하고 있기 때문에 하나의 재무제표로 공시하기 위해서는 원화로 환산해야 한다. 이러한 원화환산 과정에서 환율차이로 인해 발생하는 손익이 해외사업환산손익이다.

② **금융자산평가손익** : 금융자산을 공정가치로 평가하여 발생하는 평가손익은 미실현손익이므로 기타포괄손익으로 처리한다.

③ **재평가잉여금** : 유형자산이나 무형자산을 공정가치평가모형을 적용하여 평가하는 경우 장부가액과 공정가치와의 차이를 재평가잉여금으로 기타포괄손익 처리한다.

④ **지분법자본변동** : 이익잉여금의 변동 이외에 관계기업의 자본이 직접 변동하는 경우 그에 대한 지분율만큼을 관계기업 투자주식 가액에 반영하며 기타포괄손익으로 처리한다.

⑤ **파생상품평가손익** : 현금흐름위험회피목적으로 투자된 파생상품의 평가손익은 기타포괄손익으로 처리한다.

⑥ **재측정손익** : 확정급여제도와 관련한 재측정손익은 기타포괄손익으로 처리한다.

참고

기타포괄손익의 재분류조정

구분	내용
당기손익으로 재분류하지 않는 항목	① 유형자산과 무형자산의 재평가잉여금 ② 당기손익-공정가치 측정 금융부채의 신용위험변동으로 인한 평가손익 ③ 기타포괄손익-공정가치 측정 범주 지분상품 투자에서 발생한 평가손익 ④ 확정급여제도의 재측정요소 ⑤ 기타포괄손익-공정가치 측정 범주 지분상품 투자에 대한 위험회피에서 위험회피수단의 평가손익
당기손익으로 재분류하는 항목	① 기타포괄손익-공정가치 측정 범주 채무상품에서 발생한 평가손익 ② 해외사업장의 재무제표 환산으로 인한 외환차이(해외사업장환산손익)
재분류조정	당기나 과거 기간에 기타포괄손익으로 인식되었으나 당기손익으로 재분류된 금액(포괄손익계산서나 주석에 표시)

(5) 이익잉여금

① **법정적립금** : 가장 대표적인 법정적립금은 상법의 규정에 의한 이익준비금이다. 이익준비금은 상법의 규정에 의하여 의무적으로 적립하는 법정적립금으로써 자본금의 2분의 1에 달할 때까지 매 결산기마다 현금배당액의 10분의 1 이상을 적립하여야 한다. 이익준비금은 결손보전과 자본전입 이외의 용도에는 사용하지 못한다.

② **임의적립금** : 임의적립금은 법규에 의하여 강제로 적립되는 것이 아니라 주주총회의 결의 또는 정관의 규정에 따라 임의로 회사 내에 적립되는 적립금을 말한다. 임의적립금의 목적은 사업의 확장 및 개선, 사채의 상환, 배당의 평준화 등 여러 가지가 있을 수 있으며 사업확장적립금, 감채기금적립금, 배당평균적립금 등을 예로 들 수 있다.

③ **미처분이익잉여금** : 미처분이익잉여금이란 기업이 획득한 이익 중 자기주식처분손실 등과 같은 자본조정 항목을 상계하고, 법정적립금과 임의적립금을 적립한 후의 잔액을 말한다.

제 6 절 납입자본 및 이익잉여금

1 납입자본

(1) 자본금

① 자본금이란 발행된 주식의 액면가액의 합계액을 말하는 것으로 상법상 기업이 유지해야 할 최소자본금, 즉 법정자본금을 말한다.

② 이는 법인이 발행한 주식의 액면금액으로 보고되는 소유주 지분으로 보통주 자본금, 우선주 자본금이 있다.

(2) 자본잉여금

① 자본잉여금은 증자활동, 감자활동 및 자본과 관련된 자본거래에서 발생한 잉여금으로 영업활동과 관련하여 발생한 이익잉여금과 구별된다.

② 자본잉여금의 종류는 주식발행초과금, 감자차익, 자기주식처분이익 등이 있다.

2 이익잉여금 중요도 상중하

(1) 이익잉여금의 의의

① 기업이 벌어들인 이익 중 자본조정과 상계되거나 배당금 및 일반적립금으로 처분되지 않고 남아있는 이익으로써 기업의 이익창출활동에 의해 획득된 이익을 의미한다.

② 이는 사외에 유출되거나 또는 불입자본 계정에 대체되지 않고 사내에 유보된 부분을 말한다.

(2) 이익잉여금의 분류

① **법정적립금**

㉠ **이익준비금** : 이익준비금은 상법 규정에 의하여 자본의 1/2에 달할 때까지 매결산 시 금전에 의한 이익배당액의 1/10 이상의 금액을 최소한 적립하도록 한 법정적립금을 말한다.

㉡ **기타 법정적립금** : 상법 이외의 법령에 의하여 의무적으로 적립하여야 하는 법정적립금으로서 기업합리화적립금과 재무구조개선적립금 등이 있다.

② **임의적립금**

㉠ **적극적 적립금** : 기업의 순자산을 증대시키기 위한 목적으로 자본을 유보하는 적립금으로써 사업확장적립금과 감채적립금 등이 있다.
적극적 적립금은 적립목적을 달성하더라도 소멸하지 않고 미처분이익잉여금으로 이입하여 다른 목적의 적립에 사용하거나 특별한 적립목적이 없는 경우에는 별도적립금으로 대체된다. 여기서 별도적립금이란 어떠한 일반목적에도 사용될 수 있는 적립금을 말한다.

㉡ **소극적 적립금** : 장차 거액의 손실이나 지출로 인하여 기업의 순자산이 감소할 것을 대비하여 적립하는 적립금으로써 배당평균적립금, 결손보전적립금, 세법상 준비금 등이 있다.
예를 들어 배당평균적립금은 매기의 배당률을 일정수준으로 유지하기 위하여 이익이 많은 연도에는 이익의 일부를 적립하여 두었다가 이익이 적은 연도에 이것을 재원으로 배당하는 것을 말한다.

③ **미처분이익잉여금**
미처분이익잉여금은 당기분 이익잉여금처분계산서상의 이익잉여금을 처분하기 전의 금액으로 전기이월 미처분이익잉여금에 당기순손익, 회계변경누적효과 등을 가감하여 표시한다.

제 7 절 자본유지조정 및 기타포괄손익

1 자본유지조정

(1) 자본유지개념

① **재무자본유지개념** : 자본을 투자된 화폐액 또는 투자된 구매력으로 보는 재무적 개념하에서 자본은 기업의 순자산이나 지분과 동의어로 사용된다. 재무자본유지개념하에서 이익은 해당 기간 동안 소유주에게 배분하거나 소유주가 출연한 부분을 제외하고 기말 순자산의 재무적 측정금액이 기초 순자산의 재무적 측정금액을 초과하는 경우에만 발생한다. 재무자본유지는 명목화폐단위 또는 불변구매력단위를 이용하여 측정할 수 있다.

② **실물자본유지개념** : 자본을 조업능력으로 보는 자본의 실물적 개념하에서 자본은 기업의 생산능력으로 간주된다. 실물자본유지개념하에서 이익은 해당 기간 동안 소유주에게 배분하거나 소유주가 출연한 부분을 제외하고 기업의 기말 실물생산능력이나 조업능력 또는 그러한 생산능력을 갖추기 위해 필요한 자원이나 기금이 기초 실물생산능력을 초과하는 경우에만 발생한다.

참고

자본유지개념에 따른 이익의 계산

자본유지개념		이익 계산
재무자본유지	명목화폐단위	기말자본 - 기초자본
	불변구매력단위	기말자본 - 물가지수를 반영한 기초자본
실물자본유지		기말자본 - 기초자본으로 구매한 동일 자원의 기말 구입가격

(2) 자본유지조정

자산과 부채에 대한 재평가 또는 재작성은 자본의 증가나 감소를 초래한다. 이와 같은 자본의 증가 또는 감소는 수익과 비용의 정의에 부합하지만 이 항목들은 특정 자본유지 개념에 따라 포괄손익계산서에는 포함하지 아니하고 자본유지조정 또는 재평가적립금으로 자본에 포함한다.

(3) 자본조정

① 자본조정은 자본거래에 해당하나 최종 납입된 자본으로 볼 수 없거나 자본의 가감 성격으로 자본금이나 자본잉여금으로 분류할 수 없는 항목을 말한다.

② 자본조정이란 자본거래로 인한 순자산의 변동으로써 자본잉여금과는 달리 일시적인 성격을 갖고 있어서 관련 후속거래가 종료되면 소멸될 항목을 말한다.

③ 자본의 어느 항목에도 속하지 아니하는 임시적 성격의 자본항목으로 자기주식, 주식할인발행차금, 자기주식처분손실, 감자차손, 신주청약증거금, 출자전환채무, 주식매수선택권, 미교부주식배당금, 전환권대가, 신주인수권대가 등이 포함된다.

2 기타포괄손익 중요도 상중하

(1) 포괄손익은 투자 및 주주에 대한 분배가 아닌 거래나 회계사건으로 인하여 일정 회계기간 동안 발생한 순자산의 변동액을 말한다. 이러한 순자산의 변동은 당기순손익에서 제외되지만 포괄손익에는 포함되는 손익항목을 기타포괄손익이라고 한다.

(2) 포괄손익을 보고하는 목적은 순자산의 변동 중 주주와의 자본거래를 제외한 모든 거래와 기타 경제적 사건을 측정하기 위한 것이며 당기순손익에 기타포괄손익을 가감하여 산출한 포괄손익의 내용을 주석으로 기재하도록 규정되어 있다.

참고

총포괄손익

총포괄손익은 기업이 일정기간 동안 소유주와의 자본거래를 제외한 모든 거래나 사건으로 인하여 발생한 순자산의 변동을 말하며 당기에 발생한 모든 수익과 비용을 차감한 금액으로써 당기순손익과 기타포괄손익의 합으로 구성된다.

참고

주식배당, 무상증자, 주식분할, 주식병합의 비교

구분	주식배당		무상증자	주식분할	주식병합
	시가법	액면가액법			
자본금	증가	증가	증가	불변	불변
자본잉여금	증가	불변	감소 가능	불변	불변
이익잉여금	감소	감소	감소 가능	불변	불변
자본 총계	불변	불변	불변	불변	불변
발행주식수	증가	증가	증가	증가	감소
1주당 액면	불변	불변	불변	감소	증가

제4장

OX로 점검하자

※ 다음 지문의 내용이 맞으면 O, 틀리면 ×를 체크하시오. [1~20]

01 정상영업주기내에 소멸할 것으로 예상되는 매입채무와 미지급비용 등은 1년 이내에 결제되지 않아도 유동부채로 분류한다. (　　)

02 대부분의 부채는 명시적 계약이나 법률에 의해 발생하는 법적 의무이지만 회계에서는 법적 강제 청구권이 존재하지 않는 의제의무도 부채로 인식하는 대상이 된다. (　　)

03 액면이자율은 사채의 미래현금흐름의 현재가치와 사채의 발행으로 인한 현재의 현금흐름을 일치시키는 이자율을 의미한다. (　　)

04 사채를 발행한 입장에서는 자금을 차입한 것이므로 비유동부채이며, 매입한 입장에서는 금융자산에 해당한다. (　　)

05 장기매입채무는 장기연불조건의 매매거래에서 발생하는 부채이므로 명목금액과 현재가치의 차이가 중요한 경우에는 이것을 현재가치로 평가하여야 하며, 그 차액은 현재가치할인차금의 과목으로 하여 장기매입채무에서 가산하는 형식으로 보고하여야 한다. (　　)

06 미래영업을 위하여 발생하게 될 원가에 대하여도 충당부채를 인식한다. (　　)

07 현재의무는 법적의무와 의제의무를 포함한다. (　　)

08 충당부채를 현재가치로 평가하여 표시하는 경우에는 장부금액을 기간 경과에 따라 증가시키고 해당 증가 금액은 자산의 원가로 인식한다. (　　)

09 퇴직연금제도는 사외에 적립된 퇴직연금기금의 운용 책임이 종업원에게 귀속되는 확정기여형퇴직급여와 기금운용의 책임이 기업에 귀속되는 확정급여형퇴직급여가 있다. (　　)

정답과 해설 01 O 02 O 03 × 04 O 05 × 06 × 07 O 08 × 09 O

03 유효이자율은 사채의 미래현금흐름의 현재가치와 사채의 발행으로 인한 현재의 현금흐름을 일치시키는 이자율을 의미한다.

05 장기매입채무는 장기연불조건의 매매거래에서 발생하는 부채이므로 명목금액과 현재가치의 차이가 중요한 경우에는 이것을 현재가치로 평가하여야 하며, 그 차액은 현재가치할인차금의 과목으로 하여 장기매입채무에서 차감하는 형식으로 보고하여야 한다.

06 미래영업을 위하여 발생하게 될 원가에 대하여는 충당부채를 인식하지 아니한다.

08 충당부채를 현재가치로 평가하여 표시하는 경우에는 장부금액을 기간 경과에 따라 증가시키고 해당 증가 금액은 차입원가로 인식한다.

10 우발자산은 경제적 효익의 유입 가능성이 높아지더라도 공시하지 않는다. (　　)

11 유한책임회사는 주주의 출자 재산을 바탕으로 설립된 하나의 자본단체로서, 주주의 유한책임제도, 증권제도, 소유와 경영의 분리제도 등을 특징으로 한다. (　　)

12 주식발행초과금과 주식할인발행차금은 발생순서에 관계없이 우선 상계하며, 미상계된 주식할인발행차금 잔액은 주식발행일 이후 이익잉여금의 처분으로 상계하는 것이 타당하다. (　　)

13 상환우선주의 회계처리에 있어서 발행기업이 의무적으로 상환해야 하는 계약상 의무를 부담하거나, 보유자가 상환을 청구할 수 있는 권리를 보유한다면 자본금이 아니라 금융부채로 분류하여야 한다. (　　)

14 자기주식의 소각은 자기주식의 액면금액과 원가를 비교하여 자본거래 손익으로 인식하며, 자본총액이 증가한다. (　　)

15 주식배당은 회사가 창출한 이익을 주주들에게 주식을 발행하여 교부하는 자본거래로 별도의 이익준비금도 계상하여야 한다. (　　)

16 이익준비금은 상법 규정에 의하여 자본의 1/10에 달할 때까지 매결산 시 금전에 의한 이익배당액의 1/2 이상의 금액을 최소한 적립하도록 한 법정적립금을 말한다. (　　)

17 주식배당, 무상증자, 주식분할, 주식병합의 경우 자본총계는 불변이다. (　　)

정답과 해설 10 × 11 × 12 O 13 O 14 × 15 × 16 × 17 O

10 우발자산은 경제적 효익의 유입 가능성이 높아지는 경우에는 주석으로 공시한다.
11 주식회사는 주주의 출자 재산을 바탕으로 설립된 하나의 자본단체로서, 주주의 유한책임제도, 증권제도, 소유와 경영의 분리제도 등을 특징으로 한다.
14 자기주식의 소각은 자기주식의 액면금액과 원가를 비교하여 자본거래 손익으로 인식하며, 자본총계에는 변화가 없다.
15 주식배당은 회사가 창출한 이익을 주주들에게 주식을 발행하여 교부하는 자본거래로 별도의 이익준비금은 인식하지 않는다.
16 이익준비금은 상법 규정에 의하여 자본의 1/2에 달할 때까지 매 결산 시 금전에 의한 이익배당액의 1/10 이상의 금액을 최소한 적립하도록 한 법정적립금을 말한다.

18 재무제표의 이용자가 주로 명목상의 투하자본이나 투하자본의 구매력 유지에 관심이 있는 경우 실물자본유지개념을 선택하여 적용한다. ( )

19 총포괄이익에서 기타포괄손익의 구성요소를 제외한 금액을 손익계산서에 당기순이익으로 보고한다. ( )

20 자본의 어느 항목에도 속하지 아니하는 임시적 성격의 자본항목으로는 자기주식, 주식할인발행차금, 자기주식처분손실, 감자차손, 신주청약증거금, 출자전환채무, 주식매수선택권, 미교부주식배당금, 전환권대가, 신주인수권대가 등이 있다. ( )

정답과 해설 18 × 19 O 20 O

18 재무제표의 이용자가 주로 명목상의 투하자본이나 투하자본의 구매력 유지에 관심이 있는 경우 재무자본유지개념을 선택하여 적용한다.

제 4 장 실전예상문제

01 회계상 부채로 분류할 수 <u>없는</u> 항목은?

① 미지급임차료
② 미지급이자
③ 미교부주식배당금
④ 미지급법인세

02 비유동부채 중 재무상태표일로부터 1년 이내에 상환될 금액을 대체할 경우 이용되는 계정과목은 무엇인가?

① 장기차입금
② 유동성장기부채
③ 단기차입금
④ 외상매입금

03 기업이 근로자 급여에서 소득세를 공제하여 납부일까지 일시 보관하고 있을 경우 무엇으로 처리해야 하는가?

① 가수금
② 미수금
③ 예수금
④ 선수금

해설 & 정답 checkpoint

01 미교부주식배당금은 주식배당을 할 경우 나타나는 항목으로 주식을 실제 발행하여 주주에게 배분하기 전까지 처리되는 자본조정 항목이다.

02 유동성장기부채는 재무상태표일로부터 1년 이내에 상환될 금액을 대체할 경우 이용되는 계정과목이다.

03 기업이 급여 지급일에 공제하여 일시 보관하였다가 납부하는 소득세는 유동부채인 예수금으로 처리한다. 예수금은 일반적 상거래 이외에서 발생한 일시적 제예수액으로써 미래에 변제할 의무가 있는 것을 말하는 것으로 기업이 거래처나 종업원이 제3자에게 납부해야 할 금액을 일시적으로 보관하였다가 제3자에게 지급해야 하는 금액을 의미한다.

정답 01 ③ 02 ② 03 ③

04 다음 중 부채에 대한 설명으로 옳지 않은 것은?

① 미지급금 중 재무상태표일로부터 만기가 1년 이내에 도래하는 것은 유동부채로 표시한다.
② 재무상태표일로부터 차입기간이 1년 이상인 경우에는 장기차입금계정을 사용하여 표시한다.
③ 가수금은 영구적으로 사용하는 부채계정으로, 결산 시에도 재무제표에 표시된다.
④ 상품을 인도하기 전에 상품대금의 일부를 미리 받았을 때에는 선수금계정의 대변에 기입한다.

05 사채와 주식의 공통점 및 차이점에 대한 설명으로 옳지 않은 것은?

① 사채와 주식 모두 회사의 채무이다.
② 사채권자는 회사의 경영에 참여할 수 없으나 주주는 주주총회에서 의결권을 행사함으로써 경영에 참여할 수 있다.
③ 회사는 사채권자에 대하여 이익의 유무에 관계없이 일정한 이자를 지급해야 하나 주주에 대해서는 불확정적인 이익을 배당한다.
④ 사채는 만기에 상환되고 회사 해산의 경우에 주식에 우선하여 변제되는 데 반하여 주식은 상환되지 않고 잔여재산이 있으면 분배받는다.

06 다음 사채에 관한 설명 중 틀린 것은?

① 사채할인발행차금은 유효이자율법으로 상각한다.
② 자기사채를 취득하는 경우에는 취득목적에 관계없이 사채의 상환으로 처리한다.
③ 시장이자율의 변동에 관계없이 사채의 만기일까지 부담하는 이자율은 항상 동일하다.
④ 사채의 시장이자율이 상승하는 경우에는 사채상환손실이 발생한다.

checkpoint 해설 & 정답

04 가수금은 원인이 밝혀질 때까지 임시적으로 사용하는 부채계정으로서 결산 시에는 재무제표에 표시되지 않는다.

05 사채는 회사의 채무이지만 주식은 회사의 채무가 아니다. 즉, 사채를 소유한 사람은 회사의 채권자로서 회사의 외부인이지만 주식을 소유한 사람은 주주이며 회사의 구성원이다.

06 사채의 시장이자율이 상승하는 경우에는 사채상환이익이 발생한다.

정답 04 ③ 05 ① 06 ④

07 다음 중 사채에 대한 설명으로 옳지 않은 것은?

① 사채발행비가 있다면 할증발행이든 할인발행이든 유효이자율보다 시장이자율이 항상 높다.
② 사채 발행일의 현재가치는 시장이자율과 표시이자율에 따라 달라진다.
③ 사채에 적용되는 시장이자율은 기업의 신용상태와 위험정도에 따라 다르다.
④ 시장이자율이 상승하면 사채의 시장가치가 하락하여 사채상환이익이 발생한다.

08 (주)한국은 사채를 할인발행하고, 사채할인발행차금에 대하여 유효이자율법으로 상각하지 않고 정액법을 적용하여 상각하였다. 이러한 오류가 발행연도 재무제표에 미치는 영향을 바르게 지적한 것은?

	사채의 장부금액	당기순이익
①	과대계상	과대계상
②	과대계상	과소계상
③	과소계상	과대계상
④	과소계상	과소계상

09 다음 중 사채발행비에 대한 설명으로 틀린 것은?

① 사채발행비가 발생하면 시장이자율보다 유효이자율이 항상 높다.
② 사채발행비는 사채를 상환하는 기간 동안 유효이자율법으로 이자비용 처리된다.
③ 상각후원가측정 금융부채에 해당하는 경우 사채발행비는 사채의 발행금액에서 차감한다.
④ 유효이자율법은 상환기간 동안 이자비용이 일정하다.

해설 & 정답 checkpoint

07 사채발행비가 있다면 할증발행이든 할인발행이든 시장이자율보다 유효이자율이 항상 높다.

08 사채할인발행차금은 사채의 평가계정으로서 사채에서 차감되는데, 사채할인발행차금을 정액법으로 인식하는 경우 유효이자율법으로 인식하는 경우보다 초기에 상각액이 과대인식되어 비용이 과대계상된다.

09 유효이자율법은 사채 장부금액에 대한 이자비용의 비율이 일정하며, 정액법은 상환기간 동안 이자비용이 일정하다.

정답 07 ① 08 ② 09 ④

checkpoint 해설 & 정답

10 유효이자율법을 적용할 경우 사채할증발행차금의 상각액은 매년 증가한다.

11 사채의 할인발행의 경우 사채할인발행차금의 상각에 따라 매년 장부가액이 증가하므로 이자비용이 매년 증가하게 된다. 또한, 사채의 할증발행의 경우 사채할증발행차금의 상각에 따라 매년 장부가액이 감소하므로 이자비용이 매년 감소하게 된다.

12 전환사채는 만기 이전에 보통주로 바꿀 수 있는 권리가 부여된 복합금융상품이다.

정답 10 ④ 11 ③ 12 ②

10 사채발행차금에 관한 다음 설명 중 타당하지 않은 것은?

① 재무상태표에서 사채할증발행차금은 사채의 액면금액에 가산하는 방식으로 표시한다.
② 사채할인발행차금은 사채기간 동안 발행회사가 지급하는 액면이자 이외에 추가적으로 인식해야 할 이자비용이다.
③ 유효이자율법을 적용할 경우 사채할인발행차금의 상각액은 매년 증가한다.
④ 유효이자율법을 적용할 경우 사채할증발행차금의 상각액은 매년 감소한다.

11 (주)서울은 장기자금조달을 위하여 3년 만기 사채를 발행하고자 한다. 다음 중 사채의 발행유형에 따라 만기까지 (주)서울이 부담해야 할 연간 이자비용의 변화로 가장 옳게 짝지어진 것은?

① 할인발행 시 감소, 액면발행 시 증가, 할증발행 시 증가
② 할인발행 시 감소, 액면발행 시 감소, 할증발행 시 감소
③ 할인발행 시 증가, 액면발행 시 불변, 할증발행 시 감소
④ 할인발행 시 증가, 액면발행 시 불변, 할증발행 시 증가

12 만기 이전에 보통주로 바꿀 수 있는 권리가 부여된 복합금융상품은 무엇인가?

① 신주인수권부사채
② 전환사채
③ 일반사채
④ 선일자수표

해설 & 정답 checkpoint

13 다음 중 전환사채에 관한 설명으로 틀린 것은?

① 전환사채의 발행금액과 미래현금흐름의 현재가치를 일치시켜 주는 이자율을 유효이자율이라고 한다.
② 전환권대가에 해당하는 부분은 무조건 부채로 계상한다.
③ 전환사채의 발행금액에는 전환권대가가 포함되어 있다.
④ 상환할증금 지급조건의 경우 보장수익률이 액면이자율보다 높다.

13 전환권대가는 자본조정으로 분류하고 전환권의 행사로 주식이 발행될 때 주식발행초과금으로 대체한다.

14 (주)서울은 2021년 초 장부금액이 ₩965,260이고 액면금액이 ₩1,000,000인 사채 (표시이자율 연 10%)를 2021년 7월 1일에 경과이자를 포함하여 ₩970,000에 상환하였다. 동 사채의 이자지급일은 매년 12월 31일이고 사채발행시의 유효이자율은 연 12%이었다. (주)서울이 2021년도에 인식할 사채상환손익은 얼마인가?

① ₩53,176 이익
② ₩34,740 이익
③ ₩11,092 손실
④ ₩13,176 손실

14 • 장부금액(경과이자 포함)
= ₩965,260 + ₩965,260 × 12% × 6/12
= ₩1,023,176
• 상환이익
= ₩1,023,176 − ₩970,000
= ₩53,176 이익

15 다음 중 추정부채에 속하는 것은?

① 유동성장기부채
② 퇴직급여충당부채
③ 사채
④ 차입금

15 퇴직급여충당부채나 제품보증충당부채, 판매보증충당부채 등은 추정부채에 속한다.

정답 13 ② 14 ① 15 ②

checkpoint 해설 & 정답

16 미래의 예상 영업손실은 충당부채로 인식할 수 없다.

17 경제적 자원의 유출 가능성이 높고 지급해야 할 금액을 신뢰성 있게 측정할 수 있기 때문에 충당부채로 인식한다.

18 충당부채로 인식하여야 하는 금액의 가능한 결과가 일정 범위로 추정될 때는 가능한 추정 범위 내에서 가장 가능성이 높은 금액으로 한다.

정답 16 ① 17 ③ 18 ④

16 다음 중 충당부채로 인식할 수 없는 것은?

① 미래의 예상 영업손실
② 손실부담계약
③ 제품보증
④ 구조조정

17 결산일 현재 회사는 손해배상소송에 피소되어 있으며 아직 확정 판결은 나지 않은 상태이다. 고문변호사의 의견에 따르면 회사가 패소할 가능성이 높고 손해배상금은 ₩10,000,000 정도로 결정될 것으로 추정된다. 회사는 당기의 재무제표에 이 소송사건을 어떻게 보고하여야 하는가?

① 소송의 내역을 주석으로만 공시한다.
② 확정판결 전이므로 아무런 회계처리도 하지 않는다.
③ 비용 ₩10,000,000과 부채 ₩10,000,000을 각각 손익계산서와 재무상태표에 포함시킨다.
④ 자산과 부채로 각각 ₩10,000,000씩을 인식한다.

18 다음 중 충당부채에 관한 설명으로 틀린 것은?

① 충당부채는 과거 사건이나 거래의 결과에 의한 현재의무로서 지출의 시기 또는 금액이 불확실하지만 그 의무를 이행하기 위하여 자원이 유출될 가능성이 높고 또한 금액을 신뢰성 있게 추정할 수 있는 의무를 말한다.
② 충당부채로 인식하는 금액은 현재의무의 이행에 소요되는 지출에 대한 보고기간 종료일 현재의 최선의 추정치이어야 한다.
③ 충당부채로 인식하여야 하는 금액의 가능한 결과가 연속적인 범위 내에 분포하고 각각의 발생확률이 동일한 경우에는 당해 범위의 중간값을 사용한다.
④ 충당부채로 인식하여야 하는 금액의 가능한 결과가 일정 범위로 추정될 때는 가능한 추정 범위내에서 가장 가능성이 낮은 금액으로 한다.

19 (주)하나는 2021년 중 경품권 10,000매를 무상으로 제공하고 경품권 20매를 제시하는 고객에게 개당 ₩1,000에 판매하는 핸드폰케이스 1개(개당 원가 ₩600)와 교환해 주고 있다. 과거 경험에 따르면 경품권은 80%가 회수될 것으로 추정하고 있으며, 2021년 말까지 회수된 경품권은 2,000매이다. (주)하나의 2021년 말 재무상태표에 충당부채로 인식할 금액은 얼마인가?

① ₩60,000
② ₩120,000
③ ₩180,000
④ ₩240,000

20 다음 중 우발부채 및 우발자산에 관한 설명으로 틀린 것은?

① 과거사건에 의해 발생하였으나 불확실한 미래사건의 발생 여부에 의하여서만 그 존재가 확인되는 잠재적 의무는 우발부채이다.
② 과거사건에 의해 발생하였으나 불확실한 미래사건의 발생 여부에 의하여서만 그 존재가 확인되는 잠재적 자산은 우발자산이다.
③ 우발부채는 당해 의무 이행을 위해 자원이 유출될 가능성이 아주 낮더라도 주석으로 기재해야 한다.
④ 우발자산은 재무상태표에 자산으로 기록하지 않는다.

21 다음 중 판매보증충당부채에 대한 설명으로 옳지 않은 것은?

① 선택권이 없는 용역유형의 무상보증은 별도의 수행의무이므로 거래가격을 배분하여 이연보증수익으로 인식한다.
② 선택권이 없는 확신유형의 무상보증은 기업회계기준서 '충당부채'에 따라 판매보증충당부채로 회계처리 한다.
③ 선택권이 있는 유상보증은 별도의 수행의무이므로 받은 대가를 이연보증수익으로 인식한다.
④ 보고기간 말 판매보증충당부채는 기말 현재 보증의무가 있는 매출에 대한 총 판매보증비 예상액에서 이미 발생한 판매보증비를 가산하여 구한다.

해설 & 정답 checkpoint

19 (10,000매 × 80% − 2,000매) ÷ 20매 × ₩600 = ₩180,000

20 의무를 이행하기 위하여 경제적 효익을 갖는 자원의 유출 가능성이 아주 낮지 않다면 우발부채를 주석으로 공시한다. 따라서 자원의 유출 가능성이 아주 낮다면 주석으로 공시하지 않는다.

21 보고기간 말 판매보증충당부채는 기말 현재 보증의무가 있는 매출에 대한 총 판매보증비 예상액에서 이미 발생한 판매보증비를 차감하여 구한다.

정답 19 ③ 20 ③ 21 ④

checkpoint 해설 & 정답

22 확정기여제도는 확정급여제도에 비해서 회계처리가 간편하다.

23 확정급여제도에서는 여러 가지 요소를 추정에 의존해야 한다.

24 전체 의무를 충당부채로 인식하고, 변제할 것이 거의 확실시되는 금액은 별도의 자산으로 처리한다.

정답 22 ① 23 ③ 24 ②

22 확정기여제도에 관한 다음 설명 중 타당하지 않은 것은?

① 확정급여제도에 비해서 회계처리가 복잡하다.
② 퇴직급여의 지급을 위해 기업이 부담해야 할 부담금의 수준이 사전에 결정되어 있다.
③ 종업원의 퇴직연금 수혜액은 퇴직연금사업자의 운용실적에 따라 달라진다.
④ 기업은 각 회계연도에 부담금을 납부하는 것으로 종업원의 퇴직급여에 대한 의무에서 벗어난다.

23 확정급여제도에 관한 다음 설명 중 타당하지 않은 것은?

① 기업은 퇴직기금을 사외에 적립하여 운용해야 한다.
② 종업원이 받을 퇴직급여의 수준이 사전에 결정되어 있다.
③ 확정급여제도에서는 확정된 수치만을 사용하므로 추정에 의존할 여지가 없다.
④ 기업이 미래에 부담해야 할 퇴직급여 지출금액을 추정하고 이를 현재가치로 환산하여 확정급여채무를 계산한다.

24 다음 중 충당부채에 대한 설명으로 옳지 않은 것은?

① 보증판매에 따라 보증청구가 있을 가능성이 높고, 그 금액에 대한 신뢰성 있는 추정이 가능한 경우 보증판매에 따른 제품보증비를 충당부채로 인식한다.
② 충당부채의 일부를 제3자가 변제할 것이 거의 확실시되는 경우 변제금액을 제외한 잔액에 대해서만 충당부채를 인식한다.
③ 화재나 폭발 등의 재해에 의한 재산상의 손실에 대비한 보험에 가입하고 있지 않을 때 보험 미가입으로 인하여 인식하여야 할 부채는 없다.
④ 제품에 대해 만족하지 못하는 고객에게 법적 의무가 없음에도 불구하고 환불해주는 정책을 펴고 있으며, 고객에게 이 사실이 널리 알려져 있는 경우 환불비용을 충당부채로 계상한다.

25 (주)한국은 공사완료 후 12개월 이내에 납품한 공사에서 발생하는 하자에 대하여 하자보수보증을 실시하고 있다. 만약 2020년도에 납품한 공사에서 중요하지 않은 하자가 발견된다면 ₩2,000,000의 하자보수비용이 발생하고, 중요한 하자가 발생하면 ₩6,000,000의 하자보수비용이 발생할 것으로 예상된다. 기업의 과거 경험에 비추어 납품된 공사의 75%에는 하자가 없을 것으로 예상되고 15%는 중요하지 않은 하자가 발생될 것으로 예상되며, 10%는 중요한 하자가 발생할 것으로 예상된다. (주)한국이 2020년 말에 하자보수충당부채로 기록해야 할 금액은 얼마인가?

① ₩0
② ₩300,000
③ ₩600,000
④ ₩900,000

26 다음 중 주식회사에 대한 설명으로 옳지 <u>않은</u> 것은?

① 주식회사를 설립함에는 발기인이 정관을 작성하여야 하고, 설립의 방법에 따라 발기설립과 모집설립이 있다.
② 의사결정기관으로서의 주주총회와 집행기관으로서의 이사회·대표이사가 있다.
③ 감독기관으로서의 감사는 필요적 상설기관이다.
④ 주식회사는 일인회사가 인정되지 않는다.

27 자본에 관한 설명으로 타당하지 <u>않은</u> 것은?

① 주주의 몫이다.
② 총자산에서 부채총계를 차감한 것이다.
③ 자기자본은 이자를 지급할 필요가 없다.
④ 청산절차를 밟는 경우 주주가 채권자보다 유리하다.

해설 & 정답 checkpoint

25 하자보수충당부채
= 75% × ₩0 + 15% × ₩2,000,000 + 10% × ₩6,000,000
= ₩900,000

26 사원의 퇴사제도는 없으나 주식회사는 일인회사까지 인정된다.

27 청산절차를 밟는 경우 채권자가 주주보다 유리하다.

정답 25 ④ 26 ④ 27 ④

checkpoint 해설 & 정답

28 신주청약증거금은 청약이 이행되지 않을 경우 상환할 의무가 있다면 부채로, 상환의무가 없다면 자본으로 분류한다.

29 기타포괄손익누계액은 이익잉여금과 달리 주주에게 분배할 수 없는 자본항목이다. 이는 기타포괄손익의 성격이 아직 완료되지 않은 거래에 대한 손익이거나 미실현손익이라고 보기 때문이다.

30 손익거래도 손익계산서를 통해서 궁극적으로는 재무상태표의 자본에 영향을 미친다.

정답 28 ③ 29 ① 30 ③

28 다음 중 주식발행에 대한 설명으로 옳지 않은 것은?

① 이익배당우선주는 보통주보다 우선적으로 일정률의 배당을 받을 수 있는 권리가 부여된 우선주를 말한다.
② 누적적우선주는 특정연도에 배당금을 수령하지 못한 경우 차기 이후 받을 수 있는 우선주를 말한다.
③ 신주청약증거금은 청약이 이행되지 않을 경우 상환할 의무가 있다면 자본으로, 상환의무가 없다면 부채로 분류한다.
④ 주식배당은 주주총회 결의로 이익잉여금을 처분하여 기존의 주주들에게 지분율에 비례해서 주식을 발행 교부하는 것이다.

29 자본항목 중 포괄적인 의미에서 잠재적인 손익에 해당하지만 아직 당기손익으로 확정할 수 없는 항목은?

① 기타포괄손익누계액
② 이익잉여금
③ 자본조정
④ 자본잉여금

30 자본거래와 손익거래에 관한 다음 설명 중 타당하지 않은 것은?

① 증자나 감자는 자본거래이다.
② 자본거래는 손익계산서를 거치지 않고 직접 재무상태표의 자본에 반영된다.
③ 손익거래는 손익계산서에 반영되므로 재무상태표와는 무관하다.
④ 자본거래에서는 수익이나 비용이 발생되지 않는다.

31 자본을 실질적으로 증가시키는 거래는 어느 것인가?

① 자본잉여금과 이익준비금을 자본전입한 경우
② 주식배당을 한 경우
③ 주식발행초과금을 자본전입한 경우
④ 주식을 할인발행한 경우

32 (주)한국은 2020년에 자기주식 800주를 주당 ₩3,000에 취득하였으며, 2021년에 이 중 300주를 주당 ₩5,000에 처분하였다. 2020년 말 (주)한국 주식의 주당 공정가치는 ₩6,000이다. 2021년의 자기주식 처분이 자본총계에 미치는 영향을 옳게 나타낸 것은?

① ₩300,000 감소
② ₩600,000 증가
③ ₩1,500,000 감소
④ ₩1,500,000 증가

33 주식배당에 관한 다음 설명 중 타당하지 않은 것은?

① 주식을 발행하여 이익배당을 하는 것이다.
② 회사의 자산이 사외로 유출된다.
③ 이익잉여금이 감소한다.
④ 자본금이 증가한다.

해설 & 정답 checkpoint

31 잉여금의 자본전입이나 주식배당 시 자본금은 증가하나 자본총액에는 변화가 없다.

32 현금의 증가분만큼 자본이 증가한다. 따라서 300주 × ₩5,000 = ₩1,500,000 증가한다.

33 주식배당을 하더라도 회사의 자산이 사외로 유출되는 것은 아니다.

정답 31 ④ 32 ④ 33 ②

checkpoint 해설 & 정답

34 자기주식을 소각하면 자본의 변동이 없다.

35 주식분할이 이루어지더라도 주식 수가 늘어나는 만큼 1주당 액면금액이 줄어들기 때문에 자본금은 변하지 않는다.

36 금융자산을 공정가치로 평가하여 발생하는 평가손익은 미실현손익이므로 기타포괄손익으로 처리한다.

정답 34 ③ 35 ② 36 ④

34 다음 자본에 대한 설명 중 틀린 것은?

① 자기주식을 취득하면 취득가액만큼 자본이 감소한다.
② 자기주식을 처분하면 처분가액만큼 자본이 증가한다.
③ 자기주식을 소각하면 소각금액만큼 자본이 증가한다.
④ 주식배당과 무상증자는 자본의 변동이 없다.

35 주식분할과 주식병합에 관한 다음 설명 중 타당하지 않은 것은?

① 주식분할이 이루어지면 주식 수가 증가한다.
② 주식분할이 이루어지면 자본금이 증가한다.
③ 주식병합이 이루어지면 주식 수가 감소한다.
④ 주식병합이 이루어지면 액면금액이 늘어난다.

36 다음 중 자본잉여금의 구성 항목이 아닌 것은?

① 주식발행초과금
② 감자차익
③ 자기주식처분이익
④ 금융자산평가손익

37 (주)독도의 보통주 발행주식수는 10,000주이며 액면가 ₩5,000인 주식을 ₩6,000에 발행하였다. (주)독도는 누적결손금 ₩27,000,000을 보전하기 위하여 발행주식 2주당 1주의 비율로 무상감자를 실시하기로 의결하였다. 이 경우 감자차손익은 얼마인가?

① 감자차손 ₩2,000,000
② 감자차손 ₩3,000,000
③ 감자차익 ₩2,000,000
④ 감자차익 ₩3,000,000

38 다음 중 이익잉여금 항목에 해당하지 않는 것은?

① 이익준비금
② 임의적립금
③ 주식발행초과금
④ 미처분이익잉여금

39 이익잉여금에 관한 다음 설명 중 타당하지 않은 것은?

① 배당이 이루어지면 이익잉여금이 줄어든다.
② 당기손익은 손익계산서에 나타나므로 이익잉여금과는 무관하다.
③ 유보이익이라고도 부른다.
④ 회사의 설립 이후 경영활동을 통해 얻은 이익 중 배당이나 납입자본으로 대체된 금액을 제외하고 기업 내부에 남아 있는 금액을 의미한다.

해설 & 정답 checkpoint

37 감자차익
= ₩6,000 × (10,000주 ÷ 2)
− ₩27,000,000
= ₩3,000,000

38 주식발행초과금은 자본잉여금에 해당한다.

39 당기손익은 손익계산서를 통해 이익잉여금에 반영된다.

정답 37 ④ 38 ③ 39 ②

checkpoint 해설 & 정답

40 당기순이익을 계산하기 위해 집합손익계정을 이용한다.

40 다음 중 당기순이익을 계산하기 위해 이용되는 계정은?

① 자본금계정
② 미처분이익잉여금계정
③ 자본잉여금계정
④ 집합손익계정

41 주식배당 후에는 발생주식수가 증가한다.

41 배당에 관한 설명으로 잘못된 것은?

① 주식배당은 순자산의 유출이 없이 배당효과를 얻을 수 있다.
② 주식배당 후에도 자본의 크기는 변동이 없다.
③ 주식배당 후에도 발생주식수는 변동이 없다.
④ 미교부주식배당금이란 이익잉여금처분계산서상의 주식배당액을 말하며 주식교부 시에 자본금계정과 대체된다.

42 자기주식과 주식선택권은 모두 자본조정 항목이다.

42 다음 중 자본잉여금과 자본조정의 조합으로 옳지 않은 것은?

① 자기주식과 주식선택권
② 주식발행초과금과 주식할인발행차금
③ 감자차익과 감자차손
④ 자기주식처분이익과 자기주식처분손실

43 자기주식은 자본조정으로 처리한다.

43 다음 중 기타포괄손익누계액에 해당하지 않는 것은?

① 해외사업환산손익
② 지분법자본변동
③ 자기주식
④ 재평가잉여금

정답 40 ④ 41 ③ 42 ① 43 ③

해설 & 정답 checkpoint

44 자본의 회계처리 및 공시에 관한 다음 설명 중에서 옳지 않은 것은?

① 주식할인발행차금은 발생 당시 장부상 존재하는 주식발행초과금과 우선적으로 상계 처리한다.
② 미상계된 주식할인발행차금은 자본항목으로 계상하고 향후 발생하는 주식발행초과금과 상계하여 처리하며 이익잉여금으로 상계할 수 없다.
③ 법정적립금인 이익준비금은 자본항목 중에서 이익잉여금에 포함된다.
④ 주식을 소각하는 경우 발생하는 감자차손은 감자차익과 우선적으로 상계한다.

44 주식발행초과금과 상계한 이후의 주식할인발행차금 잔액은 이익잉여금의 처분으로 상각할 수 있다.

45 다음은 자본거래가 각 자본항목에 미치는 영향을 나타내고 있다. 가장 올바르지 않은 것은?

① 주식배당 : 자본금 증가, 이익잉여금 감소, 총자본 증가
② 현금배당 : 자본금 불변, 이익잉여금 감소, 총자본 감소
③ 자기주식 취득 : 자본금 불변, 이익잉여금 불변, 총자본 감소
④ 주식의 할인발행 : 자본금 증가, 이익잉여금 불변, 총자본 증가

45 주식배당은 이익잉여금을 재원으로 자본을 증가시키므로 총자본은 불변이다.

46 다음 중 자본에 대한 일반론적 설명으로 옳지 않은 것은?

① 법률적 관점에서 보면 주주지분은 법정자본과 잉여금으로 구분된다.
② 경제적 관점에서 보면 주주지분은 그 조달원천에 따라 불입자본과 유보이익으로 구분된다.
③ 자본금계정은 주주의 불입자본 중 상법의 규정에 따라 정관에 자본금으로 확정되어 있는 법정자본금을 의미한다.
④ 회계등식에 따라 자본과 부채의 합은 자산과 일치해야 하며, 자본과 부채는 자산에 대한 청구권으로서 동등한 권리를 갖는다.

46 부채는 자본에 비해 자산에 대한 우선적 청구권을 갖는다. 자본은 부채의 확정적 청구권을 제외한 잔여분에 대한 청구권을 갖는다고 볼 수 있다.

정답 44 ② 45 ① 46 ④

checkpoint 해설 & 정답

47 • 2015년 당기순이익
= ₩3,650,000 − ₩2,000,000 − ₩800,000
= ₩850,000
• 2016년 당기순이익
= ₩3,500,000 − ₩3,650,000 + ₩500,000
= ₩350,000

48 • 2021년 순자산 증가 :
₩4,000,000(자산 증가) + ₩2,000,000(부채 감소)
= ₩6,000,000
• 자본거래로 자본의 감소 :
₩500,000(유상증자) − ₩800,000(현금배당) − ₩600,000(자기주식 취득)
= (−)₩900,000
• 2021년 총포괄이익
= ₩6,000,000 + ₩900,000
= ₩6,900,000
• 2021년 당기순이익
= ₩6,900,000 − ₩400,000(기타 포괄이익)
= ₩6,500,000

정답 47 ③ 48 ③

47 (주)백석은 2015년 1월 1일 현금 ₩2,000,000을 출자하여 설립된 회사이다. 다음 자료를 참고로 (주)백석의 2015년과 2016년의 당기순이익을 계산하면 얼마인가?

일자	자산총계	부채총계
2015.12.31.	₩4,850,000	₩1,200,000
2016.12.31.	₩5,170,000	₩1,670,000

2015년 중에 추가적인 현금 출자(유상증자)가 ₩800,000이 있었고, 2016년 중에는 배당금 ₩500,000이 지급되었으며 다른 자본에 영향을 미치는 거래는 발생하지 않았다.

	2015년 당기순이익	2016년 당기순이익
①	₩1,650,000	₩350,000
②	₩850,000	₩1,200,000
③	₩850,000	₩350,000
④	₩1,650,000	₩1,200,000

48 2021년 말 (주)제주의 자산총액은 기초 대비 ₩4,000,000 증가하였고, 부채총액은 기초 대비 ₩2,000,000 감소하였다. 2021년 중에 유상증자를 하고 그 대가 전액 ₩500,000을 토지 취득에 사용하였으며, 이후 무상증자 ₩1,000,000을 실시하였다. 또한, 현금배당 ₩800,000과 주식배당 500,000을 결의·지급하였고, 자기주식을 ₩600,000에 취득하였다. 기타포괄손익-공정가치측정 금융자산 기말 공정가치가 기초 대비 ₩400,000 증가하였다면, 2021년도 당기순이익은 얼마인가?

① ₩5,500,000
② ₩6,000,000
③ ₩6,500,000
④ ₩7,000,000

주관식 문제

01 (주)한국은 다음과 같은 조건의 3년 만기 일반사채를 발행하고, 동 사채를 상각후원가로 후속 측정하는 금융부채로 분류하였다.

- 액면금액 : ₩1,000,000(사채발행비는 발생하지 않음)
- 표시이자율 : 연 5%(표시이자는 매년 12월 31일 연간 1회 지급)
- 권면상 발행일 : 2021년 1월 1일(권면상 발행일의 시장이자율 : 연 10%)
- 실제 발행일 : 2021년 7월 1일(실제 발행일의 시장이자율 : 연 8%)
- 사채의 현재가치 계산은 아래의 표를 이용한다. 단, 이자 및 상각액은 월할계산하며, 화폐금액은 소수점 첫째자리에서 반올림한다.

기간	단일금액 1의 현재가치		정상연금 1의 현재가치	
	8%	10%	8%	10%
3	0.7938	0.7513	2.5771	2.4868

동 사채발행으로 인해 2021년 7월 1일에 수령한 현금액과 부채 증가금액을 구하시오.

⑥ 2021년 7월 1일 회계처리

(차) 현금	₩959,561	(대) 사채	₩1,000,000
사채할인발행차금	₩65,439	미지급이자	₩25,500

해설 & 정답 checkpoint

01

정답 2021년 7월 1일에 수령한 현금액과 부채 증가금액 모두 ₩959,561으로 동일하다.

① 2021년 1월 1일 액면가액의 현재가치 : ₩1,000,000 × 0.7938 = ₩793,800

② 2021년 1월 1일 표시이자의 현재가치 : ₩1,000,000 × 5% × 2.5771 = ₩128,855

③ 6개월 실질이자 : (₩793,800 + ₩128,855) × 8% × 6/12 = ₩36,906

④ 2021년 7월 1일 사채의 현재가치(= 현금수령액) : (₩793,800 + ₩128,855 + ₩36,906) = ₩959,561

⑤ 부채증가금액 : ₩1,000,000 + ₩25,000 − ₩65,439 = ₩959,561

02 2021년 1월 1일 (주)하나는 기간 3년, 이자율 연 10%, 6월 30일과 12월 31일에 이자를 지급하는 조건으로 액면 ₩100,000의 사채를 발행하였다. 시장이자율은 12%이고 결산일은 매년 12월 31일이다. 또한, 2023년 1월 1일에 사채의 50%를 ₩51,000에 상환하였고 나머지는 만기인 12월 31일에 상환되었다.

기간	₩1의 현재가치계수		연금 ₩1의 현재가치계수	
	6%	12%	6%	12%
1	0.94340	0.89286	0.94340	0.89286
3	0.83962	0.71178	2.67301	2.40183
6	0.70496	0.50663	4.91732	4.11141

(물음 1) 2021년 1월 1일 사채의 발행금액을 구하시오.

(물음 2) 2021년 포괄손익계산서에 계상될 총이자비용을 계산하시오.

(물음 3) 2023년 1월 1일 사채 50% 상환 시 사채상환손익을 계산하시오.

checkpoint 해설 & 정답

02

정답 (물음 1)

사채의 발행금액
= ₩100,000 × 0.70496
+ ₩100,000 × 5% × 4.91732
= ₩95,083

(물음 2)

2021년 총이자비용
= ₩5,705(주1) + ₩5,747(주2)
= ₩11,452

(주1) 2021년 6월 30일
= ₩95,083 × 6% = ₩5,705

(주2) 2021년 12월 31일
= [₩95,083 + (₩5,705 − ₩5,000)] × 6%
= ₩5,747

(물음 3)

사채상환손실
= ₩51,000 − (₩50,000 − ₩916(주1))
= ₩1,916

(주1) 사채할인발행차금
= [₩4,917 − ₩705 × (1+1.06 +1.06×1.06+1.06×1.06 ×1.06)] × 50%
= ₩916

해설 & 정답 checkpoint

(물음 4) 2023년 12월 31일 사채 만기 상환 시의 회계처리를 하시오.

(물음 4)

(차) 이자비용	₩2,971(주1)	(대) 현금	₩2,500
		사채할인발행차금	₩471
(차) 사채	₩50,000	(대) 현금	₩50,000

(주1) [₩49,084 + (₩49,084 × 6% − ₩2,500)] × 6% = ₩2,971

03 (주)가나는 제품에 대하여 2년간 품질을 보증한다. 과거의 경험에 의하면 품질보증비는 판매 후 제1차년도에는 매출액의 2%, 2차년도에는 매출액의 3% 정도가 발생한다. 영업개시 후 2년 동안의 매출액과 실제제품보증비 지출은 다음과 같다.

연도	매출액	제품보증비 지출
2020년	₩2,200,000	₩24,700
2021년	₩1,500,000	₩55,000
합계	₩3,700,000	₩79,700

(물음 1) 2020년 결산 시 제품보증충당부채는 얼마인가?

(물음 2) 2021년 결산 시 제품보증비는 얼마인가?

03

정답 (물음 1)
(₩2,200,000 × 5%) − ₩24,700
= ₩85,300

(물음 2)
(₩2,200,000 + ₩1,500,000) × 5% − (₩24,700 + ₩55,000)
= ₩105,300

checkpoint 해설 & 정답

04

정답 (물음 1)

(차) 퇴직급여 ₩4,000,000
(대) 퇴직급여충당부채 ₩4,000,000

(물음 2)

(차) 퇴직급여충당부채 ₩900,000
(대) 현금 ₩900,000

(물음 3)

(차) 퇴직급여 ₩3,900,000
(대) 퇴직급여충당부채 ₩3,900,000(주1)

(주1) 당기설정액
= 당기 말 총추계액 − 전기 말 총추계액 + 당기 중 퇴직금지급액
= ₩15,000,000 − ₩12,000,000 + ₩900,000 = ₩3,900,000

04 **2021년 12월 31일 퇴직급여충당부채 잔액은 ₩8,000,000이며, 당사의 퇴직금 총추계액은 ₩12,000,000이었다. 2022년 중 종업원의 퇴직으로 퇴직금 ₩900,000을 현금으로 지급하였다. 2022년 12월 31일 퇴직금 총추계액은 ₩15,000,000이 되었다.**

(물음 1) 2021년의 퇴직급여충당부채 과소설정분에 대한 회계처리를 하시오.

(물음 2) 2022년 중 지급된 퇴직금에 대한 회계처리를 하시오.

(물음 3) 2022년에 설정할 퇴직급여충당부채에 대한 회계처리를 하시오.

05 다음 자료를 보고 물음에 답하시오.

> (주)강원은 2015년 말 고객이 구매 후 30일 내에 반품할 수 있는 조건으로 원가 ₩1,050,000의 정수기를 ₩1,500,000에 현금판매 하였다. (주)강원은 2015년 말 과거 경험과 정수기 소매업계 상황에 기초하여 판매한 상품의 5%가 반품될 것으로 추정하였다. 또한 반품과 관련된 직접비용으로 반환금액의 3%가 발생한다.

(물음 1) 반품조건의 판매로 반품충당부채 인식액은 얼마로 기록되는가?

(물음 2) (주)강원의 당기순이익에 미치는 영향은 얼마인가?

해설 & 정답 checkpoint

05

정답 (물음 1)
(₩1,500,000 − ₩1,050,000) × 5%
+ ₩1,500,000 × 5% × 3%
= ₩24,750

(물음 2)
₩1,500,000 − ₩1,050,000
− ₩24,750 = ₩425,250

checkpoint 해설 & 정답

06

정답 • A사 : ₩1,350,000 × 5/15(자본금 비율) = ₩450,000
• B사 : ₩5,000,000 × 5% × 2회(연체분) + ₩5,000,000 × 5% × 1회(당기분) = ₩750,000
• C사 : ₩616,667
※ 연체분 : ₩5,000,000 × 5% × 1회(연체분) = ₩250,000
※ 당기분 : Min[₩5,000,000 × 8%, (₩1,350,000 − ₩250,000) × 5/15] = ₩366,667

06 20×7년 12월 31일 현재 A사, B사, C사의 자본금과 관련된 내용은 다음과 같다. 단, B사의 경우 20×5년도분과 20×6년도분의 배당금 연체되어 있으며 C사의 경우 20×6년도분의 배당금 연체되어 있다.

구분	A사	B사	C사
보통주자본금	₩10,000,000	₩10,000,000	₩10,000,000
발행주식수	2,000주	2,000주	2,000주
액면금액	₩5,000	₩5,000	₩5,000
우선주자본금	₩5,000,000	₩5,000,000	₩5,000,000
발행주식수	1,000주	1,000주	1,000주
액면금액	₩5,000	₩5,000	₩5,000
우선주배당률	5%	5%	5%
우선주 종류	완전 참가적	비참가적	8% 부분 참가적
	비누적적	누적적	누적적

주주총회에서 A사, B사, C사는 각각 ₩1,350,000씩의 배당금 지급을 결의한 경우 우선주에 배분할 배당금은 각각 얼마인가?

해설 & 정답 checkpoint

07 (주)한국의 2021년 중 자본 관련 자료가 다음과 같을 때, 2021년도 자본 증가액은?(단, (주)한국은 주당 액면금액이 ₩1,000인 보통주만을 발행하고 있다)

- 2/1 : 보통주 200주를 주당 ₩1,500에 유상증자
- 3/20 : 자기주식 50주를 주당 ₩1,000에 취득
- 5/5 : 3월 20일에 취득한 자기주식 중 20주를 소각
- 7/7 : 상장기업 A사 주식 150주를 주당 ₩1,500에 취득하여 FVOCI 금융자산으로 분류
- 8/15 : 보통주 50주를 무상감자
- 9/27 ; 보통주 100주를 주당 ₩800에 유상감자
- 12/31 : 상장기업 A사 주식 공정가치 주당 ₩1,200

일자	내역	자본변동
2/1	유상증자(200주 × ₩1,500)	₩300,000
3/20	자기주식 취득(50주 × ₩1,000)	(₩50,000)
5/5	자기주식 소각	–
7/7	FVOCI 금융자산 취득	–
8/15	무상감자	–
9/27	유상감자(100주 × ₩800)	(₩80,000)
12/31	FVOCI 금융자산평가손실(150주 × ₩300)	(₩45,000)
2021년도 자본 증가액		₩125,000

07

정답 ₩125,000

안심Touch

checkpoint 해설 & 정답

08 (주)대한은 2021년 1월 설립되었다. 첫 해 설비투자에서 절약한 여유자금 ₩8,000,000으로 (주)민국의 주식 100주를 구입하고 기타포괄손익금융자산으로 분류하였다. 같은 해 결산일인 12월 31일 (주)민국의 주가는 주당 ₩90,000이었다. 2022년 (주)민국의 주식 50주를 주당 ₩105,000에 처분하였다.

(물음 1) 2021년 12월 31일 결산시점의 회계처리를 하시오.

(물음 2) 2022년 주식 처분시의 회계처리를 하시오.

(물음 1)

(차)	기타포괄손익금융자산	₩1,000,000	(대) 기타포괄손익금융자산평가이익	₩1,000,000[주1]

(주1) 기타포괄손익금융자산평가이익 = 100주 × (₩90,000 − ₩80,000) = ₩1,000,000

(물음 2)

(차)	현금	₩1,000,000	(대) 기타포괄손익금융자산	₩4,500,000
	기타포괄손익누계액	₩500,000[주3]	기타포괄손익금융자산처분이익	₩750,000[주1]
			이익잉여금	₩500,000

(주2) 기타포괄손익금융자산처분이익 = 50주 × (₩105,000 − ₩90,000) = ₩750,000

(주3) 기타포괄손익누계액 = ₩1,000,000 × 50주/100주 = ₩500,000

09 다음 자료는 (주)서울의 재무상태표에 나타난 자본항목들이다. 물음에 답하시오.

- 보통주자본금(₩5,000) ₩50,000,000
- 우선주자본금(₩5,000) ₩20,000,000
- 주식발행초과금 ₩10,000,000
- 자기주식(보통주 1,000주) (₩6,000,000)
- 이익준비금 ₩15,000,000
- 사업확장적립금 ₩10,000,000
- 배당평균적립금 ₩5,000,000
- 감채적립금 ₩3,000,000
- 미처분이익잉여금 ₩7,000,000

(물음 1) 보통주와 우선주의 발행주식수 및 보통주 유통주식수는 각각 몇 주인가?

(물음 2) 주주들이 납입한 납입자본은 얼마인가?

(물음 3) 이익잉여금 총액은 얼마이며, 주주총회를 통해 주주들에게 배당 가능한 이익잉여금은 각각 얼마인가?

해설 & 정답 checkpoint

09

정답 (물음 1)
- 보통주 발행주식수
  = ₩50,000,000 ÷ ₩5,000
  = 10,000주
- 우선주 발행주식수
  = ₩20,000,000 ÷ ₩5,000
  = 4,000주
- 보통주 유통주식수
  = 보통주 발행주식수 − 자기주식수
  = 10,000주 − 1,000주 = 9,000주

(물음 2)
납입자본 총액
= 보통주 자본금 + 우선주 자본금 + 주식발행초과금
= ₩50,000,000 + ₩20,000,000 + ₩10,000,000 = ₩80,000,000

(물음 3)
- 법정적립금 = ₩15,000,000
- 임의적립금 = ₩10,000,000 + ₩5,000,000 + ₩3,000,000 = ₩18,000,000
- 이익잉여금 총액 = 법정적립금 + 임의적립금 + 미처분이익잉여금
  = ₩15,000,000 + 18,000,000 + ₩7,000,000
  = ₩40,000,000
- 배당 가능한 이익잉여금
  = 임의적립금 + 미처분이익잉여금
  = ₩18,000,000 + ₩7,000,000
  = ₩25,000,000

checkpoint 해설 & 정답

(물음 4)
자본 총액
= 납입자본 총액 + 이익준비금
+ 임의적립금 + 미처분이익잉여금
− 자기주식 = ₩80,000,000
+ ₩15,000,000 + ₩18,000,000
+ ₩7,000,000 − ₩6,000,000
= ₩114,000,000

(물음 4) (주)서울의 자본 총액은 얼마인가?

10 **(주)하나는 화재위험이 있는 공장을 소유하고 있어 설립 후부터 재해손실적립금을 적립하고 있다. 최근 화재로 인해 공장건물이 전소되는 재해가 발생하였다. 화재 당시 건물의 취득원가는 ₩10,000,000이며 감가상각누계액은 ₩7,400,000이다. 재해손실적립금 잔액은 ₩3,000,000이었는데 재해복구 후 화재손실 해당 금액을 미처분이익잉여금으로 이입하기로 결정하였다.**

(물음 1) 화재손실에 따른 유형자산의 제거에 대한 회계처리를 하시오.

(물음 2) 재해손실적립금의 이입에 대한 회계처리를 하시오.

(물음 1)

(차) 감가상각누계액	₩7,400,000	(대) 건물	₩10,000,000
화재손실	₩2,600,000		

(물음 2)

(차) 재해손실적립금	₩2,600,000	(대) 미처분이익잉여금	₩2,600,000

고득점으로 대비하는 가장 똑똑한 수험서!

제 5 장

수익·비용의 인식 및 측정

제1절 이익의 개념 및 측정
제2절 수익의 인식 및 측정
제3절 비용의 인식 및 측정
실전예상문제

제5장 수익·비용의 인식 및 측정

제1절 이익의 개념 및 측정

1 당기순손익의 의미

(1) 포괄손익계산서에 나타난 당기순손익은 총수익과 총비용의 관계에서 결정된다.

(2) 총수익이 총비용을 초과하면 당기순이익이 발생되지만 그 반대로 총비용이 총수익을 초과하면 당기순손실이 나타난다. 만약 총수익과 총비용이 동일하다면 당기순손익이 영인 상태가 된다.

2 당기순손익의 계산방법

(1) 재산법

① 재산법은 회계연도 초의 자본금과 회계연도 말의 자본금을 비교해서 당기순손익을 계산하는 방법을 말한다.

② 기말자본에서 기초자본을 차감하여 당기순손익을 계산한다. 이 경우 기말자본금이 크면 당기순이익이 나타나지만 기초자본금이 크면 당기순손실이 발생한다.

(2) 손익법

① 손익법은 회계기간 동안의 총수익과 총비용을 비교해서 당기순손익을 계산하는 방법을 말한다.

② 총수익에서 총비용을 차감하여 당기순손익을 구하는 것이다.

제 2 절 수익의 인식 및 측정

1 수익의 인식

(1) 수익의 의의 및 측정

① 수익(revenues)이란 기업이 일정기간 동안 고객에게 재화를 판매하거나 용역을 제공하고 그 대가로 획득한 현금 또는 수취채권을 말한다.

② 수익은 기업의 경영활동과 관련하여 순자산의 증가를 가져오는 것이다.

③ 수익은 영업주기 전반에 걸쳐 물품을 판매하고 대금을 회수하기 위한 영업활동이 점진적으로 수행되어 현금 또는 현금청구권이 확보되고, 수익창출활동이 사실상 완료되는 시점에 인식한다.

④ 수익이란 자산의 유입이나 증가 또는 부채의 감소에 따라 자본의 증가를 초래하는 특정 회계기간 동안에 발생한 경제적 효익의 증가로서 지분참여자에 의한 출연과 관련된 것은 제외한다.

(2) 수익인식 시기 중요도 상중하

구분	수익인식시기
상품 등 일반매출액	상품·제품 등을 판매하여 인도하는 시점
위탁매출액	수탁자가 위탁품을 판매한 날
시용매출액	매입자가 매입의사표시를 한 날
용역·예약매출	진행기준. 단, 진행기준을 적용함에 있어 공사·제조 및 용역제공과 관련한 수익·원가 또는 진행률 등을 합리적으로 추정할 수 없거나 수입금액의 회수 가능성이 크지 않은 경우에는 발생원가범위 내에서 회수 가능한 금액을 수익으로 인식하고 발생원가 전액을 비용으로 계상
단기·장기할부매출액	상품·제품 등을 판매하여 인도하는 시점. 다만, 장기할부의 경우 이자상당액은 현재가치할인차금으로 계상하여, 기간의 경과에 따라 수익으로 인식
토지·건물 등의 처분	잔금청산일, 소유권이전등기일 및 매입자의 사용가능일 중 가장 빠른 날

(3) 수익인식의 5단계 중요도 상중하

① **1단계**: 고객과의 계약 식별

㉠ 계약당사자들이 계약을 승인하고 각자의 의무를 수행하기로 확약한다.

㉡ 이전할 재화나 용역과 관련된 각 당사자의 권리를 식별할 수 있다.

㉢ 이전할 재화나 용역의 지급조건을 식별할 수 있다.

㉣ 계약에 상업적 실질이 있다. 여기에서 상업적 실질이란 계약의 결과로 기업의 미래현금흐름의 위험, 시기, 금액이 변동될 것으로 예상되는 경우를 말한다.

㉤ 고객에게 이전할 재화나 용역에 대하여 받을 권리를 갖게 될 대가의 회수 가능성이 높다.

② **2단계**: 수행의무의 식별

㉠ 구별되는 재화나 용역 또는 재화나 용역의 묶음 : 다음 ⓐ, ⓑ 기준을 모두 충족한다면 고객에게 약속한 재화나 용역은 구별되는 것이다.

ⓐ **효익 획득 가능성** : 고객이 재화나 용역 그 자체에서 효익을 얻거나 고객이 쉽게 구할 수 있는 다른 자원과 함께하여 그 재화나 용역에서 효익을 얻을 수 있다.

ⓑ **식별 가능성** : 고객에게 재화나 용역을 이전하기로 하는 약속을 계약 내의 다른 약속과 별도로 식별해낼 수 있다.

㉡ 실질적으로 서로 같고 고객에게 이전하는 방식도 같은 일련의 구별되는 재화나 용역 : 일련의 구별되는 재화나 용역이 기간에 걸쳐 수행의무를 이행하고, 수행의무의 진행률을 같은 방법으로 측정하는 경우 일련의 구별되는 재화나 용역을 하나의 수행의무로 본다.

③ **3단계** : 거래가격의 산정

거래가격은 고객에게 약속한 재화나 용역을 이전하고 그 대가로 기업이 받을 권리를 갖게 될 것으로 예상하는 금액이며, 제3자를 대신해서 회수한 금액은 제외한다.

㉠ 변동대가

㉡ 변동대가 추정치의 제약

㉢ 반품권이 있는 판매

㉣ 계약에 있는 유의적인 금융요소

㉤ 비현금대가

㉥ 고객에게 지급할 대가

④ **4단계** : 거래가격을 계약 내 수행의무에 배분

㉠ 거래가격을 배분하는 목적은 기업이 고객에게 약속한 재화나 용역을 이전하고 그 대가로 받을 권리를 갖게 될 금액을 나타내는 금액으로 각 수행의무(또는 구별되는 재화나 용역)에 거래가격을 배분하는 것이다.

㉡ 거래가격 배분의 목적에 맞게 거래가격은 **상대적 개별판매가격**을 기준으로 계약에서 식별된 각 수행의무에 배분한다.

㉢ 거래가격을 상대적 개별판매가격에 기초하여 각 수행의무에 배분하기 위하여 계약 개시시점에 계약상 각 수행의무의 대상인 구별되는 재화나 용역의 개별판매가격을 산정하고 이 개별판매가격에 비례하여 거래가격을 배분한다.

㉣ 개별판매가격을 직접 관측할 수 없다면 배분목적에 맞게 거래가격이 배분되도록 합리적인 범위에서 구할 수 있는 모든 정보(시장조건, 기업 특유요소, 고객이나 고객층에 대한 정보 포함)를 고려하여 개별 판매가격을 추정한다.

⑤ **5단계** : 수행의무를 이행할 때 수익을 인식

㉠ 한 시점에 이행하는 수행의무 : 통제를 한 시점에 이전

ⓐ 기업은 자산에 대해 현재 지급청구권이 있다.

ⓑ 고객에게 자산의 법적 소유권이 있다.

ⓒ 기업이 자산의 물리적 점유를 이전하였다.

ⓓ 자산의 소유에 따른 유의적인 위험과 보상이 고객에게 있다.

ⓔ 고객이 자산을 인수하였다.

㉡ 기간에 걸쳐 이행하는 수행의무 : 통제를 기간에 걸쳐 이전하며, 기간에 걸쳐 이행하는 수행의무에 대하여 그 수행의무 완료까지의 진행률을 측정하여 기간에 걸쳐 수익을 인식한다.

ⓐ 고객은 기업이 수행하는 대로 기업의 수행에서 제공하는 효익을 동시에 얻고 소비한다.

ⓑ 기업이 수행하여 만들어지거나 가치가 높아지는 대로 고객이 통제하는 자산을 기업이 만들거나 그 자산가치를 높인다.

ⓒ 기업이 수행하여 만든 자산이 기업 자체에는 대체 용도가 없고, 지금까지 수행을 완료한 부분에 대해 집행 가능한 지급청구권이 기업에 있다.

2 다양한 수익인식 유형 중요도 상중하

(1) 보증

① **품질에 대한 확신 제공** : 충당부채로 회계처리함

② **품질에 대한 확신&용역 제공** : 수행의무로 회계처리하고 거래가격을 배분함

(2) 고객충성제도

① 고객충성제도는 재화나 용역을 구매하는 고객에게 인센티브를 제공하기 위하여 사용된다.

② 고객이 재화나 용역을 구매하면 기업은 고객보상점수(흔히 '포인트'라고 한다)를 부여한다.

③ 고객은 보상점수를 사용하여 재화나 용역을 무상 또는 할인구매하는 방법으로 보상을 받을 수 있다.

④ 계약에서 추가 재화나 용역을 취득할 수 있는 선택권을 고객에게 부여하고 그 선택권이 그 계약을 체결하지 않으면 받을 수 없는 중요한 권리를 고객에게 제공하는 경우에만 그 선택권은 계약에서 수행의무가 생기게 한다.

⑤ 선택권이 고객에게 중요한 권리를 제공한다면 고객은 사실상 미래 재화나 용역의 대가를 기업에 미리 지급한 것이므로 기업은 그 미래 재화나 용역이 이전되거나 선택권이 만료될 때 수익을 인식한다. 이때 재화나 용역과 선택권의 개별판매가격에 기초하여 거래가격을 수행의무에 배분한다.

(3) 상품권

① 고객에게서 선수금을 받은 경우에는 미래에 재화나 용역을 이전할 수행의무에 대한 선수금을 계약부채로 인식한다.

② 그 재화나 용역을 이전하고 따라서 수행의무를 이행할 때 계약부채를 제거하고 그에 대한 수익을 인식한다.

(4) 라이선스(Licence)

① **라이선스 기간 전체에 걸쳐 기업의 지적재산에 접근할 권리(접근권)** : 기간에 걸쳐 이행하는 수행의무로 회계처리함

② **라이선스를 부여하는 시점에 기업의 지적재산을 사용할 권리(사용권)** : 한 시점에 이행하는 수행의무로 회계처리함

(5) 재매입약정

재매입약정은 자산을 판매하고 그 자산을 다시 사기로 약속하거나 다시 살 수 있는 선택권을 갖는 계약이며, 일반적으로 다음 세 가지 형태로 나타난다.

① 자산을 다시 사야 하는 기업의 의무(선도)
② 자산을 다시 살 수 있는 기업의 권리(콜옵션)
③ 고객이 요청하면 자산을 다시 사야 하는 기업의 의무(풋옵션)

(6) 미인도 청구약정

미인도 청구약정이란 기업이 고객에게 제품의 대가를 청구하지만 미래 한 시점에 고객에게 이전할 때까지 기업이 제품을 물리적으로 점유하는 계약으로, 고객이 미인도 청구약정에서 제품을 통제하기 위해서는 다음 기준을 모두 충족하여야 한다.

① 미인도 청구약정의 이유가 실질적이어야 한다([예] 고객이 그 약정을 요구).
② 제품을 고객의 소유물로 구분하여 식별되어야 한다.
③ 고객에게 제품을 물리적으로 이전할 준비가 현재 되어 있어야 한다.
④ 기업이 제품을 사용할 능력을 가질 수 없거나 다른 고객에게 이를 넘길 능력을 가질 수 없다.

제 3 절 비용의 인식 및 측정

1 비용의 의의

(1) 비용(expenses)은 일정기간 동안 수익을 획득하기 위해 발생한 경제적 효익의 소비나 소멸을 나타낸다.

(2) 비용이란 경영활동인 재화를 구매하거나 용역의 제공을 받는 것 등의 대가로 인한 자산의 유출이나 소멸 또는 부채의 증가에 따라 자본의 감소를 초래하는 특정 회계기간 동안에 발생한 경제적 효익의 감소로서 지분참여자에 대한 분배와 관련된 것은 제외한다.

2 비용의 인식기준 중요도 상중하

(1) 비용은 경영활동의 전 과정을 통해 발생하므로 자산을 사용하거나 감소될 때마다 비용을 인식해야 한다.

(2) 현실적으로 엄격하게 이것을 적용하기 어려우므로 수익이 인식된 시점에 수익과 관련한 비용을 인식하게 되는데 이를 **수익·비용 대응의 원칙**이라 한다.

3 계약원가

(1) 계약체결 증분원가

① 계약체결 증분원가란 판매수수료와 같이 고객과 계약을 체결하기 위해 발생한 원가로서 계약을 체결하지 않았다면 발생하지 않았을 원가이다.

② 고객과의 계약체결 증분원가가 회수될 것으로 예상된다면 이를 자산으로 인식하지만, 계약체결 여부와 무관하게 드는 계약체결원가는 계약체결 여부와 관계없이 고객에게 그 원가를 명백히 청구할 수 있는 경우가 아니라면 발생 시점에 비용으로 인식한다.

(2) 계약이행원가

고객과의 계약을 이행할 때 드는 원가가 재고자산, 유형자산, 무형자산에 포함되지 않는다면 그 원가는 다음 기준을 모두 충족해야만 자산으로 인식한다.

① 원가가 계약이나 구체적으로 식별할 수 있는 예상 계약에 직접 관련된다.
② 원가가 미래의 수행의무를 이행할 때 사용할 기업의 자원을 창출하거나 가치를 높인다.
③ 원가는 회수될 것으로 예상된다.

참고

계약이행원가 포함 여부

계약이행원가에 포함	계약이행원가에 불포함
① 직접노무원가 ② 직접재료원가 ③ 계약이나 계약활동에 직접 관련되는 원가배분액 ④ 계약에 따라 고객에게 명백히 청구할 수 있는 원가 ⑤ 기업이 계약을 체결하였기 때문에 드는 그 밖의 원가	① 일반관리원가 ② 계약을 이행하는 과정에서 낭비된 재료원가, 노무원가, 그 밖의 자원의 원가로서 계약가격에 반영되지 않은 원가 ③ 이미 이행한 계약상 수행의무와 관련된 원가, 즉 과거의 수행 정도와 관련된 원가 ④ 이행하지 않은 수행의무와 관련된 원가인지 이미 이행한 수행의무와 관련된 원가인지 구별할 수 없는 원가

참고

계약자산과 계약부채

① 계약자산: 기업이 고객에게 이전한 재화나 용역에 대하여 그 대가를 받을 기업의 권리로 그 권리에 시간의 경과 외의 조건([예] 기업의 미래 수행)이 있는 자산이다.
② 계약부채: 기업이 고객에게서 이미 받은 대가(또는 지급기일이 된 대가)에 상응하여 고객에게 재화나 용역을 이전하여야 하는 기업의 의무이다.
③ 표시: 계약 당사자 중 어느 한 편이 계약을 수행했을 때, 기업의 수행정도와 고객의 지급과의 관계에 따라 그 계약을 계약자산이나 계약부채로 재무상태표에 표시한다. 대가를 받을 무조건적인 권리는 수취채권으로 구분하여 표시한다.

제5장

OX로 점검하자

※ 다음 지문의 내용이 맞으면 O, 틀리면 ×를 체크하시오. [1~5]

01 고객과의 계약으로 회계처리 하기 위해서는 계약 당사자들이 계약을 반드시 서면으로 승인하고 각자의 의무를 수행하기로 확약하여야 한다. ( )

02 거래가격은 일반적으로 계약에서 약속한 각 구별되는 재화나 용역의 상대적 개별 판매가격을 기준으로 배분한다. ( )

03 반품기간에 언제라도 반품을 받기로 하는 기업의 약속은 환불할 의무에 더하여 수행의무로 회계처리하지 않는다. ( )

04 고객이 보증을 별도로 구매할 수 있는 선택권이 있다면 보증은 구별되는 용역이므로 수행의무로 회계처리하지만, 고객에게 보증을 별도로 구매할 수 있는 선택권이 없는 경우 보증은 구별되는 용역이 아니므로 수행의무로 회계처리하지 아니한다. ( )

05 시용판매는 상품의 발송시점에서는 회계처리하지 않고, 고객이 매입의사표시를 한 시점에서 이 전대가 총액을 수익으로 인식하며 고객의 매입의사표시가 없는 고객보유재고는 시용판매자의 기말재고로 인식한다. ( )

정답과 해설 01 × 02 O 03 O 04 × 05 O

01 고객과의 계약으로 회계처리 하기 위해서는 계약 당사자들이 계약을 반드시 서면으로 승인할 필요는 없다.

04 고객에게 보증을 별도로 구매할 수 있는 선택권이 없는 경우에도 약속한 보증이 합의된 규격에 제품이 부합한다는 확신에 더하여 고객에게 용역을 제공하는 것이라면 그 보증은 구별되는 용역이므로 별도의 수행의무로 본다.

제 5 장 실전예상문제

checkpoint 해설 & 정답

01 수익은 자산의 유입 또는 부채의 감소이다.

02 계약에 상업적 실질이 있어야 한다.

정답 01 ④ 02 ③

01 다음 ( ) 안에 순차적으로 들어갈 내용으로 옳은 것은?

> 수익이란 기업실체의 경영활동과 관련된 재화의 판매 또는 용역의 제공 등에 대한 대가로 발생하는 자산의 (   ) 또는 부채의 (   )이다.

① 유입, 증가
② 유출, 감소
③ 유출, 증가
④ 유입, 감소

02 다음 중 수행의무를 식별하기 전에 성립되어야 하는 것으로 옳지 않은 것은?

① 계약당사자들이 계약을 승인하고 각자의 의무를 수행하기로 확약한다.
② 이전할 재화나 용역과 관련된 각 당사자의 권리 및 지급조건을 식별할 수 있다.
③ 계약에 상업적 실질이 없다.
④ 고객에게 이전할 재화나 용역에 대하여 받을 권리를 갖게 될 대가의 회수 가능성이 높다.

해설 & 정답 checkpoint

03 **수익에 대한 설명으로 틀린 것은?**

① 수익이란 기업이 일정기간 동안 고객에게 재화를 판매하거나 용역을 제공하고 그 대가로 획득한 현금 또는 수취채권을 말한다.
② 대리관계에서 본인을 대신하여 대리인인 기업이 받는 금액은 대리인인 기업의 자본을 증가시키지 않으므로 수익이 아니며 대리업무 수행에 대한 대가인 수수료 금액만 수익으로 인식한다.
③ 수익은 판매자에 의해 제공된 매매할인 및 수량 리베이트를 고려하여 받았거나 받을 대가의 공정가치로 측정한다.
④ 판매세, 특정 재화나 용역과 관련된 세금, 부가가치세와 같이 제3자를 대신하여 받는 금액도 수익에 포함된다.

03 수익은 기업이 받았거나 받을 경제적 효익의 총유입만을 포함하므로 판매세, 특정 재화나 용역과 관련된 세금, 부가가치세와 같이 제3자를 대신하여 받는 금액은 수익에서 제외한다.

04 **다음 중 수익인식 시기에 대한 설명으로 옳지 않은 것은?**

① 상품 등 일반매출액 : 상품·제품 등을 판매하여 인도하는 시점
② 위탁매출액 : 수탁자가 위탁품을 판매한 날
③ 용역·예약매출 : 진행기준
④ 토지·건물 등의 처분 : 소유권이전등기일 및 매입자의 사용가능일 중 가장 빠른 날

04 토지·건물 등의 처분에 대한 수익인식 시기는 잔금청산일, 소유권이전등기일 및 매입자의 사용가능일 중 가장 빠른 날을 수익인식 시기로 본다.

05 **구별되는 재화나 용역으로 보기 위해서는 어떤 기준을 충족해야 하는가?**

① 효익 획득 가능성과 식별 불가능성
② 효익 획득 가능성과 식별 가능성
③ 효익 획득 불가능성과 식별 불가능성
④ 효익 획득 불가능성과 식별 가능성

05 구별되는 재화나 용역으로 보기 위해서는 효익 획득 가능성과 식별 가능성 두 가지 모두 충족해야 한다.

정답 03 ④ 04 ④ 05 ②

checkpoint 해설 & 정답

06 투입법의 단점은 기업의 투입물과 고객에게 재화나 용역에 대한 통제를 이전하는 것 사이에 직접적인 관계가 없을 수 있다.

07 진행률은 진행기준을 적용하는 장기도급공사 계약 시 필요한 것이다.

정답 06 ③ 07 ④

06 **적절한 진행률의 측정방법의 예로 투입법과 산출법을 들 수 있는데 이에 대한 설명으로 옳지 않은 것은?**

① 투입법은 수행의무의 이행에 예상되는 총투입물 대비 수행의무를 이행하기 위한 기업의 노력이나 투입물에 기초하여 수익을 인식하는 방법을 말한다.

② 산출법은 계약에서 약속한 재화나 용역의 나머지 부분의 가치와 비교하여 지금까지 이전한 재화나 용역이 고객에 주는 가치의 직접 측정에 기초하여 수익을 인식하는 방법이다.

③ 산출법의 단점은 기업의 투입물과 고객에게 재화나 용역에 대한 통제를 이전하는 것 사이에 직접적인 관계가 없을 수 있다.

④ 산출법의 단점은 진행률을 측정하는 데에 사용하는 산출물을 직접 관측하지 못할 수 있고 과도한 원가를 들이지 않고는 산출법을 적용하기 위해 필요한 정보를 구하지 못할 수도 있다.

07 **재화를 판매하는 경우에는 원칙적으로 판매기준을 적용하여 수익을 인식한다. 판매기준으로 수익을 인식하기 위하여 갖추어야 할 요건이 아닌 것은 어느 것인가?**

① 재화의 소유에 따른 위험과 효익의 대부분이 구매자에게 이전된다.

② 판매자는 판매한 재화에 대하여 소유권이 있을 때 통상적으로 행사하는 정도의 관리나 효과적인 통제를 할 수 없다.

③ 거래와 관련하여 발생하였거나 발생할 거래원가와 관련 비용을 신뢰성 있게 측정할 수 있다.

④ 진행률을 신뢰성 있게 측정할 수 있다.

해설 & 정답 checkpoint

08 다음 중 재화의 수익인식 시점을 잘못 설명한 것은?

① 미인도 청구약정의 경우 고객이 제품을 통제하게 되는 시점에 수익을 인식한다.
② 상품권을 발행하는 경우에는 고객이 상품권과 재화를 교환할 때 수익을 인식한다.
③ 위탁약정의 경우 위탁자는 수탁자가 위탁자로부터 재화를 인도받은 때에 수익을 인식한다.
④ 할부판매의 경우 이자에 해당하는 부분을 제외한 판매가격을 판매시점에 수익으로 인식한다.

08 수탁자가 위탁자를 대신해 재화를 판매하는 위탁판매의 경우 위탁자는 수탁자가 제3자에게 재화를 판매한 시점에 수익을 인식한다.

09 다음 중 발생시점에 비용으로 인식하는 경우가 아닌 것은?

① 계약을 이행하는 과정에서 낭비된 재료원가, 노무원가, 그 밖의 자원의 원가로서 계약가격에 반영되지 않은 원가
② 이미 이행한 계약상 수행의무와 관련된 원가, 즉 과거의 수행 정도와 관련된 원가
③ 이행하지 않은 수행의무와 관련된 원가인지 이미 이행한 수행의무와 관련된 원가인지 구별할 수 있는 원가
④ 일반관리원가

09 이행하지 않은 수행의무와 관련된 원가인지 이미 이행한 수행의무와 관련된 원가인지 구별할 수 없는 원가는 발생시점에 비용으로 인식한다.

10 다음 중 기간에 걸쳐 수익으로 인식하는 경우로 볼 수 없는 것은?

① 고객은 기업이 수행하는 대로 기업의 수행에서 제공하는 효익을 동시에 얻고 소비한다.
② 자산의 소유에 따른 유의적인 위험과 보상이 고객에게 있다.
③ 기업이 수행하여 만들어지거나 가치가 높아지는 대로 고객이 통제하는 자산을 기업이 만들거나 그 자산가치를 높인다.
④ 기업이 수행하여 만든 자산이 기업 자체에는 대체 용도가 없고, 지금까지 수행을 완료한 부분에 대해 집행 가능한 지급청구권이 기업에 있다.

10 자산의 소유에 따른 유의적인 위험과 보상이 고객에게 있으면 한 시점에 이행하는 수행의무로 본다.

정답 08 ③ 09 ③ 10 ②

checkpoint 해설 & 정답

11 방송사의 광고수익은 광고가 대중들에게 전달되는 시점에 수익을 인식한다.

12 라이선스의 이전과 관련하여 접근권은 기간에 걸쳐 이행하는 수행의무로 회계처리하며, 사용권은 한 시점에 이행하는 수행의무로 회계처리한다.

13 제3자 보상 고객충성제도에 있어서 기업이 제3자를 대신하여 대가를 회수하는 경우라면 수익은 자기의 계산으로 보유하는 순액 즉, 보상점수에 배분되는 대가와 제3자가 제공한 보상에 대해 기업이 지급할 금액 간의 차액으로 측정한다.

정답 11 ② 12 ① 13 ④

11 다음 중 진행기준을 적용하여 수익을 인식할 수 <u>없는</u> 것은?

① 광고제작사의 광고제작용역수익
② 방송사의 광고수익
③ 주문개발하는 소프트웨어의 대가로 수취하는 수수료
④ 재화판매에 부수적으로 제공되지 않는 설치수수료

12 라이선스의 이전과 관련하여 접근권과 사용권은 어떻게 회계처리하는가?

① 접근권은 기간에 걸쳐 이행하는 수행의무로 회계처리하며, 사용권은 한 시점에 이행하는 수행의무로 회계처리한다.
② 접근권은 한 시점에 이행하는 수행의무로 회계처리하며, 사용권은 기간에 걸쳐 이행하는 수행의무로 회계처리한다.
③ 접근권과 사용권 모두 기간에 걸쳐 이행하는 수행의무로 회계처리한다.
④ 접근권과 사용권 모두 한 시점에 이행하는 수행의무로 회계처리한다.

13 다음 중 고객충성제도와 관련된 설명으로 옳지 <u>않은</u> 것은?

① 기업이 직접 보상을 제공한다면 보상점수가 회수되고 보상을 제공할 의무를 이행한 때 보상점수에 배분된 대가를 수익으로 인식한다.
② 기업이 직접 보상을 제공하는 경우 부채로 이연한 금액 중 포인트가 회수될 때 수익으로 인식할 금액은 교환될 총예상포인트와 상환된 총포인트의 비율에 기초하여 측정한다.
③ 제3자 보상 고객충성제도에 있어서 기업이 자기의 계산으로 대가를 회수하는 경우에는 보상점수에 배분되는 총 대가로 수익을 측정하고 보상과 관련하여 의무를 이행한 때 수익을 인식한다.
④ 제3자 보상 고객충성제도에 있어서 기업이 제3자를 대신하여 대가를 회수하는 경우에는 보상점수에 배분되는 총 대가로 수익을 측정하고 보상과 관련하여 의무를 이행한 때 수익을 인식한다.

14 프랜차이즈 수수료에 관한 내용으로 옳지 않은 것은?

① 계약에 의한 권리의 계속적인 사용에 부과되는 수수료나 계약기간 동안 제공하는 기타 용역에 대한 수수료는 권리를 사용하는 시점이나 용역을 제공하는 시점에 수익으로 인식한다.
② 창업지원용역 수수료가 장기간에 걸쳐 회수되고 모두 회수하는데 유의적인 불확실성이 존재하는 경우에는 할부금을 현금으로 수취하는 시점에 수익으로 인식한다.
③ 설비와 기타 유형자산을 제공하는 경우 해당 자산을 인도하거나 소유권을 이전할 때 제공하는 자산의 공정가치에 기초한 금액을 수익으로 인식한다.
④ 프랜차이즈 본사가 가맹점에게 공급할 재화를 대신 주문하고 원가로 인도하는 대리거래는 인도시점에 수익을 인식한다.

15 (주)한국은 2023년 2월 1일 액면금액 ₩50,000인 상품권 2,000매를 1매 당 ₩48,000에 최초로 발행하였다. 고객은 상품권 액면금액의 60%이상을 사용하면 잔액을 현금으로 돌려받을 수 있으며 상품권의 만기는 발행일로부터 3년이다. (주)한국은 2023년 12월 31일까지 회수된 상품권 400매에 대해 상품 인도와 더불어 잔액 ₩1,200,000을 현금으로 지급하였다. (주)한국이 상품권 발행에 의한 판매와 관련하여 2023년도 포괄손익계산서에 인식하게 될 수익은 얼마인가?

① ₩10,800,000
② ₩18,000,000
③ ₩18,800,000
④ ₩19,200,000

해설 & 정답 checkpoint

14 프랜차이즈 본사가 가맹점에게 공급할 재화를 대신 주문하고 원가로 인도하는 대리거래는 수익으로 보지 아니한다.

15 수익인식액
= 400매 × ₩48,000 − ₩1,200,000
= ₩18,000,000

정답 14 ④ 15 ②

checkpoint 해설 & 정답

16 ₩80,000 × 40대 − ₩100,000 × 20대 = ₩1,200,000

정답 16 ①

16 (주)하나는 (주)두나에 기계를 공급하기로 계약을 체결하였는데 이 계약에 따르면 대당 공급가액이 ₩100,000이지만 2020년 한 해 동안 기계의 공급수량이 50대를 초과하는 경우 대당 공급가액을 ₩80,000으로 소급하여 조정하도록 하였다. 2020년 6월 현재 누적 판매량은 20대이고, (주)하나는 2020년 말까지 추가로 10대의 기계를 공급할 것으로 예상하고 매출수익을 인식하였다. 2020년 7월 동안 기계의 공급수량이 예상보다 증가하여 추가로 20대를 공급하였고, 2020년 말까지 추가로 20대 이상의 기계를 공급하게 될 것으로 예상하고 있다. (주)하나는 2020년 7월 매출수익으로 얼마의 금액을 인식해야 하는가?

① ₩1,200,000
② ₩1,600,000
③ ₩2,000,000
④ ₩3,200,000

해설 & 정답 checkpoint

주관식 문제

01 재매입약정은 자산을 판매하고 그 자산을 다시 사기로 약속하거나 다시 살 수 있는 선택권을 갖는 계약이며 일반적으로 자산을 다시 사야 하는 기업의 의무(선도), 자산을 다시 살 수 있는 기업의 권리(콜옵션), 고객이 요청하면 자산을 다시 사야 하는 기업의 의무(풋옵션)로 분류할 수 있다. 재매입약정과 관련하여 다음 빈칸에 들어갈 알맞은 용어를 쓰시오.

<table>
<tr><td rowspan="3">(①)</td><th>구분</th><th>회계처리</th></tr>
<tr><td>재매입가격 〈 원래 판매가격</td><td>(③)</td></tr>
<tr><td>재매입가격 〉 원래 판매가격</td><td>(④)</td></tr>
<tr><td rowspan="6">(②)</td><td>구분</td><td>회계처리</td></tr>
<tr><td>원래 판매가격 〉 재매입가격 〉 시장가치</td><td>(③)</td></tr>
<tr><td>원래 판매가격 〉 재매입가격
(경제적 유인이 유의적이지 않음)</td><td>반품권이 부여된 판매</td></tr>
<tr><td>원래 판매가격 & 시장가치 〈 재매입가격</td><td>(④)</td></tr>
<tr><td>원래 판매가격 〈 재매입가격 〈 시장가치
(경제적 유인이 유의적이지 않음)</td><td>반품권이 부여된 판매</td></tr>
</table>

01

정답 ① 선도 또는 콜옵션
② 풋옵션
③ 리스
④ 금융약정

안심Touch

checkpoint 해설 & 정답

02
정답 (물음 1)
공사 진행률
= ₩13,750,000 ÷ (₩13,750,000 + ₩41,250,000) = 25%

(물음 2)
계약 이익
= (₩70,000,000 − ₩55,000,000) × 25% = ₩3,750,000

(물음 3)
공사 진행률
= ₩48,960,000 ÷ (₩48,960,000 + ₩23,040,000) = 68%

(물음 4)
계약 손실
= ₩3,750,000 − (₩70,000,000 − ₩72,000,000)
= ₩5,750,000

02 **(주)독도는 2021년 1월 1일 국가로부터 댐건설공사를 ₩70,000,000에 수주하였다. 댐건설공사는 2023년 말에 완성될 예정이며, 공사 관련 자료는 다음과 같다.**

구분	2021년	2022년
실제발생계약원가 누적액	₩13,750,000	₩48,960,000
완성 시까지 예상추가계약원가	₩41,250,000	₩23,040,000
계약대금 청구액	₩18,000,000	₩32,000,000

(물음 1) 2021년도 공사 진행률을 계산하시오.

(물음 2) 2021년도 계약손익을 계산하시오.

(물음 3) 2022년도 공사 진행률을 계산하시오.

(물음 4) 2022년도 계약손익을 계산하시오.

고득점으로 대비하는 가장 똑똑한 수험서!

제 6 장

재무제표

제1절 재무상태표
제2절 포괄손익계산서
제3절 자본변동표
제4절 현금흐름표
실전예상문제

제6장 재무제표

제1절 재무상태표

1 재무상태표의 의의 및 기본구조

(1) 재무상태표의 의의

① 재무상태표(Statement of Financial Position, Balance Sheet)는 일정한 시점에 현재 기업이 보유하고 있는 **재무 상태**를 나타내는 회계보고서로 차변에 자산과 대변에 부채 및 자본으로 구성되어 있으며, 기업 활동에 필요한 자금을 어디서 얼마나 조달하여 투자했는지 등을 알 수 있게 해준다.

② 재무상태표는 정보이용자들이 기업의 유동성, 재무적 탄력성, 기업의 수익성과 위험도 등을 평가하는 데 유용한 정보를 제공하는 기본적인 회계자료로 상법에서는 기업에 대하여 의무적으로 작성하도록 하고 있다.

(2) 재무상태표의 기본구조 중요도 상중하

① 자산은 유동자산과 비유동자산으로 구분한다.

→ 일반기업회계기준과 중소기업회계기준에서는 유동자산을 당좌자산과 재고자산으로 다시 세분하고, 비유동자산을 투자자산, 유형자산, 무형자산, 기타비유동자산으로 다시 세분한다.

② 부채는 유동부채와 비유동부채로 구분한다.

③ 자본은 자본금, 자본잉여금, 자본조정, 기타포괄손익누계액, 이익잉여금으로 구분한다.

→ K-IFRS에서는 자본을 납입자본, 이익잉여금, 기타자본구성요소로 분류하고 있으며, 중소기업회계기준에서는 자본을 자본금, 자본잉여금, 자본조정 및 이익잉여금으로 구분하고 있다.

2 재무상태표의 유용성과 한계

(1) 재무상태표의 유용성

① 일정시점의 기업의 재무상태에 관한 정보를 제공한다.

② 기업의 장·단기 지급능력에 관한 정보를 제공한다.

③ 기업의 재무구조에 관한 정보를 제공한다.
④ 기업의 재무능력을 평가하는데 도움이 되는 정보를 제공한다.

(2) 재무상태표의 한계

① 재무상태표상의 금액을 역사적 원가로 나타내는 경우가 많다.
② 회계담당자의 주관적 판단에 따라 평가되는 경우가 있다.
③ 화폐적으로 측정 가능한 정보만이 기재되고 있으며 많은 재무적 가치가 있는 양적 정보 및 질적 정보가 무시되고 있다.
④ 대체적인 회계처리 방법들이 허용되고 있어 기업별, 연도별 비교 가능성을 해칠 수 있다.

제 2 절 포괄손익계산서

1 포괄손익계산서의 의의 및 기본구조

(1) 포괄손익계산서의 의의

① 포괄손익계산서(Comprehensive income statement)는 일정기간 동안 기업의 **경영성과**에 대한 정보를 제공하는 재무보고서로 당해 회계기간의 경영성과를 나타낼 뿐만 아니라, 기업의 미래 현금흐름과 수익창출능력 등의 예측에 유용한 정보를 제공한다.
② 포괄손익계산서는 이익과 손실을 한눈에 쉽게 알 수 있도록 나타낸 계산서로 일정기간 동안의 경영성과를 보여주는 재무제표이다. 포괄손익계산서에는 일정기간 동안 발생된 수익, 비용, 이익이 주요 구성항목이 된다.

(2) 포괄손익계산서의 기본구조

① 손익계산서에 기재되는 수익은 매출액, 영업외수익으로 크게 구분되며, 포괄손익계산서에 기재되는 수익은 매출액, 기타수익, 기타포괄이익으로 크게 구분된다.
② 손익계산서에 기재되는 비용은 매출원가, 판매비와관리비, 영업외비용, 법인세비용으로 크게 구분된다.

(3) 포괄손익계산서 분류 중요도 상 중 하

① K-IFRS에서는 포괄손익계산서의 표시 방법에 관계없이 비용을 성격별 또는 기능별로 구분하여 작성하도록 되어 있다.
② 비용을 성격별로 분류할 때에는 비용을 성격별로 감가상각비, 원재료, 운송비, 급여, 광고선전비 등으로 통합하며, 기능별로 재배분하지 않는다.

③ 비용을 기능별로 물류원가, 관리활동원가 등으로 구분할 경우에는 매출원가를 다른 비용과 분리하여 공시한다.

④ **기능별 분류법은 매출원가법**이라고도 부르는데, 비용을 기능별로 분류할 경우에는 비용의 성격에 대한 추가정보를 공시한다.

(4) 손익계산서의 구성 내역

① 매출액과 매출원가

㉠ **매출액** : 매출액은 기업의 주된 영업활동에서 발생한 상품, 제품의 판매 또는 용역의 제공으로 실현된 금액으로 순매출액을 의미한다.

→ 순매출액은 총매출액에서 매출에누리와 환입 및 매출할인을 차감하여 구한다.

㉡ **매출원가** : 매출원가는 상품, 제품 등의 매출액에 대응되는 원가로서 일정기간 중에 판매된 상품이나 제품 등에 대해 배분된 매입원가 또는 제조원가를 말한다.

→ 매출원가는 매출액과 직접 대응되는 원가로서 일정기간 동안 판매된 상품이나 제품에 대한 매입원가이다.

② 판매비와 관리비

구분	설명
급여	판매 및 일반관리부문에 종사하는 종업원에 대한 정기적인 급료와 임금, 상여금 및 제수당을 말한다.
퇴직급여	판매 및 관리업무에 종사하는 종업원의 퇴직급여충당부채전입액을 말하며, 종업원이 퇴직 시 지급되는 퇴직금은 먼저 퇴직급여충당부채와 상계하고, 동 충당부채 잔액이 부족 시 퇴직급여인 비용으로 회계처리한다.
복리후생비	판매 및 관리업무에 종사하는 종업원들에 대한 복리비와 후생비로서 법정복리비, 복리시설부담금, 건강보험료(사용자부담분), 기타 사회통념상 타당하다고 인정되는 장례비, 경조비, 위로금 등을 말한다.
여비교통비	판매 및 관리업무에 종사하는 종업원들에게 지급하는 출장비, 시내교통비 등을 말한다.
통신비	판매 및 관리업무에서 발생하는 전신료, 전화료, 우편료, 인터넷 사용료 등과 그 유지비로서 통신을 위해 직접 소요된 비용을 말한다.
수도광열비	판매 및 관리업무에서 발생하는 수도료, 전기료, 유류비, 가스비 등을 말한다.
세금과공과	기업이 부담하는 국세, 지방세와 국가 또는 지방자치단체가 부과하는 공과금, 벌금, 과태료, 과징금 등을 말한다. 조합 또는 법정단체의 공과금 등도 포함한다.
임차료	부동산이나 동산을 임차하고 그 소유자에게 지급하는 비용을 말한다.
차량유지비	판매 및 관리에 사용하는 차량에 대한 유지비용으로 유류대, 주차비, 차량수리비 등을 말한다.
운반비	상품판매 시 운반에 소요되는 비용을 판매자가 부담 시 사용한다. 그러나 상품매입 시 운반비를 부담한 경우에는 상품의 취득부대비용으로 처리한다.
소모품비	판매 및 관리업무에 사용하는 소모성 비품 구입에 관한 비용으로 사무용품, 기타 소모자재 등이 있다.
교육훈련비	판매 및 관리업무 임직원의 직무능력 향상을 위한 교육 및 훈련에 대한 비용을 말한다.
도서인쇄비	판매 및 관리업무용 도서구입비 및 인쇄와 관련된 비용을 말한다.
지급수수료	판매 및 관리업무에서 제공받은 용역의 대가를 지불할 때 사용하는 비용을 말한다.
접대비	판매 및 관리업무 시 거래처에 대한 접대비용으로 거래처에 대한 경조금, 선물대, 기밀비 등을 포함한다.
보험료	판매 및 관리업무용 부동산에 대한 화재 및 손해보험 등의 보험료를 말한다.

수선비	판매 및 관리업무용 건물, 비품 등의 수선비를 말한다.
광고선전비	제품의 판매촉진활동과 관련된 비용을 말한다.
감가상각비	유형자산의 취득원가를 기간손익에 반영하기 위하여 내용연수동안 배분한 금액을 말한다.
대손상각비	회수가 불가능한 채권과 대손추산액을 처리하는 비용을 말한다.
연구비	연구활동을 수행하는 과정에서 발생하는 비용을 말한다.
경상개발비	개발활동과 관련하여 경상적으로 발생하는 비용을 말한다.

③ **영업외수익과 영업외비용**

㉠ **이자수익과 이자비용** : 이자수익은 금융업 이외의 판매업, 제조업 등을 영위하는 기업이 일시적인 유휴자금을 대여한 경우나 은행에 예·적금을 가입한 경우에 발생한 이자 및 국공채 등에서 발생하는 이자 등을 포함하고, 이자비용은 타인자본을 사용하였을 경우에 이에 대한 대가로서 차입금에 대한 이자 및 회사채이자 등을 말한다.

㉡ **배당금수익** : 주식이나 출자금 등에서 발생하는 이익 또는 잉여금의 분배로 받는 현금배당금액을 말한다.

㉢ **임대료** : 부동산 또는 동산을 타인에게 임대하고 일정기간마다 사용대가로 받는 임대료, 지대, 집세 및 사용료를 말한다. 회사가 부동산임대업을 주업으로 하는 경우에는 임대료수입이 매출액이 되지만, 이외의 업종에서는 영업외수익으로 계상하여야 한다.

㉣ **단기매매증권평가이익과 단기매매증권평가손실** : 단기매매증권은 결산일 현재 공정가액으로 평가하여야 한다. 공정가액이 장부가액보다 큰 경우에는 그 차액을 영업외수익으로 계상하여야 하고, 공정가액이 장부가액보다 적은 경우에는 그 차액을 영업외비용으로 회계처리 한다.

㉤ **단기매매증권처분이익과 단기매매증권처분손실** : 단기매매증권을 처분하는 경우에 장부가액보다 높은 가액으로 처분하는 경우에는 그 차액을 영업외수익으로, 낮은 가액으로 처분한 경우에는 영업외비용으로 회계처리 한다.

㉥ **유형자산처분이익과 유형자산처분손실** : 유형자산을 장부가액보다 높은 가액으로 처분하는 경우에는 영업외수익으로 회계처리하고, 반대의 경우에는 영업외비용으로 회계처리 한다.

㉦ **자산수증이익** : 회사가 주주, 채권자 등 타인으로부터 무상으로 자산을 증여받은 경우에 발생하는 이익을 말한다.

㉧ **채무면제이익** : 회사가 주주, 채권자 등 타인으로부터 채무를 면제받았을 경우 발생하는 이익을 말한다.

㉨ **기부금** : 상대방에게 아무런 대가없이 기증하는 금전, 기타의 재산가액을 말한다.

㉩ **전기오류수정이익과 전기오류수정손실** : 오류로 인하여 전기 이전의 손익이 잘못되었을 경우에 전기오류수정이익 또는 전기오류수정손실이라는 계정과목으로 하여 당기 영업외손익으로 처리하도록 규정하고 있다.

→ 오류가 전기 재무제표의 신뢰성을 심각하게 손상시킬 수 있는 중대한 오류의 경우에는 오류로 인한 영향을 미처분이익잉여금에 반영하고 전기재무제표를 수정하여야 한다.

④ **중단사업손익**

㉠ 법인세비용차감전계속사업손익이란 기업의 계속적인 사업활동과 그와 관련된 부수적인 활동에서 발생하는 손익으로서 중단사업손익에 해당하지 않는 모든 손익을 말한다.

→ 법인세비용차감전계속사업손익은 중단사업손익이 있을 경우에만 나타나며 영업손익에 영업외수익을 가산하고 영업외비용을 차감하여 산출한다.

㉡ 중단사업은 기업의 일부로서 경영관리와 재무보고 목적상 별도로 식별할 수 있고, 주요 사업별 또는 지역별 단위로 구분할 수 있으며, 사업의 중단을 목표로 수립된 단일계획에 따라 기업의 일부를 일괄매각방식 또는 기업분할방식으로 처분하거나, 해당 사업에 속한 자산과 부채를 분할하여 처분 또는 상환하거나, 또는 사업자체를 포기하는 경우를 말한다.

㉢ 중단사업손익은 해당 회계기간에 중단사업으로부터 발생한 영업손익과 영업외손익으로서 사업중단직접비용과 중단사업자산감액손실을 포함한다.

→ 사업중단에 대한 최초공시사건이 일어나면 사업중단과 직접적으로 관련하여 발생할 것으로 예상되는 사업중단직접비용을 중단사업손익에 포함하고 충당부채로 계상한다.

㉣ 사업중단계획을 승인하고 발표하는 경우에는 일반적으로 중단사업에 속하는 자산에 감액손실이 새로이 발생 또는 추가되거나, 드문 경우이지만 과거에 인식하였던 감액손실의 회복이 수반된다.

→ 사업중단계획의 발표시점에서 중단사업에 속하는 자산의 회수가능가액을 추정하여 감액손실을 인식하거나 감액전의 장부가액을 한도로 하여 과거에 인식한 감액손실을 환입한다.

㉤ 중단사업에 속하는 자산에 대한 감액손실을 인식하는 경우에는 자산의 회수가능가액에 대한 추정을 개별 자산별로 할 것인지, 또는 현금창출단위별로 할 것인지를 정해야 한다.

→ 중단사업손익은 손익계산서에 법인세효과를 차감한 금액으로 보고하고 법인세효과는 주기한다.

⑤ **법인세비용**

회사는 회계기간에 발생한 이익, 즉 법인의 소득에 대하여 세금을 납부하여야 하는데 이에 대한 세금을 법인세라고 한다.

→ 법인세비용은 회사의 영업활동의 결과인 회계기간에 벌어들인 소득에 대하여 부과되는 세금이므로 동일한 회계기간에 기간비용으로 인식하여야 한다.

2 포괄손익계산서의 유용성과 한계

(1) 포괄손익계산서의 유용성

① 일정기간의 기업의 성과에 관한 정보를 제공한다.

② 기업의 수익성을 평가하는데 유용한 정보를 제공한다.

③ 이익계획을 수립하는데 유용한 정보를 제공한다.

④ 경영자의 성과평가에 관한 유용한 정보를 제공한다.

⑤ 기업의 배당정책의 수립, 세금결정 등에 기초자료를 제공한다.

(2) 포괄손익계산서의 한계

① 대체적 회계처리 방법을 사용할 수 있으므로 회계자료의 기업 간 비교 및 동일기업 내의 기간별 비교에 문제가 발생할 수 있다.

② 현행수익과 대응되는 비용으로써 취득원가주의에 의한 역사적 원가가 대응됨으로써 잘못된 수익·비용 대응이 이루어지는 경우가 있다.

③ 회계상의 이익 측정은 화폐액으로 측정 가능한 것만을 대상으로 행해지므로 이익측정 그 자체에 문제가 있을 수 있다.

④ 포괄손익계산서의 양식 및 작성방법이 다소 복잡하며, 손익항목의 구분에 어려움이 있을 수 있다.

제 3 절 자본변동표

1 자본변동표의 의의 및 기본구조

(1) 자본변동표의 의의

① 자본변동표(Statement of changes in equity)는 자본의 크기와 그 변동에 관한 정보를 나타내는 것으로 한 회계기간 동안 발생한 **소유주지분의 변동**을 표시하는 재무보고서이다.

② 자본변동표에는 자본금, 자본잉여금, 자본조정, 기타포괄손익누계액, 이익잉여금의 각 항목별로 기초잔액, 변동사항, 기말잔액을 표시한다.

(2) 자본변동표의 기본구조 중요도 상중하

① 자본금의 변동은 유상증자, 유상감자, 무상증자, 무상감자와 주식배당 등에 의하여 발생하며, 자본금은 보통주자본금과 우선주자본금으로 구분하여 표시한다.

② 자본잉여금의 변동은 유상증자, 유상감자, 무상증자, 무상감자와 결손금처리 등에 의하여 발생하며, 주식발행초과금과 기타자본잉여금으로 구분하여 표시한다.

③ 자본조정의 변동은 자기주식은 구분하여 표시하고, 기타자본조정은 통합하여 표시할 수 있다.

④ 기타포괄손익누계액의 변동은 매도가능증권평가손익, 해외사업환산손익 및 현금흐름위험회피 파생상품평가손익은 구분하여 표시하고 그 밖의 항목은 그 금액이 중요할 경우에는 적절히 구분하여 표시할 수 있다.

⑤ 이익잉여금의 변동은 다음과 같은 항목으로 구분하여 표시한다.

㉠ 회계정책의 변경으로 인한 누적효과

㉡ 중대한 전기오류수정손익

㉢ 연차배당(당기 중에 주주총회에서 승인된 배당금액으로 하되 현금배당과 주식배당으로 구분하여 기재)과 기타 전기말 미처분이익잉여금의 처분

㉣ 중간배당(당기 중에 이사회에서 승인된 배당금액)

㉤ 당기순손익

㉥ 기타 : ㉠~㉤ 외의 원인으로 당기에 발생한 이익잉여금의 변동으로 하되, 그 금액이 중요한 경우에는 적절히 구분하여 표시한다.

제 4 절 현금흐름표

1 현금흐름표의 의의 및 기본구조

(1) 현금흐름표의 의의

① 현금흐름표(Statement of cash flows)는 재무상태표, 포괄손익계산서, 자본변동표 등과 함께 주요 재무제표의 하나로 재무상태표와 포괄손익계산서에서 파악하기 힘든 점을 보완하기 위해서 사용한다.

② 현금흐름표는 일정기간 동안의 **현금흐름**을 나타내는 보고서이므로 동적 재무제표라 할 수 있다.

③ 기업의 현금흐름표는 재무제표이용자에게 현금 및 현금성자산의 창출능력과 현금흐름의 사용도를 평가하는 데 유용한 기초를 제공하므로 재무제표이용자는 경제적 의사결정을 하기 위하여 현금 및 현금성 자산의 창출능력 및 현금흐름의 시기와 확실성을 평가해야 하고 현금 및 현금성 자산의 역사적 변동에 관한 정보를 제공할 수 있게 된다.

④ 현금흐름표는 현금흐름을 영업활동, 투자활동 및 재무활동 현금흐름으로 구분하여 표시하고, 이 세 가지 활동의 순현금흐름에 기초의 현금을 가산하여 기말의 현금을 산출하는 형식으로 표시한다.

(2) 현금흐름표의 기본구조 중요도 상중하

① **영업활동으로 인한 현금흐름** : 영업활동은 주요 수익창출 활동뿐만 아니라 투자활동이나 재무활동에 속하지 아니하는 거래와 사건을 모두 포함한 활동을 말한다. 영업활동은 주로 제품의 생산과 판매활동, 상품과 용역의 구매와 판매활동 및 관리활동을 포함한다.

> **참고**
>
> **직접법 및 간접법**
>
> ① 직접법 : 현금을 수반하여 발생한 수익 또는 비용 항목을 총액으로 표시하되, 현금유입액은 원천별로 현금유출액은 용도별로 분류하여 표시하는 방법을 말한다.
>
> ② 간접법 : 당기순이익에 현금의 유출이 없는 비용 등을 가산하고 현금의 유입이 없는 수익 등을 차감하며, 영업활동으로 인한 자산·부채의 변동을 가감하여 표시하는 방법을 말한다.

② **투자활동으로 인한 현금흐름** : 투자활동이라 함은 현금의 대여와 회수활동, 유가증권·투자자산·유형자산 및 무형자산의 취득과 처분활동 등을 말한다.

③ **재무활동으로 인한 현금흐름** : 재무활동이라 함은 현금의 차입 및 상환활동, 신주발행이나 배당금의 지급활동 등과 같이 부채 및 자본 계정에 영향을 미치는 거래를 말한다.

참고

현금흐름 구분 사례

영업활동	투자활동	재무활동
① 재화의 판매와 용역제공에 따른 현금유입 ② 로열티, 수수료, 중개료 및 기타수익에 따른 현금유입 ③ 재화와 용역의 구입에 따른 현금유출 ④ 종업원 관련 직·간접으로 발생하는 현금유출 ⑤ 보험회사의 경우 수입보험료, 보험금, 연금 및 기타 급부금과 관련된 현금유입과 현금유출 ⑥ 법인세 납부 또는 환급 ⑦ 단기매매목적으로 보유하는 계약에서 발생하는 현금유입과 현금유출	① 유형자산, 무형자산 및 기타 장기성자산의 취득에 따른 현금유출(자본화된 개발원가와 자가건설 유형자산에 관련된 지출 포함)과 처분에 따른 현금유입 ② 다른 기업의 지분상품이나 채무상품 및 조인트벤처 투자지분의 취득에 따른 현금유출과 처분에 따른 현금유입 ③ 제3자에 대한 선급금 및 대여금에 의한 현금유출과 회수에 따른 현금유입 ④ 선물계약, 선도계약, 옵션계약 및 스왑계약에 따른 현금유출과 현금유입	① 주식이나 기타 지분상품의 발행에 따른 현금유입 ② 주식의 취득이나 상환에 따른 소유주에 대한 현금유출 ③ 담보·무담보부사채 및 어음의 발행과 기타 장·단기 차입에 따른 현금유입 ④ 차입금의 상환에 따른 현금유출 ⑤ 리스이용자의 금융리스부채 상환에 따른 현금유출

제6장

OX로 점검하자

※ 다음 지문의 내용이 맞으면 O, 틀리면 ×를 체크하시오. [1~5]

01 한국채택국제회계기준을 모두 준수하여 작성된 재무제표는 공정하게 표시된 재무제표로 간주하며, 부적절한 회계정책은 이에 대하여 공시나 주석 또는 보충자료를 통해 설명하더라도 정당화될 수 없다. (   )

02 특정한 항목을 인식하는 경우에는 유사한 항목일지라도 중요성 분류에 따라 구분하여 표시하며, 예외적으로 중요하지 않은 항목은 성격이나 기능이 유사한 항목과 통합하여 표시가 가능하다. (   )

03 사업중단에 대한 최초공시사건이 일어나면 사업중단과 직접적으로 관련하여 발생할 것으로 예상되는 사업중단직접비용을 중단사업손익에 포함하고 전기오류수정손실로 계상한다. (   )

04 기능별 분류법은 매출원가법이라고도 부르는데, 비용을 기능별로 물류원가, 관리활동원가 등으로 구분할 경우에는 매출원가를 다른 비용과 분리하여 공시한다. (   )

05 법인세의 회계처리는 결산일 현재 소득에 대하여 법인세비용을 산출하고, 기원천징수 또는 중간예납분을 대체하고 차액분만 예수금으로 회계처리하며 익년도 3월말까지 관할 세무서에 신고납부한다. (   )

정답과 해설 01 O 02 O 03 × 04 O 05 ×

03 사업 중단에 대한 최초공시사건이 일어나면 사업중단과 직접적으로 관련하여 발생할 것으로 예상되는 사업중단직접비용을 중단사업손익에 포함하고 충당부채로 계상한다.

05 법인세의 회계처리는 결산일 현재 소득에 대하여 법인세비용을 산출하고, 기원천징수 또는 중간예납분을 대체하고 차액분만 미지급세금으로 회계처리하며 익년도 3월말까지 관할 세무서에 신고 납부한다.

안심Touch

제 6 장

실전예상문제

01

다음은 재무상태표와 포괄손익계산서의 표시방법에 관한 한국채택국제회계기준의 설명이다. 다음의 설명 중 옳지 않은 것은?

① 자산항목을 재무상태표에서 구분표시하기 위해서는 금액의 크기, 성격, 기능 및 유동성을 고려한다.

② 당기손익으로 인식한 비용항목은 기능별 또는 성격별로 분류하여 표시할 수 있다.

③ 과거기간에 발생한 중요한 오류를 해당 기간에는 발견하지 못하고 당기에 발견하는 경우 그 수정효과는 당기손익으로 인식한다.

④ 수익과 비용의 어느 항목도 포괄손익계산서 또는 주석에 특별손익항목으로 표시할 수 없다.

02

재무상태표의 유용성에 대한 설명으로 옳지 않은 것은?

① 일정시점의 기업의 재무상태에 관한 정보를 제공한다.

② 기업의 장·단기 지급능력에 관한 정보를 제공한다.

③ 기업의 재무구조에 관한 정보를 제공한다.

④ 재무상태표상의 금액을 역사적 원가로 나타내는 경우가 많다.

checkpoint 해설 & 정답

01 전기오류는 특정기간에 미치는 오류의 영향이나 오류의 누적효과를 실무적으로 결정할 수 없는 경우를 제외하고는 소급재작성에 의하여 수정한다.

02 재무상태표의 한계점으로 재무상태표상의 금액을 역사적 원가로 나타내는 경우를 들 수 있다. 이에 따라 기업의 자산이 시가보다 낮은 원가로 표시되는 경우가 있다.

정답 01 ③ 02 ④

해설 & 정답 checkpoint

03 재무제표 표시와 관련된 다음의 설명 중 옳지 않은 것은?

① 충당부채와 관련된 지출을 제3자와의 계약관계에 따라 보전받는 경우 당해 지출과 보전받는 금액은 상계하여 표시할 수 있다.

② 보고기간 말 이전에 장기차입약정을 위반했을 때 대여자가 즉시 상환을 요구할 수 있는 채무는 보고기간 후 재무제표 발행승인일 전에 채권자가 약정위반을 이유로 상환을 요구하지 않기로 합의한다면 비유동부채로 분류한다.

③ 기업은 변경된 표시방법이 재무제표이용자에게 신뢰성 있고 더욱 목적 적합한 정보를 제공하며, 변경된 구조가 지속적으로 유지될 가능성이 높아 비교 가능성을 저해하지 않을 것으로 판단할 때에만 재무제표의 표시방법을 변경한다.

④ 기업이 기존의 대출계약조건에 따라 보고기간 후 적어도 12개월 이상 부채를 차환하거나 연장할 것으로 기대하고 있지만, 그런 재량권이 없다면 차환 가능성을 고려하지 않고 유동부채로 분류한다.

03 보고기간 말 이전에 장기차입약정을 위반했을 때 대여자가 즉시 상환을 요구할 수 있는 채무는 보고기간 후 재무제표 발행승인일 전에 채권자가 약정위반을 이유로 상환을 요구하지 않기로 합의하더라도 유동부채로 분류한다.

04 포괄손익계산서의 분류에 대한 설명으로 옳지 않은 것은?

① K-IFRS에서는 포괄손익계산서의 표시 방법에 관계없이 비용을 성격별 또는 기능별로 구분하여 작성하도록 되어 있다.

② 비용을 기능별로 분류할 경우에는 비용의 성격에 대한 추가정보를 공시한다.

③ 비용을 성격별로 분류할 때에는 비용을 성격별로 감가상각비, 원재료, 운송비, 급여, 광고선전비 등으로 통합하고 기능별로 재배분한다.

④ 비용을 기능별로 물류원가, 관리활동원가 등으로 구분할 경우에는 매출원가를 다른 비용과 분리하여 공시한다.

04 비용을 성격별로 분류할 때에는 비용을 성격별로 감가상각비, 원재료, 운송비, 급여, 광고선전비 등으로 통합하며, 기능별로 재배분하지 않는다.

정답 03 ② 04 ③

checkpoint 해설 & 정답

05 한 회계기간 동안 발생한 소유주지분의 변동은 자본변동표를 통해서 알 수 있다.

06 기부금은 영업외비용으로 분류된다.

07 감가상각비는 판매비와 관리비 항목으로 분류된다.

정답 05 ② 06 ② 07 ①

05 포괄손익계산서의 유용성에 대한 설명으로 옳지 않은 것은?

① 기업의 수익성을 평가하는 데 유용한 정보를 제공한다.
② 한 회계기간 동안 발생한 소유주지분의 변동을 알 수 있다.
③ 일정기간의 기업의 성과에 관한 정보를 제공한다.
④ 경영자의 성과평가에 관한 유용한 정보를 제공한다.

06 다음 중 판매비와 관리비 항목으로 분류되지 않는 것은?

① 접대비
② 기부금
③ 퇴직급여
④ 복리후생비

07 다음 중 영업외비용으로 분류되지 않는 것은?

① 감가상각비
② 이자비용
③ 유형자산처분손실
④ 전기오류수정손실

08 자본변동표 및 이익잉여금처분계산서의 기본구조에 대한 설명으로 옳지 않은 것은?

① 자본금의 변동은 유상증자, 유상감자, 무상증자, 무상감자와 주식배당 등에 의하여 발생하며, 자본금은 보통주자본금과 우선주자본금을 통합하여 하나로 표시한다.

② 자본조정의 변동은 자기주식은 구분하여 표시하고, 기타자본조정은 통합하여 표시할 수 있다.

③ 당기 말 미처분이익잉여금은 주주총회의 승인을 거쳐 처분할 수 있는 이익잉여금으로 전기이월이익잉여금에 당기순이익을 합한 금액이다.

④ 자본변동표가 기업회계기준서상 기본 재무제표로 도입되면서 기존의 이익잉여금처분계산서는 자본변동표의 주석에 포함하여 보고하도록 하였다.

09 자기주식처분손실이 발생했을 경우의 회계처리로 옳은 것은?

① 자기주식의 처분에 따른 손실이므로 당기비용으로 인식한다.

② 미실현손익이므로 기타포괄손익누계액으로 처리한다.

③ 자본거래에서 발생한 손실이므로 당기손익으로 처리한다.

④ 자기주식처분이익이 있다면 우선 상계하고, 남은 잔액은 자본조정으로 분류하였다가 주주총회의 승인 시 이익잉여금처분에 따라 상각한다.

10 현금흐름표의 기본구조에 대한 설명으로 옳지 않은 것은?

① 현금흐름표는 현금흐름을 영업활동, 투자활동 및 재무활동 현금흐름으로 구분하여 표시하고, 이 세 가지 활동의 순현금흐름에 기말의 현금을 가산하여 기초의 현금을 산출하는 형식으로 표시한다.

② 영업활동은 주로 제품의 생산과 판매활동, 상품과 용역의 구매와 판매활동 및 관리활동을 포함한다.

③ 투자활동이라 함은 현금의 대여와 회수활동, 유가증권·투자자산·유형자산 및 무형자산의 취득과 처분활동 등을 말한다.

④ 재무활동이라 함은 현금의 차입 및 상환활동, 신주발행이나 배당금의 지급활동 등과 같이 부채 및 자본 계정에 영향을 미치는 거래를 말한다.

해설 & 정답 checkpoint

08 자본금의 변동은 유상증자, 유상감자, 무상증자, 무상감자와 주식배당 등에 의하여 발생하며, 자본금은 보통주자본금과 우선주자본금으로 구분하여 표시한다.

09 자기주식처분손실은 자기주식처분이익이 있다면 자기주식처분이익과 우선 상계하고, 남은 잔액은 자본조정으로 분류하고 추후 주주총회의 승인 시 이익잉여금처분에 따라 상각한다.

10 현금흐름표는 현금흐름을 영업활동, 투자활동 및 재무활동 현금흐름으로 구분하여 표시하고, 이 세 가지 활동의 순현금흐름에 기초의 현금을 가산하여 기말의 현금을 산출하는 형식으로 표시한다.

정답 08 ① 09 ④ 10 ①

checkpoint 해설 & 정답

11 장기차입금에 따른 현금유입은 재무활동으로 인한 현금흐름이다.

11 영업활동으로 인한 현금흐름에 속하지 않는 것은?

① 재화와 용역의 구입에 따른 현금유출
② 장기차입금에 따른 현금유입
③ 종업원급여와 관련하여 발생하는 현금유출
④ 단기매매목적으로 보유하는 자산에서 발생하는 현금흐름

12 보험회사의 경우 수입보험료는 영업활동으로 인한 현금흐름이다.

12 투자활동으로 인한 현금흐름에 속하지 않는 것은?

① 유형자산, 무형자산 및 기타 장기성자산의 취득에 따른 현금유출
② 제3자에 대한 선급금 및 대여금
③ 보험회사의 경우 수입보험료
④ 다른 기업의 지분상품이나 채무상품 및 조인트벤처 투자지분의 취득에 따른 현금유출

13 제3자에 대한 선급금 및 대여금은 투자활동으로 인한 현금흐름이다.

13 재무활동으로 인한 현금흐름에 속하지 않는 것은?

① 주식이나 기타 지분상품의 발행에 따른 현금유입
② 담보·무담보부사채 및 어음의 발행과 기타 장·단기차입에 따른 현금유입
③ 주식의 취득이나 상환에 따른 소유주에 대한 현금유출
④ 제3자에 대한 선급금 및 대여금

정답 11 ② 12 ③ 13 ④

14 (주)독도의 당기 초 토지계정 잔액이 ₩300,000이었다. 기중에 새롭게 취득한 토지는 ₩150,000이며, 처분한 토지로 인해 토지처분이익 ₩60,000을 계상하였다. 기말 토지계정 잔액이 ₩400,000이라면 당기 중에 토지의 처분으로 인한 현금유입액은 얼마인가?

① ₩10,000
② ₩50,000
③ ₩110,000
④ ₩160,000

주관식 문제

01 다음 문항의 현금흐름을 보고 답안에 영업활동, 투자활동, 재무활동 중 하나를 쓰시오.

문항	현금흐름	답안
1	보험회사의 경우 수입보험료, 보험금, 연금 및 기타 급부금과 관련된 현금유입과 현금유출	(㉠)
2	제3자에 대한 선급금 및 대여금에 의한 현금유출과 회수에 따른 현금유입	(㉡)
3	차입금의 상환에 따른 현금유출	(㉢)
4	주식이나 기타 지분상품의 발행에 따른 현금유입	(㉣)

해설 & 정답 checkpoint

14 현금유입액
= ₩300,000 + ₩150,000
+ ₩60,000 − ₩400,000
= ₩110,000

01
정답 ㉠ 영업활동
㉡ 투자활동
㉢ 재무활동
㉣ 재무활동

정답 14 ③

checkpoint 해설 & 정답

02
정답 (물음 1)
영업에서 창출된 현금
= ₩60,000(당기순이익)
+ ₩40,000(법인세비용)
+ ₩100,000(감가상각비)
+ ₩200,000(건물 재해손실)
− ₩300,000(금융자산처분이익)
− ₩300,000(매출채권의 증가)
+ ₩100,000(재고자산의 감소)
+ ₩200,000(토지 처분손실)
+ ₩100,000(이자비용)
+ ₩200,000(매입채무의 증가)
= ₩400,000 (현금유입)

(물음 2)
영업활동 순현금흐름
= ₩400,000(영업에서 창출된 현금) − ₩70,000(이자의 지급) − ₩50,000(법인세의 납부)
= ₩280,000

02 (주)한국은 2021년도 포괄손익계산서에 당기순이익 ₩60,000과 법인세비용 ₩40,000을 각각 보고하였으며, 이자비용에는 사채할인발행차금 상각액 ₩30,000이 포함되어 있다. 또한, 당기법인세부채의 기초금액과 기말금액이 각각 ₩30,000과 ₩20,000으로 보고되어 있으며 이자의 지급은 영업활동으로 분류하고 있다. 다음 자료를 이용하여 물음에 답하시오.

구분	금액(₩)	구분	금액(₩)
감가상각비	100,000	토지 처분손실	200,000
건물 재해손실	200,000	이자비용	100,000
금융자산처분이익	300,000	급여	400,000
매출채권의 증가	300,000	매출에누리와 환입	300,000
재고자산의 감소	100,000	매입채무의 증가	200,000
현금 및 현금성 자산의 증가	200,000	사채의 감소	300,000

(물음 1) 영업에서 창출된 현금을 구하시오.

(물음 2) 영업활동 순현금흐름을 구하시오.

고득점으로 대비하는 가장 똑똑한 수험서!

제 7 장

원가계산제도

제1절 원가의 개념과 분류
제2절 원가계산제도의 의의와 유형
제3절 전부원가계산과 변동원가계산
제4절 실제원가계산과 표준원가계산
제5절 개별원가계산과 종합원가계산
실전예상문제

제 7 장 원가계산제도

제 1 절 원가의 개념과 분류

1 원가의 개념

원가(Cost)란 재화의 구입이나 서비스를 제공받기 위해 희생된 경제적 자원을 화폐단위로 측정한 것이다. 발생한 원가는 당기의 수익획득과정에서 소멸된 부분은 비용으로, 소멸되지 않고 남아있는 부분은 자산으로 계상된다.

2 원가의 분류 중요도 상중하

(1) 원가요소에 따른 분류

① **재료비** : 제품생산을 위해 소비된 원재료의 원가이다.

② **노무비** : 제품생산을 위해 투입된 노동력에 소비된 원가로서 임금, 잡급, 상여수당, 복리후생비 등이 있다.

③ **제조경비** : 제품생산을 위해 소비된 재료비와 노무비 이외의 제조원가로서 공장건물·기계장치의 임차료, 감가상각비, 수선유지비, 생산직 관리자 급여 등이 있다.

(2) 추적가능성에 따른 분류

제품생산을 위해 발생한 원가를 원가대상(제품, 활동, 부문 등)에 직접적으로 연결시킬 수 있는지 여부에 따라 분류한 것이다.

① **직접원가(직접비)** : 특정한 원가대상에 직접 추적이 가능한 원가로 **직접재료원가, 직접노무원가, 직접제조경비** 등이 있다.

② **간접원가(간접비)** : 공통적으로 발생되어 특정한 원가대상에 직접 추적이 불가능한 원가로 **간접재료원가, 간접노무원가, 간접제조경비** 등이 있다.

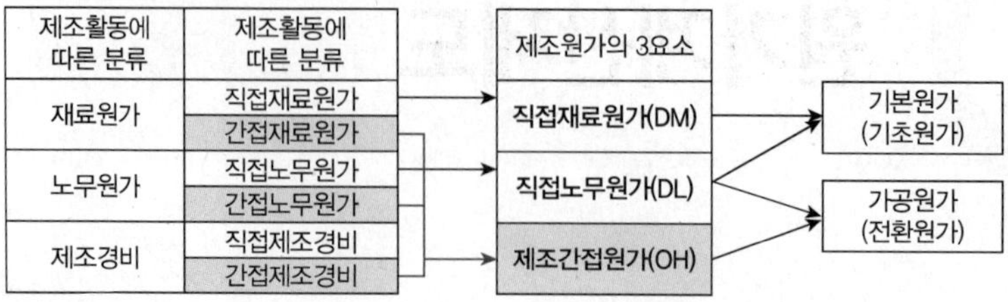

* 직접제조경비는 직접재료원가 및 직접노무원가와 동일하게 처리한다.

> **더 알아두기**
>
> ① **기본원가(기초원가)** : 직접재료원가, 직접노무원가, 직접제조경비를 합한 금액이다.
>
> ② **가공원가(전환원가)** : 원재료를 제품으로 가공하는 과정에서 발생하는 원가로서 직접노무원가, 직접제조경비, 제조간접원가를 합한 금액이다.

(3) 원가행태에 따른 분류

조업도의 변화에 따라 원가의 변화 양상을 분류하며 이 때 조업도는 생산량, 직접노동시간, 기계시간, 판매량, 매출액 등 원가와 인과관계가 있는 측정 기준을 이용한다.

① **변동원가** : 조업도의 변화에 따라 **총원가가 비례적**으로 증감하는 원가이다. 직접재료원가, 직접노무원가 등 대부분의 직접원가는 변동원가이며, 조업도가 0이면 변동원가는 발생하지 않는다.

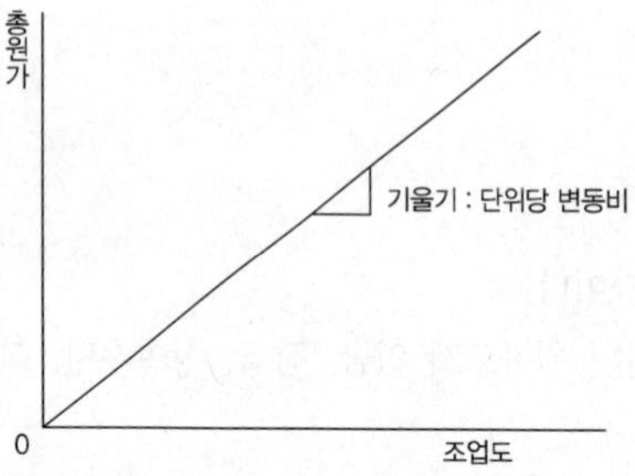

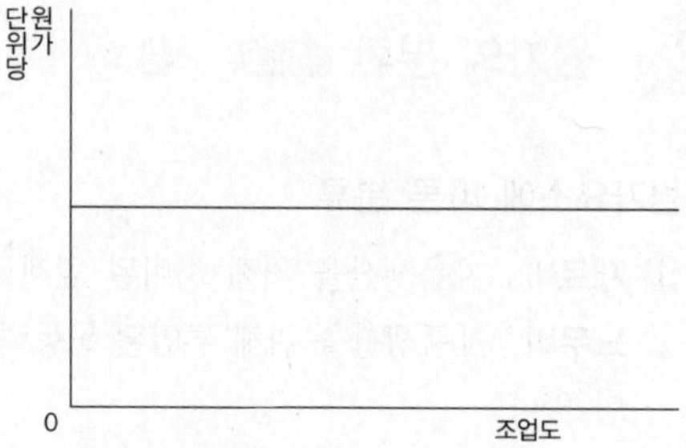

⇒ 조업도 증가시 : 총변동원가 – 정비례 단위당변동원가 – 일정

② **고정원가** : 조업도의 변동에 관계없이 **총원가가 일정**하게 발생하는 원가이다. 임차료, 보험료, 재산세, 감가상각비 등 관련 범위 내에서 조업도가 증감해도 총액이 변동하지 않는다.

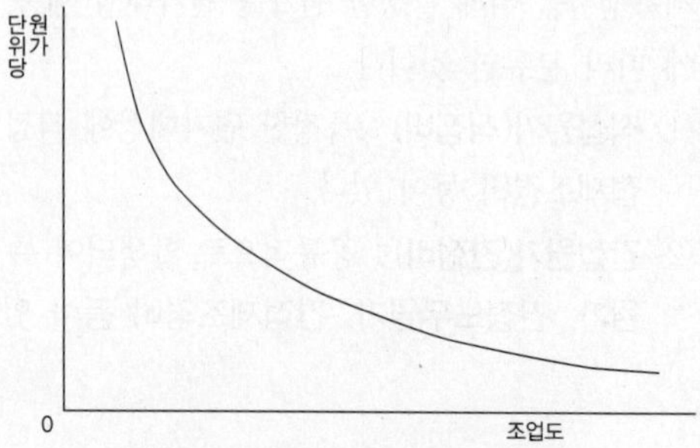

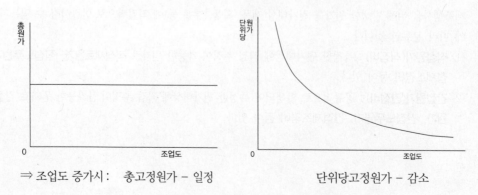

⇒ 조업도 증가시 : 총고정원가 – 일정 단위당고정원가 – 감소

③ **준변동원가(혼합원가)** : 변동원가와 고정원가 두 요소를 모두 포함하고 있는 원가이다. 기본요금이 있는 전화요금이나 전기요금, 수선유지비 등 기본요금은 고정원가 요소이고, 사용량에 따라 증가하는 요금은 변동원가 요소로 볼 수 있다.

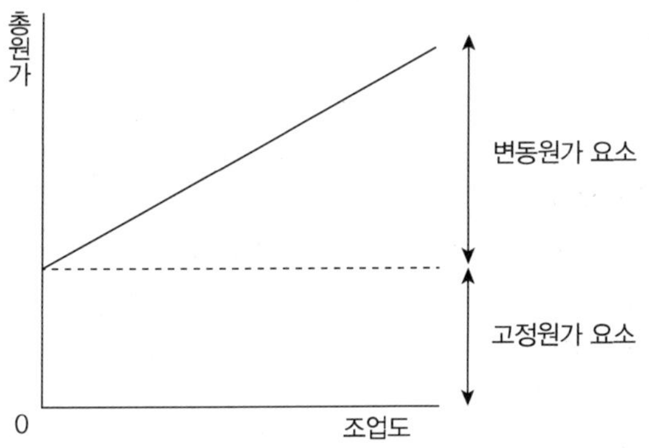

④ **준고정원가(계단원가)** : 일정한 범위의 조업도 내에서는 일정하지만 그 범위를 벗어나면 총원가가 계단식으로 증가하는 형태를 보이는 원가이다.

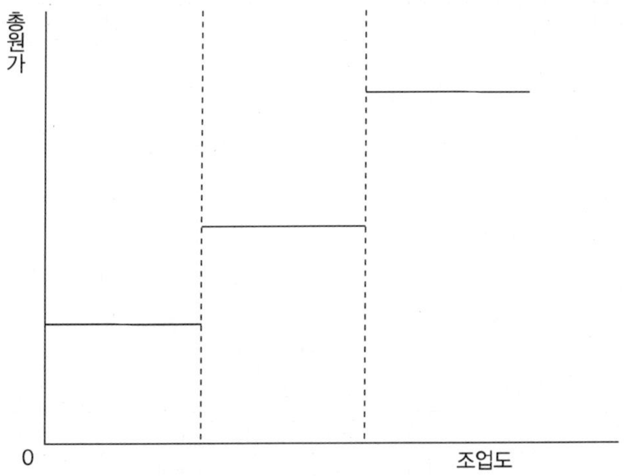

(4) 의사결정과의 관련성에 따른 분류

① **관련원가** : 의사결정 대안별로 차이가 나타나게 될 미래원가로서 미래 의사결정과 직접적으로 관련성이 있는 원가를 말한다.

㉠ 기회원가(기회비용) : 선택된 대안 이외의 다른 대안을 선택했더라면 얻을 수 있었던 최대이익 또는 최소비용으로서 의사결정 시 반드시 고려해야 하는 원가이다.

㉡ 회피가능원가 : 특정 대안을 선택하면 발생되지 않을 수 있는 원가로 의사결정에 따라 발생될 수도 있고 발생되지 않을 수도 있는 원가이다.

㉢ 차액원가(증분원가) : 여러 대안들 사이에 차이가 발생하는 원가이다.

② **비관련원가** : 의사결정 대안별로 차이가 나지 않는 원가로서 미래 의사결정에 영향을 미치지 않는 원가를 말한다.

㉠ **매몰원가** : 과거의 의사결정으로 인하여 이미 발생한 역사적 원가로서 현재와 미래의 의사결정에는 아무런 영향을 미치지 못하므로 의사결정에 고려할 필요가 없다.

㉡ **회피불가능원가** : 특정 대안의 선택과 관계없이 계속 발생되는 원가로서 경영자의 의사결정으로도 절약할 수 없는 원가이다.

(5) 자산화 여부에 따른 분류

발생한 원가가 제품의 원가를 구성하는지 아니면 발생한 기간에 전액 비용으로 처리되는지에 따라 제품원가와 기간원가로 분류한다.

① **제품원가(재고가능원가)** : 제품의 생산과 관련하여 발생하는 원가로서 제품의 원가를 구성하여 재고자산의 형태로 존재하다가 판매되는 시점에 매출원가라는 형태로 비용화 되는 원가이다.

② **기간원가(재고불가능원가)** : 제품원가에 해당되지 않는 나머지 원가를 말하며, 판매관리비와 같이 발생한 시점에 모두 당기 비용으로 처리되는 원가이다.

〈원가의 분류〉

원가의 분류 기준	내용
원가요소에 따른 분류	재료비, 노무비, 제조경비
추적가능성에 따른 분류	직접원가, 간접원가
제조원가의 3요소	직접재료원가, 직접노무원가, 제조간접원가
발생과정에 따른 분류	기본원가(기초원가), 가공원가(전환원가)
원가행태에 따른 분류	변동비, 고정비, 준변동비(혼합원가), 준고정비(계단원가)
의사결정 관련성에 따른 분류	관련원가-비관련원가, 매몰원가-기회비용, 차액원가(증분원가), 회피가능원가-회피불능원가
제조활동 관련성에 따른 분류	제조원가, 비제조원가
자산화 여부에 따른 분류	제품원가(재고가능원가), 기간원가(재고불가능원가)
통제가능성에 따른 분류	통제가능원가, 통제불능원가
시점에 따른 분류	역사적 원가(취득원가), 예정원가

3 원가의 구성 중요도 ▶ 상중하

(1) 직접재료원가(DM : Direct Material costs)

제품의 제조과정에 투입된 재료 중 특정 제품에 얼마가 발생되었는지 직접 추적이 가능한 원가이다.

(2) 직접노무원가(DL : Direct Labor costs)

특정 제품의 제조활동에 직접 참여하는 종업원에 대한 노무원가이다.

(3) 제조간접원가(OH : factory OverHead)

직접재료원가, 직접노무원가, 직접제조경비 이외의 모든 제조원가를 포함한다.

(4) 당기총제조원가

당기 중 제품 생산과정에서 발생한 총비용을 당기총제조원가라 한다.

> 당기총제조원가 = 직접재료원가 + 직접노무원가 + 직접제조경비 + 제조간접원가
> = 직접원가 + 제조간접원가

(5) 총원가(판매원가, 매출원가)

제품의 제조 및 판매관리 등 영업활동에서 발생한 총 원가를 총원가 또는 판매원가라 한다.

> 총원가 = 당기총제조원가 + 판매비와관리비

더 알아두기

제조간접원가와 판매비와 관리비의 비교

제조간접원가	제조활동과 관련되어 발생하는 제조원가 예 공장건물이나 기계장치의 임차료, 감가상각비, 보험료, 재산세, 수선유지비, 전력비, 소모품비, 사무실 운영비, 생산직 관리자 급여 등
판매비와 관리비	판매 및 관리활동과 관련되어 발생하는 비제조원가 예 사무용 건물의 임차료, 감가상각비, 보험료, 재산세, 수선유지비, 전력비, 소모품비, 관리부서 운영비, 경영자나 사무직원 급여 등

(6) 판매가격

판매가격은 총원가에 적정 판매이익을 가산하여 결정한다.

〈원가구성도〉

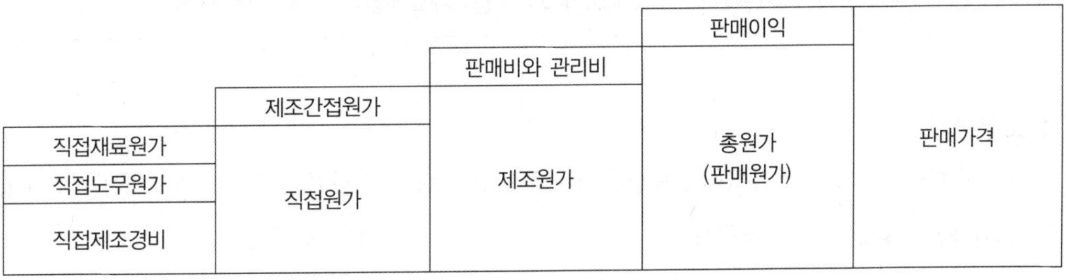

4 원가의 흐름

직접재료원가, 직접노무원가, 제조간접원가 등 모든 원가는 제조과정에 투입되어 재공품계정에 집계된다. 그리고 제품이 완성되면 제품계정으로 대체된 후 제품의 판매와 동시에 제품의 원가는 매출원가계정으로 다시 대체되는데 이러한 제조원가의 흐름은 다음과 같다.

〈제조원가의 흐름〉

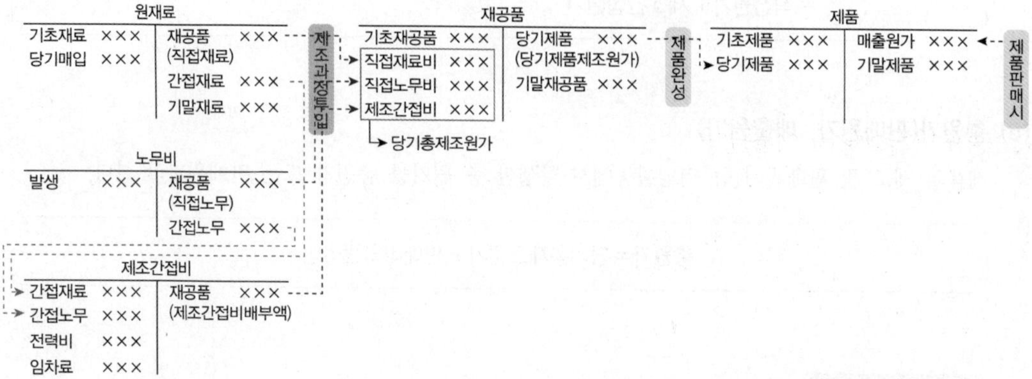

5 원가의 집계 및 회계처리 중요도 상중하

(1) 원재료

원재료 계정은 제품을 생산하기 위해 투입된 직접재료원가와 간접재료원가를 산정하는 재고자산 계정이다.

① 원재료 구입	(차) 원재료	×××	(대) 매입채무	×××
② 원재료 사용	(차) 재공품(직접재료원가)	×××	(대) 원재료	×××
	간접재료원가	×××		

> 당기직접재료원가 = 기초재료재고액 + 당기재료매입액 − 기말재료재고액

(2) 노무원가

노무비계정은 제조과정에 투입한 근로자의 임금 등 직접노무원가와 간접노무원가를 산정하는 계정이다.

① 노무원가 발생	(차) 노무원가	×××	(대) 미지급임금	×××

② 노무원가 소비	(차) 재공품(직접노무원가)	×××	(대) 노무원가	×××
	간접노무원가	×××		

(3) 제조간접원가

제조간접비 계정은 간접재료원가, 간접노무원가, 공장건물이나 기계장치의 임차료, 감가상각비, 전력비, 생산직 관리자 급여 등 제조간접원가를 집계하는 계정이다.

① 제조경비 발생	(차) 전력비	×××	(대) 현금	×××
	감가상각비	×××	감가상각누계액	×××
② 제조간접원가 집계	(차) 제조간접원가	×××	(대) 간접재료원가	×××
			간접노무원가	×××
			전력비	×××
			감가상각비 등	×××
③ 제조간접원가 소비	(차) 재공품	×××	(대) 제조간접원가	×××

> 제조간접원가 = 간접재료원가 + 간접노무원가 + 간접제조경비

(4) 재공품

재공품은 제품으로 완료되지 않아 아직 제조과정 중에 있는 미완성품이다. 재공품 계정에서는 제조과정에 투입된 모든 제조원가가 집계되고, 제품으로 완성되면 제품제조원가를 산정하여 제품계정에 대체된다.

① 제조원가의 집계	(차) 재공품	×××	(대) 원재료(직접재료원가)	×××
			노무원가(직접노무원가)	×××
			제조간접비	×××
② 제품의 완성	(차) 제품	×××	(대) 재공품	×××

> • 당기총제조원가 = 직접재료원가 + 직접노무원가 + 제조간접원가
> • 당기제품제조원가 = 기초재공품재고액 + 당기총제조원가 − 기말재공품재고액

(5) 제품

제품 계정은 완성된 제품의 증감을 기록하는 재고자산 계정이다.

① 제품의 판매	(차) 매출원가	×××	(대) 제품	×××

> 매출원가 = 기초제품재고액 + 당기제품제조원가 − 기말제품재고액

6 제조원가명세서 중요도 상중하

제조원가명세서는 재무제표 부속명세서의 하나이다. 제품을 만드는데 필요한 모든 비용을 상세하게 적은 양식으로 원가의 흐름에 따라 재공품계정의 변동사항과 동일하다.

제조원가명세서

Ⅰ. 재료원가		
1. 기초 원재료 재고액	×××	
2. 당기 원재료 매입액	×××	
계	×××	
3. 기말 원재료 재고액	(×××)	×××
Ⅱ. 노무원가		
1. 급여	×××	
2. 제수당 등	×××	×××
Ⅲ. 경비		
1. 전력비	×××	
2. 감가상각비 등	×××	×××
Ⅳ. 당기총제조원가		×××
Ⅴ. 기초 재공품 재고액		×××
Ⅵ. 합계		×××
Ⅶ. 기말 재공품 재고액		(×××)
Ⅷ. 당기제품제조원가		×××

※ 원가요소를 직접원가와 간접원가로 구분하는 경우 Ⅰ.직접재료원가, Ⅱ.직접노무원가, Ⅲ.제조간접원가로 바뀐다.

예제 문제

01 A회사의 1월 중 제조원가와 관련된 자료는 다음과 같다.

재고자산	기초(1. 1)	기말(1.31)
원재료	₩40,000	₩30,000
재공품	₩20,000	₩25,000
제품	₩52,000	₩60,000

(1) 원재료 ₩60,000을 외상으로 구입하였다.
(2) 직접노무비가 ₩80,000, 간접노무비가 ₩50,000 발생하였는데, 이 중 ₩100,000은 현금 지급하였고, ₩30,000은 1월말 현재 미지급상태이다.
(3) 소모품비 ₩32,000은 1월말 현재 미지급상태이고, 수도광열비 ₩8,000은 현금 지급하였다. 또한 감가상각비 ₩12,000이 발생하였다.
(4) 매출액 ₩300,000은 전액 외상 판매하였다.

1. 1월 중 거래를 분개하시오.
2. T계정을 작성하시오.
3. 제조원가명세서를 작성하시오.
4. 당기총제조원가, 당기제품제조원가, 매출원가를 구하시오.

풀이

1. 거래 분개

(1)

① 원재료 구입	(차) 원재료	60,000	(대) 매입채무	60,000
② 원재료 사용	(차) 재공품	70,000	(대) 원재료	70,000

(2)

① 노무비 발생	(차) 직접노무비	80,000	(대) 현금	100,000
	간접노무비	50,000	미지급임금	30,000
② 노무비 소비	(차) 재공품	80,000	(대) 직접노무비	80,000
	제조간접비	50,000	간접노무비	50,000

(3)

① 제조경비 발생	(차) 감가상각비	12,000	(대) 감가상각누계액	12,000
	소모품비	32,000	미지급비용	32,000
	수도광열비	8,000	현금	8,000
② 제조간접비 집계	(차) 제조간접비	52,000	(대) 감가상각비	12,000
			소모품비	32,000
			수도광열비	8,000
③ 제조간접비 소비	(차) 재공품	102,000	(대) 제조간접비	102,000

(4)

① 제품의 완성	(차) 제품	247,000	(대) 재공품	247,000
② 제품의 판매	(차) 매출채권	300,000	(대) 매출	300,000
	(차) 매출원가	239,000	(대) 제품	239,000

2. T계정 작성

원재료 (1)

기 초	40,000	재공품 (직접재료)	70,000
매 입	60,000	기 말	30,000

재공품 (1)–(4)

기초재공품	20,000	당기제품	247,000
직접재료비	70,000	기말재공품	25,000
직접노무비	80,000		
제조간접비	102,000		

노무비 (2)

현금	100,000	재공품 (직접노무)	80,000
미지급	30,000	간접노무	50,000

제품 (4)

기초제품	52,000	매출원가	239,000
당기제품	247,000	기말제품	60,000

제조간접비 (2),(3)

간접노무	50,000	재공품	102,000
감가상각비	12,000		
소모품비	32,000		
수도광열비	8,000		

3. 제조원가명세서 작성

제조원가명세서

Ⅰ. 재료비		
1. 기초원재료재고액	40,000	
2. 당기원재료매입액	60,000	
계	100,000	
3. 기말원재료재고액	(30,000)	70,000
Ⅱ. 노무비		
1. 급여	130,000	130,000
Ⅲ. 경비		
1. 소모품비	32,000	
2. 수도광열비	8,000	
3. 감가상각비	12,000	52,000
Ⅳ. 당기총제조원가		252,000
Ⅴ. 기초재공품재고액		20,000
Ⅵ. 합계		272,000
Ⅶ. 기말재공품재고액		(25,000)
Ⅷ. 당기제품제조원가		247,000

4. 당기총제조원가, 당기제품제조원가, 매출원가의 계산

① 당기총제조원가 = 재료비 + 노무비 + 경비 = 직접재료비 + 직접노무비 + 제조간접원가
₩70,000 + ₩130,000 + ₩52,000 = ₩70,000 + ₩80,000 + ₩102,000 = ₩252,000

② 당기제품제조원가 = 기초재공품재공액 + 당기총제조원가 − 기말재공품재고액
₩20,000 + ₩252,000 − ₩25,000 = ₩247,000

③ 매출원가 = 기초제품재고액 + 당기제품제조원가 − 기말제품재고액
₩52,000 + ₩247,000 − ₩60,000 = ₩239,000

제 2 절 원가계산제도의 의의와 유형

1 원가회계의 의의

원가회계는 외부보고용 재무제표 작성을 위해 필요한 제품원가계산과 기업내부의 경영계획 수립, 통제 및 특수한 의사결정에 유용한 원가정보를 제공한다. 즉, 원가회계란 재무회계와 관리회계의 목적에 적합한 원가정보를 제공해주는 회계시스템이라고 할 수 있다.

2 원가회계의 목적

(1) 제품원가계산의 목적 – 재무회계적 측면

외부보고용 재무제표의 작성에 필요한 제품, 재공품, 재고자산 및 매출원가를 결정하기 위한 원가정보 제공을 목적으로 한다.

(2) 원가관리 및 통제의 목적 – 관리회계적 측면

제품원가계산이 관리적 측면에서 활용되도록 경영자에게 원가관리에 필요한 원가자료 제공을 목적으로 한다.

(3) 경영자의 의사결정과 성과평가 목적 – 관리회계적 측면

기업내부의 경영계획 수립, 예산편성 및 통제, 종업원 채용, 특수한 의사결정에 필요한 정보 제공 등 다양한 경영의사 의사결정과 경영정책에 필요한 원가정보 제공을 목적으로 한다.

3 원가계산제도의 유형 중요도 상 중 하

원가계산제도는 제품원가의 집계방법에 따라 개별원가계산과 종합원가계산으로 구분하고, 제품원가의 측정방법에 따라 실제원가계산, 정상원가계산, 표준원가계산으로 구분하며, 제품원가의 계산범위에 따라 전부원가계산, 변동원가계산, 초변동원가계산으로 구분한다.
개별·실제·전부원가계산, 종합·정상·변동원가계산 등과 같이 제품원가의 집계방법, 측정방법, 계산범위를 적절히 결합하여 만든 원가시스템으로 생산방식이나 원가계산목적에 맞는 적절한 원가정보의 제공이 가능하다.

〈원가계산제도의 유형〉

제 3 절 전부원가계산과 변동원가계산

1 전부원가계산

전부원가계산은 모든 제조원가(직접재료원가, 직접노무원가, 변동제조간접원가, 고정제조간접원가)를 제품원가에 포함하는 원가계산방법이다.

장점	단점
• 외부보고 목적의 재무제표 작성 시 이용 • 장기적 의사결정에 유용 • 생산관련 모든 원가요소는 제품원가에 포함 • 원가행태별 구분이 필요 없음	• 생산량에 따라 제품단위당 원가 변동 • 생산량으로 이익조절이 가능 • 재고과잉을 초래할 유인을 가짐

2 변동원가계산

변동원가계산은 변동제조원가(직접재료원가, 직접노무원가, 변동제조간접원가)만 제품원가 에 포함하고, 조업도와 관계없이 고정적으로 발생하는 고정제조원가(고정제조간접원가)는 원가회피개념에 근거하여 기간비용으로 처리하는 원가계산방법이다.

장점	단점
• 경영관리목적의 단기적 의사결정에 유용 • 제품단위당 원가 일정 • 판매에 집중하게 유도 • 경영자의 성과평가에 유리 • 전부원가계산 이익보다 현금흐름과 더 일치	• 외부보고 목적 재무제표 작성 시 이용불가 • 고정제조간접원가의 중요성을 간과 • 혼합원가의 원가행태를 자의적으로 구분 • 당기의 고정제조간접원가를 기간비용화하여 수익비용대응의 원칙에 부합하지 않음

3 초변동원가계산(재료처리량원가계산, 스루풋원가계산)

초변동원가계산은 직접재료원가만 제품원가에 포함하고, 직접노무원가, 제조간접원가는 기간비용으로 처리하는 원가계산방법이다.

장점	단점
• 경영관리목적의 단기적 의사결정에 유용 • 원가행태별 구분이 필요 없음 • 재고과잉유인을 제거	• 외부보고 목적 재무제표 작성 시 이용불가 • 재고최소화로 판매기회 상실 가능성 • 운영비용과 재고의 중요성을 간과

4 전부원가계산·변동원가계산·초변동원가계산의 손익계산서(I/S : Income Statement) 중요도 상중하

(1) 전부원가계산 손익계산서(전통적 손익계산서 또는 기능적 손익계산서)

원가의 기능적 분류에 의해 제품원가와 기간비용으로 구분하여 작성된다. 기업 외부의 회계정보이용자를 위하여 공시하는 목적으로 사용된다.

(2) 변동원가계산 손익계산서(공헌이익 손익계산서)

원가의 행태에 따른 분류를 강조하여 변동원가와 고정원가로 구분하여 작성된다. 매출액으로부터 변동원가를 차감하여 공헌이익을 계산하고, 그 공헌이익으로부터 고정원가를 차감하여 영업이익을 계산한다.

(3) 초변동원가계산의 손익계산서

매출액에서 직접재료원가를 차감하여 재료처리량공헌이익을 계산한 다음 나머지 제조원가와 판매관리비는 운영비용으로 처리하여 이를 재료처리량공헌이익에서 차감하여 영업이익을 계산한다.

〈전부·변동·초변동원가계산의 손익계산서〉

전부원가계산 I/S		변동원가계산 I/S		초변동원가계산 I/S	
Ⅰ. 매출액	×××	Ⅰ. 매출액	×××	Ⅰ. 매출액	×××
Ⅱ. 매출원가	×××	Ⅱ. 변동원가	×××	Ⅱ. 매출원가	×××
Ⅲ. 매출총이익	×××	1. 변동매출원가		1. 직접재료원가	
Ⅳ. 판매관리비	×××	2. 변동판매관리비		Ⅲ. 재료처리량공헌이익	×××
1. 변동판매관리비		Ⅲ. 공헌이익	×××	Ⅳ. 운영비용	×××
2. 고정판매관리비		Ⅳ. 고정원가	×××	1. 직접노무원가	
Ⅴ. 영업이익	×××	1. 고정제조간접원가		2. 변동제조간접원가	
		2. 고정판매관리비		3. 고정제조간접원가	
		Ⅴ. 영업이익	×××	4. 변동판매관리비	
				5. 고정판매관리비	
				Ⅴ. 영업이익	×××

5 영업이익 분석

(1) 영업이익 차이의 원인

① 전부원가계산과 변동원가계산의 영업이익의 차이 : 고정제조간접원가의 자산성을 인정하는지 여부에 따라 비용인식 시점이 차이나기 때문에 발생한다. **전부원가계산에서는 고정제조간접원가를 제품원가에 포함시켜 판매시점에 비로소 매출원가로 비용화하지만, 변동원가계산에서는 고정제조간접원가의 자산성을 인정하지 않으므로 발생시점에 전액 비용으로 처리한다.** 변동원가계산과 초변동원가계산의 영업이익의 차이는 직접노무원가·변동제조간접원가의 비용인식 시점의 차이 때문에 발생한다.

원가분류	전부원가계산	변동원가계산	초변동원가계산
직접재료원가	제품원가	제품원가	제품원가
직접노무원가	제품원가	제품원가	기간비용
변동제조간접원가	제품원가	제품원가	기간비용
고정제조간접원가	제품원가	기간비용	기간비용
영업이익 차이원인	고정제조간접원가		직접노무원가, 변동제조간접원가

(2) 재고수준에 따른 영업이익의 비교

① **생산량이 판매량보다 많은 경우** : 전부원가계산에서는 고정제조간접원가의 일부가 기말재고에 포함되어 판매시점까지 비용처리가 이연되나, 변동원가계산에서는 당기의 고정제조간접원가 전액이 비용으로 처리된다. 따라서 전부원가계산 영업이익이 변동원가계산 영업이익보다 '(기말수량－기초수량)×단위당 고정제조간접원가'만큼 크다. 동일한 원리로 변동원가계산이 초변동원가계산의 영업이익보다 '(기말수량－기초수량)×단위당 직접노무원가·변동제조간접원가'만큼 크다.

② **생산량과 판매량이 동일한 경우** : 원가계산방법별로 비용화 되는 고정제조간접원가, 직접노무원가, 변동제조간접원가의 차이가 없으므로 이익은 동일하다.

③ **판매량이 생산량보다 많은 경우** : 전부원가계산에서는 기초재고에 배부되었던 고정제조간접원가와 당기의 고정제조간접원가 모두 매출원가로 당기비용 처리되지만, 변동원가계산에서는 당기의 고정제조간접원가만 전액 비용으로 처리된다. 따라서 전부원가계산 이익이 변동원가계산 이익보다 '(기초수량－기말수량)×단위당 고정제조간접원가'만큼 작다. 동일한 원리로 변동원가계산 이익이 초변동원가계산 이익보다 '(기초수량－기말수량)×단위당 직접노무원가·변동제조간접원가'만큼 작다.

재고량	영업이익의 비교
① 기초〈기말(생산량〉판매량)	전부원가계산〉변동원가계산〉초변동원가계산
② 기초＝기말(생산량＝판매량)	전부원가계산＝변동원가계산＝초변동원가계산
③ 기초〉기말(생산량〈판매량)	전부원가계산〈변동원가계산〈초변동원가계산

※ 전부원가계산과 변동원가계산은 전기와 당기의 단위당 고정제조간접원가 동일한 경우, 변동원가계산과 초변동원가계산은 직접노무원가, 변동제조간접원가가 동일한 경우를 가정함

(3) 영업이익 차이의 조정 중요도 상중하

초변동원가계산 영업이익	×××
(+) 기말재고에 배부된 직접노무원가·변동제조간접원가	×××
(−) 기초재고에 배부된 직접노무원가·변동제조간접원가	(×××)
변동원가계산 영업이익	×××
(+) 기말재고에 배부된 고정제조간접원가	×××
(−) 기초재고에 배부된 고정제조간접원가	(×××)
전부원가계산 영업이익	×××

예제 문제

02 **B회사는 1월에 영업을 개시하여 10,000개를 생산하여 9,000개를 판매하였다. 제품 단위당 판매가격은 ₩300이며, 당기의 원가자료는 다음과 같다.**

구분	직접재료원가	직접노무원가	제조간접원가	판매관리비
단위당 변동비	₩80	₩10	₩50	₩30
고정비	−	−	₩400,000	₩750,000

1. 전부·변동·초변동원가계산의 단위당 제품원가와 기말제품재고액을 계산하시오.
2. 전부·변동·초변동원가계산의 손익계산서를 작성하시오(단위 : 천원).
3. 영업이익 차이를 조정하시오(단위 : 천원).

풀이

1. 단위당 제품원가와 기말제품재고액 계산

구분	전부원가계산	변동원가계산	초변동원가계산
직접재료원가	₩80	₩80	₩80
직접노무원가	₩10	₩10	−
변동제조간접원가	₩50	₩50	−
고정제조간접원가	₩40①	−	−
(1) 단위당 제품원가	₩180	₩140	₩80
(2) 기말제품재고액	₩180,000 (=1,000개×₩180)	₩140,000 (=1,000개×₩140)	₩80,000 (=1,000개×₩80)

① ₩400,000÷10,000개=₩40/개

2. 손익계산서 작성(단위 : 천원)

전부원가계산 손익계산서			변동원가계산 손익계산서			초변동원가계산 손익계산서		
Ⅰ. 매출액		3,000	Ⅰ. 매출액		3,000	Ⅰ. 매출액		3,000
Ⅱ. 매출원가			Ⅱ. 변동원가			Ⅱ. 매출원가		
1.기초재품재고		0	1. 변동매출원가			1.기초재품재고		0
2.당기제품제조		1,800	기초제품재고액		0	2.당기제품제조		800
3.기말 제품재고	180	1,620①	당기제품제조		1,400	3.기말제품재고	80	720④
Ⅲ. 매출총이익		1,380	기말제품 재고	140	1,260③	Ⅲ. 재료처리량공헌이익		2,280
Ⅳ. 판매관리비			2. 변동판매 관리비	270②	1,530	Ⅳ. 운영비용		
1. 변동판매 관리비		270②	Ⅲ. 공헌이익		1,470	1. 직접노무원가		100⑤
2. 고정판매 관리비	750	1,020	Ⅳ. 고정원가			2. 변동제조 간접원가		500⑥
Ⅴ. 영업이익		360	1. 고정제조간접원가		400	3. 고정제조간접원가		400
			2. 고정판매 관리비	750	1,150	4. 변동판매 관리비		270②
			Ⅴ. 영업이익		320	5. 고정판매 관리비	750	2,020
						Ⅴ. 영업이익		260

① ₩180×9,000개(판매량) = ₩1,620,000
② ₩30×9,000개(판매량) = ₩270,000
③ ₩140×9,000개(판매량) = ₩1,260,000
④ ₩80×9,000개(판매량) = ₩720,000
⑤ ₩10×10,000개(생산량) = ₩100,000
⑥ ₩50×10,000개(생산량) = ₩500,000

6 영업이익 차이 조정(단위 : 천원)

초변동원가계산 영업이익	₩260
(+) 기말재고에 재고화된 직접노무원가·변동제조간접원가	60①
변동원가계산 영업이익	320
(+) 기말재고에 재고화된 고정제조간접원가	40②
전부원가계산 영업이익	₩360

① 1,000개(기말재고수량)×₩10 + 1,000개×₩50 = ₩60,000
② 1,000개(기말재고수량)×₩40 = ₩40,000

제 4 절 실제원가계산과 표준원가계산

1 실제원가계산

실제원가계산은 결산 후 모든 원가를 실제 발생한 원가를 기준으로 제품원가를 계산하는 방법이다. 결산이 이루어지기 전까지는 실제제조간접원가를 집계·배부할 수 없어 제품원가정보의 적시성이 떨어지고, 조업도에 따라 제품의 단위당 제조원가가 달라지는 문제점이 있으나, 외부보고 목적의 재무제표를 작성할 때 반드시 사용해야 한다.

2 정상원가계산

정상원가계산은 실제원가계산의 단점을 보완하기 위한 것으로 직접재료원가와 직접노무원가는 실제 발생한 원가를 이용하나 제조간접원가는 회계연도 시작 전 결정된 제조간접원가 예정배부율을 이용하여 제품원가를 계산하는 방법이다.

3 표준원가계산 중요도 상 중 하

(1) 의의 및 특징

표준원가계산은 직접재료원가, 직접노무원가, 제조간접원가에 대해 과학적 방법과 통계적 방법으로 사전에 설정한 표준원가를 이용하여 제품원가를 계산하는 방법이다.

유용성	• 계획 목적 : 경영계획 시 의사결정에 이용. 예산수립을 위한 기초자료 제공 • 제품원가계산 목적 : 원가흐름의 가정이 필요 없음. 실제산출량만 파악되면 신속·간편하게 제품원가계산 가능 • 통제 목적 : 효율적인 원가관리의 통제. 허용한도를 벗어난 차이에 대해 예외에 의한 원가관리 및 책임별 원가 관리 가능
한계	• 표준원가 설정에 많은 시간과 비용이 소요됨 • 예외에 의한 관리 시 중요한 예외사항의 판단이 자의적임 • 품질이나 납기 등 비재무적 측정치 무시 • 생산현장의 자동화로 인해 간접원가 비중의 증가로 표준원가의 유용성 감소

(2) 표준원가계산 방법

표준원가의 계산은 제품단위당 직접재료원가, 직접노무원가, 제조간접원가로 구분하여 제조원가를 설정한다.

제품 단위당 표준원가 = 표준직접재료원가① + 표준직접노무원가② + 표준제조간접원가③+④

① 표준직접재료원가 = 제품단위당표준직접재료수량(SQ)×원재료단위당표준가격(SP)

제품단위당 표준직접재료수량은 제품 한 단위를 생산하기 위해 투입되어야 할 직접재료의 표준수량이고, 원재료단위당 표준가격이란 재료 한 단위의 표준 구입가격이다.

② 표준직접노무원가 = 제품단위당표준직접노무시간(SQ)×시간당표준임률(SP)

제품단위당 표준직접노무시간은 제품 한 단위를 생산하기 위해 투입되어야 할 표준직접노무시간이고, 시간당 표준임률은 직접노무시간당 지급되는 표준임률이다.

③ 표준변동제조간접원가 = 제품단위당 표준조업도(SQ)×조업도단위당 표준배부율(SP)

$$\text{조업도단위당 변동제조간접원가 표준배부율} = \frac{\text{변동제조간접원가예산}}{\text{기준조업도}}$$

④ 표준고정제조간접원가 = 제품단위당 표준조업도(SQ)×조업도단위당 예정배부율(SP)

$$\text{조업도단위당 고정제조간접원가 예정배부율} = \frac{\text{고정제조간접원가예산}}{\text{기준조업도}}$$

제품단위당 표준조업도는 제품 한 단위를 생산하기 위해 투입되는 표준조업도로서 제조간접원가의 발생과 인과관계를 갖는 표준직접노동시간이나 표준기계시간 등이 사용되고, 조업도 단위당 제조간접원가 배부율은 기준조업도단위당 제조간접원가예산 추정액을 말한다.

예제 문제

03 **최근 개발한 신제품은 제품 1단위당 원재료 20kg와 직접노무시간 3시간이 필요하고, 원재료 1kg당 표준가격은 ₩25, 직접노무시간당 표준임률은 ₩30으로 결정되었다. 변동제조간접원가는 직접노동시간당 ₩20로 추정되며, 고정제조간접원가는 직접노동시간당 ₩50을 배부하려고 한다. 신제품의 제품 단위당 표준원가를 구하시오.**

풀이

제품단위당표준원가 = ∑ 원가요소별(표준수량×표준가격)
(20kg×₩25) + (3시간×₩30) + (3시간×₩20) + (3시간×₩50) = ₩800

(3) 원가차이 분석 중요도 상중하

실제원가(AQ×AP)와 표준원가(SQ×SP)의 차이를 원가차이라고 하고, 원가차이를 원가요소별로 분석해보면 다음과 같다.

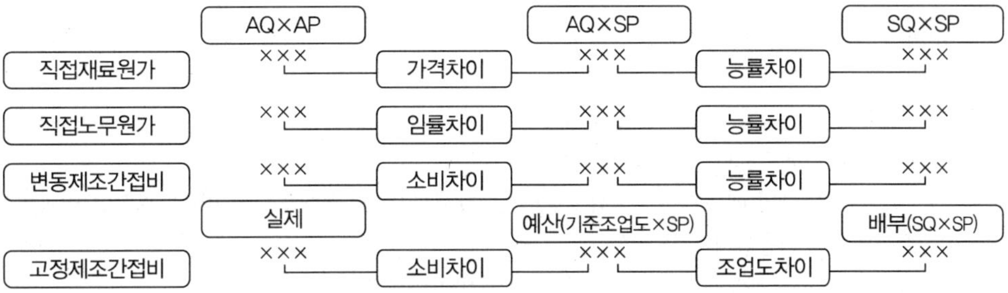

※ AQ : 실제수량, AP : 실제가격, SQ : 표준수량, SP : 표준가격
※ 직접노무원가 가격차이는 임률차이라고 하고, 능률차이는 사용차이 또는 수량차이이다.
※ 제조간접비 예산차이는 변동·고정제조간접비 소비차이와 능률차이를 합하여 계산한다.

① 유리한 차이 : 표준원가 〉 실제원가 → 영업이익 증가
② 불리한 차이 : 표준원가 〈 실제원가 → 영업이익 감소

제 5 절 개별원가계산과 종합원가계산

1 개별원가계산

(1) 의의 및 특징

개별원가계산은 제품원가를 제품별, 개별작업별로 구분하여 집계하는 원가제도로서 고객의 주문을 받아 특정 제품을 개별적으로 생산하는 기업이 사용하는 원가계산방법이다. 다품종소량생산이나 조선업, 건설업, 항공기 제조업 등 주문이나 특별 수요에 따라 종류나 규격이 상이한 제품을 생산하는 주문생산 형태의 기업에 적합하다.

장점	단점
• 제품별 정확한 원가계산이 가능 • 제품별 손익분석 및 계산이 용이 • 제품별 효율성 통제 • 미래예측에 활용 가능	• 많은 시간과 비용이 발생 • 원가계산자료가 상세하고 복잡할수록 오류 발생가능성도 증가

(2) 개별원가계산 방법 중요도 상중하

개별원가계산은 개별작업별로 발생하는 원가를 직접재료원가, 직접노무원가, 제조간접원가를 구분하여 작업원가표를 작성한다. 제조직접원가와 제조간접원가의 구분이 중요하며, 제품별로 추적이 되지 않는 제조간접원가를 정확하게 배부하는 것이 핵심이다.

① 직접재료원가와 직접노무원가는 개별작업에 직접 추적가능하므로 발생한 즉시 작업원가표에 기록한다.

② 제조간접원가는 개별작업에 직접 추적할 수 없으므로 기말에 적절한 배부기준에 의해 개별작업별로 배부하여 작업원가표에 기록한다.

㉠ 제조간접원가의 배부기준 : 직접노동시간, 기계시간 등 제조간접원가와 논리적인 인과관계가 있는 기준을 이용한다.

㉡ 제조간접원가 배부율은 금액이 파악되는 기말에 결정 가능하다.

$$\text{제조간접원가 배부율} = \frac{\text{제조간접원가}}{\text{배부기준(조업도)}}$$

㉢ 개별작업에 제조간접원가를 배부한다.

$$\text{제조간접원가배부액} = \text{개별작업별배부기준(조업도)} \times \text{제조간접원가배부율}$$

③ 여러 개의 제조부문이 존재할 경우 제조간접원가는 공장전체 제조간접원가 배부율이나 부문별 제조간접원가 배부율에 의하여 개별작업에 배부한다.

㉠ 모든 제조부문에 동일한 제조간접원가 배부율을 적용할 경우는 공장전체 제조간접원가 배부율로 제조간접원가를 개별작업에 배부한다.

$$\text{공장전체제조간접원가 배부율} = \frac{\text{공장전체제조간접비}}{\text{공장전체배부기준}}$$

㉡ 제조부문별로 서로 다른 제조간접원가 배부율을 적용할 경우는 부문별 제조간접원가 배부율로 제조간접원가를 개별작업에 배부한다.

ⓐ 보조부문과 제조부문 등 부문별로 제조간접원가를 집계한다.

ⓑ 보조부문원가는 논리적 인과관계가 있는 배분기준으로 보조부문원가의 배분방법에 의하여 제조부문에 배분한다. 보조부문원가의 배분방법은 부문 상호 간의 용역수수관계 인식 정도에 따라 직접배분법, 단계배분법, 상호배분법으로 나누고, 보조부문원가를 변동원가와 고정원가로 구분하여 배분하는지에 따라 단일배분율법, 이중배분율법으로 나뉜다.

ⓒ 제조부문 자체의 제조간접원가와 보조부문에서 배분된 원가를 합한 부문별 제조간접원가배부율로 제조간접원가를 개별작업에 배부한다.

$$부문별제조간접원가\ 배부율 = \frac{부문별제조간접원가}{부문별배부기준}$$

④ 작업원가표에 집계된 직접재료원가, 직접노무원가, 제조간접원가 배부액을 더하여 제조원가를 계산한다. 작업원가표는 재공품계정의 보조원장으로서 사용되며, 진행 중인 작업에 대한 작업원가표의 합계액은 재공품계정의 잔액과 일치한다. 작업이 완료되면 작업원가표는 재공품계정에서 제품계정으로 이동하여 제품계정의 보조원장으로서의 역할을 한다.

예제 문제

04 개별원가계산을 채택하고 있는 D사는 당기에 X제품과 Y제품의 작업을 시작하고 완성하였다. 다음의 제조원가 및 기타자료를 이용하여 기계시간을 기준으로 제조간접원가를 배부하여 두 제품에 대한 제품원가를 구하시오.

구분	X제품	Y제품	합계
직접재료원가	₩50,000	₩60,000	₩110,000
직접노무원가	₩30,000	₩45,000	₩75,000
제조간접원가	−	−	₩80,000
기계시간	50시간	30시간	80시간

풀이

1. 제조간접원가 배부율 계산

$$제조간접원가\ 배부율 = \frac{제조간접원가}{배부기준(조업도)} = \frac{₩80,000}{80시간} = ₩1,000/기계시간$$

2. 제조간접원가 배부액 계산

제조간접원가배부액 = 개별작업별배부기준(조업도)×제조간접원가배부율
X제품 = 50시간×₩1,000 = ₩50,000
Y제품 = 30시간×₩1,000 = ₩30,000

3. 제품원가 계산

구분	X 제품	Y 제품	합계
직접재료원가	₩50,000	₩60,000	₩110,000
직접노무원가	₩30,000	₩45,000	₩75,000
제조간접원가	₩50,000	₩30,000	₩80,000
제품원가	₩130,000	₩135,000	₩265,000

2 종합원가계산

(1) 의의 및 특징

종합원가계산은 제품원가를 제조공정별로 구분하여 집계하는 원가계산제도로서 시장수요에 따라 동일한 종류의 제품을 연속적으로 대량생산하는 기업이 사용하는 원가계산방법이다. 정유업, 화학공업, 자동차제조업, 식품업 등 연속생산 형태의 기업에 적합하다. 일정 기간 동안 특정 공정에서 생산된 제품은 원가가 동일하다는 가정 하에 평균개념에 의해 제품원가를 산출한다. 공정별로 원가를 집계하므로 작업지시서가 필요 없고, 기말시점에 공정별로 재공품이 존재하게 되며, 원가통제와 성과평가도 공정별로 수행한다.

장점	단점
• 개별원가계산보다 단순하게 원가• 계산이 가능하여 관리비용 감소 • 원가에 대한 책임중심점이 명확	• 지나친 단순화로 상세 정보의 상실 가능성 • 원가계산기간의 종료시점까지 원가계산이 불가능 • 완성도 측정 시 회계 담당자의 주관적 판단 개입 • 다양한 제품 생산 시 정확한 평균원가계산이 어려움

(2) 원가흐름의 가정

종합원가계산에서는 기초재공품이 있다면 기초재공품과 당기착수물량의 제조순서와 관련하여 원가흐름의 가정이 필요한데 일반적으로 평균법과 선입선출법을 많이 사용한다.

① **평균법**

평균법은 기초재공품의 제조를 당기에 착수한 것으로 가정한다. 따라서 기초재공품 원가와 당기투입원가를 구분하지 않고 합한 총원가를 완성품 수량과 기말재공품환산량에 비례하여 완성품원가와 기말재공품원가에 배분한다.

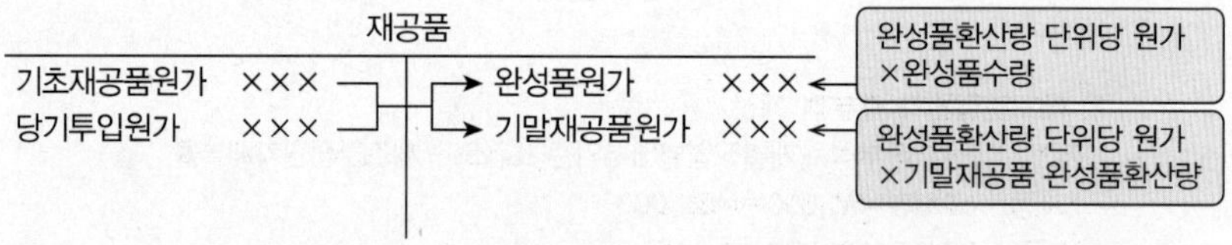

② **선입선출법(First-In, First-Out)**

선입선출법은 먼저 착수된 제품이 먼저 완성되는 것으로 가정한다. 따라서 기초재공품 원가는 모두 완성품 원가에 포함시키고, 당기투입원가는 완성품원가와 기말재공품원가에 배분한다.

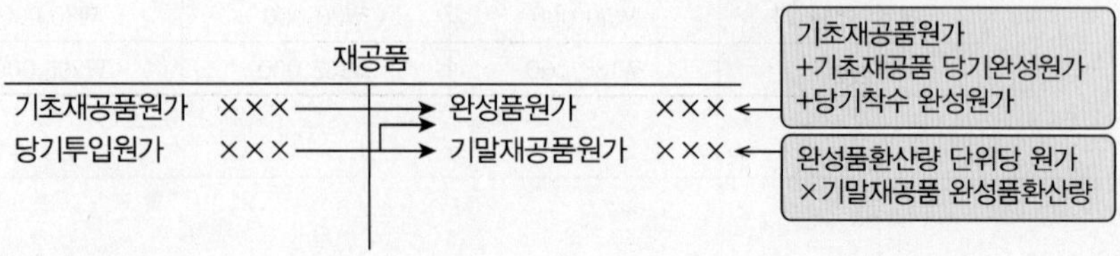

(3) 종합원가계산 방법 중요도 상중하

개별 작업별로 작성되는 작업원가표에 원가를 집계하는 개별원가계산과 달리 종합원가계산에서는 제조공정별로 제조원가보고서를 작성하며 일반적으로 다음의 5단계를 거쳐 완성품원가와 기말재공품원가가 결정된다.

> ① 물량의 흐름 파악 → ② 완성품환산량 계산 → ③ 원가요소별 배분대상 원가 파악 → ④ 완성품환산량 단위당 원가 계산 → ⑤ 완성품 원가와 기말재공품 원가 계산

① **1단계 : 물량의 흐름 파악**

물량의 흐름을 파악하기 위해 공정별로 투입물량과 산출물량을 일치시킨다.

투입물량		산출물량
기초재공품 수량 + 당기착수량	=	완성품수량 + 공손품수량 + 기말재공품수량

공손품은 품질 및 규격이 표준에 미달하여 품질검사에서의 불합격품을 말한다. 공손품 중 정상공손은 매출원가에 가산하고, 비정상공손은 영업외비용(재고자산감모손실)로 처리한다.

② **2단계 : 완성품환산량 계산**

완성품환산량이란 공정에 투입된 모든 원가가 완성품화 되었다면 생산되었을 완성품 수량을 말한다. 투입된 노력에 대해 실제로는 완성된 것이 아니지만 완성한 것으로 가정하여 완성품으로 환산한 수량으로 원가계산 목적으로 계산되는 가상의 수량이다. 직접재료원가와 가공원가는 공정에 투입되는 시점이 각각 다르므로 원가요소별로 완성도를 파악하고 완성품환산량을 계산한다.

> • 완성품환산량 = 물량단위×완성도
> • 기말재공품완성품환산량 = 기말재공품수량×완성도(%)

기초재공품이 존재하는 경우 원가흐름의 가정에 따라 완성품환산량이 달라진다.

㉠ 평균법 : 총완성품환산량을 계산한다. 완성품 중 기초재공품에 해당하는 부분이 있음에도 불구하고 이를 당기에 착수되어 완성된 것으로 간주하여 완성품환산량을 계산한다.

> 총완성품환산량 = 완성품수량 + 기말재공품수량×완성도

㉡ 선입선출법 : 당기완성품환산량을 계산한다. 완성품을 기초재공품이 완성된 것과 당기착수분이 완성된 것으로 구분하여 당기에 실제로 투입된 완성품환산량을 계산한다.

> 당기완성품환산량 = 완성품수량 + 기말재공품 완성품환산량 − 기초재공품 완성품환산량
> = 기초재공품수량×(1−전기완성도) + 당기착수완성품수량
> + 기말재공품 완성품환산량

결국 평균법의 완성품환산량이 선입선출법보다 기초재공품의 완성품환산량 만큼 크다.

③ **3단계** : 배분대상원가 파악

제조공정별로 제품원가를 집계한 후 완성품과 기말재공품에 배분하기 위해서는 원가요소별로 배분할 원가가 얼마인지 파악하여야 한다.

㉠ 평균법 : 기초재공품도 당기에 착수되어 완성된 것처럼 간주하므로 완성품환산량의 계산과 마찬가지로 기초재공품 원가와 당기투입원가를 구분하지 않고 합한 총원가를 구한다.

> 총원가 = 기초재공품원가 + 당기투입원가

㉡ 선입선출법 : 기초재공품원가는 총액으로 완성품원가의 일부에 우선적으로 포함되고, 당기투입원가는 완성품과 기말재공품에 배분된다. 따라서 배분대상원가에는 당기투입원가만 포함하고 기초재공품원가는 포함하지 않는다.

④ **4단계** : 완성품환산량 단위당 원가 계산

배분대상원가를 완성품환산량으로 나누어 원가요소별로 완성품환산량 단위당 원가를 계산한다.

㉠ 평균법 : 완성품환산량 단위당 원가는 전기의 기초재공품원가와 당기투입원가 모두 포함된다.

> 완성품환산량단위당원가 = (기초재공품원가 + 당기투입원가) ÷ 총완성품환산량

㉡ 선입선출법 : 완성품환산량 단위당 원가는 당기에 투입된 원가로만 구성된다.

> 완성품환산량단위당원가 = 당기투입원가 ÷ 당기완성품환산량

⑤ **5단계** : 완성품원가와 기말재공품원가 계산

㉠ 평균법 : 완성품원가와 기말재공품원가는 원가요소별로 완성품환산량 단위당 원가에 완성품 수량과 기말재공품 완성품환산량을 각각 곱하여 계산한다.

> • 완성품원가 = $\sum$ 원가요소별(완성품환산량단위당원가 × 완성품수량)
> • 기말재공품원가 = $\sum$ 원가요소별(완성품환산량단위당원가 × 기말재공품완성품환산량)

㉡ 선입선출법 : 기초재공품원가는 우선적으로 완성품원가에 포함시키고, 당기투입원가는 원가요소별 당기완성품환산량에 따라 완성품원가와 기말재공품원가에 배분된다.

> • 완성품원가 = 기초재공품원가 + 기초재공품당기완성원가 + 당기착수완성원가
> = 기초재공품원가 $\sum$ 원가요소별[완성품환산량 단위당 원가 × (기초재공품수량 × (1 − 전기완성도) 당기착수완성품수량)]
> • 기말재공품원가 = $\sum$ 원가요소별(완성품환산량 단위당 원가 × 기말재공품 완성품 환산량)

예제 문제

05 단일제품을 대량생산하는 E사에서는 직접재료는 공정착수 시점에 전량 투입되고, 가공원가는 전 공정을 통하여 균등하게 발생한다. 물량의 흐름 및 원가관련정보는 다음과 같다.

기초재공품	100개(완성도 80%)
당기착수량	500개
당기완성량	400개
기말재공품	200개(완성도 50%)
기초재공품원가	총 ₩7,000 중 재료원가 ₩5,000, 가공원가 ₩2,000
당기발생원가	총 ₩58,000 중 재료원가 ₩16,000, 가공원가 ₩42,000

1. 평균법에 의한 완성품원가와 기말재공품원가를 구하시오.
2. 선입선출법에 의한 완성품원가와 기말재공품원가를 구하시오.

풀이

1. 평균법

구분	① 물량의 흐름	② 완성품환산량	
		재료원가	가공원가
기초재공품(80%) 당기착수량	100개 500개		
계	600개		
당기완성품 기말재공품(50%)	400개 200개	400개 200개	400개 100개
계	600개	600개	500개

③ 원가요소별 배분대상 원가 파악

구분	재료원가	가공원가	합계
기초재공품원가 당기발생원가	₩5,000 16,000	₩2,000 42,000	₩7,000 58,000
계	₩21,000	₩44,000	₩65,000

④ 완성품환산량 단위당 원가 계산

구분	재료원가	가공원가
원가합계 완성품환산량	₩21,000 ÷ 600	₩44,000 ÷ 500
완성품환산량 단위당 원가	₩35	₩88

⑤ 완성품 원가와 기말재공품 원가 계산

- 완성품원가 : 400개×₩35＋400개×₩88＝ ₩49,200
- 기말재공품원가 : 200개×₩35＋100개×₩88＝ 15,800

합계 ₩65,000

2. 선입선출법

구분	① 물량의 흐름	② 완성품환산량	
		재료원가	가공원가
기초재공품(80%) 당기착수량	100개 500개		
계	600개		
기초재공품 완성품 당기착수 완성품 기말재공품(50%)	100개 300개 200개	0 300개 200개	20㉠개 300개 100개
계	600개	500개	420개

㉠ 100개×(1−80%) = 20개

③ 원가요소별 배분대상 원가 파악

구분	재료원가	가공원가	합계
기초재공품원가 당기발생원가	 ₩16,000	 ₩42,000	₩7,000 58,000
계			₩65,000

④ 완성품환산량 단위당 원가 계산

구분	재료원가	가공원가
원가합계 완성품환산량	₩16,000 ÷ 500개	₩42,000 ÷ 420개
완성품환산량 단위당 원가	₩32	₩100

⑤ 완성품 원가와 기말재공품 원가 계산

- 완성품원가 : ₩7,000 + 300개×₩32 + 320개×₩100 = ₩48,600
- 기말재공품원가 : 200개×₩32 + 100개×₩100 = 16,400

합계 ₩65,000

더 알아두기

개별원가계산과 종합원가계산의 비교

구분	개별원가계산	종합원가계산
생산방식	다품종 소량 주문생산	소품종 대량 연속생산
업종	조선, 건설, 항공업 등	정유, 식품, 자동차제조업 등
원가의 구분	직접제조원가(직접재료원가, 직접노무원가)와 제조간접원가	직접재료원가와 가공원가(직접노무원가, 제조간접원가)
원가흐름의 가정	필요 없음	필요함
원가계산방법	• 개별작업별 작업원가표에 집계 • 제품단위당원가는 제조원가를 작업한 수량으로 나누어 계산 • 완성된 작업은 제품계정, 미완성작업은 재공품계정으로 처리	• 제조공정별 재공품 계정에 집계 • 총원가를 총생산량으로 나누어 완성품환산량 단위당 원가계산 • 제품은 완성수량에, 재공품은 기말재공품환산량에 각각 완성품환산량 단위당 원가를 곱하여 계산
원가 자료	작업별 작업지시서, 작업원가표	공정별 제조원가보고서
원가계산의 핵심	• 직접원가, 간접원가의 구분 • 제조간접원가의 배부	• 완성품환산량 계산 • 완성품과 기말재공품 배분

제7장

OX로 점검하자

※ 다음 지문의 내용이 맞으면 O, 틀리면 ×를 체크하시오. [1~20]

01 원가의 행태에 따라 직접재료원가, 직접노무원가, 제조간접원가로 구분한다. (　　)

02 매몰원가는 의사결정에 아무런 영향을 미치지 못하는 비관련원가이다. (　　)

03 당기총제조원가는 직접재료비, 직접노무비, 직접제조경비, 제조간접비의 합이다. (　　)

04 제조과정에 투입된 모든 제조원가는 제품계정에 집계된다. (　　)

05 제조간접비 계정은 간접재료비, 간접노무비, 기계장치의 임차료, 감가상각비 등 제조간접비를 집계하는 계정이다. (　　)

06 판매가격은 당기총제조원가에 판매비와 관리비를 가산하여 결정한다. (　　)

07 외부보고 목적의 재무제표를 작성할 때는 반드시 전부원가계산을 이용해야 한다. (　　)

08 변동원가계산은 직접재료원가, 직접노무원가, 변동제조간접원가만 제품원가에 포함하고, 고정제조간접원가는 기간비용으로 처리하는 원가계산방법이다. (　　)

09 변동원가계산 손익계산서에서 공헌이익은 생산량에 의해 영향을 받는다. (　　)

10 전부원가계산에서는 생산량의 변동에 따라 제품단위당 원가가 달라지지 않는다. (　　)

정답과 해설 01 × 02 O 03 O 04 × 05 O 06 × 07 O 08 O 09 × 10 ×

01 직접재료원가, 직접노무원가, 제조간접원가는 제조원가의 3요소이다.

04 재공품 계정에서는 제조과정에 투입된 모든 제조원가가 집계되고, 제품으로 완성되면 제품제조원가를 산정하여 제품계정에 대체된다.

06 총원가(판매원가, 매출원가)는 당기총제조원가에 판매비와 관리비를 가산하여 결정한다.

09 변동원가계산 손익계산서에서 공헌이익은 판매량에 의해서만 영향을 받는다.

10 전부원가계산에서는 생산량의 변동에 따라 제품단위당 원가가 변동된다.

11 변동원가계산의 영업이익에 기말재고에 배부된 고정제조간접원가를 가산하고, 기초재고에 배부된 고정제조간접원가를 차감하면 전부원가계산 영업이익으로 전환된다. (　　)

12 실제원가계산은 결산 후 모든 원가를 실제 발생한 원가를 기준으로 제품원가를 계산하는 방법이다. (　　)

13 고정제조간접비 총차이는 고정제조간접비 소비차이와 능률차이로 나눌 수 있다. (　　)

14 표준원가와 실제원가의 가격차이 발생 원인은 시장가격의 변동, 재료소비량의 증가, 품질이 낮은 원재료 구입 등이 있다. (　　)

15 표준원가계산제도를 채택하고 있는 경우 기말에 실제원가 및 그 근사치로 조정하기 위한 원가차이 조정방법에는 매출원가조정법, 비례배분법, 영업외손익법이 있다. (　　)

16 표준원가계산에서 능률차이는 표준가격이 일정한 상태에서 실제사용량과 실제생산량에 허용된 표준사용량의 차이를 말한다. (　　)

17 선입선출법에 의한 당기완성품환산량 단위당 원가는 당기투입원가에서 기초재공품원가를 차감하여 계산한다. (　　)

18 개별원가계산과 종합원가계산에서 기초재공품이 있다면 선입선출법, 평균법과 같은 원가흐름의 가정이 필요하다. (　　)

19 종합원가계산에서 기초재공품이 없다면, 선입선출법에 의한 제품제조원가와 평균법에 의한 제품제조원가는 동일하다. (　　)

20 종합원가계산에서 제조원가보고서는 물량의 흐름 파악, 완성품환산량 계산, 원가요소별 배분대상 원가 파악, 완성품환산량 단위당 원가 계산, 완성품 원가와 기말재공품 원가 계산의 5단계로 이루어진다. (　　)

정답과 해설 11 O 12 O 13 × 14 × 15 O 16 O 17 × 18 × 19 O 20 O

13 고정제조간접비 총차이는 고정제조간접비 소비차이와 조업도차이로 나눌 수 있다.
14 재료소비량의 증가는 수량차이의 발생 원인이다.
17 선입선출법에 의한 당기완성품환산량 단위당 원가는 당기투입원가만을 고려하여 계산한다.
18 개별원가계산에서는 원가흐름의 가정이 필요 없다.

제 7 장 실전예상문제

checkpoint 해설 & 정답

01 기초원가와 가공원가에 모두 포함되는 원가는 직접노무원가이다.

02 추적가능성에 따른 분류 - 직접원가, 간접원가

03 재고자산의 형태로 존재하다가 판매되는 시점에 매출원가로 비용화 되는 제품원가이다.

정답 01 ② 02 ④ 03 ③

01 기초원가와 가공원가에 모두 포함되는 원가는 무엇인가?

① 직접재료원가
② 직접노무원가
③ 변동제조간접원가
④ 고정제조간접원가

02 원가의 분류 방법과 그 내용이 잘못 연결된 것은?

① 원가요소에 따른 분류 - 재료비, 노무비, 제조경비
② 원가행태에 따른 분류 - 변동원가, 고정원가
③ 자산화 여부에 따른 분류 - 제품원가, 기간원가
④ 추적가능성에 따른 분류 - 통제가능원가, 통제불능원가

03 제조원가에 대한 설명이 잘못된 것은?

① 기계감가상각비, 공장건물의 임차료 및 사무실운영비, 재료매입운임 등이 있다.
② 원재료원가와 노무원가를 포함한다.
③ 판매시점에 당기 비용으로 처리되는 기간원가이다.
④ 제조활동과 관련되어 발생하는 원가이다.

해설 & 정답 checkpoint

04 당기의 원재료매입액이 ₩11,000이고, 기말의 원재료재고액이 기초보다 ₩2,000이 증가하였다면 당기의 재료원가는 얼마인가?

① ₩7,000
② ₩9,000
③ ₩11,000
④ ₩13,000

05 A사는 1월 중에 제품의 생산과 관련하여 기초원가 ₩35,000, 가공원가 ₩20,000, 간접재료비 ₩5,000, 공장건물 감가상각비 ₩5,000, 생산관리직 급여 ₩6,000이 발생하였다. 당기총제조원가는 얼마인가?

① ₩39,000
② ₩45,000
③ ₩50,000
④ ₩51,000

06 다음 자료를 이용하여 매출원가를 바르게 계산한 것은?

• 기초 원재료 재고액	₩10,000	• 기초 재공품 재고	₩5,000
• 당기 원재료 매입액	₩9,000	• 기말 재공품 재고	₩1,000
• 기말 원재료 재고액	₩3,000	• 기초 제품 재고	₩20,000
• 직접노무원가	₩40,000	• 기말 제품 재고	₩45,000
• 제조간접원가	₩22,000		

① ₩57,000
② ₩75,000
③ ₩78,000
④ ₩82,000

04 재료원가: 기초재고액 + ₩11,000
− (기초재고액 + ₩2,000)
= ₩9,000

05 • 제조간접원가: ₩5,000 + ₩5,000 + ₩6,000 = ₩16,000
• 당기총제조원가 = 기초원가 + 제조간접원가
= ₩35,000 + ₩16,000
= ₩51,000

06 • 원재료 사용액: ₩10,000 + ₩9,000 −₩3,000 = ₩16,000
• 당기총제조원가: ₩16,000 + ₩40,000 + ₩22,000 = ₩78,000
• 당기제품제조원가: ₩5,000 + ₩78,000−₩1,000 = ₩82,000
• 매출원가: ₩20,000 + ₩82,000 −₩45,000 = ₩57,000

정답 04 ② 05 ④ 06 ①

안심Touch

checkpoint 해설 & 정답

07 매출원가는 제조원가명세서에 포함되지 않는 항목이다.

08 투자자에게 보고하는 연결재무제표는 재무회계의 목적이다.

09 전부원가계산은 생산량으로 이익의 조절이 가능하여 재고과잉을 초래할 유인을 가진다.

정답 07 ② 08 ③ 09 ①

07 제조원가명세서에 포함되지 않는 항목은?

① 당기제품제조원가
② 매출원가
③ 당기제조경비
④ 당기재료원가

08 원가회계의 목적을 위하여 작성된 보고서로 거리가 먼 것은?

① 공장의 월간 제조원가내역
② 합작투자회사의 수익, 비용, 이익에 대한 10년간 예측보고서
③ 투자자에게 보고하는 연결재무제표
④ 수익성에 근거하여 보너스를 받는 공장책임자의 제품 수익성 보고서

09 전부원가계산과 변동원가계산에 대한 설명으로 잘못된 것은?

① 전부원가계산은 재고최소화로 판매기회가 상실될 가능성이 있다.
② 전부원가계산은 기간손익이 재고수준의 변동에 영향을 받는다.
③ 기말재고량이 증가할 경우 전부원가계산 영업이익이 변동원가계산보다 크다.
④ 변동원가계산은 생산량이 이익에 영향을 미치지 않아 판매에 집중하도록 유도한다.

10 B사는 금년 1월에 영업을 개시하여 A제품을 당기에 1,000단위를 생산하여 900단위를 판매하였다. 제품단위당 판매가격은 ₩500이며, 원가자료는 다음과 같다. 변동원가계산 하에서 영업이익은 얼마인가?

• 직접재료원가	₩130/단위	• 고정제조간접원가	₩100,000
• 직접노무원가	₩70/단위	• 변동판매관리비	₩40/단위
• 변동제조간접원가	₩10/단위	• 고정판매관리비	₩60,000

① ₩65,000
② ₩90,000
③ ₩110,000
④ ₩125,000

11 C사는 당기에 영업을 개시하여 A제품을 당기에 10,000단위를 생산하여 6,000단위를 판매하였다. 제품단위당 판매가격은 ₩40이며, 원가자료는 다음과 같다. 변동원가계산 하에서 공헌이익은 얼마인가?

• 직접재료원가	₩10/단위	• 고정제조간접원가	₩120,000
• 직접노무원가	₩6/단위	• 변동판매관리비	₩5/단위
• 변동제조간접원가	₩3/단위	• 고정판매관리비	₩60,000

① ₩6,000
② ₩54,000
③ ₩96,000
④ ₩126,000

해설 & 정답 checkpoint

10 • 제품단위당 변동비 : ₩130 + ₩70 + ₩10 + ₩40 = ₩250
• 총고정비 : ₩100,000 + ₩60,000 = ₩160,000
• 영업이익 : (₩500－₩250)×900단위－₩160,000 = ₩65,000

11 변동원가계산 공헌이익
= 매출액－변동원가
= (단위당 판매가격 －단위당변동원가)×판매량
[₩40－(₩10 + ₩6 + ₩3 + ₩5)]×6,000단위 = ₩96,000

정답 10 ① 11 ③

checkpoint 해설 & 정답

12 표준원가계산은 실제산출량만 파악되면 신속·간편하게 제품원가계산이 가능하다.

13 원가차이의 조정방법에는 원가차이가 원가성이 인정되는 매출원가조정법과 비례배분법, 원가성이 인정되지 않는 영업외손익법이 있다. 매출원가조정법은 원가차이를 매출원가에서 가감하는 방법이고, 비례배분법은 원가차이를 기말재고자산과 매출원가계정의 상대적 비율에 따라 비례하여 배분하는 방법이다. 영업외손익법은 원가차이가 일상적인 영업활동과 관계없이 비정상적인 사건에 의하여 발생한 경우 원가차이를 영업외손익으로 처리한다.

14 제조간접원가의 배부기준은 직접노무비, 생산수량, 기계작업시간 등 제조간접원가와 논리적인 인과관계가 있는 기준을 이용한다.

정답 12 ① 13 ④ 14 ③

12 실제원가계산에 관련한 설명으로 잘못된 것은?

① 실제산출량만 파악되면 신속하고, 간편하게 제품원가계산이 가능하다.
② 조업도에 따라 제품의 단위당 제조원가가 달라진다.
③ 외부보고 목적의 재무제표를 작성할 때 반드시 사용해야 한다.
④ 결산 후 모든 원가는 실제 발생한 원가를 기준으로 제품원가를 계산한다.

13 표준원가에 대한 설명으로 잘못된 것은?

① 원가발생의 예외를 관리하여 통제하기에 적절한 원가계산방법이다.
② 원가흐름의 가정이 필요 없다.
③ 종합원가계산제도에서 적용가능하다.
④ 원가차이 발생 시 기업회계기준에서 원가성이 있다고 인정되면 이를 기말재고에 배부한다.

14 제조부문에서 발생한 제조간접원가를 배부하기 위한 조업도의 측정기준으로 적절하지 않은 것은?

① 직접노무원가
② 생산수량
③ 예산기간
④ 기계작업시간

15 표준원가계산을 적용하는 D사의 당기 중 재료원가에 대한 원가자료는 다음과 같다. 직접재료원가 능률(수량)차이는 얼마인가?

• 제품 예상생산량	760개	• 제품 1개당 표준수량	2kg
• 제품 실제생산량	850개	• 직접재료원가 표준가격	₩72/kg
• 직접재료원가 실제가격	₩75/kg	• 직접재료원가 가격차이(불리)	₩4,800

① ₩5,760 유리한 차이
② ₩5,760 불리한 차이
③ ₩7,200 유리한 차이
④ ₩7,200 불리한 차이

16 다음 중 개별원가계산에 관련된 설명이 아닌 것은?

① 개별작업별로 구분하여 작업원가표를 작성한다.
② 다품종소량생산에 적합하다.
③ 제조간접원가의 제품별 직접 추적이 가능하다.
④ 시장생산형태보다 주문생산형태에 적합하다.

해설 & 정답 checkpoint

15 • 가격차이 : 실제수량×(₩75−₩72) = ₩4,800, 실제수량 = 1,600kg
• 수량차이 : (1,600kg−850개×2kg) ×₩72 = −₩7,200
∴ 따라서 ₩7,200 유리한 차이.

16 개별원가계산은 제품별로 추적이 되지 않는 제조간접원가를 정확하게 배부하는 것이 핵심이다.

정답 15 ③ 16 ③

안심Touch

checkpoint 해설 & 정답

17 • 제조간접원가 배부율 : ₩160,000÷₩200,000 =0.8, 직접노무비의 80%

18 전공정원가는 이전 공정에서 작업이 완료되어 다음 공정으로 넘어온 원가이므로 완성도는 항상 100%이다.

정답 17 ① 18 ②

17 E사는 개별원가계산제도를 채택하고 있다. 작업내용은 전기말 현재 미완성 작업 #1의 총원가는 ₩10,000이 있고, 작업 #2, #3이 새로 시작되었으며, #1과 #2는 완성 후 판매되었다. 당기 중 실제발생 제조간접원가는 ₩160,000이고, 직접노무원가를 기준으로 배부한다. 다음의 원가자료를 이용하여 당기의 매출원가를 바르게 계산한 것은?

항목	#1	#2	#3	합계
직접재료원가		₩30,000	₩50,000	₩80,000
직접노무원가	₩60,000	40,000	100,000	200,000

① ₩210,000
② ₩230,000
③ ₩300,000
④ ₩450,000

• 작업별 원가계산

항목	#1	#2	#3	합계
기초재공품	₩10,000			₩10,000
직접재료원가		₩30,000	₩50,000	₩80,000
직접노무원가	₩60,000	₩40,000	₩100,000	₩200,000
제조간접원가(주1)	₩48,000	₩32,000	₩80,000	₩160,000
총제조원가	₩118,000	₩102,000	₩230,000	₩450,000

(주1) 제조간접원가=직접노무원가×제조간접원가 배부율(0.8)
∴매출원가=₩118,000+₩102,000=₩210,000

18 종합원가계산에서 완성품환산량 계산 시 완성도가 항상 가장 높은 것은?

① 제조간접원가
② 전공정원가
③ 직접재료원가
④ 직접노무원가

19 **개별원가계산과 종합원가계산의 비교설명이 잘못된 것은?**

① 개별원가계산은 직접재료원가와 가공원가, 종합원가계산은 직접제조원가와 제조간접원가로 구분한다.
② 개별원가계산은 다품종 소량주문 생산, 종합원가계산은 소품종 대량연속 생산업종에 적합하다.
③ 개별원가계산은 작업별 작업원가표, 종합원가계산은 공정별 제조원가보고서를 작성한다.
④ 개별원가계산은 제조간접비배부, 종합원가계산은 완성품환산량계산이 핵심이다.

20 **F식품의 당기제조활동에 관한 자료는 다음과 같다. 모든 원가는 전 공정을 통하여 일정하게 발생하고 있다. 평균법에 의한 기말재공품원가는 얼마인가?**

구분	물량단위	발생원가
기초재공품(60%)	200	₩26,000
당기착수		150,000
완성품	500	
기말재공품(50%)	100	

① ₩16,000
② ₩29,000
③ ₩30,000
④ ₩32,000

해설 & 정답 checkpoint

19 • 개별원가계산은 직접제조원가와 제조간접원가, 종합원가계산은 직접재료원가와 가공원가로 구분한다.

20 • 완성품환산량: 500단위 + 100×50% = 550단위
• 완성품환산량 단위당 원가: (₩26,000 + ₩150,000) ÷ 550단위 = ₩320
• 기말재공품원가: ₩320×(100단위×50%) = ₩16,000

정답 19 ① 20 ①

checkpoint 해설 & 정답

주관식 문제

※ 다음 설명에서 빈칸에 들어갈 내용을 쓰시오. [1~5]

01 전부원가계산과 변동원가계산의 차이는 (   )를 제품원가에 포함시킬 것인가 기간비용으로 처리할 것인가이다.

02 표준원가계산의 통제 목적은 실제원가와 표준원가의 (①)을 통해 원가통제가 가능하며, 허용한도를 벗어난 차이에 대해 (②)에 유용하다는 것이다.

03 변동제조간접원가 (   )는 실제변동제조간접원가와 실제조업도에 대한 표준변동제조간접원가와의 차이를 나타낸다.

01
정답 고정제조간접원가

02
정답 ① 차이분석,
② 예외에 의한 원가관리

03
정답 소비차이

04 개별 작업별로 작성되는 (①)에 원가를 집계하는 개별원가계산과 달리 종합원가계산에서는 제조공정별로 (②)를 작성한다.

05 종합원가계산에서 직접재료원가와 가공원가는 공정에 투입되는 시점이 각각 다르므로 원가요소별로 완성도를 파악하고 (   )을 계산한다.

해설 & 정답 checkpoint

04
정답 ① 작업원가표
② 제조원가보고서

05
정답 완성품환산량

checkpoint 해설 & 정답

06
정답 [문제 하단의 표 참고]

06 다음 자료에 의하여 원가구성도를 완성하고자 할 때 제조간접원가, 제조원가, 판매비와 관리비, 판매가격을 차례로 구하시오.

- 직접재료원가 ₩100,000
- 직접노무원가 ₩80,000
- 직접제조경비 ₩70,000
- 제조간접원가는 직접원가의 20%
- 판매비와 관리비는 판매원가의 40%
- 판매이익은 판매원가의 10%

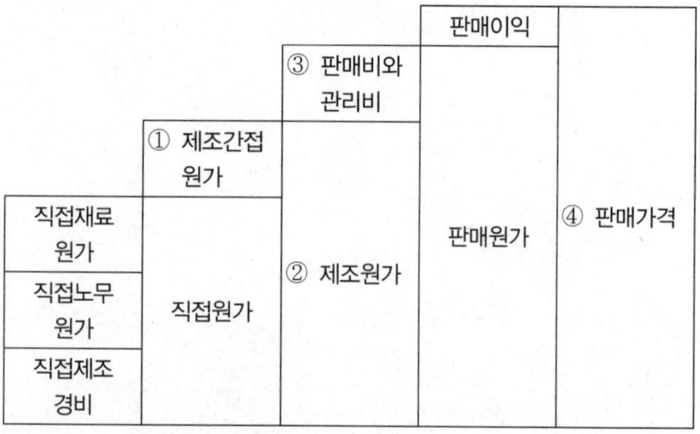

해설 & 정답 checkpoint

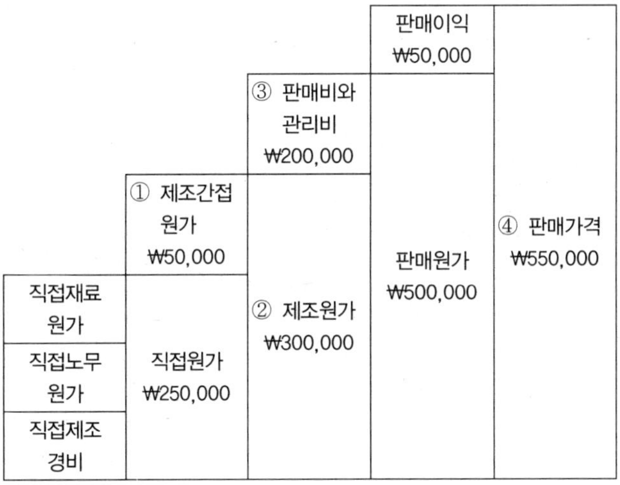

① 제조간접원가 : ₩250,000×20%=₩50,000
② 제조원가 : ₩50,000+₩250,000=₩300,000
③ 판매비와 관리비 : (₩300,000+판매비와 관리비)×40%, 판매비와 관리비 =₩200,000
④ 판매가격 : ₩500,000×1.1=₩550,000

07 원가회계의 목적을 세 가지로 요약하여 서술하시오.

07

정답 원가회계는 재무제표작성에 필요한 제품원가계산의 목적, 경영자의 원가관리 및 통제의 목적, 경영자의 의사결정과 성과평가 목적이 있다.

checkpoint 해설 & 정답

08

정답 표준원가계산제도 첫째, 경영계획 시 의사결정에 이용하거나 예산수립을 위한 기초자료를 제공하여 제공 경영계획 목적에 유용하다. 둘째, 원가흐름의 가정이 필요 없고 실제산출량만 파악되면 신속·간편하게 제품원가계산이 가능하여 제품원가계산 목적에 유용하다. 셋째, 효율적인 원가관리의 통제가 가능하여 허용한 도를 벗어난 차이에 대해 예외에 의한 원가관리 및 책임별 원가 관리가 가능하여 통제 목적에 유용하다.

08 표준원가계산제도의 유용성에 대해 3가지 이상 서술하시오.

고득점으로 대비하는 가장 똑똑한 수험서!

제 8 장

원가 – 조업도 – 이익분석

제1절 원가의 유형과 추정

제2절 원가 – 조업도 – 이익분석의 개념

제3절 손익분기점 분석

제4절 매출배합의 개념

실전예상문제

제 8 장 원가 - 조업도 - 이익분석

제 1 절 원가의 유형과 추정

1 원가의 유형

원가행동이란 원가동인의 변화에 따라 관련되는 원가가 반응하는 모양을 말한다. 조업도의 변화에 따라 원가의 변화 양상을 크게 변동원가와 고정원가 두 부류로 분류할 수 있다.

(1) 변동원가

변동원가는 조업도의 변화에 따라 직접 비례하여 증감하는 원가이다.

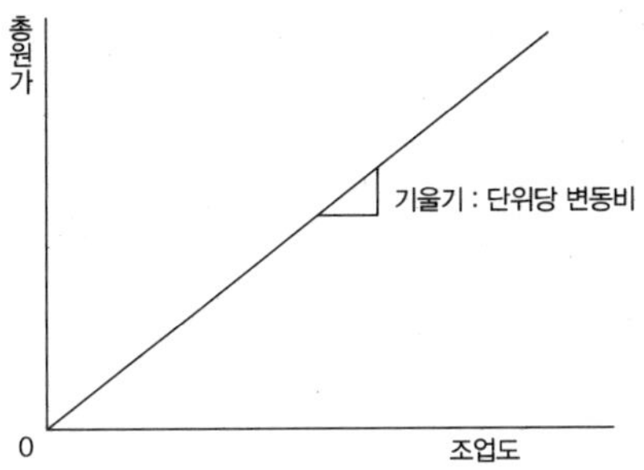

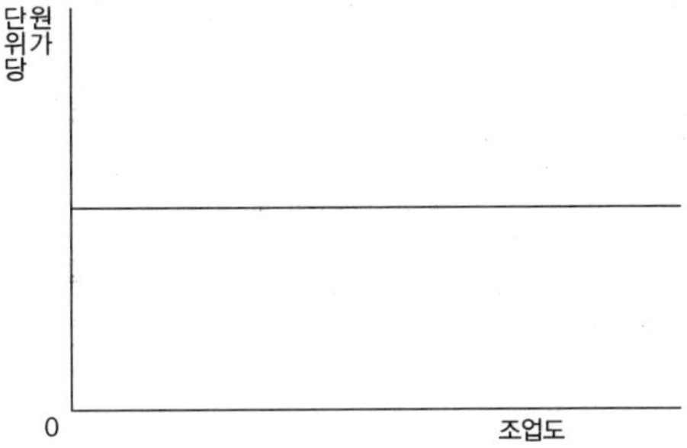

⇒ 조업도 증가시 : 총변동원가 – 정비례 단위당변동원가 – 일정

(2) 고정원가

조업도의 변동에 관계없이 총원가가 일정하게 발생하는 원가이다.

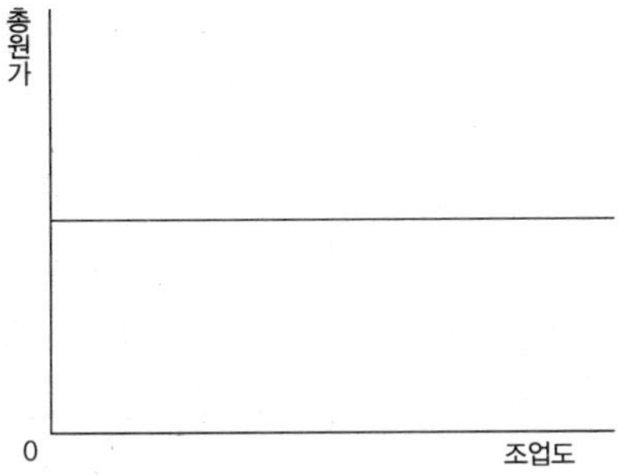

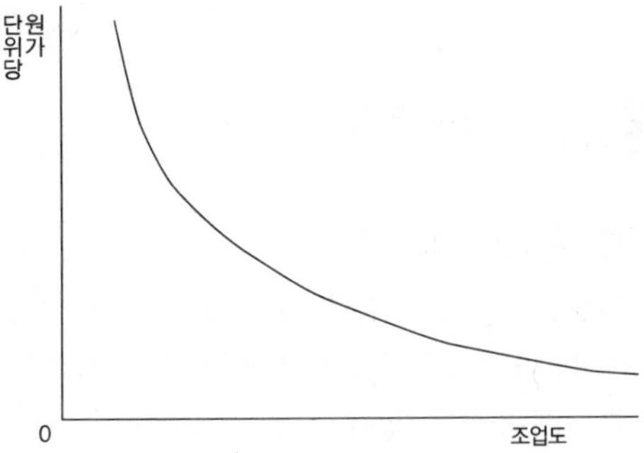

⇒ 조업도 증가시 : 총고정원가 – 일정 단위당고정원가 – 감소

(3) 준변동원가(혼합원가)

변동원가와 고정원가 두 요소를 모두 포함하고 있는 원가이다.

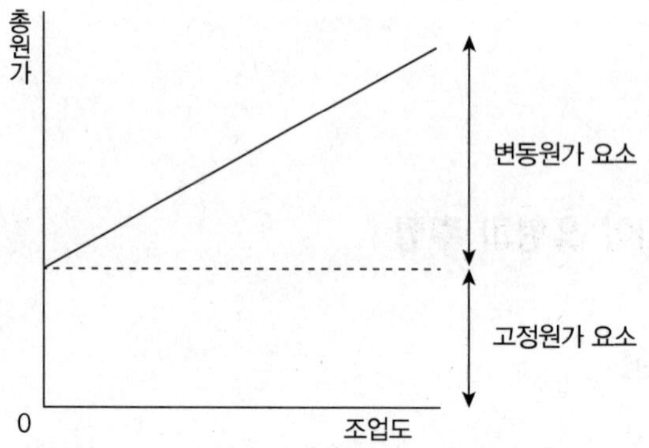

(4) 준고정원가(계단원가) : 일정한 범위의 조업도 내에서는 일정하지만 그 범위를 벗어나면 총원가가 계단식으로 증가하는 형태를 보이는 원가이다.

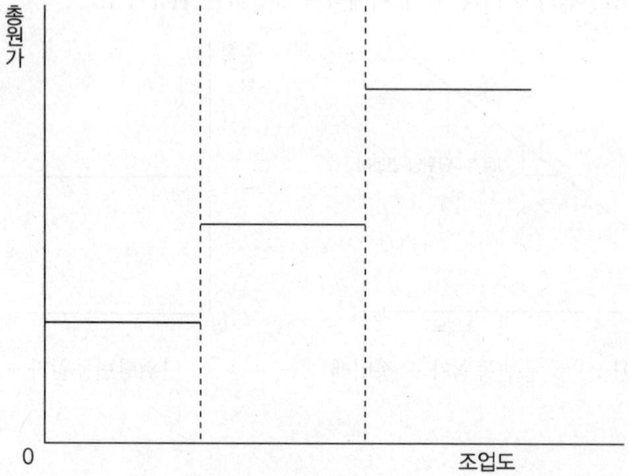

2 원가의 추정

(1) 원가추정의 의의

원가추정은 조업도(독립변수)와 원가(종속변수)사이의 관계를 규명하는 것이다. 원가추정의 목적은 회계자료나 작업측정으로 미래원가를 추정하여 경영자의 계획과 통제 및 특수한 의사결정에 유용한 정보를 제공하는 데 있다.

(2) 원가추정의 가정 및 원가함수 중요도 상중**하**

① **원가추정의 가정**

㉠ 총원가의 변화는 하나의 독립변수(조업도)에 의해 발생한다. 실제 원가에 영향을 미치는 요인은 조업도 이외에도 생산요소의 가격변화, 제조기술의 변화 등이 있으나 이들 요인은 일정하다고 가정한다.

㉡ 원가행태는 관련범위 내에서 선형원가함수로 표시할 수 있다.

② **원가함수** : 원가추정의 가정에 따라 총원가의 행태를 함수로 표시한 것을 원가함수라 한다.

> 추정총원가 = 추정고정원가 + 추정단위당변동원가 × 조업도

조업도(독립변수)는 생산량, 판매량, 직접노동시간 등 원가의 발생과 논리적인 인과관계가 있는 요인이며, 추정총원가는 실제원가와 일치하지 않을 수도 있으므로 유의해야 한다.

(3) 원가추정의 방법 중요도 상중**하**

원가를 추정하는 방법은 경제적 타당성과 적합도를 고려하여 선택해야 한다.

① **고저점법** : 혼합원가를 분석할 때 사용되는 고저점법은 관련범위 내에서 최고조업도와 최저조업도에 관한 원가자료를 이용하여 원가함수를 추정한다.

> • 단위당 변동원가 = $\dfrac{\text{최고조업도의 총원가} - \text{최저조업도의 총원가}}{\text{최고조업도} - \text{최저조업도}}$
>
> • 총고정비 = 최고(저)조업도의총원가−(단위당변동원가×최고(저)조업도)

② **산포도법** : 과거의 조업도와 발생 원가들을 점으로 표시한 후 전문적 판단에 따라 이러한 점들을 대표하는 원가추정선으로 원가함수를 추정한다. 원가추정선의 기울기는 단위당 변동비, Y축과 만나는 점은 총고정비를 뜻한다.

③ **회귀분석법** : 하나 또는 둘 이상 독립변수의 변화에 따른 종속변수의 평균적 변화량을 측정하는 통계적 기법을 이용하여 원가함수를 추정한다. 하나의 독립변수인 경우 단순회귀분석이라 하고, 여러 개의 독립변수인 경우 다중회귀분석이라 한다. 단순회귀분석에서는 최소제곱법에 의하여 관찰된 표본자료의 평균선을 구하는데 최소제곱법이란 실제원가와 추정총원가의 차이를 제곱한 값의 합계를 최소화하는 추정고정원가와 추정단위당 변동원가를 구하는 방법이다.

④ **공학적 방법** : 과거의 원가자료를 이용하지 않고 생산방식, 원재료명세, 필요 노동력, 생산능률, 필요 기계장치 등에 대한 평가를 근거로 투입과 산출 사이의 관계를 계량적으로 분석하여 원가함수 추정한다.

⑤ **계정분석법** : 계정에 기록된 원가를 분석자의 전문적인 판단에 따라 변동비와 고정비로 분석하여 원가함수를 추정한다.

원가추정방법별 장단점을 비교하면 다음과 같다.

구분	장점	단점
고저점법	• 추정이 쉽고 객관적 • 관찰 자료가 적어도 추정 가능	• 비정상적인 고점이나 저점이 존재하면 추정의 정확성 감소 • 고점·저점 이외의 자료는 고려되지 않음
산포도법	• 비정상적인 상황이 추정에서 배제됨 • 많은 자료를 고려할 수 있음	원가함수 추정에 주관이 개입
회귀분석법	• 이용가능한 모든 자료 사용 가능 • 다양한 독립변수 고려가능 • 객관적인 원가함수 추정	• 계산이 복잡하고 어려움 • 통계적 가정이 충족되지 않으면 추정이 부정확
공학적 방법	• 과거 원가자료 불필요 • 정확한 원가추정 가능	• 많은 시간과 비용 소요 • 투입과 산출의 관계를 계량화하기 어려운 원가는 추정 어려움
계정분석법	• 전문적 판단 가능 • 자료 입수 쉬움	• 판단에 주관이 개입 • 비정상적이거나 비효율적인 상황이 추정에 반영됨

3 학습곡선

학습곡선이란 학습효과로 인해 단위당 노동시간이 체계적으로 감소하는 것을 반영한 비선형의 원가함수이다. 학습효과의 발생원인은 반복작업에 의한 숙련도의 향상에 따른 노동생산성 증가, 규모의 경제 등이 있으며, 직접노무원가 또는 이와 관련된 제조간접원가가 학습효과의 영향을 받기 쉽다.

(1) 누적평균시간 학습곡선모형

누적생산량이 2배가 될 때마다 단위당 누적평균노동시간(총누적시간÷누적생산량)이 일정한 비율로 감소하는 모형이다. 예를 들어 학습률이 90%인 경우 누적생산량이 1, 2, 4단위로 2배가 될 때마다 단위당 누적평균노동시간이 100시간, 90시간, 81시간으로 이전의 90% 수준으로 감소한다.

(2) 증분단위시간 학습곡선모형

누적생산량이 2배가 될 때마다 증분단위시간(마지막 한 단위를 생산하는 데 필요한 시간)이 일정한 비율로 감소하는 모형이다.

제 2 절 원가-조업도-이익분석의 개념

1 CVP분석의 기초

(1) CVP분석의 의의

원가-조업도-이익분석(CVP : Cost-Volume-Profit analysis)은 조업도의 변동이 원가, 수익, 이익에 미치는 영향을 분석하는 기법이다. 손익분기점매출액, 일정 매출액을 달성하기 위하여 소요되는 원가총액과 손익, 목표이익 달성을 위한 조업도, 판매가격이 기업이익에 미치는 영향 등 경영관리목적에 유용한 정보를 제공한다.

(2) CVP분석의 목적

① 이익계획의 설정 및 예산편성과 같은 경영계획을 수립하는데 주로 이용된다.
② 특별주문의 수락이나 거절, 부품의 자가제조나 외부구입 등 단기적 의사결정에 유용하다.
③ 기업 전체나 일부의 경영성과나 업적을 평가하는데 유용하다.

(3) CVP분석의 가정 중요도 상중하

① 모든 원가는 변동원가와 고정원가로 분류할 수 있다.
② 수익과 원가의 행태는 결정되어 있고, 관련범위 내에서 선형이다. 이는 관련범위 내에서 단위당 판매가격, 단위당 변동원가, 총고정원가가 일정하다는 의미이고, 단위당 변동원가가 일정하다는 것은 생산요소의 가격 및 생산성(능률)이 일정하다는 가정이 포함된다.
③ 단일제품만 판매하거나 만약 복수제품일 경우는 매출배합이 일정하다.
④ 재고수준이 항상 일정하다. 즉, 생산량과 판매량은 일치한다.
⑤ 조업도만이 원가에 영향을 미치는 유일한 독립변수이다.
⑥ 화폐의 시간가치를 고려하지 않는다.

2 CVP분석의 기본개념

(1) 공헌이익(Total Contribution Margin) 중요도 상중하

공헌이익은 매출액에서 변동비를 차감한 금액으로 매출액에서 고정비를 회수하고 이익을 획득하는데 공헌할 수 있는 금액이다. 그리고 단위당 공헌이익(Unit contribution margin)은 단위당 판매가격에서 단위당 변동비를 차감한 금액으로 제품 한 단위를 판매하는 것이 고정비를 회수하고 이익을 획득하는데 얼마나 공헌하는가를 나타내는 금액이다.

- 공헌이익 = 매출액 − 변동비 = 고정비 + 이익
- 단위당공헌이익 = 단위당판매가격 − 단위당변동비

(2) 공헌이익률(Contribution Margin Ratio) 중요도 상중하

공헌이익률은 매출액 대비 공헌이익의 비율로서 매출액 중 몇 %가 고정비의 회수 및 이익창출에 공헌하였는가를 나타낸다. 변동비율은 매출액 중 변동비가 차지하는 비중을 나타낸다. 따라서 공헌이익률과 변동비율을 합하면 1이 된다.

- $\text{공헌이익률} = \dfrac{\text{공헌이익}}{\text{매출액}} = \dfrac{\text{단위당 공헌이익}}{\text{단위당 판매가격}}$
- $\text{변동비율} = \dfrac{\text{변동비}}{\text{매출액}} = \dfrac{\text{단위당 변동비}}{\text{단위당 판매가격}}$
- 공헌이익률 + 변동비율 = 1

제 3 절 손익분기점 분석 중요도 상중하

1 손익분기분석

손익분기분석이란 손익분기점을 찾아내는 분석기법이다. 여기서 손익분기점(BEP : Break-Even Point)은 수익과 비용이 일치하여 이익이 0이 되는 판매량이나 매출액을 말한다. 즉 손익분기점에서는 이익이 0이 되어 공헌이익과 고정원가가 일치한다.

(1) 등식법

CVP분석의 기본등식을 이용하여 이익을 0으로 놓고 손익분기점을 계산하는 방법이다.

- 매출액 = 변동원가 + 고정원가
- 매출액 = 매출액 × 변동비율 + 고정원가
- 판매량 × 단위당판매가격 = 판매량 × 단위당변동원가 + 고정원가

(2) 공헌이익법

공헌이익과 고정원가가 일치하는 판매량이나 매출액을 계산하는 방법이다.

- 공헌이익 = 고정원가
- 매출액 × 공헌이익률 = 고정비 → 손익분기점의 매출액 = $\frac{\text{고정비}}{\text{공헌이익률}}$
- 판매량 × 단위당 공헌이익 = 고정비 → 손익분기점의 판매량 = $\frac{\text{고정비}}{\text{단위당 공헌이익}}$

2 목표이익분석

CVP분석은 목표이익을 달성하는데 필요한 판매량이나 매출액을 구하는데도 적용가능하다.

(1) 등식법

- 목표매출액 = 변동원가 + 고정원가 + 목표이익
- 목표매출액 = 목표매출액 × 변동비율 + 고정원가 + 목표이익
- 목표판매량 × 단위당판매가격 = 목표판매량×단위당변동원가 + 고정원가 + 목표이익

(2) 공헌이익법

- 공헌이익 = 고정원가 + 목표이익
- 목표매출액 × 공헌이익률 = 고정비 + 목표이익 → 목표매출액 = $\frac{\text{고정비} + \text{목표이익}}{\text{공헌이익률}}$
- 목표판매량 × 단위당 공헌이익 = 고정비 + 목표이익 → 목표매출액 = $\frac{\text{고정비} + \text{목표이익}}{\text{단위당 공헌이익}}$

고정원가의 변동이 없을 경우 영업이익과 공헌이익의 변화량이 같으므로 다음과 같이 정리할 수 있다.

△영업이익 = △공헌이익 = △매출액 × 공헌이익률 = △판매량 × 단위당 공헌이익

3 세금의 역할

(1) 법인세를 고려한 손익분기분석

손익분기점에서는 이익이 0이므로 법인세도 0이 되어 손익분기점은 영향을 받지 않는다.

(2) 법인세를 고려한 목표이익분석

영업외손익 및 특별손익이 없다고 가정하고 법인세를 고려한다면 영업이익과 세전이익은 동일하므로 다음과 같이 정리할 수 있다.

- 공헌이익 = 고정원가 + 세전목표이익
- 세전목표이익 = $\dfrac{\text{세후목표이익}}{1-\text{세율}}$
- 목표매출액 × 공헌이익률 = 고정원가 + $\dfrac{\text{세후목표이익}}{1-\text{세율}}$
- 목표판매량 × 단위당 공헌이익 = 고정원가 + $\dfrac{\text{세후목표이익}}{1-\text{세율}}$

4 안전한계

(1) 안전한계(Margin of Safety)

안전한계는 실제 또는 예상매출액이 손익분기점의 매출액을 초과하는 금액을 말한다. 즉, 손실을 발생시키지 않으면서 허용할 수 있는 매출액의 최대감소액을 의미하므로 기업안전성의 지표로 사용되며 안전한계가 클수록 안전성이 높다고 할 수 있다.

안전한계매출액(판매량) = 매출액(판매량) − 손익분기점매출액(판매량)

(2) 안전한계율(Margin of Safety Ratio)

안전한계율은 매출액에 대한 안전한계의 비율로서 매출액 중 안전한계 매출액이 몇 %를 차지하는지를 나타내는 것이다.

$$안전한계율 = \frac{안전한계매출액(판매량)}{매출액(판매량)} = \frac{매출액(판매량) - 손익분기점\ 매출액(판매량)}{매출액(판매량)}$$

$$= \frac{공헌이익 - 손익분기점\ 공헌이익(고정원가)}{공헌이익} = \frac{영업이익}{공헌이익}$$

매출액(판매량)이 손익분기점을 초과할 경우 이익이 발생하는데 손익분기점에서 고정비가 회수되므로 이익은 안전한계에서 발생한다.

영업이익 = 안전한계매출액×공헌이익률 = 안전한계판매량×단위당공헌이익

5 원가구조

원가구조란 변동원가와 고정원가의 상대적인 구성비율이다. 변동원가의 비중이 높을 경우 공헌이익률이 낮아 매출의 증감에 따른 영업이익의 변동폭이 좁다. 반대로 고정원가의 비중이 높을 경우 공헌이익률이 높아 매출의 증가에 따른 영업이익의 변동폭이 크다.

6 영업레버리지분석

(1) 영업레버리지

레버리지란 작은 힘으로 큰 물체를 움직일 수 있는 지레장치를 뜻하고, 경영학적 의미로는 매출액의 작은 증가로 이익이 크게 증가하는 현상을 의미한다. 영업레버리지는 고정원가의 지렛대 역할로 인해 매출액변화율보다 영업이익의 변화율이 크게 나타나는 현상이다. 즉, 고정원가의 비중이 상대적으로 큰 기업이 영업레버리지가 크며 반대로 고정원가의 비중이 작은 기업은 영업레버리지가 작다.

(2) 영업레버리지도(DOL : Degree of Operation Leverage)

영업레버리지도는 매출액의 변화율에 대한 영업이익의 변화율로 계산된다. 영업레버리지도가 3이라는 것은 현재의 수준에서 매출액이 1% 변화할 때 영업이익은 3%변화함을 의미한다.

- 영업레버리지도 = $\dfrac{\text{영업이익의 변화율}}{\text{매출액의 변화율}}$

$$= \frac{\text{매출액}}{\text{영업이익}} \times \text{공헌이익률} = \frac{\text{공헌이익}}{\text{영업이익}} = \frac{1}{\text{안전한계율}}$$

- 영업이익증가율(%) = 매출액증가율(%) × 영업레버리지도

① 영업레버리지도가 클수록 매출액의 변화율보다 영업이익의 변화율이 더 커진다.

② 한 기업의 영업레버리지도는 손익분기점에서 가장 크다. 이는 손익분기점부근에서는 영업이익이 매우 작기 때문이다.

③ 한 기업의 매출액이 증가함에 따라 영업레버리지도는 점차 감소한다. 매출액이 증가함에 따라 변동원가는 증가하지만, 고정원가는 일정하므로 고정원가의 비중이 점점 작아지기 때문이다.

제 4 절 매출배합의 개념

1 매출배합

매출배합이란 제품들의 총 판매량 중에서 각 제품의 판매량이 차지하는 상대적 비율이고, 매출액구성비는 총매출액에서 각 제품의 매출액이 차지하는 상대적인 비율이다. CVP분석에서는 매출배합이 일정하다고 가정한다. 그러나 현실적으로는 소비자의 기호, 시장점유율과 같은 요인들의 변화로 매출배합도 변하는 것이 일반적이다. 다양한 매출배합 중 이익을 극대화하는 최적의 매출배합은 판매량이 일정할 경우 단위당 공헌이익이 큰 제품을 판매하고 매출액이 일정할 경우 공헌이익률이 큰 제품을 판매하는 것이다.

2 복수제품의 CVP분석 중요도 상중하

복수제품인 경우 매출배합이 일정하다는 가정 하에 단일제품의 손익분기분석을 변형하여 복수제품의 손익분기점을 구한다.

(1) 등식법

- $\sum$매출액 = $\sum$(매출액 × 변동비율) + 고정원가
- $\sum$(판매량 × 단위당판매가격) = $\sum$(판매량 × 단위당변동원가) + 고정원가

(2) 가중평균공헌이익법

- 가중평균공헌이익률 = $\frac{\text{총공헌이익}}{\text{총매출액}}$ → 손익분기점 총매출액 = $\frac{\text{고정비}}{\text{가중평균공헌이익률}}$
- 단위당 가중평균공헌이익 = $\frac{\text{총공헌이익}}{\text{총판매량}}$ → 손익분기점 판매량 = $\frac{\text{고정비}}{\text{단위당 가중평균공헌이익}}$

(3) 꾸러미법

가중평균공헌이익법을 변형한 것인데, 매출배합에 따라 각 제품을 하나의 꾸러미로 묶어 판매한다고 가정하고, 꾸러미 단위당 공헌이익이나 꾸러미 공헌이익률을 이용하여 손익분기점을 구한다.

제8장

OX로 점검하자

※ 다음 지문의 내용이 맞으면 O, 틀리면 ×를 체크하시오. [1~15]

01 조업도의 증가에 따라 총변동원가와 단위당변동원가는 비례하여 증가한다. (　　)

02 계정분석법은 계정에 기록된 원가를 분석자의 전문적인 판단에 따라 변동비와 고정비로 분석하여 원가함수를 추정한다. (　　)

03 최소제곱법은 비정상적인 관찰치는 분석에서 제외하고 정상적인 관찰치가 모두 이용되므로 이론적으로 우월하고 객관적이다. (　　)

04 학습곡선이란 학습효과로 인해 단위당 노동시간이 체계적으로 감소하는 것을 반영한 비선형의 원가함수이다. (　　)

05 증분단위시간 학습곡선모형 누적생산량이 2배가 될 때마다 단위당 누적평균노동시간이 일정한 비율로 감소하는 모형이다. (　　)

06 CVP분석에서는 원가구조가 일정한 것으로 가정하지만 장기적으로는 관리자의 의도에 따라 변동될 수 있다. (　　)

07 CVP분석에서는 조업도, 생산요소의 가격변화, 제조기술의 변화, 작업능률 등의 요인이 원가에 영향을 미친다고 가정한다.(　　)

08 공헌이익은 매출액에서 변동비를 회수하고 이익을 획득하는데 공헌할 수 있는 금액이다. (　　)

09 학습곡선은 한 기업의 자료를 시간의 경과에 따라 분석하는 시계열분석의 한 형태이므로 여러 기업의 자료를 일정시점에 동시에 분석하는 횡단면분석과 관련된 자료에는 이용될 수 없다. (　　)

정답과 해설 01 × 02 O 03 O 04 O 05 × 06 O 07 × 08 × 09 O

01 변동원가는 조업도의 변화에 직접 비례하므로 단위당변동원가는 일정하다.

05 누적평균시간 학습곡선모형 누적생산량이 2배가 될 때마다 단위당 누적평균노동시간이 일정한 비율로 감소하는 모형이다.

07 CVP분석에서는 조업도만이 원가에 영향을 미치는 유일한 독립변수라고 가정한다.

08 공헌이익은 매출액에서 고정비를 회수하고 이익을 획득하는데 공헌할 수 있는 금액이다.

10 법인세를 고려하더라도 손익분기점은 아무 영향을 받지 않는다. (   )

11 고정원가의 비중이 높을 경우 공헌이익률이 높아 매출의 증가에 따른 영업이익의 변동폭이 크다. (   )

12 안전한계율이 작은 기업일수록 안전성이 높다고 할 수 있다. (   )

13 영업레버리지도는 매출액의 변화율에 대한 공헌이익의 변화율로 계산된다. (   )

14 한 기업의 영업레버리지도는 손익분기점에서 가장 작다. (   )

15 매출배합이란 제품들의 총 판매량 중에서 각 제품의 판매량이 차지하는 상대적 비율이다. (   )

정답과 해설 10 O 11 O 12 × 13 × 14 × 15 O

12 안전한계율이 작은 기업은 불황으로 매출액이 조금만 감소하여도 곧 손실이 발생하게 되므로 안전성이 낮다.
13 영업레버리지도는 매출액의 변화율에 대한 영업이익의 변화율로 계산된다.
14 한 기업의 영업레버리지도는 손익분기점부근에서는 영업이익이 매우 작기 때문에 손익분기점에서 가장 크다.

안심Touch

제 8 장 실전예상문제

checkpoint 해설 & 정답

01 제품생산 공장에 대한 화재보험료는 고정원가이다.

02 고저점법은 관련범위 내에서 최고조업도와 최저조업도에 관한 원가자료를 이용하여 원가함수를 추정한다.

정답 01 ① 02 ①

01 다음 중 원가행태별 사례로 잘못 제시한 것은?

① 변동원가 – 제품생산 공장에 대한 화재보험료
② 고정원가 – 기계장치에 대한 감가상각비
③ 준변동원가 – 기본요금이 있고 사용량에 비례하여 사용료를 가산하는 전력요금
④ 준고정원가 – 기계운전시간 100시간마다 수선공을 한명씩 증원할 경우 수선공 급여

02 원가추정방법에 대한 설명 중 옳지 않은 것은?

① 고저점법은 관련범위 내에서 최고원가와 최저원가를 이용하여 원가함수를 추정한다.
② 산포도법은 비정상적인 상황으로 인한 이상점이나 통계적 문제점이 있는지를 파악하는데 유용하다.
③ 회귀분석법은 이론적으로 우월하고 객관적이며, 많은 통계자료를 제공한다.
④ 공학적 방법은 원가추정의 정확성이 높으며 과거의 원가자료가 없어도 적용할 수 있다.

해설 & 정답 checkpoint

03 신제품 첫 50단위를 생산하는 데 총 2,500시간이 소요되었다. 이 제품의 생산과 관련하여 80%의 누적평균시간 학습곡선을 적용할 수 있을 것으로 판단된다. 앞으로 추가로 150단위를 더 생산하는데 소요되는 예상시간은 몇 시간인가?

① 3,900시간
② 4,000시간
③ 6,000시간
④ 6,500시간

누적생산량	단위당 누적평균시간	총누적시간
50	50시간	2,500시간(=50×50)
100	40(=50×80%)	
200	32(=40×80%)	6,400(=200×32)

03 150단위 추가생산에 소요되는 예상 노무시간 : 6,400시간-2,500시간=3,900시간
[문제 하단의 표 참고]

04 단위당 판매가격이 ₩40이고, 변동비율이 60%인 제품을 생산·판매하고 있다. 연간 고정비는 ₩40,000일 때 손익분기점 판매량은 얼마인가?

① 1,000개
② 1,667개
③ 2,500개
④ 2,667개

04 손익분기점 판매량 : 판매량×₩40 = 판매량×(₩40×60%)+₩40,000, 판매량=2,500개

05 손익분기점 매출액은 ₩1,000,000, 공헌이익률은 30%라고 한다. 올해의 영업이익이 ₩180,000이라면 올해의 매출액은 얼마인가?

① ₩300,000
② ₩500,000
③ ₩1,300,000
④ ₩1,600,000

05 매출액=변동비+고정비+이익, 매출액=매출액×(1-30%)+₩1,000,000×30%+₩180,000, 매출액=₩1,600,000

정답 03 ① 04 ③ 05 ④

06 변동비는 매출액의 80%이다. 연간 고정비가 ₩60,000일 때 매출액 이익률 10%를 달성하기 위한 매출액은 얼마인가?

① ₩200,000
② ₩300,000
③ ₩600,000
④ ₩660,000

07 G사는 A제품만 생산하고 있으며, 단위당 판매가격은 ₩20이고, 단위당 변동원가는 ₩15이다. 연간 고정원가는 총 ₩40,000이고, 법인세율은 40%이다. 내년의 세후목표이익 ₩54,000을 달성하려고 한다면 A제품을 몇 단위 판매하여야 하는가?

① 26,000단위
② 18,800단위
③ 6,500단위
④ 4,700단위

08 당해연도의 예산을 매출액 ₩200,000, 변동비 ₩150,000, 고정비 ₩35,000로 세웠다. 안전한계율은 얼마인가?

① 25%
② 30%
③ 35%
④ 40%

checkpoint 해설 & 정답

06
$$목표매출액 = \frac{고정비 + 목표이익}{공헌이익률} = \frac{₩60,000 + 목표매출액 \times 10\%}{1 - 80\%} = ₩600,000$$

07
- $목표판매량 \times 단위당\ 공헌이익 = 고정원가 + \frac{세후목표이익}{1 - 세율}$
- $목표판매량 \times (₩20 - ₩15) = ₩40,000 + \frac{₩54,000}{1 - 0.4}$

∴ 목표판매량 = 26,000단위

08
- 손익분기점 매출액 : ₩35,000÷[1−(₩150,000÷₩200,000)] = ₩140,000
- 안전한계율 :

$$\frac{매출액 - 손익분기점\ 매출액}{매출액} = \frac{₩200,000 - ₩140,000}{₩200,000} = 30\%\ 또는\ \frac{영업이익}{공헌이익} = \frac{₩200,000 - ₩150,000 - ₩35,000}{₩200,000 - ₩150,000} = 30\%$$

정답 06 ③ 07 ① 08 ②

해설 & 정답 checkpoint

09 H사의 20×1년 단위당 변동비는 ₩360, 공헌이익률은 40%, 손익분기점 매출액은 ₩120,000이었다. 20×2년에는 전년도보다 제품 50개를 더 많이 판매하려고 한다. 단위당 판매가격과 단위당 변동비가 변하지 않을 때 20×2년에는 제품 50개에 해당하는 매출액의 10%만큼의 목표이익을 달성하고자 한다면 고정비를 추가로 얼마만큼 증가시킬 수 있는가?

① ₩6,000
② ₩7,000
③ ₩9,000
④ ₩12,000

10 I사는 당해연도에 매출액 ₩200,000, 변동비 ₩40,000, 고정비 ₩140,000이었다. 현재수준의 영업레버리지도와 매출액이 현재보다 20% 증가할 경우의 영업이익은 얼마인가?

	영업레버리지도	영업이익
①	10	₩12,000
②	10	₩24,000
③	8	₩32,000
④	8	₩52,000

해설 & 정답

09
- 단위당 판매가격×(1−0.4) = ₩360, 단위당 판매가격 = ₩600
- 손익분기점매출액 = 변동비 + 고정비, ₩600×200개 = ₩360×200개 + 고정비, 고정비 = ₩48,000
- 20×2년 매출액 = 변동비 + 고정비 + 이익, ₩600×250개 = ₩360×250개 + (₩48,000 + 고정비 추가액) + ₩600×50개×10%, 고정비 추가액 = ₩9,000

10
- 영업레버리지도 : $\frac{\text{공헌이익}}{\text{영업이익}}$

$$= \frac{₩200,000 - ₩40,000}{₩200,000 - ₩40,000 - ₩140,000} = 8$$

- 매출액 증가율(%)×영업레버리지도 = 영업이익증가율(%), 20%×8 = 160%
- 영업이익 : ₩20,000×(1 + 1.6) = ₩52,000

정답 09 ③ 10 ④

안심Touch

checkpoint 해설 & 정답

11 • A : B : C = 5 : 2 : 3 이므로, 매출액은 A제품 ₩5x, B제품 ₩2x, C제품 ₩3x이다.
• 총매출액 = 총변동원가 + 총고정원가 + 세전이익,
$₩5x + ₩2x + ₩3x$
$= ₩5x \times \frac{78}{130} + ₩2x \times \frac{105}{150} + ₩3x \times \frac{80}{100} + ₩30,000 + ₩8,400$, x = 12,000
• 목표매출액 :
(₩5 + ₩2 + ₩3)×12,000
= ₩120,000

01
정답 고저점법

정답 11 ③

11 J회사가 생산하고 있는 A, B, C 제품과 관련된 자료는 다음과 같다.

	A 제품	B 제품	C 제품
단위당 판매가격	₩130	₩150	₩100
단위당 변동원가	₩78	₩105	₩80

월간 고정원가는 ₩30,000이다. A, B, C 제품의 매출액 기준 매출구성비가 5 : 2 : 3일 때, ₩8,400의 세전순이익을 달성하기 위하여 필요한 총매출액은 얼마인가?

① ₩93,750
② ₩100,000
③ ₩120,000
④ ₩128,000

주관식 문제

※ 다음 설명에서 빈칸에 들어갈 내용을 쓰시오. [1~4]

01 원가추정의 방법에는 ( ), 산포도법, 회귀분석법, 공학적 방법, 계정분석법이 있다.

해설 & 정답 checkpoint

02 (　　)은 매출액 중 몇 %가 고정원가의 회수 및 이익창출에 공헌하였는가를 나타내는 것으로 매출액에서 공헌이익이 차지하는 비중을 나타낸다.

02
정답 공헌이익률

03 손익분기점에서는 (　　)과 고정원가가 일치하여 이익이 0이 된다.

03
정답 공헌이익

04 원가구조에서 고정원가의 비중이 상대적으로 큰 기업이 공헌이익률이 (①)게 되어 영업레버리지가 (②)고 이익의 안정성은 (③)진다.

04
정답 ① 크, ② 크, ③ 작아

checkpoint 해설 & 정답

05

정답 고저점법은 관련범위 내에서 최고조업도와 최저조업도에 관한 원가자료를 이용하여 원가함수를 추정한다.

- 총고정비 = 최고(저)조업도의총원가−(단위당변동원가×최고(저)조업도)

고저점법의 장점은 추정이 쉽고 객관적이며 관찰 자료가 적어도 추정이 가능하다는 것이고, 단점은 비정상적인 고점이나 저점이 존재하면 추정의 정확성이 감소하고, 고점·저점 이외의 자료는 고려되지 않는다는 것이다.

06

정답 고정원가의 비중이 상대적으로 큰 기업이 영업레버리지가 크며 반대로 고정원가의 비중이 작은 기업은 영업레버리지가 작다. 생산시설의 자동화를 위해 많은 설비투자를 한 기업은 고정원가의 비중이 높아지게 되므로 영업레버리지가 크고, 반대로 노동력에 의존하는 노동집약적 기업은 변동원가의 비중이 크므로 영업레버리지가 작다.

05 원가를 추정하는 방법 중 고저점법의 계산방법과 장단점을 설명하시오.

- 단위당 변동원가 = $\dfrac{\text{최고조업도의 총원가} - \text{최저조업도의 총원가}}{\text{최고조업도} - \text{최저조업도}}$

06 영업레버리지와 생산시설의 자동화의 관계에 대해 설명하시오.

제 9 장

종합예산 및 변동예산

제1절 예산의 본질
제2절 종합예산시스템
제3절 영기준예산 및 증분예산 등
제4절 변동예산
실전예상문제

제9장 종합예산 및 변동예산

제1절 예산의 본질

1 기업계획의 의의

(1) 기업계획

기업계획은 경영자가 자신이 계획한 내용을 종업원과 기타 이해관계자에게 제시하여 공식적으로 표현한 것이다.

(2) 기업계획의 분류

① **전략적 계획** : 최고경영층에 의해 작성되는 장기적인 경영정책이나 경영목표
② **중기계획** : 전략적 계획을 토대로 중간경영층이 수립하는 계획
③ **종합예산** : 중기계획을 기초로 작성되는 단기계획

2 예산의 의의와 종류

(1) 예산의 의의

예산이란 미래 경영계획을 화폐가치로 계량화하여 표현한 것을 말한다.

(2) 예산편성의 유용성

① **계획의 수립** : 미래의 계획과 운영절차를 수립하여 기업의 전반적인 문제점을 사전에 발견하고 대처하여 미래의 목적을 달성할 수 있게 된다.
② **성과평가기준의 제공** : 예산은 실적과 비교됨으로써 차후의 성과를 평가할 수 있는 기준이 된다.
③ **의사전달의 역할** : 관리자들의 계획을 공식화하여 기업 전체에 명료하게 전달할 수 있는 수단이 된다.
④ **조정의 역할** : 여러 부문의 계획과 목표를 통합함으로써 기업 전체의 활동을 조정하는 역할을 한다. 즉, 예산편성은 각 부문의 계획과 목표가 기업 전체의 광범위한 목표와 일관성을 갖도록 유도한다.

(3) 예산의 종류 중요도 상중하

① **종합예산**

㉠ 판매·생산·구매·재무 등 기업 내 각 부분을 포함한 기업전체를 대상으로 편성된 예산이다.

㉡ 하부조직의 모든 예산이 종합예산에 포함된다.

㉢ 종합예산이 결정되면 각 하부단위의 경영자들은 이 예산에 기초하여 구체적인 활동계획 수립한다.

㉣ 고정예산과 변동예산으로 구분된다.

② **고정예산** : 조업도의 변동을 고려하지 않고 특정 조업도를 기준으로 편성한 예산이다. 실제 조업도 수준이 처음에 계획된 조업도 수준과 다르다면, 차이 분석과 비교에 의미가 없다.

③ **변동예산** : 조업도의 변동에 따라 조정되어 작성되는 예산이다.

3 예산편성과 관련된 기타 개념

(1) 예산기간

① **운영예산**(Operating Budgets) : 예산과 실적을 비교하기 위해 보통 1년을 기준으로 작성한다.

② **연속예산**(Continuous Budgets, Perpetual Budgets) : 현재의 1개월이 끝나면 새로운 1개월을 예산에 추가하여 항상 12개월 예산이 유지되도록 예산을 작성한다. 즉, 관리자가 현재 시점에 관계없이 현시점에서 앞으로 1년에 대한 계획과 목표에 늘 관심을 기울일 수 있다. 또한 경영환경 변화에 예산을 탄력적으로 조정가능하고, 연말에 집중된 예산편성 업무가 감소되며 기업의 장기적인 목표와 조화를 이룰 수 있다.

(2) 참여적 예산(Participative Budget)

비용통제의 책임이 있는 관리자가 담당부서의 예산을 편성하고 책임을 지는 예산이다.

장점	• 조직의 일원으로 인식함 • 실제로 업무를 수행하는 자가 예산을 가장 잘 추정할 수 있는 위치에 있으므로 담당자가 작성한 예산에 대한 신뢰성이 높음 • 스스로 정한 목표를 달성하고자 노력하는 성향이 더 강하여 예산의 실현가능성이 높아짐 • 스스로 설정한 예산은 목표를 달성하지 못했을 경우, 스스로 자기 자신을 질책하는 독특한 통제시스템을 가지고 있음
단점	• 많은 시간이 소요되어 조직 내 갈등을 유발할 수 있음 • 성과평가를 고려해 예산의 조작가능성이 있음(예산슬랙)

더 알아두기

예산슬랙

하위관리자들이 예산을 쉽게 달성하기 위해 수익예산은 낮게 편성하고, 원가계산은 높게 편성하려는 것이다. 이러한 예산슬랙을 감소시키기 위해서는 타기업의 벤치마크 자료로 성과를 평가하거나 예산을 정확하게 편성할 경우 많은 보상을 해주거나, 최고경영자가 해당되는 업무를 정확하게 이해하고 파악하는 방법들이 있다.

(3) 인간관계적 고려사항

① 예산프로그램이 성공적으로 수행되려면 조직의 중요한 위치에 있는 관리자가 예산프로그램을 전폭적으로 수용하고 지지해야 한다.
② 예산프로그램을 집행함에 있어 최고경영층이 예산자료를 어떤 특정 문제점에 대한 종업원의 책임소재를 파악하기 위해 사용해서는 안 된다. 이는 협력이나 생산성 향상보다 적대감, 긴장, 불신 등으로 기업의 분위가 점차 악화될 것이다. 그러나 예산을 긍정적으로 사용하면 목표 설정이나 경영성과 측정 또는 조직 내 문제점의 파악 등에 큰 효과를 거둘 수 있다. 최고경영층은 예산이 기업의 목표를 효과적으로 달성하기 위한 도구임을 하위 관리자들에게 잘 인식시켜야 한다.
③ 경영자는 예산편성과 시행에 행동과학적 측면의 중요성을 인식해야 한다. 예산의 기능적인 측면만 강조해서는 안 되며, 예산이 종업원들에게 동기를 부여하고 구성원들간의 노력을 조정하는 수단임을 잊지 말아야 한다.

(4) 예산위원회

예산위원회는 사장과 판매·생산·구매를 책임진 부사장들 그리고 재무담당이사 등으로 구성된다. 예산위원회의 역할은 다음과 같다.

① 예산프로그램에 관한 전반적인 정책 설정과 예산 작성에 요구되는 조정의 역할을 주로 담당한다.
② 예산위원회는 조직의 하위 부서들 사이에 일어날 수 있는 예산책정에 관련된 다양한 문제점이나 갈등을 해결하는 역할을 한다.
③ 최종예산을 승인하며 회사가 설정된 목표를 향해 잘 움직이는지 장기적인 보고를 통해 점검한다.

제 2 절 종합예산시스템

1 종합예산의 편성

종합예산은 기업전체를 대상으로 보통 1년 단위로 편성되는 단기예산이며, 기업이 달성해야 할 구체적인 목표를 나타내는 고정예산이다. 종합예산의 편성은 미래에 예상되는 재무적 결과에 대한 예측에 초점을 맞추고 있으며, 성과평가의 기준으로 사용된다.

(1) 판매예산(Sales Budget)

차기에 예상되는 판매액에 대한 계획으로 종합예산의 모든 부분들이 판매예산에 기초하고 있다. 즉 종합예산의 출발점이며 핵심이다.

(2) 판매예측(Sales Forecast)

판매예측은 판매예산보다 폭넓은 개념으로 해당 기업의 판매량과 판매가격 뿐만 아니라 해당 기업이 속한 시장 전체의 판매 잠재력까지 포함하여 예측하는 것을 말한다.

2 종합예산의 작성과정 중요도 상중하

종합예산의 편성절차는 생산 활동에 따라 이루어지는 제품원가계산의 흐름과 정반대로 이루어진다.

(1) 판매예산이 작성되면 현재의 기말재고수량과 기말재고예산에 근거하여 생산량예산을 결정한다.

(2) 생산량예산을 기초로 직접재료원가예산, 직접노무원가예산, 제조간접원가예산 등을 결정한다.

(3) 매출원가예산을 편성한 뒤 판매예산에 근거하여 결정된 판매관리비예산을 고려하여 영업예산을 작성한다.

(4) 영업예산과 기업의 재무활동에 기인하여 편성된 자본예산에 근거하여 현금예산을 편성한다.

(5) 궁극적으로 예산 포괄손익계산서와 예산 재무상태표를 작성한다.

3 종합예산시스템의 예시 중요도 상중하

(1) 판매예산(Sales Budget)

판매예산이란 종합예산편성의 출발점으로서 차기에 판매될 것으로 예측되는 판매량과 매출액에 대한 예산이다. 즉, 예산판매량에 단위당 예산판매가격을 곱하여 편성한다. 다른 모든 예산들은 판매예측에 따라 결정되므로 판매예산을 수립하는 데 많은 시간과 노력을 투입해야 한다. 판매예산을 편성할 때는 회사의 과거실적이나 시장점유율, 판매가격정책, 전반적인 경제상황, 판매가격정책, 광고 및 판매촉진 정책, 장기적인 판매추세 등을 고려하여 결정하게 된다.

(2) 생산량예산(Product Budget)

판매예산을 수립하면 현재의 기말재고수량과 기말재고예산에 근거하여 생산량예산을 결정한다. 생산량 예산은 예산판매량과 기말제품재고수준을 충족시키기 위해 생산해야 할 제품 수량을 결정하는 것이다. 제조예산이라고도 하며, 회사가 차기 중에 몇 개의 제품을 생산하여야 하는가에 대한 목표생산량을 나타낸다.

목표생산량 = 예산판매량 + (예상)기말제품재고량−(예상)기초제품재고량

(3) 제조원가예산(Manufacturing Cost Budget)

목표생산량을 제조하기 위해 발생하리라 예상되는 제조원가에 대한 예산이며, 직접재료원가, 직접노무원가, 제조간접원가에 대하여 각각 예산을 편성한다.

① **직접재료원가예산** : 목표생산량을 생산하기 위해 예상되는 직접재료원가에 대한 예산이다.

> 직접재료원가예산 = (제품목표생산량×제품단위당원재료수량)×원재료단위당원가
> = 원재료사용량×원재료단위당원가

② **원재료구입예산** : 목표생산량 생산을 위해 필요한 직접재료원가를 위해 예산기간 중에 구입하여야 하는 원재료수량에 대한 예산이다.

> 원재료구입량 = 원재료사용량 + 기말예상원재료재고량 − 기초예상원재료재고량

③ **직접노무원가예산** : 목표생산량을 생산하기 위해 요구되는 직접노무원가에 대한 예산이다. 직접노무원가예산편성을 통해 사전에 필요한 노동력을 예측하고, 이에 따라 종업원의 추가고용이나 일시해고 등 직접노동력 수급계획 수립이 가능하다.

> 직접노무원가예산 = 제품목표생산량×제품단위당 노동시간×노동시간당직접노무원가

④ **제조간접원가예산** : 목표생산량을 제조하기 위해 요구되는 제조간접원가에 대한 예산이다. 원가행태에 따라 변동제조간접원가와 고정제조간접원가로 구분하여 예산을 편성한다.

> 제조간접원가예산 = (제품목표생산량×제품단위당 변동제조간접비) + 고정제조간접비예산

(4) 매출원가예산(Cost of Goods Sold Budget)

예산기간 동안 제품판매량에 대한 원가를 나타내는 예산으로 제조원가예산에 기초하여 매출원가예산을 작성한다.

> 매출원가예산 = 기초제품재고액 + 당기제품제조원가 − 기말제품재고액

(5) 판매비와관리비예산(Selling and Administrative Expense Budget)

예산기간 동안 제조부문 이외의 부분에서 발생할 것으로 예상되는 비용에 대한 예산이다. 원가행태에 따라 변동판매관리비와 고정판매관리비로 나누어 예산을 편성한다. 이때 변동판매관리비는 생산량이 아닌 판매량에 비례하므로 예산편성도 판매량에 기초한다.

판매비와관리비예산 = 예상판매량×제품단위당변동판매관리비 + 고정판매관리비예산

(6) 현금예산(Cash Budget)

현금유입과 현금유출에 대한 예산을 편성하는 것으로서 단기계획에서 가장 중요한 예산이다.

① **현금예산의 구성**

㉠ **현금유입** : 기초현금잔액에 예산기간 동안 기업에 유입될 것으로 예상되는 항목이다.

예 현금매출, 매출채권 회수, 유형자산 처분, 부채 차입, 자본 증가(주식발행) 등

㉡ **현금유출** : 예산기간 동안 예상되는 모든 현금지급 항목이다. 감가상각비나 대손상각비 등과같이 현금의 유출을 수반하지 않는 비용은 제외한다.

예 현금매입, 매입채무 지급, 유형자산 구입, 부채 상환, 이자비용과 배당금 지급 등

㉢ **현금부족 또는 초과** : 총현금유입액과 총현금유출액의 차이로 기말현금잔액을 추정한다.

기말현금 = 기초현금 + 현금유입−현금유출

㉣ **현금조달 또는 상환** : 현금이 부족할 것으로 예상되면 금융기관으로부터 현금을 조달하는 등의 자금조달계획을 미리 마련하여야하며, 현금이 초과할 것으로 예상되면 차입금상환이나 단기투자에 이용하는 등의 자금사용계획을 수립하여야 한다.

② **현금예산 작성의 이점**

기업의 지불능력이나 현재 또는 미래의 영업활동과정에서 필요한 현금을 충분히 조달할 수 있는지 여부를 파악할 수 있다. 또한 예산과정을 통해서 갑작스러운 현금흐름의 문제점을 미연에 방지할 수 있기 때문에 가능한 짧은 기간별로 작성하는 것이 바람직하다.

(7) 예산포괄손익계산서(Budgeted Income Statement)

예산포괄손익계산서는 예산기간 동안에 예상되는 매출액, 매출원가, 판매관리비, 순이익을 나타내는 표이다. 판매예산, 매출원가예산, 판매관리비예산 등을 기초로 작성된다.

(8) 예산재무상태표(Budgeted balance sheet)

예산재무상태표는 예산기간 말의 재무상태를 나타내는 표이다. 예산기간 초의 재무상태에 예산기간 동안의 영업성과에 대한 추정치 및 자산·부채항목의 변동치를 결합하여 작성한다.

제 3 절 영기준예산 및 증분예산 등

1 영기준예산(Zero Based Budget)

과거의 예산자료를 고려하지 않고, **예산을 원점에서 다시 새롭게 수립하는 방법**이다. 하나의 사업에 대해 전년도 현황을 완전히 배제한 채 새롭게 검토하여 예산을 수립한다는 면에서 지속적인 평가가 가능하고, 환경변화에 신속하게 대응할 수 있다는 장점이 있다. 그러나 이미 검토가 끝나서 진행 중인 사업에 대해서 처음부터 다시 검토 작업을 진행하는 데 많은 시간과 노력의 낭비를 초래할 수 있다는 단점이 있다.

2 증분예산(Incremental Budget)

전년도의 예산이나 결산수치를 기초로 환경변화에 따라 관련 항목별로 조정하여 예산을 편성하는 전통적 방법이다. 과거의 금액을 상당부분 그대로 사용하므로 상대적으로 쉽고 신속히 예산을 편성할 수 있는 장점이 있지만, 해당 수치의 타당성을 확신할 수 없고, 한번 승인된 금액은 그대로 사용되므로 비효율적인 예산집행이 초래될 가능성이 있다.

3 카이젠 예산(Kaizen Budgeting)

카이젠이란 일본말로 **지속적인 개선**을 의미한다. 카이젠 예산은 예산기간 동안의 개선을 구체적으로 예산에 반영한 것이다. 예를 들어, 연 2%의 원가절감을 하도록 예산편성을 한다면 공장에서는 매년 2%의 원가절감을 달성하여야 하며 만약 이를 달성하지 못하면 엔지니어의 도움을 받아서 달성할 수 있도록 계속해서 노력한다.

4 활동기준예산(Activity Based Budgeting)

활동기준예산은 재화나 용역을 생산하고 판매하는 데 필요한 활동에 대하여 예산을 편성하는 것이다. 이러한 활동기준예산은 목표치나 산출물에 근거한 예산이 아니라 각각의 활동에 대한 예산을 편성하여야 하기 때문에 회사가 활동기준원가에 대한 정보가 기본적으로 있어야 한다.

제 4 절 변동예산

1 변동예산의 의의

고정예산은 예산기간 중에 결정한 목표조업도를 기준으로 사전에 편성한 예산으로 실제조업도가 목표조업도와 다르더라도 바꾸지 않고 고정시킨 정태적 예산이다. 변동예산은 실제조업도가 목표조업도와 다르다면 실제조업도를 기준으로 조정하여 편성하는 동태적 예산이다.

2 변동예산의 특징

(1) 고정예산은 기준이 되는 고정된 조업도를 중심으로 편성되지만, 변동예산은 일정한 범위의 조업도에서 유연하게 조정된다.

(2) 고정예산은 처음 설정된 조업도에 근거하여 편성된 예산과 실제 성과를 비교하여 성과를 평가한다. 하지만 변동예산은 실제조업도가 원래 계획했던 조업도 수준과 다른 경우, 실제 성과를 실제조업도에서의 결과와 비교하기 위해 새로운 조업도 수준으로 예산을 변경시킬 수 있다.

3 변동예산과 고정예산의 차이 중요도 상중하

고정예산과 변동예산이 편성되면 실제성과와 비교하여 성과평가를 한다. 변동예산은 실제원가와 실제조업도 수준에서의 예산원가를 비교하여 해당 부문의 성과를 평가한다. 실제원가와 고정예산과의 차이를 고정예산차이(종합예산차이), 실제원가와 변동예산의 차이를 변동예산차이, 변동예산과 고정예산의 차이를 매출조업도차이라고 한다.

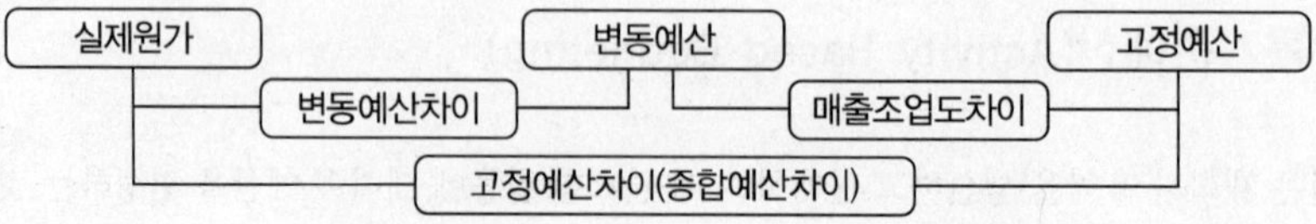

제9장

OX로 점검하자

※ 다음 지문의 내용이 맞으면 O, 틀리면 ×를 체크하시오. [1~10]

01 최고경영층에 의해 작성되는 장기적인 목표나 조직특성과 같은 포괄적이고 광범위한 계획을 종합예산이라 한다. (　　)

02 고정예산으로 예산을 편성할 경우 실제 조업도 수준이 처음에 계획된 조업도수준과 다르다면, 차이 분석과 비교에 의미가 없다. (　　)

03 운영예산은 경영환경 변화에 예산을 탄력적으로 조정가능하고, 연말에 집중된 예산편성 업무가 감소되며 기업의 장기적인 목표와 조화를 이룰 수 있다는 장점이 있다. (　　)

04 참여적 예산은 비용통제의 책임이 있는 관리자가 담당부서의 예산을 편성하고 책임을 지는 예산이다. (　　)

05 현금예산의 과정을 통해서 갑작스러운 현금흐름의 문제점을 미연에 방지할 수 있기 때문에 가능한 짧은 기간별로 작성하는 것이 바람직하다. (　　)

06 변동판매관리비예산은 예상생산량에 제품 단위당 변동판매관리비를 곱하고, 고정판매관리비예산은 총액으로 결정된다. (　　)

07 현금예산편성 중 현금매출, 매출채권 회수, 유형자산 처분, 부채 차입 등은 현금유입에 해당한다. (　　)

정답과 해설　01 ×　02 O　03 ×　04 O　05 O　06 ×　07 O

01 최고경영층에 의해 작성되는 장기적인 목표나 조직특성과 같은 포괄적이고 광범위한 계획을 전략적 계획이라 한다.
03 연속예산은 경영환경 변화에 예산을 탄력적으로 조정가능하고, 연말에 집중된 예산편성 업무가 감소되며 기업의 장기적인 목표와 조화를 이룰 수 있다는 장점이 있다.
06 변동판매관리비예산은 예상판매량에 제품 단위당 변동판매관리비를 곱하고, 고정판매관리비예산은 총액으로 결정된다.

08 카이젠 예산은 재화나 용역을 생산하고 판매하는 데 필요한 활동에 대하여 예산을 편성하는 것이다. (　　)

09 고정예산은 목표조업도를 기준으로 작성되는 정태적 예산이고, 변동예산은 관련범위 내에서 실제조업도를 기준으로 조정하여 편성하는 동태적 예산이다. (　　)

10 실제원가와 고정예산과의 차이를 종합예산차이, 실제원가와 변동예산의 차이를 변동예산차이, 변동예산과 고정예산의 차이를 매출조업도차이라고 한다. (　　)

정답과 해설　08 ×　09 O　10 O

08 활동기준예산은 재화나 용역을 생산하고 판매하는 데 필요한 활동에 대하여 예산을 편성하는 것이다.

제 9 장 실전예상문제

01 예산편성과 관련된 개념 설명이 잘못된 것은?

① 예산위원회는 최종예산을 승인하며 회사가 설정된 목표를 향해 잘 움직이는지 장기적인 보고를 통해 점검한다.
② 참여적예산의 단점은 성과평가를 고려해 예산의 조작가능성이 있다는 것이다.
③ 참여적예산은 비용통제의 책임이 있는 관리자가 예산을 편성하고 책임을 지는 예산이다.
④ 예산자료는 목표 달성을 위해 문제점에 대한 종업원의 책임소재를 파악하는데 활용된다.

02 K사는 1월의 예산을 편성하고자 한다. 예산판매량은 ₩900,000, 매출총이익률은 20%, 기초실제재고액은 ₩60,000, 기말목표재고액은 ₩45,000이다. 1월 중 목표구입액은?

① ₩705,000
② ₩720,000
③ ₩735,000
④ ₩885,000

03 L회사는 5월의 현금예산을 작성하고 있다. 4월 실제매출은 ₩300,000, 5월 예산매출은 ₩250,000이다. 매출은 현금매출 60%와 외상매출 40%로 구성되고, 외상매출금은 판매한 달에 70%, 다음달에 30% 회수된다. 5월 중 현금유입액은 얼마인가?

① ₩220,000
② ₩256,000
③ ₩294,000
④ ₩340,000

해설 & 정답 checkpoint

01 예산프로그램을 집행함에 있어 최고경영층이 예산자료를 어떤 특정 문제점에 대한 종업원의 책임소재를 파악하기 위해 사용해서는 안 된다.

02
- 매출원가 : ₩900,000×(1−20%) = ₩720,000
- 목표구입액 = 예산판매 + 기말재고 − 기초재고, ₩720,000 + ₩45,000 − ₩60,000 = ₩705,000

03 5월 현금유입액 = 5월 현금매출 + 5월 외상매출 중 회수금 + 4월 외상매출 중 회수금,
(₩250,000×60%) + (₩250,000×40%×70%) + (₩300,000×40%×30%) = ₩256,000

정답 01 ④ 02 ① 03 ②

안심Touch

checkpoint 해설 & 정답

04 변동예산 편성 순서 : 1단계-원가행태를 분석한다. 2단계-원가분석과정에서 관련범위를 결정한다. 3단계-원가행태에 따라 원가방정식을 세운다. 4단계-원가방정식을 이용해 다양한 조업도에서의 변동예산을 편성한다.

01
정답 연속예산

02
정답 예산슬랙

정답 04 ④

04 변동예산을 편성하기 위한 첫 번째 단계는 무엇인가?

① 원가행태에 따라 원가방정식을 세운다.
② 원가방정식을 이용해 다양한 조업도에서의 변동예산을 편성한다.
③ 원가분석과정에서 관련범위를 결정한다.
④ 원가행태를 분석한다.

주관식 문제

※ 다음 설명에서 빈칸에 들어갈 내용을 쓰시오. [1~4]

01 (　　)은 관리자가 현재 시점에 관계없이 현시점에서 앞으로 1년에 대한 예산이 유지되도록 작성되는 예산이다.

02 참여적 예산의 단점 중 (　　)은 하위관리자들이 예산을 쉽게 달성하기 위해 수익예산은 낮게 편성하고, 원가계산은 높게 편성하려는 것이다.

해설 & 정답 checkpoint

03 종합예산은 기업전체를 대상으로 보통 1년 단위로 편성되는 (①) 예산이며, 기업이 달성해야 할 구체적인 목표를 나타내는 (②)예산이다.

03

정답 ① 단기, ② 고정

04 변동예산을 채택할 경우 관련범위 내에서 생산수준이 하락하면 단위당변동원가는 (①)하고, 단위당 고정원가는 (②)한다.

04

정답 ① 일정, ② 증가

05 예산의 의의와 예산편성의 유용성에 대해 설명하시오.

05

정답 예산이란 미래 경영계획을 화폐가치로 계량화하여 표현한 것을 말한다. 예산편성의 유용성은 크게 계획을 수립하게 하고, 성과평가기준을 제공하며, 의사전달과 조정의 역할을 하는 것으로 요약할 수 있다. 최고경영층은 예산을 작성함에 있어 조직 전체의 나아갈 방향을 제시하고, 중간관리자와 하부직원들이 자세한 예산정보를 제공함으로써 예산은 구체적으로 작성된다.

checkpoint 해설 & 정답

06

정답 종합예산은 판매예산에서 시작되며, 다른 모든 예산들은 판매예측에 따라 결정된다. 판매예산이 작성되면 현재의 기말재고수량과 기말재고예산에 근거하여 생산량예산을 결정한다. 생산량예산을 기초로 직접재료원가예산, 직접노무원가예산, 제조간접원가예산 등을 결정한다. 제조원가예산을 기초로 매출원가예산을 편성한 뒤 판매예산에 근거하여 결정된 판매관리비예산을 고려하여 영업예산을 작성한다. 영업예산과 기업의 재무활동에 기인하여 편성된 자본예산에 근거하여 현금예산을 편성한다. 궁극적으로 예산 포괄손익계산서와 예산 재무상태표를 작성한다.

06 종합예산의 작성과정을 설명하시오.

제 10 장

원가배분

제1절 원가배분의 의의와 목적
제2절 제조간접원가의 배부
제3절 부문원가의 배분
제4절 경제적 의사결정과 동기부여를 위한 원가배분
제5절 공헌이익법에 의한 책임회계의 원가배분
실전예상문제

제10장 원가배분

제 1 절 원가배분의 의의와 목적

1 원가배분의 의의

원가배분이란 합리적인 배부기준에 의하여 둘 이상의 원가대상에서 공통적으로 사용된 간접원가를 각각의 원가대상에 대응시키는 과정을 말한다. 직접원가를 원가대상에 대응시키는 과정은 원가추적이라고 한다.

2 원가배분의 목적

(1) 제품원가의 계산

제품의 제조원가는 직접원가와 간접원가의 합으로 구성되며, 간접원가를 구하기 위해서 원가배분을 한다.

(2) 경제적 의사결정을 위한 정보제공

제품원가에 대한 정보에 의해 판매가격의 결정이나, 부품을 자가제조할 것인가 외부 구입할 것인가와 같은 경제적 의사결정을 합리적으로 수행하기 위해서 원가배분을 한다.

(3) 경영자와 종업원의 동기부여

원가배분은 경영자와 종업원의 행동에 영향을 미칠 수 있기 때문에 그들의 행동이 조직의 목적과 일치하도록 합리적으로 원가배분을 하여야 한다. 따라서 경영자와 종업원에게 바람직한 동기부여와 성과측정을 위해 원가배분을 한다.

(4) 원가의 정당화

합리적인 원가배분을 통해 적정가격을 설정함으로써 제품가격의 정당성을 입증하기 위해서 원가배분을 한다.

(5) 이익과 자산의 측정

기업의 순이익 측정에 영향을 미치는 재고자산의 가액과 매출원가를 정확히 산출하여 주주, 채권자 등 이해관계자들에게 합리적인 정보를 제공하기 위해 원가배분을 한다. 전통적 회계에서의 원가배분은 이익측정과 자산평가의 목적으로 이루어졌으나, 현대의 회계에서는 외부재무보고 목적, 경제적 의사결정, 동기부여 및 성과평가, 원가의 정당화 및 보상액의 결정 등의 목적으로 이루어진다.

3 원가배분 절차 중요도 상중하

(1) 원가대상의 설정

원가대상이란 원가가 개별적으로 집계되는 제품, 부문, 활동 등을 말한다.

(2) 원가의 집계

원가대상에 할당할 직접원가와 간접원가를 집계하는 절차이다. 직접원가는 원가대상에 직접적으로 추적이 가능하므로 각 원가대상별 집계가 문제되지 않으나, 간접원가를 집계하여 원가집합으로 설정하는 것이 주요 과제가 된다.

(3) 원가대상별 직접원가의 확인

직접원가는 원가대상별로 추적이 가능하므로, 원가대상별로 직접원가를 확인한다.

(4) 간접원가의 배부기준과 배분방법 선택

경영자는 특정한 원가배분이 지향하는 주된 목적을 선정하고, 그 목적에 적합한 원가배분기준을 설정한다.

① **인과관계기준** : 원가와 원가대상 사이의 인과관계를 고려하여 공통원가를 배분하는 방법으로 가장 이상적인 원가배분기준이다. 그러나 일반적으로 직접재료원가와 직접노무원가는 인과관계가 높지만, 제조간접원가는 인과관계가 명확히 드러나지 않는 경우가 많다.
예 수선부문의 원가–수선작업시간

② **수혜기준** : 원가대상이 제공받은 경제적 효익의 정도에 비례하여 공통원가를 배분하는 방법으로 수익자부담원칙을 적용한 배분기준이다. 보통 공공재의 경우에 이러한 원칙을 적용한다.
예 전기사용요금–전기사용량, 광고선전비–매출액

③ **부담능력기준** : 각 원가대상의 원가부담능력에 비례하여 공통원가를 배분하는 방법으로 수익창출능력이 큰 원가대상에 많은 원가가 배분되고, 수익창출능력이 적은 원가대상에 원가가 적게 배분되도록 하는 방법이다.
예 공통원가–매출액

④ **공정성과 공평성기준** : 원가를 배분할 때에는 공정하고 공평하게 이루어져야 한다는 기준이다. 이 기준은 정부와의 계약에서 서로 만족할 수 있는 가격을 설정하기 위한 수단으로 종종 사용된다. 원가배분방법을 의미하기보다는 원가배분을 통해 달성해야하는 목표를 의미한다.

(5) 원가대상별 배분율 계산

배분율은 원가대상별로 배분되어야 할 원가집합의 비율로서 원가집합을 배분기준 총계로 나누어 계산한다. 즉, 배부기준 단위당 원가집합의 금액을 의미한다.

(6) 원가대상별 배분액 계산

원가대상별로 원가집합의 배분액을 결정하는 과정으로서, 각 원가대상별 배부기준에 배부율을 곱하여 계산한다.

제 2 절 제조간접원가의 배부

1 제조간접원가의 배부기준

제조간접원가는 개별작업과 직접 대응시킬 수 없기 때문에 제조간접원가를 각 제품에 배부하기 위해서는 적당한 배부기준을 선택해야 한다. 일반적으로 많이 사용되는 배부기준은 직접노무원가기준, 직접노동시간기준, 기계시간기준 등이 있으며 배부기준을 선택할 때는 다음 사항을 고려해야 한다.
① 제조간접원가의 발생과 높은 상관관계를 가져야 하고, 논리적으로도 타당한 인과관계가 있어야 한다.
② 제조간접원가의 배부기준은 쉽게 적용할 수 있어야 한다.

2 제조간접원가 실제배부율과 제조간접원가 예정배부율 중요도 상 중 하

(1) 제조간접원가 실제배부율

실제제조간접원가 발생액을 실제조업도로 나누어 계산한다.

- 제조간접원가 실제배부율 $= \dfrac{\text{실제제조간접원가합계}}{\text{실제조업도}}$
- 제조간접원가배부액 = 개별작업의실제조업도 × 제조간접원가실제배부율

(2) 제조간접원가 예정배부율

제조간접원가 예상액을 기준조업도 또는 예정조업도로 나누어 계산한다.

$$\text{제조간접원가 예정배부율} = \frac{\text{제조간접원가예산(예정제조간접원가)}}{\text{예정조업도(기준조업도)}}$$

$$= \frac{\text{고정제조간접원가 예산액}}{\text{예정조업도}} + \text{예정변동제조간접원가배부율}$$

• 제조간접원가배부액 = 개별작업의실제조업도 × 제조간접원가실제배부율

일반적으로 연간 배부율을 이용하는데, 월별·분기별 배부율 보다 계절에 따른 영향을 배제할 수 있고, 월별 조업도의 변동에 따른 영향을 제거할 수 있다. 또한 배부율의 잦은 조정은 비용과 효익의 측면에서 바람직하지 않다.

3 제조간접원가의 배부방법 중요도 상 중 하

여러 개의 제조부문이 존재할 경우는 공장전체 제조간접원가 배부율이나 부문별 제조간접원가 배부율에 의하여 제조간접원가를 배부한다.

(1) 공장전체 제조간접원가 배부율

공장 내의 모든 제조부문과 보조부문에서 발생한 제조간접원가를 합한 금액을 공장 전체 제조간접원가의 변동요소를 가장 잘 나타내는 배부기준 총계로 나누어 계산된다. 따라서 모든 부문에서 생산되는 모든 제품에 공통적으로 적용하는 방법이다.

$$\text{공장전체 제조간접원가배부율} = \frac{\text{공장전체 제조간접원가}}{\text{공장전체 배부기준}}$$

• 제조간접원가 배부액 = 개별작업의 배부기준(조업도)×공장전체 제조간접원가 배부율

(2) 부문별 제조간접원가 배부율

각 제조부문별로 집계된 제조간접원가를 부문별 특성을 가장 잘 나타내는 배부기준에 따라 제조간접원가를 배분하는 방법이다.

$$\text{부문별 제조간접원가배부율} = \frac{\text{부문별 제조간접원가}}{\text{부문별 배부기준}}$$

• 제조간접원가배부액 = $\sum$(부문별배부기준 × 부문별제조간접원가배부율)

4 제조간접원가 계정의 마감

정상개별원가계산에서는 회사 내부 원가관리 목적상 제조간접원가 예정배부율에 의해 제조간접원가를 배부하지만, 회사 외부 보고용 재무제표는 실제원가 및 그 근사치로 작성되어야 하므로 제조간접원가 예정배부액과 실제발생액의 차이를 조정해 주는 절차가 필요하다.

(1) 제조간접원가 계정의 실제발생액과 예정배부액과의 차이를 제조간접원가차이라고 한다. 제조간접원가차이는 예정배부율의 산정요소인 제조간접원가 예산과 예정조업도에 대한 예측의 부정확성에 기인한 것이다.

(2) 제조간접원가 과소배부 또는 과대배부 중요도 상중하

① 실제발생액〉예정배부액 → 제조간접원가 과소배부액 발생 → 제조간접원가차이 계정의 차변에 기재

② 실제발생액〈예정배부액 → 제조간접원가 과대배부액 발생 → 제조간접원가차이 계정의 대변에 기재

(3) 제조간접원가차이는 합리적인 배부기준에 따라 재공품, 제품, 매출원가에 안분한다. 중요도 상중하

① **매출원가조정법** : 배부차이를 매출원가에서 가감하는 방법이다.

② **비례배분법** : 배부차이를 기말재고자산과 매출원가계정의 상대적 비율에 따라 비례하여 배분하는 방법이다.

㉠ 총원가 비례배분법 : 기말재고자산과 매출원가계정의 총원가(기말잔액)의 비율에 따라 배분

㉡ 원가요소별 비례배분법 : 기말재고자산과 매출원가계정에 포함된 원가요소(제조간접비배부액)의 비율에 따라 배분

③ **영업외손익법** : 배부차이가 일상적인 영업활동과 관계없이 비정상적인 사건에 의하여 발생한 경우에 사용된다.

예제 문제

01 **Y사는 의료기기를 주문제작하는 회사로서 개별원가계산제도를 채택하고 있으며, 3월의 원가자료는 다음과 같다.**

① 작업번호 #101은 2월말 미완성품으로 재공품 계정에 직접재료원가 ₩90,000, 직접노무원가 ₩34,000, 제조간접원가 ₩40,000이 기록되어 있다. 3월 중 #102, #103 두 가지 작업을 착수하였다. 작업 #101, #102가 완성되었고, 완성된 작업 #101이 ₩500,000에 외상으로 판매되었다.

② 제조간접원가를 배부하기 위해 직접노동시간을 기준으로 하는 연간예정배부율을 이용하며, 연초에 연간 제조간접원가는 ₩240,000, 직접노동시간은 2,400시간으로 예상하였다.

③ 3월 중 발생한 제조원가에 관한 자료는 다음과 같다.

구분	#101	#102	#103	합계
직접재료원가	–	₩60,000	₩50,000	₩110,000
직접노무원가	₩220,000	₩160,000	₩20,000	₩400,000
직접노동시간	1,100시간	800시간	100시간	2,000시간

안심Touch

④ 3월 중 ₩180,000의 원재료를 외상으로 구입하였다.
⑤ 3월 중 노무비발생액은 ₩500,000(직접노무비 ₩400,000, 간접노무비 ₩100,000)이고, 이 중 ₩450,000은 현금으로 지급하고 ₩50,000은 1월 말 현재 미지급상태로 남아 있다.
⑥ 3월 중 실제제조간접원가 발생액은 총 ₩220,000이며, 간접노무비 ₩100,000, 감가상각비 ₩80,000, 수도광열비 ₩40,000로 구성되는데, 수도광열비 중 ₩4,000은 당기 말 현재 미지급상태로 남아 있다.

1. ③-⑥의 자료를 이용하여 직접원가와 제조간접원가에 대한 회계처리를 하시오.
2. ②-③의 자료를 이용하여 제조간접원가를 예정배부하고 관련 회계처리를 하시오.
3. 작업별 제조원가를 구하고, 제품의 완성과 판매 시의 회계처리를 하시오.
4. 원가요소별 비례배분법으로 제조간접원가 계정을 마감하시오.

풀이

1. 직접원가와 제조간접원가에 대한 회계처리

(1) 직접재료원가

① 원재료 구입	(차) 원재료	180,000	(대) 매입채무	180,000
② 원재료 사용	(차) 재공품(#102)	60,000	(대) 원재료	110,000
	재공품(#103)	50,000		

(2) 직접노무원가

① 노무원가 발생	(차) 노무비	500,000	(대) 현 금	450,000
			미지급임금	50,000
② 직접노무원가 대체	(차) 재공품(#101)	220,000	(대) 노무비	400,000
	재공품(#102)	160,000		
	재공품(#103)	20,000		

(3) 제조간접원가

① 제조간접원가 발생	(차) 감가상각비	80,000	(대) 감가상각누계액	80,000
	수도광열비	40,000	현 금	36,000
			미지급비용	4,000
② 제조간접원가 집계	(차) 제조간접원가	220,000	(대) 노무비	100,000
			감가상각비	80,000
			수도광열비	40,000

2. 제조간접원가를 예정배부 및 회계처리

(1) 제조간접원가 예정배부율

$$\text{제조간접원가 예정배부율} = \frac{\text{제조간접원가예산}}{\text{예정조업도}} = \frac{₩240,000}{2,400\text{시간}} = ₩100/\text{직접노동시간}$$

(2) 제조간접원가 배부

구분	#101	#102	#103	합계
직접노동시간	1,100시간	800시간	100시간	2,000시간
예정배부율	₩100	₩100	₩100	
제조간접원가	₩110,000	₩80,000	₩10,000	₩200,000

(3) 회계처리 (차) 재공품(#101) 110,000 (대) 제조간접비 배부 200,000
재공품(#102) 80,000
재공품(#103) 10,000

3. 작업별 제조원가 계산 및 제품의 완성과 판매 시 회계처리

(1) 작업별 제조원가

구분	#101	#102	#103	합계
직접재료원가	₩90,000	₩60,000	₩50,000	₩200,000
직접노무원가	254,000	160,000	20,000	434,000
제조간접원가	150,000	80,000	10,000	240,000
합계	₩494,000	₩300,000	₩80,000	₩874,000

(2) 제품의 완성과 판매 시의 회계처리

① 제품의 완성 (차) 제품(#101) 494,000 (대) 재공품(#101) 494,000
제품(#102) 300,000 재공품(#102) 300,000

② 제품의 판매 (차) 매출채권 500,000 (대) 매 출 500,000
매출원가(#101) 494,000 제품(#101) 494,000

4. 제조간접원가 계정 마감

(1) 제조간접원가 차이

① 제조간접원가 실제발생액 ₩220,000－배부액 ₩200,000＝과소배부 ₩20,000

② 회계처리 (차) 제조간접원가배부 200,000 (대) 제조간접원가 220,000
제조간접원가차이 20,000

(2) 제조간접원가 차이의 비례배분

	매출원가(#101)	제품(#102)	재공품(#103)	합계
제조간접원가 배부액	₩110,000	₩80,000	₩10,000	₩200,000
배분비율	55%	40%	5%	100%
제조간접원가차이배분액	₩11,000	₩8,000	₩1,000	₩20,000*

① 회계처리 (차) 매출원가(#101) 11,000 (대) 제조간접원가차이 20,000
제품(#102) 8,000
제품(#103) 1,000

5 개별원가계산의 종류 중요도 상중하

(1) 실제개별원가계산

직접재료원가, 직접노무원가, 제조간접원가 모두 실제원가를 이용하여 제품원가를 계산하는 방법이다. 즉, 제조간접원가도 회계연도 말에 집계된 실제원가를 실제배부율에 따라 각 작업에 배부하므로 제조간접원가 배부차이는 발생하지 않는다. 결산이 이루어지기 전까지는 실제제조간접원가를 집계·배부할 수 없어 제품원가정보의 적시성이 떨어지고, 조업도에 따라 제품의 단위당 제조원가가 달라지는 문제점이 있다.

예제 문제

02 예제문제 〈정상개별원가계산〉 ③과 ⑥의 자료를 이용하여 실제제조간접원가 배부율로 제조간접원가를 배부하시오.

풀이

$$제조간접원가\ 실제배부율 = \frac{실제제조간접원가\ 합계}{실제조업도} = \frac{₩220,000}{2,000시간} = ₩110/직접노동시간$$

구분	#101	#102	#103	합계
직접노동시간	1,100시간	800시간	100시간	2,000시간
예정배부율	₩110	₩110	₩110	
제조간접원가	₩121,000	₩88,000	₩11,000	₩220,000

(2) 정상개별원가계산

직접재료원가와 직접노무원가는 실제원가를 이용하나, 제조간접원가는 회계연도 시작 전 결정된 제조간접원가 예정배부율을 이용하여 원가를 배부한다. 즉, 정상원가계산은 제조간접원가를 예정배부함으로써 제조과정이 완료됨과 동시에 제품원가를 알 수 있고, 기간별로 제품원가가 변동하지 않도록 하는 원가계산방법이다.

(3) 표준개별원가계산

직접재료원가, 직접노무원가, 제조간접원가 모두 표준원가를 이용하여 제품원가를 계산하는 방법이다. 즉, 제조간접원가도 표준배부율을 이용하여 원가를 배부한다.

제 3 절 부문원가의 배분

1 부문원가배분의 의의

제조기업에서 제조부문은 직접 제조활동을 수행하는 부문이고, 보조부문은 제조부문이 사용하는 보조용역을 제공할 뿐 제조활동에는 직접적으로 참여하지 않는 부문이다. 그러나 보조부문의 모든 활동은 제조활동을 위한 것이므로 보조부문의 원가도 당연히 제품원가에 포함되어야 한다. 하지만 보조부문에서 발생한 원가는 직접 어떤 제품에 얼마의 금액이 배분될 것인지 알 수 없으므로, 보조부문의 원가를 합리적으로 제품에 배분하는 절차가 필요하다.

2 부문별 원가계산의 순서

(1) **1단계** : 보조부문과 제조부문 등 부문별로 제조간접원가 집계

① **부문직접원가(부문개별원가) 부문별 집계** : 부문직접원가란 특정 부문에서 개별적으로 발생되기 때문에 그 부문에 대하여 직접 추적이 가능한 제조간접원가를 말한다.

② **부문간접원가(부문공통원가)는 배부기준에 의해 부문별 배부** : 부문간접원가란 여러 부문 또는 공장 전체에 공통적으로 발생되는 원가를 말한다. 직접 추적할 수 없으므로 배부기준에 의해 각 부문에 배부한다. 배분기준의 대표적인 예는 다음과 같다.

- 건물감가상각비 : 건물의 점유면적
- 전기사용료 : 전기사용량, 기계운전시간
- 운반비 : 운반횟수, 거리
- 복리후생비 : 근무시간, 종업원수

(2) **2단계** : 보조부문원가를 제조부문에 배분

(3) **3단계** : 제조부문원가를 제품 및 재공품 계정에 배부

3 보조부문원가의 배부기준 중요도 상 중 하

보조부문에서는 제품생산이 이루어지지 않으므로 집계된 부분직접원가와 부문간접원가를 제조부문에 다시 대체하여야 한다(2단계). 이 때 보조부문원가를 제조부문에 배분하기 위한 배분기준은 보조부문이 제공한 용역을 정확하게 반영할 수 있어야 한다. 즉, 보조부문원가의 발생과 높은 상관관계를 가져야 하고, 논리적으로

타당한 인과관계가 있어야 하며, 쉽게 적용할 수 있어야 한다. 배분기준의 대표적인 예는 다음과 같다.

• 건물관리부문	: 면적	• 수선유지부문	: 수선횟수, 수선시간
• 공장 인사관리부문, 식당부문	: 종업원 수	• 구매부문	: 주문횟수, 주문내용
• 동력부문	: 전기사용량	• 창고부문	: 재료 사용량, 점유면적

4 보조부문원가 배분방법 – 직접배분법, 단계배분법, 상호배분법 중요도 상중하

보조부문원가를 제조부문에 배분할 때(2단계), 만일 보조보문이 제조부문에만 용역을 제공하고 있다면 보조부문원가를 제조부문에 대체하는 것이 어렵지 않으나, 보조부문 간에 용역을 주고받는 경우에는 보조부문 상호간의 용역 수수관계를 고려해야 하는 문제가 발생한다. 보조부문원가를 제조부문에 배분하는 방법은 보조부문 상호 간의 용역수수관계를 어느 정도 인식하는지에 따라 직접배분법, 단계배분법, 상호배분법이 가능하다.

(1) 직접배분법

직접배분법은 보조부문 상호간의 용역수수관계를 **완전히 무시**하고, 보조부문원가를 제조부문에만 배분하는 방법이다. 정확한 원가배부가 이루어지지 않을 수도 있지만 보조부문 상호 간의 용역수수가 별로 중요하지 않을 때 비교적 쉽게 적용할 수 있다.

(2) 단계배분법

단계배분법은 보조부문 상호 간의 용역수수관계를 **일부만 고려**하여, 배분순서에 따라 단계적으로 보조부문원가를 다른 보조부문과 제조부문에 배부하는 방법이다. 보조부문원가의 배분순서 따라 제조부문에 배부되는 원가가 달라지므로 배분순서를 합리적으로 결정하는 것이 매우 중요한데, 일반적으로 다음의 기준을 사용한다.

① 다른 보조부문에 제공하는 보조부문원가의 금액이 큰 부문부터 배분하는 방법
② 다른 보조부문에 제공하는 용역의 비율이 큰 부문부터 배분하는 방법
③ 보조부문에서 제공하는 보조부문원가의 금액이 큰 부문부터 배분하는 방법

(3) 상호배분법

상호배분법은 보조부문 상호 간의 용역수수관계를 **완전히 고려**하여, 보조부문원가를 다른 보조부문과 제조부분에 배부하는 방법이다. 상호배분법은 이론적으로 가장 타당하고 정확한 방법이지만 계산이 복잡하다. 모든 보조부문에 대하여 다음의 방정식을 세우고 풀어서 각 보조부문의 총원가를 계산한 다음 이 총원가를 모든 용역수수관계를 고려하여 보조부문과 제조부문에 배분한다.

배분될총원가 = 자기부문의발생원가 + 배분받은원가

예제 문제

03 두 개의 제조부문과 두 개의 보조부문으로 이루어진 H사의 부문 간 용역수수에 관련된 다음의 자료를 사용하여 보조부문의 원가를 제조부문에 배분하시오.

구분		보조부문		제조부문	
		동력부문	수선부문	주조부문	조립부문
제조간접원가		₩50,000	₩20,000	₩100,000	₩80,000
용역제공	동력부문		200kwh	500kwh	300kwh
	수선부문	250시간		50시간	200시간

1. 직접배분법
2. 단계배분법(동력부문부터 배분)
3. 상호배분법

풀이

1. 직접배분법

구분	보조부문		제조부문		합계
	동력부문	수선부문	주조부문	조립부문	
배분전원가	₩50,000	₩20,000	₩100,000	₩80,000	₩250,000
동력부문①	₩(50,000)		₩31,250	₩18,750	₩0
수선부문②		₩(20,000)	₩4,000	₩16,000	₩0
배분후원가	₩0	₩0	₩135,250	₩114,750	₩250,000

① 동력부문 배분비율 → 주조부문 : 조립부문 = 500 : 300
② 수선부문 배분비율 → 주조부문 : 조립부문 = 50 : 200

2. 단계배분법(동력부문부터 배분)

구분	보조부문		제조부문		합계
	동력부문	수선부문	주조부문	조립부문	
배분전원가	₩50,000	₩20,000	₩100,000	₩80,000	₩250,000
동력부문①	₩(50,000)	₩10,000	₩25,000	₩15,000	₩0
수선부문②		₩(30,000)	₩6,000	₩24,000	₩0
배분후원가	₩0	₩0	₩131,000	₩119,000	₩250,000

① 동력부문 배분비율 → 수선부문 : 주조부문 : 조립부문 = 200 : 500 : 300
② 수선부문 배분비율 → 주조부문 : 조립부문 = 50 : 200

3. 상호배분법

구분	보조부문		제조부문		합계
	동력부문	수선부문	주조부문	조립부문	
배분전원가	₩50,000	₩20,000	₩100,000	₩80,000	₩250,000
동력부문①	₩(66,667)	₩13,333	₩33,334	₩20,000	₩0
수선부문②	₩16,667	₩(33,333)	₩3,333	₩13,333	₩0
배분후원가	₩0	₩0	₩136,667	₩113,333	₩250,000

- 동력부문에 배분될 총원가 = ₩50,000 + $\frac{250}{500}$ × 수선부문에 배분될 총원가
- 수선부문에 배분될 총원가 = ₩20,000 + $\frac{250}{1,000}$ × 동력부문에 배분될 총원가

연립방정식을 풀면, 부문별 배분될 총원가는 동력부문 = ₩66,667, 수선부문 = ₩33,333
① 동력부문 배분비율 → 수선부문 : 주조부문 : 조립부문 = 200 : 500 : 300
② 수선부문 배분비율 → 동력부문 : 주조부문 : 조립부문 = 250 : 50 : 200

5 보조부문원가 배분방법 – 단일배분율법과 이중배분율법 중요도 상중**하**

보조부문의 원가를 변동원가와 고정원가로 구분하는지에 따라 단일배분율법과 이중배분율법으로 나눌 수 있다.

(1) 단일배분율법

보조부문원가를 변동원가와 고정원가로 구분하지 않고 하나의 배부기준을 이용하여 총원가를 배분하는 방법이다.

(2) 이중배분율법

보조부문원가를 변동원가와 고정원가로 분류하여 각각 다른 배부기준을 적용하여 총원가를 배분하는 방법이다. 변동원가는 실제사용량을, 고정원가는 최대사용량을 기준으로 배부한다. 단일배분율법과 이중배분율법은 직접배분법, 단계배분법, 상호배분법과 결합하여 사용할 수 있으므로 보조부문원가의 배분방법은 총 6가지(3×2)이다.

제 4 절 경제적 의사결정과 동기부여를 위한 원가배분

1 활동기준원가계산(ABC : Activity Based Costing) 중요도 **상**중하

(1) 활동기준원가계산의 도입배경

① **다품종 소량생산체제로 전환** : 기업들은 경쟁이 치열해짐에 따라 종전의 소품종 대량생산체제에서 소비자의 다양한 욕구를 만족시킬 수 있는 다품종소량생산체제로 전환하게 되었다.

② **직접노무원가의 감소와 제조간접원가의 증가** : 공장자동화에 따른 원가구성에 변화를 가져왔다. 이는 제조기술의 발달과 공장자동화로 인하여 직접노무원가가 차지하는 비중은 줄어든 반면, 감가상각비, 수선유지비 등 제조간접원가의 비중은 전보다 훨씬 증가하였다.

③ **제품원가의 왜곡** : 제품의 종류가 다양해지고 제조간접원가의 비중이 증가함에 따라 전통적으로 사용해 오던 조업도에 근거한 제조간접원가 배부방법이 제품원가산정에 왜곡을 초래하게 되었다. 그 결과 가격결정이나 제품별 수익성 판단에 잘못된 의사결정을 하게 되었다.

④ **원가개념의 확대** : 최근에는 제조원가뿐만 아니라 연구개발, 제품설계, 마케팅, 유통, 고객서비스 등의 원가가 큰 비중을 차지하게 되어 원가개념이 확대되었다. 따라서 종전처럼 제조원가만으로 제품원가를 계산할 경우 제품과 관련된 원가는 실제보다 과소평가되므로 제품라인의 추가 또는 폐지 등에 대해 잘못된 의사결정을 초래할 수 있다.

⑤ **정보수집기술의 발달** : 컴퓨터 종합시스템 등의 도입으로 모든 사무 및 생산기능을 연결시켜 이와 관련된 활동에 대한 정보망이 구축되는 등 정부수집기술이 발달함에 따라 과거에는 수집이 어려웠던 정보를 적은 비용으로 손쉽게 수집하여 이용하는 것이 가능하게 되었다.

(2) 활동기준원가계산의 기본개념 중요도 상중하

활동기준원가계산이란 정확한 원가계산을 위해 기업의 여러 가지 활동들을 원가대상으로 삼아 원가를 집계하고, 원가대상들에 대한 원가계산도 이들이 소비한 활동별로 파악된 원가에 의해 계산하는 원가계산시스템이다.

① **활동(Activity)** : 자원을 사용하여 가치를 창출하는 작업으로 ABC의 기본요소이다.

㉠ **단위수준활동** : 제품이 한 단위 생산될 때마다 수행하는 활동이다.

㉡ **묶음관련활동** : 생산수량과 관련 없이 일정량에 대한 생산이 이루어질 때마다(묶음별) 수행되는 활동이다.

㉢ **제품유지활동** : 제품 종류에 따라 특정 제품을 회사의 생산 품목으로 유지하는 활동이다.

㉣ **설비유지활동** : 공장 전체를 위해 수행하는 활동이다.

② **원가동인(Cost Driver)** : 원가동인은 활동의 양을 계량적으로 나타내는 측정척도로서, 활동별로 집계된 원가를 제품에 배부할 때의 배부기준으로서 ABC에서는 각 활동별로 상이한 원가동인을 고려해야 한다. 제품의 원가계산에 있어 활동원가의 집합을 많이 인식할수록 원가계산의 정확성은 높아지지만, 원가동인과 각 활동의 원가를 추적하고 파악하는 데 측정원가가 발생하게 된다. 따라서 비용과 효익의 상쇄관계(Trade Off)를 고려하여 원가동인을 파악해야 한다.

③ **수준별 활동과 그 원가동인**

활동의 수준	활동예시	원가동인
단위수준활동	원재료투입, 직접노무, 기계가동	기계시간, 직접노동시간 등
묶음관련활동	재료주문, 재료이동, 작업준비	작업준비횟수(시간), 재료처리횟수(시간), 구매주문횟수 등
제품유지활동	공장설계, 엔지니어링, 제품개량, 주문제작, 제품설계	제품설계시간, 설계변경횟수 등
설비유지활동	공장관리, 건물관리, 안전유지, 조경	기계시간, 점유면적 등

(3) 활동기준원가계산의 절차 중요도 상중하

① **활동분석** : 공정에서의 모든 활동을 분석하여 공정흐름도를 작성한다.

② **활동중심점의 설정 및 원가 집계** : 활동중심점이란 관련된 활동의 원가를 분리하여 보고하는 조직단

위이다. 개별 활동을 활동 중심점으로 설정하거나, 몇 개의 관련된 활동을 결합하여 하나의 활동중심점으로 설정할 수 있다.

③ **활동중심점별 원가동인 결정** : 원가대상과 논리적으로 타당한 인과관계를 반영할 수 있어야 하며, 회사가 적용하기에 어렵지 않은 원가동인을 선택해야 한다.

④ **활동중심점별 제조간접원가 배부율의 계산**

$$\text{활동별 제조간접원가 배부율} = \frac{\text{활동별 제조간접원가}}{\text{활동별 배부기준(원가요인)}}$$

⑤ **제품별 제조간접원가 배부** : 각 제품별 활동의 소비량에 따라 제조간접원가를 배부한다.

제품별 배부되는 원가 = 각 제품별 원가동인 수×활동중심점별 제조간접원가 배부율

(4) 전통적원가계산과 활동기준원가계산의 비교 중요도 상중하

① **전통적원가계산의 문제점**

㉠ 직접노무원가 비중의 감소 : 유연생산시스템(Flexible Manufacturing System), 컴퓨터 종합시스템(Computer Integrated Manufacturing), 적시생산시스템(Just In Time) 등의 도입으로 직접노무원가의 비중은 과거에 비해 상대적으로 줄고 있으며, 제조간접원가가 제조과정에서 중요한 부분을 차지하고 있다. 따라서 제조간접원가를 실제발생원인과의 관련성이 적은 직접노무원가 등을 기준으로 배부한 것은 정확한 제품원가계산을 어렵게 만든다.

㉡ 생산량 차이로 인한 원가전이 : 생산량 차이로 원가전이효과가 발생할 수 있다. 기존의 원가계산제도에서는 제조간접원가를 주로 생산량 기준에 따라 배부하므로, 조업도와 상관관계가 높지 않은 제조간접원가가 생산량이 적은 제품에서 생산량이 많은 제품으로 전이된다.

㉢ 정확한 원가계산의 어려움 : 전통적 원가계산에서는 정확한 원가계산이 어렵고, 이에 따라 각 제품에 대한 의사결정에 혼란을 초래하게 된다.

② **활동기준원가계산의 장점**

㉠ 활동별로 집계된 원가를 활동별 적절한 원가동인을 이용하여 제조간접원가를 배부하기 때문에 정확한 원가계산이 가능하다.

㉡ 정확한 원가를 이용하여 정확한 제품별 수익성 분석 및 제품 수익성에 대한 올바른 의사결정이 가능하다.

㉢ 제품구성의 변화에 따라 신축적 원가계산이 가능하다.

㉣ 재무적, 비재무적 자료를 이용하기 때문에 공정한 성과평가가 이루어져 성과평가에 대한 불만이 감소된다.

㉤ 낭비적인 활동의 제거로 원가절감을 달성할 수 있다.

㉥ 다양한 원가동인을 고려한 정확한 원가추정 및 CVP분석이 가능하다.

③ **활동기준원가계산의 단점**

㉠ 활동분석의 실시와 활동에 대한 정보를 얻는 데 많은 시간과 비용이 소요된다.

㉡ 원가동인에 비례적으로 원가가 변화한다는 가정을 하고 있으나 실제 그렇지 않은 경우도 있다.
㉢ 설비유지원가에 대한 자의적 배부가 이루어진다.
㉣ 활동을 명확하게 정의하고 구분하는 기준이 존재하지 않는다.
㉤ 원가절감으로 재고과잉이 발생할 가능성이 있다.
㉥ 기존방식에 익숙해져 있는 종업원들의 반발 가능성이 있다.

④ 전통적 원가계산과 활동기준원가계산의 비교

구분	전통적 원가계산	활동기준원가계산
기본가정	자원의 소비를 원가대상에 직접배부	자원의 소비를 활동에 배부하고 원가대상이 활동을 소비
제조간접비 집계	공장 전체 또는 각 부문별 집계	각 활동분야별 집계
원가배부기준	• 조업도, 직접재료원가, 직접노무원가, 직접 작업시간, 생산량 등 재무적 측정치의 단일 기준 사용 • 원가배부기준의 수가 적음 • 제조간접원가와 인과관계 낮음	• 주문횟수, 부품 수, 작업준비횟수 등 비재무적 측정치 사용 • 다양한 원가동인과 원가발생의 인과관계에 따라 배분 • 원가배부기준의 수가 많음 • 제조간접원가와 인과관계 높음
원가정보의 다양성	낮음	서비스, 물류, 영업, 유통경로, 제품별, 활동별 등 다양
원가정보의 정확성·신뢰성	낮음	• 정확성·신뢰성 높음 • 의사결정지원

예제 문제

04 **Y사는 올해 초부터 두 제품 A, B를 생산하고 있다. 연간 총제조간접원가는 ₩800,000이고, 직접노동시간을 기준으로 제조간접원가를 배부한다. 관련 자료는 다음과 같다.**

구분	제품 A	제품 B
생산량	2,000개	10,000개
직접재료원가	₩30,000	₩100,000
직접노무원가	₩50,000	₩200,000
총 직접노동시간	10,000시간	40,000시간

(1) 전통적 개별원가계산에 의하여 제품별 단위당 원가를 계산하시오.
(2) 회사는 활동기준원가계산제도를 도입하기 위해 제조간접원가를 다음과 같이 활동별로 분석하였다. 다음 자료를 이용하여 활동기준원가계산에 의하여 제품별 단위당 원가를 계산하시오.

활동	활동별 원가	원가동인	제품별 원가동인 수		
			제품 A	제품 B	합계
조립	₩200,000	직접노동시간	10,000시간	40,000시간	50,000시간
재료처리	₩180,000	원재료무게	60kg	20kg	80kg
생산주문	₩255,000	생산주문횟수	400회	600회	1,000회
공장관리	₩165,000	면적	900㎡	750㎡	1,650㎡
합계	₩800,000				

풀이

(1) 전통적 개별원가계산 의한 제품별 단위당 원가

① 제조간접원가 예정배부율 : $\frac{₩800,000}{(10,000시간+40,000시간)}$ = ₩16/직접노동시간

② 제품별 단위당 원가

구분	제품 A	제품 B	합계
직접재료원가 직접노무원가 제조간접원가*	₩30,000 ₩50,000 ₩160,000	₩100,000 ₩200,000 ₩640,000	₩130,000 ₩250,000 ₩800,000
합계	₩240,000	₩940,000	₩1,180,000
생산량	÷2,000개	÷10,000개	
단위당 원가	₩120	₩94	

※ 제품별 제조간접원가 = 제품별 직접노동시간×₩16

(2) 활동기준원가계산에 의한 제품별 단위당 원가

① 활동별 제조간접원가 배부율

활동	활동별 원가	원가동인 총계	활동별 제조간접원가 배부율
조립	₩200,000	50,000시간	직접노동시간당 ₩4
재료처리	₩180,000	80kg	원재료 kg당 ₩2,250
생산주문	₩255,000	1,000회	생산주문횟수당 ₩255
공장관리	₩165,000	1,650㎡	면적 ㎡당 ₩100
합계	₩800,000		

② 제품별 제조간접원가 배부액

활동	제품 A		제품 B		합계
조립	10,000시간×₩4	₩40,000	40,000시간×₩4	₩160,000	₩200,000
재료처리	60kg×₩2,250	₩135,000	20kg×₩2,250	₩45,000	₩180,000
생산주문	400회×₩255	₩102,000	600회×₩255	₩153,000	₩255,000
공장관리	900㎡×₩100	₩90,000	750㎡×₩100	₩75,000	₩165,000
합계		₩367,000		₩433,000	₩800,000

③ 제품별 단위당 원가

구분	제품 A	제품 B	합계
직접재료원가 직접노무원가 제조간접원가*	₩30,000 ₩50,000 ₩367,000	₩100,000 ₩200,000 ₩433,000	₩130,000 ₩250,000 ₩800,000
합계	₩447,000	₩733,000	₩1,180,000
생산량	÷2,000개	÷10,000개	
단위당 원가	₩223.5	₩73.3	

2 결합원가계산 중요도 상중하

(1) 결합원가계산의 기본개념

결합원가계산이란 동일공정에서 동일한 원재료를 사용하여 서로 다른 제품이 생산되는 경우의 원가계산방법이다.

① **연산품(결합제품)** : 동일한 종류의 원재료를 투입하여 동시에 생산되는 서로 다른 두 가지 이상의 제품을 말한다. 각 제품이 개별적으로 식별 가능한 시점에 이를 때까지 발생한 제조원가를 인위적인 기준을 통해 개별제품에 배분한다.

② **주산물과 부산물** : 주산물은 결합제품 중 상대적으로 판매가치가 큰 제품이고, 부산물은 상대적으로 판매가치가 낮은 제품이다. 작업폐물은 부산물보다 판매가치가 더 낮거나 폐기비용 등으로 가치가 없는 제품이다.

③ **분리점** : 결합제품이 개별적으로 식별되는 제조공정상의 특정 지점을 말한다.

④ **결합원가** : 결합제품이 분리점에 도달할 때까지 생산과정에 투입된 제조원가이다.

⑤ **개별원가(분리원가)** : 분리점 이후 개별제품을 최종 완성시키기 위해 발생하는 제조원가이다.

(2) 결합원가 계산방법

① 결합원가계산 → ② 제품별로 결합원가 배부 → ③ 각 제품 제조원가 계산

(3) 결합원가의 배분 중요도 상중하

결합제품에 대한 공통원가인 결합원가를 각 제품별로 인과관계를 찾아 배부하는 것은 쉽지 않기 때문에 부담능력기준이나 수혜기준에 의하여 원가배분을 한다.

① **물량기준법** : 분리점에서 개별제품의 수량·크기·중량 등 물리적 단위를 기준으로 수혜기준에 따라 결합원가를 배부하는 방법이다. 계산이 간단하다는 장점이 있지만, 물량과 판매가격 사이에 합리적인 관계가 성립하지 않을 경우 개별제품의 수익성분석에 왜곡을 초래해 의사결정에 혼란을 줄 수 있다.

② **상대적 판매가치법** : 분리점에서 개별제품의 판매가치가 결정되어 있는 경우, 판매가치를 기준으로 부담능력기준에 따라 결합원가를 배분하는 방법이다.

③ **순실현가치기준법** : 분리점에서 개별제품의 판매가치가 형성되어 있지 않거나, 추가공정을 해야 하는 경우는 순실현가치에 의해 결합원가를 배분하는 방법이다. 순실현가치는 분리점 후 추가가공과 판매까지 고려하여 제조기업이 최종적으로 실현시킬 수 있는 가치이다.

순실현가치 = 최종판매가격 − (추가가공원가 + 판매비용)

④ **균등이익률법** : 결합원가와 추가가공원가가 모두 수익창출에 동일한 공헌을 한다고 가정하고, 제품별 매출총이익률이 동일하게 되도록 결합원가를 배분하는 방법이다. 모든 결합제품이 판매되었을 경우의 전체 매출총이익률을 먼저 계산하고, 제품별 판매가격에 매출총이익률을 곱하여 매출총이익을 계산한 다음, 개별제품의 최종 판매가치에서 매출총이익과 개별원가를 차감하여 결합원가 배부액을 계산한다.

구분	장점	단점
물량기준법	• 적용이 쉬움 • 분리점에서 판매가격이 없어도 사용가능	• 물리적 속성이 다르면 사용불가 • 제품의 수익성 왜곡
상대적판매가치법	• 합리적 수익·비용 대응 • 적절한 제품의 수익성 분석	분리점에서 판매가치가 없을 경우 사용불가
순실현가치기준법	• 분리점에서 판매가치가 없어도 사용가능 • 수익성 왜곡 방지	추가가공원가는 수익창출에 기여하지 못함
균등이익률법	• 추가가공원가도 수익창출에 기여 • 결합공정이 많은 경우 적용 용이	추가가공원가가 많은 제품에 결합원가가 적게 배부됨

제 5 절 공헌이익법에 의한 책임회계의 원가배분

1 공헌이익법

(1) 공헌이익

공헌이익은 매출액에서 변동원가를 차감한 금액으로 고정원가를 회수하고 이익 창출에 공헌한 금액이다. 공헌이익은 우선 고정원가 회수에 사용되고, 고정원가를 초과하는 공헌이익은 이익으로 계상된다.

(2) 공헌이익법에 의한 성과평가

공헌이익은 사업부문의 경영자의 성과평가 지표로는 타당하지 못하다. 일반적으로 경영자는 사업부문에서 발생하는 변동원가와 고정원가의 비율을 조정할 수도 있으며, 고정원가 성격의 비용을 다음 연도로 이월하거나 차기에 발생할 비용을 당기에 조기 집행할 수 있는 재량권이 있다. 따라서 사업부문의 경영자의 성과평가를 위해서는 변동원가뿐만 아니라 경영자가 통제할 수 있는 고정원가까지 고려한 이익개념을 사용하는 것이 타당하다.

2 책임회계

(1) 책임회계의 의의

기업의 경영환경이 불확실해지고 제조기술이 복잡해지는 반면 기업의 규모는 커져서 시장의 변화에 신속하게 대응하기가 어려워지고 있다. 이러한 이유로 많은 기업들에서 최고경영자가 하위 경영자에게 의사결정권한을 부여하고 하위경영자는 의사결정의 자유성을 갖는 분권화가 이루어지고 있다. 기업의 경영관리적 측면에서 원가통제를 주된 목적으로 설계된 원가회계제도가 책임회계제도이다. 책임회계는 기업조직에 여러 종류의 책임중심점을 설정하여 권한과 책임을 부여하고, 계획과 실적에 관련된 회계수치를 책임중심점별로 집계·분석·보고함으로써 계획과 실적에 관한 정보를 파악하게 하는 회계제도이다. 여기서 책임중심점은 일련의 경영활동에 책임을 지고 의사결정권한을 가지는 조직단위를 말한다.

(2) 책임회계의 목적 중요도 상 중 하

① 책임회계의 목적은 원가뿐만 아니라 기업의 수익·이익·투자활동까지도 통제되고, 책임중심점의 관리자에 대한 성과평가를 통해 각 조직단위의 성과를 향상시키는 데 있다.

② 책임회계제도는 원가통제 측면뿐만 아니라 수익통제 측면에서도 유용하다. 수익 발생의 책임을 명확히 규명하고, 책임자별로 수익을 집계함으로써 효율적으로 수익을 통제할 수 있다. 이처럼 책임중심점은 책임내용에 따라 원가중심점, 수익중심점, 이익중심점, 투자중심점 등으로 구분할 수 있다.

㉠ **원가중심점** : 통제가능한 원가의 발생에 대해서만 책임을 지는 가장 작은 활동단위로서 표준원가 대비 원가차이로 평가된다. 생산부서와 지원부서가 대표적이다.

㉡ **수익중심점** : 매출액에 대해서만 통제책임을 지는 책임중심점으로 매출목표 대비 매출실적으로 평가된다. 판매부서 및 영업소 등이 대표적이다.

㉢ **이익중심점** : 원가와 수익 모두에 대해서 통제책임을 지는 책임중심점으로 이익으로 평가되므로 수익중심점에 비해 유용한 성과평가 기준이 된다. 전체 조직이 될 수도 있고, 판매부서, 각 지역단위, 점포단위 등으로 설정가능하다.

㉣ **투자중심점** : 원가 및 수익뿐만 아니라 투자의사결정에 대해서도 책임을 지는 책임중심점으로서 가장 포괄적인 개념이다. 제품별 또는 지역별 사업부로 분권화된 경우 이 분권화 조직이 투자중심점에 해당한다.

③ 책임회계제도의 목적을 성공적으로 달성하려면 성과보고서 작성이 필요하다. 성과보고서에는 예산과 실제 성과 및 차이 내용이 포함되어 있어 책임중심점의 관리자에 대한 성과평가에 도움을 주며, 예산과 실제 성과와의 중요한 차이에 대해서 경영자의 주의를 환기시키는 경영전략, 즉 예외에 의한 관리를 가능하게 해 준다.

(3) 전통적인 원가회계와 책임회계의 비교

① 원가의 수집 목적

㉠ 전통적인 회계에서는 주로 제품원가계산과 재고자산 평가를 위해 원가를 수집한다.

㉡ 책임회계에서는 특정 원가발생에 누가 책임을 지는가를 명확히 규정하고, 그 책임자가 원가의 관리를 효율적으로 수행할 수 있게 하기 위해 원가를 수집한다.

② 원가의 분류

㉠ 전통적인 원가회계에서는 원가를 제조원가와 판매비와 관리비로 분류하여, 자원이 어느 기능을 위해 소멸되었는지를 중요시한다.

㉡ 책임회계에서는 누가 자원을 소비했는지를 더 중요시한다. 책임중심점의 관리자가 성과평가의 대상이므로, 책임범위에서 발생하는 원가들을 효율적으로 관리할 수 있게 동기를 부여하는 제도이다. 따라서 원가는 통제가능성을 기준으로 통제가능원가와 통제불능원가로 분류한다.

③ 원가의 집계

㉠ 전통적인 회계에서는 원가를 기능별 또는 제품별로 집계한다.

㉡ 책임회계에서는 책임중심점의 성과를 평가하기 위해 책임중심점별로 원가를 집계한다.

제10장

OX로 점검하자

※ 다음 지문의 내용이 맞으면 O, 틀리면 ×를 체크하시오. [1~15]

01 인과관계기준은 공통원가를 원가대상에 배부할 때 가장 이상적인 배분기준이다. ( )

02 공정성과 공평성기준은 원가를 배분할 때에는 공정하고 공평하게 이루어져야 한다는 기준으로 원가배분을 통해 달성해야하는 목표를 의미한다. ( )

03 제조간접원가 예정배부율이 실제배부율보다 크면 제조간접원가가 과대배부된다. ( )

04 보조부문원가를 어느 방법으로 배부하든 배부 전·후의 제조간접원가 총액은 항상 일정하다. ( )

05 단계배분법은 보조부문 상호 간의 용역수수관계를 완전히 고려하여, 보조부문원가를 다른 보조부문과 제조부분에 배부하는 방법으로 계산이 복잡하지만 가장 정확하다. ( )

06 보조부문원가의 배분 시 이중배분율법을 적용하면 변동원가는 실제사용량을, 고정원가는 최대사용량을 기준으로 원가를 배부한다. ( )

07 활동기준원가계산은 다품종 소량생산의 제조업체가 적용하면 원가계산에 도움이 된다. ( )

08 활동기준원가계산은 개별원가계산에서는 사용할 수 있으나, 종합원가계산에서는 사용할 수 없다. ( )

09 활동기준원가계산은 주문횟수, 부품 수, 작업준비횟수 등 비재무적 측정치를 배부기준으로 사용한다. ( )

10 하나의 공정에서 생산되는 A와 B의 결합원가를 순실현가치기준법에 따라 배분할 때, A제품의 판매가격이 하락하면 B제품에 배부되는 결합원가는 증가한다. ( )

정답과 해설 01 O 02 O 03 O 04 O 05 × 06 O 07 O 08 × 09 O 10 O

05 상호배부법은 보조부문 상호 간의 용역수수관계를 완전히 고려하여, 보조부문원가를 다른 보조부문과 제조부분에 배부하는 방법으로 계산이 복잡하지만 가장 정확하다.

08 활동기준원가계산은 개별원가계산과 종합원가계산 모두 사용가능하다.

11 부산물은 주산물보다 판매가치가 더 낮거나 폐기비용 등으로 가치가 없는 제품이다. (   )

12 결합원가의 배분방법 중 균등이익률법은 수익과 비용의 대응관점 및 제품의 수익성 분석에 적절하여 널리 사용되는 배분방법이다. (   )

13 기초와 기말의 재고자산이 없는 경우 결합원가를 배분하는 방법 중 어떤 방법을 사용하여도 회사 전체의 당기순이익은 동일하다. (   )

14 수익중심점은 원가와 수익 모두에 대해서 통제책임을 지는 책임중심점이다.(   )

15 책임회계에서는 원가를 기능별 또는 제품별로 집계한다.(   )

정답과 해설 11 × 12 × 13 O 14 × 15 ×

11 작업폐물은 부산물보다 판매가치가 더 낮거나 폐기비용 등으로 가치가 없는 제품이다.
12 결합원가의 배분방법 중 상대적 판매가치법은 수익과 비용의 대응관점 및 제품의 수익성 분석에 적절하여 널리 사용되는 배분방법이다.
14 수익중심점은 매출액에 대해서만 통제책임을 지는 책임중심점이다.
15 책임회계에서는 책임중심점의 성과를 평가하기 위해 책임중심점별로 원가를 집계한다.

제10장 실전예상문제

checkpoint 해설 & 정답

01 수혜기준은 원가대상이 제공받은 경제적 효익의 정도에 비례하여 배분하는 방법이다.

01 다음의 내용과 가장 관련 있는 간접원가의 배부기준은?

> 기업 이미지 향상을 위한 광고선전비가 사업부별 매출액을 기준으로 배분되었다. 이는 매출액이 높은 사업부가 낮은 사업부에 비하여 광고 혜택을 더 많이 받았기 때문이다.

① 인과관계기준
② 수혜기준
③ 부담능력기준
④ 공정성과 공평성기준

02 제조간접원가 예정원가 = 실제조업도 × 제조간접원가 예정배부율

02 다음 제조간접원가의 계산 식 중 <u>잘못된</u> 것은?

① 제조간접원가 실제배부율 = 실제 총제조간접원가 ÷ 실제조업도
② 제조간접원가 예정배부율 = 제조간접원가 예산 ÷ 예정조업도
③ 제조간접원가 실제배부액 = 실제조업도 × 제조간접원가 실제배부율
④ 제조간접원가 예정배부액 = 예정조업도 × 제조간접원가 예정배부율

정답 01 ② 02 ④

03 M사는 제조간접원가를 직접노동시간을 기준으로 예정배부하고 있다. 제조간접원가 예산은 ₩255,000, 직접노동시간 예산은 10,000시간이다. 당기 제조간접원가 실제 발생액은 ₩270,000, 실제 직접노동시간은 10,400시간이다. 제조간접원가 과소(대)배부액은 얼마인가?

① ₩4,800 과소배부
② ₩4,800 과대배부
③ ₩15,000 과소배부
④ ₩15,000 과대배부

04 다음은 제조간접원가 배부차액 조정 전 N사의 당기 말 회계자료이다.

• 매출액	₩1,200,000	• 원재료	₩36,000
		• 재공품	₩54,000
• 매출원가	₩720,000	• 제품	₩90,000

당기 중 발생한 제조간접원가 과소배부액 ₩75,000을 비례배분법을 사용하여 기말재고와 매출원가에 배분할 때, 당기 손익계산서에 기록되는 매출원가는 얼마인가?

① ₩657,500
② ₩660,000
③ ₩780,000
④ ₩782,500

해설 & 정답 checkpoint

03 • 제조간접원가 예정배부율 :
$\frac{₩255,000}{10,000시간}$ = 25.5/직접노동시간
• 제조간접원가 과소배부액
= 실제발생액−예정배부액
= ₩270,000−(10,400시간 ×₩25.5)
= ₩4,800

04 • 매출원가에 배분되는 제조간접원가
= 과소배부액×매출원가÷총원가 :
₩75,000×₩720,000÷(₩54,000 + ₩90,000 + ₩720,000)
= ₩62,500
• 손익계산서 상 매출원가 :
₩720,000 + ₩62,500
= ₩782,500

정답 03 ① 04 ④

checkpoint 해설 & 정답

05 ₩18,000×20명/(20명+40명)+₩21,000×200시간/(200시간+300시간)=₩14,400

06 단계배분법에서는 보조부문원가의 배분순서에 따라 제조부문에 배부되는 원가가 달라지므로 배분순서를 합리적으로 결정하는 것이 매우 중요하다.

07 활동기준원가계산시스템의 효과는 개별제품의 수익성을 정확히 알 수 없는 기업에서 크다.

정답 05 ③ 06 ① 07 ①

05 P사는 두 개의 제조부문(조립, 완성)과 보조부문(인사, 수선)을 통하여 제품을 생산하고 있다. 인사부문의 원가 ₩18,000은 종업원 수를, 수선부문 ₩21,000은 수선시간을 기준으로 직접배분법에 따라 배분할 때 조립부문에 배부되는 보조부문의 원가는 얼마인가?

구분	제조부문		보조부문	
	조립부문	완성부문	인사부문	수선부문
종업원 수	20명	40명	10명	20명
수선시간	200시간	300시간	50시간	150시간

① ₩10,000
② ₩12,100
③ ₩14,400
④ ₩19,500

06 부문별 원가계산에 대한 설명 중 잘못된 것은?

① 단계배분법은 어느 보조부문원가를 먼저 배부하든지 결과가 같다.
② 직접배분법은 보조부문 간의 서비스 제공을 완전히 무시한다.
③ 상호배분법은 원가배부를 단계적으로 할 수 없다.
④ 상호배분법은 보조부문원가를 배분할 때 자기 부문에 배분하지 않는다.

07 활동기준원가계산을 도입할 경우 효과를 크게 볼 수 있는 기업의 일반적인 특성에 해당되지 않는 것은?

① 생산과 판매에 자신 있는 제품의 이익은 높고, 자신 없는 제품의 이익은 낮은 기업
② 치열한 가격경쟁에 직면한 기업
③ 제품의 제조와 마케팅 원가에 대해 생산작업자와 회계담당자 사이에 심각한 견해 차이가 있는 기업
④ 제품, 고객, 생산공정이 매우 복잡하고 다양한 기업

해설 & 정답 checkpoint

08 활동기준원가계산에서 묶음관련활동으로 분류할 수 <u>없는</u> 것은?

① 재료수령
② 품질검사
③ 선적
④ 엔지니어링변경

08 제품유지활동에는 공정엔지니어링, 엔지니어링변경, 제품설계, 제품설계변경 등이 있다.

09 Q사는 결합공정에서 제품 A는 1,000ℓ, 제품 B는 2,000ℓ 를 생산하였다. 단위당 판매가격은 제품 A는 ₩100, 제품 B는 ₩150이다. 당월 공정에 투입된 원가는 ₩330,000이었고, 결합원가는 분리점에서의 판매가치를 기준으로 배분한다면, 제품 B에 배부되는 결합원가는 얼마인가?

① ₩82,500
② ₩110,000
③ ₩220,000
④ ₩247,500

제품	판매가치	배분비율	결합원가배분액
A	₩100,000	25%	₩82,500
B	₩300,000	75%	₩247,500
합계	₩400,000	100%	₩330,000

09 [문제 하단의 표 참고]

10 책임회계제도에 대한 설명으로 <u>잘못된</u> 것은?

① 책임중심점의 관리자에 대한 성과평가와 각 조직단위의 성과향상을 목적으로 한다.
② 책임회계에서는 자원이 어느 기능을 위해 소멸되었는지를 중요시한다.
③ 예산과 실제 성과 및 차이 내용이 포함되어 있는 성과보고서가 필요하다.
④ 책임회계제도를 수행하기 위해서는 특정원가의 발생에 대한 책임소재가 명확해야 한다.

10 책임회계에서는 누가 자원을 소비했는지를 더 중요시한다.

정답 08 ④ 09 ④ 10 ②

checkpoint 해설 & 정답

주관식 문제

※ 다음 설명에서 빈칸에 들어갈 내용을 쓰시오. [1~5]

01 합리적인 배부기준에 의하여 둘 이상의 원가대상에서 공통적으로 사용된 간접원가를 각각의 원가대상에 대응시키는 과정을 (①)이라 하고, 직접원가를 원가대상에 대응시키는 과정을 (②)이라고 한다.

01
정답 ① 원가배분, ② 원가추적

02 (　　　)은 정확한 원가계산을 위해 기업의 여러 가지 활동들을 원가대상으로 삼아 원가를 집계하고, 원가대상들에 대한 원가계산도 이들이 소비한 활동별로 파악된 원가에 의해 계산하는 원가계산시스템이다.

02
정답 활동기준원가계산

해설 & 정답 checkpoint

03 (   )은 활동의 양을 계량적으로 나타내는 측정척도로서, 활동별로 집계된 원가를 제품에 배부할 때의 배부기준으로서 ABC에서는 각 활동별로 상이한 원가동인을 고려해야 한다.

03
정답 원가동인

04 결합제품이 개별적으로 식별가능한 지점을 (①)이라고 하고, 이전에 발생된 원가를 (②)라고 한다.

04
정답 ① 분리점, ② 결합원가

05 (   )란 의사결정권한이 조직 전반에 걸쳐서 위양되어 있는 상태로서, 핵심은 의사결정의 자유 정도에 있다.

05
정답 분권화

checkpoint 해설 & 정답

06 보조부문의 원가를 제품에 배분하기 위한 절차를 설명하시오.

07 활동기준원가계산의 절차를 설명하시오.

06

정답 보조부문에서 발생한 원가는 제품과 직접적 관련성을 찾기 어렵기 때문에 원가를 합리적으로 제품에 배분하는 절차가 필요하다. 즉, 보조부문원가를 제조부문에 먼저 배부하고, 제조부문에서 자체적으로 발생한 제조부문원가에 보조부문원가로부터 배부된 보조부문원가를 합하여 이를 제품에 배분하는 과정을 거친다.

07

정답 활동기준원가계산을 하기 위해서는 공정 상 모든 활동을 분석하여 공정흐름도를 작성하고, 활동중심점을 설정하고 원가를 집계한다. 그 다음으로 인과관계를 반영한 활동중심점별 원가동인을 결정하고, 제조간접원가 배부율을 계산한 후 제품별로 활동의 소비량에 따라 제조간접원가를 배부한다.

제 11 장

특별의사결정과 자본예산

제1절 특별의사결정
제2절 자본예산
실전예상문제

제 11 장 특별의사결정과 자본예산

제 1 절 특별의사결정

1 기본개념

의사결정이란 여러 가지 선택 가능한 대안들 중에서 최적의 대안을 선택하는 것이다.

(1) 관련수익 또는 관련원가 중요도 상 중 하

의사결정에 영향을 미치는 수익 또는 원가로서 의사결정 대안들 간의 차이가 있는 미래의 수익 또는 원가이다. 관련항목 분석에서는 관련수익보다는 관련원가에 초점을 맞추고 있는데 현금지출관련원가와 기회비용이 관련원가에 해당된다.

① **현금지출관련원가 :** 현금지출관련원가는 현재 또는 미래에 현금이나 기타 자원의 지출을 필요로 하는 원가이다. 대안 선택에 따라 차이가 발생하는 비용으로 실제 현금이나 기타자원의 지출을 수반하고 회계장부에 기록된다는 점에서 기회비용과 차이가 있다.

② **기회비용 :** 기회비용은 현재 사용 중인 재화, 용역, 생산설비가 현재의 용도 이외의 다른 대안 중 최선의 대안에 사용되었을 때의 가치이다. 즉, 자원을 지금 용도가 아닌 차선의 용도에 사용했을 경우 얻을 수 있는 최대 수익을 의미한다. 기회비용은 현금지출관련원가와 달리 실제 현금이나 기타 자원의 지출을 필요로 하지 않으며 회계장부에 기록되지도 않지만 의사결정과정에서 고려해야 한다.

(2) 비관련수익 또는 비관련원가 중요도 상 중 하

의사결정에 아무런 영향을 미치지 못하는 수익 또는 원가로서 의사결정대안들 간의 차이가 없거나 과거의 수익 또는 원가이다. 현금지출비관련원가와 매몰원가가 비관련원가에 해당된다.

① **현금지출비관련원가 :** 현금지출비관련원가는 두 대안 사이에 차이가 없는 현금지출 비용으로서 미래에 현금지출이 발생하지만 두 대안 모두 발생하므로 의사결정에 차이가 나지 않는 항목이다.

② **매몰원가 :** 매몰원가는 경영자가 통제할 수 없는 과거의 의사결정에서 발생한 역사적 원가로서 현재 또는 미래에 어떤 의사결정을 하더라도 회수할 수 없는 원가이다. 매몰원가는 현재 또는 미래의 의사결정과 관련성이 없으므로 의사결정에서 고려해서는 안 된다.

2 의사결정의 접근방법

(1) 총액접근법

모든 대안들의 총수익과 총원가를 각각 계산하여 이익이 가장 큰 대안을 선택하는 방법이다. 관련원가와 비관련원가 모두 분석대상에 포함 되어 구별할 필요가 없고, 세 가지 이상의 대안을 동시에 비교할 수 있다는 장점이 있다. 반면 계산절차가 번거롭고 시간이 많이 소요되며, 비관련원가까지 분석함으로써 관련원가에 대한 초점을 흐리게 하여 잘못된 의사결정을 할 수 있다는 단점이 있다.

(2) 증분접근법(차액접근법)

각 대안 간에 차이가 있는 수익과 원가만 분석하여 의사결정을 하는 방법이다. 이 방법에서는 대안별로 차이가 나는 관련수익과 관련원가만 분석대상이 된다. 계산과정이 간소화 되고 대안 간에 차이가 나는 수익과 원가를 명확하게 인식할 수 있다는 장점이 있으나, 의사결정 대안이 셋 이상인 경우에는 사용하기 어렵다는 단점이 있다.

3 단기의사결정의 유형 중요도 상중하

(1) 자가제조 또는 외부구입

부품 외부구입에 따른 구입원가와 자가제조할 경우 제조와 관련하여 발생하는 원가를 비교하여 의사결정을 한다. 외부구입시 회피가능원가에는 부품의 변동원가뿐만 아니라 생산감독자 급여와 같은 회피가능한 고정원가도 고려해야 하지만 설비감가상각비나 부품에 배부된 고정제조간접원가 등은 회피불가능원가이므로 의사결정에 고려할 필요가 없다. 기존설비를 다른 용도로 사용함에 따라 발생할 수 있는 기회비용을 함께 고려해야 한다.

- 외부구입원가〉회피가능원가+ 기회비용 → 자가제조
- 외부구입원가〈회피가능원가+ 기회비용 → 외부구입

(2) 제품라인의 유지 또는 폐쇄

제품라인 폐쇄 시 감소하는 수익과 변동원가를 고려한다. 특정 제품의 생산 중단이 다른 제품의 매출에 영향을 미친다면 다른 제품의 공헌이익의 변화도 함께 고려하여야 하고, 제품라인의 감독자 급여나 특정 제품의 광고선전비 등의 회피가능한 고정원가도 고려해야 한다. 그러나 공통고정비, 기업 전체를 위한 광고선전비 등은 회피불가능원가이므로 의사결정에 고려할 필요가 없다. 제품라인의 폐쇄여부를 결정할 때는 제품라인의 폐지가 다른 제품라인이나 기업이미지에 미치는 영향 등 질적 요소도 고려해야 한다.

- 제품라인의 공헌이익〉회피가능고정원가+기회비용 → 제품라인 유지
- 제품라인의 공헌이익〈회피가능고정원가+기회비용 → 제품라인 폐지

(3) 특별주문의 수락 또는 거부

① **유휴생산능력이 충분한 경우** : 특별주문으로 인하여 증가되는 수익과 비용을 고려하여 수락여부를 결정한다. 단, 유휴생산능력을 다른 용도로 사용가능한 상태라면 특별주문의 수락으로 인해 다른 용도로 사용하는 것을 포기하는데 따른 기회비용을 고려하여 의사결정 하여야 한다.

② **유휴생산능력이 부족한 경우** : 기존판매를 줄이거나 생산설비를 확충하여야 한다. 기존의 판매를 줄여야 할 경우는 특별주문의 수락으로 인한 수익·비용의 증가와 기존판매의 감소로 인한 수익·비용의 감소 모두 고려하여야 한다. 생산설비를 확충해야 한다면 특별주문의 수락으로 증가되는 수익·비용뿐만 아니라 추가적인 설비원가까지 고려하여야 한다.

- 특별주문가격〉증분원가+기회원가 → 특별주문 수락
- 특별주문가격〈증분원가+기회원가 → 특별주문 거부

(4) 결합제품의 추가가공

추가가공으로 인하여 증가되는 수익·비용을 비교하여 결정한다. 주의할 점은 분리점 이전에 발생한 결합원가는 매몰원가이므로 의사결정에 영향을 미치지 않는다는 것이다.

- 추가가공 후 판매가격-추가가공원가〉분리점에서의 판매가격 → 추가가공
- 추가가공 후 판매가격-추가가공원가〈분리점에서의 판매가격 → 분리점에서 판매

(5) 제품의 가격결정

① **경제학적 가격결정법**

㉠ 완전경쟁시장 : 수요와 공급에 의해 가격이 결정된다. 기업은 시장에서 결정된 가격을 수동적으로 받아들일 수밖에 없고, 단지 이익이 극대화되는 생산·판매수준을 결정하면 된다.

㉡ 불완전경쟁시장 : 가격을 인하하면 더 많은 제품을 판매할 수 있으므로 이익이 극대화되는 최적 판매가격은 한계수익과 한계비용이 일치하는 점에서 결정된다.

② **원가가산 가격결정법**

원가에 일정한 이익을 가산한 가격을 판매가격으로 결정하는 것이다. 적용이 쉽고 간편하다는 장점 때문에 많은 종류의 제품의 판매가격을 단기간에 결정해야 하는 경우 유용하게 사용될 수 있는 장점이 있다. 그러나 제품의 수요와 경쟁기업의 반응을 무시하고, 전부원가접근법과 총원가접근법에서 가격결정의 기초가 되는 원가에 고정원가가 포함되어 고정원가의 제품별 배부가 왜곡될 경우 잘못된 가격결정을 내릴 가능성이 있다는 단점이 있다.

㉠ 공헌이익접근법
- 단위당 판매가격 = 변동비 + 단위당 변동비 × 이익가산율
- $\text{공헌이익접근법이익가산율} = \dfrac{\text{고정원가} + \text{목표이익}}{\text{변동원가}}$

㉡ 전부원가접근법
- 단위당 판매가격 = 단위당 전부원가 + 단위당 전부원가 × 이익가산율
- $\text{전부원가접근법이익가산율} = \dfrac{\text{판매관리비} + \text{목표이익}}{\text{전부원가}}$

㉢ 총원가접근법
- 단위당 판매가격 = 단위당 총원가 + 단위당 총원가 × 이익가산율
- $\text{총원가접근법이익가산율} = \dfrac{\text{목표이익}}{\text{총원가}}$

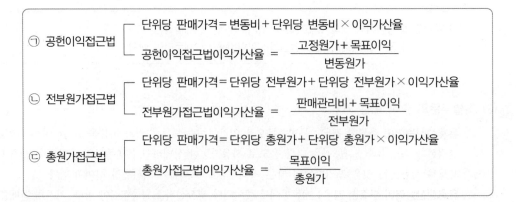

③ **목표가격결정(Target Price)**

시장지향적인 가격결정방법으로서 시장에서 경쟁우위를 확보할 목표가격을 판매가격으로 결정하는 것이다. 목표가격결정에는 목표원가계산이 수반되는데, 일반적인 절차는 제품의 구상, 목표가격의 결정, 목표원가의 결정, 가치공학 등의 수행으로 고객의 욕구 충족과 목표원가 달성을 위한 전사적 노력의 절차로 나눌 수 있다.

제 2 절 자본예산

1 자본예산의 개념

자본예산은 유형자산에 대한 효율적인 투자 수행을 위해 투자안의 타당성을 평가하고 투자안의 현금흐름이나 이익에 미치는 영향을 평가하는 기법이다. 자본예산은 장기의사결정으로 토지, 건물, 생산시설에 대한 투자 등 투자에 대한 영향이 1년 이상에 걸쳐 나타난다.

(1) 고정자산에 대한 투자의 특징

① 대규모 투자이고 기업의 성패와 관련 있으며 그 효과도 장기간에 걸쳐 나타나기 때문에 체계적이고 신중하게 의사결정을 해야 한다.

② 감가상각비는 비용으로서 이익을 줄이고 세법상 손금으로 인정되어 법인세를 감소시키는 효과가 있다. 따라서 감가상각비로 인한 절세효과를 고려해야 한다.

③ 투자의 효과가 장기간에 걸쳐 나타나므로 화폐의 시간가치를 고려해야 한다.

④ 투자와 투자회수기간동안 생산설비나 기술의 진부화, 경제상황의 변화, 소비자의 기호변화 등 불확실한 상황에 직면한다.

(2) 비현금지출비용의 절세효과

비현금지출비용은 감가상각비와 같이 현금지출은 없으나 비용으로 처리되어 세법상 손금으로 인정되므로 감가상각비에 세율을 곱한 만큼 세금을 감소시키는 절세효과가 있다.

(3) 자본비용

① 자본비용은 그 투자안 채택에 따르는 기회비용이다.
② 자본비용은 투자안에 투자하는 경우 기업이 반드시 획득해야 하는 최저투자수익률이다.
③ 자본비용은 현금유출액을 현재가치로 환산하기 위한 할인율로 이용되며 내부수익률법에서는 계산된 내부수익률과 비교하기 위한 비교기준이다.

(4) 현금흐름의 추정 중요도 상중하

투자안의 평가는 현금흐름을 기초로 하여 이루어진다. 투자안의 현금흐름은 투자자산의 내용연수 중 현금흐름의 발생시점에 따라 나눌 수 있다.

① **투자시점에서의 현금흐름** : 유형자산의 취득원가와 투자에 따른 운전자본 소요액을 의미한다.

투자시점에서의 현금유출액 = 유형자산취득액 + 운전자본소요액

② **투자기간 중의 현금흐름** : 투자는 미래에 실현될 수익을 얻기 위해 현재의 자금을 지출하는 것이므로 유형자산 투자로 인해 내용연수 동안 영업현금흐름은 증가한다.

영업현금흐름 = 영업활동 현금유입액 - 영업활동 현금유출액 = 회계상 영업이익 + 감가상각비

영업현금흐름을 추정하는 과정에서 추가로 고려할 사항은 다음과 같다.
㉠ 유형자산의 감가상각비 같은 비현금지출비용은 현금유출액에 포함시켜서는 안 된다.
㉡ 부채의 이자비용과 주주에게 지급하는 배당금 등 자본조달비용은 영업현금흐름의 현금유출액에 포함시켜는 안 된다. 왜냐하면 자본조달의사결정과 투자의사결정은 각각 독립된 의사결정이기 때문이다.
㉢ 투자기간 영업현금흐름은 연간 균등하게 발생하지만 경우에 따라서는 투자안 평가를 용이하게 하기 위해 각 기간의 현금흐름이 해당 기간 말에 전액 발생한다고 가정하기도 한다.

③ **투자종료시점의 현금흐름** : 투자안의 내용연수가 종료되는 시점의 현금흐름은 유형자산의 처분에 따른 현금유입액과 운전자본 회수액이 포함된다.

투자종료시점에서의 현금유입액 = 유형자산처분액 + 운전자본회수액

2 전통적 자본예산모형 중요도 상중하

(1) 회수기간법

회수기간에 의하여 투자안을 평가하는 방법으로서 투자자본이 빨리 회수될수록 더 바람직한 투자안으로 평가된다.

$$\text{회수기간} = \frac{\text{투자액}}{\text{연간순현금유입액}}$$

상호 독립적 투자안	• 회수기간 〈 목표회수기간 → 투자안 채택 • 회수기간 〉 목표회수기간 → 투자안 기각
상호 배타적 투자안	'회수기간 〈 목표회수기간'인 투자안 중 회수기간이 가장 짧은 투자안 선택

(2) 회계적이익률법(ARR법 : Accounting Rate of Return Method)

투자안의 회계적 이익률을 이용하여 투자안을 평가하는 방법으로서 회계적이익률이 큰 투자안이 더 바람직한 투자안으로 평가된다.

• $\text{회계적이익률} = \frac{\text{연평균순이익}}{\text{최초투자액(또는 평균투자액)}} = \frac{\text{연평균순현금흐름} - \text{연평균감가상각비}}{\text{투자액(또는 평균투자액)}}$

• 평균투자액 = (최초투자액 + 잔존가치) ÷ 2

연평균 순이익은 현금흐름이 아닌 손익계산서상의 세후 순이익을 의미하고, 연평균감가상각비는 최초투자액에서 잔존가치를 차감한 금액을 내용연수로 나누어 계산하므로 감가상각방법에 관계없이 동일하다.

상호 독립적 투자안	• ARR 〉 목표이익률 → 투자안 채택 • ARR 〈 목표이익률 → 투자안 기각
상호 배타적 투자안	'ARR 〉 목표이익률'인 투자안 중 ARR이 가장 큰 투자안 선택

3 현금흐름할인법 중요도 상중하

(1) 순현재가치법(NPV법 : Net Present Value Method)

투자안으로 인한 순현금흐름의 현재가치에 의하여 투자안을 평가하는 방법으로서 순현재가치가 큰 투자안이 더 바람직한 투자안으로 평가된다.

순현재가치 = 현금유입액의 현재가치 − 현금유출액의 현재가치

순현재가치를 구할 때 사용되는 할인율은 자본비용을 의미한다.

상호 독립적 투자안	• NPV > 0 → 투자안 채택 • NPV < 0 → 투자안 기각
상호 배타적 투자안	'NPV > 0'인 투자안 중 NPV가 가장 큰 투자안 선택

(2) 내부수익률법(IRR법 : Internal Rate of Return Method)

투자안으로부터 기대되는 순현금유입액의 현재가치를 '0'이 되도록 해주는 할인율인 내부수익률을 이용하여 투자안을 평가하는 방법이다. 투자의사결정시 내부수익률이 큰 투자안이 더 바람직한 투자안으로 평가된다.

> '현금유입액의 현가 = 현금유출액의 현가'가 되도록 하는 할인율 → IRR

상호 독립적 투자안	• IRR > 자본비용 → 투자안 채택 • IRR < 자본비용 → 투자안 기각
상호 배타적 투자안	'IRR > 자본비용'인 투자안 중 IRR이 가장 큰 투자안 선택

(3) 순현재가치법과 내부수익률법의 비교

순현재가치법과 내부수익률법은 화폐의 시간가치와 투자안의 수익성을 모두 고려한 투자의사결정모형으로서 이론적으로는 우수한 분석방법이다. **일반적으로 단일투자안을 평가할 때는 두 방법의 결과는 동일하다.** 그러나 둘 이상의 상호독립적인 투자안의 우선순위를 결정하거나 상호 배타적인 투자안을 평가할 때는 두 방법의 평가결과가 서로 다를 수 있다. 이러한 경우에는 순현재가치법이 내부수익률법에 비해 여러 가지의 장점이 있으므로 순현재가치법에 따라 평가해야 한다.

〈자본예산모형의 비교〉

회수기간법	회계적이익률법	순현재가치법	내부수익률법
현금흐름 초점	발생주의 순이익 초점	현금흐름 초점	현금흐름 초점
비할인모형(화폐의 시간가치 무시)		할인모형(화폐의 시간가치 고려)	

구분	장점	단점
회수기간법	• 계산이 간단하고 이해하기 쉽다 • 회수기간이 짧을수록 미래의 불확실성을 감소시키고(회수기간을 위험지표로 사용), 기업의 유동성을 향상시키는 투자안을 선택하게 한다.	• 회수기간 이후의 현금흐름을 무시하여 투자안 전체의 수익성을 고려하지 않는다. • 화폐의 시간가치를 고려하지 않는다. • 목표회수기간이 임의적으로 설정된다.
회계적 이익률법 (ARR법)	• 계산이 간단하고 이해하기 쉽다. • 전체적인 수익성을 고려한다. • 투자안의 수익성 평가와 성과평가를 일관성 있게 할 수 있다. • 회계자료를 쉽게 확보할 수 있다.	• 현금흐름을 고려하지 않고 회계적 이익을 사용한다. • 화폐의 시간가치를 고려하지 않는다. • 목표이익률이 임의적으로 설정된다.

순현재 가치법 (NPV법)	• 내부수익률법에 비해 계산이 쉽다. • 모든 현금흐름을 고려한다. • 화폐의 시간가치를 고려한다. • 자본비용(최저필수수익률)으로 재투자하는 가정이 내부수익률법보다 현실적이다. • 할인율에 위험을 반영할 수 있다. • 순현재가치를 극대화하면 기업가치가 극대화된다. • 계산결과가 금액으로 산출되어 가치가산의 원칙이 적용된다.	• 할인율로 사용하는 자본비용의 결정이 어렵다. • 투자규모가 서로 다른 투자안의 비교가 어렵다.
내부 수익률법 (IRR법)	• 모든 현금흐름을 고려한다. 화폐의 시간가치를 고려한다. • 내부수익률은 자본비용의 손익분기점이라는 의미를 갖는다.	• 내부수익률 계산이 복잡하다. • 복수의 IRR이 존재하거나, 존재하지 않을 수도 있다. • 내부수익률로 재투자하는 가정이 비현실적이다. • 계산결과가 비율로 산출되어 가치가산의 원칙이 적용되지 않는다.

제11장

OX로 점검하자

※ 다음 지문의 내용이 맞으면 O, 틀리면 ×를 체크하시오. [1~12]

01 의사결정에 영향을 미치는 관련원가는 매몰원가, 증분원가, 차액원가, 기회원가가 해당된다. ( )

02 기회비용은 회계장부에 기록되어 의사결정에 영향을 미치는 관련원가이다. ( )

03 증분접근법은 대안별로 차이가 나는 관련수익과 관련원가만 분석대상이 된다. ( )

04 결합제품의 추가가공 의사결정시 분리점 이전에 발생한 결합원가는 매몰원가이므로 의사결정에 영향을 미치지 않는다. ( )

05 원가가산가격결정법은 적용하기 쉽고 간편하다는 장점이 있으나 공급자의 이익이 확실하게 보장되어 있어 원가절감 동기가 없고, 오히려 원가를 부풀릴 수도 있다. ( )

06 완전경쟁시장에서 최적판매가격은 한계수익과 한계비용이 일치하는 점에서 결정된다. ( )

07 자본비용은 그 투자안 채택에 따르는 매몰원가이다. ( )

08 투자기간 중 영업현금흐름의 현금유출액에 부채의 이자비용과 주주에게 지급하는 배당금 등이 포함된다. ( )

정답과 해설 01 × 02 × 03 O 04 O 05 O 06 × 07 × 08 ×

01 매몰원가, 기발생원가, 비차액원가는 비관련원가에 해당된다.
02 기회비용은 자원의 지출을 필요로 하지 않으므로 회계장부에 기록되지 않지만, 의사결정과정에서 고려해야 한다.
06 불완전경쟁시장에서 최적판매가격은 한계수익과 한계비용이 일치하는 점에서 결정된다.
07 자본비용은 그 투자안 채택에 따르는 기회비용이다.
08 부채의 이자비용과 주주에게 지급하는 배당금 등 자본조달비용은 현금유출액에 포함시켜는 안 된다.

09 회계적이익률법에서 회계적이익률이란 손익계산서에서 계산된 이익과 투자액의 비율이다. ( )

10 순현재가치법에서 순현재가치란 투자안으로부터 생기는 현금유입액의 현재가치에서 현금유출액의 현재가치를 차감한 금액이다. ( )

11 내부수익률이 자본비용과 같다면 순현가(NPV)는 0보다 크다. ( )

12 내부수익률법은 가치가산의 원칙이 적용되나, 순현재가치법은 가치가산의 원칙이 적용되지 않는다. ( )

정답과 해설 09 O 10 O 11 × 12 ×

11 내부수익률이 자본비용과 같다면 순현가(NPV)는 0이다.

12 순현재가치법은 가치가산의 원칙이 적용되나, 내부수익률법은 가치가산의 원칙이 적용되지 않는다.

제 11 장 실전예상문제

01 의사결정 접근방법 중 증분접근법에 대한 설명으로 <u>잘못된</u> 것은?

① 각 대안별로 손익계산서를 모두 작성하여야 한다.
② 계산과정이 간소화 된다.
③ 대안별로 차이가 나는 관련수익과 관련원가만 분석대상이 된다.
④ 의사결정 대안이 셋 이상인 경우에는 사용하기 어렵다.

02 R사는 부품 X를 연간 100개를 자가제조하고 있으며, 관련된 연간 자료는 다음과 같다.

• 직접재료원가	₩21,000	• 변동제조간접원가	₩2,000
• 직접노무원가	₩15,000	• 고정제조간접원가	₩10,000

회사는 외부로부터 부품 100개를 단위당 ₩400에 공급하겠다는 제안을 받았다. 부품 X를 외부에서 구입하면 고정제조간접원가 중 공장감독자 급여 ₩1,500이 감소하고, 기존설비를 임대하여 연간 ₩20,000의 수익을 창출할 수 있다. 외부업체의 제안을 허락하면 자가제조보다 얼마나 유리(불리)한가?

① ₩18,000 유리
② ₩18,000 불리
③ ₩19,500 유리
④ ₩19,500 불리

증분수익	임대료 수입				₩20,000
증분비용	증가 :	외부 구입원가	100개×₩400	=₩40,000	
	감소 :	변동원가	100개×(₩210+₩150+₩20)	=(38,000)	
		고정원가		(1,500)	− 500
증분이익					₩19,500

해설&정답 checkpoint

01 총액접근법은 각 대안별로 손익계산서를 모두 작성하여야 한다.

02 외부구입할 경우 증분이익 : ₩19,500 [문제 하단의 표 참고]

정답 01 ① 02 ③

checkpoint 해설 & 정답

03 고정원가는 특별주문에 따른 변동이 없으므로 비관련원가이다.

04 고정원가는 특별주문에 따른 변동이 없으므로 비관련원가이다.
[문제 하단의 표 참고]

정답 03 ③ 04 ②

03 S사는 매월 5,000단위의 제품을 생산하는데, 단위당 판매가격은 ₩800이고, 단위당 변동원가는 ₩300이며, 고정원가는 월 ₩300,000이다. 당사는 T사로부터 400단위의 특별주문을 받았다. 현재 유효생산설비는 특별주문 수량보다 부족한 상황인데, 특별주문을 수락할 경우 주문처리를 위한 비용 ₩700이 추가 발생한다. 특별주문에 대한 의사결정에서 관련항목만 바르게 제시한 것은?

① 특별주문 수락 전의 단위당 고정원가, 단위당 변동원가, 특별주문 처리비용
② 특별주문가, 특별주문 처리비용, 특별주문 수락 후의 단위당 고정원가, 기존판매량 감소분의 공헌이익
③ 특별주문가, 단위당 변동원가, 특별주문 처리비용, 기존판매량 감소분의 공헌이익
④ 특별주문 수락후의 단위당 고정원가, 특별주문 처리비용, 기존판매량 감소분의 공헌이익

※ 다음의 자료를 이용하여 물음에 답하시오. [4~5]

U회사는 원재료를 가공하여 결합제품 우유와 치즈를 생산·판매한다. 분리점까지 결합원가는 ₩200,000이다.

구분	우유	치즈
단위당 판매가격	₩200	₩600
단위당 판매관리비	₩50	₩100
생산량	1,000개	200개

04 순실현가치를 기준으로 결합원가를 배분할 때 우유와 치즈의 단위당 제조원가는?

	우유	치즈
①	₩120	₩275
②	₩120	₩400
③	₩125	₩375
④	₩167	₩167

해설 & 정답 checkpoint

제품	순실현가치	배분비율	결합원가배분액	단위당원가
우유	₩150,000㉠	60%	₩120,000	₩120
치즈	₩100,000㉡	40%	₩80,000	₩400
합계	₩250,000	100%	₩200,000	

㉠ 우유의 순실현가치 : 1,000개×₩200－1,000개×₩50＝₩150,000
㉡ 치즈의 순실현가치 : 200개×₩600－200개×₩100＝₩100,000

05 U회사는 우유를 추가 가공하여 아이스크림을 생산할 수 있다고 한다. 아이스크림의 판매가격은 단위당 ₩550원이며, 추가가공비는 단위당 ₩180이다. 추가가공과정에서 감손은 없으며 아이스크림의 판매관리비는 단위당 ₩110이다. 1,000개의 우유를 추가 가공하여 아이스크림으로 판매하는 것이 우유로 판매하는 것보다 얼마나 유리(불리)한가?

① ₩60,000 유리
② ₩60,000 불리
③ ₩110,000 유리
④ ₩110,000 불리

증분수익	1,000개×(₩550－₩200) ＝	₩350,000
증분비용	1,000개×(₩180＋₩110－₩50) ＝	－ 240,000
증분이익		₩110,000

06 목표가격에 대한 설명 중 가장 적절한 것은?

① 설정된 목표가격을 달성할 수 있는 원가를 가치공학 등의 수행을 통해 달성하는 것이 중요한 절차이다.
② 제품디자인에서부터 공급자가격, 제조공정 등에 이르는 모든 단계에서 원가절감요인을 도출해 최소의 원가를 달성하여 목표가격을 설정한다.
③ 목표원가에 목표영업이익을 가산하여 책정되는 가격이다.
④ 변동원가의 회수에 초점을 둔, 기업의 생존을 도모하기 위한 가격이다.

05 우유를 추가 가공할 경우 증분이익 ₩110,000
[문제 하단의 표 참고]

06 목표가격결정과 목표원가계산의 절차는 제품의 구상, 목표가격의 결정, 목표원가의 결정, 가치공학 등의 수행이다.

정답 05 ③ 06 ①

checkpoint 해설 & 정답

07 화폐의 시간가치를 고려하는 할인모형은 순현재가치법과 내부수익률법이다.

08 회수기간 $= \frac{\text{투자액}}{\text{연간순현금유입액}}$
$= \frac{₩140,000}{₩40,000}$
= 3.5년

09 • 순현재가치 = 현금유입액의 현재가치 − 현금유출액의 현재가치
= [₩13,000×3.605 + (₩7,000 + ₩5,000)×0.567] − [₩40,000 + ₩7,000] = ₩6,669

정답 07 ④ 08 ③ 09 ②

07 순현재가치법과 내부수익률법이 회수기간법이나 회계적이익률법보다 우수한 이유는?

① 감가상각비와 세금효과를 반영한다.
② 계산이 간단하고 이해하기 쉽다
③ 가치가산의 원칙이 적용된다.
④ 화폐의 시간가치를 고려한다.

08 V사는 ₩140,000의 기계를 새로 구입하려고 한다. 이 기계의 내용연수는 5년이고, 이 기계를 구입하면 매년 ₩40,000의 순현금유입이 있을 것으로 예상된다. 이 투자안의 회수기간은 얼마인가?

① 2년
② 2.5년
③ 3.5년
④ 7년

09 W사는 ₩40,000의 기계구입 투자안을 고려하고 있다. 이 기계의 내용연수는 5년이고, 잔존가치는 ₩5,000, 연간영업현금흐름은 ₩13,000으로 예상된다. 이 투자로 인하여 추가로 필요한 운전자본 ₩7,000이 투자시점에 소요되며, 이는 투자종료시점에 회수된다. 회사의 최저필수수익률이 12%라고 할 때 이 투자안의 순현재가치는 얼마인가?(연 12%, 5년 현가계수 : 0.567, 연금현가계수 : 3.605)

① ₩3,834
② ₩6,669
③ ₩6,865
④ ₩13,669

해설 & 정답 checkpoint

주관식 문제

※ 다음 설명에서 빈칸에 들어갈 내용을 쓰시오. [1~4]

01 (　　)이란 여러 가지 선택 가능한 대안들 중에서 최적의 대안을 선택하는 것이다.

01
정답 의사결정

02 (①)은 자원을 지금 용도가 아닌 차선의 용도에 사용했을 경우 얻을 수 있는 최대 수익이고, (②)는 통제할 수 없는 과거의 의사결정에서 발생한 역사적 원가이다.

02
정답 ① 기회비용, ② 매몰원가

03 (　　)은 유형자산에 대한 효율적인 투자 수행을 위해 투자안의 타당성을 평가하고 투자안의 현금흐름이나 이익에 미치는 영향을 평가하는 기법이다.

03
정답 자본예산

checkpoint 해설 & 정답

04
정답 ① 현금흐름, ② 발생주의 순이익

05
정답 증분접근법이란 각 대안 간에 차이가 있는 수익과 원가만 분석하여 의사결정을 하는 방법이다. 이 방법에서는 대안별로 차이가 나는 관련수익과 관련원가만 분석대상이 된다. 계산과정이 간소화 되고 대안 간에 차이가 나는 수익과 원가를 명확하게 인식할 수 있다는 장점이 있으나, 의사결정 대안이 셋 이상인 경우에는 사용하기 어렵다는 단점이 있다.

06
정답 할인모형은 화폐의 시간가치를 고려하는 모형으로서 내부수익률법과 순현재가치법이 있다. 비할인모형은 화폐의 시간가치를 고려하지 않는 모형으로서 회수기간법과 회계적이익률법이 있다.

04 회수기간법, 내부수익률법, 순현재가치법은 (①)에 초점을 둔 모형이고, 회계적이익률법은 (②)에 초점을 둔 모형이다.

05 증분접근법의 의의와 장단점을 설명하시오.

06 할인모형과 비할인모형에 대해 설명하고, 이를 기준으로 네 가지 자본예산모형을 분류하시오.

BUSINESS ADMINISTRATION

제 2 과목

인사조직론

제1장 인적자원관리의 기초개념
제2장 인적자원관리의 개념모형
제3장 직무분석과 직무평가
제4장 인사고과
제5장 인적자원의 확보관리
제6장 인적자원의 개발관리
제7장 인적자원의 활용관리
제8장 인적자원의 보상관리
제9장 인적자원의 유지관리
제10장 인적자원 정보시스템과 인적자원 감사
제11장 관리이론의 전개과정
제12장 조직구성원의 이해
제13장 기업조직의 환경과 문화적 특성
제14장 관리자의 기본적 임무

시대에듀

독학사

경영학과 4단계

고득점으로 대비하는 가장 똑똑한 수험서!

제 1 장

인적자원관리의 기초개념

제1절 인적자원관리의 의의와 성격

제2절 인적자원관리자의 역할

제3절 인적자원관리의 전개과정

제4절 인적자원관리의 연구접근법

제5절 인사관리의 기본체계

실전예상문제

제 1 장 인적자원관리의 기초개념

제 1 절 인적자원관리의 의의와 성격

1 인적자원관리의 정의와 중요성

(1) 인적자원관리의 정의

과거 생산성을 중시하던 산업화 초기에는 조직 내 인적자원을 관리하는 모든 기능과 과정을 인사관리라는 용어로 통칭하였으나, 현대 사회로 오면서 인적자원에 대한 중요성을 인식하게 되고 인사관리가 좀 더 세분화된 용어로 변천이 되어가면서 그 영역이 넓어지게 되었다. **조직의 목표를 달성하기 위해 효율적으로 활용하여야 하는 자원 중에 인적자원의 획득 및 개발에 관한 활동으로, 기업의 장래 인적자원의 수요를 예측하여 기업전략의 실현에 필요한 인적자원을 확보하기 위해 실시하는 일련의 활동**을 인적자원관리(HRM ; Human Resources Management)라고 한다. 이는 인적자원계획(HRP ; Human Resource Planning), 인적자원개발(HRD ; Human Resource Development), 인적자원활용(HRU ; Human Resource Utilization)의 3가지 측면으로 세분화하여 관리되기도 한다.

(2) 인적자원관리의 중요성

기업은 개방체계로서 인적·물적·재무적 자원 등 다양한 투입물을 통해 기업의 성과와 가치를 높이게 되는데, 이 중 인적자원관리가 가장 강조되고 중요하게 인식된다. 그 이유는 다양한 자원이 개발, 창출되는 등의 의사결정이 인간 중심적 측면에서 이루어지기 때문이다.

2 인적자원관리의 성격 중요도 상 중 하

인적자원관리의 성격에 대해서는 여러 가지 견해가 있지만, 가장 보편적이고 일반적인 측면에서 살펴보면 다음과 같다.

- 기업 조직의 인적자원관리에 있어서의 관리대상은 인간이다.
- 인적자원관리의 주체는 인간이다.
- 인적자원관리는 주체 및 객체가 모두 인간이며, 이들의 상호작용관계로 볼 수 있다.
- 인적자원관리는 현 상태보다 상태의 조작에 따른 조직목적에 부합하는 합리적인 제도를 만들어 현 상태를 개선하는 것을 중요하게 생각한다.

3 인적자원관리의 패러다임의 변화 중요도 상중하

인적자원관리는 사회적·문화적·경제적 환경에 따라 그 이론이 점차 발전되면서 이론의 패러다임 또한 큰 변화를 갖게 되었다. 간단히 요약하면 다음과 같다.

- 연공 → 능력 → 성과
- 생산성 중시 → 근로생활의 질(QWL ; Quality of Work Life) 중시
- 조직의 목표 중시 → 조직목표와 개인의 목표 조화
- 직무중심 인사관리 → 경력중심 인사관리
- 소극적, 타율적인 X론적 인간관 중시 → 주체적, 자율적인 Y론적 인간관 중시

더 알아두기

맥그리거의 XY이론

X론적 인간관	Y론적 인간관
인간은 근본적으로 일하기를 꺼려한다. 지시받기를 원하고, 책임에 대해 회피하고자 하는 경향을 보인다. 그러므로 통제와 철저한 감독이 필요하다.	인간은 일을 자연스럽게 받아들인다. 동기부여를 스스로 하여 자기통제 및 자기지시를 발휘한다. 그러므로 통제와 지시가 아닌 동기부여를 시켜야 한다.

4 인적자원관리의 목표

1차적인 목표는 노동력의 효율적 이용과 비용절감에 있으며, 2차적인 목표는 조직의 유지·발전에 있다. 이러한 목표를 달성하려면 종업원 질서의 유지·안정과 노사관계 질서의 유지·안정이 중요하다. 부차적인 목표는 종업원의 만족에 있으며, 이에는 생활만족, 직무만족, 직장만족, 기업만족 등이 있다.

제 2 절 인적자원관리자의 역할

인적자원관리자는 인적자원관리를 성공적으로 하기 위해 관련 프로세스를 효율적으로 설계하여 기업조직이 발전할 수 있도록 내·외부 관계에서 그 역할을 잘 수행해야 한다.

1 내부 관계에서의 역할 중요도 상중하

(1) 최고 경영자층에 대한 역할

① 최고 경영자층의 정보원천의 역할을 수행해야 한다.
② 공평한 평가기준과 신념을 가지고 최고 경영자층에 실력 있는 인재를 추천할 수 있어야 한다.
③ 의견충돌을 해소하고, 발생하는 문제에 대한 문제해결자의 역할을 수행해야 한다.

(2) 부문과 계층 간의 조정자로서의 역할

① 조직 구성원들이 가지는 상이한 관점과 생각을 조율하는 역할을 수행해야 한다.
② 집단 간의 부정적인 마찰을 줄이는 교량역할을 수행하여 기업 조직 내의 부서 및 집단 간의 갈등과 문제를 줄이는 역할을 해야 한다.

(3) 라인(종업원)에 대한 서비스 역할

인적자원관리자는 과거의 수동적인 역할에서 벗어나 좀 더 능동적인 입장에서 라인(종업원)에 대해 스태프로서 조언 등을 해야 한다.

2 외부 관계에서의 역할 중요도 상중하

(1) 경계연결자로서의 역할

인적자원관리자는 소속 조직을 대표하는 특성을 가지며, 경영 외부환경과의 경계연결을 수행하는 역할을 한다.

(2) 변화담당자로서의 역할

인적자원관리자는 기본적인 역할 외에 기술적·사회적인 변화에도 대응할 수 있도록 인간과 관련된 각종 제도 등을 바꾸는 변화담당자로서의 역할도 수행하게 된다.

제 3 절 인적자원관리의 전개과정

1 생산성 강조 시대 중요도 상중하

주요이론	테일러의 과학적 관리론 (Scientific Management Theory)	포드 시스템 (Ford System)
주요 내용	• 기계적·폐쇄적 조직관 및 경제적 인간관 • 인간의 신체를 기계화하는 철저한 능률 위주의 관리 이론(비인간화) • 시간 및 동작연구(표준 과업 측정 및 관리) • 차별성과급제 도입 • 테일러리즘	• 생산의 표준화와 컨베이어 시스템을 통해 대량생산 가능 → 경영의 합리화 추구 • 저가격/고임금의 원칙 • 동시관리(작업의 동시적 진행을 기계적으로 실현하고 관리를 자동으로 전개하는 방식) • 3S(간소화, 표준화, 전문화) • 기업을 영리조직이 아닌 사회의 봉사기간으로 파악

2 인간성 중시 시대 중요도 상중하

(1) 주요 이론으로는 메이요의 인간관계론(Human Relations Approach)이 있다. 해당 이론은 과학적 관리론에 따른 비인간화에 대해 회의와 불만이 생기게 되었고, 이에 대한 비판으로 제기되었다. 호손실험을 통해 인적자원의 심리적 요소의 중요성에 대해 알게 되었다.

(2) 주요 내용

① 종업원들의 생산성은 생리적 또는 경제적 유인으로만 자극을 받는 것이 아니라, 사회적·심리적 요소에 의해서도 크게 영향을 받는다는 것을 증명하였다.

② 비공식적 집단을 중요시 한다.

③ 1924년에서 1932년에 걸쳐 미국 시카고에 있는 호손공장에서 실시된 호손실험을 통해 종업원들의 심리적 요인과 비공식적 조직이 생산성 향상에 많은 영향을 미친다는 것을 증명하였고, 이로써 비경제적 요인의 중요성이 조명되었다. 호손실험은 조명실험, 계전기 조립실험, 면접실험, 배전기 권선실험 등의 방법으로 실행되었다.

3 생산성 및 인간성 동시 추구 시대 중요도 상중하

주요이론으로는 행동과학론(Behavioral Science)이 해당된다. 인간과 노동력, 성과와 만족이 별개의 성격이 되면 안 되고, 서로 조화를 이루어야 한다는 관점에서 시작한 이론이다. 이는 조직의 공식적·비공식적 측면을 모두를 고려하여 인간의 활동을 과학적으로 분석하고 객관적으로 연구·측정하여 생산성과 인간성을 동시에 추구하고자 하였다.

더 알아두기

인적자원관리의 발전단계

구조적 접근(1930년대)	인간적 접근(~1950년대)	인적자원 접근(1960년대 이후)
• 기계론적 접근 • 과학적 관리론 • 능률, 생산성 중시	• 가부장적 접근 • 인간관계론 • 만족감, 사회적 요소 중시	• 시스템적 접근 • 행동과학 • 성과 등 종합적 요소 중시

제 4 절 인적자원관리의 연구접근법

1 인적자원 접근법

과거 생산성만을 중시하던 전통적 관점에서 벗어나 인적자원에 대한 무한한 능력이 기업경쟁력의 중요한 요소로 인식되었다. 이 관점에서는 맥그리거의 Y론적 인간관이 더해지면서 종업원에 대한 지속적인 능력개발과 동기부여를 중요하게 생각하게 되었다. 그리고 행동과학이론을 배경으로 하는 경향이 강하다.

2 과정 접근법(기능적 접근법)

과정 접근법은 기업 내 조직에서 인적자원관리의 제반 기능과 조직 내 인력의 흐름을 기반으로 연구하는 것을 말하며, 새로운 인력의 확보에서부터 이직에 이르기까지의 일련의 과정에 대해 관리하는 절차를 말한다. 이 과정 접근법의 대표적인 학자로는 플리포(E.B. Flippo)가 있다. **플리포는 관리기능으로 계획, 지휘, 조직, 통제를 언급했으며 업무기능으로는 확보, 개발, 보상, 통합, 유지, 이직 등을 들었다.** 또한, 이 접근법은 기능을 중요시하므로 기능적 접근법이라고도 한다.

3 시스템 접근법

조직론에서 발전한 시스템 이론을 인적자원관리에 적용한 접근법으로, 인적자원관리를 하나의 시스템의 관점에서 보아 전체적인 모형으로서 인적자원관리 시스템을 설계하려는 접근법이다. 각각의 하위시스템들을 묶어서 하나의 전체적인 연결을 갖도록 하는 방법이다. 대표적인 연구자로는 피고스와 마이어스(P. Pigors & C.A. Myers), 데슬러(Dessler)가 있다.

제 5 절 인사관리의 기본체계 중요도 상중하

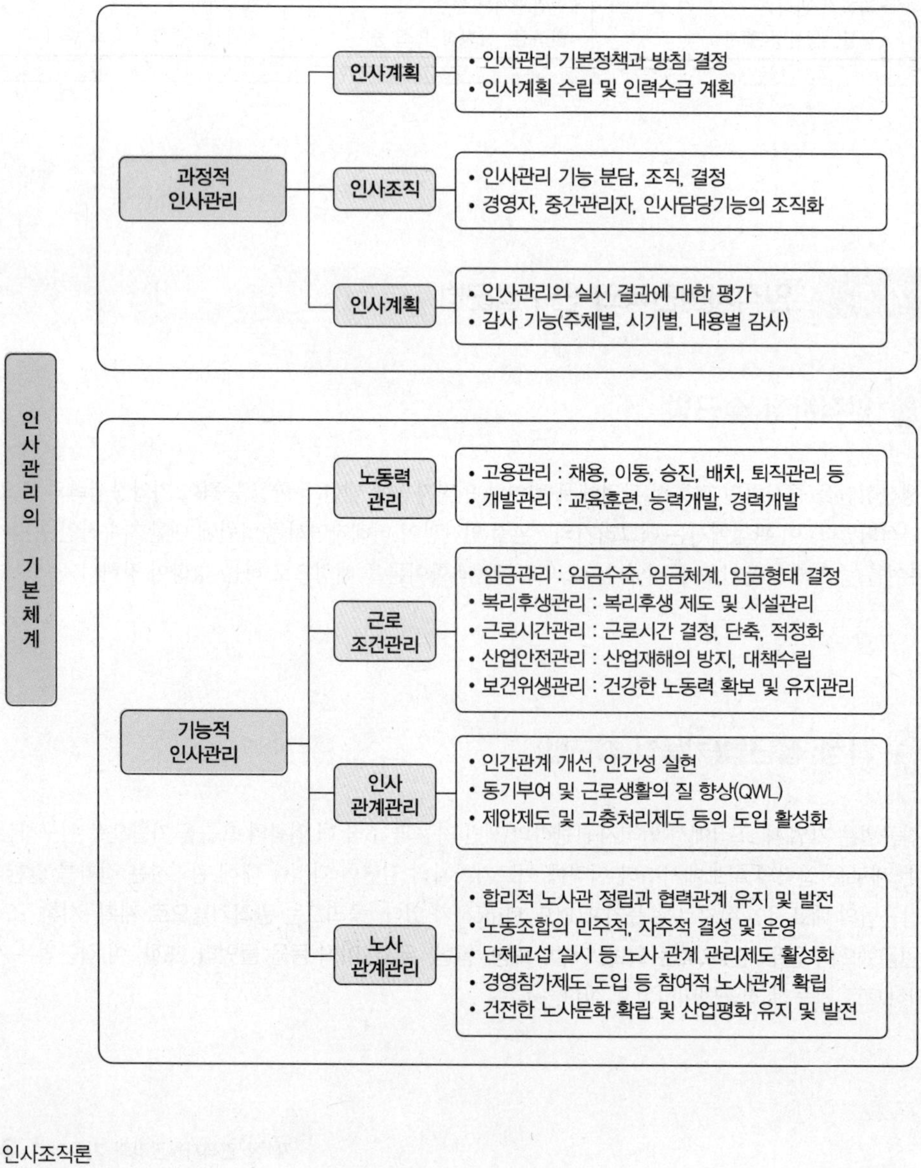

제1장

OX로 점검하자

※ 다음 지문의 내용이 맞으면 O, 틀리면 ×를 체크하시오. [1~10]

01 인적자원관리는 주체 및 객체가 모두 인간이며, 이들의 상호작용관계로 볼 수 있다. (   )

02 인적자원관리의 패러다임은 근로생활의 질(QWL ; Quality of Work Life) 중시에서 생산성 중심으로 바뀌어 가고 있다. (   )

03 인간은 근본적으로 일하기를 꺼려하며 지시받기를 원하고, 책임에 대해 회피하고자 하는 경향을 보인다는 것은 Y론적 인간관에 해당된다. (   )

04 테일러의 과학적 관리론은 인간의 신체를 기계화하는 철저한 능률위주의 관리이론으로 비인간화의 심화를 가져와 비판받았다. (   )

05 메이요의 인간관계론은 호손실험을 통해 기업 조직 내 공식조직이 비공식조직에 비해 생산성 향상에 있어 주요한 역할을 한다고 증명했다. (   )

06 3S(간소화, 표준화, 전문화)와 컨베이어 시스템을 통해 대량생산을 가능하게 하여 경영의 합리화를 추구한 것은 포드 시스템에 의해서이다. (   )

정답과 해설 01 O 02 × 03 × 04 O 05 × 06 O

02 생산성 중심에서 근로생활의 질(QWL ; Quality of Work Life) 중시로 변화하고 있다. 이 외에도 연공에서 능력, 능력에서 성과로의 변화, 조직의 목표 중시에서 조직목표와 개인의 목표 조화 중시로의 변화, 직무중심 인사관리에서 경력중심 인사관리로 변화하고 있다.

03 X론적 인간관에 해당하며, Y론적 인간관은 자율적이고 능동적인 성향을 가진다.

X론적 인간관	Y론적 인간관
인간은 근본적으로 일하기를 꺼려한다. 지시받기를 원하고, 책임에 대해 회피하고자 하는 경향을 보인다. 그러므로 통제 및 철저한 감독이 필요하다.	인간은 일을 자연스럽게 받아들인다. 동기부여를 스스로 하여 자기통제 및 자기지시를 발휘한다. 그러므로 통제와 지시가 아닌 동기부여를 시켜야 한다.

05 메이요의 인간관계론은 테일러의 과학적 관리론에 대한 비판으로 제기된 이론으로 인간의 심리적 요소가 생산성 향상에 주요한 역할을 담당한다는 것을 증명했다. 해당 이론은 호손실험을 통해 비공식적 조직의 중요성 또한 밝혔다.

07 생산성 및 인간성 동시 추구시대의 대표이론으로는 메이요의 인간관계론을 들 수 있다. (   )

08 인간과 노동력, 성과와 만족이 별개의 성격이 되면 안 되고, 서로 조화를 이루어야 한다는 관점에서 시작한 이론은 행동과학론이다. (   )

09 인사관리의 기본체계 중 과정적 인사관리의 영역에서 인사관리 기본정책과 방침을 결정하고 인사계획 수립 및 인력수급 계획을 하는 것은 인사평가의 영역에 해당한다. (   )

10 인사관리의 기본체계 중 기능적 인사관리에는 인사계획, 인사조직, 인사평가가 있다. (   )

정답과 해설 07 × 08 O 09 × 10 ×

07 생산성 및 인간성 동시 추구시대의 대표이론으로는 테일러의 과학적 관리론과 포드 시스템이 있으며, 메이요의 인간관계론은 인간성 중시시대에 해당하는 대표이론이다.

09 인사계획의 영역에 해당한다. 과정적 인사관리의 영역은 다음과 같이 세 가지로 영역을 나눌 수 있다. 인사관리 기본정책과 방침 결정을 하는 인사계획의 영역, 인사관리 기능을 분담, 조직, 결정하는 인사조직의 영역, 인사관리의 실시 결과를 평가하는 인사평가의 영역이 있다.

10 과정적 인사관리의 영역에 대한 내용이다. 기능적 인사관리의 영역은 네 가지로 나눌 수 있다. 고용관리, 개발관리를 하는 노동력 관리영역과 임금관리, 복리후생관리 등을 하는 근로조건관리 영역, 동기부여 및 근로생활의 질 향상을 돕는 인사관계관리 영역, 마지막으로 합리적 노사관 정립과 협력관계를 유지·발전시키는 노사관계관리 영역이 있다.

제 1 장 실전예상문제

해설 & 정답 checkpoint

01 인적자원관리에 대한 내용으로 적합하지 않은 것은 무엇인가?

① 기업의 장래 인적자원의 수요를 예측하여 기업전략의 실현에 필요한 인적자원을 확보하기 위해 실시하는 일련의 활동을 말한다.
② 기업 조직의 인적자원관리에 있어서의 관리대상은 인간이다.
③ 고도의 산업화로 인해 인적자원관리보다 물적자원에 대한 관심이 더 높아지고 있다.
④ 인적자원계획, 인적자원개발, 인적자원활용의 3가지 측면으로 세분화하여 관리되기도 한다.

01 다양한 자원이 개발·창출되는 등의 의사결정이 인간중심적 측면에서 이루어지기 때문에 인적자원관리의 중요성이 더욱 강조되고 있다.

02 인적자원관리의 성격에 대한 내용으로 옳지 않은 것은 무엇인가?

① 기업 조직의 인적자원관리에 있어서의 관리대상은 인간이다.
② 인적자원관리의 주체는 인간이다.
③ 인적자원관리는 주체 및 객체가 모두 인간이며, 이들의 상호작용관계로 볼 수 있다.
④ 인적자원관리는 현 상태를 최대한 유지해 나가는 것을 중요하게 생각한다.

02 인적자원관리는 현 상태보다 상태의 조작에 따른 조직목적에 부합하는 합리적인 제도를 만들어 현 상태를 개선해 나가는 것을 중요하게 생각한다.

정답 01 ③ 02 ④

checkpoint 해설 & 정답

03 동기부여를 스스로하여 자기통제 및 자기지시를 발휘한다. 그러므로 통제와 지시가 아닌 동기부여를 시켜야한다는 인간관은 Y론적 인간관에 해당한다. ②·③·④는 X론적 인간관에 해당된다.

04 외부 관계에서의 역할에는 경계연결자로서의 역할과 변화담당자로서의 역할 두 가지가 해당된다. ①·②·④는 내부 관계에서의 역할에 해당된다.

05 조직 구성원들이 가지는 상이한 관점과 생각을 조율하는 역할을 수행하고, 집단 간의 부정적인 마찰을 줄이는 교량역할을 수행하는 것은 부문과 계층 간의 조정자로서의 역할에 해당한다.

정답 03 ① 04 ③ 05 ④

03 맥그리거의 XY이론 중 Y론적 인간관의 특징에 해당하는 것은 무엇인가?

① 동기부여를 스스로 하여 자기통제 및 자기지시를 발휘한다.
② 인간은 근본적으로 일하기를 꺼려한다.
③ 지시받기를 원하고 책임에 대해 회피하고자 하는 경향을 보인다.
④ 조직구성원에 대한 통제 및 철저한 감독이 필요하다.

04 인적자원관리자의 역할 중 외부 관계에서의 역할에 해당하는 것은 무엇인가?

① 라인(종업원)에 대한 서비스 역할
② 최고 경영자층에 대한 역할
③ 경계연결자로서의 역할
④ 부문과 계층 간의 조정자로서의 역할

05 인적자원관리자의 역할 중 최고 경영자층에 대한 역할에 대한 설명으로 옳지 <u>않은</u> 것은?

① 최고 경영자층의 정보원천의 역할을 수행해야 한다.
② 공평한 평가기준과 신념을 가지고 최고 경영자층에 실력 있는 인재를 추천할 수 있어야 한다.
③ 의견충돌을 해소하고 발생하는 문제에 대한 문제해결자의 역할을 수행해야 한다.
④ 조직 구성원들이 가지는 상이한 관점과 생각을 조율하는 역할을 수행해야 한다.

해설 & 정답 checkpoint

06 **인적자원관리의 전개과정 중 생산성 강조 시대의 이론인 테일러의 과학적관리론에 대한 설명으로 옳지 않은 것은 무엇인가?**

① 공식적 집단보다 비공식적 집단을 중요시한다.
② 기계적·폐쇄적 조직관 및 경제적 인간관을 가지고 있다.
③ 시간 및 동작연구를 통해 표준 과업 측정 및 관리가 가능하게 되었다.
④ 차별성과급제를 도입하게 되었다.

06 메이요의 인간관계론에서는 호손실험을 통해 기업 조직 내 공식조직이 비공식조직에 비해 생산성 향상에 있어 주요한 역할을 한다고 증명했다.

07 **인적자원관리의 전개과정 중 생산성 강조 시대의 이론인 테일러의 과학적 관리론에 대한 설명으로 옳은 것은 무엇인가?**

① 과학적 관리론에 따른 비인간화에 대해 회의와 불만이 생기게 되었고, 이에 대한 비판으로 제기된 이론이다.
② 공식적 집단보다 비공식적 집단을 중요시 한다.
③ 호손실험을 통해 종업원들의 심리적 요인과 비공식적 조직이 생산성 향상에 많은 영향을 미친다는 것을 증명하였다.
④ 물리적 환경요소의 변화와 표준 과업 측정 및 관리를 통해 생산성 향상을 극대화시켰다.

07 물리적 환경요소와 표준 과업 측정 및 관리를 통해 생산성 향상을 극대화시킨 이론은 과학적 관리론에 대한 내용에 해당한다. ①·②·③은 인간성 중시 시대의 이론인 메이요의 인간관계론에 대한 내용이다.

08 **인적자원관리의 전개과정 중 생산성 및 인간성 동시 추구시대에 해당하는 주요이론은 무엇인가?**

① 메이요의 인간관계론(Human Relations Approach)
② 행동과학론(Behavioral Science)
③ 테일러의 과학적 관리론(Scientific Management Theory)
④ 포드 시스템(Ford System)

08 인간과 노동력, 성과와 만족이 별개의 성격이 되면 안 되고, 서로 조화를 이루어야 한다는 관점에서 시작한 이론으로 행동과학론(Behavioral Science)이 해당된다.

정답 06 ① 07 ④ 08 ②

checkpoint 해설 & 정답

09 [문제 하단의 표 참고]

10 인적자원관리를 하나의 시스템의 관점에서 보아 전체적인 모형으로서 인적자원관리 시스템을 설계하려는 접근법은 시스템 접근법에 대한 내용이다.

11 인사관계관리는 기능적 인사관리에 해당하며 그 내용은 다음과 같다.
- 인간관계 개선, 인간성 실현
- 동기부여 및 근로생활의 질 향상(QWL)
- 제안제도 및 고충처리제도 등의 도입 활성화

정답 09 ④ 10 ② 11 ②

09 인적자원관리의 발전단계의 순서를 바르게 나열한 것은 무엇인가?

① 인간적 접근 → 인적자원 접근 → 구조적 접근
② 인간적 접근 → 구조적 접근 → 인적자원 접근
③ 구조적 접근 → 인적자원 접근 → 인간적 접근
④ 구조적 접근 → 인간적 접근 → 인적자원 접근

구조적 접근 (1930년대)	인간적 접근 (~1950년대)	인적자원 접근 (1960년대 이후)
• 기계론적 접근 • 과학적관리론 • 능률, 생산성 중시	• 가부장적 접근 • 인간관계론 • 만족감, 사회적 요소 중시	• 시스템적 접근 • 행동과학 • 성과 등 종합적 요소 중시

10 인적자원관리의 연구접근법 중 과정 접근법에 대한 내용으로 적합하지 않은 것은 무엇인가?

① 기업 내 조직에서 인적자원관리의 제반 기능과 조직 내 인력들의 흐름을 기반으로 연구하는 것을 말한다.
② 각각의 하위시스템들을 묶어서 하나의 전체적인 연결을 갖도록 하는 방법에 대한 연구이다.
③ 대표적인 학자로는 플리포(E.B. Flippo)가 있다.
④ 기능을 중요시하므로 기능적 접근법이라고도 불리고 있다.

11 인사관리의 기본체계 중 기능적 인사관리에 해당하는 것은 무엇인가?

① 인사계획
② 인사관계관리
③ 인사조직
④ 인사평가

해설 & 정답 checkpoint

12 인사관리의 기본체계 중 기능적 인사관리에 해당하지 않는 것은 무엇인가?

① 노동력관리
② 근로조건관리
③ 노사관계관리
④ 인사평가

12 인사평가는 과정적 인사관리에 해당하며 내용은 다음과 같다.
- 인사관리의 실시결과에 대한 평가
- 감사 기능(주체별, 시기별, 내용별 감사)

주관식 문제

01 다음 보기의 괄호 안에 해당하는 용어는 무엇인지 순서대로 쓰시오.

보 기

ㄱ. 기업 조직의 인적자원관리에 있어서의 관리대상은 (　　　) 이다.
ㄴ. 인적자원관리의 (　　　)는 인간이다.
ㄷ. 인적자원관리는 주체 및 (　　　)가 모두 인간이며, 이들의 상호작용관계로 볼 수 있다.

01
정답 ㄱ. 인간, ㄴ. 주체, ㄷ. 객체
해설 인적자원관리의 성격에 대해서는 여러 가지 견해가 있지만, 보기의 내용이 가장 보편적이고 일반적인 측면에서 언급되는 부분이며 인간의 중요성에 대해 설명하고 있다.

정답 12 ④

checkpoint 해설 & 정답

02

정답 인적자원관리에 대한 시각이 전통적 시각에서 현대적 시각으로 바뀌면서 연공이나 능력보다 성과를 중시하게 되었으며, 조직의 목표만을 중시하지 않고 개인과 조직의 목표가 조화를 이루도록 변화하였다. 또한, 직무중심의 인사관리에서 경력중심의 인사관리로 변화하였으며, 생산성보다는 근로생활의 질(QWL)을 중시하게 되었다.

03

정답 첫 번째로 최고 경영자층에 대한 역할이 있다. 최고 경영자층의 정보원천의 역할을 수행하고 공평한 평가기준과 신념을 가지고, 최고 경영자층에 실력 있는 인재를 추천할 수 있어야 한다. 두 번째로 부문과 계층 간의 조정자로서의 역할이 있다. 조직 구성원들이 가지는 상이한 관점과 생각을 조율하는 역할을 수행해야 한다. 마지막으로는 라인(종업원)에 대한 서비스 역할이 있다. 과거의 수동적인 역할에서 벗어나 좀 더 능동적인 입장에서 라인(종업원)에 대해서 스태프로서 조언 등을 하여야 한다.

04

정답 외부관계자의 역할은 크게 두 가지로 설명할 수 있다. 첫 번째로 경계연결자로서의 역할이다. 인적자원관리자는 소속 조직을 대표하는 특성을 가지며, 경영 외부환경과의 경계연결을 수행하는 역할을 하게 된다. 두 번째로 인적자원관리자는 기본적인 역할 외에 기술적·사회적인 변화에도 대응할 수 있도록 인간과 관련된 각종 제도 등을 바꾸는 변화담당자로서의 역할도 수행하게 된다.

02 인적자원관리의 패러다임의 변화에 대해 약술하시오.

03 인적자원관리자의 역할 중 내부 관계에서의 3가지 역할에 대해 쓰시오.

04 인적자원관리자의 역할 중 외부 관계에서의 역할에 대해 약술하시오.

해설 & 정답 checkpoint

05 인적자원관리의 전개과정 이론에 대한 설명으로 괄호 안에 해당하는 이론을 쓰시오.

ㄱ. (　　　)은 시간 및 동작연구를 통해 표준과업을 측정하고 관리함에 따라 생산성을 높이는 데 큰 공헌을 하였으며, 작업성과에 차등을 두어 차별성과급제를 도입했다. 그러나 인간의 신체를 기계화하는 철저한 능률 위주의 이론으로 비인간화라는 비판을 받게 되었다.

ㄴ. (　　　)은 3S(간소화, 표준화, 전문화)와 컨베이어 시스템 통해 대량생산을 가능하게 했으며, 경영의 합리화를 추구하였다. 저가격·고임금의 원칙을 추구했으며, 기업을 영리조직이 아닌 사회의 봉사기관으로 파악하였다.

ㄷ. (　　　)은 테일러의 과학적 관리론에 대한 비판으로 제기된 이론으로 인간의 심리적 요소의 중요성이 생산성 향상에 주요한 역할을 담당한다는 것을 증명했다. 해당 이론은 호손실험을 통해 비공식적 조직의 중요성도 밝혔다.

05

정답 ㄱ. 테일러의 과학적 관리론
ㄴ. 포드 시스템
ㄷ. 메이요의 인간관계론

06 인적자원관리의 전개과정 이론 중 테일러의 과학적 관리론에 대한 주요내용을 3가지 이상 쓰시오.

06

정답 테일러의 과학적 관리론은 생산성 강조 시대의 대표이론으로 주요내용은 다음과 같다.

- 기계적·폐쇄적 조직관 및 경제적 인간관
- 인간의 신체를 기계화하는 철저한 능률위주의 관리이론(비인간화)
- 시간 및 동작연구(표준 과업 측정 및 관리)
- 차별성과급제 도입
- 테일러리즘

checkpoint 해설 & 정답

07

정답 메이요의 인간관계론은 인간성 중시 시대의 대표이론으로 주요내용은 다음과 같다.

- 과학적 관리론에 따른 비인간화에 대한 비판으로 제기된 이론이다.
- 종업원들의 생산성은 생리적 또는 경제적 유인으로만 자극을 받는 것이 아니라, 사회적·심리적 요소에 의해서도 크게 영향을 받는다는 것을 증명하였다.
- 비공식적 집단을 중요시 한다.
- 호손공장에서의 호손실험을 통해 비경제적 요인의 중요성을 증명하였다.

08

정답 ㄱ. 과정 접근법(기능적 접근법)
ㄴ. 시스템 접근법
ㄷ. 인적자원 접근법

07 **인적자원관리의 전개과정 이론 중 메이요의 인간관계론에 대한 주요내용을 3가지 이상 쓰시오.**

08 **인적자원관리의 연구접근법 중 괄호 안에 해당하는 연구접근법을 쓰시오.**

ㄱ. (　　　)은 기업 내 조직에서 인적자원관리의 제반 기능과 조직 내 인력들의 흐름을 기반으로 연구하는 것을 말하며, 새로운 인력의 확보에서부터 이직에 이르기까지의 일련의 과정에 대해 관리하는 절차를 말한다. 이 과정접근법의 대표적인 학자로는 플리포(E.B. Flippo)가 있다.

ㄴ. (　　　)은 조직론에서 발전한 시스템 이론을 인적자원관리에 적용한 접근법으로, 인적자원관리를 하나의 시스템의 관점에서 보아 전체적인 모형으로서 인적자원관리 시스템을 설계하려는 접근법이다. 각각의 하위 시스템들을 묶어서 하나의 전체적인 연결을 갖도록 하는 방법이다. 대표적인 연구자로는 피고스와 마이어스(P. Pigors & C. A. Myers), 데슬러(Dessler)가 있다.

ㄷ. (　　　)은 과거 생산성만을 중시하던 전통적 관점에서 벗어나 인적자원에 대한 무한한 능력이 기업경쟁력의 중요한 요소로 인식되었다. 이 관점에서는 맥그리거의 Y이론의 인간관이 더해지면서 종업원에 대한 지속적인 능력개발과 동기부여를 중요하게 생각하게 되었다. 그리고 행동과학이론을 배경으로 하는 경향이 강하다.

09 인사관리의 기본체계 중 과정적 인사관리를 3가지로 구분하여 쓰시오.

10 인사관리의 기본체계 중 기능적 인사관리를 3가지 이상 구분하여 쓰시오.

해설 & 정답 checkpoint

09

정답 과정적 인사관리는 인사계획, 인사조직, 인사평가로 구분되며 내용은 다음과 같다.

- 인사계획은 인사관리 기본정책과 방침을 결정하고, 인사계획 수립 및 인력수급 계획
- 인사조직은 인사관리 기능을 분담, 조직, 결정
- 인사평가는 인사관리의 실시 결과에 대해 평가

10

정답 기능적 인사관리는 노동력관리, 근로조건관리, 인사관계관리, 노사관계관리로 구분되며 주요내용은 다음과 같다.

- 노동력관리에는 채용, 이동 등의 고용관리와 교육훈련 등의 개발관리가 있다.
- 근로조건관리에는 임금관리, 복리후생관리, 근로시간관리, 산업안전관리, 보건위생관리가 있다.
- 인사관계관리는 인간관계 개선, 근로생활의 질 향상, 제안제도 및 고충처리제도 등의 도입을 활성화한다.
- 노사관계관리는 합리적 노사관 정립과 협력관계 유지·발전을 목표로 하며, 경영참가제도 도입 등 참여적 노사관계를 확립시킨다.

고득점으로 대비하는 가장 똑똑한 수험서!

제 2 장

인적자원관리의 개념모형

제1절 인적자원관리 개념모형의 설계
제2절 인적자원관리의 목표와 방침
제3절 인적자원관리의 환경
실전예상문제

제 2 장 인적자원관리의 개념모형

제 1 절 인적자원관리 개념모형의 설계

1 인적자원관리의 개념모형의 의의 및 활동

(1) 개념모형의 의의

인적자원관리의 개념모형은 해당 조직의 목표 달성을 위해 인적자원의 확보에서부터 개발, 활용, 보상, 유지, 방출의 단계에 이르기까지 일련의 모든 과정과 활동을 계획, 조직하고 통제하는 관리체제를 의미한다.

(2) 인적자원관리의 활동 중요도 상중하

인적자원관리 활동은 크게 지원적 활동과 기능적 활동으로 분류된다. 지원적 활동은 기능적 활동을 지원하는 역할을 하며, 기능적 활동은 인적자원관리 활동의 핵심을 이루게 된다.

① 지원적 활동

㉠ 개인 및 직무분석

개인의 역량과 동기가 조직의 목표가 조화를 이루어야 해당 조직의 성과가 높아질 수 있다. 이를 위해서 먼저 직무와 관련된 직무요건과 보상에 대한 내용을 파악하고, 개인적인 측면에서의 특징인 능력과 욕구를 잘 파악하여 서로 접목이 되도록 해야 한다. 양자의 적합성 관계를 모색하도록 인적자원관리활동이 이루어져야만 조직이 목표하고자 하는 방향으로 개인이 행동하게 되며 조직의 성과도 이에 따라 높아질 수 있기 때문이다.

㉡ 결과의 평가

인적자원관리의 결과는 종업원의 유효성 기준이나 지표를 대신하는 것으로써 종업원이 느끼는 높은 직무만족도와 높은 동기부여, 근속년수의 증가, 이직 및 결근의 감소 등이 지표가 된다. 즉, 직무만족도가 높은 종업원들의 과업 수행 정도는 조직성과를 높이는 데 큰 공헌을 하게 된다.

㉢ 인적자원계획

인력자원계획은 현재와 미래에 기업이 필요로 하는 인력의 질적 수준과 양을 결정하는 것을 의미한다. 이러한 면에서 인적자원 계획은 기업이 추구하는 목표를 좀 더 효율적으로 달성 할 수 있게 도움을 주도록 인력 수급을 질적·양적으로 조정하도록 계획되어야 한다.

② **기능적 활동**

㉠ **인적자원의 확보**

현재와 미래에 기업이 필요로 하는 인력의 질적 수준과 양을 결정하는 인적자원계획이 이루어진 후 이에 필요한 인력을 확보해 나가는 과정을 말한다. 인적자원의 확보는 인적자원관리 과정에서 가장 먼저 이루어지는 과정이며 **모집, 선발, 채용, 배치관리**가 주요 과제가 된다.

㉡ **인적자원의 개발**

인적자원의 확보단계에서 확보된 인력의 능력을 최대한 발휘할 수 있도록 하여 조직의 유효성을 올리는 과정을 말한다. 개발단계에서는 **교육훈련, 능력개발, 승진, 인사평가, 경력관리 및 개발**이 주요 활동을 이룬다.

㉢ **인적자원의 활용**

확보된 인적자원이 개발단계를 거쳐 최대한의 능력을 발휘할 수 있게 되면, 해당 구성원들을 효과적으로 활용하여 조직의 유효성을 높일 수 있도록 해야 한다. 이는 구성원들의 능력에 적합한 조직문화와 조직 분위기를 형성함으로써 효과적으로 이루어질 수 있다. 그래서 활용단계에서는 주로 **조직설계 및 직무에 대한 설계 등의 내용이 주요 과제**가 된다.

㉣ **인적자원의 보상**

인적자원의 보상이란 종업원이 조직의 성과에 기여한 공헌에 대해 공정하게 급부를 제공하는 것을 의미한다. 급부에는 임금과 같은 경제적 급부와 복리후생 등의 비경제적 급부 모두가 포함되며, 이에 따른 **임금관리와 복리후생의 관리**가 보상의 주요 내용이 된다.

㉤ **인적자원의 유지**

기업 조직 내에서 종업원들이 업무를 수행해 가는 과정에서 발생할 수 있는 다양한 문제점을 파악하고 이를 해결해 나감으로써 안정감 있게 해당 직무를 수행하여 능력을 발휘할 수 있도록 하는 단계에 해당한다. 인적자원의 유지의 주요 과제로는 **인간관계관리와 노사관계관리** 등이 있다.

㉥ **인적자원의 방출**

기업과 종업원과의 고용관계가 종료되는 사항을 관리하는 단계가 방출의 단계에 해당한다. 자발적 이직과 비자발적 이직 등에 대한 전체적인 **이직관리**가 방출 단계의 주요 내용이 된다.

2 개인과 직무의 결합

인적자원관리에 대한 다양한 활동들이 잘 이루어지기 위해서는 개인의 능력과 욕구, 그리고 직무의 요건과 보상 간의 관계를 충실히 이해해야 할 필요가 있다. **양자가 잘 조화가 되어야만 조직의 성과가 높아질 수 있기 때문이다.** 즉, 개인의 관점에서 개인의 능력, 지식, 기능, 성장욕구의 정도가 조직의 관점에서 직무 수행을 위해 요청되는 기능인 직무요건과 해당 직무수행의 결과에 따른 급부인 직무보상의 정도와 각각 상호작용이 잘 이루어져야 한다.

3 인적자원관리의 결과

인적자원관리의 활동이 개인과 직무의 관점에서 조화로운 결합이 이루어지게 되면, 상당히 의미 있는 결과를 낳게 된다. 결과에 해당하는 내용으로는 직무성과, 직무만족, 근속연수와 출근율 등이 있다.

(1) 직무성과(Job performance)

① 종업원 유효성의 중요한 기준이 된다.
② 종업원들은 조직의 과업을 수행하기 위해 고용된다.
③ 종업원들이 직무수행을 함에 있어 더욱 능률적으로 일을 하게 될수록 조직에 대한 공헌도는 커진다.

(2) 직무만족(Job satisfaction)

① 직무만족은 개인이 직무를 통해 충족하고자 하는 특정한 욕구를 가지고 있다는 것을 전제로 한다.
② 높은 직무만족을 가진 개인의 경우 더 많은 직무성과를 이룰 수 있기 때문에 공헌도가 더 커진다.

(3) 근속연수와 출근율

① 장기적인 근속연수와 높은 출근율은 직무와 조직에 대한 지속적인 몰입도를 나타내주는 지표가 되며, 중단 없이 과업의 수행을 가능하게 해주는 중요한 요소가 된다.
② 조직에서 장기적인 근속연수와 높은 출근율을 확보하지 못하게 되어 이직이 잦아지고 지각률이 높아지게 되면 과대한 간접비용을 초래할 수 있다.

참고

인적자원관리의 개념모형

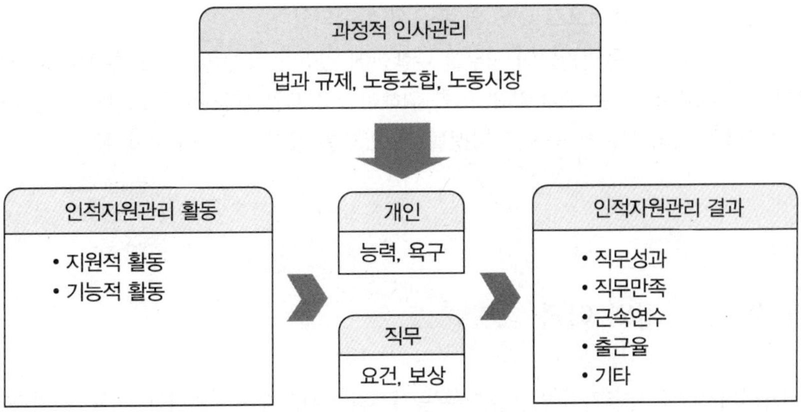

제 2 절 인적자원관리의 목표와 방침

1 인적자원관리의 기본 목표

인적자원관리의 기본 목표에는 크게 생산성목표와 유지목표 및 근로생활의 질(QWL ; Quality of Work Life) 충족이 있다. 구체적인 내용은 다음과 같다.

(1) 생산성목표(Productivity goal)와 유지목표(Maintenance goal)

① **생산성목표(Productivity goal)**

생산성목표는 과업목표(task goal)라고도 불리며 종업원의 만족도 등과 같이 인간적인 측면보다는 과업 그 자체를 달성하기 위한 조직의 목표에 초점을 맞춘 것을 의미한다. 예를 들어 과업을 잘 수행할 수 있는 종업원을 선발하고, 새로운 기술을 잘 익혀서 할 수 있도록 훈련에 집중하게 하는 등이 생산성목표를 달성하기 위한 것이라고 할 수 있다.

② **유지목표(Maintenance goal)**

유지목표는 과업 그 자체의 달성을 위한 조직의 목표에 초점을 두기보다는 조직의 과업과는 별도로 조직 자체의 유지 또는 인간적 측면과 관계된 목표에 초점을 둔다. 예를 들면, 조직의 불협화음과 조직 외부의 압력으로부터 조직을 보호해 나가고 유지해 나가는 것에 초점을 맞춘 것이라고 할 수 있다.

(2) 근로생활의 질(QWL ; Quality of Work Life) 충족 중요도 상중하

① 고도의 산업화로 인해 발생된 작업의 단순화와 전문화로 인해 종업원들은 소외감, 인간성 상실을 느끼게 되었다. 또한, 빠르게 변화하는 경영환경하에서의 새로운 기술의 발달로 인한 업무환경의 불건전성에 대한 반응으로써 문제점이 나타나게 되었다. 이를 극복하고자 1973년에 국제 QWL 위원회가 발족되었고 점차적으로 QWL의 관용이 확립되었다.

② **QWL의 주요 목적은 종업원들이 직무를 수행함에 있어 만족감을 느끼도록 직무를 재구성하여 자기개발이 가능하도록 하는 데에 있다.** 이를 위해서 인적자원관리자는 근로생활의 질이 충족되어 개인의 목표와 조직의 목표가 동시에 달성될 수 있도록 끊임없이 연구해야 한다.

2 인적자원관리의 이념

① 인적자원관리의 이념은 경영자가 인간을 다루는 기본적인 사고방식을 의미한다. 즉, 경영자가 추구하는 경영목적에 종업원을 결합시키기 위한 경영활동을 할 때 나타나는 일관적인 성향을 말한다.

② 하지만 점차 개인주의 사상이 발달되어 가는 현대의 경영에서는 인적자원관리의 이념을 펼치기가 쉽지 않게 되었다. 그러므로 경영자와 종업원 상호 간의 공통된 신뢰감을 갖게 하는 적극적이고 건전한 새로운 경영이념의 필요성이 대두되게 되었다. 이러한 새로운 이념은 주관적 신념인 동시에 객관적 타당성을 가지고

있어야 더욱 수용성이 높아질 수 있다. 그리고 종업원들에게는 먼저 개인의 목적, 생활안정, 사회적 안정, 자아실현 등의 동기가 조직 속에서 어느 정도 실현될 수 있다는 확신을 주어야 한다.

③ 현대적인 인적자원관리의 이념의 형태는 민주적 유형이어야 한다. 이와 동시에 맥그리거의 Y이론과 리커트의 관리시스템 4를 지향해야 한다.

더 알아두기

리커트의 관리시스템 4

미시건대학교 사회연구소의 리커트와 동료 연구자는 인적 자원과 자본적 자원 모두 다 적절한 관리를 필요로 하는 자산으로 고려해야 할 필요성을 강조하였다. X이론에서 Y이론으로, 미성숙보다는 성숙한 행동으로 개발되는 방향으로, 위생요인 강조에서 동기부여요인을 만족시키는 방향으로 나아가도록 의도하여 계획하였으며 4가지의 시스템으로 나누어 설명하고 있다.

⇒ 이 중 시스템 4에 해당되는 체제에 가까울수록 이상적인 상태에 가까워진다.

- 시스템 1 : 수탁적 권위형
  관리자는 부하를 신뢰하지 않고 있고, 부하는 의사결정에 참여하지 못한다.
- 시스템 2 : 온정적 권위형
  관리자는 부하에 대해 일종의 신뢰감을 가지고 있으나 주인이 하인에 대해 가지고 있는 은혜적인 신뢰감에 해당되며, 하급자는 정해진 범위 안에서 의사결정을 한다.
- 시스템 3 : 협의적 참여형
  관리자는 하위자들에 대해 실질적인 신뢰감을 가지나 완전한 신뢰라고는 할 수 없다. 결정은 최고 경영층에서 이뤄지나 낮은 계층의 구체적 결정은 하위자들이 하도록 허용한다.
- 시스템 4 : 참여적 집단형
  관리자는 하위자를 전적으로 신뢰하며, 하위자는 의사결정에 참여할 수 있다.

3 인적자원관리의 방침 중요도 상 중 하

인적자원관리 방침은 인적자원관리 활동을 함에 있어서 필요한 기본 원칙과 방향을 의미한다. **인적자원의 방침의 설정이 제대로 되어야 인적자원관리 활동에 적용될 때 일관성 있고 합리적인 의사결정을 할 수 있게 된다.** 그러므로 이러한 방침의 기준을 정할 때는 조직의 입장에서는 합리적으로 결정해야 하고, 구성원의 입장에서도 공정하고 타당하다는 평가를 받아야 한다.

더 알아두기

유효한 인적자원관리 방침의 기준

- 기업의 경영철학을 정확히 반영해야 한다.
- 기업 조직 내·외부의 이익집단의 관점에서도 공정하다는 평가를 받아야 한다.
- 방침은 배후에 있는 의도를 모든 관리자와 종업원들이 이해할 수 있어야 한다.
- 예기치 않은 상황에 대해 대처할 수 있는 대응책을 마련하는 데 도움이 될 만큼 현실적이어야 한다.
- 방침이 잦은 변경을 요할 정도로 일반상황을 예측하지 못하면 안 된다. 따라서 안정적이고 지속적인 방침은 잦은 변경을 피할 수 있는 것이어야 함을 강조한다.

제 3 절 인적자원관리의 환경

1 인적자원관리의 환경 중요도 상중하

인적자원관리의 환경은 크게 외부환경(external environment)과 내부환경(internal environment)으로 나누어진다. 그리고 이러한 환경은 기술적, 사회적, 정치적, 법적, 경제적, 환경적 요소에 의해 영향을 받게 되므로, 통상 거시환경분석(PEST ; Political, Economic, Social and Technological analysis)을 통해 분석된다. 이 내용에 법적(Legal) 특성을 추가하여 SLEPT로 부르기도 하며 환경(Environmental) 분야를 추가하여 PESTEL 분석이라고도 불린다.

(1) 외부환경(External environment)

① 정부개입의 증대

정치적(Political) 요소와 법적(Legal) 요소에 의해 영향을 받는 경우에 해당하며, 정부가 경제에 간섭하는 정도와 법적 제도를 제정하는 데에 영향력을 어느 정도 행사하는지에 따라 인적자원관리의 방향이 달라질 수 있다. 정부가 노동관계법을 제정하게 되면 기업은 정부의 개입을 수용하여 해당 정책에 맞게 인적자원관리를 해야 한다.

② 경제환경의 변화

경제적(Economic) 요소에 의해 영향을 받는다. 경제 주체가 의사결정을 내리는 데 있어 중요한 역할을 하며 환율, 인플레이션, 경제성장률 등에 영향을 받게 된다. 예를 들면, 호경기의 상황에서는 임금 등 고용 조건의 향상에 따라 우수인재 확보가 가능한 반면에, 경제성장률이 좋지 않은 디플레이션 상황에서는 인력 감축을 해야 하는 구조조정이 시행되어 종업원의 사기가 저하되고 노동조합과의 불협화음이 심화되는 등의 어려움을 겪게 된다.

③ 노동조합의 발전

사회적(Social) 요소에 의해 영향을 받으며, 연령대 분포와 직업에 대한 개인의 태도, 인구성장률 등을 척도로 사용한다. 개인주의적인 성향을 많이 보이는 현대 사회의 인적자원은 사회구성원으로서 스스로가 누릴 수 있는 자유와 권리에 대해 목소리를 높이는 경향이 크다. 이로 인해 노사관계에 적극적으로 개입하여 조율할 수 있는 노동조합의 역할이 중요해짐에 따라 더욱 발전하고 있다.

④ 정보기술의 발전

기술적(Technological) 요소에 의해 영향을 받으며, R&D, 산업자동화, 기술혁신 등이 해당된다. 특히 정보기술의 발전에 따라 인적자원관리의 정보화와 인력의 효율화가 절실하게 되었다.

> **더 알아두기**
>
> **거시환경분석(PEST ; Political, Economic, Social and Technological analysis)의 주요 요소**
> - 정치적(Political) 요소 : 정부가 경제에 간섭하는 정도이며 세금, 노동법 등의 규제 등이 해당된다.
> - 경제적(Economic) 요소 : 경제 주체가 의사결정을 내리는 데 있어 중요한 역할을 하며 환율, 인플레이션, 경제성장률 등을 포함한다.

- 사회적(Social) 요소 : 사회적 요소에 의해 경영방식 및 경영전략이 바뀔 수 있으며, 연령대 분포와 직업에 대한 개인의 태도, 인구성장률 등이 척도로 사용된다.
- 기술적(Technological) 요소 : R&D, 산업자동화, 기술혁신 등이 해당되며, 이러한 요소는 기술 투자 및 비용의 혁신에 큰 영향을 미친다.

PEST 내용에 법적(Legal) 특성과 환경(Environmental) 분야를 추가한 PESTEL분석의 주요 요소

- 법적(Legal) 요소 : 차별법, 고용법 등이 포함된다.
- 환경적(Environmental) 요소 : 생태학적인 요소로 기후변화 등의 환경적 부분이 해당되며, 신시장 개척이나 제품시장의 축소 등에 영향을 미치는 부분이다.

(2) 내부환경(Internal environment)

내부환경은 특히 사회적(Social) 요소에 의해 영향을 많이 받는 경향을 보이며 크게 노동력 구성원의 변화, 가치관의 변화, 조직규모의 확대로 구분된다.

① 노동력 구성원의 변화

사회적 요소에 의해 구성원들의 노동력의 구성체계가 기존에 비해 많이 달라지고 있다. 대표적으로 노동력의 고령화, 교육수준의 향상에 따른 전문직 및 관리직의 증가, 여성노동인력의 증가, 비정규직의 증가 등이 있다.

② 가치관의 변화

구성원들의 교육 수준과 경제적 수준의 향상에 따라 노동에 대한 가치관이 많이 변화된 것과 더불어 개인주의 성향이 강해짐에 따라 균형 잡힌 일과 삶(Work & Balance)을 추구하고자 하는 경향이 커졌다. 이로 인해 기존과 같이 조직에 희생을 강요할 수 없게 되었다. 인적자원관리의 방향도 직무 재설계 및 대인관계 개선방안에 대해 조직이 적극적으로 나서는 등의 노력이 필요하게 되었다.

③ 조직 규모의 확대

조직 규모가 확대됨에 따라 직능의 세분화가 이루어졌고, 인적자원 담당부서가 경영지원 부서에 포함되었던 기존의 영역에서 벗어나 전문적인 부서로 탄생하게 되었다. 이로 인해 인적자원관리 담당자의 전문성과 자질이 요구된다.

2 세계화에 따른 인적자원관리 환경의 변화

정보기술의 발달과 편리한 유통 환경의 조성에 따라 경영환경의 세계화가 가속화되면서 국내 기업의 해외 진출이 늘어나고, 반대의 경우도 점차 늘어가면서 기업의 세계화는 필요불가결의 상황에 놓이게 되었다. 이로 인해 조직 구성원들의 국적이 다양화되었다. 따라서 글로벌 기업에서의 인적자원관리의 포커스는 서로 다른 사회 환경에서 자란 그들을 서로 이해하도록 제도를 마련해야 하는 것과 해당 조직에 잘 적응하여 조직의 효율성을 높일 수 있는 교육 제도를 고안해야 하는 것에 맞춰져야 한다.

제2장

OX로 점검하자

※ 다음 지문의 내용이 맞으면 O, 틀리면 ×를 체크하시오. [1~10]

01 인적자원관리 활동은 크게 지원적 활동과 기능적 활동으로 분류된다. (   )

02 인적자원관리 활동 중 기능적 활동으로는 개인 및 직무분석, 결과의 평가, 인적자원계획을 들 수 있다. (   )

03 인적자원관리 활동 중 기능적 활동으로는 인적자원의 확보, 개발, 활용, 보상, 유지, 방출을 들 수 있다. (   )

04 인적자원관리에 대한 다양한 활동들이 잘 이루어지기 위해서는 개인의 능력과 욕구만 중요하므로, 직무의 요건과 보상 간의 관계를 이해해야 할 필요는 없다. (   )

05 인적자원관리의 결과에 해당하는 내용으로는 직무성과, 직무만족, 근속연수와 출근율 등이 있다. (   )

06 인적자원관리의 기본 목표에는 크게 생산성목표와 유지목표 및 근로생활의 질(QWL ; Quality of Work Life) 충족이 있다. (   )

정답과 해설 01 O 02 × 03 O 04 × 05 O 06 O

02 지원적 활동에 대한 내용이다.
- 개인 및 직무분석
  개인의 역량과 동기가 조직의 목표와 조화를 이루어야 해당 조직의 성과가 높아질 수 있다. 이를 위해서 먼저 직무와 관련된 직무요건과 보상에 대한 내용을 파악하고 개인적인 측면에서의 특징인 능력과 욕구를 잘 파악하여 서로 접목이 되도록 해야 한다.
- 결과의 평가
  인적자원관리의 결과는 종업원의 유효성 기준이나 지표를 대신하는 것으로 종업원이 느끼는 높은 직무만족도와 높은 동기부여, 근속년수의 증가, 이직 및 결근의 감소 등이 지표가 된다.
- 인적자원계획
  인력자원계획은 현재와 미래에 기업이 필요로 하는 인력의 질적 수준과 양을 결정하는 것을 의미한다.

04 인적자원관리에 대한 다양한 활동들이 잘 이루어지기 위해서는 개인의 능력과 욕구, 그리고 직무의 요건과 보상 간의 관계를 충실히 이해해야 할 필요가 있다. 양자가 잘 조화가 되어야만 조직의 성과가 높아질 수 있기 때문이다. 즉, 개인의 관점에서 개인의 능력, 지식, 기능, 성장욕구의 정도가 조직의 관점에서 직무 수행을 위해 요청되는 기능인 직무요건과 해당 직무수행의 결과에 따른 급부인 직무보상의 정도와 각각 상호작용이 잘 이루어져야 한다.

07 현대적인 인적자원관리의 이념의 형태는 민주적 유형이어야 한다. 이와 동시에 맥그리거의 Y이론과 리커트의 관리시스템 1을 지향해야 한다. (   )

08 인적자원관리 방침은 인적자원관리 활동을 함에 있어서 필요한 기본원칙 및 방향을 의미한다. (   )

09 인적자원관리의 환경 중 외부환경으로는 노동력 구성원의 변화, 가치관의 변화, 조직 규모의 확대가 있다. (   )

10 인적자원관리의 환경 중 내부환경으로는 노동력 구성원의 변화, 가치관의 변화, 조직 규모의 확대가 있다. (   )

정답과 해설 07 × 08 O 09 × 10 O

07 리커트의 관리시스템 4를 지향해야 한다. 이 중 시스템 4에 해당되는 체제에 가까울수록 이상적인 상태에 가까워진다.
- 시스템 1: 수탁적 권위형
  관리자는 부하를 신뢰하지 않고 있고, 부하는 의사결정에 참여하지 못한다.
- 시스템 2: 온정적 권위형
  관리자는 부하에 대해 일종의 신뢰감을 가지고 있으나 주인이 하인에 대해 가지고 있는 은혜적인 신뢰감에 해당되며, 하급자는 정해진 범위 안에서 의사결정을 한다.
- 시스템 3: 협의적 참여형
  관리자는 하위자들에 대해 실질적인 신뢰감을 가지나 완전한 신뢰라고는 할 수 없다. 결정은 최고 경영층에서 이뤄지나 낮은 계층의 구체적 결정은 하위자들이 하도록 허용한다.
- 시스템 4: 참여적 집단형
  관리자는 하위자를 전적으로 신뢰하며, 하위자는 의사결정에 참여할 수 있다.

09 외부환경으로는 다음이 해당된다.
- 정부개입의 증대
  정치적(Political) 요소와 법적(Legal) 요소에 의해 영향을 받는 경우에 해당하며, 정부가 경제에 간섭하는 정도와 법적 제도를 제정하는 데 영향력을 어느 정도 행사하는지에 따라 인적자원관리의 방향이 달라질 수 있다.
- 경제환경의 변화
  경제적(Economic) 요소에 의해 영향을 받으며, 경제 주체가 의사결정을 내리는 데 있어 중요한 역할을 하며 환율, 인플레이션, 경제성장률 등에 영향을 받게 된다.
- 노동조합의 발전
  사회적(Social) 요소에 의해 영향을 받으며, 연령대 분포와 직업에 대한 개인의 태도, 인구성장률 등이 척도로 사용된다. 개인주의적인 성향을 많이 보이고 있는 현대 사회의 인적자원은 사회구성원으로서 스스로가 누릴 수 있는 자유와 권리에 대해 목소리를 높이는 경향이 크다. 이로 인해 노사관계에 적극적으로 개입할 수 있고, 조율할 수 있는 노동조합의 역할이 중요해짐에 따라 더욱 발전하고 있다.
- 정보기술의 발전
  기술적(Technological) 요소에 의해 영향을 받으며, R&D, 산업자동화, 기술혁신 등이 해당된다.

제 2 장

실전예상문제

checkpoint 해설 & 정답

01 개인 및 직무분석, 결과의 평가, 인적자원계획은 지원적 활동에 해당하며 내용은 다음과 같다.
- 개인 및 직무분석
  개인의 역량과 동기와 조직의 목표가 조화를 이뤄야 해당 조직의 성과가 높아질 수 있다.
- 결과의 평가
  인적자원관리의 결과는 종업원의 유효성 기준이나 지표를 대신한다는 점에서 중요하다.
- 인적자원계획
  인력자원계획은 현재와 미래에 기업이 필요로 하는 인력의 질적 수준과 양을 결정하는 것을 의미한다.

02 인적자원의 확보, 개발, 활용, 보상, 유지, 방출은 기능적 활동에 해당한다. 지원적 활동은 개인 및 직무분석, 결과의 평가, 인적자원계획이 해당된다.

정답 01 ④ 02 ①

01 인적자원관리 활동은 크게 지원적 활동과 기능적 활동으로 분류된다. 지원적 활동은 기능적 활동을 지원하는 역할을 하며, 기능적 활동은 인적자원관리 활동의 핵심을 이루게 된다. 이 중 기능적 활동에 해당하는 것은 무엇인가?

① 개인 및 직무분석
② 결과의 평가
③ 인적자원계획
④ 인적자원의 확보

02 인적자원관리 활동은 크게 지원적 활동과 기능적 활동으로 분류된다. 지원적 활동은 기능적 활동을 지원하는 역할을 하며, 기능적 활동은 인적자원관리 활동의 핵심을 이루게 된다. 이 중 지원적 활동에 해당하는 것은 무엇인가?

① 개인 및 직무분석
② 인적자원의 확보
③ 인적자원의 개발
④ 인적자원의 활용

03 **인적자원관리의 활동이 개인과 직무의 관점에서 조화로운 결합이 잘 이루어지게 되면, 상당히 의미 있는 결과를 낳게 된다. 결과에 해당하는 내용으로 가장 적절하지 않은 것은 무엇인가?**

① 직무성과(Job performance)
② 인적자원의 보상
③ 직무만족(Job satisfaction)
④ 근속연수와 출근율

04 **인적자원관리의 기본 목표에 해당하는 내용으로 보기 힘든 것은 무엇인가?**

① 직무성과(Job performance)
② 생산성목표(Productivity goal)
③ 유지목표(Maintenance goal)
④ 근로생활의 질(QWL ; Quality of Work Life) 충족

해설 & 정답 checkpoint

03 인적자원 관리의 결과에 해당하는 내용으로는 직무성과, 직무만족, 근속연수와 출근율 등이 있다.
• 직무성과(Job performance)
직무성과는 종업원 유효성의 중요한 기준이 된다. 종업원들이 직무수행을 함에 있어 더욱 능률적으로 일을 하게 될수록 조직에 대한 공헌도는 커진다.
• 직무만족(Job satisfaction)
직무만족은 개인이 직무를 통해 충족하고자 하는 특정한 욕구를 가지고 있다는 것을 전제로 한다. 높은 직무만족을 가진 개인의 경우 더 많은 직무성과를 이룰 수 있기 때문에 공헌도가 더 커진다고 할 수 있다.
• 근속연수와 출근율
장기적인 근속연수와 높은 출근율은 직무와 조직에 대한 지속적인 몰입도를 나타내주는 지표가 되며, 중단 없이 과업의 수행을 가능하게 해주는 중요한 요소가 된다.

04 직무성과(Job performance)는 인적자원관리의 활동이 개인과 직무의 관점에서 조화로운 결합이 이루어지면 나타나는 결과이다.
• 생산성목표(Productivity goal)
생산성 목표는 과업목표(task goal)라고도 불리며 종업원의 만족도 등과 같이 인간적인 측면보다는 과업 그 자체를 달성하기 위한 조직의 목표에 초점을 둔 것을 의미한다.
• 유지목표(Maintenance goal)
유지목표는 과업 그 자체의 달성을 위한 조직의 목표에 초점을 두기보다는 조직의 과업과는 별도로 조직 자체의 유지 또는 인간적 측면에 관계된 목표를 의미한다.
• 근로생활의 질(QWL; Quality of Work Life) 충족
QWL의 주요 목적은 종업원들이 직무를 수행함에 있어 만족감을 느끼도록 직무를 재구성하여 자기 개발이 가능하도록 하는 데 있다.

정답 03 ② 04 ①

checkpoint 해설 & 정답

05 리커트의 관리시스템에 해당된다.
- 시스템 1: 수탁적 권위형
  관리자는 부하를 신뢰하지 않고 있고, 부하는 의사결정에 참여하지 못한다.
- 시스템 2: 온정적 권위형
  관리자는 부하에 대해 일종의 신뢰감을 가지고 있으나 주인이 하인에 대해 가지고 있는 은혜적인 신뢰감에 해당되며, 하급자는 정해진 범위 안에서 의사결정을 한다.
- 시스템 3: 협의적 참여형
  관리자는 하위자들에 대해 실질적인 신뢰감을 가지나 완전한 신뢰라고는 할 수 없다. 결정은 최고 경영층에서 이뤄지나 낮은 계층의 구체적 결정은 하위자들이 하도록 허용한다.
- 시스템 4: 참여적 집단형
  관리자는 하위자를 전적으로 신뢰하며, 하위자는 의사결정에 참여할 수 있다.

06 현대적인 인적자원관리의 이념의 형태는 민주적 유형이어야 한다. 이와 동시에 맥그리거의 Y이론과 리커트의 관리시스템 4를 지향해야 한다.

07 방침은 배후에 있는 의도를 모든 관리자와 종업원들이 이해할 수 있어야 한다. 이 외에 방침이 잦은 변경을 요할 정도로 일반상황을 예측하지 못하면 안 되기 때문에 안정적이고 지속적인 방침은 잦은 변경을 피할 수 있는 것이어야 함을 강조한다.

정답 05 ③ 06 ④ 07 ③

05 현대적인 인적자원관리의 이념의 형태는 민주적 유형이어야 한다. 이와 동시에 맥그리거의 Y이론과 리커트의 관리시스템 4를 지향해야 하는데, 관리시스템 4에 해당하는 내용으로 맞는 것은 무엇인가?

① 수탁적 권위형
② 협의적 참여형
③ 참여적 집단형
④ 온정적 권위형

06 인적자원관리의 이념에 대한 설명으로 적절하지 않은 것은 무엇인가?

① 인적자원관리의 이념은 경영자가 인간을 다루는 기본적인 사고방식을 의미한다.
② 인적자원관리의 이념은 주관적 신념인 동시에 객관적 타당성을 가지고 있어야 더욱 수용성이 높아질 수 있다.
③ 현대적인 인적자원관리의 이념의 형태는 민주적 유형이어야 한다.
④ 맥그리거의 X이론과 리커트의 관리시스템 1을 지향해야 한다.

07 인적자원관리 방침은 인적자원관리 활동을 함에 있어서 필요한 기본원칙 및 방향을 의미한다. 유효한 인적자원관리 방침이 되기 위한 기준에 해당하지 않는 것은 무엇인가?

① 기업의 경영철학을 정확히 반영해야 한다.
② 기업 조직 내·외부의 이익집단의 관점에서도 공정하다는 평가를 받아야 한다.
③ 방침은 배후에 있는 의도를 관리자만 이해하면 되고, 종업원들이 이해하지 않아도 된다.
④ 예기치 않은 상황에 대해 대처할 수 있는 대응책을 마련하는 데 도움이 될 만큼 현실적이어야 한다.

해설&정답 checkpoint

08 **인적자원관리의의 환경은 크게 외부환경(external environment)과 내부환경(internal environment)으로 나누어진다. 이 중 외부환경(external environment)에 대한 내용으로 맞는 것은 무엇인가?**

① 노동력 구성원의 변화
② 가치관의 변화
③ 조직 규모의 확대
④ 노동조합의 발전

08 노동조합의 발전이 외부환경에 대한 내용에 해당한다. 외부환경으로는 다음이 해당된다.
- 정부개입의 증대
- 경제환경의 변화
- 노동조합의 발전
- 정보기술의 발전

09 **인적자원관리의의 환경은 크게 외부환경(external environment)과 내부환경(internal environment)으로 나누어진다. 이 중, 내부환경(internal environment)에 대한 내용으로 맞는 것은 무엇인가?**

① 정부개입의 증대
② 경제환경의 변화
③ 조직 규모의 확대
④ 노동조합의 발전

09 조직 규모의 확대가 내부환경에 대한 내용에 해당한다. 내부환경으로는 다음이 해당된다.
- 노동력 구성원의 변화
- 가치관의 변화
- 조직 규모의 확대

정답 08 ④ 09 ③

checkpoint 해설 & 정답

10 사회적(Social) 요소는 사회적 요소에 의해 경영방식 및 경영전략이 바뀔 수 있으며, 연령대 분포와 직업에 대한 개인의 태도, 인구성장률 등이 척도로 사용된다.

01
정답 지원적 활동에는 개인 및 직무분석, 결과의 평가, 인적자원계획 활동이 해당된다. 개인 및 직무분석은 개인의 역량과 동기가 조직의 목표가 조화를 이뤄야 해당 조직의 성과가 높아질 수 있다는 점에서 시작한다. 결과의 평가는 종업원의 유효성 기준이나 지표를 대신하는 것으로써 종업원이 느끼는 높은 직무만족도와 높은 동기부여, 근속년수의 증가, 이직 및 결근의 감소 등이 지표가 된다. 인적자원계획은 현재와 미래에 기업이 필요로 하는 인력의 질적 수준과 양을 결정하는 것을 의미한다. 이러한 면에서 인적자원 계획은 기업이 추구하는 목표를 좀 더 효율적으로 달성할 수 있게 도움을 주도록 인력 수급을 질적·양적으로 조정하도록 계획되어야 한다.

정답 10 ③

10 거시환경분석(PEST ; Political, Economic, Social and Technological analysis)의 주요 요소에 대한 내용으로 맞지 않는 것은 무엇인가?

① 정치적(Political) 요소는 정부가 경제에 간섭하는 정도이며 세금, 노동법 등의 규제 등이 해당된다.
② 경제적(Economic) 요소는 경제 주체가 의사결정을 내리는 데 있어 중요한 역할을 하며 환율, 인플레이션, 경제성장률 등을 포함한다.
③ 사회적(Social) 요소는 생태학적인 요소로 기후변화 등의 환경적 부분이 해당되며, 신시장 개척이나 제품시장의 축소 등에 영향을 미치는 부분이다.
④ 기술적(Technological) 요소는 R&D, 산업자동화, 기술혁신 등이 해당되며, 이러한 요소는 기술 투자 및 비용의 혁신에 큰 영향을 미친다.

주관식 문제

01 인적자원관리의 활동 중 지원적 활동에 대한 내용에 대해 약술하시오.

해설 & 정답 checkpoint

02 인적자원관리의 활동 중 기능적 활동에 대한 내용을 3가지 이상 쓰시오.

02
정답 인적자원의 확보, 개발, 활용, 보상, 유지, 방출은 기능적 활동에 해당한다.

03 인적자원관리의 활동 중 기능적 활동에 대한 내용으로 괄호 안에 해당하는 내용을 쓰시오.

ㄱ. (　　　)는 인적자원의 확보단계에서 확보된 인력의 능력을 최대한 발휘할 수 있도록 하여 조직의 유효성을 올리는 과정을 말한다.
ㄴ. (　　　)이란 종업원이 조직의 성과에 기여한 공헌에 대해 공정하게 급부를 제공하는 것을 의미한다. 급부에는 임금과 같은 경제적 급부와 복리후생 등의 비경제적 급부 모두가 포함되며, 이에 따른 임금관리와 복리후생의 관리가 보상의 주요 내용이 된다.
ㄷ. (　　　) 단계는 기업 조직 내에서 종업원들이 업무를 수행해 가는 과정에서 발생할 수 있는 다양한 문제점을 파악하고 해결함으로써 안정감 있게 해당 직무를 수행하여 능력을 발휘할 수 있도록 해주는 단계에 해당한다.

03
정답 ㄱ. 인적자원의 개발
ㄴ. 인적자원의 보상
ㄷ. 인적자원의 유지

04 인적자원관리의 활동이 개인과 직무의 관점에서 조화로운 결합이 잘 이루어지게 되면, 상당히 의미 있는 결과를 낳게 된다. 결과에 해당하는 내용에 대한 3가지를 약술하시오.

05 인적자원관리의 기본 목표에는 크게 생산성목표와 유지목표 및 근로생활의 질 충족이 있다. 이 중 근로생활의 질(QWL ; Quality of Work Life)에 대해 약술하시오.

checkpoint 해설 & 정답

04

정답 첫째, 직무성과는 종업원 유효성의 중요한 기준이 된다. 종업원들이 직무수행을 함에 있어 더욱 능률적으로 일을 하게 될수록 조직에 대한 공헌도는 커진다. 둘째, 직무만족은 개인이 직무를 통해 충족하고자 하는 특정한 욕구를 가지고 있다는 것을 전제로 한다. 높은 직무만족을 가진 개인의 경우 더 많은 직무성과를 이룰 수 있기 때문에 공헌도가 더 커진다고 할 수 있다. 셋째, 근속연수와 출근율이 해당된다. 장기적인 근속연수와 높은 출근율은 직무와 조직에 대한 지속적인 몰입도를 나타내주는 지표가 되며, 중단 없이 과업의 수행을 가능하게 해주는 중요한 요소가 된다.

05

정답 고도의 산업화로 인해 발생된 작업의 단순화와 전문화로 인해 종업원들은 소외감, 인간성 상실을 느끼게 되었다. 또한, 빠르게 변화하는 경영환경하에서의 새로운 기술의 발달로 인한 업무환경의 불건전성에 대한 반응으로써 문제점이 나타나게 되었다. 이를 극복하고자 1973년에 국제 QWL 위원회가 발족되었고, 점차적으로 QWL의 관용이 확립되었다. QWL의 주요 목적은 종업원들이 직무를 수행함에 있어 만족감을 느끼도록 직무를 재구성하여 자기 개발이 가능하도록 하는 데 있다. 이를 위해서 인적자원관리자는 근로생활의 질이 충족되어 개인의 목표와 조직의 목표가 동시에 달성될 수 있도록 끊임없이 연구해야 한다.

06 리커트의 관리시스템 4에 대한 내용으로 괄호 안에 해당하는 내용을 쓰시오.

> ㄱ. 시스템 1 (　　　): 관리자는 부하를 신뢰하지 않고 있고, 부하는 의사결정에 참여하지 못한다.
> ㄴ. 시스템 2 (　　　): 관리자는 부하에 대해 일종의 신뢰감을 가지고 있으나 주인이 하인에 대해 가지고 있는 은혜적인 신뢰감에 해당되며, 하급자는 정해진 범위 안에서 의사결정을 한다.
> ㄷ. 시스템 3 (　　　): 관리자는 하위자들에 대해 실질적인 신뢰감을 가지나 완전한 신뢰라고는 할 수 없다. 결정은 최고 경영층에서 이뤄지나 낮은 계층의 구체적 결정은 하위자들이 하도록 허용한다.
> ㄹ. 시스템 4 (　　　): 관리자는 하위자를 전적으로 신뢰하며, 하위자는 의사결정에 참여할 수 있다.

07 인적자원관리 방침은 인적자원관리 활동을 함에 있어서 필요한 기본원칙 및 방향을 의미한다. 유효한 인적자원관리 방침이 되기 위한 기준에 대해 3가지 이상 약술하시오.

해설&정답 checkpoint

06

정답 ㄱ. 수탁적 권위형
ㄴ. 온정적 권위형
ㄷ. 협의적 참여형
ㄹ. 참여적 집단형

07

정답 유효한 인적자원관리 방침의 기준은 다음과 같다.

- 기업의 경영철학을 정확히 반영해야 한다.
- 기업 조직 내·외부의 이익집단의 관점에서도 공정하다는 평가를 받아야 한다.
- 방침은 배후에 있는 의도를 모든 관리자와 종업원들이 이해할 수 있어야 한다.
- 예기치 않은 상황에 대해 대처할 수 있는 대응책을 마련하는 데 도움이 될 만큼 현실적이어야 한다.
- 방침이 잦은 변경을 요할 정도로 일반상황을 예측하지 못하면 안 되므로, 안정적이고 지속적인 방침은 잦은 변경을 피할 수 있는 것이어야 함을 강조한다.

checkpoint 해설 & 정답

08
정답 • 정부개입의 증대
• 경제환경의 변화
• 노동조합의 발전
• 정보기술의 발전

09
정답 • 노동력 구성원의 변화
• 가치관의 변화
• 조직 규모의 확대

08 인적자원관리의의 환경은 크게 외부환경(external environment)과 내부환경(internal environment)으로 나누어진다. 이 중 외부환경 요인에 해당하는 것을 3가지 이상 쓰시오.

09 인적자원관리의의 환경은 크게 외부환경(external environment)과 내부환경(internal environment)으로 나누어진다. 이 중 내부환경 요인에 해당하는 것을 3가지를 쓰시오.

해설 & 정답 checkpoint

10 거시환경분석(PEST ; Political, Economic, Social and Technological analysis)의 주요 요소 내용으로 괄호 안에 해당하는 내용을 쓰시오.

> ㄱ. (　　) : 정부가 경제에 간섭하는 정도이며 세금, 노동법 등의 규제 등이 해당된다.
> ㄴ. (　　) : 경제 주체가 의사결정을 내리는 데 있어 중요한 역할을 하며 환율, 인플레이션, 경제성장률 등을 포함한다.
> ㄷ. (　　) : 사회적 요소에 의해 경영방식 및 경영전략이 바뀔 수 있으며, 연령대 분포와 직업에 대한 개인의 태도, 인구성장률 등이 척도로 사용된다.
> ㄹ. (　　) : R&D, 산업자동화, 기술혁신 등이 해당되며, 이러한 요소는 기술 투자 및 비용의 혁신에 큰 영향을 미친다.

10

정답 ㄱ. 정치적 요소
ㄴ. 경제적 요소
ㄷ. 사회적 요소
ㄹ. 기술적 요소

여기서 멈출 거예요? 고지가 바로 눈앞에 있어요.
마지막 한 걸음까지 시대에듀가 함께할게요!

고득점으로 대비하는 가장 똑똑한 수험서!

제 3 장

직무분석과 직무평가

제1절 직무분석(Job analysis)
제2절 직무평가(Job evaluation)
제3절 직무분류(Job classification)
실전예상문제

제3장 직무분석과 직무평가

제 1 절 직무분석(Job analysis)

1 직무분석의 의의와 목적 및 기초 개념 중요도 상중하

(1) 직무분석의 의의

인적자원관리에서 효율적인 관리의 시작은 직무와 개인의 능력이 유기적인 조화를 이루는 것에 있다. 이를 위해서는 직무에 포함되는 과업의 성질과 직무 수행을 위해 종업원에게 요구되는 적성에 대한 정보를 수집하고 분석하는 것이 필요한데, 이를 직무분석이라고 한다.

각 직무에 대해 분석해야 할 항목으로는 직무내용, 노동부담, 노동환경, 위험재해, 직무조건, 결과책임, 지도책임, 감독책임, 권한 등이 있으며, 이는 다양한 직무분석의 방법을 통해 합리적으로 이루어져야 한다.

(2) 직무분석의 목적

① 1차적인 목적은 직무기술서(Job description)를 작성하기 위한 것이며, 이를 통해 직무명세서(Job specification) 작성 자료를 확보하게 된다. 그리고 직무기술서와 직무명세서를 토대로 하여 직무평가가 이루어진다.

② **2차적인 목적**

㉠ 조직구조의 재설계, 경력계획, 직무재설계 시의 기초자료로 필요하다.
㉡ 인재 모집, 선발 등 인재를 발굴하기 위한 채용계획에 활용될 수 있다.
㉢ 구성원들의 적성을 파악하여 적재적소에 배치하기 위함이다.
㉣ 합리적인 교육훈련의 기초자료로 사용될 수 있다.
㉤ 작업환경 개선, 공정개선에 중요한 자료로 이용될 수 있다.

(3) 직무분석의 기초개념

직무분석에 있어 관련된 기초개념은 다음과 같으며, 정확한 직무분석을 위해서 용어에 대한 이해가 필요하다.

용어	의미
과업(Task)	독립된 특정 목표를 위해 수행되는 하나의 명확한 작업 활동을 말함. 직무분석에서의 최소단위 예 버스를 운전하는 것 등
직위(Position)	특정시점에서 특정조직의 한 종업원에게 부여된 하나 또는 그 이상의 과업의 집단
직무(Job)	작업의 종류와 수준이 동일하거나 유사한 직위들의 집단/직책이나 직업상의 맡은 바 임무
직군(Job family)	동일하거나 유사한 직무의 집단 예 마케팅직군, 기술직군, 경영지원직군 등
직종(Occupation)	동일하거나 유사한 직군의 집단 예 연구직종, 기술직종, 사무직종 등
직무기술서(Job description)	직무분석을 통해 얻은 직무에 관한 자료를 가지고 관련된 과업 및 직무정보를 일정한 양식에 따라 기술한 문서
직무명세서(Job specification)	직무기술서 내용을 기초로 각 직무수행에 필요한 종업원들의 행동이나 기능·능력·지식 등을 일정한 양식에 기록한 문서

2 직무분석의 절차와 방법

(1) 직무분석의 절차 중요도 상중하

직무분석에서 수집·분석되는 정보와 자료들은 사실상 직무분석의 구체적인 목적과 조직의 상황에 따라 다르다. 직무분석 절차도 직무분석 목적과 분석대상 정보자료에 따라 다르지만 대체적으로 **예비 단계(배경정보의 수집, 대표직무의 선정) → 본 단계(직무정보 수집) → 정리분석 단계(직무기술서 작성, 직무명세서 작성)**의 순서로 이루어진다. 정리해 보면 다음과 같다.

① **배경정보의 수집**

직무분석의 절차 중 예비조사 단계로, 기업 조직도·업무분장표·기존에 보유하고 있는 직무기술서 및 직무명세서 등 직무분석을 위해 필요한 배경 정보를 수집하는 작업이 이루어진다.

② **대표직무의 선정**

직무분석을 함에 있어 모든 직무에 대해 완벽히 분석하는 것이 가장 좋겠지만, 시간과 비용상의 무리가 있다 보니 일반적으로 대표직무를 선정하고 이를 중심으로 하여 타 직무로 전파하는 방식의 직무분석이 이루어진다.

③ **직무정보 수집**

직무분석의 절차 중 본 작업에 해당하는 단계이며, 직무의 성격, 직무수행에 요구되는 행동방식, 종업원의 인격 요건 등 구체적인 직무에 대한 정보 분석이 본격적으로 이루어지게 된다. 통상적으로 직무정보 수집단계를 직무분석이라고도 일컫는다.

④ **직무기술서(Job description) 작성**
예비 단계와 본 단계에서 분석하여 취합한 정보를 바탕으로 하는 정리분석 단계로, 직무기술서를 작성하는 단계에 해당한다. **직무기술서의 내용은 직무의 주요 특성과 수행에 요구되는 각종 활동에 관해 기록한 것이다.**

⑤ **직무명세서(Job specification) 작성**
예비 단계와 본 단계에서 분석 및 취합된 정보를 바탕으로 하는 정리분석 단계로, 직무명세서를 작성하는 단계에 해당한다. **직무명세서는 직무수행에 필요한 인적 자질, 특성, 기능, 경험 등을 기술해 놓은 문서이다.**

(2) 직무분석의 방법 중요도 상중하

직무분석의 방법에는 실제담당자에 의한 자기기입, 직무분석자에 의한 관찰, 면접 등의 다양한 방법이 있고, 이러한 직무분석의 방법은 계속 개발되고 있다. 이 중 기업에서 주로 사용하는 방법은 다음과 같다.

① **관찰법(Observation Method)**
직무분석자가 직무수행을 하는 작업자의 행동을 직접 관찰하여 직무내용과 과업, 수행방법과 작업조건 등 직무에 관해 필요한 자료를 기재하는 방법이다. 가장 큰 장점은 그 방법이 가장 간단하여 사용하기 쉽다는 점이고, 특히 육체적 활동과 같이 관찰 가능한 직무에 적용하기가 좋다는 점이다. 반면에 정신적 집중이 필요한 직무는 관찰이 어렵다는 점과 이 방법은 전적으로 직무분석자의 관찰에 달렸으므로 주관이 개입되지 않도록 분석자의 적절한 사전훈련이 필요하다는 점은 제약조건이 된다. 하지만 중요사건 기록법 등 다른 직무분석의 방법과 병행하여 사용될 때에는 좋은 결과를 가져올 수 있다.

② **면접법(Interview Method)**
직무분석자와 직무를 수행하는 작업자가 **서로 대면하는 직접 면접을 통해 직무정보를 취득하는** 방법으로, 직무에 대한 정확한 정보획득이 가능하다는 점이 장점에 해당된다. 반면, 면접에 너무 많은 시간과 비용이 든다는 단점이 있다.

③ **질문지법(Questionnaire Method)**
직무에 관한 질문지를 작성하여 작업자로 하여금 이에 응답하도록 하여 직무정보를 수집하는 방법이다. 질문지가 잘 설계되고 작업자들이 정확한 정보자료를 제공하는 경우, 질문지법의 효과는 매우 크고 많은 작업자들로부터 비교적 단시간 내에 정보자료를 수집할 수 있다는 장점이 있다. 그러나 질문지를 설계하려면 많은 노력과 비용이 소요되며, 작업자가 무성의한 답변을 하게 된다는 단점이 있다.

④ **중요사건 기록법(Critical Incidents Method)**
작업자들의 직무수행 행동 중에 중요하거나 가치가 있는 부분에 대한 정보를 수집하는 것을 말한다. 장점은 직무행동과 성과 간의 관계를 직접적으로 파악하는 것이 가능하다는 점이며, 단점은 수집된 직무행동을 평가 및 분류하는 데 많은 시간과 노력이 들어간다는 점이다.

⑤ **워크 샘플링법(Work Sampling Method)**
관찰법의 방법을 좀 더 세련되게 만든 것으로, **종업원의 전체 작업과정이 진행되는 동안에 무작위로 많은 관찰을 함으로써 직무행동에 대한 정보를 취득하는 것을 말한다.**

⑥ **체험법(경험법)**

직접 직무수행을 경험하여 직무의 정보를 얻는 방법으로 많은 시간과 노력이 요구된다.

⑦ **작업기록법**

작업자가 매일 작성하는 일종의 업무일지를 가지고 수행하는 해당 직무에 대한 정보를 취득하는 방법을 의미하며, 비교적 종업원의 관찰이 곤란한 직무에 적용이 가능하다. 신뢰도가 높은 방법이지만, 직무분석에 필요한 정보를 충분히 획득하기 힘들다는 단점이 있다.

3 직무기술서(Job description)와 직무명세서(Job specification) 중요도 상중하

직무분석(Job analysis)이 이루어진 후의 결과물에 해당되며, 직무기술서는 과업의 요건에 초점을 두어 기술되고 직무명세서는 인적요건에 초점을 두어 작성된다. 구체적으로 기술되어 문서화되는 내용은 다음과 같다.

(1) 직무기술서(Job description)

직무분석을 통해 얻은 직무에 관한 자료를 토대로 관련된 과업 및 직무정보들을 일정한 양식에 따라 기술한 문서이다.

① **직무기술서에 포함되는 내용**

㉠ 직무 명칭, 소속 부서 등의 직무표식
㉡ 직무활동의 절차, 실제 수행되는 과업, 사용되는 각종 원재료와 기계 등
㉢ 다른 작업자와의 공식적인 상호작용
㉣ 작업자들의 작업조건, 작업장소 등의 물리적인 작업환경 등
㉤ 작업자들의 고용조건, 작업시간, 임금, 직위의 위치, 승진이나 이동의 기회 등
㉥ 감독의 범위와 성격

② **직무기술서의 작성 시 유의사항**

㉠ 기재되어야 하는 내용과 표현이 간단하고 명료해야 한다.
㉡ 수행해야 할 일의 성격과 범위가 명확하게 제시되어야 한다.
㉢ 감독책임을 나타내어야 한다.

(2) 직무명세서(Job specification)

직무분석을 통해 얻은 직무에 관한 자료를 토대로 직무수행에 필요한 종업원들의 행동이나 기능·능력·지식 등을 일정한 양식에 기록한 문서를 말한다.

① **직무명세서에 포함되는 내용**

㉠ 직무 명칭, 소속 부서 등의 직무표식
㉡ 직무와 관련된 특정분야의 교육 정도와 기술/기능 수준
㉢ 직무와 관련된 과거의 작업 경험
㉣ 요구되는 육체적 능력(신체적 특성)

㉤ 요구되는 정신적 특성(성격, 창의력, 흥미, 가치 등)

㉥ 책임의 정도와 발전가능성

② **직무명세서의 작성 시 유의사항**

직무분석의 결과를 토대로 인적요건에 초점을 두어 작성되는 문서이다 보니 직무담당자와 분석자 또는 감독자들의 주관적인 판단에 의해 작성되기 마련이다. 이러한 이유로 직무명세서 작성 시에는 더 긴밀히 직무활동을 분석하고 이해해야 한다. 그렇지 않으면 문서에 대한 신뢰성이 떨어질 가능성이 있다.

4 직무분석에서의 오류 중요도 상중하

직무분석의 중요성에 대해서는 모든 조직이 인식하고 있지만, 그 방법과 절차에 있어서 목적의식이 결여되고 진부한 직무분석이 이루어지는 경우가 사실상 비일비재하다. 이러한 부분을 해소하기 위해서는 다음과 같은 사항에 유의하여 직무분석을 실시해야 한다.

(1) 부적절한 표본추출

직무와 관련된 과업의 영역 전체를 조사하지 않거나, 질문지와 같은 포괄적 방법에서 관련 과업의 영역을 모두 명확히 해두지 않으면 중요한 면들이 직무분석에서 제외될 수 있다.

(2) 반응세트

사람들이 예상되거나 또는 왜곡된 방법으로 질문에 대해 일괄적으로 답변할 때 발생하는 것을 반응세트라고 한다. 이러한 반응세트는 사람들의 해석이나 그 정보를 처리하려고 하는 의도에 대한 잘못된 믿음 때문에 생긴다.

(3) 직무환경의 변화

새로운 기술의 진보화에 따른 새로운 공정의 도입으로 인한 직무환경의 변화는 직무수행자의 역할 또한 변화시키기 때문에 과거에 기술된 직무기술서와 직무명세서는 현재의 직무에 활용되지 못하게 된다.

(4) 종업원의 행동변화

직무분석 시 대부분의 경우 종업원의 행동에 대한 정보 획득이 일정한 한 시점에 이루어지게 된다. 그러나 종업원들의 행동의 변화는 계속되므로 관찰자는 이를 늘 분석해야 한다.

제 2 절 직무평가(Job evaluation)

1 직무평가의 의의와 목적

(1) 직무평가의 의의 중요도 상중하

직무평가는 직무분석에 의해 작성된 직무기술서와 직무명세서를 기초로 이루어진다. 조직에 있어서 각각의 직무와 그 수행에 요구되는 숙련도, 난이도, 복잡성, 노력, 책임 등에 대해 정확하게 평가함으로써 타 직무와 비교한 직무의 상대적 가치를 정하는 체계적인 방법이 직무평가이다.

(2) 직무평가의 목적

① 공정한 임금체계의 확립

직무평가의 결과로 나타난 직무의 상대적 가치를 고려하여 공정하고 합리적인 임금체계를 확립하게 됨으로써 임금과 연관되는 종업원들 간의 갈등 해소에 기여할 수 있다. 또한, 직무급 실시에 있어서 초석이 된다.

② 인력개발의 합리성 제고

경력경로를 설계할 때 기업 내 각 직무 간의 중요성 및 난이도 등의 직무가치 정도에 따라 효율적인 인력개발의 이동경로를 설계할 수 있다. 직무평가의 질적 측면에서 직무의 상대적 가치와 그 유용성의 결정 자료를 제공한다.

③ 노사 간의 임금협상의 기초

직무평가의 결과는 노사 간의 임금협상 시에 합리적인 자료로써 제공될 수 있다.

④ 인력확보 및 적재적소 배치에 대한 합리성 제고

조직에서 직무의 중요성, 난이도 및 직무 가치에 따라 능력에 맞는 종업원들을 적재적소에 배치할 수 있다.

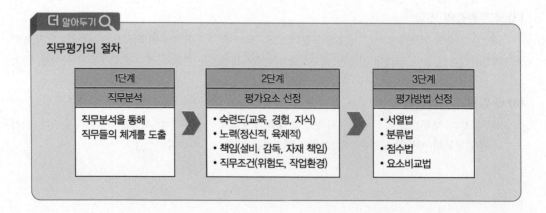

더 알아두기

직무평가의 절차

1단계	2단계	3단계
직무분석	평가요소 선정	평가방법 선정
직무분석을 통해 직무들의 체계를 도출	• 숙련도(교육, 경험, 지식) • 노력(정신적, 육체적) • 책임(설비, 감독, 자재 책임) • 직무조건(위험도, 작업환경)	• 서열법 • 분류법 • 점수법 • 요소비교법

2 직무평가의 방법 중요도 상중하

직무평가의 방법으로는 비계량적 방법인 서열법과 분류법, 계량적 방법인 요소비교법과 점수법으로 크게 나눌 수 있다. 구체적인 내용은 다음과 같다.

(1) 비계량적 방법

비계량적 방법은 직무수행에 있어서 난이도 등의 기준을 포괄적이고 전체적인 판단에 의해서 직무의 가치를 상대적으로 평가하는 방법을 의미한다.

① **서열법(Ranking Method)**

직무평가 방법 중 가장 비용이 저렴하고 절차가 간단한 방법으로, 각 직무의 상대적 가치를 전체적이면서 포괄적으로 파악한 후에 순위를 정하는 방법이다. 직무 간의 차이가 명확하거나 평가자가 모든 직무에 대해 잘 알고 있을 때 효과적인 평가방법이 될 수 있다. 가장 단순한 직무를 최하위에 배정하고 가장 중요하고 가치 있는 직무를 최상위에 배치함으로써 순위를 결정하게 된다. 장점은 방법이 쉽고 간단하고 비용이 저렴하다는 점이며, 단점은 등급을 결정하기 위한 기준이 없어 평가자 주관이 개입되기 쉬우며 평가대상의 직무수가 많으면 활용이 어렵다는 점을 들 수 있다.

② **분류법(Job Classification Method)**

서열법을 좀 더 발전시킨 것으로 **일정한 기준에 따라 직무의 등급을 사전에 미리 결정해 놓고 각 직무를 적절히 평가하여 해당 등급에 기입하는 방법**을 말하며, 등급법이라고도 불린다. 장점은 서열법보다 직무를 명확하게 분류하는 것이 가능하고 임금에 대한 납득이 쉽다는 점이다. 반면, 단점은 분류 기준에 대한 정확성이 모호하며, 평가대상 직무수가 많고 그 직무의 내용이 복잡해지면 정확한 분류가 어려워진다는 점이다. 그리고 고정화된 등급 설정으로 인해, 사회적·기술적·경제적 변화에 따른 유연성이 부족하다는 점을 들 수 있다.

(2) 계량적 방법

계량적 방법은 직무수행에 있어서의 난이도 등의 기준을 일정한 평가요소에 대입하여 이들을 양적으로 계측하고 분석하여 직무의 가치를 상대적으로 평가하는 방법을 의미한다.

① **점수법(Point Rating Method)**

각 직무를 숙련, 책임, 노력, 직무조건 등의 여러 평가요소별로 나누어 중요도에 따라 각 요소들에 점수(가중치)를 부여한 후에 각 요소에 부여한 점수를 합산해서 해당 직무에 대한 가치를 평가하는 방법이다. 장점은 종업원 및 감독자가 쉽게 이해할 수 있고, 각 평가요소의 중요도가 사전에 정해져 있어 객관성 확보가 쉽다는 점이다. 단점은 각 평가요소 선택과 가중치 산정이 어려워 각 평가요소 선정과 가중치 부여 등에 많은 시간과 노력이 필요하다는 점이 있다.

② **요소비교법(Factor Comparison Method)**

해당 조직에서 **가장 핵심이 되는 기준 직무를 선정하고 각 직무의 평가요소를 기준직무의 평가요소와 비교해서 그 직무의 상대적 가치를 결정하는 방법**이다. 그리고 해당 직무를 평가요소별로 임률을 부여하여 임금액으로 환산하는 방식을 택하고 있어 타 직무와의 임금 상관성 또한 알 수 있다. 장점은 기준 직무를 합리적으로 정하면 타 직무와 비교평가가 쉽다는 점과 평가결과가 임금액으로 나오기 때문에 임금의 상대성에 대한 공정성 확보가 쉽다는 점을 들 수 있다. 또한, 평가방법이 정교한 편으로 타당성과 신뢰성이 높은 편이다. 반면, 단점으로는 기준직무의 정확성이 결여되거나, 그 직무의 내용에 변화가 생기게 되면 평가결과 자체가 정확하지 않게 나올 수 있어 전체의 측정 척도에 대한 면밀한 이해가 필요하다. 그리고 시간과 비용이 많이 들고 평가방법의 복잡성으로 인해 조직 구성원들의 이해가 쉽지 않을 수 있다는 점을 단점으로 들 수 있다.

3 직무평가의 유의점 중요도 상중하

직무의 상대적 가치를 평가하는 직무평가가 결코 쉬운 작업이 아니며, 그 결과에 대한 파급력이 상당히 높고 오래갈 수 있으므로, 다음과 같은 유의점들을 충분히 고려하여 직무평가 시에 적용해야 한다.

① 인간관계 측면에서의 유의점

직무평가가 조직구성원들의 반발이 전혀 없을 정도의 완벽함이 보장될 수 없기에 발생할 수 있는 상황들에 대해 인지하여야 한다. 예를 들어 임금결정과정에서의 종업원들의 반발과 노동조합의 영향력을 고려하여 평가를 신중히 해야 한다는 점을 들 수 있다. 직무평가의 유효성에 있어 종업원들의 만족에 대한 영향을 확인하여야 한다.

② 기법적인 측면에서의 유의점

평가요소들을 선정하는 과정에서 판단상의 오류를 범할 수 있다. 특히 가중치와 요소들 간의 비중 차이에 대한 인식이 경영자와 종업원 간에 다를 수 있기에 직무평가 시에 평가요소들에 대한 정확한 이해를 통한 적용이 필요하다.

③ 평가 계획상의 유의점

평가대상이 다수이거나 서로 상이할 때, 예를 들어 기술직, 사무직, 영업직 등 그 직무가 다를 경우에 그 평가 척도와 요소들 간의 중요성이 다르므로 발생할 수 있는 문제점이다. 이러한 문제점 해결을 위해서는 해당 직무 각각에 따른 적절한 평가요소를 적용해야 한다.

④ 평가위원회 조직 시 유의점

직무평가 시 종업원들의 호의적인 동의를 얻기 위해서는 종업원들에게 영향을 미칠 수 있는 많은 수의 경영자들을 참여시키는 것이 필요하다. 하지만 너무 많은 수의 위원회가 조직되면 오히려 비능률적인 결과를 초래할 수 있기에 양자를 잘 고려하여 적절한 수의 평가위원회를 조직해야 한다.

⑤ 직무평가 결과와 노동시장 평가의 불일치에 따른 유의점

직무평가에서 가치가 높음에도 불구하고, 노동시장 임금이 낮은 경우(공급〉수요)와는 반대로, 직무평가에서 가치가 낮음에도 불구하고 노동시장 임금이 높은 경우(수요〉공급)가 발생하는 경우, 직무평가 결과와 노동시장 평가의 불일치가 발생하게 된다. 그러므로 직무평가 적용 시에 시장상황을 고려해야 할 필요가 있다.

⑥ 평가빈도의 결정에 따른 유의점

직무평가에서 평가빈도의 결정이 어렵다는 것을 의미하며, 환경 변화에 따라 직무의 가치가 변화하므로 직무평가의 횟수를 적정히 하여 변화에 유연하게 대처해야 한다.

제 3 절 직무분류(Job classification)

1 직무분류의 의의와 목적

(1) 직무분류의 의의

직무분류는 조직 내에서 동일하거나 유사한 역할 또는 능력을 보유한 직무의 집단을 수평적(직군) 또는 수직적(직급)으로 분류하는 것을 의미한다. 동일직무의 집단은 직무를 수행함에 있어 가지고 있는 기초교양, 전문지식, 근무조건 등이 유사한 집단을 의미한다. 이러한 집단은 채용, 배치 및 훈련 등의 인적자원관리의 수행에 있어 하나의 집단으로 관리할 수 있다는 점에서 의미를 갖는다.

(2) 직무분류의 목적

직무분류를 통해 동일직무의 집단에 대해 파악할 수 있으며 그 관리대상을 하나의 모둠으로 하여 승진, 이동, 배치, 훈련, 개발, 임금관리, 인사고과 등의 합리화를 이룰 수 있게 된다.

더 알아두기

- 직계조직
  직무평가를 통한 결과에 따라 직무의 상대적 서열이 계층화될 수 있으며, 해당 직급에 해당하는 직무를 담당함에 따라 조직 내에서의 지위나 임금이 결정되는 제도를 의미한다.
- 자격제도
  직무분석에 따른 결과에 따라 조직 구성원들이 갖춰야 하는 능력에 대한 수준을 각 직급별로 구체화하여 종업원 개개인을 평정하고 검사함으로써 종업원 개인의 지위와 보수가 결정되어 지급받도록 하는 제도를 의미한다.

제3장

OX로 점검하자

※ 다음 지문의 내용이 맞으면 O, 틀리면 ×를 체크하시오. [1~11]

01 직무에 포함되는 과업의 성질과 직무를 수행하기 위해 종업원에게 요구되는 적성에 대한 정보를 수집하고 분석하는 것이 필요한데, 이를 직무분석이라고 한다. ( )

02 작업의 종류와 수준이 동일하거나 유사한 직위들의 집단 또는 직책이나 직업상의 맡은바 임무를 과업(Task)이라고 한다. ( )

03 직무분석자가 직무수행을 하는 작업자의 행동을 직접 관찰하여 직무내용과 과업, 수행방법과 작업 조건 등 직무에 관해 필요한 자료를 기재하는 방법은 관찰법(Observation Method)이라고 한다. ( )

04 직무에 관한 질문지를 작성하여 작업자로 하여금 이에 응답하도록 하여 직무정보를 수집하는 방법은 면접법(Interview Method)에 해당한다. ( )

05 직무분석을 통해 얻은 직무에 관한 자료를 토대로 관련된 과업 및 직무정보들을 일정한 양식에 따라 기술한 문서를 직무기술서(Job description)라고 한다. ( )

06 직무명세서란 직무분석을 통해 얻은 직무에 관한 자료를 토대로 직무수행에 필요한 종업원들의 행동이나 기능·능력·지식 등을 일정한 양식에 기록한 문서를 말한다. ( )

07 직무분석에서의 오류 중 사람들이 예상되거나 또는 왜곡된 방법으로 질문에 대해 일괄적으로 답변할 때 발생하는 것은 부적절한 표본추출에서 오는 오류에 해당한다. ( )

정답과 해설 01 O 02 × 03 O 04 × 05 O 06 O 07 ×

02 직무(Job)에 대한 설명이다. 과업(Task)은 독립된 특정한 목표를 위해 수행되는 하나의 명확한 작업 활동이며, 직무분석에서의 최소단위가 된다.

04 질문지법(Questionnaire)에 해당한다. 질문지가 잘 설계되고 작업자들이 정확한 정보자료를 제공하는 경우 질문지법의 효과는 매우 크며, 많은 작업자들로부터 비교적 단시간 내에 정보자료를 수집할 수 있다는 장점이 있다.

07 사람들이 예상되거나 또는 왜곡된 방법으로 질문에 대해 일괄적으로 답변할 때 발생하는 것을 반응세트라고 한다. 이러한 반응세트는 사람들의 해석이나 그 정보에 대해 처리하려고 하는 의도에 대한 잘못된 믿음 때문에 생긴다.

08 조직에 있어서의 각각의 직무와 그 수행에 요구되는 숙련도, 난이도, 복잡성, 노력, 책임 등에 대해 정확하게 평가함으로써 타 직무와 비교한 직무의 상대적 가치를 정하는 체계적인 방법이 직무평가이다. (　　)

09 직무평가의 방법으로는 비계량적 방법과 계량적 방법으로 크게 나눌 수 있는데, 비계량적 방법으로는 요소비교법과 점수법이 있다. (　　)

10 각 직무를 숙련, 책임, 노력, 직무조건 등의 여러 평가요소별로 나누어 중요도에 따라 각 요소들에 점수(가중치)를 부여한 후에 각 요소에 부여한 점수를 합산해서 해당 직무에 대한 가치를 평가하는 방법은 요소비교법(Factor Comparison Method)이다. (　　)

11 직무평가의 결과에 따라 직무의 상대적 서열이 계층화될 수 있으며, 해당 직급에 해당하는 직무를 담당함에 따라 조직 내에서의 지위나 임금이 결정되는 제도는 자격제도에 해당한다. (　　)

정답과 해설 08 O 09 × 10 × 11 ×

09 비계량적 방법은 서열법과 분류법이 있다.
- 서열법(Ranking Method)
  직무평가 방법 중 가장 비용이 저렴하고 절차가 간단한 방법으로, 각 직무의 상대적 가치들을 전체적이면서 포괄적으로 파악한 후에 순위를 정하는 방법이다.
- 분류법(Job Classification Method)
  서열법을 좀 더 발전시킨 것으로 일정한 기준에 따라 직무의 등급을 사전에 미리 결정해 놓고, 각 직무를 적절히 평가하여 해당 등급에 기입하는 방법을 말한다.

10 점수법(Point Rating Method)에 대한 내용이다. 요소비교법(Factor Comparison Method)은 해당 조직에서 가장 핵심이 되는 기준 직무를 선정하고 각 직무의 평가요소를 기준직무의 평가요소와 비교해서 그 직무의 상대적 가치를 결정하는 방법이다.

11 직계조직에 대한 내용이다. 자격제도는 직무분석에 따른 결과를 통하여 조직 구성원들이 갖춰야 하는 능력에 대한 수준을 각 직급별로 구체화하여 종업원 개개인을 평정하고 검사함으로써 종업원 개인의 지위와 보수가 결정되어 지급받도록 하는 제도를 의미한다.

제 3 장

실전예상문제

01 직무분석의 의의와 목적에 대해 서술한 것으로 가장 적절하지 않은 것은 무엇인가?

① 직무에 포함되는 과업의 성질과 직무를 수행하기 위해 종업원에게 요구되는 적성에 대한 정보를 수집하고 분석하는 것을 말한다.

② 조직에 있어서의 각각의 직무와 그 수행에 요구되는 숙련도, 난이도, 복잡성, 노력, 책임 등에 대해 정확하게 평가함으로써 타 직무와 비교한 직무의 상대적 가치를 정하는 체계적인 방법을 의미한다.

③ 조직구조의 재설계, 경력계획, 직무재설계 시의 기초자료로 필요하다.

④ 구성원들의 적성을 파악하여 적재적소에 배치하기 위함이다.

02 직무분석의 절차가 바르게 연결된 것은 무엇인가?

① 배경정보의 수집 → 대표직무의 선정 → 직무정보 수집 → 직무기술서(Job description) 작성 → 직무명세서(Job specification) 작성

② 배경정보의 수집 → 직무정보 수집 → 대표직무의 선정 → 직무기술서(Job description) 작성 → 직무명세서(Job specification) 작성

③ 배경정보의 수집 → 직무정보 수집 → 대표직무의 선정 → 직무명세서(Job specification) 작성 → 직무기술서(Job description) 작성

④ 배경정보의 수집 → 대표직무의 선정 → 직무기술서(Job description) 작성 → 직무명세서(Job specification) 작성 → 직무정보 수집

---

checkpoint 해설 & 정답

01 직무평가에 대한 내용이다. 조직에 있어서의 각각의 직무와 수행에 요구되는 숙련도, 난이도, 복잡성, 노력, 책임 등에 대해 정확하게 평가함으로써 타 직무와 비교한 직무의 상대적 가치를 정하는 체계적인 방법은 직무평가이다.

02 대체적으로 예비 단계(배경정보의 수집, 대표직무의 선정) → 본 단계(직무정보 수집) → 정리분석 단계(직무기술서 작성, 직무명세서 작성)의 순서대로 이루어진다.

정답 01 ② 02 ①

해설 & 정답 checkpoint

03 직무분석 용어와 설명이 바르게 연결된 것은 무엇인가?

① 과업(Task) : 동일하거나 유사한 직무들의 집단
② 직위(Position) : 독립된 특정한 목표를 위해 수행되는 하나의 명확한 작업 활동
③ 직무(Job) : 작업의 종류와 수준이 동일하거나 유사한 직위들의 집단
④ 직무기술서(Job description) : 직무기술서 내용을 기초로 각 직무수행에 필요한 종업원들의 행동이나 기능·능력·지식 등을 일정한 양식에 기록한 문서

[직무분석 용어]

용어	의미
과업 (Task)	독립된 특정한 목표를 위해 수행되는 하나의 명확한 작업 활동을 말함. 직무분석에서의 최소단위 예 버스를 운전하는 것 등
직위 (Position)	특정시점에서 특정조직의 한 종업원에게 부여된 하나 또는 그 이상의 과업의 집단
직무 (Job)	작업의 종류와 수준이 동일하거나 유사한 직위들의 집단/직책이나 직업상의 맡은바 임무
직군 (Job family)	동일하거나 유사한 직무들의 집단 예 마케팅직군, 기술직군, 경영지원직군 등
직종 (Occupation)	동일하거나 유사한 직군들의 집단 예 연구직종, 기술직종, 사무직종 등
직무기술서 (Job description)	직무분석을 통해 얻은 직무에 관한 자료를 가지고 관련된 과업 및 직무정보를 일정한 양식에 따라 기술한 문서
직무명세서 (Job specification)	직무기술서 내용을 기초로 각 직무수행에 필요한 종업원들의 행동이나 기능·능력·지식 등을 일정한 양식에 기록한 문서

03 [문제 하단의 표 참고]

정답 03 ③

안심Touch

04 [보기]의 내용은 직무분석의 방법 중 어떤 것에 대한 설명인가?

> 보 기
>
> 직무분석자가 직무수행을 하는 작업자의 행동을 직접 관찰하여 직무내용과 과업, 수행방법과 작업 조건 등 직무에 관해 필요한 자료를 기재하는 방법이다. 가장 큰 장점은 그 방법이 가장 간단하므로 사용하기 쉽고, 특히 육체적 활동과 같이 관찰이 가능한 직무에 적용하기가 좋다는 점이다.

① 면접법(Interview Method)
② 중요사건 기록법(Critical Incidents Method)
③ 관찰법(Observation Method)
④ 워크 샘플링법(Work Sampling Method)

05 직무기술서(Job description)의 작성 시 유의사항에 해당하지 <u>않는</u> 것은 무엇인가?

① 수행해야 할 일의 성격과 범위가 명확하게 제시되어야 한다.
② 기재되어야 하는 내용과 표현이 간단하고 명료해야 한다.
③ 감독책임을 나타내어야 한다.
④ 최대한 구체적이고 많이 서술되어야 직무 파악에 좋다.

checkpoint 해설 & 정답

04 관찰법(Observation Method)에 대한 내용이다. 단점으로는 정신적 집중이 많이 필요한 직무에는 관찰이 어렵다는 점과 이 방법은 전적으로 직무분석자의 관찰에 달렸으므로 주관이 개입되지 않도록 분석자의 적절한 사전훈련이 필요하다는 것도 또 하나의 제약조건이 된다.

① 면접법(Interview Method)
직무분석자와 직무를 수행하는 작업자가 서로 대면하는 직접 면접을 통해 직무정보를 취득하는 방법으로 직무에 대한 정확한 정보획득이 가능하다는 것이 장점에 해당한다.

② 중요사건 기록법
(Critical Incidents Method)
작업자들의 직무수행 행동 중에 중요하거나 가치가 있는 부분에 대한 정보를 수집하는 것을 말하며, 장점은 직무행동과 성과 간의 관계를 직접적으로 파악할 수 있다는 점이다. 단점은 수집된 직무행동을 평가 및 분류하는 데 많은 시간과 노력이 들어간다는 점이다.

④ 워크 샘플링법(Work Sampling Method)
관찰법의 방법을 좀 더 세련되게 만든 것으로, 종업원의 전체 작업과정이 진행되는 동안에 무작위로 많은 관찰을 함으로써 직무행동에 대한 정보를 취득하는 것을 말한다.

05 서술화되어 있는 표현보다는 내용과 표현이 간단하고 명료해야 한다.

정답 04 ③ 05 ④

06 직무분석을 통해 얻은 직무에 관한 자료를 토대로 직무수행에 필요한 종업원들의 행동이나 기능·능력·지식 등을 일정한 양식에 기록한 문서는 무엇인가?

① 직무명세서(Job specification)
② 직무기술서(Job description)
③ 직무분석(Job analysis)
④ 직무평가(Job evaluation)

07 [보기]의 내용은 직무분석에서의 오류 중 어떤 것에 대한 내용인가?

보 기

ㄱ. 사람들이 예상되거나 또는 왜곡된 방법으로 질문에 대해 일괄적으로 답변할 때 발생하는 것을 말한다.
ㄴ. 사람들의 해석이나 그 정보에 대해 처리하려고 하는 의도에 대한 잘못된 믿음 때문에 생긴다.

① 부적절한 표본추출
② 반응세트
③ 직무환경의 변화
④ 종업원의 행동변화

해설 & 정답 checkpoint

06 직무명세서(Job specification)에 대한 내용이다.
② 직무기술서(Job description) : 직무분석을 통해 얻은 직무에 관한 자료를 토대로 관련된 과업 및 직무정보들을 일정한 양식에 따라 기술한 문서
③ 직무분석(Job analysis) : 직무에 포함되는 과업의 성질과 직무를 수행하기 위해 종업원에게 요구되는 적성에 대한 정보를 수집하고 분석하는 것
④ 직무평가(Job evaluation) : 조직에 있어서의 각각의 직무와 그 수행에 요구되는 숙련도, 난이도, 복잡성, 노력, 책임 등에 대해 정확하게 평가함으로써 타 직무와 비교한 직무의 상대적 가치를 정하는 체계적인 방법

07 반응세트에 대한 내용이다.
① 부적절한 표본추출 : 직무와 관련된 과업의 영역 전체를 조사하지 않거나, 질문지와 같은 포괄적 방법에서 관련 과업의 영역을 모두 명확히 해두지 않으면 중요한 면들이 직무분석에서 제외될 수 있다.
③ 직무환경의 변화 : 새로운 기술의 진보화에 따른 새로운 공정의 도입으로 인한 직무환경의 변화는 직무수행자의 역할 또한 변화시키기 때문에 과거에 기술된 직무기술서와 직무명세서는 현재의 직무에 활용되지 못한다.
④ 종업원의 행동변화 : 직무분석 시 대부분의 경우 종업원의 행동에 대한 정보 획득이 일정한 한 시점에 이루어지게 된다. 그러나 종업원들의 행동의 변화는 계속되므로, 관찰자는 이를 늘 분석해야 한다.

정답 06 ① 07 ②

checkpoint 해설 & 정답

08 인력확보 및 적재적소 배치에 대한 합리성 제고가 적절하다.

09 서열법(Ranking Method)에 대한 설명이 맞게 되어 있다. 장점은 방법이 쉽고 간단하며 비용이 저렴하다는 점이다. 반면, 단점은 등급을 결정하기 위한 기준이 없어 평가자 주관이 개입되기 쉬우며 평가대상의 직무수가 많으면 활용이 어렵다는 점을 들 수 있다.
② 점수법(Point Rating Method)
③ 요소비교법(Factor Comparison Method)
④ 분류법(Job Classification Method)

정답 08 ④ 09 ①

08 직무평가(Job evaluation)의 목적으로 가장 적절하지 <u>않은</u> 것은 무엇인가?

① 공정한 임금체계의 확립
② 인력개발의 합리성 제고
③ 노사 간의 임금협상의 기초
④ 인력확보 및 최대 생산성 확보

09 직무평가에 대한 방법이 바르게 연결된 것은 무엇인가?

① 서열법(Ranking Method) : 직무평가 방법 중 가장 비용이 저렴하고 절차가 간단한 방법으로, 각 직무의 상대적 가치들을 전체적이면서 포괄적으로 파악한 후에 순위를 정하는 방법이다.
② 분류법(Job Classification Method) : 각 직무를 숙련, 책임, 노력, 직무조건 등의 여러 평가요소별로 나누어 중요도에 따라 각 요소들에 점수(가중치)를 부여한 후에 각 요소에 부여한 점수를 합산해서 해당 직무에 대한 가치를 평가하는 방법이다.
③ 점수법(Point Rating Method) : 해당 조직에서 가장 핵심이 되는 기준 직무를 선정하고 각 직무의 평가요소를 기준직무의 평가요소와 비교해서 그 직무의 상대적 가치를 결정하는 방법이다.
④ 요소비교법(Factor Comparison Method) : 서열법을 좀 더 발전시킨 것으로 일정한 기준에 따라 직무의 등급을 사전에 미리 결정해 놓고, 각 직무를 적절히 평가하여 해당 등급에 기입하는 방법을 말하며 등급법이라고도 불린다.

10 직무평가의 유의점에 대한 설명으로 바르지 않은 것은 무엇인가?

① 직무평가의 유효성에 있어 종업원들의 만족에 대한 영향을 확인하여야 한다.
② 평가대상이 다수이거나 서로 상이할 때 그 직무가 다를 경우에 그 평가 척도와 요소들 간의 중요성이 다르므로 해당 직무 각각에 따른 적절한 평가요소를 적용해야 한다.
③ 직무평가 시 종업원들의 호의적인 동의를 얻기 위해서는 종업원들에게 영향을 미칠 수 있는 많은 수의 경영자들을 참여시키는 것이 필요하므로 최대한 많이 참여해야 한다.
④ 환경 변화에 따라 직무에 대한 가치가 변화하므로 직무평가의 횟수를 적정히 하여 변화에 유연하게 대처해야 한다.

주관식 문제

01 직무분석의 목적에 대해 약술하시오.

해설 & 정답 checkpoint

10 너무 많은 수의 위원회가 조직되면 오히려 비능률적인 결과를 초래할 수 있기에 여러 가지를 고려하여 적절한 수의 평가위원회를 조직해야 한다.

01
정답 1차적인 목적은 직무기술서(Job description)를 작성하기 위한 것이며, 이를 통해 직무명세서(Job specification)의 작성자료 또한 확보하게 된다. 2차적인 목적은 조직구조의 재설계, 경력계획, 직무재설계 시의 기초자료로 사용하기 위한 것이며, 인재 모집, 선발 등 인재를 발굴하기 위한 채용계획에 활용될 수 있다. 또한, 구성원들의 적성을 파악하여 적재적소에 배치하기 위한 목적 등이 있다.

정답 10 ③

checkpoint 해설 & 정답

02

정답 ㄱ. 과업
ㄴ. 직위
ㄷ. 직무
ㄹ. 직무기술서
ㅁ. 직무명세서

03

정답 예비 단계(배경정보의 수집, 대표직무의 선정) → 본 단계(직무정보 수집) → 정리분석 단계(직무기술서 작성, 직무명세서 작성)의 순서대로 이루어진다.

02 직무분석에 관련된 기초개념 중 다음 괄호 안에 들어가는 용어에 대해 쓰시오.

용어	의미
(ㄱ)	독립된 특정한 목표를 위해 수행되는 하나의 명확한 작업활동을 말함. 직무분석에서의 최소단위 [예] 버스를 운전하는 것 등
(ㄴ)	특정시점에서 특정조직의 한 종업원에게 부여된 하나 또는 그 이상의 과업의 집단
(ㄷ)	작업의 종류와 수준이 동일하거나 유사한 직위들의 집단/직책이나 직업상의 맡은 바 임무
(ㄹ)	직무분석을 통해 얻은 직무에 관한 자료를 가지고, 관련된 과업 및 직무정보를 일정한 양식에 따라 기술한 문서
(ㅁ)	직무기술서 내용을 기초로 각 직무수행에 필요한 종업원들의 행동이나 기능·능력·지식 등을 일정한 양식에 기록한 문서

03 직무분석의 절차에 대해 순서대로 나열하시오.

04 직무분석의 방법에 대한 내용으로 괄호 안에 해당하는 내용을 쓰시오.

- (ㄱ): 직무분석자가 직무수행을 하는 작업자의 행동을 직접 관찰하여 직무내용과 과업, 수행방법과 작업 조건 등 직무에 관해 필요한 자료를 기재하는 방법이다. 가장 큰 장점은 그 방법이 가장 간단하여 사용하기 쉽다는 점이다. 특히, 육체적 활동과 같이 관찰이 가능한 직무에 적용하기가 좋다.
- (ㄴ): 직무분석자와 직무를 수행하는 작업자가 서로 대면하는 직접 면접을 통해 직무정보를 취득하는 방법으로 직무에 대한 정확한 정보획득이 가능하다는 점이 장점에 해당한다. 반면에 면접에 너무 많은 시간과 비용이 든다는 단점이 있다.
- (ㄷ): 작업자들의 직무수행 행동 중에 중요하거나 가치가 있는 부분에 대한 정보를 수집하는 것을 말하며, 장점은 직무행동과 성과 간의 관계를 직접적으로 파악할 수 있다는 점을 들 수 있다.
- (ㄹ): 관찰법의 방법을 좀 더 세련되게 만든 것으로, 종업원의 전체 작업과정이 진행되는 동안에 무작위로 많이 관찰함으로써 직무행동에 대한 정보를 취득하는 것을 말한다.

해설&정답 checkpoint

04

정답 ㄱ. 관찰법
ㄴ. 면접법
ㄷ. 중요사건 기록법
ㄹ. 워크 샘플링법

checkpoint 해설 & 정답

05

정답 직무분석이 이루어진 후 결과물에 해당되며, 직무기술서는 과업의 요건에 초점을 두어 기술되고, 직무명세서는 인적요건에 초점을 두어 작성된다. 직무기술서는 직무분석을 통해 얻은 직무에 관한 자료를 토대로 관련된 과업 및 직무정보들을 일정한 양식에 따라 기술한 문서이다. 직무명세서는 직무분석을 통해 얻은 직무에 관한 자료를 토대로 직무수행에 필요한 종업원들의 행동이나 기능·능력·지식 등을 일정한 양식에 기록한 문서를 말한다.

06

정답 다음과 같은 사항에 유의하여 직무분석을 실시해야 한다.

- 부적절한 표본추출
  직무와 관련된 과업의 영역 전체를 조사하지 않거나, 질문지와 같은 포괄적 방법에서 관련 과업의 영역을 모두 명확히 해두지 않으면 중요한 면들이 직무분석에서 제외될 수 있다.
- 반응세트
  사람들이 예상되거나 왜곡된 방법으로 질문에 대해 일괄적으로 답변할 때 발생하는 것을 반응세트라고 한다. 이러한 반응세트는 사람들의 해석이나 그 정보에 대해 처리하려고 하는 의도에 대한 잘못된 믿음 때문에 생긴다.
- 직무환경의 변화
  새로운 기술의 진보화에 따른 새로운 공정의 도입으로 인한 직무환경의 변화는 직무수행자의 역할 또한 변화시키기 때문에 과거에 기술된 직무기술서와 직무명세서는 현재의 직무에 활용되지 못하게 된다.
- 종업원의 행동변화
  직무분석 시 대부분의 경우 종업원의 행동에 대한 정보 획득이 일정한 한 시점에 이루어지게 된다. 그러나 종업원들의 행동의 변화는 계속되므로 관찰자는 이를 늘 분석해야 한다.

05 직무기술서(Job description)와 직무명세서(Job specification)에 대해 비교하여 약술하시오.

06 직무분석에서의 오류에 대해 3가지 이상 서술하시오.

07 직무평가의 목적에 대해 3가지 이상 서술하시오.

08 직무평가의 방법에 대한 내용으로 괄호 안에 해당하는 내용을 쓰시오.

- (ㄱ) : 직무평가 방법 중 가장 비용이 저렴하고 절차가 간단한 방법으로, 각 직무의 상대적 가치들을 전체적이면서 포괄적으로 파악한 후에 순위를 정하는 방법이다.
- (ㄴ) : 서열법을 좀 더 발전시킨 것으로 일정한 기준에 따라 직무의 등급을 사전에 미리 결정해 놓고, 각 직무를 적절히 평가하여 해당 등급에 기입하는 방법을 말하며 등급법이라고도 불린다.
- (ㄷ) : 각 직무를 숙련, 책임, 노력, 직무조건 등의 여러 평가요소별로 나누어 중요도에 따라 각 요소들에 점수(가중치)를 부여한 후에 각 요소에 부여한 점수를 합산해서 해당 직무에 대한 가치를 평가하는 방법이다.
- (ㄹ) : 해당 조직에서 가장 핵심이 되는 기준 직무를 선정하고 각 직무의 평가요소를 기준직무의 평가요소와 비교해서 그 직무의 상대적 가치를 결정하는 방법이다.

해설 & 정답 checkpoint

07

정답 첫째, 공정하고 합리적인 임금체계를 확립하게 됨으로써 임금과 연관되는 종업원들 간의 갈등 해소에 기여할 수 있으며 직무급 실시에 있어서 초석이 된다. 둘째, 경력경로를 설계할 때 기업 내 각 직무 간의 중요성 및 난이도 등의 직무가치 정도에 따라 효율적인 인력개발의 이동경로를 설계할 수 있다. 셋째, 직무평가의 질적 측면에서 직무의 상대적 가치와 그 유용성의 결정 자료를 제공한다. 넷째, 직무평가의 결과는 노사 간의 임금협상 시에 합리적인 자료로써 제공될 수 있다. 다섯째, 조직에서 직무의 중요성, 난이도 및 직무 가치에 따라, 능력에 맞는 종업원들을 적재적소에 배치할 수 있다.

08

정답 ㄱ. 서열법
ㄴ. 분류법
ㄷ. 점수법
ㄹ. 요소비교법

checkpoint 해설 & 정답

09 직무평가의 유의점에 대해 3가지 이상 쓰시오.

10 직무평가 시에 평가요소를 선정할 때 어떠한 요소를 가지고 평가하게 되는지 해당하는 것을 3가지 이상 쓰시오.

09

정답 다음과 같은 여러 유의점들에 대해 충분히 고려하여 직무평가 시에 적용해야 한다.

- 인간관계 측면에서의 유의점
- 기법적인 측면에서의 유의점
- 평가 계획상의 유의점
- 평가위원회 조직 시 유의점
- 직무평가 결과와 노동시장 평가의 불일치에 따른 유의점
- 평가빈도의 결정에 따른 유의점

10

정답 평가요소는 보통 4가지로 나누어 선정하고 직무평가 시에 활용하게 된다.

- 숙련도(교육, 경험, 지식)
- 노력(정신적, 육체적)
- 책임(설비, 감독, 자재 책임)
- 직무조건(위험도, 작업환경)

고득점으로 대비하는 가장 똑똑한 수험서!

제 4 장

인사고과

제1절 인사고과의 의의와 목적
제2절 인사고과의 방법
제3절 고과양식의 설계
제4절 고과자의 선정
제5절 고과결과의 분석 및 조정
제6절 고과실시상의 유의점
실전예상문제

제 4 장 인사고과

제 1 절 인사고과의 의의와 목적

1 인사고과의 의의

(1) 인사고과의 개념

인사고과는 해당 직무를 수행하고 있는 종업원들의 업무능력과 실적을 정확하고 구체적으로 평가하려는 일련의 활동을 의미하며, 종업원들의 현재와 미래의 잠재적 유용성까지도 총체적으로 파악한다. 이러한 인사고과를 통해 해당 구성원들의 직무능력, 태도, 업무성과, 장래성 등에 대한 파악이 이루어지며, 그 결과를 토대로 적절한 인사조치와 보상 등의 결정이 이루어진다.

(2) 인사고과의 중요성

과거의 인사고과는 사실상 명목상의 목적으로 시행된 경우가 많았고 종업원의 학력, 연령, 근속연수 등의 단순한 연공 요소에 입각하여 인사처우와 승진 등이 이루어졌다. 그러나 현대의 인적자원관리제도는 해당 종업원의 직무수행능력 및 업적, 적성, 잠재성 등의 인적자원 관련 정보를 활용하여 타당한 인사처우 및 인재활용을 지향하는 능력주의 인적자원관리제도의 도입과 정착에 그 힘이 실리게 되었다. 따라서 인사고과의 방향성이 잘 제시되어야 하고 다양화되어야 하는 필연성에 의해 그 중요성이 더 커지게 되었다.

(3) 인사고과의 실시원칙 중요도 상중하

① **직무기준의 원칙**

인사고과자는 직무기준(담당직무, 내용, 자격요건 등)을 가지고 피고과자의 직무수행 결과나 능력 등을 정확하게 평가해야 한다는 원칙이다.

② **공정성의 원칙**

인사고과자는 어떠한 편견 없이 공정한 원리와 기준에 맞게 피고과자의 직무수행 결과나 능력, 태도 등을 정확하게 평가해야 한다.

③ **독립성의 원칙**

인사고과의 실시 과정에서는 내·외부에서의 압력이나 간섭 없이 인사고과자가 독립적인 위치에서 실시될 수 있어야 한다.

④ **납득성의 원칙**

인사고과의 과정과 결과에 대해서는 인사고과자와 피고과자 모두가 납득할 수 있어야 하며, 더 나아가 조직 내 모든 구성원들이 수용할 수 있도록 실시되어야 한다.

⑤ **인사고과자의 추측 배제 및 고과 불소급의 원칙**

인사고과의 실시 과정에서 피고과자의 직무기준에 의한 객관적인 고과가 아닌, 기존 관행과 단순한 추측에 의한 고과는 지양되어야 한다는 원칙이 추측배제의 원칙에 해당한다. 고과 불소급의 원칙은 인사고과의 결과로 나온 부분에 대해 기존의 결과에 소급하여 재적용하면 안 된다는 원칙을 말한다.

2 인사고과의 목적 중요도 상중하

정확하고 합리적인 인사고과는 종업원의 현재의 위치와 잠재적 유용성을 개인의 관점에서 뿐만 아니라 기업 전체의 경영관리상의 효율성을 제고하기 위함에 그 목적이 있다. 구체적인 내용은 다음과 같다.

(1) 고용관리의 합리화

인사고과의 실시에 따라 획득한 종업원의 정보와 자료는 조직 내 종업원의 적정 배치 및 이동 등 고용관리의 합리적 수행을 위한 기초자료 및 주요 기준으로 유용하게 활용된다.

(2) 교육훈련 및 능력개발의 촉진

인사고과의 결과자료는 조직 내의 종업원에 대한 교육훈련 계획의 수립 및 실시방법의 결정과 실시결과의 평가를 위한 기초자료로 활용된다.

(3) 임금관리의 합리화

조직 내 각 종업원의 직무수행능력과 성과에 대한 인사고과의 자료는 직능급 및 성과급 등의 임금결정 기준으로 활용된다.

(4) 경영자의 관리능력 향상

조직 내 각 종업원에 대한 인사고과자료는 기업경영상의 인적자원관리 분야뿐만 아니라 생산관리, 마케팅, 재무 등의 모든 경영관리분야에 걸친 경영자의 관리능력의 개발 및 향상에도 활용될 수 있다.

(5) 기타 인적자원관리의 합리화

인사고과의 결과는 근로자의 근로조건개선 및 인간관계의 개선 등을 포함한 기타 인적자원관리의 합리적인 운영 자료로 활용된다.

참고

현대적 인사고과의 목적 요약

적정배치	종업원의 직무 수행능력과 적성 등을 정확히 평가하여 적재적소에 배치할 수 있도록 해야 한다.
능력개발	인사고과를 통해 종업원의 현재의 능력과 잠재적 능력을 잘 파악하고 평가하여 종업원 각자에 맞는 성장기회를 충족시켜 주어야 한다.
공정처우	인사고과의 결과에 따라 공정하고 적정한 처우를 실시하여야 하며, 이는 종업원의 의욕 향상과 업무성과 증진에 이바지하여야 한다.

3 인사고과의 인적자원관리상의 위치

인사고과는 직무와 인간의 관계의 측면에 초점이 맞춰진다. 즉, 직무수행능력과 직무수행요건과의 차이를 파악할 수 있게 함으로써 교육, 훈련, 승진, 이동 등이 이루어진다.

더 알아두기

직무와 인간의 관계

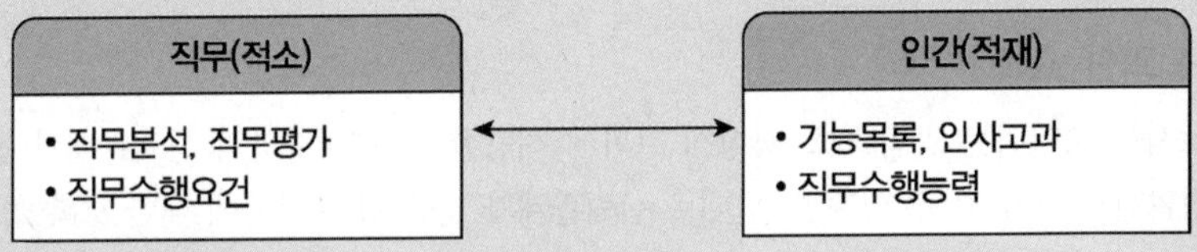

- 직무 = 인간 : 적재적소 배치
- 직무〉인간 : 교육훈련 및 지원
- 직무〈인간 : 이동, 승진, 직무설계

제 2 절 인사고과의 방법

인사고과는 시행 시기, 인사고과 위원회의 구성원, 고과기법의 선정 등에 따라 그 결과의 차이가 날 수 있다. 따라서 해당 기업 조직의 규모와 특성 등에 적합한 방법과 절차에 따라 객관적이고 공정하게 실시되도록 해야 한다. 인사고과는 고과자에 따른 분류와 기법에 따른 분류로 크게 나누어서 살펴볼 수 있다.

1 고과자에 따른 분류 중요도 상 중 하

(1) 자기고과

종업원 개인이 스스로를 평가하는 방법으로 능력개발을 목적으로 하는 고과 방법이다. 자신이 가진 결함을 파악하고 개선하는 데 효과가 있어 관리층의 고과에 보충적으로 쓰인다. 그러나 자신의 성과를 높게 평가하는 오류가 발생할 수 있다는 단점이 있다.

(2) 상급자에 의한 고과

직속상사가 평가하는 방법으로 수직적인 하향식 고과에 해당한다. 직속상사가 하급자를 비교적 잘 알고 있어 정확하게 평가될 수 있다는 장점이 있으나, 반대로 하급자에 대한 주관적 감정으로 판단오류가 생길 수 있다.

(3) 하급자에 의한 고과

부하가 상사를 평가하는 방법으로, 상향식 고과에 해당한다. 상급자와의 신뢰관계가 높을 경우에 효과적이고 정확한 평가가 될 수 있지만, 반대로 신뢰관계가 낮을 경우 상사에 대한 보복에 대한 두려움으로 평가오류가 생길 수 있다.

(4) 동료에 의한 고과

동료 간에 서로를 평가하는 방법으로, 직무상 연관이 있는 동료의 평가이므로 타당성이 높고 정확한 자료를 얻을 수 있다는 장점이 있으나, 동료 간 친분관계 정도 또는 경쟁관계 정도에 따라 고과점수가 왜곡될 수 있다는 단점이 있다.

(5) 외부 전문가에 의한 고과

외부전문가에 의해 고과를 평가하는 방법으로 현장토의법, 평정센터법, 인적평정센터법 등의 방법이 있으며, 고과에 객관성이 유지되고 전문성을 갖게 된다는 장점이 있다.

(6) 다면평가

인사고과에 정확성과 객관성을 부여하기 위해 1인의 상사뿐만이 아니라, 본인, 동료, 부하, 고객 등 여러 고과자를 통해 평가하는 방법으로 360도 다면평가라고도 불린다.

2 인사고과 기법에 따른 분류 중요도 상중하

고과자가 아닌 기법에 따라 분류하며 크게 전통적 고과와 현대적 고과로 나눠진다. 전통적 고과기법은 오랜 시간 기업에서 사용된 기법이며, 현대적 고과기법은 기업의 다양화와 경영환경, 종업원의 가치관의 변화 등에 따라 다양한 방법을 착안하면서 대두된 기법이라고 할 수 있다.

(1) 전통적 고과 기법

① **서열법(Ranking Method)**

종업원의 능력과 업적에 대해 순위를 정하고 등위를 매겨 서열화함으로써 고과하는 방법이다. 간단하고 실시가 용이하며 비용이 적게 소요된다는 장점이 있으나, 피고과자의 수가 많거나 너무 적으면 효과가 없어진다는 단점이 있다. 그리고 제로섬(zero-sum)의 문제가 발생할 수 있다.

㉠ 교대서열법

가장 우수한 사람과 열등한 사람을 먼저 추려내고, 남은 사람들 중에서 다시 같은 방식으로 추려내는 과정을 반복하여 서열을 정하는 방법이다.

㉡ 쌍대서열법

임의로 두 사람씩 짝을 지어 비교해 나가는 방식을 반복하면서 서열을 정하는 방법이다.

> **참고**
>
> **제로섬(zero-sum)**
>
> 제로섬(zero-sum)은 게임이나 경제 이론에서 여러 사람이 서로 영향을 받는 상황에서 모든 이득의 총합이 항상 제로 또는 그 상태를 말한다. 즉, 한쪽이 이득을 보면 반드시 다른 한쪽이 손해를 보는 상태가 된다. 특히, 서열법의 경우 제로섬의 논리에 의해 중간 이하의 평가를 받게 된 피고과자들에게 사기 및 능률 저하의 문제까지 초래할 수 있게 된다.

② **평정척도법(Rating Scales Method, Graphic Rating Scales Method)**

종업원을 평가하기 위한 평가요소를 선정하고, 그에 맞는 척도를 정해 고과자가 체크하도록 하는 방법이다. 경영목적에 맞는 평가척도가 있다는 점에서 비교적 높은 타당도를 나타내고 있어 널리 쓰이지만, 반면에 평가요소의 선정과 구성이 어렵고 서열자료를 계량화하기 어렵다는 단점이 있다.

③ **대조표법(Check-list Method)**

평가에 적당한 표준 행동을 사전에 평가 항목에 배열해 놓고 해당사항을 체크하여 책정하는 방법이다. 대조표법의 대표적인 방법은 해당사항에 체크만 하는 프로비스트(probst) 방법과 체크 후 이유를 기재하는 오드웨이(ordway)식의 실증하는 방법이 있다. 인사고과요인이 실제직무와 연관성이 커서 판단이 쉬운 장점을 가지고 있지만 행동기준의 선정이 어렵고 점수화 절차가 복잡하다는 단점이 있다.

(2) 현대적 고과기법

① 목표에 의한 관리방식(MBO ; Management By Objective)

종업원이 직속상사와 협의하여 작업 목표량을 결정하고, 이에 따른 성과를 종업원과 상사가 함께 측정하고 고과를 하는 방식이다. 이 방법은 상급자와 하급자 간에 목표를 설정함에 따라 관리되기 때문에 양자의 참여도가 높고, 지속적인 피드백이 이루어지면서 모티베이션이 증대되는 효과가 있다. 반면, 단점으로는 목표설정이 어렵고 목표 이외의 사항에 대해서는 경시할 가능성이 높다.

② 인적평정센터(HAC ; Human Assessment Center)

주로 중간관리자(manager) 선발을 위하여 사용된 방법이며, 중간경영층의 승진 목적으로 개발된 고과방법이다. 인적평정센터법은 6명에서 12명 정도의 피고과자들을 일정기간 동안 합숙시키면서, 훈련받은 고과자들이 이들을 각종 의사 결정 게임과 토의, 심리검사 등에 투입하는 방식으로 진행된다. 다양한 방법으로 평가함으로써 관리자 선발이나 승진의사 결정에서 신뢰성과 타당성을 부여하기 위한 체계적인 선발방법이라 할 수 있다. 전문가에 의해 평가되고 잠재적 능력도 평가가 가능하다는 장점이 있지만, 시간과 비용이 많이 드는 단점이 있다.

③ 행위기준고과법(BARS ; Behaviorally Anchored Rating Scales)

평정척도법의 결점이 보완된 것과 동시에 중요사건기술법이 발전된 형태로, 고과자의 구체적 행동을 평가의 기준으로 삼고 있다. 장점으로는 직무성과에 초점이 맞춰지고 구체적 행동이 평가기준이 되기 때문에 타당성과 신뢰성이 높고 피고과자의 바람직한 행위를 유도할 수 있다는 점을 들 수 있다. 반면, 단점으로는 복잡성과 정교함이 요구되고 간과 비용 또한 많이 들어간다는 점을 들 수 있다.

제 3 절 고과양식의 설계

객관적이고 체계적인 인사고과를 실시하기 위해서는 고과요소의 구성을 고과의 목적에 맞게 해야 하며, 고과요소의 선정 또한 필요하게 된다. 이를 위해서는 고과양식의 설계가 적정하게 되어야 하며 다음과 같은 사항들에 대해 생각해 보아야 한다.

1 고과요소의 구성

종업원의 태도, 능력, 업적 크게 세 가지로 구성되는 것이 일반적이다. 최근에는 역량이라는 포괄적인 기준으로 평가하기도 한다. 이러한 고과 요소는 인사고과의 활용 목적에 부합하도록 직무 및 업종 등 그 성격에 맞게 구성되어야 한다.

2 고과요소의 선정 및 가중치 결정

(1) 고과요소 선정의 개요

고과요소의 선정은 고과의 대상과 고과결과의 적용 목적에 따라 달리하는 것이 일반적이다. 이 외에 업종에 따라 또는 직무의 성격에 따라 달리 적용하는 것이 더 이상적이라고 할 수 있다.

(2) 고과 요소 선정에 있어서 지켜야 하는 다섯 가지 요소

① 객관적인 요소를 선정하고 해당 요소에 명확하게 정의를 부여해야 한다.
② 요소는 직군별로 종업원의 질에 따라 선택해야 한다.
③ 단일의 특정한 내용을 가지고 있는 요소를 선택해야 한다.
④ 중복되는 요소와 피고과자 간에 차이가 없는 요소는 제외해야 한다.
⑤ 평가요소는 모든 피고과자에게 있어 공통적인 것이어야 하며, 고과자가 매일 피고과자의 직무수행에서 관찰할 수 있는 요소여야 한다.

(3) 고과요소의 가중치 결정

고과요소가 적정하게 선택되면 해당 요소에 대해 가중치를 부여해야 하며, 가중치를 결정할 때에는 다음의 사항에 대해 유의하여야 한다.

① **평가목적별, 직종별, 직위별 그리고 직급별로 다르게 결정**되는 것이 일반적이다.
② **가중치 결정은 목적과 사용용도에 따라 달라진다.** 예를 들어 승진과 교육훈련에 사용하기 위한 고과면 업적보다는 능력이나 태도에 높은 가중치를 두게 되고, 반대로 승진이나 승급 또는 상여지급을 목적으로 하는 고과면 업적에 높은 가중치를 두게 된다.
③ **직종이나 직급에 따라서도 가중치 결정이 달라진다.** 예를 들면, 영업직이나 생산직과 같이 계량화된 성과 도출이 가능한 직종은 업적에 높은 가중치를 두게 되지만, 사무직이나 연구직과 같이 성과가 바로 도출되기 힘든 직종은 능력이나 태도에 높은 가중치를 두게 된다.

제 4 절 고과자의 선정

고과의 목적에 맞게 방법을 정하고 그에 따른 고과요소의 선정이 이루어지면, 해당 인사고과를 객관적인 입장에서 정확하게 잘 수행할 수 있는 고과자의 선정이 중요하게 된다. 이를 위해서는 **고과자의 지위와 피고과자의 수를 정하는 것이 중요하며, 고과자 훈련을 통해 공정하고 타당한 분석을 할 수 있도록 유도해야 한다.**

1 고과자의 지위와 피고과자의 수

(1) 고과자의 지위

고과는 종업원의 직무와 그 수행능력과 수행상태를 가장 잘 파악할 수 있는 1차 상급자가 평가하는 것이 원칙이다. 그러나 고과단위별로 피고과자의 수를 일정하게 하기 위해서는 고과단위를 통합하는 경우가 많기에 이런 경우는 1차 상급자를 1차 고과자로 하고 2차 상급자를 2차 고과자로 한다. 이는 실무에서도 많이 쓰이는 방법이라고 할 수 있다.

(2) 피고과자의 수

적정한 피고과자의 수에 대해서 일정하게 정해진 규율은 없지만, **조직의 감독폭(span of control)에 따라 적정하게 고과단위를 결정하는 것이 적합**하다고 하는 것이 일반적이다.

참고

감독폭(span of control)
- 감독한계 적정화의 원칙이라고도 한다. 즉, 상급자 한 사람이 직접적으로 지휘하고 감독할 수 있는 부하의 수에는 한계가 있다는 의미이다.
- 한 사람의 상급자가 유효하게 지휘하고 감독할 수 있게 한정된 직접 부하의 수를 의미한다.
- 구체적인 인원수에 대해 어웍(L.H. Urwick)은 업무가 서로 복잡하게 얽혀 있는 부하는 5인, 많아도 6인 이상 직접 지휘하면 안 된다고 확언하고 있다.
- 직무의 성격과 내용, 부하의 능력과 숙련의 정도, 성과의 측정과 통제수단의 유무 등에 따라 감독폭은 달라질 수 있다.

2 고과자 훈련

고과자는 객관적이고 타당한 고과 결과를 이끌어내야 하는 당연성을 가지고 있기 때문에 고과자로서 걸맞는 능력과 태도 등을 갖춰야 한다. 다음에서 얘기하는 **고과자의 구비조건과 갖추어야 할 태도에 대해 습득할 수 있도록 고과 전에 고과원리, 고과방법, 고과기술 등에 대한 교육 훈련은 반드시 선행되어야 한다.**

(1) 고과자의 구비조건

① 고과자는 피고자와와 관련된 정보를 얻을 수 있는 지위에 있어야 한다.
② 직무요건 및 업적표준에 대해 명확히 이해하고 있어야 한다.
③ 정확한 고과의 관점을 구비하고 있어야 한다.

(2) 고과자가 갖추어야 할 태도 중요도 상중하

① 독자적인 판단에 의해 자주적이고 독립적으로 평가할 수 있어야 한다.
② 주관을 철저히 배제하고, 객관적으로 공정성과 타당성이 인정되도록 평가하여야 한다.
③ 직무의 중요성과 직무수행상의 난이도를 고려하여 평가할 수 있어야 한다.
④ 고과기간은 가능한 단기간 내에 실시하여 오류를 줄이고 소급 또는 연장해서는 안 된다.
⑤ 고과의 결과는 종합적으로 분석, 평가하여야 한다.
⑥ 고과요소의 정의, 착안점 등을 충분히 숙지한 후에 평가하여야 한다.

제 5 절 고과결과의 분석 및 조정

고과 자체의 실시도 중요하지만 실시 결과를 분석하여 평가한 후 오류가 발생한 부분에 대해 조정하는 것도 중요하다. 이를 위해서는 여러 가지 분석방법과 조정방법을 통해 추후 정확한 인사고과가 될 수 있도록 노력해야 한다.

1 고과결과의 분석방법 중요도 상중하

고과결과의 분석방법으로는 크게 신뢰도(reliability)와 타당도(validity)가 있다.

(1) 신뢰도(Reliability) 측정 방법

신뢰도는 성과측정의 결과치가 일관성 또는 안정성을 가지고 있느냐에 대해 측정하는 것이다. 구체적으로는 다음의 세 가지 방법이 이용된다.

① **재검사법**(Test-retest Method)
동일한 평가도구를 가지고 동일한 고과대상자에게 다른 시기에 실시하게 하는 방법이다. 그 결과가 비슷하거나 같게 나온다면 신뢰도가 높다고 볼 수 있다.

② **복수구성법**(Multiple Form Method)
동일한 평가도구 형식을 다르게 두 가지 이상으로 구성하여 동일한 고과대상자에게 적용시켜 그 결과를 비교하는 방법이다.

③ **반분법**(split-half method)
동일한 평가도구를 1회에 한하여 평가하고 그 결과를 평가도구에 따라 두 부분으로 나누어 비교하는 방법이다.

(2) 타당도(Validity) 측정방법

① 타당도(Validity)의 개념

타당도는 성과측정의 결과치와 직무성과의 결과치가 얼마나 일치하는지에 대해 측정하는 방법이다. 즉, 실제 성과와 측정의 결과가 근접할수록 타당성이 높아진다고 볼 수 있다. 타당도의 종류는 내용타당도(content validity)와 구성타당도(construct validity)가 있다.

㉠ 내용타당도(Content validity)

평가도구의 내용이 측정하고자 하는 내용을 얼마나 잘 반영하고 있는지 평가하는 방법이다.

㉡ 구성타당도(Construct validity)

측정한 도구가 실제로 무엇을 측정했는지 또는 측정도구가 측정하고자 하는 대상을 실제로 적절하게 측정했는지 평가하는 방법이다.

② 타당도의 측정방법

㉠ 평가요소간의 상호 간의 내부적 상관관계를 구하는 방법

검증된 기준과 실제를 평가하는 방법에 해당하며 상관분석을 통해 이루어진다. 예를 들어 종업원의 고과성적과 직무성과를 비교하여 상관관계가 높게 나타나면 타당도가 높게 측정된다.

㉡ 평가요소의 요인분석(Factor analysis)

보통 구성타당도를 측정할 때 많이 쓰이는 방법으로 실제로 무엇을 측정했는지에 대해 요인분석을 하고자 할 때 쓰인다.

ⓐ 이해타당도 : 구성들 간의 관계가 예상한대로 나타나고 있는가?

ⓑ 판별(분류)타당도 : 상이한 개념을 측정 시, 측정도구를 통해 구별이 가능한가?

ⓒ 수렴(집중)타당도 : 동일한 개념을 측정 시, 다른 측정방법을 사용해도 측정값 간의 상관관계가 있는가?

㉢ 기타 분석방법

평균치, 분산도, 분포도에 의한 평가분표의 분석법 등이 있다.

2 고과결과의 조정방법 중요도 상중하

고과가 시행된 후의 결과에 대해 평가분포의 차이를 조정하는 방법이 필요하며 다음과 같은 방법이 주로 이용된다.

① 산술평균에 의한 방법

해당되는 각 고과자들 간의 평가분포의 폭에서 유의한 차이가 나지 않거나, 각 부서 간에 큰 차이가 나지 않을 경우에 조정하는 방법이다. 방법은 각 평가점수와 해당 고과자의 전체평균 또는 부서 간의 전체평균과 비교하여 평균과의 차이를 '+' 또는 '−'하여 조정한다.

② **표준점수에 의한 방법**

평가결과의 분포에 유의적인 차이가 있는 경우에 사용하는 방법이다.

ⓐ 이탈도(dispersion)를 이용하여 공통의 단일한 수치로 환산한다.

ⓑ 상이한 결과 간의 비교를 위해서는 평가결과의 표준화(standardization)가 필요하다.

ⓒ 평가결과를 표준화(standardization)하기 위해서는 원점수(raw score)를 표준점수로 만들어야 한다.

ⓓ 표준점수를 만드는 공식

$$Z= \frac{X_1 - X}{S}$$

(Z: 표준점수, $X_{\square}$: 특정인 점수, X: 평균점수, S: 표준편차)

③ **간격배율법에 의한 방법**

평가결과의 분포에 큰 차이가 있는 둘 이상의 동일한 표준범위에 비율별로 확산하거나 반대로 축소시켜 일률적으로 조정하는 방법이다.

④ **일대일 비교법에 의한 분석**

다른 고과자에 의해 평가된 개인을 하나의 쌍으로 묶은 후 비교하여 관대화 경향과 가혹화 경향에 대한 오류를 조정하는 방법이다. 실시할 때 전체 고과자에 대해 비교할 필요는 없으며, 최상위, 중위, 최하위의 고과자를 일대일로 비교해서 다른 사람은 병행적으로 조정하는 방식으로 진행하면 된다.

제 6 절 고과실시상의 유의점

고과를 실시함에 있어서 발생할 수 있는 고과실시상의 문제점과 오류가 발생할 수 있는 부분들을 면밀히 분석하여 고과 실시 후 신뢰성 있고 타당한 자료가 될 수 있도록 해야 한다. 이를 위해서는 다음과 같은 사항들에 대해 유의하여 고과를 실시해야 한다.

1 고과실시상의 오류 중요도 상 중 하

(1) 분포적 오류

고과가 정규분포를 따른다는 가정하에 편중되는 결과치를 보였을 때 나타나는 오류를 분포적 오류라고 하며 다음과 같이 구분된다. 이를 조정하기 위해서는 강제할당법이 사용된다.

① **관대화 경향**

근무성적 및 평정 등에 있어 평정결과의 분포가 우수한 등급 쪽으로 편중되는 경향을 보이는 오류를 말한다.

② **가혹화 경향**

근무성적 및 평정 등에 있어 평정결과의 분포가 낮은 등급 쪽으로 편중되는 경향을 보이는 오류를 말한다.

③ **중심화 경향**

근무성적 및 평정 등에 있어 평정결과의 분포가 가운데 등급 쪽으로 집중되는 경향을 보이는 오류를 말한다.

(2) 상관관계적 오류

① **현혹효과(Halo effect)**

피고과자에 대한 호의적 또는 비호의적인 인상이 다른 평가 부분까지 영향을 미치는 효과를 말한다. 그리고 피고과자에 대한 전반적인 인상을 구체적 차원에 대한 평가로 연관시키는 오류를 말하기도 한다.

② **논리적 오류**

고과자가 평가요소 간에 논리적 상관관계가 있다고 생각하는 부분에 있어 비슷한 점수들을 주는 오류이다. 이러한 오류는 평가자가 객관적이고 관찰 가능한 사실들을 평가할 수 있도록 평가기준들을 확실하게 설정하면 줄일 수 있다.

③ **대비오류**

고과자가 피고과자를 평가할 때 자신이 가진 특성과 비교하여 고과하는 경우 발생하는 오류이다. 주로 고과자의 편견에 의해 발생된다.

④ **상동적 태도**

피고과자가 속한 집단의 특성, 예를 들어 국가, 종교, 학교 등에 근거하여 판단하는 오류이다.

⑤ **시간적 오류(최근화 경향, 근접오류)**

피고과자의 과거 실적보다는 최근의 실적과 태도로 평가하게 되는 오류이다. 예를 들어 최근의 실적이 좋으면 과거 실적이 지속적으로 안 좋았음에도 불구하고 좋게 평가하게 되는 오류이다.

⑥ **연공오류**

피고과자의 학력, 근속연수, 연령 등 연공에 따라 평가하게 되는 오류이다. 예를 들어 비슷한 능력을 가진 두 피고과자를 평가할 때 나이가 더 많은 사람에게 좋은 평가를 주는 경우가 해당된다.

2 고과 실시상의 문제점과 고과오류 감소대책

(1) 고과 실시상의 문제점

① 고과의 기준이 불명확하거나 추상적인 경우가 많아 고과결과에 대한 신뢰성이 낮다.

② 고과표가 형식화되어 있어 점수방식의 고과표는 결과가 이미 예상되어 버린다.

③ 고과가 1회성의 점수부여에 의한 서열화로 인식되어서 고과결과가 사실상 그 목적에 맞게 사용되지 못하고 있는 경우가 많다.

④ 진실하게 고과하더라도 조정단계가 많아져서 그 실체를 알 수 없을 정도로 수정되기도 한다.

⑤ 기계적으로 언제나 똑같은 고과를 하게 되어, 노력하는 자에 대해 정확하게 판단하지 못하게 되어 제대로 된 보상을 해주지 못하게 된다.

(2) 고과오류의 감소대책

① 평가방법과 평가도구의 개발

평가에 주관적인 요소가 영향을 미치지 못하도록 최대한 정교하게 고과표를 구성하는 등 평가방법을 개발하여야 하며, 평가도구도 역시 같은 맥락에서 다양하게 개발되어야 한다.

② 고과자 훈련

고과자에 대한 훈련을 통해 고과의 오류를 줄이고 그 정확성을 증대시켜야 한다. 이를 위해서는 직무에 대한 정확한 이해와 피고과자에 대한 편견 없는 태도의 습득이 선행되어야 객관적이고 중립적인 판단이 가능해지므로 이에 포커스를 맞추어 훈련해야 한다.

더 알아두기

인사고과제도의 주요개선 방향

- 종업원 통제의 목적 → 종업원의 능력개발 촉진 및 성장지향형의 인사고과
- 상사중심의 하향식 일방적 고과 → 본인 참여의 자주적 고과, 다면·복수고과
- 비공개적 인사고과 → 공개적 인사고과
- 연고중심의 비합리적 인사고과 → 업무능력 및 업적 중시의 합리적 인사고과
- 다목적, 만능형 인사고과 → 목적별, 용도별, 계층별, 직종별, 구체적, 평가요소별 인사고과

제4장

OX로 점검하자

※ 다음 지문의 내용이 맞으면 O, 틀리면 ×를 체크하시오. [1~15]

01 인사고과는 해당 직무를 수행하고 있는 종업원들의 업무의 능력과 실적을 정확하고 구체적으로 평가하려는 일련의 활동을 의미하며, 종업원들의 현재 능력만 고려하면 된다. (   )

02 실시원칙 중 인사고과자는 직무기준(담당직무, 내용, 자격요건 등)을 가지고 피고과자의 직무수행 결과나 능력 등을 정확하게 평가해 나가야 한다는 원칙이 있는데, 이는 공정성의 원칙에 해당된다. (   )

03 현대적 인사고과의 목적으로는 적정배치, 능력개발, 공정처우가 있다. (   )

04 인사고과의 인적자원관리상의 위치가 '직무〉인간'이면 이동, 승진, 직무설계 등을 통해 조정해야 한다. (   )

05 인사고과의 방법 중 고과자에 따른 분류에 대한 종류로써 인사고과에 정확성과 객관성을 부여하기 위해 1인의 상사뿐만이 아니라, 본인, 동료, 부하, 고객 등 여러 고과자를 통해 평가하는 방법은 다면평가이다. (   )

06 인사고과 기법에 따른 분류 중 전통적 고과기법으로는 서열법, 평정척도법, 대조표 법이 있다. (   )

정답과 해설 01 × 02 × 03 O 04 × 05 O 06 O

01 종업원들의 현재와 미래의 잠재적 유용성까지도 총체적으로 파악하게 된다. 이러한 인사고과를 통해 해당 구성원들의 직무능력, 태도, 업무성과, 장래성 등에 대한 파악이 이루어지게 되며, 그 결과를 토대로 적절한 인사조치와 보상 등의 결정이 이루어지게 된다.

02 공정성의 원칙이 아닌 직무기준의 원칙에 해당된다.
- 직무기준의 원칙
  인사고과자는 직무기준(담당직무, 내용, 자격요건 등)을 가지고 피고과자의 직무수행 결과나 능력 등을 정확하게 평가해야 한다는 원칙이다.
- 공정성의 원칙
  인사고과자는 어떠한 편견 없이 공정한 원리와 기준에 맞게 피고과자의 직무수행 결과나 능력, 태도 등을 정확하게 평가해야 한다는 원칙이다.

04 인사고과의 인적자원관리상의 위치에 따른 조정사항은 다음과 같다.
- 직무 = 인간 : 적재적소 배치
- 직무 〉 인간 : 교육훈련 및 지원
- 직무 〈 인간 : 이동, 승진, 직무설계

07 인사고과 기법에 따른 분류 중 현대적 고과기법으로는 서열법, 평정척도법, 대조표 법이 있다. ( )

08 고과결과의 분석방법 중 신뢰도(reliability) 측정방법으로는 재검사법, 복수구성법, 반분법이 해당된다. ( )

09 고과결과의 분석방법 중 타당도는 성과측정의 결과치와 직무성과의 결과치가 일관성 또는 안정성을 가지고 있느냐에 대해 측정하는 방법에 해당된다. ( )

10 고과실시상의 오류 중 근무성적 및 평정 등에 있어 평정결과의 분포가 우수한 등급 쪽으로 편중되는 경향을 보이는 오류를 가혹화 경향이라도 한다. ( )

11 고과실시상의 오류 중 관대화 경향, 가혹화 경향, 중심화 경향은 분포적 오류에 해당한다. ( )

12 고과실시상의 오류 중 피고과자에 대한 호의적 또는 비호의적인 인상이 다른 평가 부분까지 영향을 미치는 효과는 논리적 오류에 해당된다. ( )

13 고과실시상의 오류 중 피고과자의 과거 실적보다는 최근의 실적과 태도로 평가하게 되는 오류는 연공오류에 해당된다. ( )

14 고과실시상의 오류 중 고과자가 평가요소 간에 논리적 상관관계가 있다고 생각하는 부분에 있어 비슷한 점수들을 주는 오류는 논리적 오류에 해당한다. ( )

15 인사고과는 기존의 비공개적 인사고과의 방식에서 공개적 인사고과의 방향으로 개선되고 있다. ( )

정답과 해설 07 × 08 O 09 × 10 × 11 O 12 × 13 × 14 O 15 O

07 전통적 고과기법에 해당된다. 현대적 고과기법은 다음과 같다.
- 목표에 의한 관리방식(MBO ; Management By Objective) : 종업원이 직속상사와 협의하여 작업 목표량을 결정하고, 이에 따른 성과를 종업원과 상사가 함께 측정하고 고과를 하는 방식이다.
- 인적평정센터(HAC ; Human Assessment Center) : 주로 중간관리자(manager) 선발을 위하여 사용 된 방법이며, 중간경영층의 승진목적으로 개발된 고과방법이다.
- 행위기준고과법(BARS ; Behaviorally Anchored Rating Scales) : 평정척도법의 결점이 보완된 것과 동시에 중요사건기술법이 발전된 형태로 고과자의 구체적 행동을 평가의 기준으로 삼고 있다.

09 타당도는 성과측정의 결과치와 직무성과의 결과치가 얼마나 일치하는지에 대해 측정하는 방법이다.

10 관대화 경향이라고 한다.

12 현혹효과(Halo Effect)에 대한 내용이다.
- 논리적 오류 : 고과자가 평가요소 간에 논리적 상관관계가 있다고 생각하는 부분에 있어 비슷한 점수들을 주는 오류이다.

13 시간적 오류(최근화 경향, 근접오류)에 대한 내용이다.
- 연공오류 : 피고과자의 학력, 근속연수, 연령 등 연공에 따라 평가하게 되는 오류이다.

제 4 장 실전예상문제

checkpoint 해설 & 정답

01 종업원들의 현재 및 미래의 잠재적 유용성까지도 총체적으로 파악하게 된다. 이러한 인사고과를 통해 해당 구성원들의 직무능력, 태도, 업무성과, 장래성 등에 대한 파악이 이루어지게 되며, 그 결과를 토대로 적절한 인사조치와 보상 등의 결정이 이루어지게 된다.

02 ①이 공정성의 원칙에 대한 내용이다.
② 직무기준의 원칙
③ 독립성의 원칙
④ 납득성의 원칙

정답 01 ② 02 ①

01 인사고과에 대한 내용으로 바르지 않은 것은 무엇인가?

① 인사고과는 해당 직무를 수행하고 있는 종업원들의 업무의 능력과 실적을 정확하고 구체적으로 평가하려는 일련의 활동을 의미한다.
② 종업원들의 현재 가지고 있는 능력, 태도, 성과 등을 총체적으로 파악하게 된다.
③ 현대의 인적자원관리제도는 해당 종업원의 직무수행능력 및 업적, 적성, 잠재성 등의 인적자원에 대한 정보자료에 의한 타당한 인사처우 및 인재활용을 지향하고 있다.
④ 인사고과 결과를 토대로 적절한 인사조치와 보상 등의 결정이 이루어지게 된다.

02 인사고과의 실시 원칙 중 공정성의 원칙에 대해 바르게 설명한 것은 무엇인가?

① 인사고과자는 어떠한 편견 없이 공정한 원리와 기준에 맞게 피고과자의 직무수행 결과나 능력, 태도 등을 정확하게 평가해야 한다.
② 인사고과자는 직무기준(담당직무, 내용, 자격요건 등)을 가지고 피고과자의 직무수행 결과나 능력 등을 정확하게 평가해 나가야 한다는 원칙이다.
③ 인사고과의 실시 과정에서는 내·외부에서의 압력이나 간섭 없이 인사고과자가 독립적인 위치에서 실시될 수 있어야 한다.
④ 인사고과의 과정과 결과에 대해서는 인사고과자와 피고과자 모두가 납득할 수 있어야 하며, 더 나아가 조직 내 모든 구성원들이 수용할 수 있도록 실시되어야 한다.

해설 & 정답 checkpoint

03 인사고과의 목적에 대한 설명으로 바르지 않은 것은 무엇인가?

① 인사고과의 실시에 따라 획득된 종업원의 정보와 자료는 조직 내 종업원의 적정배치 및 이동 등 고용관리의 합리적 수행을 위한 기초자료 및 주요 기준으로 유용하게 활용된다.
② 인사고과의 결과자료는 조직 내의 종업원에 대한 교육훈련계획의 수립 및 실시방법의 결정과 실시결과의 평가를 위한 기초자료로 활용된다.
③ 조직 내 각 종업원의 직무수행능력 및 성과에 대한 인사고과의 자료는 직능급 및 성과급 등의 임금결정기준으로 활용된다.
④ 인사고과의 결과는 근로자의 근로조건 개선에 대한 운영 자료로는 활용되지 않는다.

03 인사고과의 결과는 근로자의 근로조건 개선 및 인간관계의 개선 등을 포함한 기타 인적자원관리의 합리적인 운영 자료로 활용된다.

04 인사고과의 인적자원관리상의 위치에 관한 설명으로 바른 것은 무엇인가?

① 직무(적재)와 인간(적소)의 관계의 측면에 초점을 맞춰 인사고과가 실행된다.
② '직무 〉 인간'이면 이동, 승진, 직무설계 등을 해야 한다.
③ '직무 = 인간'이면 적재적소에 배치되었다고 볼 수 있다.
④ '직무 〈 인간'이면 교육훈련 및 지원을 해야 한다.

04 '직무=인간'이면 적재적소에 배치되었다고 볼 수 있다.
① 직무(적소)와 인간(적재)의 관계의 측면에 초점을 맞춰 인사고과가 실행된다.
② '직무〉인간'이면 교육훈련 및 지원을 해야 한다.
④ '직무〈인간'이면 이동, 승진, 직무설계 등을 해야 한다.

05 인사고과의 방법 중 고과자에 따른 분류에 대한 내용으로 바른 것은 무엇인가?

① 직속상사가 평가하는 방법으로 수직적인 하향식 고과에 해당하는 것은 하급자에 의한 고과에 해당된다.
② 종업원 개인이 스스로를 평가하는 방법으로, 능력개발을 목적으로 하는 고과 방법은 동료에 의한 고과에 해당한다.
③ 부하가 상사를 평가하는 방법으로, 상향식 고과에 해당하는 것은 상급자에 의한 고과에 해당한다.
④ 인사고과에 정확성과 객관성을 부여하기 위해 1인의 상사뿐만이 아니라, 본인, 동료, 부하, 고객 등 여러 고과자를 통해 평가하는 방법은 다면평가에 해당한다.

05 인사고과에 정확성과 객관성을 부여하기 위해 1인의 상사뿐만이 아니라, 본인, 동료, 부하, 고객 등 여러 고과자를 통해 평가하는 방법으로 360도 다면평가라고도 불린다.
① 상급자에 의한 고과
② 자기고과
③ 하급자에 의한 고과

정답 03 ④ 04 ③ 05 ④

checkpoint 해설 & 정답

06 목표에 의한 관리방식에 대한 내용이다.

- 대조표법(check-list method) : 평가에 적당한 표준 행동을 사전에 평가 항목에 배열해 놓고 해당사항을 체크하여 책정하는 방법이다.

07 행위기준고과법(BARS ; Behaviorally Anchored Rating Scales)에 대한 내용이다.

② 종업원이 직속상사와 협의하여 작업 목표량을 결정하고, 이에 따른 성과를 종업원과 상사가 함께 측정하고 고과를 하는 방식이다.
③ 주로 중간관리자(manager) 선발을 위하여 사용된 방법이며, 중간경영층의 승진목적으로 개발된 고과방법이다.
④ 종업원을 평가하기 위한 평가요소를 선정하고, 그에 맞는 척도를 정해 고과자가 체크하도록 하는 방법으로 전통적 고과기법에 해당한다.

정답 06 ④ 07 ①

06 인사고과 기법에 따른 분류 중 전통적 고과기법에 대한 내용으로 바르지 않은 것은 무엇인가?

① 교대서열법 : 가장 우수한 사람과 열등한 사람을 먼저 추려내고, 남은 사람들 중에서 다시 같은 방식으로 추려내는 과정을 반복하여 서열을 정하는 방법이다.
② 쌍대서열법 : 임의로 두 사람씩 짝을 지어 비교해 나가는 방식을 반복하면서 서열을 정하는 방법이다.
③ 평정척도법 : 종업원을 평가하기 위한 평가요소를 선정하고, 그에 맞는 척도를 정해 고과자가 체크하도록 하는 방법이다.
④ 대조표법 : 종업원이 직속상사와 협의하여 작업 목표량을 결정하고, 이에 따른 성과를 종업원과 상사가 함께 측정하고 고과를 하는 방식이다.

07 인사고과 기법에 따른 분류 중 현대적 고과기법에 포함되며 다음에 해당하는 것은 무엇인가?

> 평정척도법의 결점이 보완된 것과 동시에 중요사건기술법이 발전된 형태로 고과자의 구체적 행동을 평가의 기준으로 삼고 있다. 장점은 직무성과에 초점이 맞춰지고, 구체적 행동이 평가기준이 되기 때문에 타당성과 신뢰성이 높다는 점과 피고과자의 바람직한 행위를 유도할 수 있다는 점을 들 수 있다.

① 행위기준고과법(BARS ; Behaviorally Anchored Rating Scales)
② 목표에 의한 관리방식(MBO ; Management By Objective)
③ 인적평정센터(HAC ; Human Assessment Center)
④ 평정척도법(Rating Scales Method, Graphic Rating Scales Method)

해설 & 정답 checkpoint

08 고과요소의 선정에서 지켜야 하는 다섯 가지 요소에 대한 설명 중 가장 옳지 않은 것은 무엇인가?

① 요소는 직군별로 종업원의 질에 따라 선택해야 한다.
② 객관적인 요소뿐만 아니라 주관적인 요소도 선정하고 해당 요소에 명확하게 정의를 부여해야 한다.
③ 중복되는 요소와 피고과자 간에 차이가 없는 요소는 제외해야 한다.
④ 단일의 특정한 내용을 가지고 있는 요소를 선택해야 한다.

08 객관적인 요소를 선정하고 해당 요소에 명확하게 정의를 부여해야 한다. 주관적인 요소는 되도록 배제해야 한다.

09 고과요소의 가중치 결정 시 유의사항으로 바르지 않은 것은 무엇인가?

① 평가목적별, 직종별, 직위별 그리고 직급별로 다르게 결정되는 것이 일반적이다.
② 가중치 결정은 목적과 사용용도에 따라 달라진다.
③ 가중치 결정 시 포괄적인 개념이 들어가 두루 사용할 수 있도록 결정해야 한다.
④ 직종이나 직급에 따라서 가중치 결정이 달라진다.

09 평가목적별, 직종별, 직위별 그리고 직급별로 다르게 결정되어야 한다.

10 고과자가 갖추어야 할 태도로 바르지 않은 것은 무엇인가?

① 독자적인 판단에 의해 자주적이고 독립적으로 평가할 수 있어야 한다.
② 고과의 결과는 종합적으로 분석 및 평가하여야 한다.
③ 고과자의 가치관과 주관을 통해 합리적으로 분석되고 평가되어야 한다.
④ 고과요소의 정의, 착안점 등을 충분히 숙지한 후에 평가하여야 한다.

10 주관을 철저히 배제하고, 객관적으로 공정성과 타당성이 인정되도록 평가하여야 한다.

정답 08 ② 09 ③ 10 ③

11 고과결과의 분석방법 중 타당도(validity)에 대한 내용으로 바른 것은 무엇인가?

① 성과측정의 결과치와 직무성과의 결과치가 얼마나 일치하는지에 대해 측정하는 방법이다.
② 성과측정의 결과치가 일관성 또는 안정성을 가지고 있느냐에 대해 측정하는 방법이다.
③ 동일한 평가도구 형식을 다르게 두 가지 이상으로 구성하여 동일한 고과대상자에게 적용시켜 그 결과를 비교하는 방법인 복수구성법이 사용된다.
④ 동일한 평가도구를 1회에 한하여 평가하고, 그 결과를 평가도구에 따라 두 부분으로 나누어 그 결과를 비교하는 방법인 반분법이 사용된다.

12 고과결과의 조정방법 중 다음 설명에 해당하는 것은 무엇인가?

> 평가결과의 분포에 유의적인 차이가 있는 경우에 사용하는 방법이다.
> ⓐ 이탈도(dispersion)를 이용하여 공통의 단일한 수치로 환산한다.
> ⓑ 상이한 결과 간의 비교를 위해서는 평가결과의 표준화(standardization)가 필요하다.
> ⓒ 평가결과를 표준화(standardization)하기 위해서는 원점수(raw score)를 표준점수로 만들어야 한다.
> ⓓ 표준점수를 만드는 공식
> $$Z=\frac{X_1-X}{S}$$
> (Z : 표준점수, $X_{\square}$: 특정인 점수, X : 평균점수, S : 표준편차)

① 산술평균에 의한 방법
② 간격배율법에 의한 방법
③ 표준점수에 의한 방법
④ 일대일 비교법에 의한 분석

checkpoint 해설 & 정답

11 ① 이 외의 설명은 신뢰도(reliability) 측정방법에 대한 내용이다.
- 재검사법(Test-retest method) : 동일한 평가도구를 가지고 동일한 고과대상자에게 다른 시기에 실시하게 하는 방법이다. 그 결과가 비슷하거나 같게 나온다면 신뢰도가 높다고 볼 수 있다.
- 복수구성법(Multiple form method) : 동일한 평가도구 형식을 다르게 두 가지 이상으로 구성하여 동일한 고과대상자에게 적용시켜 그 결과를 비교하는 방법이다.
- 반분법(Split-half method) : 동일한 평가도구를 1회에 한하여 평가하고, 그 결과를 평가도구에 따라 두 부분으로 나누어 비교하는 방법에 해당한다.

12 표준점수에 의한 방법에 대한 내용이다.
① 산술평균에 의한 방법 : 해당되는 각 고과자들 간의 평가분포의 폭에서 유의한 차이가 나지 않거나, 각 부서 간에 큰 차이가 나지 않을 경우에 조정하는 방법이다.
② 간격배율법에 의한 방법 : 평가결과의 분포에 큰 차이가 있는 둘 이상의 동일한 표준범위에 비율별로 확산하거나 반대로 축소시켜 일률적으로 조정하는 방법이다.
④ 일대일 비교법에 의한 분석 : 다른 고과자에 의해 평가된 개인을 하나의 쌍으로 묶은 후 비교하여 관대화 경향과 가혹화 경향에 대한 오류를 조정하는 방법이다.

정답 11 ① 12 ③

13 고과실시상의 오류에 관한 내용으로 바른 것은 무엇인가?

① 피고과자에 대한 호의적 또는 비호의적인 인상이 다른 평가 부분까지 영향을 미치는 효과로 인해 오류가 발생하는 것은 논리적 오류에 해당한다.

② 고과자가 피고과자를 평가할 때 자신이 가진 특성과 비교하여 고과하는 경우 발생하는 오류는 상동적 태도에 해당한다.

③ 피고과자의 과거 실적보다는 최근의 실적과 태도로 평가하게 되는 오류는 현혹효과이다.

④ 피고과자의 학력, 근속연수, 연령 등 연공에 따라 평가하게 되는 오류는 연공오류이다.

14 고과 실시 상의 문제점에 대한 설명 중 바르지 <u>않은</u> 것은 무엇인가?

① 고과의 기준이 불명확하거나 추상적인 경우가 많아 고과결과에 대한 신뢰성이 낮다.

② 고과표가 형식화되어 있어, 점수방식의 고과표는 결과가 이미 예상되어져 버린다.

③ 기계적으로 언제나 똑같은 고과를 하게 되어 정확하게 판단하지 못하게 되는 면이 있지만 피고과자의 보상 정도에 영향을 미치는 정도는 아니다.

④ 고과가 1회성의 점수부여에 의한 서열화로 인식되어서 고과결과가 사실상 그 목적에 맞게 사용되지 못하고 있는 경우가 많다.

해설&정답 checkpoint

13 피고과자의 학력, 근속연수, 연령 등 연공에 따라 평가하게 되는 오류이다. 예를 들어 비슷한 능력을 가진 두 피고과자를 평가할 때 나이가 더 많은 사람에게 좋은 평가를 주는 경우가 해당된다.
① 현혹효과(Halo effect)에 대한 내용이다.
② 대비오류에 대한 내용이다.
③ 시간적 오류(최근화 경향, 근접오류)에 대한 내용이다.

14 기계적으로 언제나 똑같은 고과를 하게 되어, 노력하는 자에 대해 정확하게 판단하지 못하게 되어 제대로 된 보상을 해주지 못하게 된다.

정답 13 ④ 14 ③

15 인사고과제도의 주요개선 방향으로 옳게 설명한 것은 무엇인가?

① 비공개적 인사고과 → 공개적 인사고과
② 종업원의 능력개발촉진 및 성장지향형의 인사고과 → 종업원 통제의 목적
③ 업무능력 및 업적 중시의 합리적 인사고과 → 연고중심의 비합리적 인사고과
④ 본인 참여의 자주적 고과, 다면·복수고과 → 상사중심의 하향식 일방적 고과

주관식 문제

01 인사고과의 실시원칙에 대해 약술하시오.

---

checkpoint 해설 & 정답

15 비공개적 인사고과 → 공개적 인사고과로 개선되고 있다.

알아두기

인사고과제도의 주요개선 방향

- 종업원 통제의 목적 → 종업원의 능력개발촉진 및 성장지향형의 인사고과
- 상사중심의 하향식 일방적 고과 → 본인 참여의 자주적 고과, 다면·복수고과
- 비공개적 인사고과 → 공개적 인사고과
- 연고중심의 비합리적 인사고과 → 업무능력 및 업적 중시의 합리적 인사고과
- 다목적, 만능형 인사고과 → 목적별, 용도별, 계층별, 직종별, 구체적, 평가요소별 인사고과

01

정답 인사고과자는 직무기준의 원칙에 따라 직무기준(담당직무, 내용, 자격요건 등)을 가지고, 피고과자의 직무수행 결과나 능력 등을 정확하게 평가해나가야 하며, 공정한 원리와 기준에 맞게 피고과자의 직무수행 결과나 능력, 태도 등을 정확하게 평가해야 한다. 그리고 독립성의 원칙에 따라 독립적인 위치에서 실시될 수 있어야 하며, 납득성의 원칙에 따라 인사고과의 과정과 결과에 대해서는 인사고과자와 피고과자 모두가 납득할 수 있어야 한다. 이 외에도 인사고과자의 추측배제 및 고과 불소급의 원칙이 있다.

정답 15 ①

해설 & 정답 checkpoint

02 현대적 인사고과의 목적을 요약한 표에 대한 내용이다. 괄호 안에 들어가는 용어는 무엇인지 쓰시오.

(ㄱ)	종업원의 직무 수행능력과 적성 등을 정확히 평가하여 적재적소에 배치할 수 있도록 해야 한다.
(ㄴ)	인사고과를 통해 종업원의 현재의 능력과 잠재적 능력을 잘 파악하고 평가하여 종업원 각자에 맞는 성장기회를 충족시켜 줘야 한다.
(ㄷ)	인사고과의 결과에 따라 공정하고 적정한 처우를 실시하여야 하며, 이는 종업원의 의욕의 향상과 업무성과 증진에 이바지 하여야 한다.

02

정답 ㄱ. 적정배치
ㄴ. 능력개발
ㄷ. 공정처우

03 인사고과의 인적자원관리상의 위치에 대해 3가지 관점에서 약술하시오.

03

정답 인사고과는 직무와 인간의 관계의 측면에 초점이 맞춰진다. 즉, 직무수행능력과 직무수행요건과의 차이를 파악할 수 있게 함으로써 교육, 훈련, 승진, 이동 등이 이루어진다.
첫째, '직무 = 인간'이면 적재적소에 배치되었다고 볼 수 있으며,
둘째, '직무 > 인간'이면 교육훈련 및 지원을 통해 조정되어야 한다.
셋째, '직무 < 인간'이면 이동, 승진, 직무설계를 통해 조정해야 한다.

checkpoint 해설 & 정답

04
정답 고과자에 따른 분류는 다음과 같다.
- 자기고과
- 상급자에 의한 고과
- 하급자에 의한 고과
- 동료에 의한 고과
- 외부 전문가에 의한 고과
- 다면평가

05
정답 ㄱ. 서열법
ㄴ. 평정척도법
ㄷ. 대조표법

04 인사고과의 방법 중 고과자에 따른 분류에 대해 3가지 이상 쓰시오.

05 인사고과의 방법 중 인사고과 기법에 따른 분류 중 전통적 고과 기법에 대해 괄호 안에 들어갈 알맞은 용어를 쓰시오.

- (ㄱ): 종업원의 능력과 업적에 대해 순위를 정하고 등위를 매겨 서열화함으로써 고과하는 방법이다. 간단하고 실시가 용이하며 비용이 적게 소요된다는 장점이 있으나, 단점으로는 피고과자의 수가 많거나, 너무 적으면 효과가 없어진다는 점과 제로섬(zero-sum)의 문제점이 발생될 수 있다.
- (ㄴ): 종업원을 평가하기 위한 평가요소를 선정하고, 그에 맞는 척도를 정해 고과자가 체크하도록 하는 방법이다. 경영목적에 맞는 평가척도가 있다는 점에서 비교적 높은 타당도를 나타내고 있어 널리 쓰이지만, 반면에 평가요소의 선정과 구성이 어렵고 서열자료를 계량화하기 어렵다는 단점이 있다.
- (ㄷ): 평가에 적당한 표준 행동을 사전에 평가 항목에 배열해 놓고 해당 항목을 해당사항을 체크하여 책정하는 방법이다. 인사고과요인이 실제직무와 연관성이 커서 판단이 쉬운 장점을 가지고 있으며, 단점으로는 행동기준의 선정이 어려우며 점수화 절차가 복잡하다는 단점이 있다.

해설 & 정답 checkpoint

06 인사고과의 방법 중 인사고과 기법에 따른 분류에 중 현대적 고과기법에 대해 괄호 안에 들어갈 알맞은 용어를 쓰시오.

- (ㄱ): 종업원이 직속상사와 협의하여 작업 목표량을 결정하고, 이에 따른 성과를 종업원과 상사가 함께 측정하고 고과를 하는 방식이다. 이 방법은 상급자와 하급자 간에 목표를 설정함에 따라 관리되기 때문에 양자의 참여도가 높고, 지속적인 피드백이 이루어지면서 모티베이션이 증대되는 효과가 있다. 반면, 단점으로는 목표설정이 어렵고 목표 이외의 사항에 대해서는 경시할 수 있는 가능성이 높다.
- (ㄴ): 주로 중간관리자(manager) 선발을 위하여 사용된 방법이며, 중간경영층의 승진목적으로 개발된 고과방법이다. 인적평정센터법은 6명에서 12명 정도의 피고과자들을 일정기간 동안 합숙시키면서 훈련받은 고과자들이 이들을 각종 의사 결정 게임과 토의, 심리검사 등에 투입시키는 방식으로 진행된다. 다양한 방법으로 실시하고 평가함으로써 관리자 선발이나 승진의사 결정에서 신뢰성과 타당성을 부여하기 위한 체계적인 선발방법이라 할 수 있다.
- (ㄷ): 평정척도법의 결점이 보완된 것과 동시에 중요사건기술법이 발전된 형태로 고과자의 구체적 행동을 평가의 기준으로 삼고 있다. 장점은 직무성과에 초점이 맞춰지고, 구체적 행동이 평가기준이 되기 때문에 타당성과 신뢰성이 높다는 점과 피고과자의 바람직한 행위를 유도할 수 있다는 점을 들 수 있다. 반면, 단점으로는 복잡성과 정교함이 요구되고 간과 비용 또한 많이 들어간다는 점을 들 수 있다.

06

정답 ㄱ. 목표에 의한 관리방식(MBO)
ㄴ. 인적평정센터
ㄷ. 행위기준고과법

checkpoint 해설 & 정답

07

정답 고과자가 갖추어야 할 태도는 다음과 같다.

- 독자적인 판단에 의해 자주적이고 독립적으로 평가할 수 있어야 한다.
- 주관을 철저히 배제하고, 객관적으로 공정성과 타당성이 인정되도록 평가하여야 한다.
- 직무의 중요성과 직무수행상의 난이도를 고려하여 평가할 수 있어야 한다.
- 고과기간은 가능한 단기간 내에 실시하여 오류를 줄이고 소급 또는 연장해서는 안 된다.
- 고과의 결과는 종합적으로 분석 및 평가하여야 한다.
- 고과요소의 정의, 착안점 등을 충분히 숙지한 후에 평가하여야 한다.

08

정답 ㄱ. 재검사법
ㄴ. 복수구성법
ㄷ. 반분법

07 고과자가 갖추어야 할 태도에 대해 3가지 이상 쓰시오.

08 고과결과의 분석방법 중 신뢰도(reliability) 측정방법에 대해 괄호 안에 들어갈 알맞은 용어를 쓰시오.

- (ㄱ) : 동일한 평가도구를 가지고 동일한 고과대상자에게 다른 시기에 실시하게 하는 방법이다. 그 결과가 비슷하거나 같게 나온다면 신뢰도가 높다고 볼 수 있다.
- (ㄴ) : 동일한 평가도구 형식을 다르게 두 가지 이상으로 구성하여 동일한 고과대상자에게 적용시켜 그 결과를 비교하는 방법이다.
- (ㄷ) : 동일한 평가도구를 1회에 한하여 평가하고, 그 결과를 평가도구에 따라 두 부분으로 나누어 비교하는 방법에 해당한다.

09 고과실시상의 오류 중 분포적 오류에 대한 내용이다. 괄호 안에 들어갈 알맞은 용어를 쓰시오.

(ㄱ) : 근무성적 및 평정 등에 있어 평정결과의 분포가 우수한 등급 쪽으로 편중되는 경향을 보이는 오류를 말한다.
(ㄴ) : 근무성적 및 평정 등에 있어 평정결과의 분포가 낮은 등급 쪽으로 편중되는 경향을 보이는 오류를 말한다.
(ㄷ) : 근무성적 및 평정 등에 있어 평정결과의 분포가 가운데 등급 쪽으로 집중되는 경향을 보이는 오류를 말한다.
이와 같이 고과가 정규분포를 따른다는 가정하에 편중되는 결과치를 보였을 때 나타나는 오류를 분포적 오류라고 하며 이를 조정하기 위해서는 (ㄹ)이/가 사용된다.

해설 & 정답 checkpoint

09
정답 ㄱ. 관대화 경향
ㄴ. 가혹화 경향
ㄷ. 중심화 경향
ㄹ. 강제할당법

checkpoint 해설 & 정답

10
정답 ㄱ. 현혹효과
ㄴ. 논리적 오류
ㄷ. 대비오류
ㄹ. 상동적 태도
ㅁ. 시간적 오류
ㅂ. 연공오류

10 고과실시상의 오류 중 상관관계적 오류에 대한 내용이다. 괄호 안에 들어갈 알맞은 용어를 쓰시오.

(ㄱ): 피고과자에 대한 호의적 또는 비호의적인 인상이 다른 평가 부분까지 영향을 미치는 효과를 말한다. 그리고 피고과자에 대한 전반적인 인상을 구체적 차원에 대한 평가로 연관시키는 오류를 말하기도 한다.

(ㄴ): 고과자가 평가요소 간에 논리적 상관관계가 있다고 생각하는 부분에 있어 비슷한 점수들을 주는 오류이다. 이러한 오류는 평가자가 객관적이고 관찰 가능한 사실들을 평가할 수 있도록 평가기준들을 확실하게 설정하면 줄일 수 있다.

(ㄷ): 고과자가 피고과자를 평가할 때 자신이 가진 특성과 비교하여 고과하는 경우 발생하는 오류이다. 주로 고과자의 편견에 의해 발생 된다.

(ㄹ): 피고과자가 속한 집단의 특성, 예를 들어 국가, 종교, 학교 등에 근거하여 판단하는 오류이다.

(ㅁ): 피고과자의 과거 실적보다는 최근의 실적과 태도로 평가하게 되는 오류이다. 예를 들어 최근의 실적이 좋으면 과거 실적이 지속적으로 안 좋았음에도 불구하고 좋게 평가하게 되는 오류이다.

(ㅂ): 피고과자의 학력, 근속연수, 연령 등 연공에 따라 평가하게 되는 오류이다. 예를 들어 비슷한 능력을 가진 두 피고과자를 평가할 때 나이가 더 많은 사람에게 좋은 평가를 주는 경우가 해당된다.

고득점으로 대비하는 가장 똑똑한 수험서!

제 5 장

인적자원의 확보관리

제1절 인적자원계획
제2절 모집관리
제3절 선발관리
제4절 배치관리
실전예상문제

제 5 장 인적자원의 확보관리

제 1 절 인적자원계획(HRP ; Human Resource Planning)

인적자원계획은 현재와 미래의 각 시점에서 기업이 필요로 하는 인력의 질적 수준과 양을 결정하는 것을 말한다. 계획이 잘 세워져야 추후에 모집하고 선발하여 배치하는 모든 과정이 차질 없이 이루어질 수 있다.

1 인적자원계획의 의의와 중요성

(1) 인적자원계획의 의의

인적자원계획은 현재 시점에서의 정태적 계획인 정원계획이 있는데 이는 예측을 필요로 하지 않는다. 다만 미래의 인력계획에 있어서는 미래의 상태에 관한 예측을 필요로 한다. 그리고 계획을 세울 때는 기업이 추구하는 목표를 좀 더 효율적으로 달성할 수 있게 해주는 방향으로 계획되어야 한다.

(2) 인적자원계획의 중요성 중요도 상중하

인적자원계획은 추후 이루어지는 배치관리, 교육훈련, 임금관리 등 여러 분야의 일과도 상당한 연관성을 가지고 있기에 계획의 중요성이 크다고 할 수 있다.

① **승진 및 이동 등 배치 관련 중요성**

계획적인 인력 배치와 이동, 승진 등을 위해서는 기업 조직 내에서 필요한 인원의 수뿐만 아니라 현재인원의 변동 관계까지도 사전에 파악되어야 하기에 적절한 인적자원계획이 선행되어야 한다는 점에서 중요성을 갖는다.

② **임금관리 관련 중요성**

인적자원계획에 따라 계획된 인적자원의 수는 기업의 인건비 예산에 영향을 미치게 된다. 예를 들어 인력의 과잉은 인건비 부담을 가중시키고, 반대로 저임금 정책은 조직구성원의 사기를 떨어뜨려 생산성 저하를 일으킬 수 있다. 그러므로 적정한 인원수와 인건비 예산에 대해 철저히 고민해야 할 필요성이 있다.

③ **인적자원의 교육 및 훈련 관련 중요성**

기업 내에서 이루어지는 일련의 교육 및 훈련 계획도 인적자원계획에 의해 계획된 인적자원의 수와 질적 수준에 맞게 계획되어야 한다.

(3) 인적자원계획의 목적 및 효과 중요도 상중하

해당 기업의 목표와 인적자원관리의 방향에 맞게 인적자원관리가 이루어짐과 동시에 조직구성원의 자아실현 욕구 등이 조화되어 능력이 발휘될 수 있도록 해야 한다. 목적에 맞게 실행된 인적자원계획은 상당히 많은 부분에서 그 효과를 거둘 수 있게 된다.

① **인적자원계획의 목적**

㉠ 합리적인 인적자원의 확보와 관리가 이루어질 수 있다.

㉡ 체계적인 교육 및 훈련 관리가 될 수 있도록 하기 위한 목적이 있다.

㉢ 인적자원의 능력에 맞는 합리적인 이동, 승진, 배치 시스템을 실현할 수 있도록 한다.

㉣ 구성원들에 대한 효과적인 임금관리가 가능할 수 있게 해준다.

② **인적자원계획의 효과**

㉠ 인적자원의 확보의 수를 적정하게 함으로써 노동비용의 감소 및 충원 비용의 절감효과를 얻을 수 있다.

㉡ 적정한 교육 및 훈련에 대한 계획의 수립이 가능하다.

㉢ 종업원의 사기와 만족도가 증가될 수 있다.

㉣ 불필요한 노동력의 감소와 증가에 대한 통제가 가능하게 되어 기업 내의 적정 수의 인적자원이 유지될 수 있다.

2 인적자원계획의 수립 및 예측기법

인적자원계획의 수립은 기업의 내부와 외부의 환경요소와 변화, 그리고 사업계획 등을 고려하여 기업 조직 내 필요한 인적자원이 적절하게 확보되도록 수립되어야 한다. 그리고 계획의 수립에 앞서 수요와 공급에 대한 예측을 통해 확보 경로를 선정해야 한다.

(1) 인적자원의 수요예측기법 중요도 상중하

수요예측은 인적자원이 모자람과 남음이 없도록 인력의 수, 시간, 장소 등의 측면에서 적정수준을 확보하기 위한 예측 방법을 말한다. 이를 위해선 다양한 예측기법이 사용된다.

① **거시적 방법**

하향적 인력계획이라고도 하며, 기업 조직 전체의 인력예측을 통해 총원을 정하는 것을 먼저 시행한 후 이를 다시 여러 부서별로 인력을 분할하는 방법이다.

② **미시적 방법**

상향적 인력계획이라고도 하며, 각 직무와 해당 작업에 필요로 하는 인력을 먼저 예측하는 것을 말한다.

③ **계량적 방법**

㉠ 회귀분석

수요에 영향을 미치는 다양한 요인들의 영향력을 함수관계로 계산하여 분석하는 방법을 통해 미래 수요를 예측하는 방법이다.

㉡ 시계열 분석

기업의 과거 인력수요의 흐름을 기반으로 해서 수요예측을 하는 방법을 말하며, 그 종류로는 추세변동, 계절적 변동, 순환변동, 불규칙 변동 등이 있다.

④ **비계량적 방법**

㉠ 명목집단방법

서로 다른 분야에 종사하는 인적자원들을 명목상 집단으로 간주하여 구성한 후 그들로부터 의견을 받아 수요예측하는 방법이다.

㉡ 델파이 기법

인적자원관리에 있어서 다수 전문가들의 의견을 종합하여 수요예측하는 방법이다.

(2) 인적자원의 공급예측기법 중요도 상중하

인적자원의 수요예측의 결과를 가지고 해당 수요에 맞는 기술과 능력을 지닌 인적자원을 조달할 수 있는 원천을 내부에서 또는 외부에서 찾기 위해 분석하는 방법을 공급예측이라고 한다.

① **내부공급예측**

인적자원 조달의 원천을 기업 조직 내부에서 찾는 예측방법에 해당한다.

㉠ 인력재고표(Skills inventory)

조직 구성원들이 가지고 있는 기능, 능력, 직무의 내용, 직무성과 등을 조사한 결과를 요약해 놓은 자료로써 개개인의 직무적합성에 대한 정보를 정확히 찾아내기 위하여 작성한 것을 인력재고표라고 한다.

㉡ 마코브 분석(Markov chain method)

시간의 흐름에 따른 개별 종업원들의 직무이동 확률을 파악하기 위해 개발되었다. 안정적인 근무 조건에서 승진, 이동, 퇴사 등에 일정 비율을 적용하여 장래 각 기간에 걸쳐서 나타날 수 있는 변동상황을 예측한다.

㉢ 승진도표(Replacement chart)

구성원 개인의 상이한 직무에 대한 적합성을 기록해 놓은 것으로, 조직 내 특정직무가 공석이 된다고 가정할 때 투입할 수 있는 인원에 대해 일목요연하게 파악할 수 있도록 나타낸 표를 승진도표라고 한다.

② **외부공급예측**

인적자원 조달의 원천을 기업 조직 외부에서 찾는 예측방법에 해당한다. 원천은 산업, 기업에 따라 다양하며, 예로는 실업고교, 기술학원, 전문대학, 대학 및 직업훈련학교, 타 기업 등이 있다.

(3) 인적자원 수급 불균형 조정 및 해소 중요도 상중하

인적자원의 수급 불균형의 의미는 인적자원의 수요와 공급의 균형이 무너진 것을 의미한다. 이를 조정 및 해소하기 위해서는 다음과 같은 방법을 통해 균형을 맞춰야 한다.

① **인적자원 과잉 시의 대응방안**

작업분담제, 조기퇴직제, 다운사이징, 정리해고, 신규채용 중지 및 감소 등으로 불균형을 조정해야 한다.

② **인적자원 부족 시의 대응방안**

초과근로, 임시직 활용, 아웃소싱, 파견근로자, 외국인 고용허가제 활용 등을 통해 불균형을 해소하고자 노력해야 한다.

제 2 절 모집관리

인적자원의 수요예측과 공급예측을 통해 인적자원계획이 수립된 후 모집관리를 통해 필요한 인적자원이 해당 기업에 관심을 가질 수 있도록 하는 모집관리의 절차가 이루어지게 된다.

1 모집관리의 의의

모집(recruitment)이란 선발을 전제로 하여 양질의 인력이 조직으로 유인될 수 있도록 하는 과정을 의미한다. 효과적인 모집활동을 통해 선발비율(선발예정자 수/총 응모자 수)을 적정하게 낮출 목적으로 시행되며, 모집과 관련한 활동을 통해 잠재적 종업원들에게 좋은 기업이라는 이미지를 줄 수 있어야 한다.

2 모집원 중요도 상중하

모집원은 모집활동을 하는 원천이 내부인지 외부인지에 따라 사내모집과 사외모집으로 크게 구분된다.

구분	사내모집(내부 공급원)	사외모집(외부 공급원)
방법	• 인력재고표, 인력배치표 이용 • 인사기록부, 인사고과 자료 이용 • 사내게시판에 공고(사내공모제)	• 광고·직업소개소 • 종업원 추천제 • 연고자 등용·수시모집 • 산학 협력 • 인턴십 제도 • 노동조합
장점	• 시간과 비용이 감소 • 기업 내 구성원의 능력개발을 촉진 • 종업원의 사기진작과 동기부여에 효과적 • 내부평가 자료를 활용하여 평가 가능	• 유능한 인재 선택 범위 확대 • 새로운 조직분위기 형성 가능 • 다양한 채용방법 선택 가능 • 주변인건비 절감 효과
단점	• 과다경쟁 유발과 파벌 조성 가능성 발생 • 탈락한 지원자의 심리적 위축감 유발 • 모집범위가 제한되어 있어 유능한 인재확보 어려움	• 모집 시 기간과 비용 증가 • 기존 구성원의 사기 저하 우려 • 부적격자 채용 위험 • 업무적응까지 기간과 노력이 필요

제 3 절 선발관리

모집의 절차가 이루어진 후 모집을 통해 획득된 지원자들을 대상으로 해당 직무에 가장 적합한 자를 선별하는 과정인 선발관리를 거치게 된다.

1 선발(selection)의 의의 및 절차

(1) 선발(selection)의 의의

선발(selection)은 모집활동을 통해 유인된 지원자들 중에서 기업 조직이 필요로 하는 자질을 갖춘 사람을 선별하는 과정을 말한다. 즉, 인적자원의 능력 및 기능에 맞는 특정 직무를 매칭하는 과정이라고 볼 수 있다.

(2) 선발절차

선발관리를 합리적으로 하기 위해 일련의 과정에 차례를 정하게 되는데 이를 선발절차라고 한다. 기업별로 선발하고자 하는 직종이나 인원수에 따라 절차가 상이하게 진행되나, 다음과 같이 '최초심사 → 지원서 검토 → 선발시험 → 면접 → 배경조사 → 신체검사 → 선발결정' 이렇게 7단계로 구분되어 진행되는 것이 일반적이다.

2 선발도구

기업이 필요로 하는 자질을 갖춘 자를 선발하기 위해서 활용하는 일종의 측정도구를 의미한다. 신뢰성과 타당성을 두루 갖춘 합리적인 선발도구를 통해 유능한 인적자원을 선발할 수 있도록 해야 한다.

(1) 선발도구의 유형 중요도 상 중 하

① **시험**

업무수행에 필요한 지식, 기능, 성격, 흥미, 인성 등에 대해 측정하여 자격요건을 갖춘 사람을 선별하기 위한 방법이다. 일반적으로 **필기시험, 지능검사, 적성검사, 흥미검사, 인성검사, 성취도 검사** 등을 통해 정보를 얻는다.

② **면접**

지원자와 직접 커뮤니케이션을 함으로써 지원자의 인성과 잠재적 능력 등을 확인하여 적합한 인재를 선발하는 방법이다.

더 알아두기

면접의 종류

- **정형적 면접**: 미리 준비된 질문 항목에 따라 질문하는 방식이다.
- **비정형적 면접**: 미리 준비된 질문 항목 없이 자유롭게 문답하는 방식이며, 이때는 면접자의 노련함이 요구된다.
- **집단면접**: 특정 문제에 대한 토론을 통해 지원자의 태도 등을 파악하는 방식이다.
- **스트레스 면접**: 면접자가 의도적으로 공격적인 태도를 취함으로써 피면접자에게 스트레스를 주는 방법이다. 이를 통해 피면접자의 인내, 감정조절 능력 등을 파악한다.
- **개별면접**: 일반적으로 실무자 면접에 이용되며, 1대1로 면접을 하는 방식이다.
- **패널면접**: 다수의 면접자가 한 명의 피면접자를 평가하는 방식이다. 다수의 면접자가 의견교류를 통해 최적의 인재를 선발할 수 있다는 장점이 있다.

(2) 합리적 선발도구의 조건 중요도 상중하

여러 가지 선발도구 및 방법을 통해 인력을 선발하게 됨에도 불구하고 오류를 범할 수 있기에 이를 최소한으로 해야 한다. 이러한 오류를 줄이기 위해서는 선발도구의 신뢰성, 타당성을 높여야 하며 선발비율도 고려해야 한다.

더 알아두기

1종 오류와 2종 오류

1종 오류는 채용 후에 성과를 낼 수 있는 지원자를 불합격시켰을 때 발생할 수 있는 오류를 말한다. 2종 오류는 채용이 되었을 경우 성과를 낼 수 없는 지원자를 합격시키는 오류를 의미한다. 이러한 오류를 줄이기 위해서는 선발도구의 신뢰성과 타당성을 높여야 한다.

① 신뢰성

㉠ 신뢰성의 의의

신뢰성은 어떠한 시험을 동일한 환경에서 동일한 사람이 몇 번을 다시 본다 해도 그 결과가 서로 일치되는 정도를 의미하며, **일관성을 유지한다는 것**을 말한다.

㉡ 신뢰성 측정방법

ⓐ **시험-재시험법**: 동일한 상황에서 동일한 대상에 대해 동일한 선발도구를 다른 시기에 실시하게 하는 방법이다. 즉, 두 번 측정한 후 그 결과치를 비교하는 방법이며 상관계수를 통해 신뢰성을 측정할 수 있다.

ⓑ **대체형식방법**: 동일인에게 현재의 선발도구와 유사한 형태의 선발도구를 하나 더 만든 후 실시하게 하는 방법이다.

ⓒ **양분법**: 선발도구의 내용이나 항목을 임의로 해서 반으로 나누어 각각 검사하는 방법이다. 짝수, 홀수 항목으로 양분하거나 무작위로 양분하는 방법으로 실시한다.

② **타당성**

㉠ 타당성의 의의

선발도구가 당초에 측정하려고 의도했던 것을 얼마나 정확히 측정하고 있는지를 알 수 있도록 검증하기 위한 것을 타당성이라고 한다.

㉡ 타당성 측정방법

ⓐ **기준관련 타당성** : 선발도구를 통해 얻어진 시험점수인 예측치와 직무수행 결과로 나타난 직무성과와 같은 기준치를 비교하여 타당성을 평가하는 방법으로 동시 타당성과 예측 타당성이 있다.

- **동시 타당성** : 현재 근무하고 있는 종업원의 시험성적과 직무성과를 비교하는 방법이다.
- **예측 타당성** : 선발된 종업원의 시험성적과 입사 후의 직무성과를 비교하는 방법이다.

ⓑ **내용 타당성** : 선발도구의 내용이 측정하고자 하는 내용을 얼마나 잘 반영하고 있는지 평가하는 방법이다.

ⓒ **구성 타당성** : 측정한 도구가 실제로 무엇을 측정했는지 또는 측정도구가 측정하고자 하는 대상을 실제로 적절하게 측정했는지에 대해 평가하는 방법이다.

③ **선발비율(SR ; Selection Ratio)**

선발비율은 전체 응모자의 수에 대한 선발예정 인원수의 비율을 의미한다. 선발비율이 1에 가까워질수록, 즉 응모자 전원고용일 때는 기업의 입장에서 바람직하지 못하다. 반대로 선발비율이 0에 가까워질수록, 즉 응모자 전원이 고용되지 않는 경우는 기업의 입장에서는 바람직하다고 할 수 있다.

제 4 절 배치관리

선발관리를 거쳐 선발된 인적자원의 인적요건과 직무요건이 잘 어우러지도록 각 직무에 종업원을 배속시키는 배치관리의 절차가 이루어지며 그 중요성 또한 크다.

1 배치(placement)의 의의 및 원칙

(1) 배치의 의의

선발된 개인들의 인적요건과 직무요건을 잘 연결시켜 그들의 적성과 능력에 맞도록 각 직무에 배속시키는 것을 의미한다. 즉, 다수의 직무와 다수의 개인 간의 관계를 잘 조합하여 조직의 성과와 개인의 만족 수준도를 높이는 원리에 따라 배치되어야 효과적이다.

(2) 배치의 원칙 중요도 상 중 하

앞서 애기했듯이 다수의 직무와 다수의 개인 간의 관계를 잘 조합하여 조직의 성과와 개인의 만족 수준도를 높이기 위해서는 다음의 원칙에 따라 진행되어야 한다.

① **적재적소주의**

개인이 가지고 있는 능력, 성격 등 여러 가지 면을 고려하여 그 개인에게 맞는 최적의 직위에 배치되도록 하여 최고의 능력을 발휘하게끔 해주는 것을 의미한다. 즉, **적합한 인재를 적합한 장소에 배치**한다는 원칙이다.

② **실력주의**

개인들에게 **그들의 능력을 발휘할 수 있는 영역을 제공**하여 해당 업무에 있어 정확한 평가할 수 있도록 하며, 이를 통해 평가된 실적과 업적에 한해 만족할 수 있도록 대우하는 것을 의미한다.

③ **인재육성주의**

개인을 장기적인 관점에서 성장시키면서 사용한다는 것을 의미한다. **인력을 소모적인 관점이 아닌 경력개발 측면까지도 고려한 원칙**에 해당한다.

④ **균형주의**

직무에 대한 개인들 간의 배치를 조직 내 각 부문이나 계층 간에 골고루 유지할 수 있도록 적절하게 실시하는 원칙을 말한다. 이는 **기업 전체의 실력향상과 사기 고양을 이루고자 하는 의미이며 기업 전체와 개인들 간의 조화를 고려**하게 된다.

제5장

OX로 점검하자

※ 다음 지문의 내용이 맞으면 O, 틀리면 ×를 체크하시오. [1~15]

01 인적자원계획은 현재와 미래의 각 시점에서 기업이 필요로 하는 인력의 양을 결정하는 것을 말한다. (　　)

02 인적자원계획은 승진 및 이동 등 배치, 임금관리 그리고 인적자원의 교육 및 훈련과 관련성이 높아 계획의 중요성이 크다고 할 수 있다. (　　)

03 인적자원계획을 통해 인적자원을 확보를 적정하게 할 수 있으며, 그에 따른 노동비용과 충원비용은 늘어나게 된다. (　　)

04 수요예측은 인적자원이 모자람과 남음이 없도록 인력의 수, 시간, 장소 등의 측면에서 적정수준을 확보하기 위한 예측 방법을 말하며, 이 중 미시적 방법은 하향적 인력계획에 해당된다. (　　)

05 수요예측 기법 중 비계량적 방법에 해당하는 방법은 명목집단방법과 델파이 기법이 있다. (　　)

06 인적자원의 공급예측기법은 내부공급예측과 외부공급예측이 있다. 이 중 인력재고표, 마코브 분석, 승진도표를 이용한 예측은 내부공급예측에 해당된다. (　　)

07 인적자원 과잉 시의 대응방안으로는 초과근로, 임시직 활용, 아웃소싱, 파견근로자, 외국인 고용허가제 활용 등이 있다. (　　)

08 사내모집의 장점으로는 시간과 비용 감소, 기업 내 구성원의 능력개발을 촉진, 종업원의 사기진작과 동기부여에 효과적이라는 부분이 있다. (　　)

정답과 해설 01 × 02 O 03 × 04 × 05 O 06 O 07 × 08 O

01 인적자원계획은 현재와 미래의 각 시점에서 기업이 필요로 하는 인력의 질적 수준과 양을 결정하는 것을 말한다.

03 인적자원의 확보의 수를 적정하게 함으로써 노동비용의 감소 및 충원비용의 절감효과를 얻을 수 있다.

04 거시적 방법은 하향적 인력계획이라고도 하며, 기업 조직 전체의 인력예측을 통해 총원을 정하는 것을 먼저 시행한 후 이를 다시 여러 부서별로 인력을 분할하는 방법이다.

07 인적자원 과잉 시 작업분담제, 조기퇴직제, 다운사이징, 정리해고, 신규채용 중지 및 감소 등으로 불균형을 조정해야 한다.

09 사외모집의 장점으로는 유능한 인재 선택 범위 확대, 새로운 조직분위기 형성 가능, 다양한 채용 방법 선택이 가능하다는 점이 있다. (　　)

10 선발도구의 유형에는 면접이 있는데, 이는 일반적으로 필기시험, 지능검사, 적성검사, 흥미검사, 인성검사, 성취도 검사 등을 통해 정보를 얻는다. (　　)

11 면접의 종류 중 면접자가 의도적으로 공격적인 태도를 취함으로써 피면접자에게 불안감 등을 주는 방법은 스트레스 면접에 해당된다. (　　)

12 1종 오류는 채용이 되었을 경우 성과를 낼 수 없는 지원자를 합격시키는 오류를 의미하며, 2종 오류는 채용 후에 성과를 낼 수 있는 지원자를 불합격시켰을 때 발생할 수 있는 오류를 말한다. (　　)

13 신뢰성 측정방법으로는 시험-재시험법, 대체형식방법, 양분법이 있다. (　　)

14 기준관련 타당성 중 동시 타당성은 선발된 종업원의 시험성적과 입사 후의 직무성과를 비교하는 방법을 의미하며, 예측 타당성은 현재 근무하고 있는 종업원의 시험성적과 직무성과를 비교하는 방법이다. (　　)

15 배치의 원칙 중 개인이 가지고 있는 능력, 성격 등 여러 가지 면을 고려하여 그 개인에게 맞는 최적의 직위에 배치되도록 하여 최고의 능력을 발휘하게끔 해주는 것을 의미하는 것은 실력주의에 해당하는 내용이다. (　　)

정답과 해설 09 ○ 10 × 11 ○ 12 × 13 ○ 14 × 15 ×

10 시험에 대한 내용이다. 시험은 업무수행에 필요한 지식, 기능, 성격, 흥미, 인성 등에 대해 측정하여 자격요건을 갖춘 사람을 선별하기 위한 방법이다.

12 1종 오류는 채용 후에 성과를 낼 수 있는 지원자를 불합격시켰을 때 발생할 수 있는 오류를 말한다. 2종 오류는 채용이 되었을 경우 성과를 낼 수 없는 지원자를 합격시키는 오류를 의미한다. 이러한 오류를 줄이기 위해서는 선발도구의 신뢰성과 타당성을 높여야 한다.

14 반대로 서술되었다.
- 동시 타당성: 현재 근무하고 있는 종업원의 시험성적과 직무성과를 비교하는 방법이다.
- 예측 타당성: 선발된 종업원의 시험성적과 입사 후의 직무성과를 비교하는 방법이다.

15 적재적소주의에 대한 설명이다. 실력주의란 개인들에게 그들의 능력을 발휘할 수 있는 영역을 제공하여 해당 업무에 있어 정확한 평가를 할 수 있도록 하며, 이를 통해 평가된 실적과 업적에 대해 만족할 수 있도록 대우하는 것을 의미한다.

제 5 장 실전예상문제

01 인적자원계획에 대한 내용으로 바르지 않은 설명은 무엇인가?

① 인적자원계획은 현재와 미래의 각 시점에서 기업이 필요로 하는 인력의 양을 결정하는 것을 말한다.
② 계획적인 인력 배치와 이동, 승진 등을 위해서는 기업 조직 내에서 필요한 인원의 수뿐 만 아니라 현재인원의 변동관계까지도 사전에 파악되어야 하기에 적절한 인적자원계획이 선행되어야 한다는 점에서 중요성을 가진다.
③ 기업 내에서 이루어지는 일련의 교육 및 훈련 계획도 인적자원계획에 의해 계획된 인적자원의 수와 질적 수준에 맞게 계획되어야 한다.
④ 인적자원계획에 따라 계획된 인적자원의 수는 기업의 인건비 예산에 영향을 미치게 된다. 그러므로 적정한 인원수와 인건비 예산에 대해 철저히 고민해야 할 필요성이 있다.

02 인적자원계획의 목적 및 효과로 맞지 않는 것은 무엇인가?

① 합리적인 인적자원의 확보와 관리가 이루어질 수 있다.
② 체계적인 교육 및 훈련 관리가 될 수 있도록 하기 위한 목적이 있다.
③ 종업원의 사기와 만족도가 증가될 수 있다.
④ 인적자원의 확보의 수가 많아짐에 따른 노동비용의 증가가 발생할 수 있다.

해설 & 정답 checkpoint

01 인적자원계획은 현재와 미래의 각 시점에서 기업이 필요로 하는 인력의 질적 수준과 양을 결정하는 것을 말한다. 계획이 잘 세워져야 추후에 모집하고 선발하여 배치하는 모든 과정이 차질 없이 이루어질 수 있다.

02 인적자원의 확보 수를 적정하게 함으로써 노동비용의 감소 및 충원비용의 절감효과를 얻을 수 있다.

정답 01 ① 02 ④

checkpoint 해설 & 정답

04 델파이 기법에 대한 내용이다.
① 회귀분석
② 명목집단방법
④ 거시적 방법

03 인적자원의 수요예측기법의 내용으로 바른 것은 무엇인가?

① 수요에 영향을 미치는 다양한 요인들의 영향력을 함수관계로 계산하여 분석하는 방법을 통해 미래 수요를 예측하는 방법은 시계열 분석이라고 한다.
② 서로 다른 분야에 종사하는 인적자원들을 명목상 집단으로 간주하여 구성한 후 그들로부터 의견을 받아 수요 예측하는 방법은 거시적 방법이라고 한다.
③ 인적자원관리에 있어서 다수 전문가들의 의견을 종합하여 수요예측하는 방법은 델파이 기법이라도 한다.
④ 하향적 인력계획이라고도 하며, 기업 조직 전체의 인력예측을 통해 총원을 정하는 것을 먼저 시행한 후 이를 다시 여러 부서별로 인력을 분할하는 방법은 미시적 방법이라도 한다.

04 내부공급예측에 대한 설명이다.
① 인력재고표
② 마코브 분석
③ 승진도표

04 인적자원의 공급예측기법에 대한 설명으로 옳은 것은 무엇인가?

① 조직 구성원들이 가지고 있는 기능, 능력, 직무의 내용, 직무성과 등을 조사한 결과를 요약해 놓은 자료로써 개개인의 직무적합성에 대한 정보를 정확히 찾아내기 위하여 작성한 것을 승진도표라고 한다.
② 시간의 흐름에 따른 개별 종업원들의 직무이동 확률을 파악하기 위해 개발된 것은 인력재고표이다.
③ 구성원 개인의 상이한 직무에 대한 적합성을 기록해 놓은 것으로, 조직 내 특정직무가 공석이 된다고 가정할 때 투입될 수 있는 인원에 대해 일목요연하게 파악할 수 있도록 나타낸 표를 마코브 분석에 의한 도표라고 한다.
④ 내부공급예측은 인적자원 조달의 원천을 기업 조직 내부에서 찾는 예측방법에 해당한다.

정답 03 ③ 04 ④

해설 & 정답 checkpoint

05 인적자원 과잉 시의 대응방안에 해당하는 것은 무엇인가?

① 조기퇴직제
② 임시직 활용
③ 아웃소싱
④ 외국인 고용허가제 활용

05 ②·③·④는 인적자원 부족 시의 대응방안에 해당된다.

- 인적자원 과잉 시의 대응방안
  작업분담제, 조기퇴직제, 다운사이징, 정리해고, 신규채용 중지 및 감소 등으로 불균형을 조정해야 한다.
- 인적자원 부족 시의 대응방안
  초과근로, 임시직 활용, 아웃소싱, 파견근로자, 외국인 고용허가제 활용 등을 통해 불균형을 해소하고자 노력해야 한다.

06 사내모집의 장점에 해당하지 않는 것은 무엇인가?

① 기업 내 구성원의 능력개발을 촉진
② 종업원의 사기진작과 동기부여에 효과적
③ 유능한 인재 선택 범위 확대
④ 시간과 비용이 감소

구분	사내모집(내부 공급원)	사외모집(외부 공급원)
장점	• 시간과 비용이 감소 • 기업 내 구성원의 능력개발을 촉진 • 종업원의 사기진작과 동기부여에 효과적 • 내부평가 자료를 활용하여 평가 가능	• 유능한 인재 선택 범위 확대 • 새로운 조직분위기 형성 가능 • 다양한 채용방법 선택 가능 • 주변 인건비 절감 효과

06 ③은 사외모집의 장점에 해당한다. [문제 하단의 표 참고]

정답 05 ① 06 ③

checkpoint 해설 & 정답

07 ②는 사내모집의 단점에 해당한다. [문제 하단의 표 참고]

08 '최초심사 → 지원서 검토 → 선발시험 → 면접 → 배경조사 → 신체검사 → 선발결정' 이렇게 7단계로 구분되어 진행되는 것이 일반적이다.

정답 07 ② 08 ④

07 사외모집의 단점에 해당하지 않는 것은 무엇인가?

① 모집 시 기간과 비용 증가
② 과다경쟁 유발과 파벌 조성 가능성 발생
③ 부적격자 채용 위험
④ 업무 적응까지 기간과 노력이 필요

구분	사내모집(내부 공급원)	사외모집(외부 공급원)
단점	• 과다경쟁 유발과 파벌 조성 가능성 발생 • 탈락한 지원자의 심리적 위축감 유발 • 모집범위가 제한되어 있어 유능한 인재 확보 어려움	• 모집 시 기간과 비용 증가 • 기존 구성원의 사기 저하 우려 • 부적격자 채용 위험 • 업무 적응까지 기간과 노력이 필요

08 일반적인 선발 절차의 진행단계로 맞는 것은 무엇인가?

① 최초심사 → 선발시험 → 지원서 검토 → 면접 → 배경조사 → 신체검사 → 선발결정
② 최초심사 → 선발시험 → 지원서 검토 → 배경조사 → 면접 → 신체검사 → 선발결정
③ 최초심사 → 지원서 검토 → 선발시험 → 면접 → 신체검사 → 배경조사 → 선발결정
④ 최초심사 → 지원서 검토 → 선발시험 → 면접 → 배경조사 → 신체검사 → 선발결정

해설 & 정답 checkpoint

09 **면접의 종류 중 옳게 설명된 것은 무엇인가?**

① 미리 준비된 질문 항목에 따라 질문하는 방식은 비정형적 면접이다.
② 다수의 면접자가 한명의 피면접자를 평가하는 방식은 집단면접에 해당된다.
③ 특정 문제에 대한 토론을 통해 지원자의 태도 등을 파악하는 방식은 패널면접이다.
④ 면접자가 의도적으로 공격적인 태도를 취함으로써 피면접자에게 불안감 등을 주는 방식이 스트레스 면접이다.

09 스트레스 면접이다. 이를 통해 피면접자의 인내, 감정조절 능력 등을 파악하게 된다.
① 정형적 면접
② 패널면접
③ 집단면접

10 **합리적 선발도구의 조건에 대한 내용에 대한 설명으로 바르지 <u>않은</u> 것은 무엇인가?**

① 신뢰성은 어떠한 시험을 동일한 환경에서 동일한 사람이 몇 번을 다시 본다 해도 그 결과가 서로 일치되는 정도를 의미하며, 일관성을 유지한다는 것을 말한다.
② 신뢰성 측정방법으로는 시험-재시험법, 대체형식방법, 양분법이 있다.
③ 선발비율이 0에 가까워질수록, 즉 응모자 전원고용일 때는 기업의 입장에서 바람직하지 못하다. 반대로 선발비율이 1에 가까워질수록, 즉 응모자 전원이 고용되지 않는 경우는 기업의 입장에서는 바람직하다고 할 수 있다.
④ 선발도구가 당초에 측정하려고 의도했던 것을 얼마나 정확히 측정하고 있는지를 알 수 있도록 검증하기 위한 것을 타당성이라고 한다.

10 반대로 서술되었다. 선발비율이 1에 가까워질수록, 즉 응모자 전원고용일 때는 기업의 입장에서 바람직하지 못하다. 반대로 선발비율이 0에 가까워질수록, 즉 응모자 전원이 고용되지 않는 경우는 기업의 입장에서는 바람직하다고 할 수 있다.

11 **배치의 원칙에 해당되지 <u>않는</u> 것은 무엇인가?**

① 생산성 향상주의
② 인재육성주의
③ 균형주의
④ 적재적소주의

11 생산성 향상주의는 해당되지 않는다. 배치의 원칙에는 적재적소주의, 실력주의, 인재육성주의, 균형주의가 해당된다.

정답 09 ④ 10 ③ 11 ①

checkpoint 해설 & 정답

12 ① 실력주의
③ 인재육성주의
④ 균형주의란 직무에 대한 개인들 간의 배치를 조직 내 각 부문이나 계층 간에 골고루 유지할 수 있도록 적절하게 실시하는 원칙을 말한다. 이는 기업 전체의 실력향상과 사기 고양을 이루고자 하는 의미이며 기업 전체와 개인들 간의 조화를 고려하게 된다.

01

정답 계획적인 인력 배치와 이동, 승진 등을 위해서는 기업 조직 내에서 필요한 인원의 수뿐만 아니라 현재인원의 변동 관계까지도 사전에 파악되어야 하기에 적절한 인적자원계획이 선행되어야 한다는 점에서 중요성을 가진다. 또한, 인적자원계획에 따라 계획된 인적자원의 수는 기업의 인건비 예산에 영향을 미치게 된다. 그리고 기업 내에서 이루어지는 일련의 교육 및 훈련 계획도 인적자원계획에 의해 계획된 인적자원의 수와 질적 수준에 맞게 계획되어야 한다는 점에서 중요성을 갖는다.

정답 12 ②

12 배치의 원칙에 대한 내용 중 바르게 설명된 것은 무엇인가?

① 인재육성주의 : 개인들에게 그들의 능력을 발휘할 수 있는 영역을 제공하여 해당 업무에 있어 정확한 평가할 수 있도록 하며, 이를 통해 평가된 실적과 업적에 대해 만족할 수 있도록 대우하는 것을 의미한다.
② 적재적소주의 : 개인이 가지고 있는 능력, 성격 등 여러 가지 면을 고려하여 그 개인에게 맞는 최적의 직위에 배치되도록 하여 최고의 능력을 발휘하게끔 해주는 것을 의미한다.
③ 실력주의 : 개인을 장기적인 관점에서 성장시키면서 사용한다는 것을 의미한다. 인력을 소모적인 관점이 아닌 경력개발 측면까지도 고려한 원칙에 해당한다.
④ 균형주의 : 직무능력이 높은 개인들을 한 부분에 집중시켜서 전체적으로 조직의 효율성이 높게 배치되어야 한다.

주관식 문제

01 인적자원계획의 중요성에 대해 약술하시오.

02 인적자원계획의 효과에 대해 약술하시오.

03 인적자원의 수요예측기법의 종류에 대해 3가지 이상 쓰시오.

해설 & 정답 checkpoint

02

정답 인적자원의 확보의 수를 적정하게 함으로써 노동비용의 감소 및 충원 비용의 절감효과를 얻을 수 있으며, 적정한 교육 및 훈련에 대한 계획의 수립이 가능하다. 이를 통해 종업원의 사기와 만족도가 증가될 수 있으며, 불필요한 노동력의 감소와 증가에 대한 통제가 가능하게 되어 기업 내의 적정 수의 인적자원이 유지될 수 있다.

03

정답 다양한 예측기법이 사용된다.

- 거시적 방법과 미시적 방법
- 계량적 방법 : 회귀분석, 시계열 분석
- 비량적 방법 : 명목집단방법, 델파이 기법

checkpoint 해설 & 정답

04
정답 ㄱ. 인력재고표
ㄴ. 마코브 분석
ㄷ. 승진도표

05
정답 인적자원 과잉 시의 대응방안으로는 작업분담제, 조기퇴직제, 다운사이징, 정리해고, 신규채용 중지 및 감소 등이 있으며, 인적자원 부족 시의 대응방안으로는 초과근로, 임시직 활용, 아웃소싱, 파견근로자, 외국인 고용허가제 활용 등이 있다. 이와 같은 방법을 통해 불균형을 해소하고자 노력해야 한다.

04 인적자원의 공급예측기법 중 내부공급예측 기법에 대해 괄호 안에 들어갈 알맞은 용어를 쓰시오.

> (ㄱ): 조직 구성원들이 가지고 있는 기능, 능력, 직무의 내용, 직무성과 등을 조사한 결과를 요약해 놓은 자료로써 개개인의 직무적합성에 대한 정보를 정확히 찾아내기 위하여 작성한 것을 말한다.
> (ㄴ): 시간의 흐름에 따른 개별 종업원들의 직무이동 확률을 파악하기 위해 개발 되었다. 안정적인 근무 조건에서 승진, 이동, 퇴사 등에 일정 비율을 적용하여 장래 각 기간에 걸쳐서 나타날 수 있는 변동상황을 예측한다.
> (ㄷ): 구성원 개인의 상이한 직무에 대한 적합성을 기록해 놓은 것으로, 조직 내 특정직무가 공석이 된다고 가정할 때 투입될 수 있는 인원에 대해 일목요연하게 파악 할 수 있도록 나타낸 표이다.

05 인적자원 과잉 시의 대응방안과 인적자원 부족 시의 대응방안에 대해 비교해서 약술하시오.

06 사내모집의 장점과 단점에 대해 각각 3가지 이상 구분하여 쓰시오.

장점	• 시간과 비용이 감소 • 기업 내 구성원의 능력개발을 촉진 • 종업원의 사기진작과 동기부여에 효과적 • 내부평가 자료를 활용하여 평가 가능
단점	• 과다경쟁 유발과 파벌 조성 가능성 발생 • 탈락한 지원자의 심리적 위축감 유발 • 모집범위가 제한되어 있어 유능한 인재 확보 어려움

07 사외모집의 장점과 단점에 대해 각각 3가지 이상 구분하여 쓰시오.

장점	• 유능한 인재 선택 범위 확대 • 새로운 조직분위기 형성 가능 • 다양한 채용방법 선택 가능 • 주변인건비 절감 효과
단점	• 모집 시 기간과 비용 증가 • 기존 구성원의 사기 저하 우려 • 부적격자 채용 위험 • 업무 적응까지 기간과 노력이 필요

해설 & 정답 checkpoint

06
정답 사내모집의 장점과 단점은 다음과 같다.
[문제 하단의 표 참고]

07
정답 사외모집의 장점과 단점은 다음과 같다.
[문제 하단의 표 참고]

checkpoint 해설 & 정답

08

정답 ㄱ. 정형적 면접
ㄴ. 비정형적 면접
ㄷ. 집단면접
ㄹ. 스트레스 면접
ㅁ. 개별면접
ㅂ. 패널면접

08 면접의 종류에 대한 내용에 대해 괄호 안에 들어갈 알맞은 용어를 쓰시오.

- (ㄱ) : 미리 준비된 질문 항목에 따라 질문하는 방식이다.
- (ㄴ) : 미리 준비된 질문 항목 없이 자유롭게 문답하는 방식이며, 이때는 면접자의 노련함이 요구된다.
- (ㄷ) : 특정 문제에 대한 토론을 통해 지원자의 태도 등을 파악하는 방식이다.
- (ㄹ) : 면접자가 의도적으로 공격적인 태도를 취함으로써 피면접자에게 스트레스를 주는 방법이다. 이를 통해 피면접자의 인내, 감정조절 능력 등을 파악한다.
- (ㅁ) : 일반적으로 실무자 면접에 이용되며, 1대1로 면접을 하는 방식이다.
- (ㅂ) : 다수의 면접자가 한명의 피면접자를 평가하는 방식이다. 다수의 면접자가 의견교류를 통해 최적의 인재를 선발할 수 있다는 장점이 있다.

09 합리적 선발도구의 조건 중 신뢰성 측정방법에 대한 내용이다. 괄호 안에 들어갈 알맞은 용어를 쓰시오.

- (ㄱ) : 동일한 상황에서 동일한 대상에 대해 동일한 선발도구를 다른 시기에 실시하게 하는 방법이다. 즉, 두 번 측정한 후 그 결과 치를 비교하는 방법이며 상관계수를 통해 신뢰성을 측정할 수 있다.
- (ㄴ) : 동일인에게 현재의 선발도구와 유사한 형태의 선발도구를 하나 더 만든 후 실시하게 하는 방법이다.
- (ㄷ) : 선발도구의 내용이나 항목을 임의로 해서 반으로 나누어 각각 검사하는 방법이다. 짝수, 홀수 항목으로 양분하거나 무작위로 양분하는 방법으로 실시한다.

해설 & 정답 checkpoint

09

정답 ㄱ. 시험-재시험법
ㄴ. 대체형식방법
ㄷ. 양분법

checkpoint 해설 & 정답

10
정답 ㄱ. 기준관련 타당성
ㄴ. 내용 타당성
ㄷ. 구성 타당성

11
정답 선발비율은 전체 응모자의 수에 대한 선발예정 인원수의 비율을 의미한다. 선발비율이 1에 가까워질수록, 즉 응모자 전원고용일 때는 기업의 입장에서 바람직하지 못하다. 반대로 선발비율이 0에 가까워질수록, 즉 응모자 전원이 고용되지 않는 경우는 기업의 입장에서는 바람직하다고 할 수 있다.

10 합리적 선발도구의 조건 중 타당성 측정방법에 대한 내용이다. 괄호 안에 들어갈 알맞은 용어를 쓰시오.

- (ㄱ): 선발도구를 통해 얻어진 시험점수인 예측치와 직무수행 결과로 나타난 직무성과와 같은 기준치를 비교하여 타당성을 평가하는 방법으로 동시 타당성과 예측 타당성이 있다. 동시 타당성은 현재 근무하고 있는 종업원의 시험성적과 직무성과를 비교하는 방법이며, 예측 타당성은 선발된 종업원의 시험성적과 입사 후의 직무성과를 비교하는 방법이다.
- (ㄴ): 선발도구의 내용이 측정하고자 하는 내용을 얼마나 잘 반영하고 있는지 평가하는 방법이다.
- (ㄷ): 측정한 도구가 실제로 무엇을 측정했는지 또는 측정도구가 측정하고자 하는 대상을 실제로 적절하게 측정했는지에 대해 평가하는 방법이다.

11 선발비율(SR ; Selection Ratio)에 대해 약술하시오.

12 1종 오류와 2종 오류에 대해 약술하시오.

13 배치의 원칙에 대한 내용이다. 괄호 안에 들어갈 알맞은 용어를 쓰시오.

- (ㄱ) : 개인이 가지고 있는 능력, 성격 등 여러 가지 면을 고려하여 그 개인에게 맞는 최적의 직위에 배치되도록 하여 최고의 능력을 발휘하게끔 해주는 것을 의미한다. 즉, 적합한 인재를 적합한 장소에 배치한다는 원칙이다.
- (ㄴ) : 개인들에게 그들의 능력을 발휘할 수 있는 영역을 제공하여 해당 업무에 있어 정확한 평가할 수 있도록 하며, 이를 통해 평가된 실적과 업적에 한해 만족할 수 있도록 대우를 하는 것을 의미한다.
- (ㄷ) : 개인을 장기적인 관점에서 성장시키면서 사용한다는 것을 의미한다. 인력을 소모적인 관점이 아닌 경력개발 측면까지도 고려한 원칙에 해당한다.
- (ㄹ) : 직무에 대한 개인들 간의 배치를 조직 내 각 부문이나 계층 간에 골고루 유지 할 수 있도록 적절하게 실시하는 원칙을 말한다. 이는 기업 전체의 실력향상과 사기 고양을 이루고자 하는 의미이며 기업 전체와 개인들 간의 조화를 고려하게 된다.

해설 & 정답 checkpoint

12

정답 1종 오류는 채용 후에 성과를 낼 수 있는 지원자를 불합격시켰을 때 발생할 수 있는 오류를 말한다. 2종 오류는 채용이 되었을 경우 성과를 낼 수 없는 지원자를 합격시키는 오류를 의미한다. 이러한 오류를 줄이기 위해서는 선발도구의 신뢰성과 타당성을 높여야 한다.

13

정답 ㄱ. 적재적소주의
ㄴ. 실력주의
ㄷ. 인재육성주의
ㄹ. 균형주의

제 6 장

인적자원의 개발관리

제1절 경력관리
제2절 이동·승진관리
실전예상문제

제 6 장 인적자원의 개발관리

제 1 절 경력관리(CDP ; Career Development Program)

과거와 달리 기술변화의 속도가 빨라지고 사회 가치관이 변화됨에 따라 인적자원을 단지 소모적으로 활용하는 것에서 벗어나 장기적인 안목에서의 경력관리에 대한 중요성이 점차 커지고 있다.

1 경력 및 경력관리의 개념

(1) 경력의 개념

경력이란 종업원이 기업에서 장기적으로 경험하고 쌓아온 여러 종류의 직무활동을 의미한다. 직무순환을 통한 직접경험과 교육훈련을 통한 간접경험이 모두 해당된다.

(2) 경력관리의 개념

경력관리는 조직 구성원 개개인의 경력을 데이터화하여 조직 내 적정배치 및 인력개발의 기초로 활용하고자 하는 것을 의미한다. 이를 통해 기업 조직의 목표와 개인의 목표가 조화를 이룰 수 있도록 하는 것이 경력관리에서 요구된다. 개인의 경력목표를 설정하고 이를 달성하기 위한 경력계획을 수립하여 조직의 욕구와 개인의 욕구가 합치될 수 있도록 각 개인의 경력을 개발하는 일련의 활동이 경력관리에서 이루어진다.

2 경력관리의 목적과 전제조건

경력관리가 조직의 욕구와 개인의 욕구가 합치될 수 있도록 원활하게 이루어지기 위해서는 그 목적과 전제조건에 대한 이해가 선행되어야 한다.

(1) 경력관리의 목적

① 인재의 확보 및 배치

경력관리를 통해 기업은 인적자원을 효율적으로 확보할 수 있으며, 경력개발을 통해 기업은 핵심기술을 축척하게 되어 경쟁우위에 있을 수 있다.

② **종업원의 성취동기 유발**

종업원은 경력관리를 통해 자신의 성장욕구를 충족할 수 있다. 이를 통해 자리에 대한 안정감과 더불어 미래 비전의 청사진을 확립함으로써 궁극적으로 노동시장에서 종업원 자신의 경쟁력과 고용가능성을 높일 수 있다.

(2) 경력관리의 전제조건

경력관리의 성립배경에는 행동과학의 발달과 평등고용기회(EEO ; Equal Employment Opportunity)가 있다. 개인주체성 존중의 인사개념 확립을 통해 개인의 능력을 개발하고 예측할 수 있다고 보며, 이를 기반으로 조직의 목표 또한 달성할 수 있으려면 타 인사시스템과의 유기적인 연계 또한 필요하다.

① **인간존중의 인사 이념 확립**

경력관리의 기본적인 성공의 전제조건은 행동과학이 내세우는 이론에 따른 개인주체성 존중의 인사 이념을 확립하는 것에 있다. 즉, 개인의 능력을 장기적이고 체계적으로 개발하려는 쪽에 포커스가 맞춰져야 한다.

② **타 인사시스템과의 유기적인 연계의 필요**

경력관리가 효율적으로 운영되기 위해서는 교육훈련, 이동, 승진, 직무순환 등의 타 인사시스템과 제도를 유기적으로 연계시켜 운영함으로써 그 효율성을 높이고자 하는 노력이 필요하다.

3 경력관리의 기본체계

경력관리의 용어로는 경력목표, 경력경로, 경력계획, 경력개발이 있으며 구체적인 내용은 다음과 같다.

(1) 경력관리에 관한 다양한 용어들

① **경력목표(Career goal)**

구성원 개개인이 경력상 도달하고 싶은 미래의 직위를 말한다.

② **경력경로(Career path)**

경력과 관련된 직위, 직무 및 역할 이동의 경로를 의미하며, 개인이 경력을 쌓는 과정에서 수행하게 되는 여러 직무들의 배열을 의미하기도 한다.

③ **경력계획(Career planning)**

설정된 경력목표를 달성하기 위한 경력경로를 구체적으로 선택해 나가는 과정을 의미한다.

④ **경력개발(Career development)**

구성원 개개인의 목표 및 욕구가 조직의 목표와 욕구가 합치될 수 있도록 각 개인의 경력을 개발하고 지원해 주는 활동을 경력개발이라고 한다. 개인의 노력뿐만 아니라 조직 차원에서의 지원이 중요한 단계에 해당한다.

(2) 홀(D.T. Hall)이 제시한 경력개발(career development)의 단계 중요도 상중하

① 홀(D.T. Hall)은 각 시기별 욕구에 따른 경력개발 모형을 제시했다.

② 경력개발의 단계는 4단계로 구분된다.

㉠ 탐색(1단계 : 정체성 욕구)

구성원 개인이 자기 자신을 인식하고, 교육과 경험을 통해 자신에게 적합한 직업을 선택하려고 노력하는 단계로, 새로운 업무를 배우고 기초를 쌓는 단계에 해당한다.

㉡ 확립(2단계 : 친교성 욕구)

구성원이 개인이 자신이 선택한 직업에 정착하려고 노력하는 단계이며, 노력을 통해 그에 맞는 성과를 올리고 업적을 축적하며 경력자로써 조직에서 확고한 위치를 갖는 단계에 해당한다.

㉢ 유지(3단계 : 생산성 욕구)

구성원 개인 스스로가 반성하며 경력경로의 재조정을 고려하는 단계를 말한다. 심리적 위축을 이기고 경력발전을 하는 경우 지속적인 유지가 가능하나, 반대의 경우 침체될 가능성도 있는 단계에 해당된다.

㉣ 쇠퇴(4단계 : 통합성 욕구)

퇴직과 더불어 구성원 스스로가 다른 새로운 활동을 하는 단계에 해당된다.

참고

이 외 경력개발(career development)에서의 개인의 경력욕구 관련 이론

이론 제시자	주요내용
리치(Leach)	• 개인의 경력욕구가 형성되는 원리를 원인변수와 매개변수 그리고 결과변수 간의 순차적 인과관계로 설명 • 원인변수 : 개인의 유전적 특성, 사회문화적 특성, 생애주기 등 • 매개변수 : 자기존중감과 경력에 관한 자아개념을 정립하게 되며 이것이 경력방향으로 이어져 경력욕구로 발달
레비슨 (D.J. Levison)	• 경력개발과 관련된 성인의 발달 단계를 초기(17~45), 중년(40~65), 노년(60~65)으로 나누어 모형을 설계
샤인 (E.H. Schein)	• 탐색기(15~22) → 초기 경력기(22~28) → 중기 경력기(28~55) → 후기 경력기(55~70)로 나누어 각 단계별 경력계획 제시 • 개인이 추구하는 인생지향점으로서의 경력욕구를 경력닻이라 표현 • 경력목표설정 동기로 5가지를 제시함 : 관리능력, 전문능력, 안전성, 창의성, 자율/독립성
홀랜드	• 이직 의도와 직무에 대한 만족도는 개인의 성격과 직무환경이 조화되는 정도에 따라 결정됨

4 인적자원관리 담당부서의 경력관리에서 역할

인적자원관리를 하는 담당부서가 경력관리를 위해 해야 할 역할은 경력교육, 경력정보, 경력상담 크게 3가지로 설명할 수 있다.

(1) 경력교육

① 경력개발을 해야 하는 목적 등의 의의를 정확히 설명하고, 경력개발을 통해 구성원 개개인이 얻을 수 있는 이익에 대해 알려줄 수 있는 경력교육이 반드시 필요하다.

② 워크숍이나 세미나 등을 통해 경력개발과 관련한 핵심적 개념을 교육함으로써 구성원들에게 흥미와 관심을 유발할 수 있다.

(2) 경력정보

① 경력개발에 있어 구성원 개인들에게 스스로의 경력을 계획하는 데 필요한 경력정보를 제공해 주어야 한다.

② 예를 들어 직무기술서와 직무명세서 등은 개인이 경력목표를 세우는데 도움을 줄 수 있다. 인적자원관리자가 인력수급계획 등의 정보 등을 제공함으로써 미래에 개설될 직무에 대해 종업원이 파악할 수 있도록 도움을 주는 것도 방법이다.

(3) 경력상담

① 구성원 개인이 경력목표를 세우고 이에 적합한 경력경로를 찾을 수 있도록 도와줄 수 있는 전문적인 상담자를 고용하는 것을 의미한다.

② 상담자는 전문적인 지식과 노하우를 바탕으로 조직 구성원들이 원하는 직무에 대한 정보를 제공해주기도 하고, 또한 적성검사 등을 통해 개인들에게 관심을 찾아내 줄 수 있다.

5 경력정체의 의의와 극복방안 중요도 상중하

(1) 경력정체의 의의

경력정체는 경력단계에서 어느 정도 안정된 위치에 있는 구성원이 조직의 구조적인 한계 또는 개인 능력의 한계나 성장의욕의 상실 등을 경험함으로써 더 높은 지위로의 상승을 더 이상 하지 못하는 현상을 의미한다.

(2) 경력정체의 유형

경력정체의 유형은 구성원 개개인이 현상을 파악하는 방식과 행동 특성에 따라 크게 네 가지로 파악된다.

① **이상형**

이상형 경력정체에 해당하는 개인은 경력정체의 원인에 대하여 정확히 인식하며 능동적인 행동성향을 갖고 있다. 그리고 경력정체에 대한 책임이 본인에게 있다고 믿고 주어진 상황에서 최선의 노력을 다하는 모습을 보여주는 유형에 해당한다.

② **방어형**

경력정체의 원인을 조직에 전가하는 등 왜곡된 인식 성향과 부정적 행동 유형을 보여주는 경력정체 유형으로 결근, 지각과 같은 반생산적 행동을 과감하게 하는 유형에 해당한다.

③ **성과미달형**

성과미달형은 경력정체의 원인을 자신에게 있다고 인식은 하고 있으나 수동적인 행동성향을 가지고 있어 스스로 현실에 안주하려는 모습을 보이는 유형에 해당한다.

④ **절망형**

절망형은 경력정체의 원인을 조직에게 전가하지만, 방어형과는 달리 수동적인 행동성향을 가지고 있기 때문에 현실에 대해 절망하고 무기력함을 가지는 유형에 해당한다.

(3) 경력정체의 극복방안

경력정체의 문제는 개인의 문제뿐만이 아닌 조직 내 구조적인 문제로 인해 발생하기 때문에 극복방안에 대해서는 개인적인 차원과 조직적인 차원에서 모두 생각해 보아야 한다.

① **직무재설계**

이는 해당 직무로부터 더 큰 자율성과 책임감을 느낄 수 있도록 직무를 수평적 또는 수직적으로 확대하거나 다른 직무로 전환을 시켜주는 등의 방안이다.

② **성장전략의 개선**

근본적으로 기업의 성장이 이루어지면 구성원 개인의 승진과 경력개발 기회도 보장되기 마련이다. 즉, 기업의 규모 확대와 수익 창출에 도움이 되는 성장전략의 수립이 필수적이다.

③ **이중경력제도의 도입**

관리직과 기술직에게 이분법적 경력경로 시스템을 도입하여 해당 구성원의 욕구에 따라 경력경로를 선택할 수 있게 하는 방법이다.

④ **직능자격제도의 도입**

이는 조직의 구조적인 한계로 인한 제한된 승진 기회에 비해 구성원들이 보유한 역량수준이 높을 경우 그들의 경력정체를 막기 위해 자격승진을 실시하는 것을 의미한다.

6 경력관리에 있어서의 유의점

성공적인 경력관리를 위해서는 다음과 같은 요건에 유의해서 경력개발 프로그램을 설계하는데 노력을 기울여야 한다.

- 조직 내 최고경영자 층의 지원이 필요하다.
- 경력관리제도는 급진적이 아닌 점진적으로 도입되도록 해야 한다.
- 경력관리업무는 조직의 위계에 따라 명확하게 그 책임과 권한을 가지는 부서에서 실시하여 독립성을 지켜야 할 필요가 있다.

제 2 절 이동·승진관리

기업 조직 내에 구성원이 해당 직무에 배치된 후 직무 수행을 하면서 그 능력과 직무내용의 변화가 일어나게 된다. 이에 따라 인적자원을 이동하고 승진시키는 것에 대해 기업 운영의 효율적인 측면과 함께 고려해야 한다.

1 이동 관리

(1) 이동의 의미와 기본 형태 중요도 상중하

① 이동의 의미

인적자원의 이동은 조직에서의 구성원의 직위의 위치 등 수직적 또는 수평적인 배치상의 변화를 가져오는 인적자원관리의 절차를 말한다.

② 이동의 기본 형태

수직적 또는 수평적 이동이 대표적이며 다음과 같은 내용이 있다.

㉠ 수직적 이동

직위의 등급이 상승하는 승진과 직위의 등급이 내려가는 강등이 있다.

㉡ 수평적 이동

- 전환배치

조직 구성원이 기존의 작업조건이나 책임 및 권한에 있어 지금까지와는 다른 직무를 담당하도록 이동하는 것을 의미한다.

- 직무순환

전환배치의 일종이지만, 주 목적이 다양한 작업 및 직무경험을 통해 능력을 개발하게 하기 위함에 있으며 비교적 단기간에 걸쳐서 이루어진다.

(2) 직무순환(Job rotation) 중요도 상중하

직무순환은 조직 구성원들이 다양한 작업 및 직무경험을 통해 능력을 개발하게 하기 위해 실시된다.

① **직무순환의 관리상 의미**

㉠ 관리자의 능력을 개발시키기 위한 중요한 OJT의 교육방법의 한 가지이다.

㉡ 조직 구성원들이 맡고 있는 계속적이고, 고정적인 직무수행에서 오는 권태감이나 단조로움을 제거할 수 있다.

㉢ 적재적소의 인적자원관리를 통해 개인은 능력을 최대로 발휘할 수 있게 되며, 1인 다기능을 배양할 수 있다.

㉣ 조직 구성원들의 승진에 앞선 하나의 단계적인 교육훈련 방법으로서의 역할을 한다.

㉤ 장기적으로 같은 직무에 있게 됨으로써 외부 거래 선과의 불필요한 유대 또는 조직의 허점을 이용한 부정 등을 예방할 수 있다.

㉥ 회사 경영상태의 변화 또는 조직변동에 따른 부서 간의 과부족 인원의 조정이나 종업원 개개인의 사정에 의해 발생할 수 있는 상황을 구제하기 위한 의미가 있다.

② **직무순환의 장점과 단점**

㉠ 장점

직무순환을 통해 조직 구성원들이 다른 직무를 수행하게 됨에 따라 새로운 직무와 기술을 배울 수 있게 되며, **권태감과 단조로움이 제거되어 동기부여에 기여할 수 있다**. 또한, 책임감 증대 및 능력 발휘가 가능하다는 장점이 있다.

㉡ 단점

조직 구성원들에게 새로운 직무에 대해 적응하게 한다는 것은 다른 한편으로 **업무 수행에 대한 부담감을 줄 수 있다**. 또한, 훈련비용 증가 및 장기간의 적응기간이 필요한 점을 단점으로 들 수 있다.

③ **직무순환의 유형**

㉠ 발생단위에 따른 범위

직무순환의 발생 단위가 작업 집단, 과, 부, 공장 혹은 공장 이상이나 지역 이상에 걸치는 전체 기업 또는 조직이 될 수 있으며, 이를 통해 부서 간 순환, 사업장 간 순환, 직무 간 순환 등이 이루어진다.

㉡ 시기에 따른 형태

정기순환과 수시순환이 있으며, 정기순환은 전사적으로 이동되는 것을 의미하고 수시순환은 조직 변경이나 구성원 변경 등이 발생했을 때 수시로 하는 것을 의미한다.

㉢ 목적에 따른 형태

직무순환을 실시하는 목적에 따라 그 종류가 다양하며, 그 예로는 능력 배양, 적재적소 배치, 조직의 침체 및 부정방지, 인력 조정 등의 목적을 가진 개별적 순환형태가 있다.

2 승진관리

이동의 형태 중 직위의 등급이 상승하는 수직적 이동에 대한 승진을 전반적으로 관리하는 내용을 담고 있다.

(1) 승진의 의의와 중요성

① **승진의 의의**

조직 구성원의 직위의 등급이나 계급의 상승을 의미하며, 현재 수행하는 직무보다 더 나은 직무로의 수직적 상향 이동을 의미한다. 승진에 따른 지위의 상승과 더불어 그에 맞는 보수 및 권한, 책임의 상승 또한 함께 이루어지는 것이 일반적이다.

② **승진의 중요성**

승진을 통해 조직 구성원들은 안정감을 느낄 수 있으며, 권한의 증가에 따른 지배 욕구가 충족되게 된다. 그리고 임금상승으로 인한 생활의 질 향상이 가능하며, 수준 높은 직무의 부여로 인해 잠재능력 발휘가 가능해질 수 있다는 중요성을 갖는다. 조직의 입장에서도 효율적인 인적자원개발의 근간이 될 수 있다는 의미가 있다.

(2) 승진의 기본원칙 중요도 상중하

승진의 기본원칙으로는 적정성, 공정성, 합리성의 원칙이 있다.

① **적정성의 원칙(보상의 크기)**

적정성의 원칙은 조직 구성원이 일정정도의 공헌을 했을 때 어느 정도의 승진보상을 받아야 하는지에 대한, 즉 크기의 적정성을 정하기 위한 원칙을 의미한다.

② **공정성의 원칙(보상의 배분)**

조직이 구성원에게 나눠 줄 수 있는 승진 보상의 덩어리가 적정하게 배분되었는지에 관련된 원칙이다.

③ **합리성의 원칙(공헌의 측정기준)**

조직의 구성원이 조직 목표달성을 위해 공헌한 내용을 정확히 파악하기 위해 어떠한 것을 공헌으로 간주할 것인가에 관련된 원칙이다.

(3) 승진 정책 중요도 상중하

승진은 일정한 승진 기준에 입각하여 시행하여야 하는데 크게 연공주의와 능력주의로 나누어 기본 방향을 갖게 된다.

비교 내용	연공주의 승진	능력주의 승진
기본 내용	• 근속연수, 연령 등 신분 중심의 승진제도를 의미함 • 근속연수에 비례하여 업무능력이 향상된다고 여김	근속연수, 연령 등의 요인보다는 직무수행 능력에 따라 승진하는 것이 합리적이라고 여김
사회행동 가치기준	전통적, 가족주의적 사고	가치적, 합목적적 사고
승진 기준	사람 중심(신분 중심)	직무 중심(직무능력 중심)

승진 요소	근속연수, 경력, 학력, 연령	직무수행능력, 업적, 성과
승진 제도	연공승진제도	직계승진제도
장점 및 단점	• 집단중심의 연공질서 형성 • 적용이 용이함 • 관리가 용이하고 안정성 있음 • 종업원의 무사안일주의 양상	• 개인중심의 경쟁질서 형성 • 적용이 용이하지 않음 • 관리가 용이하지 않아 불안정함 • 능력평가의 객관성 확보가 어려움

(4) 승진의 종류 중요도 상중하

승진의 기본 방향이 승진 정책이었다면, 구체적이고 실질적인 기준은 속인기준과 속업무기준 등이 해당된다.

① 속인기준

㉠ 신분자격승진

종업원에게 주어진 신분계층, 예를 들어 근속연수, 근무상황, 경력 등 직무에 관계없는 형식적인 요소들만을 고려해서 운영하는 승진방법에 해당한다.

㉡ 직능자격승진

종업원이 가진 보유 지식, 능력, 태도 등의 잠재능력을 평가하여 자격제도상의 상위자격으로 승진시키는 것을 의미하며, 연공주의와 능력주의를 절충한 형태이다.

② 속업무기준

㉠ 역직승진

조직구조의 편성과 운영에 따라 이루어진 역직에 따라 승진하게 되는 제도이다.

㉡ 직위승진

직무주의적 능력주의에 따라 직무를 분석한 후, 그에 맞게 확립된 직계제도에 따라 직무 적격자를 선정하여 승진시키는 제도이다.

③ 기타

㉠ 대용승진

승진은 했지만 직무내용이나 임금 등이 변동되지 않는 경우로 승진적체 현상이나 인사정체의 심화에 따른 사기저하를 방지하기 위한 승진제도에 해당한다.

㉡ 조직변화승진(OC승진)

승진대상자에 비해 승진할 직위가 부족한 경우 조직변화를 통해 조직계층 자체를 늘려 조직구성원에게 승진기회를 확대해 주는 승진제도를 말한다.

3 교육훈련관리

조직 구성원들에게 직무상 필요한 기술이나 지식 등을 습득하게 하는 교육과 훈련을 의미하며, 이를 통한 구성원들의 능력 향상을 통해 기업의 경쟁력 또한 높아지게 하는 일련의 과정들을 의미한다.

(1) 교육훈련의 의의와 목적 중요도 상중**하**

① 교육훈련의 의의

교육훈련은 교육과 훈련의 결합으로 이루어진 합성어이며, 추구하는 목적과 기대하는 결과에 따라 조금의 차이가 있지만 통상적으로 같이 쓰인다. 그리고 양자를 종합한 성격으로 개발이라는 개념 또한 쓰이고 있다.

㉠ 추구하는 목적에 따른 차이점

- 훈련 : 특정 기업의 특정 직무수행에 도움을 주기 위한 단기적인 목표를 수행한다.
- 교육 : 인간으로서 할 수 있는 다양하고 보편적인 역할의 습득과 함양에 목표를 두며 장기적인 기간이 걸리는 것이 일반적이다.
- 개발 : 경영 관리자에게는 통상적으로 훈련과 교육의 두 가지가 동시에 필요하게 된다.

㉡ 기대되는 결과에 따른 차이점

- 훈련 : 특정 직무에 대한 직무기능의 습득 → 특정한 결과를 기대
- 교육 : 보편적 지식에 대한 학습 → 다양한 결과를 기대
- 개발 : 특정 직무에 대한 기능훈련과 지식의 교육이 둘 다 필요 → 양자의 결과를 기대

② 교육훈련의 목적

㉠ 종업원 입장

조직 구성원이 가지고 있는 지식과 기술, 능력의 향상을 통해 구성원들이 자기개발을 할 수 있게 됨에 따라 직무 만족도가 높아지고 근로의욕이 고취되어 성과가 높아질 수 있다.

㉡ 기업 입장

능력 있는 인재의 육성을 통한 기술발전을 통해 기업 생산성이 증대될 수 있다. 그리고 종업원과의 원활한 커뮤니케이션이 강화됨에 따라 기업조직과 종업원 간의 협력이 강화되어 기업의 유지와 발전 또한 가능해지게 된다.

(2) 교육훈련의 필요성

① 조직수준

매출액 및 생산성 등 조직 전체와 관련되는 제반 현상에 문제가 생겼거나 미래의 기대목표와 이를 실행에 옮길 개인의 역량 간에 차이가 발생한 경우, 또는 종업원의 의식 측면에서 조직문화를 변화시켜야 할 필요가 있거나 새로운 환경에 적응하기 위한 유연성 제고가 필요한 경우에는 조직 수준에서 교육훈련의 필요성이 제기될 수 있다.

② 직무수준

새로운 직무가 나타났을 때 이를 수행할 사람을 보유하지 못했거나 기술변화로 인해 기업에서 필요한 작업자의 자격요건이 바뀌는 경우에 외부로부터 인재를 영입해야 하지만, 여러 여건상 여의치 않다면 기업 내부에서 필요한 인재를 양성해야 한다.

③ 개인수준
개인수준의 교육훈련의 필요성은 기업 구성원들의 교육훈련에 대한 요구사항을 의미한다.

(3) 교육훈련 프로그램 중요도 상중하

① 교육 대상에 의한 분류

구분	훈련명	내용
신입자 교육 훈련	입직훈련	조직의 환경에 적응시키도록 하기 위한 훈련
	기초훈련	해당 조직의 방침, 연혁, 기구, 급여제도 등에 대한 방법 기초교육
	실무훈련	담당할 직무를 중심으로 하는 실무교육
재직자 교육 훈련	일반종업원 훈련	직무 위주의 훈련 (OJT, OFF JT 방식)
	감독자 훈련	생산담당자의 감독자(직장) 위주의 교육훈련
	관리자 훈련	부문관리자 위주의 교육훈련
	경영자 훈련	의사결정에 필요한 식견을 배양하는 위주의 교육훈련

② 훈련 장소에 의한 분류

구분	OJT(On the Job Training) = 사내교육훈련	OFF JT(Off the Job Training) = 사외교육훈련
내용	종업원이 업무에 대한 지식 및 기술을 현업에 종사하면서 상사에게 직접 훈련받는 현장실무 중심의 교육훈련 방식	종업원이 일정기간 직무로부터 분리되고 연수기관 등의 일정한 장소에 집합되어 교육훈련을 받는 방식
장점	• 업무를 수행하면서 훈련이 가능 • 종업원의 수준에 맞는 훈련 가능 • 낮은 비용으로 훈련이 가능 • 실무위주의 훈련 가능	• 다수의 종업원들에게 교육이 가능 • 전문가에게 교육을 받을 수 있음 • 현업에서 벗어난 새로운 장소에서 훈련에 집중 가능함
단점	• 다수의 종업원들에게 훈련은 어려움 • 업무에 훈련에 대한 심적 부담이 가중 됨 • 교육훈련의 내용과 수준이 낮을 수 있음 • 전문적 지식 및 기능 교육이 어려움	• 많은 비용이 소요됨 • 업무에 필요한 인력이 현장에 없어 남아있는 종업원들의 업무 부담이 가중 됨 • 교육의 결과가 즉시적이지 않음

③ 훈련 내용에 의한 분류

교육명	내용
기능교육	주로 기업체 내에서 실시되는 교육을 의미한다.
노동교육	주로 노동조합에서 주도하는 교육으로 건전한 조합원 의식의 고양과 노사관계의 안정화를 위한 교육이다.
교양교육	주로 기업 외부의 전문 교육기관에서 이루어지는 교육을 의미한다.

④ 교육 기법에 따른 분류

㉠ 도제 훈련
일정한 장소에서 교육자와 피교육자가 일대일로 훈련하는 방식으로 수련의, 수련공들의 교육 시에 많이 사용된다.

㉡ 역할연기법

롤플레잉 기법이라고도 불리며, 다른 직위에 해당하는 구성원들의 특정 역할을 연기해 보면서 각각의 입장을 이해하도록 하는 방법을 의미한다.

㉢ 감수성 훈련

주로 관리자훈련의 기법으로 사용되며, 나와 타인의 감정을 이해함으로써 집단을 받아들이도록 하는 훈련기법에 해당한다.

㉣ 브레인스토밍

문제해결을 위한 회의식 방법의 하나로써 적절한 소수의 인원이 모여 자유롭게 아이디어를 창출하는 방법이다.

㉤ 그리드 훈련

관리자 격자 훈련이라고도 불리며, 생산에 대한 관심과 인간에 대한 관심을 모두 극대화할 수 있는 가장 이상적인 리더인 9.9형을 전개하는 교육훈련 방법을 말한다.

㉥ 액션러닝

교육 참가자들이 소규모 집단을 구성하여 팀워크를 바탕으로 경영상 실제문제를 정해진 시점까지 해결하도록 하는 혁신적인 교육기법으로 교육훈련의 제3의 물결이라고도 불린다.

㉦ 비즈니스 게임

주로 경영자훈련의 기법으로 사용되며, 컴퓨터 등을 통한 가상의 공간에서 팀 또는 개인들 간에 경쟁을 하는 것을 말한다. 게임에서 제시된 기업의 내·외부적 환경에 맞게 경영하여 가장 높은 수익률을 얻는 방법을 찾아내도록 하는 것으로, 피교육자의 의사결정 능력 및 분석력을 높일 수 있는 현대적인 교육기법에 해당한다.

㉧ 멘토링

신규 교육대상자와 기존 직원들을 개별적으로 관계를 맺어주고, 그들이 서로 개인적 교류를 가질 수 있도록 지원해주는 형식을 통해 조직에 적응할 수 있도록 하는 교육 훈련이다.

(4) 교육훈련의 평가 및 타당성 측정

① 교육훈련의 평가 중요도 상중하

커크 패트릭은 다음과 같이 교육훈련의 평가 기준을 네 가지 단계로 설명하였다.

반응 → 학습 → 행동 → 평가의 단계로 교육훈련에 대한 내용을 평가한다.

구분	평가단계	내용
1단계	반응	교육훈련에 참가한 구성원들이 교육내용을 어떻게 생각하는가?
2단계	학습	참가한 구성원들이 어떠한 내용이나 기술을 습득하고 학습하였는가?
3단계	행동	참가한 구성원들이 교육훈련 후에 직무수행상에 행동변화가 있었는가?
4단계	결과	참가한 구성원들이 생산성 증대나 코스트 절감 등의 유익한 결과를 이끌어내었는가?

② 교육훈련의 타당성 측정

1986년 골드스타인은 다음과 같이 교육훈련의 타당성 기준을 네 가지 측면에서 설명하였으며 각각의 내용은 다음과 같다.

㉠ 훈련 타당성

목적과 내용의 매칭 여부에 대해 측정하는 것을 의미한다. 즉, 피훈련자와 당초에 계획된 교육훈련 프로그램이 서로 조화가 잘 되었는지에 대해 검증하는 것이다.

㉡ 전이 타당성

직무의 성공여부에 대한 측정에 해당한다. 즉, 피훈련자가 교육훈련을 이수하고 직무를 수행함에 있어 직무성공을 거둘 수 있는지 여부를 검증하는 것이다.

㉢ 조직 내 타당성

서로 다른 집단에게 동일하게 효과적이었는지에 대해서 측정하는 것을 의미한다. 즉, 교육훈련 프로그램이 동일한 회사 내의 상이한 집단의 피훈련자들에게도 동일하게 효과적이었는지에 대해 검증하는 것이다.

㉣ 조직 간 타당성

다른 기업 조직의 구성원들에게도 효과적이었는지에 대해서 측정하는 것을 의미한다. 즉, 교육훈련 프로그램이 다른 기업 조직의 피훈련자 들에게도 효과적이었는지에 대해 검증하는 것이다.

(5) 사후관리

교육훈련은 실시뿐만 아니라 그 결과에 대한 피드백이 필요하며 다음과 같이 크게 세 가지 측면에서 설명된다.

① 인적직원관리의 제도적인 반영 메커니즘을 활용하여야 한다.

② 교육훈련 및 개발에 대한 절차를 실시받은 조직구성원들에 대해 새로운 발전목표를 제시할 수 있어야 한다.

③ 교육훈련 및 개발에 대한 가치분석이 이루어져야 한다. 예를 들면, 훈련을 해야 하는 이유 및 개발을 왜 해야 하는지에 대한 필요성 등에 대해 비용과 수익의 상반적인 측면에서 가치분석을 해야 한다.

제6장

OX로 점검하자

※ 다음 지문의 내용이 맞으면 O, 틀리면 ×를 체크하시오. [1~15]

01 경력이란 종업원이 기업에서 장기적으로 경험하고 쌓아온 여러 종류의 직무활동을 의미하며, 직무순환을 통한 직접경험만이 경력에 해당한다. (　　)

02 경력관리는 조직 구성원 개개인의 경력을 데이터화하여 조직 내 적정배치 및 인력개발의 기초로 활용하고자 하는 것을 의미한다. 이를 통해 기업 조직의 목표와 개인의 목표가 조화를 이룰 수 있도록 하는 것이 경력관리에서 요구된다. (　　)

03 구성원 개개인이 경력상 도달하고 싶은 미래의 직위는 경력계획이라고 한다. (　　)

04 구성원 개개인의 목표 및 욕구와 조직의 목표와 욕구가 합치될 수 있도록 각 개인의 경력을 개발하고 지원해 주는 활동을 경력개발이라고 하며 개인의 노력만 있다면 가능하다. (　　)

05 홀(D.T. Hall)이 제시한 경력개발의 단계는 탐색 → 확립 → 유지 → 쇠퇴의 단계로 구분된다. (　　)

06 인적자원관리를 하는 담당부서가 경력관리를 위해 해야 할 역할은 경력교육, 경력정보, 경력피드백 크게 3가지로 설명될 수 있다. (　　)

07 경력단계에서 어느 정도 안정된 위치에 있는 구성원이 조직의 구조적인 한계 또는 개인의 능력의 한계나 성장의욕의 상실 등을 경험함으로써 더 높은 지위로의 상승을 더 이상 하지 못하는 현상을 경력경로라고 한다. (　　)

정답과 해설 01 × 02 O 03 × 04 × 05 O 06 × 07 ×

01 직무순환을 통한 직접경험과 교육훈련을 통한 간접경험이 모두 해당된다.
03 경력목표라고 한다. 경력계획은 설정된 경력목표를 달성하기 위한 경력경로를 구체적으로 선택해 나가는 과정을 의미한다.
04 개인의 노력뿐만이 아니라 조직 차원에서의 지원이 중요한 단계에 해당한다.
06 인적자원관리를 하는 담당부서가 경력관리를 위해 해야 할 역할은 경력교육, 경력정보, 경력상담 크게 3가지로 설명될 수 있다.
07 경력정체는 경력단계에서 어느 정도 안정된 위치에 있는 구성원이 조직의 구조적인 한계 또는 개인의 능력의 한계나 성장의욕의 상실 등을 경험함으로써 더 높은 지위로의 상승을 더 이상 하지 못하는 현상을 의미한다.

08 이동의 기본형태 중 수평적 이동의 전환배치와 직무순환이 해당된다. ( )

09 직무순환은 조직 구성원들이 다양한 작업 및 직무경험을 통해 능력을 개발하게 하기 위해 실시되며, 업무 수행에 대한 부담감을 주지 않는다는 점이 장점이다. ( )

10 승진의 기본원칙으로는 적정성, 공정성, 개방성의 원칙이 있다. ( )

11 연공주의 승진은 근속연수, 경력, 학력, 연령을 승진요소로 하고 있다. ( )

12 역직승진은 승진은 했지만 직무내용이나 임금 등이 변동되지 않는 경우로 승진적체 현상이나 인사정체의 심화에 따른 사기저하를 방지하기 위한 승진제도에 해당한다. ( )

13 교육과 훈련 중 특정 직무에 대한 직무기능을 습득하여 특정한 결과를 기대하는 것은 훈련에 대한 내용이다. ( )

14 교육훈련 기법 중 주로 관리자 훈련의 기법으로 사용되며, 나와 타인의 감정을 이해함으로써 집단을 받아들이도록 하는 훈련기법에 해당하는 것은 브레인스토밍이다. ( )

15 커크 패트릭은 교육훈련의 평가기준을 4가지 단계로 설명했으며, 반응 → 학습 → 행동 → 평가의 단계로 교육훈련에 대한 내용을 평가한다. ( )

정답과 해설 08 O 09 × 10 × 11 O 12 × 13 O 14 × 15 O

09 조직 구성원들에게 새로운 직무에 대해 적응하게 한다는 것은 다른 한편으로는 업무 수행에 대한 부담감을 줄 수 있다는 단점이 있다. 또한, 훈련비용이 증가할 수 있고, 장기간의 적응기간이 필요하다.

10 승진의 기본원칙으로는 적정성, 공정성, 합리성의 원칙이 있다.

12 대용승진에 대한 내용이다. 역직승진은 조직구조의 편성과 운영에 따라 이루어진 역직에 따라 승진하게 되는 제도이다.

14 감수성 훈련에 대한 내용이다. 브레인스토밍은 문제해결을 위한 회의식 방법의 하나로, 적절한 소수의 인원이 모여 자유롭게 아이디어를 창출하는 방법이다.

제 6 장 실전예상문제

checkpoint 해설 & 정답

01 개인의 경력목표를 설정하고 이를 달성하기 위한 경력계획을 수립하여 조직의 욕구와 개인의 욕구가 합치될 수 있도록 각 개인의 경력을 개발하는 일련의 활동이 경력관리에서 이루어진다.

01 경력 및 경력관리에 대한 내용으로 바르지 않은 설명은 무엇인가?

① 경력이란 종업원이 기업에서 장기적으로 경험하고 쌓아온 여러 종류의 직무활동을 의미한다.
② 경력관리는 조직구성원 개개인의 경력을 데이터화하여 조직 내 적정배치 및 인력개발의 기초로 활용하고자 하는 것을 의미한다.
③ 개인의 경력목표를 설정하고 이를 달성하기 위한 경력계획을 수립하여 조직의 욕구만이 달성될 수 있도록 해야 한다.
④ 직무순환을 통한 직접경험과 교육훈련을 통한 간접경험이 모두 경력에 해당한다.

02 ① 구성원 개개인이 경력상 도달하고 싶은 미래의 직위를 말한다.
③ 설정된 경력목표를 달성하기 위한 경력경로를 구체적으로 선택해 나가는 과정을 의미한다.
④ 구성원 개개인의 목표 및 욕구와 조직의 목표와 욕구가 합치될 수 있도록 각 개인의 경력을 개발하고 지원해 주는 활동을 경력개발이라고 한다.

02 경력관리의 용어에 대한 내용이 바르게 연결된 것은 무엇인가?

① 경력목표 : 구성원 개개인의 목표와 욕구와 조직의 목표와 욕구가 합치될 수 있도록 각 개인의 경력을 개발하고 지원해 주는 활동을 말한다.
② 경력경로 : 설정된 경력목표를 달성하기 위한 경력경로를 구체적으로 선택해 나가는 과정을 의미한다.
③ 경력계획 : 구성원 개개인이 경력상 도달하고 싶은 미래의 직위를 말한다.
④ 경력개발 : 개인이 경력을 쌓는 과정에서 수행하게 되는 여러 직무들의 배열을 의미한다.

정답 01 ③ 02 ②

03 홀(D.T. Hall)이 제시한 경력개발의 단계가 바르게 나열된 것은 무엇인가?

① 탐색 → 확립 → 유지 → 쇠퇴
② 탐색 → 유지 → 확립 → 쇠퇴
③ 유지 → 탐색 → 확립 → 쇠퇴
④ 유지 → 탐색 → 쇠퇴 → 확립

04 인적자원관리를 하는 담당부서가 경력관리를 위해 해야 할 역할에 해당하지 않는 것은 무엇인가?

① 경력교육
② 경력정보
③ 경력상담
④ 경력마케팅

05 경력정체의 유형에 대한 설명으로 바르게 짝지어진 것은 무엇인가?

① 이상형 : 경력정체의 원인을 조직에게 전가하지만, 방어형과는 달리 수동적인 행동성향을 가지고 있다.
② 방어형 : 경력정체에 대한 책임이 본인에게 있다고 믿고 주어진 상황에서 최선을 노력을 다하는 모습을 보여주는 유형에 해당한다.
③ 성과미달형 : 경력정체의 원인을 자신에게 있다고 인식은 하고 있으나 수동적인 행동성향을 가지고 있어 스스로 현실에 안주하려는 모습을 보이는 경우에 해당하는 유형이다.
④ 절망형 : 경력정체의 원인을 조직에 전가하는 등 왜곡된 인식성향과 부정적 행동유형을 보여주는 경력정체 유형으로 결근, 지각과 같은 반생산적 행동을 과감하게 하는 유형에 해당한다.

해설 & 정답 checkpoint

03 탐색(1단계 : 정체성 욕구) → 확립(2단계 : 친교성 욕구) → 유지(3단계 : 생산성 욕구) → 쇠퇴(4단계 : 통합성 욕구)의 단계로 진행된다.

04 ① 경력개발을 해야 하는 목적 등의 의의를 정확히 설명하고, 경력개발을 통해 구성원 개개인이 얻을 수 있는 이익에 대해 알려 줄 수 있는 경력교육이 반드시 필요하다.
② 경력개발에 있어 구성원 개인들에게 스스로의 경력을 계획하는데 필요한 경력정보를 제공해 주어야 한다.
③ 구성원 개인이 경력목표를 세우고 이에 적합한 경력경로를 찾을 수 있도록 도와줄 수 있는 전문적인 상담자를 고용하는 것을 의미한다.

05 ① 이상형 경력정체에 해당하는 개인은 경력정체의 원인에 대하여 정확히 인식하며 능동적인 행동성향을 갖고 있다. 그리고 경력정체에 대한 책임이 본인에게 있다고 믿고 주어진 상황에서 최선의 노력을 다하는 모습을 보여주는 유형에 해당한다.
② 방어형은 경력정체의 원인을 조직에 전가하는 등 왜곡된 인식성향과 부정적 행동유형을 보여주는 경력정체 유형으로 결근, 지각과 같은 반생산적 행동을 과감하게 하는 유형에 해당한다.
④ 절망형은 경력정체의 원인을 조직에게 전가하지만, 방어형과는 달리 수동적인 행동성향을 가지고 있기 때문에 현실에 대해 절망하고 무기력함을 가지는 유형에 해당한다.

정답 03 ① 04 ④ 05 ③

checkpoint 해설 & 정답

06 근본적으로 기업의 성장이 이루어진다면 구성원 개인의 승진과 경력개발 기회도 보장되기 마련이다. 즉, 기업의 규모 확대와 수익 창출에 도움이 되는 성장전략의 수립이 필수적이다.

07 1인 다기능을 배양할 수 있다.

정답 06 ④ 07 ②

06 경력정체의 극복방안에 해당하지 않는 설명은 무엇인가?

① 직무재설계를 통해 해당 직무로부터 더 큰 자율성과 책임감을 느낄 수 있도록 직무를 수평적 또는 수직적으로 확대하거나 다른 직무로 전환을 시켜주는 등의 방안이 필요하다.

② 경력정체의 원인은 개인의 수준에서 극복되면 충분하므로 기업의 규모 확대와 수익 창출에 도움이 되는 성장전략의 개선까지는 필요하지 않다.

③ 관리직과 기술직에게 이분법적 경력경로 시스템을 도입하여 해당 구성원의 욕구에 따라 경력경로를 선택할 수 있게 하는 방법인 이중경력제도의 도입이 필요하다.

④ 조직의 구조적인 한계로 인한 제한된 승진기회에 비해 구성원들이 보유한 역량수준이 높을 경우 그들의 경력정체를 막기 위해 자격승진을 실시하는 직능자격제도의 도입이 필요하다.

07 직무순환에 대한 내용으로 맞지 않는 설명은 무엇인가?

① 조직 구성원들이 맡고 있는 계속적이고, 고정적인 직무수행에서 오는 권태감이나 단조로움을 제거할 수 있다.

② 적재적소의 인적자원관리를 통해 개인은 능력을 최대한으로 발휘할 수 있게 되며, 1인 단기능을 배양할 수 있다.

③ 장기적으로 같은 직무에 있게 됨으로써 외부 거래선과의 불필요한 유대 또는 조직의 허점을 이용한 부정 등을 예방할 수 있다.

④ 조직 구성원들의 승진에 앞선 하나의 단계적인 교육훈련 방법으로서의 역할을 한다.

08 승진의 기본원칙에 대한 설명으로 바른 것은 무엇인가?

① 승진의 기본원칙으로는 적정성, 공정성, 개방성의 원칙이 있다.
② 합리성의 원칙은 조직이 구성원에게 나눠 줄 수 있는 승진보상의 덩어리가 적정하게 배분되었는지에 관련된 원칙이다.
③ 공정성의 원칙은 조직이 구성원에게 나눠 줄 수 있는 승진보상의 덩어리가 적정하게 배분되었는지에 관련된 원칙이다.
④ 개방성의 원칙은 조직의 구성원이 조직 목표달성을 위해 공헌한 내용을 정확히 파악하기 위해 어떠한 것을 공헌으로 간주할 것인가에 관련된 원칙이다.

해설&정답 checkpoint

08 승진의 기본원칙으로는 적정성, 공정성, 합리성의 원칙이 있다.
• 적정성의 원칙(보상의 크기)
적정성의 원칙은 조직구성원이 일정정도의 공헌을 했을 때 어느 정도의 승진보상을 받아야 하는지에 대한, 즉 크기의 적정성을 정하기 위한 원칙을 의미한다.
• 공정성의 원칙(보상의 배분)
조직이 구성원에게 나눠 줄 수 있는 승진 보상의 덩어리가 적정하게 배분되었는지에 관련된 원칙이다.
• 합리성의 원칙(공헌의 측정기준)
조직의 구성원이 조직 목표달성을 위해 공헌한 내용을 정확히 파악하기 위해 어떠한 것을 공헌으로 간주할 것인가에 관련된 원칙이다.

09 다음은 연공주의 승진과 능력주의 승진에 대한 비교 표이다. 바르지 않은 것은 무엇인가?

비교 내용	연공주의 승진	능력주의 승진
① 기본 내용	• 근속연수, 연령 등 신분 중심의 승진제도를 의미함 • 근속연수에 비례하여 업무능력이 향상된다고 여김	근속연수, 연령 등의 요인보다는 직무수행 능력에 따라 승진하는 것이 합리적이라고 여김
② 사회행동 가치기준	전통적, 가족주의적 사고	가치적, 합목적적 사고
③ 승진 기준	사람 중심(신분 중심)	직무 중심(직무능력 중심)
④ 승진 요소	직무수행능력, 업적, 성과	근속연수, 경력, 학력, 연령

09 연공주의 승진과 능력주의 승진의 승진요소가 반대로 기술되었다.

정답 08 ③ 09 ④

checkpoint 해설 & 정답

10 ① 속인기준으로는 신분자격승진과 직능자격승진이 있다.
③ 조직변화승진(OC승진)에 대한 내용이다.
④ 직위승진에 대한 내용이다.

11 능력 있는 인재의 육성을 통한 기술발전을 통해 기업 생산성이 증대될 수 있다. 그리고 종업원과의 원활한 커뮤니케이션이 강화됨에 따라 기업 조직과 종업원 간의 협력이 강화되어 기업의 유지와 발전 또한 가능해지게 된다.

정답 10 ② 11 ④

10 승진의 종류에 대한 내용으로 바른 것은 무엇인가?

① 속인기준으로는 역직승진과 직위승진이 해당된다.
② 직능자격승진은 종업원이 가진 보유 지식, 능력, 태도 등의 잠재능력을 평가하여 자격제도상의 상위자격으로 승진시키는 것을 의미하며, 연공주의와 능력주의를 절충한 형태이다.
③ 승진대상자에 비해 승진할 직위가 부족한 경우 조직변화를 통해 조직계층 자체를 늘려 조직구성원에게 승진기회를 확대해 주는 승진제도는 역직승진의 내용이다.
④ 직무주의적 능력주의에 따라 직무를 분석한 후, 그에 맞게 확립된 직계제도에 따라 직무 적격자를 선정하여 승진시키는 제도는 대용승진에 대한 내용이다.

11 교육훈련의 목적과 필요성에 대한 설명으로 틀린 것은 무엇인가?

① 종업원의 의식 측면에서 조직문화를 변화시켜야 할 필요가 있거나 새로운 환경에 적응하기 위한 유연성 제고가 필요한 경우에는 조직 수준에서 교육훈련의 필요성이 제기될 수 있다.
② 새로운 직무가 나타났을 때 이를 수행할 사람을 보유하지 못했거나 기술변화로 인해 기업에서 필요한 작업자의 자격요건이 바뀌는 경우에 대비하여 기업내부에서 필요한 인재를 양성해야 한다.
③ 조직구성원이 가지고 있는 지식과 기술, 능력의 향상을 통해 구성원들이 자기개발을 할 수 있게 됨에 따라 직무 만족도가 높아지고 근로의욕이 고취되어 성과가 높아질 수 있다.
④ 능력 있는 인재의 육성을 통한 기술발전을 통해 기업 생산성이 증대될 수 있지만, 그렇다고 해서 종업원과의 원활한 커뮤니케이션이 되는 정도의 상황은 되지 못한다.

해설 & 정답 checkpoint

12 사내교육 훈련(OJT)의 장점에 대한 설명으로 맞는 것은 무엇인가?

① 다수의 종업원들에게 교육이 가능하다.
② 전문가에게 교육을 받을 수 있다.
③ 실무위주의 훈련이 가능하다.
④ 많은 비용이 소요된다.

12 이 외에 업무를 수행하면서 훈련이 가능하고, 종업원의 수준에 맞는 훈련이 가능하며, 낮은 비용으로 훈련이 가능하다는 장점이 있다.

13 사외교육 훈련(OFF JT)의 단점에 관한 설명으로 맞는 것은 무엇인가?

① 다수의 종업원들에게 훈련이 어렵다.
② 교육의 결과가 즉시적이지 않다.
③ 업무에 훈련에 대한 심적 부담이 가중된다.
④ 전문적 지식 및 기능 교육이 어렵다.

13 OFF JT는 교육의 결과가 즉시적이지 않다는 점이 단점이다. 이 외에 많은 비용이 소요된다는 점과 업무에 필요한 인력이 현장에 없어 남아있는 종업원들의 업무 부담이 가중된다는 단점이 있다.

14 교육 기법에 따른 분류에 대한 내용 중 바르지 않은 설명은 무엇인가?

① 액션러닝 : 일정한 장소에서 교육자와 피교육자가 일대일로 훈련하는 방식으로 수련의, 수련공들의 교육 시에 많이 사용된다.
② 역할연기법 : 롤플레잉 기법이라고도 불리며, 다른 직위에 해당하는 구성원들의 특정 역할을 연기해 보면서 각각의 입장을 이해하도록 하는 방법을 의미한다.
③ 감수성 훈련 : 주로 관리자 훈련의 기법으로 사용되며, 나와 타인의 감정을 이해함으로써 집단을 받아들이도록 하는 훈련 기법에 해당한다.
④ 그리드 훈련 : 관리자 격자훈련이라고도 불리며, 생산에 대한 관심과 인간에 대한 관심을 모두 극대화 할 수 있는 가장 이상적인 리더인 9.9형을 전개하는 교육훈련 방법을 말한다.

14 도제훈련에 대한 내용이다. 액션러닝은 교육 참가자들이 소규모 집단을 구성하여 팀워크를 바탕으로 경영상 실제문제를 정해진 시점까지 해결하도록 하는 혁신적인 교육기법으로 교육훈련의 제3의 물결이라고도 불린다.

정답 12 ③ 13 ② 14 ①

checkpoint 해설 & 정답

15 학습에 대한 단계에 해당한다.

16 서로 다른 집단에게 동일하게 효과적이었는지에 대해서 측정하는 것을 의미한다. 즉, 교육훈련 프로그램이 동일한 회사 내의 상이한 집단의 피훈련자들에게도 동일하게 효과적이었는지에 대해 검증하는 것이다.

정답 15 ② 16 ③

15 교육훈련의 평가에 대한 내용으로 해당 번호에 대한 내용으로 맞지 않는 것은?

구분	평가단계	내용
1단계	①	교육훈련에 참가한 구성원들이 교육내용을 어떻게 생각하는가?
2단계	②	참가한 구성원들이 어떠한 내용이나 기술을 습득하고 학습하였는가?
3단계	③	참가한 구성원들이 교육훈련 후에 직무수행 상에 행동변화가 있었는가?
4단계	④	참가한 구성원들이 생산성 증대나 코스트 절감 등의 유익한 결과를 이끌어내었는가?

① 반응
② 확신
③ 행동
④ 결과

16 교육훈련에 대한 타당성 측정에 대한 내용 중 바르지 않은 것은 무엇인가?

① 훈련 타당성 : 피훈련자와 당초에 계획된 교육훈련 프로그램이 서로 조화가 잘 되었는지에 대해 검증하는 것이다.
② 전이 타당성 : 피훈련자가 교육훈련을 이수하고 직무를 수행함에 있어 직무성공을 거둘 수 있는지의 여부를 검증하는 것이다.
③ 조직 내 타당성 : 목적과 내용의 매칭 여부에 대해 측정하는 것을 의미한다.
④ 조직 간 타당성 : 다른 기업 조직의 구성원들에게도 효과적이었는지에 대해서 측정하는 것을 의미한다.

주관식 문제

01 경력과 경력관리에 대해 약술하시오.

02 경력관리에 대한 다양한 용어들에 대한 설명이다. 괄호 안에 알맞은 용어를 쓰시오.

> (ㄱ): 구성원 개개인이 경력상 도달하고 싶은 미래의 직위를 말한다.
> (ㄴ): 경력과 관련된 직위, 직무 및 역할 이동의 경로를 의미하며, 개인이 경력을 쌓는 과정에서 수행하게 되는 여러 직무들의 배열을 의미하기도 한다.
> (ㄷ): 설정된 (ㄱ)를 달성하기 위한 (ㄴ)를 구체적으로 선택해 나가는 과정을 의미한다.
> (ㄹ): 구성원 개개인의 목표 및 욕구와 조직의 목표와 욕구가 합치될 수 있도록 각 개인의 경력을 개발하고 지원해 주는 활동을 말한다.

해설 & 정답 checkpoint

01

정답 경력이란 종업원이 기업에서 장기적으로 경험하고 쌓아온 여러 종류의 직무활동을 의미한다. 직무순환을 통한 직접경험과 교육훈련을 통한 간접경험이 모두 해당된다. 경력관리는 조직구성원 개개인의 경력을 데이터화하여 조직 내 적정배치 및 인력개발의 기초로 활용하고자 하는 것을 의미한다. 이를 통해 기업 조직의 목표와 개인의 목표가 조화를 이룰 수 있도록 하는 것이 경력관리에서 요구된다.

02

정답 ㄱ. 경력목표
ㄴ. 경력경로
ㄷ. 경력계획
ㄹ. 경력개발

checkpoint 해설 & 정답

03
정답 ㄱ. 탐색
ㄴ. 확립
ㄷ. 유지
ㄹ. 쇠퇴

03 **홀(D.T. Hall)은 각 시기별 욕구에 따른 경력개발 모형을 제시했다. 괄호 안에 알맞은 용어를 쓰시오.**

(ㄱ): 구성원 개인이 자기 자신을 인식하고, 교육과 경험을 통해 자신에게 적합한 직업을 선택하려고 노력하는 단계로써 새로운 업무를 배우고 기초를 쌓는 단계에 해당한다.
(ㄴ): 구성원이 개인이 자신이 선택한 직업에 정착하려고 노력하는 단계이며, 노력을 통해 그에 맞는 성과를 올리고 업적을 축척하며 경력자로써 조직에서 확고한 위치를 갖는 단계에 해당한다.
(ㄷ): 구성원 개인 스스로가 반성하며 경력경로의 재조정을 고려하는 단계를 말한다. 심리적 위축을 이기고 경력발전을 하는 경우 지속적인 유지가 가능하나, 반대의 경우 침체될 가능성도 있는 단계에 해당한다.
(ㄹ): 퇴직과 더불어 구성원 스스로가 다른 새로운 활동을 하게 되는 단계에 해당한다.

해설 & 정답 checkpoint

04 인적자원관리를 하는 담당부서가 경력관리를 위해 해야 할 역할은 크게 경력교육, 경력정보, 경력상담 3가지로 설명될 수 있는데, 각각에 대해 약술하시오.

05 경력정체에 대해 약술하시오.

04

정답 첫째, 경력교육은 경력개발을 해야 하는 목적 등의 의의를 정확히 설명하고, 경력개발을 통해 구성원 개개인이 얻을 수 있는 이익에 대해 알려줄 수 있는 과정으로, 경력관리를 위해 반드시 필요하다. 둘째, 경력정보는 경력개발에 있어 구성원 개인들에게 스스로의 경력을 계획하는데 필요한 경력정보를 제공해 주는 역할을 의미한다. 셋째, 경력상담은 구성원 개인이 경력목표를 세우고 이에 적합한 경력경로를 찾을 수 있도록 도와줄 수 있는 전문적인 상담자를 고용하는 것을 의미한다. 상담자는 전문적인 지식과 노하우를 바탕으로 조직 구성원들이 원하는 직무에 대한 정보를 제공해 준다.

05

정답 경력정체는 경력단계에서 어느 정도 안정된 위치에 있는 구성원이 조직의 구조적인 한계 또는 개인의 능력의 한계나 성장의욕의 상실 등을 경험함으로써 더 높은 지위로의 상승을 더 이상 하지 못하는 현상을 의미한다.

checkpoint 해설 & 정답

06

정답 ㄱ. 이상형
ㄴ. 방어형
ㄷ. 성과미달형
ㄹ. 절망형

06 경력정체에 대한 유형에 대한 설명이다. 괄호 안에 알맞은 용어를 쓰시오.

(ㄱ): 경력정체의 원인에 대하여 정확히 인식하며 능동적인 행동성향을 갖고 있다. 그리고 경력정체에 대한 책임이 본인에게 있다고 믿고 주어진 상황에서 최선의 노력을 다하는 모습을 보여주는 유형에 해당한다.
(ㄴ): 경력정체의 원인을 조직에 전가하는 등 왜곡된 인식 성향과 부정적 행동 유형을 보여주는 경력정체 유형으로 결근, 지각과 같은 반생산적 행동을 과감하게 하는 유형에 해당한다.
(ㄷ): 경력정체의 원인을 자신에게 있다고 인식하고 있으나 수동적인 행동성향을 가지고 있어 스스로 현실에 안주하려는 모습을 보이는 경우에 해당하는 유형이다.
(ㄹ): 경력정체의 원인을 조직에게 전가하지만, 방어형과는 달리 수동적인 행동성향을 가지고 있기 때문에 현실에 대해 절망하고 무기력함을 가지는 유형에 해당한다.

07

정답 직무재설계, 성장전략의 개선, 이중경력제도의 도입, 직능자격제도의 도입

07 경력정체의 극복방안에 대해 세 가지 이상 구분하여 쓰시오.

해설 & 정답 checkpoint

08 경력관리에 있어서의 유의점에 대해 세 가지 이상 쓰시오.

08

정답 첫째, 조직 내 최고경영자 층의 지원이 필요하다. 둘째, 경력관리제도는 급진적이 아닌 점진적으로 도입되도록 해야 한다. 셋째, 경력관리업무는 조직의 위계에 따라 명확하게 그 책임과 권한을 가지는 부서에서 실시하여 독립성을 지켜야 할 필요성이 있다.

09 직무순환의 장점과 단점에 대해 각각 비교하여 서술하시오.

09

정답 직무순환을 통해 조직 구성원들이 다른 직무를 수행하게 됨에 따라 새로운 직무와 기술을 배울 수 있게 되며, 권태감과 단조로움이 제거되어 동기부여에 기여할 수 있다. 또한, 책임감 증대와 능력의 발휘가 가능하다는 장점이 있다. 반면에 조직 구성원들에게 새로운 직무에 대해 적응하게 한다는 점에서 업무 수행에 대한 부담감을 줄 수 있으며, 훈련비용 증가 및 장기간의 적응기간이 필요하다는 단점이 있다.

checkpoint 해설 & 정답

10
정답 ㄱ. 적정성
ㄴ. 공정성
ㄷ. 합리성

11
정답 연공주의 승진은 근속연수, 연령 등 신분 중심의 승진제도를 의미한다. 승진요소로는 근속연수, 경력, 학력, 연령이 있다. 집단중심의 연공질서를 형성한다는 장점이 있지만 종업원의 무사안일주의 양상이 비롯된다는 단점이 있다.
능력주의 승진은 근속연수, 연령 등의 요인보단 직무수행 능력에 따라 승진하는 것이 합리적이라고 여기는 승진제도이다. 승진요소로는 직무수행능력, 업적, 성과 등이 있어 개인중심의 경쟁 질서 형성에 도움을 주지만 능력평가의 객관성 확보가 어렵다는 단점이 있다.

10 **승진의 기본원칙에 대한 설명이다. 괄호 안에 알맞은 용어를 쓰시오.**

> (ㄱ)의 원칙 : 조직구성원이 일정정도의 공헌을 했을 때 어느 정도의 승진보상을 받아야 하는지에 대한, 즉 크기의 적정성을 정하기 위한 원칙을 의미한다.
> (ㄴ)의 원칙 : 조직이 구성원에게 나눠 줄 수 있는 승진 보상의 덩어리가 적정하게 배분되었는지에 관련된 원칙이다.
> (ㄷ)의 원칙 : 조직의 구성원이 조직 목표달성을 위해 공헌한 내용을 정확히 파악하기 위해, 어떠한 것을 공헌으로 간주할 것인가에 관련된 원칙이다.

11 **연공주의 승진과 능력주의 승진에 대해 비교하여 서술하시오.**

해설 & 정답 checkpoint

12 승진의 종류 대한 설명이다. 괄호 안에 알맞은 용어를 쓰시오.

(ㄱ): 조직구조의 편성과 운영에 따라 이루어진 역직에 따라 승진하게 되는 제도이다.
(ㄴ): 승진은 했지만 직무내용이나 임금 등이 변동되지 않는 경우로 승진적체 현상이나 인사정체의 심화에 따른 사기 저하를 방지하기 위한 승진제도에 해당한다.
(ㄷ): 승진대상자에 비해 승진할 직위가 부족한 경우 조직변화를 통해 조직계층 자체를 늘려 조직구성원에게 승진기회를 확대해 주는 승진제도를 말한다.

12

정답 ㄱ. 역직승진
ㄴ. 대용승진
ㄷ. 조직변화승진

13 사내교육훈련의 장점과 단점에 대해 각각 세 가지 이상 구분하여 쓰시오.

13

정답 장점과 단점은 다음과 같다.
[문제 하단의 표 참고]

장점	단점
• 업무를 수행하면서 훈련이 가능 • 종업원의 수준에 맞는 훈련이 가능 • 낮은 비용으로 훈련이 가능 • 실무위주의 훈련 가능	• 다수의 종업원들에게 훈련은 어려움 • 업무에 훈련에 대한 심적 부담 가중됨 • 교육훈련의 내용과 수준이 낮을 수 있음 • 전문적 지식 및 기능 교육이 어려움

checkpoint 해설 & 정답

14
정답 장점과 단점은 다음과 같다.
[문제 하단의 표 참고]

15
정답 ㄱ. 기능교육
ㄴ. 노동교육
ㄷ. 교양교육

14 사외교육훈련의 장점과 단점에 대해 각각 세 가지 이상 구분하여 쓰시오.

장점	단점
• 다수의 종업원들에게 교육이 가능 • 전문가에게 교육을 받을 수 있음 • 현업에서 벗어난 새로운 장소에서 훈련에 집중이 가능함	• 많은 비용이 소요됨 • 업무에 필요한 인력이 현장에 없어 남아있는 종업원들의 업무 부담이 가중됨 • 교육의 결과가 즉시적이지 않음

15 훈련내용에 의한 분류에 따른 내용이다. 괄호 안에 알맞은 용어를 쓰시오.

교육명	내용
(ㄱ)	주로 기업체 내에서 실시되는 교육을 의미한다.
(ㄴ)	주로 노동조합에서 주도하는 교육으로 건전한 조합원 의식의 고영과 노사관계의 안정화를 위한 교육이다.
(ㄷ)	주로 기업 외부의 전문 교육기관에서 이루어지는 교육을 의미한다.

16 교육 기법에 의한 분류에 따른 내용이다. 괄호 안에 알맞은 용어를 쓰시오.

(ㄱ) : 일정한 장소에서 교육자와 피교육자가 일대일로 훈련하는 방식으로 수련의, 수련공들의 교육 시에 많이 사용된다.
(ㄴ) : 롤플레잉 기법이라고도 불리며, 다른 직위에 해당하는 구성원들의 특정 역할을 연기해 보면서 각각의 입장을 이해를 하도록 하는 방법을 의미한다.
(ㄷ) : 주로 관리자 훈련의 기법으로 사용되며, 나와 타인의 감정을 이해함으로써 집단을 받아들이도록 하는 훈련기법에 해당한다.
(ㄹ) : 관리자 격자훈련이라고도 불리며, 생산에 대한 관심과 인간에 대한 관심을 모두 극대화 할 수 있는 가장 이상적인 리더인 9.9형을 전개하는 교육훈련 방법을 말한다.

해설 & 정답 checkpoint

16

정답 ㄱ. 도제훈련
ㄴ. 역할연기법
ㄷ. 감수성 훈련
ㄹ. 그리드 훈련

checkpoint 해설 & 정답

17
정답 ㄱ. 반응
ㄴ. 학습
ㄷ. 행동
ㄹ. 결과

17 커크 패트릭은 다음과 같이 교육훈련의 평가기준을 네 가지 단계로 설명하였다. 괄호 안에 알맞은 용어를 쓰시오.

구분	평가단계	내용
1단계	(ㄱ)	교육훈련에 참가한 구성원들이 교육내용을 어떻게 생각하는가?
2단계	(ㄴ)	참가한 구성원들이 어떠한 내용이나 기술을 습득하고 학습하였는가?
3단계	(ㄷ)	참가한 구성원들이 교육훈련 후에 직무수행상에 행동변화가 있었는가?
4단계	(ㄹ)	참가한 구성원들이 생산성 증대나 코스트 절감 등의 유익한 결과를 이끌어내었는가?

고득점으로 대비하는 가장 똑똑한 수험서!

제 7 장

인적자원의 활용관리

제1절 활용관리의 기본방향과 기본이론
제2절 조직설계와 직무설계
제3절 조직분위기와 조직문화
실전예상문제

제 7 장 인적자원의 활용관리

제 1 절 활용관리의 기본방향과 기본이론

인적자원관리에 대한 중요성이 점차 높아지고 있다는 점은 현대 사회에서의 모든 기업이 알고 있는 사실이라고 해도 과언이 아니다. 하지만 인적자원관리가 효율적으로 이루어지기 위해서는 조직과 개인에 대해 모두 이해하고 있다는 전제하에 인적자원에 대한 활용방안이 구체화되지 않으면 기업의 경쟁력이 우위에 다다를 수 없다. 그러므로 활용관리의 기본방향과 그 이론적 바탕에 대해 알아가는 것이 선행되어야 한다.

1 활용관리의 기본방향

(1) 인적자원의 활용에 있어서의 조직

인적자원의 활용에 있어서 기업조직이 가진 가치관과 목표 등이 고려되어야 한다. **조직의 목표와 개인의 목표가 일치되도록 하려면 인적자원 활용방안에 있어 조직 특성과 개인 특성에 맞는 설계가 필요하다.**

(2) 활용관리에 있어서의 조직의 측면

인적자원의 활용관리에 있어서 조직이라는 실체는 반드시 필요한 부분이다. 그러므로 활용관리에 있어 조직 차원에서의 조직설계와 개인 차원에서의 직무설계 등이 필요하며, 조직분위기 등의 조직문화에 대한 이해도 요구된다.

① **합리적 측면**

인적자원을 효과적으로 활용하기 위한 측면에서의 전제에 해당한다.

㉠ 거시적 수준 : 조직특성의 재설계(조직설계)

㉡ 미시적 수준 : 직무특성의 재설계(직무설계)

② **상징적 측면**

조직구성원들이 일하기 쉽고 일에 대한 보람을 느끼며, 능력을 발휘하도록 하기 위한 측면에서의 전제에 해당한다.

㉠ 조직분위기(풍토)와 조직문화

㉡ 직무수행에 있어서 구성원들의 의욕을 고취하고, 행동을 유발할 수 있는 환경을 만드는 것에 대한 고민이 이에 해당한다.

2 활용관리의 배경이론

(1) 조직의 구성요소

① 조직의 구조와 과정 및 행위적인 특성들은 시스템적인 관점에서 서로 유기적으로 관련된다. 즉, 조직의 구조는 개발된 인적자원의 특성에 맞도록 설계되어야 한다.

② **조직의 하위시스템**

조직은 하위시스템이 상호 유기적으로 연결되며 환경과 상호작용하는 개방시스템이므로 조직을 충분하게 이해하기 위해서는 하위시스템으로서의 과정적 측면, 구조적 측면, 환경적 측면을 두루 이해하는 것이 필요하다. 여기서 하위시스템은 전체시스템의 목표달성을 위해 존재하는 시스템의 구성요소들을 말한다.

㉠ 행위적인 측면은 기업의 구조나 과정 등의 상황에 따라 활성화되거나 억제되기도 한다.

㉡ 과정적인 측면은 조직구성원 개인과 조직 간에 일련의 상호작용하는 측면을 의미한다. 다시 말해, 조직의 구성요소 중 하나인 인간은 개인의 행위뿐만 아니라 조직의 목표 달성을 위해 상호작용하게 된다.

㉢ 구조적인 측면은 과정적인 측면에 따라 상호작용되는 부분에 규칙과 질서를 부여하여, 상호작용이 원활히 이루어지도록 조직을 구조화한 것을 조직구조라고 한다. 그리고 이와 관련한 측면을 구조적인 측면이라고 한다.

(2) 아지리스의 성숙-미성숙 이론 중요도 상중하

① **이론의 개념**

조직의 목표와 개인의 목표 간의 목표가 일치하여야 조직의 발전이 이루어질 수 있으나 서로 불일치하는 경우가 일반적이다. 이에 아지리스는 7가지 변화를 통해 인간은 미성숙 단계에서 성숙 단계로 발전 가능하다는 이론을 내세우며 개인의 역할뿐만이 아닌 기업의 역할 또한 강조하였다.

② **아지리스의 미성숙 단계에서 성숙 단계로의 의식 전환**

미성숙 단계(유아기)	성숙 단계(성인기)
수동적 행동	능동적 행동
의존적	독립적
단순한 행동양식	다양한 행동양식
얕은 관심	깊고 강한 관심
단기적 안목	장기적 안목
종속적 지위	대등, 우월한 지위
자아의식 결여	자아의식 충만, 자기통제 가능

(3) 조직개발의 가정 및 조건 중요도 상중하

조직개발은 행동과학적 지식과 기법을 이용하여 조직의 대응 능력을 높이고 조직의 목표와 개인의 목표가 모두 향상될 수 있도록 하는 장기적이고 포괄적인 조직변화 전략을 의미하며, 다음과 같은 가정과 조건이 전제되어야 한다.

① **조직개발의 가정**

㉠ Y론적 관점에서 인적자원을 가정한다.
㉡ 성장과 발전에 대한 높은 욕구를 가지고 있다.
㉢ 협력을 통해 개인의 목표와 조직의 목표가 동시에 달성 가능해진다.
㉣ 조직구조는 개인과 집단의 욕구를 충족시킬 수 있도록 설계가 가능해야 한다.

② **성공적 조직개발을 위해 갖추어야 할 조건**

㉠ 조직의 최고경영자와 조직구성원들의 적극적인 니드와 지지, 추진력이 필요하다.
㉡ 조직개발에 있어 어느 특정부문에서 조직 전체로 확산될 수 있어야 한다.
㉢ 조직개발의 실행 과정에 참여하는 변화 담당자에게 권위가 있어야 한다.
㉣ 조직개발의 결과로 변화된 인적자원을 활용하기 위한 구조의 설계가 기반이 되어야만 조직개발의 효용이 유지될 수 있다.

제 2 절 조직설계와 직무설계

1 조직설계

조직 설계란 조직의 전략 및 조직 환경에 적합한 조직구조를 선택하는 의사결정을 의미한다. 이러한 조직설계는 과거에서 현재로 오면서 다양한 관점의 변화에 따라 그 시각이 달라지게 되었다.

(1) 조직설계의 관점 변화 중요도 상중하

① **보편론적 관점**

보편론적 관점은 전통이론과 근대이론으로 대변되며 조직화에 있어 유일한 최선의 방법이 존재한다는 시각을 가지고 있다.

㉠ 전통이론

고전적인 조직이론인 과학적 관리론 등과 관료제 조직이론 등이 해당된다. 전통이론에서는 조직화의 유일한 최선의 방안은 기계적인 것이라고 표명한다.

㉡ 근대이론

근대이론은 행위적(시스템4조직) 이론과 환경적응이론이 해당되며, 조직화의 유일한 최선의 방안은 유기적인 것이라고 주장한다.

② **상황론적 관점**

상황론적 관점은 보편론적 관점과 같이 유일한 최선의 방법이 존재한다는 시각이 아닌, **변화하는 기술과 환경, 인적자원 등의 특성에 따른 상황과의 적합성을 고려한 조직의 설계가 중요**하다고 보는 상황이론을 주장하고 있다.

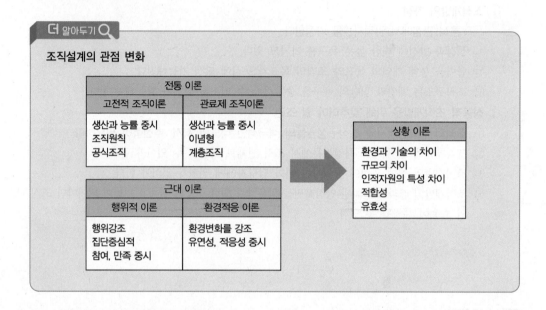

더 알아두기

조직설계의 관점 변화

전통 이론	
고전적 조직이론	관료제 조직이론
생산과 능률 중시 조직원칙 공식조직	생산과 능률 중시 이념형 계층조직

근대 이론	
행위적 이론	환경적응 이론
행위강조 집단중심적 참여, 만족 중시	환경변화를 강조 유연성, 적응성 중시

➡

상황 이론
환경과 기술의 차이 규모의 차이 인적자원의 특성 차이 적합성 유효성

(2) 조직설계의 관점 비교 중요도 상 중 하

① **관료제 조직관(기계적 조직)과 반관료제 조직관(유기적 조직)**

㉠ 관료제 조직관(기계적 조직)
- **명백한 권한계층을 가지는 여러 계층의 구조를 형성**한다.
- 공식적인 규칙이나 절차에 따라 직무담당자의 행위를 규제한다.
- 구성원의 직무를 명백한 과업으로 세분화한다.
- 구성원들의 사적인 요구와 관심이 조직 활동과 완전히 분리된다.
- 조직 내의 경력경로를 만들어 주어 직장의 안정을 확보해 준다.
- 선발이나 승진 등의 결정은 기술적 자질과 능력, 업적에 근거를 둔다.

㉡ 반관료제 조직관(유기적 조직)
- **소계층의 구조를 지향**한다.
- 문제해결능력을 가진 자가 권력을 행사할 수 있다.
- 구성원의 직무상의 유동성이 보장된다.
- 조직 내의 모든 커뮤니케이션은 공개되어야 한다.
- 고객은 동료와 같이 취급한다.
- 집단적인 과정을 통한 의사결정이 이루어지도록 한다.

② **전통적인 조직관과 근대적인 조직관**

㉠ 전통적인 조직관

- 인간관 : 기계의 연장으로서의 인간관 및 소모품으로서의 인간관을 갖는다.
- 과업의 분화 : 극도의 과업분화의 형태를 갖는다.
- 통제방법 : 감독자, 전문 스태프 및 절차 등에 의해 외부통제를 받는 전제적인 방식이다.
- 계층의 정도 : 계층이 많은 다계층 조직 체계를 갖는다.
- 목적관 : 조직의 목적만이 중요하다고 여긴다.

㉡ 근대적인 조직관

- 인간관 : 기계와 서로 보완적인 의미로서의 인간관과 개발될 수 있는 자원으로서의 인간관을 갖는다.
- 과업의 분화 : 최적의 과업분화의 형태를 갖는다.
- 통제방법 : 자율규제 시스템에 의한 내부통제와 참여방식을 취한다.
- 계층의 정도 : 계층이 적은 소계층 조직 체계를 갖는다.
- 목적관 : 구성원의 목적과 사회의 목적 또한 중요하다고 여긴다.

2 직무설계

직무설계는 조직의 목표 달성과 더불어 개인에게 직무 만족감을 주기 위해 필요한 직무의 내용, 기능, 관계 등을 적극적으로 조정하는 과정을 의미하며 '과업-조직-인간의 적합성 모형'이 대표이론에 해당한다.

(1) '과업-조직-인간의 적합성 모형'의 개념 중요도 상중하

① 포터, 롤러, 해크먼이 제시한 직무설계에 관한 적합성 모델이다. 조직설계 부분은 기계적 모형에서 유기적 모형에 이르는 연속선상에 분류하고, 직무설계는 단순직무에서 복잡직무에 이르는 연속선상에 분류하였다. 종업원 특성은 성장욕구의 강도에 따라 분류하는 형식으로 나타냈다.

② 세 가지의 분류 요인을 이분화하고 상호교차시켜 8개의 칸을 정의(2×2×2 모형)하여 8개의 각 상황에서 종업원 반응을 예측하고 그에 맞게 직무설계를 한다.

㉠ 기계적-유기적 조직
㉡ 단순-복잡 직무설계
㉢ 저-고 종업원 성장욕구 강도

③ **직무설계의 제약적 모형과 8개 상황에 대한 이해**

구분	단순 직무	복잡 직무
기계적 조직	㉠ 종업원의 높은 성장욕구 ㉡ 종업원의 낮은 성장욕구	㉢ 종업원의 높은 성장욕구 ㉣ 종업원의 낮은 성장욕구
유기적 조직	㉤ 종업원의 높은 성장욕구 ㉥ 종업원의 낮은 성장욕구	㉦ 종업원의 높은 성장욕구 ㉧ 종업원의 낮은 성장욕구

㉠ 종업원은 능력을 발휘하지 못하고 과도한 통제를 받는다고 생각한다. 이에 따라 높은 좌절감을 겪게 되고, 불만족을 갖게 되어 이직이 예측된다.

㉡ 고전적 모형에 적합하며, 효율적인 성과와 적절한 만족수준을 갖게 된다. 이에 따라 적절한 출근율이 예측된다.

㉢ 종업원은 해당 직무상의 역할에 반응하고 지각된 조직에 의한 과도한 통제를 배척하는 자세를 가질 수 있을 것이라고 예측된다.

㉣ 종업원은 조직으로부터의 역할에 반응하고 그의 직무를 효율적으로 처리하지 못할 것이라고 예측할 수 있다.

㉤ 종업원은 조직에서의 역할에 반응하고 해당 직무의 제한을 싫어할 것으로 보이며, 직무변화를 시도하여 성공하거나 이직할 것으로 예측된다.

㉥ 종업원이 해당 직무내의 역할에 반응하여 적절히 합리적인 수준에서 수행할 것으로 예측된다. 이 경우는 지각된 조직관리의 예측가능성에 끊임없이 불안해 한다는 특성이 있다.

㉦ 능동적인 모형에 상당히 적합하며, 매우 높은 질적 성과와 더불어 높은 만족도를 갖게 되어 낮은 이직률이 예측된다.

㉧ 종업원은 직무요구에 의해 압도당할 수 있다. 직무로부터의 심리적 이탈과 적대감, 부적절한 직무성과가 예측된다.

(2) 직무설계의 다양한 방법 중요도 상중하

① **직무확대**

직무능력은 높이고 단조로움을 해소하기 위한 방법의 하나로서 직무의 범위를 넓히는 것을 의미한다. 조직구성원들에게 만족감을 주어 이직률과 결근을 감소시킨다는 장점이 있으나, 작업량 증가로 인해 부담감을 줄 수 있다는 단점이 있다.

② **직무순환**

종업원의 권태감이나 단조로움을 제거하기 위한 방법으로 다른 직무를 담당하도록 하는 방법을 말하며, 책임감을 증대시키고 능력 발휘가 가능하다는 장점이 있다.

③ **직무전문화**

분업의 원리에 기초하여 직무 내용을 보다 전문적이도록 하는 것을 말한다. 단, 세분화된 작업의 단순화로 인해 권태감을 느낄 수 있으며 저임금로 인한 불만을 초래할 수 있다.

④ **직무충실화**

허즈버그의 2요인 이론에 기초한 방법으로 과업의 내용과 양에 따른 직무특성 정도에 따라 직무의 내용을 풍부하게 만들어 종업원에게 자율성을 주는 방법으로서 더 많은 책임감을 부여하여 자신의 직무를 스스로 계획하고 실천하게 하는 방법이다.

⑤ **재택근무제**

집에서 근무하는 것을 말하며, 근로자 입장에서는 유연하게 근무할 수 있다는 장점이 있다.

⑥ **직무공유**

둘 이상의 직원이 소정 근로시간 동안에 직무를 나누어 담당하는 것을 의미한다. 특정 직무에서 한 사람 이상의 재능을 활용할 수 있다는 특징이 있다.

⑦ **선택적 근로시간제**

조직이 정한 특정 시간대에서 직원들이 업무의 시작과 종료시간을 선택해서 근무할 수 있도록 하는 근무시간 정책을 말한다. 이를 통해 종업원들의 지각과 결근 감소, 초과근무의 비용 감소, 생산성 증가 등의 효과를 거둘 수 있다.

제 3 절 조직분위기와 조직문화

권위주의적 조직분위기에서는 조직구성원들의 직무만족도와 창의성이 낮은 반면, 친화적 조직분위기에서는 구성원들 사이에 친밀한 관계가 강조되어 직무만족도가 높다. 조직 내의 인적자원의 능력개발과 더불어 인적자원을 보다 효율적으로 활용하기 위해서는 적합한 조직의 설계와 더불어 건전한 조직문화와 조직분위기 조성이 절실히 요구된다.

1 조직분위기 중요도 상 중 하

(1) 조직분위기의 의의

특정 조직과 타 조직을 구별할 수 있도록 해주는 조직의 고유한 특성을 조직풍토 또는 조직분위기라고 한다. 조직문화와는 다르게 조직원들의 지각에 의해서 형성되기 때문에 주관적이고 상대적인 의미가 강하다.

(2) 건전한 조직분위기(풍토)의 조성 방법

① 직위에 대한 권한을 최대한 명백히 하여 책임의 소재를 명확히 하는 것이 필요하며, 정형적인 업무는 기계화하고, 판단하고 결정하는 등의 일을 사람의 업무로 돌려야 한다.

② 업무 방침이나 계획을 명백히 하고 가능한 한 실제 업무를 하는 종업원들에게 결정 권한을 주도록 해야 한다.

③ 각자에게 자신의 담당 직무의 성과가 명백해지도록 부분적 업무의 영역뿐만 아니라, 하나의 일괄된 업무를 부여하여 업무 성취를 이루었을 때 만족감을 맛보도록 해야 한다.

2 조직문화 중요도 상중하

(1) 조직문화의 의의 및 측면

① 조직문화의 의의

조직문화는 조직구성원들로 하여금 다양한 상황에 대한 해석을 하게 해주고, 통일된 의사결정을 할 수 있는 등의 행위를 불러일으키는 **조직 내에 공유된 정신적 가치**이다. 조직문화는 기업 조직의 경영자에 의해 결정되며 이를 끊임없이 조직구성원들에게 노출하여 기업의 이념으로 발전시킨다.

② 우수한 조직문화의 측면

㉠ 조직문화의 관리 측면

- 조직의 비전과 이념의 설정, 이념의 구체화가 잘 제시된다.
- 전반적인 경영 시스템의 구축에 도움을 준다.
- 경영진의 솔선수범과 언행일치가 이루어진다.
- 구성원들에게 비전을 제시한다.

㉡ 조직문화의 내용 측면

- 분석과 보고서의 반복보다는 무엇을 실행할 것인가를 중요시하는 실험정신이 왕성하다.
- 고객이 선호하는 것을 파악하여 고객으로부터 아이디어를 얻고 고객에게 최고의 품질과 서비스 신뢰를 제공한다.
- 창의성을 살리기 위해서 기업을 여러 개의 작은 회사로 나누어 독립성과 경쟁심을 고취한다.
- 개인을 존중하여 조직구성원들의 노력에 대해 공정한 보상을 한다. 이를 통해 개인들의 의욕이 고취된다.

(2) 조직문화의 기능

조직문화는 기업 조직 내의 활동에 있어서 구성원들에게 통일된 자각을 형성해 줄 수 있는 기능이 있으며 순기능과 역기능이 있다.

① 조직문화의 순기능

㉠ 일체감과 정체성을 부여

조직문화는 기업 내의 구성원에게 일체감과 정체성을 부여한다. 이는 외부 상황이 급변할 때 조직구성원의 결속력을 강화하고, 일체화된 조직으로 뭉치게 하는 원동력이 된다.

㉡ 조직의 전념도 형성

조직의 전념도란 조직구성원이 자신이 속한 조직에 대해 갖게 되는 충성심을 말한다. 다시 말해, 조직의 목표를 달성하기 위해 자신의 모든 노력과 능력을 기꺼이 바치고자 하는 마음 자세를 의미한다. 개인이 일단 조직에 소속되면 시간이 지남에 따라 동질감을 느끼게 되는데, 이를 통한 공유의식과 조직문화의 수용은 집단의 번영과 영속적 활동에 전념하도록 한다.

ⓒ 기업전체의 안정성 증대

강한 조직문화를 가지고 있는 기업은 조직의 전념도가 향상됨에 따라 결근율과 이직률이 줄어들며 구성원의 사기는 증대된다. 이와 같은 조직의 안정적인 상태는 구성원의 단결심과 일체감을 높여준다는 점에서 의미가 있다.

ⓓ 통일된 행동의 지침을 제공

조직문화는 구성원에게 상징적인 의미를 부여하여 통일된 행동의 지침을 제공해 주기도 한다. 일반적으로 특별한 문제가 없는 경우 평소 해왔던 방식으로 일을 처리하며, 위기상황이 닥쳤을 때에는 공유된 문화가 해야 할 것과 하지 말아야 할 것에 대해 해답을 제시한다.

② 조직문화의 역기능

ⓐ 제도화 문제

조직이 제도화를 겪고 마침내 제도화된 상태가 좋지 않은 방향으로 가게 되는 경우 역기능을 초래한다. 예를 들어 조직이 생산하는 재화나 용역보다 조직문화 그 자체를 더욱 중요시하게 되면 조직에서의 행동이나 습관들이 당연한 것으로 받아들여져서 때로는 혁신을 방해하고 조직문화 그 자체를 수단이 아닌 목적으로 인식하게 된다.

ⓑ 변화에 대한 장벽

조직 문화는 공유된 가치가 조직의 성과를 높여주는 다른 가치와 일치하지 않을 때 부담이 될 수 있다. 예를 들면, 조직의 환경이 역동적으로 변화할 때 오랫동안 정착된 문화가 적절하지 않을 경우 변화에 대한 장벽이 발생할 확률이 높다. 조직문화의 일관성은 환경이 안정적일 때는 조직 영속성의 자산이 되지만, 환경 변화에 반응하지 못하게 하는 짐이 될 수도 있다.

ⓒ 다양성에 대한 장벽

개인이 지닌 다양한 행동과 그에 따른 장점들이 그들이 조직문화에 동화되어가면서 점차 줄어들기 때문에 강한 조직문화는 제도적인 선입견을 형성하여 다양성을 저해하게 된다.

ⓓ 인수합병에 대한 장벽

과거 인수합병 시 경영진이 고려해야 할 핵심요인은 재무적인 이점이나 제품상의 시너지 효과와 관련된 것이었다. 그러나 최근 들어 문화적 양립성에 대한 관심이 매우 높아지고 있고, 실제로 인수합병의 장벽이 되고 있어 문화에 대한 정확한 이해가 필수불가결의 요소가 되고 있다.

ⓔ 저항 문제

강한 조직문화로 인하여 변화된 새로운 전제와 가치가 수용되기까지의 과정에 있어 내부적으로 조직구성원들의 많은 저항이 나타나게 된다.

제7장

OX로 점검하자

※ 다음 지문의 내용이 맞으면 O, 틀리면 ×를 체크하시오. [1~13]

01 인적자원의 활용관리에 있어 조직차원에서의 조직설계와 개인차원에서의 직무설계 등이 필요하다. ( )

02 인적자원의 활용관리에 있어 상징적 측면으로는 조직설계와 직무설계가 해당된다. ( )

03 아지리스는 7가지 변화를 통해 인간은 미성숙 단계에서 성숙 단계로 발전 가능하다는 이론을 내세우며 개인의 역할만을 강조하였다. ( )

04 조직개발의 가정에 있어 Y론적 관점에서 인적자원을 가정한다. ( )

05 성공적인 조직개발을 위해서는 조직구성원들의 적극적인 니드와 지지, 추진력이면 충분하기 때문에 조직의 최고경영자의 지지는 필요 없다. ( )

06 관료제 조직관(기계적 조직)에서는 소계층의 구조를 지향한다. ( )

07 전통적인 조직관에서는 기계의 연장으로서의 인간관과 소모품으로서의 인간관을 가진다. ( )

08 직무설계의 다양한 방법 중 직무확대는 직무능력은 높이고 단조로움을 해소하기 위한 방법의 하나로, 직무의 범위를 넓히는 것을 의미한다. ( )

정답과 해설 01 O 02 × 03 × 04 O 05 × 06 × 07 O 08 O

02 인적자원을 효과적으로 활용하기 위한 측면에서의 전제 중 거시적 수준과 미시적 수준에 대한 합리적 측면에서의 내용에 해당된다.
03 개인의 역할 뿐만이 아닌 기업의 역할 또한 강조하였다.
05 조직의 최고경영자와 조직구성원들의 적극적인 니드와 지지, 추진력이 필요하다.
06 명백한 권한계층을 가지는 여러 계층의 구조를 형성한다.

09 직무설계의 다양한 방법 중 직무전문화는 허즈버그의 2요인 이론에 기초한 방법으로, 과업의 내용과 양에 따른 직무특성 정도에 따라 직무의 내용을 풍부하게 만들어 종업원에게 자율성을 줌으로써 더 많은 책임감을 부여하여 자신의 직무를 스스로 계획하고 실천하게 하는 방법이다. (　)

10 특정 조직과 타 조직을 구별할 수 있도록 하는 조직의 고유한 특성을 조직문화라고 한다. (　)

11 조직문화는 조직구성원들로 하여금 다양한 상황에 대한 해석을 하게 해주고, 통일된 의사결정을 할 수 있도록 하는 등의 행위를 불러일으키는 조직 내에 공유된 정신적 가치이다. (　)

12 조직문화의 순기능으로는 일체감과 정체성의 부여가 있다. (　)

13 조직문화의 역기능으로는 변화에 대한 장벽이 해당된다. (　)

정답과 해설 09 × 10 × 11 O 12 O 13 O

09 직무충실화에 대한 내용이다. 직무전문화는 분업의 원리에 기초하여 직무 내용을 보다 전문적이도록 하는 것을 말한다. 단, 세분화된 작업의 단순화로 인해 권태감을 느낄 수 있으며 저임금로 인한 불만을 초래할 수 있다.

10 특정 조직과 타 조직을 구별할 수 있도록 해주는 조직의 고유한 특성을 조직풍토 또는 조직분위기라고 한다. 조직문화와는 다르게 조직원들의 지각에 의해서 형성되기 때문에 주관적이고 상대적인 의미가 강하다.

제 7 장 실전예상문제

01 활용관리의 기본방향과 기본이론에 대한 내용으로 바르지 않은 것은 무엇인가?

① 인적자원관리가 효율적으로 이루어지기 위해서는 조직과 개인에 대한 이해가 모두 되어있다는 전제하에서 인적자원에 대한 활용방안이 구체화되어야 한다.
② 인적자원의 활용에 있어서 기업조직이 가진 가치관과 목표 등이 고려되어야 한다.
③ 인적자원을 효과적으로 활용하기 위한 측면에서의 전제로는 거시적 수준의 직무설계와 미시적 수준의 조직설계가 필요하다.
④ 상징적 측면으로는 조직분위기(풍토)와 조직문화가 있다.

02 조직의 구성요소와 하위시스템에 대한 내용으로 옳은 설명은 무엇인가?

① 행위적인 측면은 과정적인 측면에 따라 상호작용된 부분에 대한 해당 과정에 규칙과 질서를 부여하여 상호작용이 원활이 이루어지도록 하는 것을 말한다.
② 조직의 구조와 과정, 행위 특성들은 시스템적인 관점에서 유기적으로 관련이 있다.
③ 구조적인 측면은 조직구성원과 조직 간 일련의 상호작용을 하는 측면을 의미한다.
④ 과정적인 측면은 기업의 구조나 과정 등의 상황에 따라 활성화되거나 억제되기도 한다.

checkpoint 해설 & 정답

01 미시적 수준의 직무설계와 거시적 수준의 조직설계가 필요하다.

- 거시적 수준 : 조직특성의 재설계 (조직설계)
- 미시적 수준 : 직무특성의 재설계 (직무설계)

02 ② 조직의 구조는 개발된 인적자원의 특성에 맞도록 설계되어야 한다.
① 행위적인 측면은 기업의 구조나 과정 등의 상황에 따라 활성화되거나 억제되기도 한다.
③ 과정적인 측면은 조직구성원 개인과 조직 간 일련의 상호작용을 하는 측면을 의미한다. 다시 말해, 조직의 구성요소 중 하나인 인간은 개인의 행위뿐만 아니라 조직의 목표달성을 위해 상호작용하게 된다.
④ 구조적인 측면은 과정적인 측면에 따라 상호작용되는 부분에 규칙과 질서를 부여하여, 상호작용이 원활히 이루어지도록 조직을 구조화한 것을 조직구조라고 한다. 그리고 이와 관련한 측면을 구조적인 측면이라고 한다.

정답 01 ③ 02 ②

해설 & 정답 checkpoint

03 아지리스의 성숙–미성숙 이론에 대한 내용 중 바르지 않은 것은 무엇인가?

	미성숙 단계(유아기)	성숙 단계(성인기)
①	수동적 행동	능동적 행동
②	의존적	독립적
③	단순한 행동양식	다양한 행동양식
④	자아의식 충만, 자기통제 가능	자아의식 결여

»»

미성숙 단계(유아기)	성숙 단계(성인기)
자아의식 결여	자아의식 충만, 자기통제 가능

03 [문제 하단의 표 참고]

04 조직개발의 가정에 대한 내용으로 바르지 않은 것은 무엇인가?

① X론적 관점에서 인적자원을 가정한다.
② 성장과 발전에 대한 높은 욕구를 가지고 있다.
③ 협력을 통해 개인의 목표와 조직의 목표가 동시에 달성 가능해진다.
④ 조직구조는 개인과 집단의 욕구를 충족시킬 수 있도록 설계가 가능해야 한다.

04 Y론적 관점에서 인적자원을 가정한다.

정답 03 ④ 04 ①

안심Touch

checkpoint 해설 & 정답

05 조직의 최고경영자와 조직구성원들 모두의 적극적인 니드와 지지, 추진력이 필요하다.

06 ① 보편론적 관점은 전통이론과 근대이론으로 대변되며 조직화에 있어 유일한 최선의 방법이 존재한다는 시각을 가지고 있다.
② 고전적인 조직이론인 과학적 관리론 등과 관료제 조직이론 등이 해당된다. 전통이론에서는 조직화의 유일한 최선의 방안은 기계적인 것이라고 표명하고 있다.
③ 근대이론은 행위적(시스템4조직) 이론과 환경적응이론이 해당되며, 조직화의 유일한 최선의 방안은 유기적인 것이라고 주장하고 있다.

정답 05 ① 06 ④

05 성공적 조직개발을 위해 갖추어야 할 조건으로 옳은 설명은 무엇인가?

① 조직의 최고경영자와 조직구성원들의 적극적인 니드와 지지, 추진력이 필요하다.
② 조직개발에 있어 어느 특정 부문에서의 조직개발이 성공적으로 이루어지면 된다.
③ 조직개발에 실행과정에 참여하는 조직구성원들의 적극적인 참여가 있기 때문에 변화 담당자의 권위는 필요 없다.
④ 조직개발의 결과로 변화된 인적자원을 활용하기 위한 구조의 설계는 중요하지 않다.

06 조직설계의 관점 변화에 대한 설명으로 옳은 설명은 무엇인가?

① 보편론적 관점은 전통이론과 상황이론으로 대변되며 조직화에 있어 유일한 최선의 방법이 존재한다는 시각을 가지고 있다.
② 근대이론은 고전적인 조직이론인 과학적 관리론 등과 관료제 조직이론 등이 해당된다.
③ 전통이론은 행위적(시스템4조직) 이론과 환경적응이론이 해당되며, 조직화의 유일한 최선의 방안은 유기적인 것이라고 주장하고 있다.
④ 상황론적 관점은 보편론적 관점과 같이 유일한 최선의 방법이 존재한다는 시각이 아닌, 변화하는 기술, 환경 및 인적자원 등의 특성에 따른 상황과의 적합성을 고려한 조직의 설계가 중요하다고 보는 상황이론을 주장하고 있다.

해설 & 정답 checkpoint

07 **관료제 조직관(기계적 조직)에 대해 맞지 않는 내용은 무엇인가?**

① 명백한 권한계층을 가지는 여러 계층의 구조를 형성한다.
② 공식적인 규칙이나 절차에 따라 직무 담당자의 행위를 규제한다.
③ 집단적인 과정을 통한 의사결정이 이루어지도록 한다.
④ 구성원의 직무를 명백한 과업으로 세분화한다.

07 반관료제 조직관(유기적 조직)에 대한 내용이다. 이 외에 조직 내의 경력경로를 만들어 주어 직장의 안정을 확보해 주며, 구성원들의 사적인 요구와 관심이 조직 활동과 완전히 분리된다는 내용도 해당된다.

08 **반관료제 조직관(유기적 조직)에 대해 맞지 않는 내용은 무엇인가?**

① 문제해결능력을 가진 자가 권력을 행사할 수 있다.
② 구성원의 직무상의 유동성이 보장된다.
③ 조직 내의 모든 커뮤니케이션은 공개되어야 한다.
④ 선발이나 승진 등의 결정은 기술적 자질과 능력, 업적에 근거를 둔다.

08 관료제 조직관(기계적 조직)에 대한 내용이다. 이외에 소계층의 구조를 지향하고, 고객은 동료와 같이 취급한다는 내용도 해당된다.

09 **전통적인 조직관에 대한 내용으로 맞는 것은 무엇인가?**

① 인간관 : 기계의 연장으로서의 인간관과 소모품으로서의 인간관을 갖는다.
② 과업의 분화 : 최적의 과업분화의 형태를 갖는다.
③ 계층의 정도 : 계층이 적은 소계층 조직 체계를 갖는다.
④ 목적관 : 구성원의 목적과 사회의 목적 또한 중요하다고 여긴다.

09 ② 과업의 분화 : 극도의 과업분화의 형태를 가진다.
③ 계층의 정도 : 계층이 많은 다계층 조직 체계를 갖는다.
④ 목적관 : 조직의 목적만이 중요하다고 여긴다.

정답 07 ③ 08 ④ 09 ①

10 **포터, 롤러, 해크먼이 제시한 직무설계에 관한 적합성 모델인 '과업–조직–인간의 적합성 모형' 중 세 가지의 분류 요인에 해당하지 않는 것은 무엇인가?**

① 기계적–유기적 조직
② 단순–복잡 직무설계
③ 단순–복잡 조직설계
④ 저–고 종업원 성장욕구 강도

checkpoint 해설 & 정답

10 단순–복잡 조직설계는 세 가지의 분류 요인에 해당되지 않는다.

11 **'과업–조직–인간의 적합성 모형' 중 ⓒ에 대한 내용에 해당하는 것은 무엇인가?**

구분	단순 직무	복잡 직무
기계적 조직	㉠ 종업원의 높은 성장욕구 / ㉡ 종업원의 낮은 성장욕구	㉢ 종업원의 높은 성장욕구 / ㉣ 종업원의 낮은 성장욕구
유기적 조직	㉤ 종업원의 높은 성장욕구 / ㉥ 종업원의 낮은 성장욕구	㉦ 종업원의 높은 성장욕구 / ㉧ 종업원의 낮은 성장욕구

① 종업원은 능력을 발휘하지 못하고 과도한 통제를 받는다고 생각한다. 이에 따라 높은 좌절감을 겪게 되고, 불만족 및 이직이 예측된다.
② 고전적 모형에 적합하며, 효율적인 성과와 적절한 만족수준을 갖게 된다. 이에 따라 적절한 출근율이 예측된다.
③ 종업원은 해당 직무상의 역할에 반응하고 지각된 조직에 의한 과도한 통제를 배척하는 자세를 가질 수 있을 것이라고 예측된다.
④ 종업원은 조직으로부터의 역할에 반응하고 그의 직무를 효율적으로 처리하지 못할 것이라고 예측할 수 있다.

11 '과업–조직–인간의 적합성 모형' 중 기계적 조직에서 복잡직무와 관련해서는

- 종업원의 낮은 성장욕구 : 종업원은 해당 직무상의 역할에 반응하고 지각된 조직에 의한 과도한 통제를 배척하는 자세를 가질 수 있을 것이라고 예측된다.
- 종업원의 높은 성장욕구 : 종업원은 조직으로부터의 역할에 반응하고 그의 직무를 효율적으로 처리하지 못할 것이라고 예측할 수 있다.

정답 10 ③ 11 ③

해설 & 정답 checkpoint

12 **직무설계에 대한 다양한 방법 중 직무충실화에 대한 내용으로 맞는 것은 무엇인가?**

① 허즈버그의 2요인 이론에 기초한 방법으로 과업의 내용과 양에 따른 직무특성 정도에 따라 직무의 내용을 풍부하게 만들어 종업원에게 자율성을 주는 방법으로서 더 많은 책임감을 부여하여 자신의 직무를 스스로 계획하고 실천하게 하는 방법이다.

② 직무능력은 높이고 단조로움을 해소하기 위한 방법의 하나로서 직무의 범위를 넓히는 것을 의미한다.

③ 분업의 원리에 기초하여 직무 내용을 보다 전문적이도록 하는 것을 말한다.

④ 조직이 정한 특정시간대에서 직원들이 업무의 시작과 종료시간을 선택해서 근무할 수 있도록 하는 근무시간 정책을 말한다.

12 ② 직무확대
③ 직무전문화
④ 선택적 근로시간제

13 **건전한 조직분위기(풍토)의 조성방법으로 맞지 <u>않는</u> 설명은 무엇인가?**

① 직위에 대한 권한을 최대한 명백히 하여 책임의 소재를 명확히 하는 것이 필요하다.

② 정형적인 업무와 판단하고 결정하는 등의 일을 사람의 업무로 돌려야 한다.

③ 업무 방침이나 계획을 명백히 하고 가능한 한 실제 업무를 하는 종업원들에게 결정권한을 맡기도록 해야 한다.

④ 각자에게 자신의 담당직무의 성과가 명백해지도록 부분적 업무의 영역뿐만이 아니라, 하나의 일괄된 업무를 부여하여 업무 성취를 했을 때 만족감을 맛보도록 해야 한다.

13 정형적인 업무는 기계화하고, 판단하고 결정하는 등의 일을 사람의 업무로 돌려야 한다.

정답 12 ① 13 ②

checkpoint 해설 & 정답

14 창의성을 살리기 위해서 기업을 여러 개의 작은 회사로 나누어 독립성과 경쟁심을 고취한다.

01
정답 인적자원의 활용에 있어서 기업조직이 가진 가치관과 목표 등이 고려되어야 한다. 조직의 목표와 개인의 목표가 일치될 수 있도록 하려면, 인적자원 활용방안에 있어 조직특성에 맞는 설계와 개인특성에 맞는 설계가 필요하게 된다.

정답 14 ③

14 조직문화의 내용측면으로 바르지 않은 설명은 무엇인가?

① 분석과 보고서의 반복보다는 무엇을 실행할 것인가를 중요시하는 실험정신이 왕성하다.
② 고객이 선호하는 것을 파악하여 고객으로부터 아이디어를 얻고 고객에게 최고의 품질, 서비스 신뢰를 제공한다.
③ 창의성을 살리기 위해서 기업을 통합적으로 운영하여 효율성을 증대시킴으로서, 각 부서별로 독립성과 경쟁심이 고취된다.
④ 개인을 존중하여 조직구성원들의 노력에 대해 공정한 보상을 한다. 이를 통해 개인들의 의욕이 고취된다.

주관식 문제

01 인적자원 활용관리의 기본방향에 대해 약술하시오.

해설 & 정답 checkpoint

02 아지리스의 성숙-미성숙 이론에 대한 내용 중 미성숙 단계에서 성숙 단계로의 의식전환에 대해 3가지 이상 구분하여 쓰시오.

미성숙 단계(유아기)	성숙 단계(성인기)
수동적 행동	능동적 행동
의존적	독립적
단순한 행동양식	다양한 행동양식
얕은 관심	깊고 강한 관심
단기적 안목	장기적 안목
종속적 지위	대등, 우월한 지위
자아의식 결여	자아의식 충만, 자기통제 가능

02
정답 아지리스의 미성숙 단계에서 성숙 단계로의 의식전환은 다음과 같다. [문제 하단의 표 참고]

03 조직개발의 가정에 대해 3가지 이상 구분하여 쓰시오.

03
정답 조직개발의 가정은 다음과 같다.
첫째, Y론적 관점에서 인적자원을 가정한다.
둘째, 성장과 발전에 대한 높은 욕구를 가지고 있다.
셋째, 협력을 통해 개인의 목표와 조직의 목표가 동시에 달성 가능해진다.
넷째, 조직구조는 개인과 집단의 욕구를 충족시킬 수 있도록 설계가 가능해야 한다.

checkpoint 해설 & 정답

04

정답 보편론적 관점은 전통이론과 근대이론으로 대변되며 조직화에 있어 유일한 최선의 방법이 존재한다는 시각을 가지고 있다. 전통이론에서는 조직화의 유일한 최선의 방안은 기계적인 것이라고 표명하고 있으며 근대이론에서는 유기적인 것이라고 주장하고 있다. 반대로 상황론적 관점은 유일한 최선의 방법이 존재한다는 시각이 아닌, 변화하는 기술, 환경 및 인적자원 등의 특성에 따른 상황과의 적합성을 고려한 조직의 설계가 중요하다고 보는 상황이론을 주장하고 있다.

05

정답 관료제 조직관은 다음과 같은 내용을 갖는다.

- 명백한 권한계층을 가지는 다 계층의 구조를 형성한다.
- 공식적인 규칙이나 절차에 따라 직무담당자의행위를 규제한다.
- 구성원의 직무를 명백한 과업으로 세분화한다.
- 구성원들의 사적인 요구와 관심이 조직 활동과 완전히 분리된다.
- 조직 내의 경력경로를 만들어 주어 직장의 안정을 확보해 준다.
- 선발이나 승진 등의 결정은 기술적 자질과 능력, 업적에 근거를 둔다.

04 조직설계의 관점 변화에 대해 보편론적 관점과 상황론적 관점에 대해 비교하여 서술하시오.

05 조직설계의 관점 비교 중 관료제 조직관(기계적 조직)에 대한 내용을 세 가지 구분하여 쓰시오.

해설 & 정답 checkpoint

06 근대적인 조직관에 대한 내용을 세 가지 구분하여 쓰시오.

06

정답 근대적인 조직관은 다음과 같은 내용을 가진다.

- 인간관 : 기계와 서로 보완적인 의미로서의 인간관 및 개발될 수 있는 자원으로서의 인간관을 가진다.
- 과업의 분화 : 최적의 과업분화의 형태를 가진다.
- 통제방법 : 자율규제시스템에 의한 내부 통제 및 참여방식을 취한다.
- 계층의 정도 : 계층이 적은 소계층 조직 체계를 갖는다.
- 목적관 : 구성원의 목적과 사회의 목적 또한 중요하다고 여긴다.

07 '과업-조직-인간의 적합성 모형'의 직무설계의 제약적 모형 중 괄호 안에 알맞은 용어를 쓰시오.

	(ㄷ)	(ㄹ)
(ㄱ)	㉠ 종업원의 높은 성장욕구 / ㉡ 종업원의 낮은 성장욕구	㉢ 종업원의 높은 성장욕구 / ㉣ 종업원의 낮은 성장욕구
(ㄴ)	㉤ 종업원의 높은 성장욕구 / ㉥ 종업원의 낮은 성장욕구	㉦ 종업원의 높은 성장욕구 / ㉧ 종업원의 낮은 성장욕구

07

정답 ㄱ. 기계적 조직
ㄴ. 유기적 조직
ㄷ. 단순 직무
ㄹ. 복잡 직무

checkpoint 해설 & 정답

08
정답 ㄱ. 직무확대
ㄴ. 직무순환
ㄷ. 직무전문화
ㄹ. 직무충실화

09
정답 특정 조직과 타 조직을 구별할 수 있도록 해주는 조직의 고유한 특성을 조직풍토 또는 조직분위기라고 하며, 조직문화는 조직구성원들로 하여금 다양한 상황에 대한 해석을 하게 해주고, 통일된 의사결정을 할 수 있는 등의 행위를 불러일으키는 조직 내에 공유된 정신적 가치이다.

08 직무설계의 다양한 방법에 대한 내용이다. 괄호 안에 알맞은 용어를 쓰시오.

- (ㄱ): 직무능력은 높이고 단조로움을 해소하기 위한 방법의 하나로서 직무의 범위를 넓히는 것을 의미한다.
- (ㄴ): 종업원의 권태감이나 단조로움을 제거하기 위한 방법으로 다른 직무를 담당하도록 하는 방법을 말하며, 책임감 증대 및 능력 발휘가 가능하다는 장점이 있다.
- (ㄷ): 분업의 원리에 기초하여 직무 내용을 보다 전문적이도록 하는 것을 말한다.
- (ㄹ): 허즈버그의 2요인 이론에 기초한 방법으로 과업의 내용과 양에 따른 직무특성 정도에 따라 직무의 내용을 풍부하게 만들어 종업원에게 자율성을 주는 방법으로서 더 많은 책임감을 부여하여 자신의 직무를 스스로 계획하고 실천하게 하는 방법이다.

09 조직분위기와 조직문화에 대해 비교하여 약술하시오.

10 조직문화의 순기능에 대해 세 가지 이상 구분하여 쓰시오.

해설 & 정답 checkpoint

10

정답 조직문화의 순기능은 다음과 같다.

- 일체감과 정체성을 부여
- 조직의 전념도 형성
- 기업전체의 안정성 증대
- 통일된 행동의 지침을 제공

11 조직문화의 역기능에 대해 세 가지 이상 구분하여 쓰시오.

11

정답 조직문화의 역기능은 다음과 같다.

- 제도화 문제
- 변화에 대한 장벽
- 다양성에 대한 장벽
- 인수합병에 대한 장벽
- 저항 문제

더 많은 정보와 지식을 듬꾹담꾹

여기서 멈출 거예요? 고지가 바로 눈앞에 있어요.
마지막 한 걸음까지 시대에듀가 함께할게요!

고득점으로 대비하는 가장 똑똑한 수험서!

제 8 장

인적자원의 보상관리

제1절 보상관리
제2절 복리후생관리
실전예상문제

제 8 장 인적자원의 보상관리

제 1 절 보상관리

1 임금관리의 의의와 중요성

(1) 임금의 의의

근로기준법에는 임금이란 '사용자가 노동의 대가로 근로자에게 지급하는 임금, 봉급 기타 여하한 명칭으로든지 지급하는 일체의 금품'으로 정의하고 있다. 근로자의 형태에 따라 협의의 개념으로 임금, 봉급의 개념으로 나누어지기도 한다. 임금은 주로 육체노동자에게 지급되는 것을 의미하며, 봉급은 주로 정신노동자에게 지급하는 것을 의미한다.

(2) 임금관리의 중요성

① 근로자의 입장에서의 중요성

㉠ 근로자와 부양가족에 대한 생계비 역할을 하는 수입의 원천이며, 생활안정과 소비욕구 등의 생리적 욕구를 충족시킨다.

㉡ 인간관계 형성, 조직일체감, 직무만족 등 사회적 욕구를 충족시킨다.

② 사용자의 입장에서의 중요성

㉠ 임금은 제조원가의 일부에 해당되며, 기업을 운영하는 데 반드시 들어가는 비용이다.

㉡ 근로자의 노동생산성을 높이고 직무역량을 향상시키는 요인이 되므로 합리적인 임금정책의 수립 및 관리가 필요하다.

더 알아두기

합리적인 임금관리의 방향

- 근로자와 사용자 간의 상반되는 이해관계의 조정
- 상호간의 이익이 형성되는 방향으로 임금제도 형성
- 노사관계의 안정을 도모하도록 형성
- 노사의 협력을 통해 근로자의 생활의 질 향상과 기업의 생산성 향상을 달성

2 임금관리의 내용과 기본 체제

(1) 임금관리의 내용

임금관리의 내용은 취급하고자 하는 의도에 따라 서로 달라진다. 핵심과제에 따라 임금수준, 임금체계, 임금형태 세 가지로 구성되며 그 바탕이 되는 기본적 사고에는 적정성, 공정성, 합리성이 있다.

(2) 임금관리의 기본 체제

임금수준, 임금체계, 임금형태의 순으로 전개된다.

① **임금수준**

근로자에게 제공하는 임금의 크기와 관련되며 평균임금에 대해 결정하게 된다. 기본적 사고에는 적정성이 해당된다.

② **임금체계**

근로자에게 제공하는 임금 총액을 배분하는 것과 관련되며, 개인 간 임금격차를 가장 공정하게 설정하는 것이 중요한 문제가 된다. 기본적 사고에는 공정성이 해당된다.

③ **임금형태**

근로자에게 지급되는 임금의 계산 및 지불방법에 대한 것이 해당되며, 기본적 사고에는 합리성이 해당된다.

3 임금수준의 관리

(1) 임금수준의 의의 및 결정정책

① **임금수준의 의의**

임금수준은 일정한 기간 동안에 기업 내 종업원에게 지급된 평균임금을 의미하며 적정한 수준에서 결정이 되어야 임금관리의 효율성이 증대될 수 있다.

② **임금수준의 결정정책**

㉠ 선도전략

선도전략은 타 기업보다 더 높은 수준의 임금을 지급하는 고임금전략을 의미한다. 선도전략을 통해 기업은 유능하고 생산성이 높은 종업원을 유인하고 유지할 수 있다. 이는 상대적인 고임금 지급에 의해 인건비 지출이 늘어날 수 있지만, 반대로 유능한 종업원이 채용되어 교육훈련기간이 단축되고 생산성이 더 증가하면 인건비가 줄어들 수 있다.

㉡ 대응전략

대응전략은 타 기업과 유사한 수준의 임금을 책정하여 대외적인 공정성을 실현하고자 하는 정책이다. 타 기업과 유사한 임금을 지급하므로 현재의 종업원이 임금 이슈로 인해 이탈하는 가능성을 줄일 수 있다. 그리고 인건비 지출도 전체적으로 비슷한 추세를 보이므로 현재의 경영 상황을 유지하는 데 도움을 줄 수 있다.

㉢ 지연전략

지연전략은 경쟁기업의 임금수준보다 낮은 임금을 지급하는 저임금전략을 뜻한다. 이는 인건비 지출을 줄일 수는 있으나 외부노동시장의 유능한 인적자원을 유인하기에는 부적절하다. 그러므로 이 전략은 임금 외의 다른 요인들에 의해 종업원들을 동기부여 할 수 있을 때 사용하는 것이 좋다.

(2) 임금수준의 결정요소 중요도 상중하

① **생계비수준**

생계비는 임금수준의 하한선에서 조정되며, 종업원들의 생활수준의 중요한 지표로써 임금산정의 기초자료로 의미가 있다.

② **기업의 지불능력**

지불능력은 임금수준의 상한선에서 조정되며, 기업이 감당할 수 있는 지불능력 범위 내에서 결정되어야 함을 의미한다.

③ **사회 일반적 임금수준**

임금수준의 상한선과 하한선의 가운데에서 동종 업계의 임금수준, 노동의 수요 공급, 정부규제 등의 노동시장 요인을 고려하여 조정된다.

(3) 최저임금제도 중요도 상중하

최저임금제도는 국가가 종업원의 생활안정을 위해 임금액의 최저수준을 정하고, 사용자에게 그 지급을 법적으로 강제하는 제도를 말한다.

> 더 알아두기
>
> **최저임금제도의 목적**
> - 저임금 노동자들을 보호할 수 있다.
> - 지나친 저임금과 산업간 또는 직종간의 임금격차를 개선하려는 목적이 있다.
> - 노동력의 질적인 향상을 기대할 수 있다.
> - 기업의 지나친 저임금 정책에 따라 저렴한 제품을 판매하여 공정거래 질서를 방해하는 기업에게 경각심을 주어, 공정한 거래질서를 확립하게 한다.

(4) 임금수준의 조정 중요도 상중하

임금수준은 물가의 변동, 종업원의 연공이나 인사고과의 결과 등에 따라서 조정될 수 있으며, 그 내용은 다음과 같다.

① **승급**

광의의 개념으로, 승급은 급내승급과 승격승급으로 구분된다. 그러나 일반적으로 급내승급은 승급으로, 승격승급은 승격 또는 승진이라고 불린다. 승급은 국내승급의 의미대로, 동일한 직급 내에서 종업원들의 임금수준의 변화를 말한다.

② **승격**

근로자들이 수행하는 직무나 직능의 질이 향상된 것을 토대로 실시되는 것으로, 담당내용의 향상과 직위의 사회적 위치 상승을 수반하게 되는 것이 보통이다. 승급과 달리 매년 실시되는 것은 아니며, 승진과 병행되어 실시된다.

③ **승급과 베이스 업**

승급은 기업 내에서 미리 정해진 임금곡선을 따라 연령, 근속연수, 능력에 의해 기본급이 증대되는 것을 의미한다. 즉, 임금곡선 상에서의 상향이동을 하게 된다. 베이스 업은 임금수준의 전체적인 상향조정 내지 임금인상률을 의미하며, 임금곡선 자체의 상향이동이 이루어진다.

4 임금체계의 관리

임금체계는 여러 가지 의미로 해석될 수 있지만, 일반적인 정의는 **임금의 구성내용**을 말하는 것으로 이해된다.

(1) 임금체계의 의미

① 광의의 임금체계로는 한 개인이 받는 임금의 포괄적인 해석 하에서 전체임금의 구성내용이 어떻게 형성되어 있는가를 이해하는 것으로, 임금을 기준임금과 기준 외 임금, 상여금 등의 부가급여로 구분한다.

② 협의의 임금체계로는 표준적인 근무에 대한 임금을 말하며, 임금의 기본적 부분을 구성하는 기준 내 임금의 산정원리인 연공급, 직무급, 직능급이 해당된다.

(2) 임금체계의 결정요소

임금체계를 결정할 때 기본적으로 고려해야할 원칙으로는 생계보장의 원칙과 노동대응의 원칙이 있다.

보상 원칙	임금체계 구분	결정기준 요소	임금체계 종류
생활보장의 원칙	연공주의 임금체계	필요기준(연공)	연공급
노동대응의 원칙	능력주의 임금체계	담당직무기준	직무급
		능력기준	직능급
	성과주의 임금체계	성과기준	성과급

(3) 임금체계의 종류 중요도 상중하

임금체계의 결정요소에 따라 임금체계의 종류는 크게 세 가지로 구분된다.

① **연공급**

연공급은 종업원에 대한 임금이 연령, 근속, 학력, 성별 등의 연공을 감안하여 결정되며, 생활급적 사고원리에 따른 임금체계라고 볼 수 있다.

㉠ 장점

ⓐ 종업원의 기업에 대한 귀속의식이 강해진다.

ⓑ 위계질서 확립이 가능하다.

ⓒ 고용에 대한 안정감을 가질 수 있다.

㉡ 단점

ⓐ 업무에 대한 동기부여가 약하고, 인건비 부담이 커질 수 있다.

ⓑ 무사 안일주의와 적당주의를 초래한다.

ⓒ 전문 인력의 확보가 어렵다.

② **직무급**

종업원에 대한 임금이 직무의 상대적 가치에 따라 결정되는 임금을 의미하며, 직무평가에 따라 그 직무의 가치가 높은 직무를 수행하는 종업원에게 더 높은 임금을 주게 된다.

㉠ 장점

ⓐ 동일노동, 동일임금이 가능하며 공정한 급여체계가 가능해진다.

ⓑ 전문적인 기술 인력의 확보가 용이하다.

ⓒ 불합리한 노무비 상승 방지의 효과가 있다.

㉡ 단점

ⓐ 직무분석과 직무평가 시 주관이 개입되면 공정성, 명확성이 떨어진다.

ⓑ 기술변화, 노동시장 변동으로 직무내용 변경의 필요성이 발생한다.

ⓒ 직무평가 비용이 많이 발생할 수 있다.

③ **직능급**

연공급과 직무급을 절충한 형태로써, 직무수행능력에 따라 임금을 결정하게 된다.

㉠ 장점

ⓐ 종업원들의 능력에 따른 임금결정으로 종업원의 불평 및 불만이 해소될 수 있다.

ⓑ 종업원의 능력개발을 유도할 수 있다.

ⓒ 조직 내 우수인재의 이직을 예방할 수 있다.

㉡ 단점

ⓐ 능력이 곧 성과로 이어지지 않으므로 인건비 부담이 증가될 수 있다.

ⓑ 직능의 공정한 평가가 쉽지 않다.

ⓒ 종업원의 임금격차가 심해질 수 있다.

5 임금형태의 관리 중요도 상중하

임금형태는 임금을 구성하는 각 항목의 금액계산 및 지급방법을 말한다. 또한 임금을 종업원에게 지급하는 방식을 의미한다.

(1) 임금형태의 개념 및 종류

① **임금형태의 개념**

㉠ 임금의 금액 계산과 지급방법에 관한 것을 의미한다.

㉡ 임금을 종업원에게 지급하는 방식을 의미한다.

㉢ 임금형태 중 가장 중심이 되는 것은 시간급제와 성과급제이다.

② **임금형태의 종류**

㉠ 시간급제(고정급제)

종업원이 수행한 양과 질에 관계없이 단순히 근로시간을 기준으로 하여 임금을 산정하고 지불하는 방식을 의미한다.

ⓐ 단순시간급제 : 연봉제, 월급제, 일급제, 주급제 등이 해당된다.

ⓑ 복률시간급제 : 작업능률에 따라 여러 단계의 시간당 임률을 정해놓고, 임금을 산정하는 방법이다.

ⓒ 계측일급제 : 안정된 수익을 보장하는 시간급제의 장점을 살리는 동시에 작업능률을 높이기 위한 방법이다.

장점	단점
• 임금산정이 간단하고, 종업원에게 일정한 금액이 보장된다. • 제품생산에 있어 시간 제약을 하지 않으므로 품질향상에 기여할 수 있다. • 노사 간의 원활한 협력관계가 유지 될 수 있다.	근무시간만 달성하면 임금이 보장되어 작업능률이 떨어질 수 있다.

㉡ 성과급제(변동급제)

근로자가 달성한 작업성과에 따라 임금을 지급하여 근로자들의 노동률을 자극하려는 제도에 해당한다. 임금이 성과에 비례하기 때문에 임금수령액이 각자의 성과에 따라 증감한다.

ⓐ 단순성과급제

• 생산량비례급 : 제품 한 개당 또는 작업 한 단위당 임금단가를 정한 후, 여기에 실제의 작업성과를 곱하여 임금 산정하는 방법이다.

• 표준시간급제 : 단위시간당 임금률에 표준시간을 곱하여 임금을 산정하는 방법이다.

ⓑ 복률성과급제

표준작업량 미달과 초과에 따라 임률을 다르게 정해 놓고, 임금을 산정하는 방법이다.

장점	단점
• 임금의 합리성과 공정성이 유지된다. • 작업능률이 높아질 수 있다. • 노동생산성 향상으로 인해 원가절감 및 근로자의 소득 증대를 꾀할 수 있다.	• 정확한 작업량 측정이 어려울 수 있다. • 종업원의 수입이 일정치 않아 불안감을 조성할 수 있다. • 작업량 위주의 방식으로 치중되어, 제품의 품질 저하가 나타날 수 있다. • 미숙련자에게 불리하게 작용될 수 있다.

(2) 특수임금제

특수임금제는 앞서 얘기한 시간급제와 성과급제에 속하지 않는 임금지급방식을 통칭하고 있다.

① 집단자극제(Group Incentive Plan)

개인별 임금제도와 달리, 임금의 책정과 지급 방식을 종업원 집단별로 산정하여 지급한다.

㉠ 장점

- 작업 배치에 있어 작업의 난이도에 따른 불만을 감소시킨다.
- 작업의 노하우가 공유되어 성과가 높아질 수 있다.
- 집단의 구성원은 각자의 소득이 그가 속한 집단의 성과에 달려 있으므로, 신입 구성원의 경우 훈련에 상당히 적극적인 태도를 보인다.
- 집단내의 팀워크와 협동심이 높아진다.

㉡ 단점

- 집단의 성과로 임금이 책정되기 때문에, 개인의 노력과 성과가 잘 나타나지 않는다.
- 성과에 대한 기준설정이 정확한 시간연구에 의한 것이 아닌 과거의 실적에 의거한 것일 경우, 향상된 성과의 원인이 관리방식의 개선에 의한 것인지와 실제 종업원의 노력에 의한 것인지를 구별하여 판단하기가 어렵다.

② 순응임률제(Sliding Scale Wage Plan)

기업의 여러 가지 조건이 변동하게 되면, 이에 순응하여 임금률도 자동적으로 변동 및 조정되는 제도이다.

㉠ 생계비 순응임률제

물가상승 시 종업원의 생계비 부족으로 인한 어려움을 해소하기 위해, 기업에서는 생계비에 순응하여 그에 따라 임률도 자동적으로 변동 및 조정하도록 하는 제도이다.

㉡ 판매가격 순응임률제

제품가격과 종업원에 대한 임금률을 연관시킨 것으로, 제품에 대한 판매가격이 변동하면 그에 따라 임률도 변동하도록 하는 제도이다.

- 판매가격이 일정액 이하인 경우 : 기준율 또는 최저율을 지급한다.
- 판매가격이 일정액 이상 오른 경우 : 해당 상승률에 따라 임률을 높여서 지급한다.

㉢ 이익(이윤) 순응임률제

기업의 이윤 및 임금을 연관시킨 것으로, 기업의 이윤지수가 변할 때 그에 따라 순응하여 임률도 변동 및 조정하도록 하는 제도이다.

③ **이익분배제(Profit Sharing Plan)**

기본적 보상 이외에, 기업의 각 영업기마다 결산이윤의 일부를 종업원들에게 부가적으로 지급하는 방법을 말한다.

㉠ 이익분배제의 효과

- 기업과 종업원 간의 협동정신을 함양하고 강화시켜 노사관계의 개선에 도움을 준다.
- 종업원이 자기의 이익배당액을 증가시키려고 작업에 열중하기 때문에 능률증진에 기여할 수 있다.
- 종업원의 이익배당참여권과 분배율을 근속연수와 연관시키는 방법으로 종업원들의 장기근속을 유도할 수 있다.

㉡ 제약사항

- 기업이 회계처리를 적당히 함으로써 기업의 결산이익의 결과를 어느 정도 자의적으로 조정할 수 있기에 신뢰성이 떨어질 수 있다.
- 기업의 이익의 높고 적음이 종업원에 의해서가 아닌, 기업 측의 경영능력과 외적 조건에 의해 좌우될 수 있다.

④ **성과분배제도**

㉠ 스캔론플랜(Scanlon Plan)

- 1930년대 미국 철강노동조합의 지역간부였던 스캘론에 의해 고안된 제도이며, 이는 기업의 생산성의 증대를 노사협조의 결과로 인식함으로써 총매출액에 대한 노무비 절약부분을 상여금으로 모든 종업원에게 분배하는 방식을 의미한다.
- 위원회제도의 활용과 판매가치를 기초로 한 성과배분방식이며, 집단적 제안제도를 도입하여 조직 구성원들간의 협력과 팀워크를 발휘할 수 있도록 하였다.

㉡ 럭커플랜(Rucker Plan)

럭커가 주장한 성과분배방식으로 부가가치액의 증대를 목표로 하여 이를 노사협력체제에 의해 달성하고, 그 증가된 생산성 향상분을 그 기업의 안정적인 부가가치 분배율로 노사 간에 배분하는 성과분배 제도에 해당한다.

- 스캔론플랜과의 차이점 : 성과분배의 기초를 스캔론플랜이 생산에 판매가치를 둔 것에 비해 럭커플랜은 부가가치를 그 기초로 하고 있다는 점에서 차이가 있다.

(3) 임금피크제도

근로자의 계속고용을 위해 노사 간의 합의를 통해 일정 연령이 된 이후 근로자의 임금을 일정 비율씩 감소하도록 임금체계를 설계하는 대신 소정 기간 동안의 고용을 보장하는 임금제도에 해당한다.

제 2 절 복리후생관리

1 복리후생의 의의와 성격

(1) 복리후생의 의의

복리후생은 기업이 근로자와 그 가족들의 생활수준을 향상시키기 위해 마련한 임금 이외의 제반급부를 의미한다. 이는 종업원이 사회적 욕구와 심리적 욕구를 충족시켜주게 되어 노사 간의 관계에 있어서 안정감을 조성된다는 점에서 점차 확대되어지고 있다.

(2) 복리후생의 성격 중요도 상중하

복리후생은 임금과는 그 성격이 많이 다른데, 대체적으로 아래와 같은 특성을 가지고 있다.

① 임금은 개별적인 보상을 원칙으로 하지만 복리후생은 집단적인 보상의 성격을 갖는다.
② 한 가지 형태가 아닌 다양한 형태로 지급된다(현물, 시설물 등).
③ 기대소득의 성격을 가진다.
④ 노동에 대한 간접적 보상의 성격을 지닌다.
⑤ 임금은 노동의 질과 양에 따라 차이가 날 수 있지만, 복리후생은 신분기준에 의해 운영된다. 즉, 노동의 질과 양에 따른 차이가 없다.

2 복리후생의 유형

복리후생은 법적 강제성에 따라 크게 법정 복리후생과 법정 외 복리후생으로 나누어진다.

(1) 법정 복리후생 중요도 상중하

국민건강보험, 국민연금보험, 산업재해보험, 고용보험의 사대보험과 퇴직금제도, 유급휴가제도 등 국가에서 정한 법률에 의거하여 강제적으로 실시해야 하는 제도를 말한다.

(2) 법정 외 복리후생

기업의 의사 및 능력에 따라 임의적으로 시행하는 것으로 학자금 지원, 경조사 지원, 동호회 지원 등 다양하게 존재한다.

3 복리후생의 효율적 관리

(1) 복리후생관리의 3대 원칙

① **적정성의 원칙**

복리후생 제도가 기업의 경비부담에 있어 적당한 범위 내에 있으며 가능한 모든 종업원에게 필요하여야 함과 동시에, 동종 산업이나 동일지역내의 타 기업과 비교하여 크게 차이가 나지 않아야 한다는 원칙이 적정성의 원칙에 해당한다.

② **합리성의 원칙**

기업의 복지시설이 제도가 국가와 지역사회가 실시하는 사회보장제도 또는 지역사회복지시설과 합리적으로 조정 및 관리되어, 서로 중복되거나 관련성이 결여되는 일 없이 합리적으로 실시되어야 한다는 원칙이다.

③ **협력성의 원칙**

노사 간의 협력을 바탕으로 서로 간 협의하여 복리후생의 내용을 충실히 하여 기업뿐만이 아니라 종업원의 책무도 적지 않다는 점도 인식되어야 한다는 원칙에 해당한다.

(2) 복리후생의 설계 중요도 상중하

복리후생의 효율적 관리에 앞서 복리후생 혜택 대상자 선정, 프로그램 형태, 비용 등 여러 가지 측면에서 의사결정을 해야 하는 것이 필요하며 이를 위해 고려해야 할 사항은 다음과 같다.

① **복리후생의 설계 시 고려사항**

㉠ 종업원들의 욕구를 충족시켜야 한다.
㉡ 종업원들의 참여에 의해 설계해야 한다.
㉢ 대상범위가 넓은 제도를 우선적으로 채택해야 한다.
㉣ 현재와 미래의 복리후생 비용에 대한 지불능력이 평가되어야 한다.

② **복리후생 설계 시 체계적 절차**

㉠ 복리후생제도의 목적과 전략에 대한 확인이 필요하다.
㉡ 복리후생제도에 영향을 미치는 기업 측과 근로자 측의 요인들을 확인하여 쌍방의 참여를 통해 합리적으로 설계해야 한다.
㉢ 복리후생 적용대상자를 선정한 후 여러 가지 복리후생 요인 중에 효과가 가장 클 것으로 예상되는 제도를 결정해야 한다.
㉣ 복리후생 프로그램 설계 시 재원조달방법을 결정해야 한다.
㉤ 실시된 복리후생제도에 대해 다양한 측면에서 평가를 해야 한다.

더 알아두기

복리후생의 전략설정

- **최소복지전략**: 종업원이 가장 선호하는 항목, 법정 복리후생, 저비용 항목만 제공
- **비교가능복지전략**: 경쟁 기업이 제공하는 복리후생 프로그램과 유사하게 제공
- **선도전략**: 종업원의 선호도를 고려하여 새로운 복리후생 프로그램을 도입하여 제공

③ **복리후생 관리상의 유의점**

㉠ 효과적인 커뮤니케이션

복리후생제도에 대한 종업원들의 이해를 돕기 위한 의사소통과 관련된 문제에 해당한다. 해당 제도에 대한 설명책자의 배부, 전문가의 설명 등의 방법과 개인별 복리후생비의 지출명세서를 작성하여 배부하는 등의 방법이 효과적인 커뮤니케이션의 방법이라고 할 수 있다.

㉡ 창출적 효과

복리후생제도가 오로지 종업원들에게 소득을 형성시켜주는 '이전적 효과'에만 그쳐서는 안 되며, 경영의 성과가 같이 유도될 수 있는 '창출적 효과'가 일어나도록 해야 한다.

㉢ 복리후생비용의 파악

복리후생과 관련한 비용과 지출에 관한 분석이 제대로 이루어져야 효과적인 관리가 가능하며, 파악하는 방법에는 연간총비용은 연간 1인당 비용, 임금에 대한 비율, 1인당 시간비용 네 가지가 해당된다.

㉣ 종업원 참여를 통한 불만의 해소

복리후생제도가 모든 종업원들이 만족할 수는 없지만, 종업원이 참여하는 조직운영과 공동의사 결정을 하는 조직을 만들어 조직 유효성에 도움이 되면서도 종업원들의 불만을 해소하는 방향으로 관리해야 한다.

(3) 카페테리아식 복리후생 중요도 상 중 하

기업이 제공하는 복리후생제도나 시설 등 중에 각각 원하는 것을 종업원들이 선택하는 제도에 해당한다.

① **카페테리아식 복리후생제도의 종류**

㉠ 선택적 지출 계좌형

종업원 개인에게 할당된 복리후생의 예산 범위 내에서 종업원들 각자가 원하는 복리후생의 항목들을 선택하게 하는 유형이다.

㉡ 모듈형(패키지형)

다양한 복리후생의 항목들을 모듈화(패키지화)시켜서 이를 종업원들에게 제공하는 유형에 해당된다.

㉢ 핵심 추가 선택형

필수적으로 필요한 복리후생의 항목을 핵심복리후생으로 제공하고, 추가적으로 제공되는 항목들은 종업원들 각자의 필요에 따라 선택하는 유형이다.

② **장점과 단점**

㉠ 장점

종업원 각자에게 자율적인 선택권이 주어짐에 따라 다양한 욕구 충족이 가능해진다. 이에 따라 결근율과 이직률이 감소하게 되며, 복리후생제도의 우수성에 의해 우수인재에 대한 확보까지 용이하게 된다.

㉡ 단점

프로그램 관리의 복잡성으로 인해 운영에 어려움을 겪는 경우가 많으며, 종업원 개인이 이용할 수 있는 복리후생비의 총액 설정을 잘못 책정하게 되거나, 특정프로그램의 선택이 집중될 시에 운용비용이 과다 지출될 소지가 있다.

더 알아두기

새로운 복리후생제도

- 홀리스틱 복리후생
  종업원들이 전인적 인간으로써 균형된 삶을 추구할 수 있도록 지원하는 제도로써 조직, 개인, 가정의 삼위일체를 통한 삶의 질 향상을 강조하고 있는 제도이다.
- 라이프사이클 복리후생
  종업원들의 연령에 따라 변하는 생활패턴과 의식변화를 고려하여, 복리후생 프로그램을 그에 맞도록 다르게 제공하는 제도이다.
- 종업원 후원프로그램(EAP)
  종업원 개인의 사적 문제와 관련하여 그 문제에 대해 전문적으로 분석 및 해결해가는 과정의 전문적 상담 프로그램에 해당된다.

제8장

OX로 점검하자

※ 다음 지문의 내용이 맞으면 O, 틀리면 ×를 체크하시오. [1~11]

01 임금수준은 일정한 기간 동안에 기업 내 종업원에게 지급된 평균임금을 의미한다. (　　)

02 임금수준의 결정요소 중 생계비는 임금수준의 상한선에서 조정되어 결정된다. (　　)

03 임금수준의 조정 중 승급은 기업 내에서 미리 정해진 임금곡선을 따라 연령, 근속연수, 능력에 의해 기본급이 증대되는 것을 의미하며 임금곡선 자체가 상향이동 하게 된다. (　　)

04 임금체계의 종류 중 종업원에 대한 임금이 연령, 근속, 학력, 성별 등의 연공을 감안하여 결정되는 것을 연공급이라 한다. (　　)

05 임금체계는 임금을 구성하는 각 항목의 금액계산 및 지급방법을 말한다. (　　)

06 기본적 보상이외에, 기업의 각 영업기마다 결산이윤의 일부를 종업원들에게 부가적으로 지급하는 방법을 순응임률제라고 한다. (　　)

07 기업의 생산성 증대를 노사협조의 결과로 인식함으로써, 총매출액에 대한 노무비 절약부분을 상여금으로 모든 종업원에게 분배하는 방식은 스캔론플랜에 대한 내용이다. (　　)

정답과 해설 01 O 02 × 03 × 04 O 05 × 06 × 07 O

02 생계비는 임금수준의 하한선에서 조정되며, 기업의 지불능력은 임금수준의 상한선에서 조정된다.
03 승급은 임금곡선 상에서의 상향이동을 의미하며, 베이스 업은 임금곡선 자체의 상향이동을 말한다.
05 임금형태는 임금을 구성하는 각 항목의 금액계산 및 지급방법을 말한다. 또한 임금을 종업원에게 지급하는 방식을 의미한다.
06 기업의 여러 가지 조건이 변동하게 되면, 이에 순응하여 임률도 자동적으로 변동 및 조정되는데 이 제도를 순응임률제라고 한다. 기업의 각 영업기마다 결산이윤의 일부를 종업원들에게 부가적으로 지급하는 방법은 이익분배제이다.

08 근로자의 계속고용을 위해 노사합의를 통해 일정 연령이 된 이후 근로자의 임금을 일정 비율씩 감소하도록 임금체계를 설계하는 대신 소정 기간 동안의 고용을 보장하는 임금제도는 럭커플랜에 대한 내용이다. (　　)

09 법정 복리후생으로는 국민건강보험, 국민연금보험, 산업재해보험, 고용보험의 사대보험과 퇴직금제도 등이 있다. (　　)

10 종업원들이 기업이 제공하는 복리후생제도나 시설 등 중에 각각 원하는 것을 선택하는 제도는 카페테리아식 복리후생에 해당한다. (　　)

11 종업원들의 연령에 따라 변하는 생활패턴과 의식변화를 고려하여, 복리후생 프로그램을 그에 맞도록 다르게 제공하는 제도는 홀리스틱 복리후생에 대한 내용이다. (　　)

정답과 해설 08 × 09 O 10 O 11 ×

08 임금피크제도에 대한 내용이다. 럭커플랜은 증가된 생산성 향상분을 그 기업의 안정적인 부가가치 분배율로 노사 간에 배분하는 성과분배 제도를 말한다.

11 라이프사이클 복리후생에 대한 내용이다. 홀리스틱 복리후생은 종업원들이 전인적 인간으로써 균형된 삶을 추구할 수 있도록 지원하는 제도로써 조직, 개인, 가정의 삼위일체를 통한 삶의 질 향상을 강조하고 있는 제도이다.

제 8 장 실전예상문제

01 임금의 의의와 중요성에 대한 설명으로 바르지 않은 것은 무엇인가?

① 임금이란 '사용자가 노동의 대가로 근로자에게 지급하는 임금, 봉급 기타 여하한 명칭으로든지 지급하는 일체의 금품'으로 정의하고 있다.

② 인간관계 형성, 조직일체감, 직무만족 등 사회적 욕구를 충족시키는 것과 직접적인 관계가 없다.

③ 근로자와 부양가족에 대한 생계비 역할을 하는 수입의 원천이 되며, 생활안정과 소비욕구 등의 생리적 욕구 또한 충족시킨다.

④ 사용자의 입장에서는 근로자의 노동생산성을 높이고 직무역량을 향상시키는 요인이 되므로 합리적인 임금정책의 수립 및 관리가 필요하다.

02 임금수준의 결정정책에 대한 내용 중 선도전략에 해당하는 것으로 맞는 것은 무엇인가?

① 타 기업보다 더 높은 수준의 임금을 지급하는 고임금전략을 의미한다.

② 타 기업과 유사한 수준의 임금을 책정하여 대외적인 공정성을 실현하고자 하는 정책이다.

③ 경쟁기업의 임금수준보다 낮은 임금을 지급하는 저임금전략을 뜻한다.

④ 국가가 종업원의 생활안정을 위해 임금액의 최저수준을 정하고, 사용자에게 그 지급을 법적으로 강제하도록 하는 제도를 말한다.

해설 & 정답 checkpoint

01 근로자의 입장에서는 생계비 역할뿐만 아니라, 인간관계 형성, 조직일체감, 직무만족 등 사회적 욕구를 충족시킨다는 점에서 임금의 역할이 중요하다.

02 ② 대응전략에 대한 내용이다. 타 기업과 유사한 임금을 지급하는 것이므로 현재의 종업원이 임금 이슈로 인해 이탈하는 가능성을 줄일 수 있다.
③ 지연전략에 대한 내용이다. 이는 인건비 지출을 줄일 수는 있으나 외부노동시장의 유능한 인적자원을 유인하기에는 부적절하다. 그러므로 이 전략은 임금 외의 다른 요인들에 의해 종업원들을 동기부여 할 수 있을 때 사용하는 것이 좋다.
④ 최저임금제도에 대한 내용이다.

정답 01 ② 02 ①

checkpoint 해설 & 정답

03 최저임금이 보장됨에 따라 노동력의 질적인 향상을 기대할 수 있다.

04 ①·④ 근로자들이 수행하는 직무나 직능의 질이 향상된 것을 토대로 실시되는 것으로, 담당내용의 향상과 직위의 사회적 위치 상승을 수반하게 되는 것은 승격에 대한 내용이다. 승급과 달리 매년 실시되는 것은 아니며, 승진과 병행되어 실시된다.
③ 베이스 업은 임금수준의 전체적인 상향조정 내지 임금인상률을 의미하며, 임금곡선 자체의 상향이동이 이루어진다.

05 연공급에 대한 단점에 해당한다. 이 외에, 업무에 대한 동기부여가 약하고, 인건비 부담이 커질 수 있다는 점과 전문 인력의 확보가 어렵다는 단점이 있다.

정답 03 ④ 04 ② 05 ③

03 최저임금제도의 목적에 해당하는 내용으로 맞지 않는 것은 무엇인가?

① 저임금 노동자들을 보호할 수 있다.
② 지나친 저임금과 산업간 또는 직종간의 임금격차를 개선하려는 목적이 있다.
③ 기업의 지나친 저임금 정책에 따라 저렴한 제품 및 판매를 하여 공정거래 질서를 방해하는 기업에게 경각심을 주어, 공정한 거래질서를 확립하게 한다.
④ 노동력의 질적인 향상을 기대하기는 어렵다.

04 임금수준의 조정에 대한 내용으로 맞게 설명된 것은 무엇인가?

① 근로자들이 수행하는 직무나 직능의 질이 향상된 것을 토대로 실시되는 것은 승급이다.
② 승급은 기업 내에서 미리 정해진 임금곡선을 따라 연령, 근속연수, 능력에 의해 기본급이 증대되는 것을 의미한다.
③ 베이스 업은 임금곡선 상에서의 상향이동을 하게 된다.
④ 베이스 업은 담당내용의 향상과 직위의 사회적 위치 상승을 수반하게 되는 것이 보통이다.

05 임금체계의 종류 중 연공급에 대한 장점에 해당하지 않는 것은 무엇인가?

① 종업원의 기업에 대한 귀속의식이 강해진다.
② 위계질서 확립이 가능하다.
③ 무사 안일주의와 적당주의를 초래한다.
④ 고용에 대한 안정감을 가질 수 있다.

해설 & 정답 checkpoint

06 임금체계의 종류 중 직무급에 대한 장점에 해당하지 <u>않는</u> 것은 무엇인가?

① 고용에 대한 안정감을 가질 수 있다.
② 동일노동, 동일임금이 가능하며 공정한 급여체계가 가능해진다.
③ 전문적인 기술 인력의 확보가 용이하다.
④ 불합리한 노무비 상승 방지의 효과가 있다.

06 고용에 대한 안정감을 가질 수 있는 것은 연공급에 대한 장점에 해당한다.

07 특수임금제에 대한 용어와 내용이 맞게 설명된 것은 무엇인가?

① 이익분배제(Profit Sharing Plan) : 개인별 임금제도와 달리, 임금의 책정과 지급 방식을 종업원 집단별로 산정하여 지급하는 것을 말한다.
② 이익(이윤) 순응임률제 : 기본적 보상 이외에, 기업의 각 영업기마다 결산이윤의 일부를 종업원들에게 부가적으로 지급하는 방법을 말한다.
③ 생계비 순응임률제 : 제품가격과 종업원에 대한 임금률을 연관시킨 것으로, 제품에 대한 판매가격이 변동하면 그에 따라 임률도 변동하도록 하는 제도이다.
④ 집단자극제(Group Incentive Plan) : 개인별 임금제도와 달리, 임금의 책정과 지급 방식을 종업원 집단별로 산정하여 지급한다.

07 ① 기본적 보상 이외에, 기업의 각 영업기마다 결산이윤의 일부를 종업원들에게 부가적으로 지급하는 방법을 말한다.
② 기업의 이윤 및 임금을 연관시킨 것으로, 기업의 이윤지수가 변할 때 그에 따라 순응하여 임률도 변동 및 조정하도록 하는 제도이다.
③ 물가상승 시 종업원의 생계비 부족으로 인한 어려움을 해소하기 위해, 기업에서는 생계비에 순응하여 그에 따라 임률도 자동적으로 변동 및 조정하도록 하는 제도이다.

정답 06 ① 07 ④

08 스캔론플랜(Scanlon Plan)에 대한 내용으로 맞는 설명은 무엇인가?

① 기업의 생산성의 증대를 노사협조의 결과로 인식함으로써 총매출액에 대한 노무비 절약부분을 상여금으로 모든 종업원에게 분배하는 방식을 의미한다.
② 부가가치액의 증대를 목표로 하여 이를 노사협력체제에 의해 달성하고, 그 증가된 생산성 향상분을 그 기업의 안정적인 부가가치 분배율로 노사 간에 배분하는 성과분배 제도에 해당한다.
③ 근로자의 계속고용을 위해 노사 간의 합의를 통해 일정 연령이 된 이후 근로자의 임금을 일정 비율씩 감소하도록 임금체계를 설계하는 대신 소정 기간 동안의 고용을 보장하는 임금제도에 해당한다.
④ 기본적 보상 이외에, 기업의 각 영업기마다 결산이윤의 일부를 종업원들에게 부가적으로 지급하는 방법을 말한다.

09 복리후생의 성격으로 맞지 않는 내용은 무엇인가?

① 임금은 개별적인 보상을 원칙으로 하지만 복리후생은 집단적인 보상의 성격을 갖는다.
② 노동에 대한 직접적인 보상의 성격을 지닌다.
③ 기대소득의 성격을 가진다.
④ 한 가지 형태가 아닌 다양한 형태로 지급된다(현물, 시설물 등).

10 법정 복리후생에 해당하는 것이 아닌 것은 무엇인가?

① 사대보험
② 퇴직금제도
③ 학자금 지원
④ 유급휴가제도

checkpoint 해설 & 정답

08 ② 럭커플랜(Rucker Plan)에 대한 내용이다.
③ 임금피크제도에 대한 내용이다.
④ 이익분배제(Profit Sharing Plan)에 대한 내용이다.

09 노동에 대한 간접적 보상의 성격을 지닌다.

10 법정 외 복리후생에 해당된다. 기업의 의사 및 능력에 따라 임의적으로 시행하는 것으로 학자금 지원, 경조사 지원, 동호회 지원 등 다양하게 존재한다.

정답 08 ① 09 ② 10 ③

11 복리후생의 설계 시 고려사항으로 가장 바르지 않게 설명된 것은 무엇인가?

① 종업원들의 욕구를 충족시켜야 한다.
② 종업원들의 참여에 의해 설계해야 한다.
③ 현재와 미래의 복리후생 비용에 대한 지불능력이 평가되어야 한다.
④ 소수가 필요한 제도도 모두 설계되어야 한다.

12 카페테리아식 복리후생 제도에 대해 바르게 설명된 것은 무엇인가?

① 종업원들이 전인적 인간으로써 균형된 삶을 추구할 수 있도록 지원하는 제도로써 조직, 개인, 가정의 삼위일체를 통한 삶의 질 향상을 강조하고 있는 제도이다.
② 종업원들이 기업이 제공하는 복리후생제도나 시설 등 중에 각각 원하는 것을 선택하는 제도에 해당한다.
③ 종업원들의 연령에 따라 변하는 생활패턴과 의식변화를 고려하여, 복리후생 프로그램을 그에 맞도록 다르게 제공하는 제도이다.
④ 종업원 개인의 사적 문제와 관련하여 그 문제에 대해 전문적으로 분석 및 해결해가는 과정의 전문적 상담프로그램에 해당된다.

해설 & 정답 checkpoint

11 소수가 이용하는 것보다는 대상범위가 넓은 제도를 우선적으로 채택해야 한다.

12 ① 홀리스틱 복리후생
③ 라이프사이클 복리후생
④ 종업원 후원프로그램(EAP)

정답 11 ④ 12 ②

checkpoint 해설 & 정답

13 ② 합리성의 원칙에 대한 내용이다.
③ 협력성의 원칙에 대한 내용이다.
④ 복리후생의 설계 시 고려해야 할 사항에 대한 내용이다.

정답 13 ①

13 복리후생관리의 3대 원칙 중 '적정성의 원칙'에 대한 내용으로 맞게 설명된 것은 무엇인가?

① 동종 산업이나 동일지역내의 타 기업과 비교하여 크게 차이가 나지 않아야 한다는 원칙에 해당된다.
② 기업의 복지시설이 제도가 국가와 지역사회가 실시하는 사회보장제도 또는 지역사회복지시설과 합리적으로 조정 및 관리되어, 서로 중복되거나 관련성이 결여되는 일 없이 실시되어야 한다는 원칙이다.
③ 노사 간의 협력을 바탕으로 서로 간 협의하여 복리후생의 내용에 충실해 기업뿐만이 아니라 종업원의 책무도 적지 않다는 점도 인식되어야 한다는 원칙에 해당된다.
④ 복리후생의 효율적 관리에 앞서 복리후생 혜택 대상자 선정, 프로그램 형태, 비용 등 여러 가지 측면에서 의사결정을 해야 하는 것이 필요하다.

해설 & 정답 checkpoint

주관식 문제

01 근로자의 입장에서의 임금관리의 중요성에 대해 약술하시오.

01

정답 근로자와 부양가족에 대한 생계비 역할을 하는 수입의 원천이 되며, 생활안정과 소비욕구 등의 생리적 욕구 또한 충족시킨다. 또한 인간관계 형성, 조직일체감, 직무만족 등 사회적 욕구를 충족시킨다는 점에서 중요성을 가지고 있다.

02 임금관리의 기본 체제에 대한 내용이다. 괄호 안에 알맞은 용어를 쓰시오.

- (ㄱ) : 근로자에게 제공하는 임금의 크기와 관련되며 평균임금에 대해 결정하게 된다. 기본적 사고에는 적정성이 해당된다.
- (ㄴ) : 근로자에게 제공하는 임금 총액을 배분하는 것과 관련되며, 개인 간 임금격차를 가장 공정하게 설정하는 것이 중요한 문제가 된다. 기본적 사고에는 공정성이 해당된다.
- (ㄷ) : 근로자에게 지급되는 임금의 계산 및 지불방법에 대한 것이 해당되며, 합리성이 기본적 사고에 있다고 할 수 있다.

02

정답 ㄱ. 임금수준
ㄴ. 임금체계
ㄷ. 임금형태

checkpoint 해설 & 정답

03

정답 ㄱ. 선도전략
ㄴ. 대응전략
ㄷ. 지연전략

03 임금수준의 결정 정책에 대한 내용이다. 괄호 안에 알맞은 용어를 쓰시오.

- (ㄱ): 타 기업보다 더 높은 수준의 임금을 지급하는 고임금전략을 의미한다. 이를 통해 기업은 유능하고 생산성이 높은 종업원을 유인하고 유지할 수 있다.
- (ㄴ): 타 기업과 유사한 수준의 임금을 책정하여 대외적인 공정성을 실현하고자 하는 정책이다. 타 기업과 유사한 임금을 지급하는 것이므로 현재의 종업원이 임금 이슈로 인해 이탈하는 가능성을 줄일 수 있다.
- (ㄷ): 경쟁기업의 임금수준보다 낮은 임금을 지급하는 저임금전략을 뜻한다. 이는 인건비 지출을 줄일 수는 있으나 외부노동시장의 유능한 인적자원을 유인하기에는 부적절하다. 그러므로 이 전략은 임금 외의 다른 요인들에 의해 종업원들을 동기부여할 수 있을 때 사용하는 것이 좋다.

04

정답 임금수준의 결정요소에는 생계비수준, 기업의 지불능력, 사회 일반적 임금수준이 있다. 적정한 임금수준을 결정하기 위해서는 생계비 수준을 하한선으로, 기업의 지불능력을 상한선으로 하고 사회 일반적 임금수준이 상하한선의 가운데에 오도록 하는 방법이 적절하다.

04 임금수준의 결정요소에 따라 적정한 임금수준을 정하는 방법에 대해 약술하시오.

05 승급과 베이스 업의 차이점에 대해 약술하시오.

06 임금체계의 결정요소에 따른 임금체계의 종류에 대한 괄호 안에 알맞은 용어를 쓰시오.

보상 원칙	임금체계 구분	결정기준 요소	임금체계 종류
생활보장의 원칙	연공주의 임금체계	필요기준(연공)	(ㄱ)
노동대응의 원칙	능력주의 임금체계	담당직무기준	(ㄴ)
		능력기준	(ㄷ)
	성과주의 임금체계	성과기준	(ㄹ)

07 임금형태의 종류 중 시간급제의 장점이나 단점에 대해 세 가지 이상 쓰시오.

해설 & 정답 checkpoint

05

정답 승급은 기업 내에서 미리 정해진 임금곡선을 따라 연령, 근속연수, 능력에 의해 기본급이 증대되는 것을 의미한다. 즉, 임금곡선 상에서의 상향이동을 하게 된다. 베이스 업은 임금수준의 전체적인 상향조정 내지 임금인상률을 의미하며, 임금곡선 자체의 상향이동이 이루어진다.

06

정답 ㄱ. 연공급
ㄴ. 직무급
ㄷ. 직능급
ㄹ. 성과급

07

정답 시간급제에 대한 장점과 단점에 대한 내용은 다음과 같다.

- 임금산정이 간단하고, 종업원에게 일정한 금액이 보장된다.
- 제품생산에 있어 시간 제약을 하지 않으므로 품질향상에 기여할 수 있다.
- 노사 간의 원활한 협력관계가 유지될 수 있다.
- 근무시간만 달성하면 임금이 보장되어 작업능률이 떨어질 수 있다.

checkpoint 해설 & 정답

08
정답 순응임률제(Sliding Scale Wage Plan)의 세 가지 종류는 다음과 같다.
- 생계비 순응임률제
- 판매가격 순응임률제
- 이익(이윤) 순응임률제

09
정답 ㄱ. 스캔론플랜(Scanlon Plan)
ㄴ. 럭커플랜(Rucker Plan)
ㄷ. 임금피크제도

08 순응임률제(Sliding Scale Wage Plan)의 세 가지 종류를 쓰시오.

09 임금제도에 대한 내용이다. 괄호 안에 알맞은 용어를 쓰시오.

- (ㄱ): 이는 기업의 생산성의 증대를 노사협조의 결과로 인식함으로써 총매출액에 대한 노무비 절약부분을 상여금으로 모든 종업원에게 분배하는 방식을 의미한다.
- (ㄴ): 부가가치액의 증대를 목표로 하여 이를 노사협력 체제에 의해 달성하고, 그 증가된 생산성 향상분을 그 기업의 안정적인 부가가치 분배율로 노사 간의 배분하는 성과배분 제도에 해당한다.
- (ㄷ): 근로자의 계속고용을 위해 노사 간의 합의를 통해 일정 연령이 된 이후 근로자의 임금을 일정 비율씩 감소하도록 임금체계를 설계하는 대신 소정 기간 동안의 고용을 보장하는 임금제도에 해당한다.

10 복리후생의 유형 중 법정 복리후생제도의 종류를 세 가지 이상 쓰시오.

11 복리후생관리의 3대 원칙에 대한 내용이다. 괄호 안에 알맞은 용어를 쓰시오.

- (ㄱ) : 복리후생 제도가 기업의 경비부담에 있어 적당한 범위 내에 있으며 가능한 모든 종업원에게 필요하여야 함과 동시에, 동종 산업이나 동일지역내의 타 기업과 비교하여 크게 차이가 나지 않아야 한다는 원칙이다.
- (ㄴ) : 기업의 복지시설이 제도가 국가와 지역사회가 실시하는 사회보장제도 또는 지역사회복지시설과 합리적으로 조정 및 관리되어, 서로 중복되거나 관련성이 결여되는 일 없이 합리적으로 실시되어야 한다는 원칙이다.
- (ㄷ) : 노사 간의 협력을 바탕으로 서로 간 협의하여 복리후생의 내용을 충실히 하여 기업뿐만 아니라 종업원의 책무도 적지 않다는 점도 인식되어야 한다는 원칙에 해당한다.

해설 & 정답 checkpoint

10

정답 국민건강보험, 국민연금보험, 산업재해보험, 고용보험의 사대보험과 퇴직금제도, 유급휴가제도 등이 있다.

11

정답 ㄱ. 적정성의 원칙
ㄴ. 합리성의 원칙
ㄷ. 협력성의 원칙

checkpoint 해설 & 정답

12
정답 ㄱ. 카페테리아식 복리후생제도
ㄴ. 홀리스틱 복리후생
ㄷ. 라이프사이클 복리후생
ㄹ. 종업원 후원프로그램(EAP)

13
정답 복리후생의 효율적 관리에 앞서 복리후생 혜택 대상자 선정, 프로그램 형태, 비용 등 여러 가지 측면에서 의사결정이 필요하며 이를 위해 고려해야 할 사항은 다음과 같다.
- 종업원들의 욕구를 충족시켜야 한다.
- 종업원들의 참여에 의해 설계해야 한다.
- 대상범위가 넓은 제도를 우선적으로 채택해야 한다.
- 현재와 미래의 복리후생 비용에 대한 지불능력이 평가되어야 한다.

12 복리후생의 다양한 제도에 대한 내용이다. 괄호 안에 알맞은 용어를 쓰시오.

- (ㄱ) : 종업원들이 기업이 제공하는 복리후생제도나 시설 등 중에 각각 원하는 것을 선택하는 제도에 해당한다.
- (ㄴ) : 종업원들이 전인적 인간으로써 균형된 삶을 추구할 수 있도록 지원하는 제도로써 조직, 개인, 가정의 삼위일체를 통한 삶의 질 향상을 강조하고 있는 제도이다.
- (ㄷ) : 종업원들의 연령에 따라 변하는 생활패턴과 의식변화를 고려하여, 복리후생 프로그램을 그에 맞도록 다르게 제공하는 제도이다.
- (ㄹ) : 종업원 개인의 사적 문제와 관련하여 그 문제에 대해 전문적으로 분석 및 해결해가는 과정의 전문적 상담프로그램에 해당된다.

13 복리후생의 설계 시 고려사항에 대해 세 가지 이상 구분하여 약술하시오.

14 복리후생의 전략설정에 대한 내용이다. 괄호 안에 알맞은 용어를 쓰시오.

- (ㄱ): 종업원이 가장 선호하는 항목, 법정 복리후생, 저비용 항목만 제공
- (ㄴ): 경쟁 기업이 제공하는 복리후생 프로그램과 유사하게 제공
- (ㄷ): 종업원의 선호도를 고려하여 새로운 복리후생 프로그램을 도입하여 제공

해설 & 정답 checkpoint

14

정답 ㄱ. 최소복지전략
ㄴ. 비교가능복지전략
ㄷ. 선도전략

여기서 멈출 거예요? 고지가 바로 눈앞에 있어요.
마지막 한 걸음까지 시대에듀가 함께할게요!

제 9 장

인적자원의 유지관리

제1절 인간관계관리
제2절 노사관계관리
실전예상문제

제 9 장 인적자원의 유지관리

제 1 절 인간관계관리

1 인간관계관리의 의의

기업 조직의 구성원들이 상호이해와 신뢰감을 가졌을 때 일체감을 형성하게 되는데, 이 때 단순한 상호관계의 개념보다는 조직에 대한 효율성을 높일 수 있는 측면에서의 인간관계에 중점을 두는 등, 종업원의 사기진작을 통한 경영 효율의 향상도 함께 꾀할 수 있게 하는 일련의 계획과 활동들이 인간관계관리라고 할 수 있다.

더 알아두기

인간관계관리의 필요성

- 사람들이 일생의 많은 부분을 조직 속에서 보내기 때문에, 조직 내에서의 인간관계의 문제가 중요해지고 있다.
- 조직의 규모가 점차 커지고 복잡해지면서 수많은 조직구성원 상호간의 협동관계를 이루는 것이 중요한 과제가 되었다.
- 조직이 확보하고 개발시킨 인력을 기업 조직 내에 계속적으로 머무르게 하면서, 조직에 공헌하게 하는 활동으로서 인간관계관리가 상당히 중요시되고 있다.

2 인간관계관리제도 중요도 상중하

인간관계관리가 제대로 시행되고 효과적인 성과를 거두기 위해서 여러 가지 제도를 도입하고 있으며, 다음과 같은 내용들이 있다.

(1) 제안제도(Suggestion System)

① **의의**

기업 조직체의 운영이나 작업의 수행에 필요한 여러 가지 개선안이나 아이디어 등을 일반 종업원들로 하여금 제안하도록 하고, 그 중 우수한 제안에 대해서는 적절한 보상을 실시하고 채택된 제안을 실천에 옮기는 제도이다.

② **효과**

제안제도는 제안 그 자체에서 얻는 실익이 있으나, 그보다는 채택된 제안을 경영에 반영함으로써 종업원의 사기와 근로의욕을 높이고, 노사 간의 상호이해 증진에도 도움을 얻고자 함이 크다.

③ **전제조건**

㉠ 종업원이 관리자나 감독자의 구속 없이 자유롭게 제안을 할 수 있어야 한다.

㉡ 채택된 제안에 대한 적절한 형태의 보상이 충분히 이루어져야 하며, 채택되지 않은 제안에 대해서도 보상을 고려해야 할 필요성이 있다.

㉢ 제안의 처리와 심사 과정에서의 공정성이 보장되어야 하며, 그 방식이 제도화되어 있어야 더 효과적이다.

㉣ 종업원들이 적극적으로 참여할 수 있도록 독려해야 한다.

㉤ 종업원들에게 제안제도를 실시하는 의도와 내용 등을 충분히 이해시켜야 한다.

(2) 인사상담제도(Personal Counselling)

① **의의**

종업원 개인의 혼자 힘으로 해결할 수 없는 신상의 어려움이나 조직에 대한 불만 등이 있을 때 상담을 통해 전문적인 조언을 하고, 문제해결에 도움을 주어 인격성장을 촉진함과 동시에 개인직무에 충실할 수 있도록 사기를 북돋우는 제도에 해당한다.

② **효과**

상담원을 통한 전문적인 상담에 의해 종업원 개인의 다양한 문제 해결이 가능함에 따라, 인간성 회복과 자아성장 또한 가능하다. 이러한 개인의 변화는 이직, 결근율 감소 등의 효과를 가져 오며, 더 나아가 기업 조직의 발전에도 기여할 수가 있게 된다.

③ **전제조건**

㉠ 상담 시 최대한 편안한 분위기를 조성하여 상담을 받고자 하는 종업원이 충분히 자신의 이야기를 할 수 있도록 해야 한다.

㉡ 상담의 범위는 상담을 받고자 하는 종업원이 원하는 범위 내에서 실시되어야 하며, 종업원이 언급을 꺼리는 문제에 대해서는 더 나아가 질문을 하지 않도록 한다.

㉢ 상담원은 종업원이 가지는 문제에 대해 직접적인 판단이나 해결책을 제시한 것을 지양해야 한다. 문제해결에 대한 실마리와 조언을 제공하는 정도에 그치도록 하고 문제의 해결은 본인 주도하에 하도록 해야 한다.

㉣ 종업원의 상담내용에 대해서는 비밀이 엄수되어야 한다.

(3) 사기조사(Morale Survey)

① **의의**

사기란 기업조직의 공통적인 목적을 달성하기 위해 조직구성원간의 일체감이 형성된 상태를 의미한다. 종업원들이 조직에 대해 갖는 긍정적 또는 부정적인 태도, 만족도와 애사심을 파악하여 조직의 건전성을 파악하는 것이 중요하며, 이를 위해 종업원의 사기를 조사한다. 이 때, 주로 종업원의 의욕을 저해시키는 요인과 각종 불만의 원인 등을 조사하게 된다.

② 방법

㉠ 통계적 방법

종업원의 직무활동과 성과를 기록하여 계속적으로 그려지는 추세와, 갑작스런 변화에 주의하여 종업원들의 근로의욕 및 태도 등을 파악하는 방법에 해당되며 다양한 지표를 가지고 조사한다.

더 알아두기

통계적 방법에 이용되는 다양한 지표
- 노동이동률에 의한 측정 → 노동이동률이 높으면 사기가 저하된다.
- 1인당 생산량에 의한 측정 → 사기가 고조될수록 1인당 생산량이 높아진다.
- 결근율 및 지각률에 의한 측정 → 높아질수록 사기가 저조함을 의미한다.
- 사고율에 의한 측정 → 사고의 빈도가 높을수록 종업원의 사기가 저조하다.
- 고충, 불평의 빈도 → 직장사기가 떨어질수록 고충, 불평의 빈도율이 높다.

㉡ 태도조사

태도조사는 종업원들의 사기를 조사하는 가장 대표적이고 일반적인 방법에 해당되는데, 이는 종업원들의 심리적, 감정적인 상태를 조사하여 그들의 의견과 희망사항에 대해 직접 듣고, 종업원들의 불평이나 불만사항에 대한 원인과 그 소재를 파악하는 것을 의미한다. 방법에는 주로 질문지법, 면접법, 참여관찰법 등이 사용된다.

(4) 고충처리제도

기업에서 근로조건이나 대우에 대해 종업원이 갖는 불평이나 불만사항 등을 접수하여 처리하는 제도에 해당된다. 해당 고충에 대해 수시로 호소하게 하여 원만한 노사관계의 발전이 이루어지도록 활용되고 있으며, 기업 내 고충처리기관은 종업원 개개인의 문제를 취급하고 불만사항에 대한 원인을 제거해주는 역할을 한다.

제 2 절 노사관계관리

1 노사관계관리의 전개

(1) 노사관계의 개념

노사관계는 노동자인 종업원과 사용자인 경영자와의 서로 간에 형성하는 관계를 의미한다. 종업원과 사용자 간의 내용을 주로 담고 있기 때문에 실질적으로 노동조합과 기업 그리고 이에 영향을 미치는 정부와 관련된 모든 문제를 대상으로 한다. 이는 노사협조 내지는 산업평화 유지를 목적으로 하는 것이 일반적이다.

(2) 노사관계의 발전과정 중요도 상중하

노사관계의 발전과정은 '전제적 노사관계 → 온정적 노사관계 → 근대적 노사관계 → 민주적 노사관계' 4가지로 구분되어 발전되었다.

구분	해당 내용
전제적 노사관계	• 자본주의 초기인 19세기 중기까지 경영의 대부분이 자본을 가진 소유자에 의해 이루어졌기에 전제적 또는 독재적 성격을 띠는 것이 일반적이었다. 사용자와 노동자의 관계는 명령, 복종, 예속의 관계로서 인간적인 요소는 무시되었다. • 점차 노동자들의 저항이 나타나게 되었으며, 초기의 저항형태는 높은 결근율과 이직의 개인적 성향이었지만 점차 조직화되고 집단화되면서 노동조합의 조직으로 발전되었다.
온정적 노사관계	• 자본주의가 형성되고 노동이 점차 안정되기 시작하는 시기에 해당되며, 전제적 노사관계의 형태는 여전히 남아있지만 노동자에게 인간적으로 다가가기 시작하였다. • 노동자에 대해 가부장적인 온정주의에 입각하여 복리후생을 제공해주기 시작하였다. 그 결과 충성과 자주성, 전제와 은혜와 같은 관계가 형성되면서 노사관계가 비교적 순조롭게 유지될 수 있었다.
근대적 노사관계	• 산업혁명과 더불어 경영과 자본의 분화현상이 나타나게 되고, 직업별 노동조합이 형성됨에 따라 전 근대적 노동시장이 형성되기 시작하는 시기에 해당된다.
민주적 노사관계	• 근로관계법을 전제로 노동조합과 기업이 대등한 입장에서 임금이나 작업조건, 노동조건을 함께 결정하는 노사관계의 단계가 되는 시기에 해당한다. 즉, 노사가 산업사회에서 서로 대등한 관계임을 인식하게 되었다.

(3) 노사관계의 기본성격(양면성)

① 개별적 노사관계와 집단적 노사관계

개별적 노사관계는 종업원 개인과 사용자와의 관계에 해당되며 개별적 고용계약, 취업규칙을 바탕으로 이루어지며, 집단적 노사관계는 노동조합과 사용자와의 관계로써 단체협약과 같은 집단적인 고용계약에 의해 이루어진다.

② 대립적 관계와 협력적 관계

노사관계는 기본적으로 대립적인 관계에서 출발되었지만, 이익의 극대화를 원하는 사용자의 입장과 임금을 많이 받아 풍요로운 생활을 영위하고자 하는 노동자들 상호간의 목적에 의해 협력적인 관계 또한 불가피하게 되었다.

③ 경제관계와 사회관계

경제관계란 생산경제를 영위할 목적인 사용자와 소비경제를 영위할 목적인 노동자가 해당 목적을 이루기 위해 기업이라는 장소에서 만나게 된 것을 의미한다. 사회관계는 사용자와 종업원이 서로 인간적 욕구에 대한 만족감을 느끼는 것을 말한다.

④ 종속관계와 대등관계

종업원 개인은 상용자의 지휘명령에 따라 종속적인 관계에서 업무를 수행하게 되나, 노동조합은 근로조건의 결정 등 단체교섭에 있어서는 대등한 관계에 놓여있는 것을 의미한다.

2 노동조합

(1) 노동조합의 의의

노동조합이란 노동자가 주체가 되어 자주적으로 단결하여 근로조건의 유지개선 및 기타 경제적 또는 사회적 지위향상과 근로생활의 질적 향상을 목적으로 조직하는 단체 또는 그 연합단체를 의미한다.

> **더 알아두기**
>
> **노동조합의 기능**
> - 경제적 기능
>   가장 기본적 기능으로 근로자의 근로조건 유지 및 개선을 통해 경제적 생활수준 향상을 목적으로 하는 단체교섭과 경영 참가가 대표적이다.
> - 공제적 기능
>   조합원 상호간의 상호부조를 목적으로 하는 일종의 보장 기능이다.
> - 정치적 기능
>   입법 활동 등 노동관계법의 재정, 사회 정책이 근로자의 복지와 관련된 경우 이를 관철시키기 위한 활동을 하는 기능을 의미한다.

(2) 노동조합의 조직형태 중요도 상 중 하

노동조합은 조합원 자격에 의해 직업별, 일반, 산업별, 기업별 노동조합으로 분류되며, 결합방식에 의해 단일조합과 연합체조합 부분으로 분류되어진다.

① **조합원 자격에 의한 조직형태**

㉠ 직업별 노동조합(Craft Union)

선박공조합, 인쇄공조합, 목수공조합 등과 같이 서로 동일한 직능을 가진 숙련노동자들이 자신들의 경제적 이익을 확보하기 위해 만든 배타적인 노동조합을 의미한다.

㉡ 일반 노동조합(General Union)

직종이나 산업, 기업 및 숙련도 등에 구애되지 않고 모든 노동자에 의해 조직된 노동조합을 의미한다. 특정 직종이나 기업에 속하지 않은 노동자도 자유로이 가입할 수 있는 장점이 있으나 단결력이 약한 단점이 있다.

㉢ 산업별 노동조합(Industrial Union)

섬유산업, 철강산업, 자동차산업, 금융노조, 금속노조 등과 같이 직종이나 계층, 기업에 상관없이 동일 산업에 종사하는 모든 노동자가 기능의 숙련과 비숙련 여부를 떠나 조직하는 형태의 노동조합을 의미한다.

㉣ 기업별 노동조합(Company Union)

동일 기업에 종사하는 노동자들이 조직하는 노동조합을 의미한다. 위에서 언급한 노동조합은 탈기업적인 횡단조직인데 비해 기업별 노동조합은 개별 기업의 존립을 기반으로 한다는 점에서 차이점이 있다.

② **결합방식에 의한 조직형태**

㉠ 단일조합

개별조합의 설립요건을 가지고 있는 최소단위의 조합이며, 근로자가 개인의 자격으로 노동조합에 가입하는 형식으로 지부, 분회 등 하부기구를 가지는 것을 단일 조합이라고 한다.

㉡ 연합체조합

개인 가입이 인정되지 않으며, 통상 단일조합을 구성원으로 하는 노동조합을 말한다.

(3) 노동조합의 안정과 독립

노동조합의 안정과 유지 및 독립과 발전을 도모하려는 여러 제도들이 있으며, 숍 시스템과 체크오프 시스템이 대표적이다. 숍 시스템은 노동조합이 사용주와 체결하는 노동협약의 중요한 내용에 해당되며, 종업원의 자격 및 조합원 자격의 관계에 대해 규정한 조항에 해당된다.

① **숍(Shop) 시스템**

㉠ **클로즈드 숍(Closed Shop)**

결원 보충이나 신규 채용 시에 조합원만이 고용될 수 있는 제도로써 조합원 자격이 고용의 전제조건이 된다. 노동조합이 노동공급의 유일한 원천으로 작용되기 때문에 조합의 조직을 강화하는 데 있어서 가장 유리하고 강력한 제도에 해당된다.

㉡ **오픈 숍(Open Shop)**

사용자가 조합원 여부와 상관없이 차별을 두지 않고 고용할 수 있으며 조합원 자격이 고용의 전제조건이 되지 않는다. 그리고 채용 후 노동조합의 가입 여부도 근로자 자신의 의사에 달려있는 제도에 해당한다. 그러므로 노조의 안정도 측면에선 가장 취약하다고 볼 수 있다.

㉢ **유니언 숍(Union Shop)**

근로자 채용 시에는 비조합원도 자유롭게 고용할 수 있으나, 고용된 노동자는 일정기간 내에 노동조합에 반드시 가입해야 한다. 만약 가입을 거부 또는 제명될 시에는 기업으로부터 해고를 당하게 되는 제도이다.

㉣ **에이전시 숍(Agency Shop)**

대리기관 숍제도라고도 불리며, 조합원이 아니더라도 채용된 모든 종업원들이 노동조합에 일정액의 조합비를 납부하도록 하는 제도에 해당된다. 이는 비조합원의 무임승차 심리 방지의 목적과 노동조합 내의 재원확보 및 안정에 도움을 줄 수 있다.

㉤ **메인터넌스 숍(Maintenance Shop)**

조합원 유지 숍제도라고도 하며, 노동조합에 가입된 이후 일정기간 동안 조합원 자격을 유지해야 하는 제도에 해당한다.

㉥ **프리퍼렌셜 숍(Preferential Shop)**

우선 숍제도라고도 하며, 종업원 채용 시 조합원들에게 우선권을 부여하는 제도에 해당한다.

② **체크오프 시스템(Check Off System)**

조합비 일괄공제제도라고도 하며, 급여 지급 시 종업원들의 급여에서 조합비를 일괄적으로 공제하여 노동조합에 그 금액을 넘기는 방식으로 노동조합의 자금 확보를 위한 기반을 제공해 준다는 점에서 노동조합의 재원확보와 안정에 도움을 주는 제도에 해당한다.

(4) 부당노동행위 중요도 상중하

① 의의

부당노동행위란 사용자가 근로자 및 노동조합의 정당한 권리를 침해하는 경우를 의미하며, 이로 인해 권리를 침해당한 근로자 또는 노동조합은 노동위원회에 사유발생일 기준 3개월 이내에 구제 신청할 수 있다.

② 부당노동행위의 유형

㉠ 불이익대우

노동자가 노동조합에 가입 또는 가입하려고 했거나, 노동조합을 조직하려고 하였거나, 기타 노동조합의 업무를 위한 정당한 행위를 한 것을 이유로 하여 근로자를 해고하거나 불이익을 주는 경우를 불이익대우라고 한다.

㉡ 황견계약(=비열계약)

노동자가 노동조합에 가입하지 아니할 것 또는 노동조합에 탈퇴할 것을 고용조건으로 하거나, 이와 반대로 특정 노동조합에 가입할 것을 고용조건으로 하는 행위를 황견계약 또는 비열계약이라고 한다.

㉢ 단체교섭의 거부

사용자가 단체교섭을 정당한 이유 없이 거부하거나 해태하는 행위를 의미한다.

㉣ 지배, 개입 및 경비원조

노동자가 노동조합을 조직 또는 운영하는 것을 지배하거나 개입하는 행위, 또는 노동조합의 운영비를 원조하는 행위가 해당된다.

3 노사협력제도

앞서 말했듯이 노사관계는 노동자인 종업원과 사용자인 경영자와 서로 간에 형성하는 관계를 의미한다. 이런 노사의 공동이익 증진을 위해서는 쌍방 간의 이해와 참여, 그리고 협력이 필요하게 되는데, 이 때 다양한 제도가 활용된다.

(1) 단체교섭제도 중요도 상중하

① 개념

단체교섭이란 일반적으로 노사쌍방의 대표가 근로자의 임금 및 근로 시간 등의 근로조건과 기타 노조의 권리관계에 관한 문제에 대하여 대등한 입장에서 평화적인 방법에 의해 집단적으로 교섭 및 타협하고, 협약의 체결 및 갱신을 위해 행하는 **일련의 과정 및 절차**를 의미한다.

② 단체교섭의 종류

㉠ 기업별 교섭

특정 기업 또는 사업장 단위로 조직된 노동조합이 그 상대방인 사용자와 단체교섭을 하는 방식을 의미한다.

ⓛ 통일교섭

노동시장을 전국적 또는 지역적으로 지배하고 있는 산업별 또는 직종별 노동조합과 이에 대응하는 전국적 또는 지역적인 사용자 단체와의 교섭 방식을 말한다.

ⓒ 대각선 교섭

산업별로 조직된 노동조합이 이에 대응하는 개별 기업 사용자와의 사이에 행해지는 교섭을 말한다.

ⓔ 집단교섭

여러 개의 단위노조가 집단을 구성하여 이에 대응하는 여러 개의 기업의 사용자 대표와 집단적으로 교섭하는 방식을 말한다.

ⓜ 공동교섭

상부단체인 산업별 또는 직업별 노조와 하부단체인 기업별 노조 또는 기업단위의 지부와 공동으로 해당 기업의 사용자대표와 교섭하는 방식을 말한다.

(2) 단체협약 중요도 상중하

① 개념

단체협약이란 노사 간의 단체교섭의 결과에 따라 상호간에 의견이 일치되었을 때 그 결과를 서면으로 작성하는 것을 의미한다.

② 단체협약의 구분

㉠ 규범적 부분

노동자들의 근로조건 및 기타 대우에 있어 일반적으로 행해지는 부분으로써 임금, 근로시간, 휴가, 휴일, 재해보상, 복리후생, 안전보건 등의 내용이 해당된다.

ⓛ 조직적 부분

기업조직내의 노사관계를 규율하는 부분으로, 노사협의회나 고충처리기구 등의 구성과 운영에 관한 조항 등이 해당된다.

ⓒ 채무적 부분

노동조합과 사용자 사이의 권리 및 의무를 규율하는 부분에 해당되며, 숍조항, 평화조항, 교섭위임 금지조항, 쟁의조항 등의 내용이 이에 해당된다.

(3) 노동쟁의 중요도 상중하

① 개념

노동쟁의란 노동조합과 사용자 또는 사용자단체간에 임금, 근로시간, 복리후생 등 근로조건의 결정에 관한 상호주장의 불일치로 인해 발생한 분쟁상태를 의미한다. 통상적으로 노사 간의 분쟁은 이익분쟁과 권리분쟁으로 구분할 수 있으며, 이익분쟁은 노사가 임금 및 근로조건에 관한 새로운 권리관계가 단체교섭의 과정에서 합의점에 찾지 못해 발생하는 분쟁을 말한다. 권리분쟁은 협약체결 후 기존 협약의 이행이나 계약문구의 해석 및 집행과정에서 발생하는 분쟁을 의미한다는 점에서 차이점이 있다.

② **노동쟁의의 유형**

노동쟁의는 크게 노동조합 측 쟁의행위와 사용자 측 쟁의행위로 구분되어지며 내용은 다음과 같다.

㉠ 노동조합 측 쟁의행위

구분	해당 내용
파업 (Strike)	근로자가 단결하여 근로조건의 개선 등의 목적 달성을 위해 집단적으로 근로계약상 노동자가 제공해야 할 의무가 있는 노동력의 제공을 전면적으로 거부하는 행위를 말한다.
태업/사보타지 (Sabotage)	태업은 형식적으로는 근로를 제공하지만 의도적으로 일을 나태하게 하여 작업능률을 저하시키는 행위를 말한다. 사보타지는 단순한 태업의 범위를 넘어서서 좀 더 능동적으로 생산 및 사무를 방해하거나, 생산시설을 파괴하는 행위를 하는 것을 의미한다.
준법투쟁	노동조합이 법령, 단체협약, 취업규칙 등의 내용을 원칙적으로 지킨다는 명분하에 업무 능률 및 실적을 의도적으로 떨어트리는 행위를 하는 것이다.
보이콧 (Boycott)	집단적인 불매운동을 의미하며, 사용자 또는 거래관계에서 제3자의 제품구입이나 시설의 이용을 거절하거나, 그들과의 근로계약 체결을 거절할 것을 호소하는 행위를 말한다.
피켓팅 (Piketting)	노동조합의 쟁의행위를 효과적으로 수행하기 위한 수단으로서 비조합원들의 사업장 출입을 저지하거나, 피켓이나 현수막 등을 통해 파업에 동조하도록 호소하여 사용자에게 타격을 주기 위한 목적의 행위를 의미한다.

㉡ 사용자 측 쟁의행위

구분	해당 내용
직장폐쇄 (Lock Out)	사용자 측의 자기주장을 관철하기 위해 근로자가 제공하는 노동력을 거부하고, 근로자에게 경제적 타격을 입혀 압력을 가하는 실력행위에 해당한다.
조업계속	노동조합 측의 쟁의행위에 참여하지 않는 근로자 중에 계속 근로를 희망하는 자와 관리자를 동원해서 조업을 계속하는 행위를 의미한다.

더 알아두기

노동쟁의 조정과 중재

- 조정
  노동관계 당사자가 조정신청하면 제3자가 개입하여 합의를 도와주는 제도에 해당한다.
- 중재
  노동관계 당사자 간의 분쟁이 해결되지 않을 경우 노동위원회가 중재안을 내놓고 그 결정에 따르게 하는 제도에 해당한다.
- 긴급조정
  노동관계 당사자 간의 쟁의행위에 대한 정부의 긴급조치 조정제도이며, 쟁의행위가 공익사업에 관한 것이거나, 그 규모나 특성에 따라 국민 경제를 저해할 위험성이 높은 경우 조치하게 되는 제도이다.

(4) 경영참가제도

① **개념**

경영참가제도는 근로자와 사용자가 공동으로 기업의 경영관리기능을 담당하고 수행하는 것을 의미한다. 노사관계는 대립적 측면과 협력적 측면의 양면성을 지니고 있는데, 경영참가제도는 이 중에서 협력적 측면에 입각한 노사관계제도에 해당한다.

② **경영참가제도의 목적**

경영참가는 기업의 경영활동이나 의사결정에 관한 부분을 노동자 측에서도 어느 정도 공유함으로써 고도화된 산업화 과정에서 야기된 인간성 소외 문제를 해결할 수 있으며, 근로자의 성취동기를 고조시키는 역할뿐만 아니라 근로자의 재산형성과 기업에서 필요한 자금 확보도 가능해진다. 그리고 무엇보다 노사 상호간의 신뢰 구축을 통한 사회정의를 구현하는데 그 목적이 크다고 할 수 있다.

③ **경영참가제도의 문제점**

㉠ 경영권 침해의 문제

사용자의 입장에서는 경영참가가 경영권을 침해하는 수단으로 여겨질 수 있다. 경영관리직능은 본래 경영자의 전권에 속하는 것이기에, 경영활동에 대한 근로자의 의견과 발언 등은 일종의 월권행위이며 경영권 침해에 해당된다고 주장하는 입장의 문제점에 해당한다.

㉡ 조합기능의 약화문제

노동조합에서 근로자가 노사협의회를 통해 의사결정에 참여하는 것을 허용할 경우 노동조합에 대한 충성심이 약화되고, 양분될 가능성이 높아진다는 우려가 있어 반대의 입장을 내놓기도 한다.

㉢ 근로자의 경영참가능력의 문제

사용자의 측면에서는 근로자들이 경영에 대한 지식이나 경험, 관리능력에 대한 불신과 의문을 가지고 있고, 근로자 측면에서는 경영에 대한 경험과 관리능력 등의 미흡으로 인해 사용자 측에 의해 이용될 수 있다는 불안감이 있다는 점에서 문제점이 발생한다.

④ **경영참가제도의 종류**

일반적으로 널리 사용되는 기본유형으로는 자본참가, 성과배분참가, 의사결정참가의 세 부분이 해당된다.

㉠ 자본참가

자본의 출자자로서 기업 경영에 참여하는 방법에 해당되며 종업원지주제도와 스톡옵션제도가 대표적이다.

ⓐ 종업원지주제도(Employee Stock Ownership Plans : ESOPs)

기업의 경영방침에 따라 종업원에게 특별한 조건이나 방법 등으로 자사의 주식을 종업원이 자발적으로 취득, 보유하도록 하는 제도에 해당된다.

ⓑ 스톡옵션(Stock Option)

스톡옵션은 기업이 경영자 및 종업원에게 장래의 자사 주식을 사전에 약정된 가격으로 일정 수량을 일정기간 내에 매입할 수 있도록 권리를 주는 제도를 말한다.

㉡ 성과배분참가

생산성 향상, 목표매출 달성, 비용절감 등의 경영성과 증진에 기여하고 그 대가에 따라 얻어진 성과의 일정배분에 참가하는 것을 의미한다. 사전에 정해 놓은 성과 배분의 원칙에 따라 보상을 지급함으로써 조직 구성원들에게 동기 부여하는 것이 목적이라고 할 수 있다.

ⓐ 생산성 이득배분(Gain sharing)

생산성 향상이나 노무비 감소 등의 비용절감 등을 통한 이득 또는 절약분에 대해 사용자와 종업원간에 배분하는 제도이다.

ⓑ 이윤분배제도(Profit Sharing)

기업에 일정수준의 이윤이 발생했을 경우에 그 일정 부분을 노사가 사전에 정해 놓은 성과 배분의 원칙에 따라 상여금으로 지급하는 제도를 의미한다.

㉢ 의사결정참가

기업경영 의사결정에 참여하는 방법을 의미하며, 의사결정 참가 방법은 통상적으로 공동결정제 및 노사협의제의 방법이 사용된다.

ⓐ 노사협의제(Join Consultation committees)

근로자 및 사용자 대표가 서로 간의 분쟁을 피하기 위해 일상적 대화를 통해 합의점을 찾고 문제점을 사전에 제거하여 건전한 노사관계가 형성되고 발전될 수 있도록 노사협의회를 설치하여 운영하는 제도에 해당한다.

ⓑ 공동결정제(Co-determination/Joint-decision making)

경영상의 의사결정을 노사 간 공동으로 이루어지는 경영참가방식을 의미한다. 근로자 또는 근로자들의 대표가 기업의 모든 경영 의사결정에 참여하여 의사교환 및 협의, 그리고 최종적인 결정으로 공동으로 해나가게 되며 동시에 그에 따른 실행에 대한 책임도 공동으로 하게 된다는 특징을 가진다.

제9장

OX로 점검하자

※ 다음 지문의 내용이 맞으면 O, 틀리면 ×를 체크하시오. [1~12]

01 기업 조직체의 운영이나 작업의 수행에 필요한 여러 가지 개선안이나 아이디어 등을 일반 종업원들로 하여금 제안하도록 하는 제도를 제안제도(Suggestion System)라고 한다. (　　)

02 종업원들이 조직에 대해 갖는 긍정적 또는 부정적인 태도, 만족도와 애사심을 파악하여 조직의 건정성을 파악하는 것을 인사상담제도(Personal Counselling)라고 한다. (　　)

03 노사관계의 발전과정은 '전제적 노사관계 → 근대적 노사관계 → 온정적 노사관계 → 민주적 노사관계' 4가지로 구분되어 발전되었다. (　　)

04 노동조합의 기능으로는 경제적 기능, 공제적 기능, 정치적 기능이 해당된다. (　　)

05 노동조합의 조직형태 중 선박공조합, 인쇄공조합, 목수공조합 등과 같이 서로 동일한 직능을 가진 숙련노동자들이 구성한 노동조합은 산업별 노동조합이라고 한다. (　　)

06 숍(Shop) 시스템 중 유니언 숍(Union Shop)이 노동조합의 권력이 가장 큰 숍 시스템에 해당된다. (　　)

정답과 해설 01 O 02 × 03 × 04 O 05 × 06 ×

02 사기조사(Morale Survey)에 대한 내용이다. 인사상담제도(Personal Counselling)는 종업원 개인의 혼자 힘으로 해결할 수 없는 신상의 어려움이나 조직에 대한 불만 등이 있을 때 상담을 통해 전문적인 조언을 하고, 문제해결에 도움을 주어 인격성장을 촉진함과 동시에 개인직무에 충실할 수 있도록 사기를 북돋우는 제도에 해당한다.

03 노사관계의 발전과정은 '전제적 노사관계 → 온정적 노사관계 → 근대적 노사관계 → 민주적 노사관계' 4가지로 구분되어 발전되었다.

05 직업별 노동조합(Craft Union)에 대한 내용으로, 자신들의 경제적 이익을 확보하기 위해 만든 배타적인 노동조합을 의미한다. 산업별 노동조합은 섬유산업, 철강산업, 자동차산업, 금융노조, 금속노조 등과 같이 직종이나 계층, 기업에 상관없이 동일 산업에 종사하는 모든 노동자가 기능의 숙련과 비숙련 여부를 떠나 조직하는 형태의 노동조합을 의미한다.

06 클로즈드 숍(Closed Shop)이 노동조합의 권력이 가장 크다고 할 수 있다. 결원 보충이나 신규 채용 시에 조합원만이 고용될 수 있는 제도로써 조합원 자격이 고용의 전제조건이 된다. 노동조합이 노동공급의 유일한 원천으로 작용되기 때문에 조합의 조직을 강화하는데 있어서 가장 유리하고 강력한 제도에 해당된다.

07 조합비 일괄공제제도라고도 하며, 급여 지급 시 종업원들의 급여에서 조합비를 일괄적으로 공제하여 노동조합에 그 금액을 넘기는 방식을 체크오프 시스템(Check Off System)이라고 한다. (　　)

08 부당노동행위의 유형 중 노동자가 노동조합에 가입하지 아니할 것 또는 노동조합에 탈퇴할 것을 고용조건으로 하거나, 이와 반대로 특정 노동조합에 가입할 것을 고용조건으로 하는 행위를 불이익대우라고 한다. (　　)

09 단체교섭의 종류 중 통일교섭은 노동시장을 전국적 또는 지역적으로 지배하고 있는 산업별 또는 직종별 노동조합과 이에 대응하는 전국적 또는 지역적인 사용자 단체와의 교섭 방식을 말한다. (　　)

10 부당노동행위는 노동조합과 사용자 또는 사용자단체간에 임금, 근로시간, 복리후생 등 근로조건의 결정에 관한 상호주장의 불일치로 인하여 발생한 분쟁상태를 의미한다. (　　)

11 사용자 측 쟁의행위에는 준법투쟁이 해당된다. (　　)

12 경영참가제도의 종류는 크게 자본참가, 성과배분참가, 의사결정참가로 구분된다. (　　)

정답과 해설 07 O 08 × 09 O 10 × 11 × 12 O

08 황견계약(=비열계약)에 대한 설명이다. 불이익대우는 노동자가 노동조합에 가입 또는 가입하려고 하였거나, 노동조합을 조직 및 기타 노동조합의 업무를 위한 정당한 행위를 한 것을 이유로 하여 근로자를 해고하거나 불이익을 주는 경우를 말한다.

10 노동쟁의에 대한 내용이다. 부당노동행위란 사용자가 근로자 및 노동조합의 정당한 권리를 침해하는 경우를 의미한다.

11 사용자 측 쟁의행위에는 직장폐쇄와 조업계속이 해당된다. 준법투쟁은 노동조합 측 쟁의행위이다.

제 9 장

실전예상문제

checkpoint 해설 & 정답

01 조직의 규모가 점차 커지고 복잡해지면서 수많은 조직구성원 상호간의 협동관계를 이루는 것이 중요한 과제가 되었다.

02 ② 사기조사(Morale Survey)에 대한 내용이다.
③ 인사상담제도(Personal Counselling)에 대한 내용이다.
④ 사기조사(Morale Survey) 중 통계적 방법에 대한 내용이다. 고충처리제도는 기업에서 근로조건이나 대우에 대해 종업원이 갖는 불평이나 불만사항 등을 접수하여 처리하는 제도에 해당된다.

정답 01 ② 02 ①

01 인간관계관리의 필요성에 대한 내용으로 가장 알맞지 않은 것은 무엇인가?

① 사람들이 일생의 많은 부분을 조직 속에서 보내기 때문에, 조직 내에서의 인간관계의 문제가 중시되지 않을 수가 없게 되었다.
② 조직의 규모가 점차 커지고 복잡해지기 때문에 기술력 발전의 극대화가 먼저 선행된 후 인간관계관리에 대해 고려해야 한다.
③ 조직이 확보하고 개발시킨 인력을 기업 조직 내에 계속적으로 머무르게 하면서, 조직에 공헌하게 하는 활동으로서 인간관계관리가 상당히 중요하게 되었다.
④ 종업원의 사기진작을 통한 경영 효율의 향상도 함께 꾀할 수 있게 되도록 하는 일련의 계획과 활동들이 인관관계관리라고 할 수 있다.

02 인간관계관리제도에 대한 용어와 내용의 연결이 바른 것은 무엇인가?

① 제안제도(Suggestion System) : 기업 조직체의 운영이나 작업의 수행에 필요한 여러 가지 개선안이나 아이디어 등을 일반 종업원들로 하여금 제안하도록 하는 제도이다.
② 인사상담제도(Personal Counselling) : 종업원들이 조직에 대해 갖는 긍정적 또는 부정적인 태도, 만족도와 애사심을 파악하여 조직의 건전성을 파악하는 것을 의미한다.
③ 사기조사(Morale Survey) : 종업원 개인의 혼자 힘으로 해결할 수 없는 신상의 어려움이나 조직에 대한 불만 등이 있을 때 상담을 통해 전문적인 조언을 하는 제도이다.
④ 고충처리제도 : 종업원의 직무활동과 성과를 기록하여 계속적으로 그려지는 추세와, 갑작스런 변화에 주의하여 종업원들의 근로의욕 및 태도 등을 파악하는 방법에 해당되며 다양한 지표를 가지고 조사한다.

03 **노사관계의 발전과정 중 전제적 노사관계에 대한 설명으로 맞은 무엇인가?**

① 산업혁명과 더불어 경영과 자본의 분화현상이 나타나게 되고, 직업별 노동조합이 형성됨에 따라 전 근대적 노동시장이 형성되기 시작하는 시기에 해당된다.

② 노동자에 대해 가부장적인 온정주의에 입각하여 복리후생을 제공해주기 시작하면서 그 결과 충성과 자주성, 전제와 은혜와 같은 관계가 형성되면서 노사관계가 비교적 순조롭게 유지될 수 있었다.

③ 사용자와 노동자의 관계는 명령, 복종, 예속의 관계로서 인간적인 요소는 무시되었던 시기이며, 점차 노동자들의 저항이 나타나게 되었으며, 초기의 저항형태는 높은 결근율과 이직의 개인적 성향이었지만 점차 조직화되고 집단화되면서 노동조합의 조직으로 발전되었다.

④ 근로관계법을 전제로 노동조합과 기업이 대등한 입장에서 임금이나 작업조건, 노동조건을 함께 결정하는 노사관계의 단계가 되는 시기에 해당한다. 즉, 노사가 산업사회에서 서로 대등한 관계임을 인식하게 되었다.

해설 & 정답 checkpoint

03 ① 근대적 노사관계
② 온정적 노사관계
④ 민주적 노사관계

04 **노동조합의 조직형태 중 직업별 노동조합(Craft Union)에 대한 내용으로 맞는 것은 무엇인가?**

① 직종이나 산업, 기업 및 숙련도 등에 구애되지 않고 모든 노동자에 의해 조직된 노동조합을 의미한다.

② 섬유산업, 철강산업, 자동차산업, 금융노조, 금속노조 등과 같이 직종이나 계층, 기업에 상관없이 동일 산업에 종사하는 모든 노동자가 기능의 숙련과 비숙련 여부를 떠나 조직하는 형태의 노동조합을 의미한다.

③ 동일 기업에 종사하는 노동자들이 조직하는 노동조합을 의미한다.

④ 선박공조합, 인쇄공조합, 목수공조합 등과 같이 서로 동일한 직능을 가진 숙련노동자들이 자신들의 경제적 이익을 확보하기 위해 만든 배타적인 노동조합을 의미한다.

04 ① 일반 노동조합(General Union)
② 산업별 노동조합 (Industrial Union)
③ 기업별 노동조합 (Company Union)

정답 03 ③ 04 ④

checkpoint 해설 & 정답

05 ① 근로자 채용 시에는 비조합원도 자유롭게 고용할 수 있으나, 고용이 된 노동자는 일정기간 내에 노동조합에 반드시 가입해야 한다. 만약 가입을 거부 또는 제명될 시에는 기업으로부터 해고를 당하게 되는 제도이다.
③ 조합원 유지 숍제도라고도 하며, 노동조합에 가입된 이후 일정기간 동안 조합원 자격을 유지해야 하는 제도에 해당한다.
④ 종업원 채용 시 조합원들에게 우선권을 부여하는 제도에 해당한다.

06 클로즈드 숍(Closed Shop)에 대한 내용으로 노동조합이 노동공급의 유일한 원천으로 작용되기 때문에 조합의 조직을 강화하는데 있어서 가장 유리하고 강력한 제도에 해당된다. 유니언 숍(Union Shop)은 근로자 채용 시에는 비조합원도 자유롭게 고용할 수 있으나, 고용이 된 노동자는 일정기간 내에 노동조합에 반드시 가입하여야 하며, 만약 가입을 거부 또는 제명 될 시에는 기업으로부터 해고를 당하게 되는 제도이다.

정답 05 ② 06 ④

05 숍(Shop) 시스템 중 대리기관 숍제도라고도 불리며, 조합원이 아니더라도 채용된 모든 종업원들이 노동조합에 일정액의 조합비를 납부하도록 하는 제도에 해당되는 것은 어느 것에 해당되는가?

① 유니언 숍(Union Shop)
② 에이전시 숍(Agency Shop)
③ 메인터넌스 숍(Maintenance Shop)
④ 프리퍼렌셜 숍(Preferential Shop)

06 숍(Shop) 시스템의 용어와 설명으로 바르게 짝지어지지 <u>않은</u> 것은 무엇인가?

① 오픈 숍(Open Shop) : 사용자가 조합원 여부와 상관없이 차별을 두지 않고 고용할 수 있으며 조합원 자격이 고용의 전제조건이 되지 않는다.
② 메인터넌스 숍(Maintenance Shop) : 조합원 유지 숍제도라고도 하며, 노동조합에 가입된 이후 일정기간 동안 조합원 자격을 유지해야 하는 제도에 해당한다.
③ 프리퍼렌셜 숍(Preferential Shop) : 우선 숍제도라고도 하며, 종업원 채용 시 조합원들에게 우선권을 부여하는 제도에 해당한다.
④ 유니언 숍(Union Shop) : 결원 보충이나 신규 채용 시에 조합원만이 고용될 수 있는 제도로써 조합원 자격이 고용의 전제조건이 된다.

해설 & 정답 checkpoint

07 부당노동행위의 유형에 대한 용어와 설명으로 바르게 짝지어진 것은 무엇인가?

① 불이익대우 : 노동자가 노동조합에 가입 또는 가입하려고 하였거나, 노동조합을 조직 및 기타 노동조합의 업무를 위한 정당한 행위를 한 것을 이유로 하여 근로자를 해고하는 경우 등을 말한다.

② 황견계약(= 비열계약) : 노동자가 노동조합을 조직 또는 운영하는 것을 지배하거나 개입하는 행위를 말한다.

③ 단체교섭의 거부 : 노동조합의 운영비를 원조하는 행위가 해당된다.

④ 지배, 개입 및 경비원조 : 노동자가 노동조합에 가입하지 아니할 것 또는 노동조합에 탈퇴할 것을 고용조건으로 하거나, 이와 반대로 특정 노동조합에 가입할 것을 고용조건으로 하는 행위를 말한다.

07 ②·③ 지배, 개입 및 경비원조
④ 황견계약(= 비열계약)

08 단체교섭의 종류 중 '대각선 교섭'에 대한 내용으로 맞는 것은 무엇인가?

① 노동시장을 전국적 또는 지역적으로 지배하고 있는 산업별 또는 직종별 노동조합과 이에 대응하는 전국적 또는 지역적인 사용자 단체와의 교섭 방식을 말한다.

② 여러 개의 단위노조가 집단을 구성하여 이에 대응하는 여러 개의 기업의 사용자 대표와 집단적으로 교섭하는 방식을 말한다.

③ 산업별로 조직된 노동조합이 이에 대응하는 개별 기업의 사용자 사이에서 행해지는 교섭을 말한다.

④ 상부단체인 산업별 또는 직업별 노조와 하부단체인 기업별 노조 또는 기업단위의 지부와 공동으로 해당 기업의 사용자대표와 교섭하는 방식을 말한다.

08 ① 통일교섭에 대한 내용이다.
② 집단교섭에 대한 내용이다.
④ 공동교섭에 대한 내용이다.

정답 07 ① 08 ③

09 단체협약의 구분 중 노동자들의 근로조건 및 기타 대우에 있어 일반적으로 행해지는 부분으로써 임금, 근로시간, 휴가, 휴일, 재해보상, 복리후생, 안전보건 등의 내용에 대한 부분은 다음 중 무엇인가?

① 규범적 부분
② 조직적 부분
③ 채무적 부분
④ 공통적 부분

10 노동쟁의의 유형 중 근로자가 단결하여 근로조건의 개선 등의 목적 달성을 위해 집단적으로 근로계약상 노동자가 제공해야 할 의무가 있는 노동력의 제공을 전면적으로 거부하게 하는 행위를 말하는 것은 다음 중 무엇인가?

① 보이콧
② 태업
③ 피켓팅
④ 파업

11 노동쟁의 조정과 중재에 대한 내용 중 노동관계 당사자 간의 쟁의행위에 대한 정부의 긴급조치의 조정제도이며, 쟁의행위가 공익사업에 관한 것이거나, 그 규모나 특성에 따라 국민 경제를 저해할 위험성이 높은 경우 조치하게 되는 제도에 해당하는 것은 다음 중 무엇인가?

① 조정
② 긴급조정
③ 중재
④ 직장폐쇄

checkpoint 해설 & 정답

09 규범적 부분에 대한 내용이다.
② 기업조직내의 노사관계를 규율하는 부분으로, 노사협의회나 고충처리기구 등의 구성과 운영에 관한 조항 등이 해당된다.
③ 노동조합과 사용자 사이의 권리 및 의무를 규율하는 부분에 해당되며, 숍조항, 평화조항, 교섭위임 금지조항, 쟁의조항 등의 내용이 이에 해당된다.

10 파업에 대한 내용이다.
① 집단적인 불매운동을 의미하며, 사용자 또는 거래관계에 이는 제3자의 제품구입이나 시설의 이용을 거절하거나, 그들과의 근로계약 체결을 거절할 것을 호소하는 행위를 말한다.
② 태업은 형식적으로는 근로를 제공하지만 의도적으로 일을 나태하게 하여 작업능률을 저하시키는 행위를 말한다.
③ 노동조합의 쟁의행위를 효과적으로 수행하기 위한 수단으로서 비조합원들의 사업장 출입을 저지하거나, 피켓이나 현수막 등을 통해 파업에 동조하도록 호소하여 사용자에게 타격을 주기 위한 목적의 행위를 의미한다.

11 긴급조정에 대한 내용이다.
① 노동관계 당사자가 조정신청을 하게 되면 제3자가 개입하여 합의를 하도록 도와주는 제도에 해당한다.
③ 노동관계 당사자 간에 분쟁이 해결되지 않을 경우 노동위원회가 중재안을 내놓고 그 결정에 따르게 하는 제도에 해당한다.
④ 사용자측이 자기주장을 관철하기 위해 근로자가 제공하는 노동력을 거부하고, 근로자에게 경제적 타격을 입혀 압력을 가하는 실력행위에 해당한다.

정답 09 ① 10 ④ 11 ②

12 경영참가제도의 종류 중 자본참가에 해당하는 제도는 다음 중 무엇인가?

① 생산성 이득배분(Gain sharing)
② 이윤분배제도(Profit Sharing)
③ 종업원지주제도(Employee Stock Ownership Plans : ESOPs)
④ 노사협의제(Join Consultation committees)

13 경영참가제도의 종류 중 근로자 및 사용자 대표가 서로 간의 분쟁을 피하기 위해 일상적 대화를 통해 합의점을 찾고 문제점을 사전에 제거하여 건전한 노사관계를 형성하고 발전할 수 있도록 기구를 설치하여 운영하는 제도는 다음 중 무엇인가?

① 노사협의제(Join Consultation committees)
② 공동결정제(Co-determination/Joint-decision making)
③ 이윤분배제도(Profit Sharing)
④ 종업원지주제도(Employee Stock Ownership Plans : ESOPs)

14 경영참가제도의 문제점에 해당하지 않는 것은 무엇인가?

① 경영활동에 대한 근로자의 의견과 발언 등은 일종의 월권행위이며 경영권 침해에 해당된다고 주장하는 입장의 문제점에 해당한다.
② 노동조합에서 근로자가 노사협의회 등을 통해 의사결정에 참여하는 것을 허용할 경우 노동조합의 권력이 강화된다는 문제점이 생길 수 있다.
③ 사용자의 측면에서는 근로자들이 경영에 대한 지식이나 경험, 관리능력에 대한 불신과 의문을 가지고 있다는 문제점이 있다.
④ 근로자 측면에서는 경영에 대한 경험과 관리능력 등의 미흡으로 인해 사용자 측에 의해 이용당할 수 있다는 불안감이 있다는 점에서 문제점이 발생한다.

해설 & 정답 checkpoint

12 이외에 스톡옵션(Stock Option)제도가 있다.
①·② 성과배분참가에 해당된다.
④ 의사결정참가에 해당된다.

13 노사협의제(Join Consultation committees)에 대한 설명이다.
② 경영상의 의사결정을 노사 간 공동으로 이루어지는 경영참가방식을 의미한다. 근로자 또는 근로자들의 대표가 기업의 모든 경영 의사결정에 참여하여 의사교환 및 협의, 그리고 최종적인 결정으로 공동으로 해나가게 되며 동시에 그에 따른 실행에 대한 책임도 공동으로 하게 된다는 특징을 가진다.
③ 기업에 일정수준의 이윤이 발생했을 경우에 그 일정 부분을 노사가 사전에 정해 놓은 성과 배분의 원칙에 따라 상여금으로 지급하는 제도를 의미한다.
④ 기업의 경영방침에 따라 종업원에게 특별한 조건이나 방법 등으로 자사의 주식을 종업원이 자발적으로 취득, 보유하도록 하는 제도에 해당된다.

14 노동조합에서 근로자가 노사협의회 등을 통해 의사결정에 참여하는 것을 허용할 경우 노동조합에 대한 충성심이 약화되면서 조합기능도 약화될 수 있다는 우려가 있다.

정답 12 ③ 13 ① 14 ②

checkpoint 해설 & 정답

01
정답 ㄱ. 제안제도
ㄴ. 인사상담제도
ㄷ. 사기조사
ㄹ. 고충처리제도

주관식 문제

01 인간관계관리제도에 대한 내용이다. 괄호 안에 알맞은 용어를 쓰시오.

- (ㄱ): 기업 조직체의 운영이나 작업의 수행에 필요한 여러 가지 개선안이나 아이디어 등을 일반 종업원들로 하여금 제안하도록 하고, 그 중 우수한 제안에 대해서는 적절한 보상을 실시하고 채택된 제안을 실천에 옮기는 제도이다.
- (ㄴ): 종업원 개인의 혼자 힘으로 해결할 수 없는 신상의 어려움이나 조직에 대한 불만 등이 있을 때 상담을 통해 전문적인 조언을 하고, 문제해결에 도움을 주어 인격성장을 촉진함과 동시에 개인직무에 충실할 수 있도록 사기를 양양시키는 제도에 해당한다.
- (ㄷ): 종업원들이 조직에 대해 갖는 긍정적 또는 부정적인 태도, 만족도와 애사심을 파악하여 조직의 건정성을 파악하는 것이 중요하게 되며, 이를 위해 종업원의 사기를 조사한다. 이 때, 주로 종업원의 의욕을 저해시키는 요인과 각종 불만의 원인 등을 조사하게 된다.
- (ㄹ): 기업에서 근로조건이나 대우에 대해 종업원이 갖는 불평이나 불만사항 등을 접수하여 처리하는 제도에 해당된다.

02 노사관계의 발전과정에 대해 순서대로 나열하시오.

03 노동조합의 기능에 대한 내용이다. 세 가지 기능에 대해 구분하여 약술하시오.

해설 & 정답 checkpoint

02

정답 '전제적 노사관계 → 온정적 노사관계 → 근대적 노사관계 → 민주적 노사관계' 4가지로 구분되어 발전되었다.

03

정답 경제적 기능은 가장 기본적 기능으로 근로자의 근로조건 유지 및 개선을 통해 경제적 생활수준 향상을 목적으로 하는 단체교섭과 경영 참가가 대표적이다. 공제적 기능은 조합원 상호간의 상호부조를 목적으로 하는 일종의 보장 기능을 가진다. 정치적 기능은 입법 활동 등 노동관계법의 재정, 사회 정책이 근로자의 복지와 관련된 경우 이를 관철시키기 위한 활동을 하는 기능을 의미한다.

checkpoint 해설 & 정답

04

정답 ㄱ. 직업별 노동조합
ㄴ. 일반 노동조합
ㄷ. 산업별 노동조합
ㄹ. 기업별 노동조합

04 노동조합의 조직형태에 대한 내용이다. 괄호 안에 알맞은 용어를 쓰시오.

- (ㄱ) : 선박공조합, 인쇄공조합, 목수공조합 등과 같이 서로 동일한 직능을 가진 숙련노동자들이 자신들의 경제적 이익을 확보하기 위해 만든 배타적인 노동조합을 의미한다.
- (ㄴ) : 직종이나 산업, 기업 및 숙련도 등에 구애되지 않고 모든 노동자에 의해 조직된 노동조합을 의미한다. 특정 직종이나 기업에 속하지 않은 노동자도 자유로이 가입할 수 있는 장점이 있으나 단결력이 약한 단점이 있다.
- (ㄷ) : 섬유산업, 철강산업, 자동차산업, 금융노조, 금속노조 등과 같이 직종이나 계층, 기업에 상관없이 동일 산업에 종사하는 모든 노동자가 기능의 숙련과 비숙련 여부를 떠나 조직하는 형태의 노동조합을 의미한다.
- (ㄹ) : 동일 기업에 종사하는 노동자들이 조직하는 노동조합을 의미한다. 위에서 언급한 노동조합은 탈 기업적인 횡단조직인데 비해 기업별 노동조합은 개별 기업의 존립을 기반으로 한다는 점에서 차이점이 있다.

해설&정답 checkpoint

05 노동조합의 안정과 독립과 관련한 숍(Shop) 시스템에 대한 내용이다. 괄호 안에 알맞은 용어를 쓰시오.

- (ㄱ): 근로자 채용 시에는 비조합원도 자유롭게 고용할 수 있으나, 고용이 된 노동자는 일정기간 내에 노동조합에 반드시 가입해야 한다. 만약 가입을 거부하거나 제명될 시에는 기업으로부터 해고를 당하게 되는 제도이다.
- (ㄴ): 대리기관 숍제도라고도 불리며, 조합원이 아니더라도 채용된 모든 종업원들이 노동조합에 일정액의 조합비를 납부하도록 하는 제도에 해당된다
- (ㄷ): 조합원 유지 숍제도라고도 하며, 노동조합에 가입된 이후 일정기간 동안 조합원 자격을 유지해야 하는 제도에 해당한다.
- (ㄹ): 결원 보충이나 신규 채용 시에 조합원만이 고용될 수 있는 제도로써 조합원 자격이 고용의 전제조건이 된다. 노동조합이 노동공급의 유일한 원천으로 작용되기 때문에 조합의 조직을 강화하는데 있어서 가장 유리하고 강력한 제도에 해당된다.

05

정답 ㄱ. 유니언 숍
ㄴ. 에이전시 숍
ㄷ. 메인터넌스 숍
ㄹ. 클로즈드 숍

06 체크오프 시스템(Check Off System)에 대해 약술하시오.

06

정답 조합비일괄공제제도라고도 하며, 급여 지급 시 종업원들의 급여에서 조합비를 일괄적으로 공제하여 노동조합에 그 금액을 넘기는 방식으로 노동조합의 자금 확보를 위한 기반을 제공해준다는 점에서 노동조합의 재원확보와 안정에 도움을 주는 제도에 해당한다.

checkpoint 해설 & 정답

07

정답 부당노동행위의 유형은 다음과 같다.
- 불이익대우
- 황견계약(= 비열계약)
- 단체교섭의 거부
- 지배, 개입 및 경비원조

08

정답 ㄱ. 통일교섭
ㄴ. 대각선 교섭
ㄷ. 집단교섭
ㄹ. 공동교섭

07 부당노동행위의 유형을 세 가지 이상 구분하여 쓰시오.

08 단체교섭의 종류에 대한 설명이다. 괄호 안에 알맞은 용어를 쓰시오.

(ㄱ): 노동시장을 전국적 또는 지역적으로 지배하고 있는 산업별 또는 직종별 노동조합과 이에 대응하는 전국적 또는 지역적인 사용자 단체와의 교섭 방식을 말한다.
(ㄴ): 산업별로 조직된 노동조합이 이에 대응하는 개별 기업 사용자와의 사이에 행해지는 교섭을 말한다.
(ㄷ): 여러 개의 단위노조가 집단을 구성하여 이에 대응하는 여러 개의 기업의 사용자 대표와 집단적으로 교섭하는 방식을 말한다.
(ㄹ): 상부단체인 산업별 또는 직업별 노조와 하부단체인 기업별 노조 또는 기업단위의 지부와 공동으로 해당 기업의 사용자대표와 교섭하는 방식을 말한다.

해설 & 정답 checkpoint

09 노동쟁의의 유형에 대한 내용이다. 괄호 안에 알맞은 용어를 쓰시오.

구분	해당 내용
(ㄱ)	근로자가 단결하여 근로조건의 개선 등의 목적 달성을 위해 집단적으로 근로계약상 노동자가 제공해야 할 의무가 있는 노동력의 제공을 전면적으로 거부하게 하는 행위를 말한다.
(ㄴ)	형식적으로는 근로를 제공하지만 의도적으로 일을 나태하게 하여 작업능률을 저하시키는 행위를 말한다.
(ㄷ)	노동조합이 법령, 단체협약, 취업규칙 등의 내용을 원칙적으로 지킨다는 명분하에 업무 능률 및 실적을 의도적으로 떨어트리는 행위를 하는 것이다.
(ㄹ)	집단적인 불매운동을 의미하며, 사용자 또는 거래관계에 있는 제3자의 제품구입이나 시설의 이용을 거절하거나, 그들과의 근로계약 체결을 거절할 것을 호소하는 행위를 말한다.
(ㅁ)	노동조합의 쟁의행위를 효과적으로 수행하기 위한 수단으로서 비조합원들의 사업장 출입을 저지하거나, 피켓이나 현수막을 통해 파업에 동조하도록 호소하여 사용자에게 타격을 주기 위한 목적의 행위를 의미한다.

09

정답 ㄱ. 파업
ㄴ. 태업
ㄷ. 준법투쟁
ㄹ. 보이콧
ㅁ. 피켓팅

10 경영참가제도의 기본유형 세 가지와 각각에 해당되는 제도에 대해 구분하여 쓰시오.

10

정답 세 가지의 유형과 해당되는 제도는 다음과 같다.

- 자본참가 : 종업원지주제도, 스톡옵션
- 성과배분참가 : 생산성 이득배분, 이윤분배제도
- 의사결정참가 : 노사협의제, 공동결정제

checkpoint 해설 & 정답

11

정답 첫 번째로, 사용자의 입장에서는 경영참가가 경영권을 침해하는 수단으로 여겨질 수 있다는 점에서 경영권 침해의 문제가 발생할 수 있으며, 두 번째로는 노동조합에서 근로자가 노사협의회를 통해 의사결정에 참여하는 것을 허용할 경우 노동조합에 대한 충성심이 약화되고, 양분될 가능성이 높아진다는 우려가 있어 노동조합 기능의 약화에 대한 우려가 있다는 문제점이 있다. 세 번째로는 사용자의 측면에서는 근로자들이 경영에 대한 지식이나 경험, 관리능력에 대한 불신과 의문을 가지고 있고, 근로자 측면에서는 경영에 대한 경험과 관리능력 등의 미흡으로 인해 사용자 측에 의해 이용당할 수 있다는 불안감이 있다는 점에서 문제점이 발생할 수 있다.

11 경영참가제도의 문제점에 대해 세 가지로 구분하여 약술하시오.

제 10 장

인적자원 정보시스템과 인적자원 감사

제1절 인적자원 정보시스템
제2절 인적자원 감사
실전예상문제

제10장 인적자원 정보시스템과 인적자원 감사

제 1 절 인적자원 정보시스템

1 인적자원 정보시스템의 의의와 특징

(1) 인적자원 정보시스템의 의의

과거와 달리 현재에는 기술과 정보의 발달로 인해 효과적인 인적자원의 관리 및 의사결정 또한 정확하고 신속하게 이루어져야 하는 것이 필수불가결하게 되었다. 이로 인해 인적 자원정보에 대해 분석하고, 활용하고 의사결정을 할 수 있는데 도움을 줄 수 있는 시스템이 필요하게 되었다.

① **개념**

인적자원정보시스템(Human Resource Information System ; HRIS)은 인적자원관리와 연관된 각종 자료의 처리 및 정보의 산출과 각종 사안에 대한 의사결정을 내릴 때 유용한 정보들을 지원하기 위해 만들어진 시스템을 말하며, 인적자원정보가 그 용도와 관련하여 상호 관계적으로 구성되어 있는 것을 의미한다.

② **효과**

인적자원 정보시스템의 도입으로 인해 인적자원관리의 효율화와 전문화가 이루어질 수 있게 되었으며, 다음과 같은 효과가 있다.

㉠ 정보시스템을 통한 각종 시뮬레이션을 통해 신속하고 정확한 의사결정이 가능하게 된다.

㉡ 시스템을 통한 업무의 자동화와 전산화로 인해 업무처리의 시간과 인건비를 줄일 수 있고 이로 인해 생산성의 향상을 가져오게 된다.

㉢ 인적자원데이터가 축척되어짐에 따라 많은 정보자료가 쌓여지게 된다. 그래서 인적자원관리에 있어 필요한 정보자료 등이 있을 때마다 효율적으로 사용할 수 있다.

㉣ 인적자원 정보시스템을 통해 기업을 둘러싼 환경 변화에 신속히 대응하여 인력을 확보하고 배치, 개발 등을 할 수 있게 되어 탄력적이고 전략적인 인적자원관리를 할 수 있다.

(2) 인적자원 정보시스템의 특성 중요도 상 중 하

인적자원 정보시스템은 상호 의존적인 요소들의 조직적인 집단에 해당하는 일반 시스템의 특성과 유사한 특성을 가지고 있다.

① **개방시스템**

인적자원 정보시스템의 구성요소들은 언제나 시스템 외부의 환경에 영향을 받고, 상호작용을 하기 때문에 개방시스템을 가지고 있다.

② **시스템-하위시스템**

이러한 정보시스템들은 여러 하위시스템으로 구성되어있다. 하위시스템은 인적자원관리의 개별 활동인 확보, 개발, 평가, 보상, 유지 등의 구성요소라고 할 수 있다.

③ **상호의존**

하위시스템의 구성요소들 간에 상호의존성이 존재한다.

④ **자기조정**

하위시스템들 간 동적인 상호작용을 통해 스스로를 규제할 수 있으며, 환류를 통해 시스템들은 스스로 적응하고 시스템의 안정된 상태를 유지할 수 있도록 한다.

2 인적자원정보자료와 활용분야

(1) 인적자원 정보자료

① **외부환경자료**

조직 외적 자료인 법적, 환경적 요인에 관한 자료와 조직 내적 자료로 나누어진다.

㉠ 조직 외적 자료

조직 외적 자료인 법적, 환경적 요인으로는 노동법, 사회문화적 요인, 경쟁자 정보, 정부 규제 등이 해당된다.

㉡ 조직 내적 자료

내적 자료에는 기업의 목표, 조직 구조, 기술력, 노사관계, 가치관, 작업집단 및 비공식 조직 등의 자료가 해당된다고 할 수 있다.

② **투입자료**

투입자료는 크게 조직 및 직무정보시스템을 구성하는 자료와 구성인력정보시스템에 대한 자료로 나누어진다.

㉠ 조직 및 직무에 관한 자료

직무관련 자료, 보상자료, 인력의 예측 및 충원 등에 대한 자료가 해당된다.

㉡ 구성인력에 관한 자료

구성인력이 가지고 있는 기술자료, 이력자료, 성과자료 등이 해당된다.

③ **과정자료**

과정자료는 생산성 유인프로그램과 생산성 유지프로그램으로 나누어진다.

㉠ 생산성 유인프로그램

생산성을 유인하고자 하는 목적에 해당하는 자료로 경력계획, 기술훈련 및 재훈련, 종업원 동기화, 인센티브 프로그램 등이 해당된다.

㉡ 생산성 유지프로그램

조직개발, 보건 및 안전, 노사관계, 상담 및 의사소통 등 인적자원의 유지에 관한 자료가 해당된다.

④ **산출자료**

산출자료에는 개인수준에 있어서의 욕구충족, 성장 및 개발 관련 자료와 조직수준에 있어서의 생산성 유지 및 성장에 관한 자료가 있다.

(2) 인적자원정보시스템의 활용분야 중요도 상 중 하

① **보상관리** : 급여계산 등을 통한 급여통계자료 분석, 세금 정산, 복리후생 등의 이용료 정산 등에 활용된다.

② **인사자료 관리** : 인사기록에 대한 정보인 인적사항, 가족사항 및 자격사항 관리, 승진 및 교육, 인사고과 등의 인사자료의 관리와 통계에 활용된다.

③ **확보관리** : 채용 및 배치 등에 필요한 모집, 공고, 선발 자료와 직종 분류와 변경 등에 대한 자료들이 해당된다.

④ **근무시간 관리** : 근무시간과 관련된 출퇴근 관리, 결근, 휴가, 교대근무 시간 등에 대해 효과적으로 관리할 수 있다.

⑤ **인적자원 관리** : 기업 내 정원관리, 교육수요 조사, 인적자원의 수요 예측 및 공급예측과 평가 등에 관한 자료들을 관리할 수 있다.

3 e-HRM 시스템의 활용

e-HRM 시스템은 인적자원관리를 보다 효과적으로 하기 위해 인사정보 및 각종 활동에 관한 개별 정보를 구성원에게 제공하고, 인적자원의 역량 극대화 및 구성원 개개인의 니즈를 반영하고 전산화하여 기업의 목표달성에 보다 효율적으로 다가갈 수 있도록 하는 시스템에 해당한다.

(1) 개념

e-HRM은 e-비즈니스 기술을 활용하여 인적자원관리를 보다 효율화하기 위해 도입되었으며, 종업원, 인사전문가, 경영자 등을 가상 조직으로 연결하여 운영하고 관리하는 신개념의 인적자원 정보시스템에 해당한다.

(2) 효과

e-HRM을 통해 다음과 같은 효과를 얻을 수 있다.

① e-HRM을 통해 기업과 종업원이 언제 어디서나 완전히 통합된 인적자원정보를 이용하고, 활용할 수 있어 상호교류가 가능해진다.

② e-비즈니스 기술을 이용한 신개념의 인적자원 정보시스템으로 전자커뮤니케이션 네트워크를 활용할 수 있으므로 인적자원관리에 드는 인적, 물적 비용의 절감이 가능하다.

③ 종업원 스스로 인적자원관리를 수시로 확인 할 수 있어 인적자원 정보 관련 서비스를 필요에 따라 신속하게 받을 수 있다.

제 2 절 인적자원 감사

1 인적자원 감사의 개념 및 목적과 역할

(1) 인적자원 감사의 개념

인적자원 감사는 과거의 경우 소극적으로 인적자원관리상의 부정을 방지하기 위한 목적으로 시행되고 발전하게 되었지만, 오늘날에 있어서는 오히려 인적자원관리제도와 운영상의 효과성과 경제성을 평가하기 위한 목적으로 활용되고 있다.

① **정의**

인적자원 감사는 인적자원관리제도에 대한 제도, 활동 및 성과 등에 관한 전반적인 사항에 대한 자료를 체계적으로 수집하고 평가하여 인적자원관리제도가 그 목적을 잘 수행했는지에 대해 알아보기 위해 실시하는 것을 의미한다.

② **중요성**

인적자원 감사는 기업 조직의 인적자원관리 과정상의 통제에 있어 중요한 수단이 되며, 감사를 통해 인적자원관리활동이 그렇게 의도하는 목적에 비교해서 적합한지를 판단하게 된다. 그리고 인적자원 감사를 통해 제도의 강점과 문제점을 발견하고 분석하여 개선방안을 찾게 된다는 점에서 의미가 있다.

(2) 인적자원 감사의 목적과 역할

인적자원 감사는 인적자원관리에 있어 중요한 기능을 가지고 있으며, 그 목적과 역할에 대해 기업은 끊임없이 연구하고 해당 목적을 달성하려고 노력한다.

① **목적**

㉠ 기업의 최고경영자가 결정한 인적자원 관련 정책들이 기업 전반에 걸쳐 얼마만큼 원활하게 수행되고 있는가를 평가하기 위함이다.

㉡ 평가를 통해 특별한 주의를 요구하는 특정영역과 문제점 등을 밝힐 수 있다.

㉢ 종업원들로 하여금 그들에게 무엇이 기대되는 지에 대해 민감하게 만들고, 최고경영자에게 우선순위가 크게 배정된 영역들에 대해 특별히 주의할 수 있도록 고무한다.

② **역할**

㉠ 조직의 전반적인 효율성을 감사하고 평가하고, 근태율 및 이동률 등 기타 지표를 이용하여 조직건강에 대한 측정을 하도록 한다.

㉡ 정기적인 인적자원 감사를 실시함으로써 어떠한 추세가 악화되기 전에 탐지할 수 있다.

㉢ 조직의 성과표준 검토를 할 수 있다.

㉣ 기존에 설정된 인적자원관리정책의 수행 여부에 대한 감사의 역할을 한다.

㉤ 기업 경영자의 입장에서 정책이 효과적이었는지에 대해 비용 및 수익분석을 하여 더욱 정밀한 감사를 실시할 수 있다.

2 인적자원감사기준

(1) 일반기준(General Standards) 중요도 상중하

① 일반기준은 적정한 기술훈련 및 숙달한 사람 또는 사람들에 의해 조사가 수행되어야 한다.
② 감사자들은 정신자세에 있어 독립적인 자세를 가져야 한다.
③ 감사자들이 조사를 실행하고 보고서를 준비함에 있어 전문가적 주의를 기울여야 한다.

(2) 실사기준(Standards of Field Work)

① 실사는 적정하게 계획되어야 하며, 만약 보조원이 수행하고 있다면 이를 적정하게 감독할 수 있어야 한다.
② 현재 존재하고 있는 내부통제에 대한 적정한 연구 및 평가가 반드시 있어야 한다.
③ 조사 중인 인사프로그램에 대한 의견으로 합리적인 토대를 제공할 수 있는 검사, 감찰, 조회 및 확인 등을 통하여 요구에 부합하는 증거자료가 얻어져야 한다.

(3) 보고기준(Standard of reporting)

① 현재의 인사정책 및 관리상의 문제점 등을 파악하여, 그 문제점 등에 대해 원인분석을 해야 한다.
② 파악된 문제점 등에 대한 개선을 위한 뚜렷한 목표가 제시되어야 한다.
③ 이루고자 하는 목표달성을 위해 구체적인 변화 영역과 수단의 제시가 이루어져야 한다.

3 인적자원감사의 종류

(1) 내부감사와 외부검사

감사주체에 따라 내부감사와 외부검사로 크게 나누어진다.

① **내부감사**
기업 조직 내부의 전문 스태프들이 기업 내의 인적자원감사를 실시하고 통괄하는 경우를 말한다. 장점으로는 감사자가 내부의 스태프들이기 때문에 조직 내의 자료 및 정보의 수집을 쉽게 할 수 있다는 점이 있으나, 단점으로는 독립성이 약하기 때문에 감사의 실시에 있어 비판하고 평가하는 것이 약할 수 있다.

② **외부감사**
외부감사는 기업 외부의 전문가, 예를 들어 컨설턴트나 각종 연구기관, 대학 등에 의해 실시되는 것을 의미하며 보통 위탁감사라고도 한다. 장점으로는 이들이 가지는 전문성 및 독립성을 기반으로 객관적이고 새로운 평가를 할 수 있다는 점을 들 수 있다. 반면 단점으로는 기업 내부의 상황을 정확히 알고 있는 것이 아니므로 감사에 상당한 시간과 비용이 초래될 수 있다는 점이 있다.

(2) ABC 감사 중요도 상중하

일본의 노무연구회에서는 인적자원 감사대상에 따라 ABC 감사로 구분하였다.

① **A 감사(Administrative Phase)**

인적자원정책의 경영면(내용)을 대상으로 실시되는 감사이다. A 감사는 경영에 있어 전반적인 관점을 가지고, 전체적인 인사 관련 정책에 관한 사실을 조사하고, 조직 내 인적자원관리 방침 및 시행과의 연관성, 정책의 기능과 운용실태에 대해 정기적으로 평가하고 비판하여 개선점을 찾아가고자 하는 목적이 크다.

② **B 감사(Economical Phase, Budget Survey)**

인적자원정책의 경제면(비용)을 대상으로 실시되는 예산감사이다. B 감사는 인사정책에 대해 소요되는 경비를 파악하고, 그로 인한 예산의 적정성 등을 분석하고 평가하여 적정한 예산할당의 적합성 등에 중점을 두어 실시한다.

③ **C 감사(Contribution Survey)**

인적자원관련 정책에 대한 실제효과를 대상으로 하여 이를 측정하고 검토하여 해당 연도에 있어서 조직균형상태 뿐만 아니라 인적자원정책에 대해 재해석하고, 이를 종합하고 판단하여 새로운 정책을 수립하는데 유용한 자료를 제공하는 것을 목적으로 하는 감사이다.

4 인적자원감사의 시행순서

(1) 전반기록

회사의 조직도, 사내규정, 정부규제 등을 포함한 비재무적 기록과 일반재무기록, 회계기록 등에 대한 전반적인 조사로 시작한다.

(2) 세부 인사기능 분석

전반적인 조사를 통한 회사전반의 상황과 문제점에 대한 분석이 끝나면, 세부적인 인사기능인 인력계획, 모집 및 선발, 훈련 및 개발, 보상 및 복리후생 등의 각각의 프로그램이 적합하게 이루어지고 있는지에 대해 분석하게 된다.

(3) 실사자료 수집방식 결정 및 비교, 분석

감사영역이 확정되면, 그에 따라 어떠한 방법으로 실사자료를 수집할 것인가를 결정하게 된다. 수집된 자료는 당초의 계획과 비교하거나, 표준적인 수속과 비교한 효율적 분석, 외부의 표준자료 또는 부서간 비교와 추세비교 등을 통해 평가가 가능하다.

(4) 최종권고안 작성

기업 전체적인 환경에 적합한 평가가 궁극적으로 이루어져야 하며, 이러한 관점에서 최종적인 권고안이 작성되어야 한다.

5 인적자원감사의 문제점 및 대책 중요도 상중하

인적자원감사에 있어서 인적자원관리의 효과에 대한 평가가 어렵다는 점에서 문제점이 발생한다고 볼 수 있다. 그러므로 현재 진행 중인 측정 방법을 살펴보고 그에 걸맞은 새로운 측정방법에 대해 생각해봐야 한다.

(1) 인적자원감사 평가의 문제점 및 대책

① 각각 해당되는 인사프로그램에 대한 목표는 반드시 행동양식이나 최종결과양식으로 진술되어야 한다. 인사프로그램에 대한 목표가 구체화되지 않고 뚜렷하지 않으면 인적자원관리 효과에 관한 평가가 어려워질 수 있다.

② 목표의 불명료성은 인적자원이용에 대한 프로그램의 평가에 있어 변화가 얼마만큼 일어났는지에 대해 판단하기가 어렵다는 것을 말한다. 이러한 판별곤란성을 줄이기 위해서는 프로그램에 참여하지 않은 비슷한 나이, 경험, 조직수준에 있는 통제집단이 필요하게 된다.

③ 평가에 대한 라인관리자와 인적자원관리부서의 태도와 신념에 있어서 차이가 발생할 수 있기 때문에, 의미가 있고 건설적인 평가가 되기 위해서는 상호 지원하는 분위기에서 실시되어야 한다.

④ 인적자원관리프로그램의 성공과 실패는 최고경영자의 지지와 적극적인 관심에 달려있기 때문에 인적자원관리 담당자뿐만 아니라 최고경영자의 관심이 필요하다.

(2) 인적자원감사 접근방법의 문제점 및 대책

인적자원관리 효과를 추정하는 접근 방법으로는 일반적으로 통계적 방법과 비통계적 방법이 대표적이다.

① **통계적 방법**

㉠ 주요방법

통계적 방법은 주로 기술통계학을 활용해서 쓰게 되며, 이는 그래프, 지표, 도표 또는 간단한 비율 등을 활용하게 된다.

㉡ 문제점 및 대책

통계자료는 수치적인 부분만 보여 지기 때문에 조직의 건강상태를 점검하고 평가하기에는 부족함이 있다. 유용한 자료가 되기 위해서는 비교할 수 있는 수치 등을 이용하여 적절한 판단을 할 수 있도록 해야 한다.

② **비통계적 방법**

㉠ 주요방법

비통계적 방법은 태도조사, 예산, 면접, 인사고과 등의 방법을 사용하게 된다.

㉡ 문제점 및 대책

주관적인 요소가 개입될 수 있기 때문에 태도조사 등의 방법에 따른 결과는 모든 조직구성원들에게 환류, 검토되어야 하며 이를 통해 필요한 변화가 초래될 수 있어야 한다.

제10장

OX로 점검하자

※ 다음 지문의 내용이 맞으면 O, 틀리면 ×를 체크하시오. [1~8]

01 인적자원 정보시스템의 특성 중 인적자원 정보시스템의 구성요소들은 언제나 시스템 외부의 환경에 영향을 받고, 상호작용을 하기 때문에 '자기조정'이라는 특성을 갖게 된다. (   )

02 인적자원 정보자료 중 투입자료는 크게 조직 및 직무정보시스템을 구성하는 자료와 구성인력정보시스템에 대한 자료로 나누어진다. (   )

03 e-비즈니스 기술을 이용한 신개념의 인적자원 정보시스템으로 전자커뮤니케이션 네트워크를 활용할 수 있으므로 인적자원관리에 드는 인적, 물적 비용의 절감이 가능하다. (   )

04 인적자원 감사는 기업 조직의 인적자원관리 과정상의 통제에 있어 중요한 수단이 되며, 감사를 통해 제도의 강점과 문제점을 발견하고 분석한다는 점에서 중요한 의미를 지니지만 감사 자체만으로는 개선방안을 찾기에는 한계점이 있다. (   )

05 인적자원 감사기준은 일반기준, 실사의 기준, 보고기준 세 가지로 크게 구성된다. (   )

06 일본의 노무연구회에서는 인적자원 감사대상에 따라 ABC감사로 구분하였는데, 'A 감사'는 인적자원정책의 경제면(비용)을 대상으로 실시되는 예산감사를 의미한다. (   )

07 인적자원감사의 시행순서는 '세부 인사기능 분석 → 전반기록 → 실사자료 수집방식 결정 및 비교, 분석 → 최종권고안 작성'의 순서대로 진행된다. (   )

08 인적자원관리프로그램이 성공적으로 진행되기 위해서는 인적자원관리 담당자의 능력과 노력뿐만 아니라 최고경영자의 관심이 필요하다. (   )

정답과 해설 01 × 02 O 03 O 04 × 05 O 06 × 07 × 08 O

01 '개방시스템'에 관한 설명에 해당되며, '자기조정'은 하위시스템들 간 동적인 상호작용을 통해 스스로를 규제할 수 있으며, 환류를 통해 시스템들은 스스로 적응하고 시스템의 안정된 상태를 유지할 수 있도록 하는 특성을 의미한다.

04 감사를 통해 인적자원관리활동이 그렇게 의도하는 목적에 비교해서 적합한지를 판단하게 된다. 그리고 인적자원 감사를 통해 제도의 강점과 문제점을 발견하고 분석하여 개선방안을 찾게 된다는 점에서 의미가 있다.

06 'B 감사'에 대한 내용이다.
- A 감사 : 인적자원정책의 경영면(내용)을 대상으로 실시되는 감사이다.
- B 감사 : 인적자원정책의 경제면(비용)을 대상으로 실시되는 예산감사이다.
- C 감사 : 인적자원관련 정책에 대한 실제효과를 대상으로 하여 이를 측정하고 검토한다.

07 인적자원감사의 시행순서는 '전반기록 → 세부 인사기능 분석 → 실사자료 수집방식 결정 및 비교, 분석 → 최종권고안 작성'의 순서대로 진행된다.

제 10 장 실전예상문제

01 **인적자원 정보시스템(Human Resource Information System ; HRIS)의 의의에 대한 설명으로 가장 알맞지 않은 것은 무엇인가?**

① 인적자원관리와 연관된 각종 자료의 처리 및 정보의 산출과 각종 사안에 대한 의사결정을 내릴 때 유용한 정보들을 지원하기 위해 만들어진 시스템을 말한다.

② 시스템을 통한 업무의 자동화와 전산화로 인해 업무처리의 시간과 인건비를 줄일 수 있지만, 이를 통해 생산성의 향상을 기대할 수는 없다.

③ 인적자원 정보시스템을 통해 기업을 둘러싼 환경 변화에 신속히 대응하여 인력을 확보하고 배치, 개발 등을 할 수 있게 되어 탄력적이고 전략적인 인적자원관리를 할 수 있다.

④ 정보시스템을 통한 각종 시뮬레이션을 통해 신속하고 정확한 의사결정이 가능하게 된다.

02 **인적자원 정보시스템의 특성에 대해 바르게 연결된 것은 무엇인가?**

① 개방시스템 : 인적자원 정보시스템의 구성요소들은 언제나 시스템 외부의 환경에 영향을 받고, 상호작용하는 특성을 가지고 있다.

② 시스템-하위시스템 : 하위시스템의 구성요소들 간에 상호의존성이 존재한다.

③ 상호의존 : 하위시스템들 간 동적인 상호작용을 통해 스스로를 규제할 수 있으며, 환류를 통해 시스템들은 스스로 적응하고 시스템의 안정된 상태를 유지할 수 있도록 한다.

④ 자기조정 : 이러한 정보시스템들은 여러 하위시스템으로 구성되어 있다. 하위시스템은 인적자원관리의 개별 활동인 확보, 개발, 평가, 보상, 유지 등의 구성요소라고 할 수 있다.

해설 & 정답 checkpoint

01 시스템을 통한 업무의 자동화와 전산화로 인해 업무처리의 시간과 인건비를 줄일 수 있고 이로 인해 생산성의 향상을 가져오게 된다.

02 ② 상호의존에 대한 내용이다.
③ 자기조정에 대한 내용이다.
④ 시스템-하위시스템에 대한 내용이다.

정답 01 ② 02 ①

checkpoint 해설 & 정답

03 ① 투입자료에 대한 내용이다.
② 산출자료에 대한 내용이다.
③ 외부환경자료에 대한 내용이다.

04 인적자원정보시스템의 활용분야보다는 생산이나 제조원가와 관련된 회계분야의 활용부분에 해당되는 설명이다.

정답 03 ④ 04 ③

03 인적자원 정보자료에 대한 내용이 바르게 연결된 것은 무엇인가?

① 외부환경자료 : 조직 및 직무에 관한 자료, 구성인력에 관한 자료
② 투입자료 : 개인수준의 욕구충족, 성장 및 개발 관련 자료와 조직수준의 생산성 유지 및 성장에 관한 자료
③ 산출자료 : 조직 외적 자료, 조직 내적 자료
④ 과정자료 : 생산성 유인프로그램, 생산성 유지프로그램

04 인적자원정보시스템의 활용분야에 대한 설명으로 가장 알맞지 <u>않은</u> 것은 무엇인가?

① 급여계산 등을 통한 급여통계자료 분석, 세금 정산, 복리후생 등의 이용료 정산 등에 활용된다.
② 인사기록에 대한 정보인 인적사항, 가족사항 및 자격사항 관리, 승진 및 교육, 인사고과 등의 인사자료의 관리와 통계에 활용된다.
③ 원가관리 및 생산성 향상 관리에 활용된다.
④ 채용 및 배치 등에 필요한 모집, 공고, 선발 자료와 직종 분류와 변경 등에 대한 자료들이 해당된다.

해설 & 정답 checkpoint

05 e-HRM 시스템의 활용과 효과에 대한 설명으로 맞지 않는 것은 무엇인가?

① e-HRM을 통해 기업과 종업원이 언제 어디서나 완전히 통합된 인적자원정보를 이용하고, 활용할 수 있어 상호교류가 가능해진다.

② 정보보안 때문에 종업원 스스로 인적자원관리를 수시로 확인할 수는 없다.

③ e-비즈니스 기술을 이용한 신개념의 인적자원 정보시스템으로 전자커뮤니케이션 네트워크를 활용할 수 있으므로 인적자원관리에 드는 인적, 물적 비용의 절감이 가능하다.

④ e-HRM은 e-비즈니스 기술을 활용하여 인적자원관리를 보다 효율화하기 위해 도입되었으며, 종업원, 인사전문가, 경영자 등을 가상 조직으로 연결하여 운영하고 관리하는 신개념의 인적자원 정보시스템에 해당한다.

05 종업원 스스로 인적자원관리를 수시로 확인할 수 있어 인적자원정보관련서비스를 필요에 따라 신속하게 받을 수 있다.

06 인적자원감사의 목적과 역할에 대한 설명으로 맞지 않는 것은 무엇인가?

① 기업의 최고경영자가 결정한 인적자원 관련 정책들이 기업 전반에 걸쳐 얼마만큼 원활하게 수행되고 있는가를 평가하기 위함이다.

② 정기적인 인적자원감사를 실시함으로써 어떠한 추세가 악화되기 전에 탐지할 수 있다.

③ 조직의 전반적인 효율성을 감사하고 평가하고, 근태율 및 이동률 등 기타 지표를 이용하여 조직건강에 대한 측정을 하도록 한다.

④ 인적자원감사를 통해 제도의 강점과 문제점을 발견할 수는 있지만, 개선방안을 마련하는 데에는 부족한 점을 지닌다.

06 인적자원감사는 기업 조직의 인적자원관리 과정상의 통제에 있어 중요한 수단이 되며, 인적자원 감사를 통해 제도의 강점과 문제점을 발견하고 분석하여 개선방안을 찾게 된다는 점에서 의미가 있다.

정답 05 ② 06 ④

checkpoint 해설 & 정답

07 일반기준은 적정한 기술훈련 및 숙달한 사람 또는 사람들에 의해 조사가 수행되어야 한다는 내용과 감사자들이 조사를 실행하고 보고서를 준비함에 있어 전문가적 주의를 기울여야 한다는 내용도 포함한다.
②: 실사의 기준
③·④: 보고기준

08 내부감사의 장점에 해당하는 내용이다. 내부감사는 기업 조직 내부의 전문 스태프들이 기업 내의 인적자원감사를 실시하고 통괄하는 경우를 말한다. 단점으로는 독립성이 약하기 때문에 감사의 실시에 있어 비판하고 평가하는 것이 약할 수 있다는 것이다.

정답 07 ① 08 ④

07 인적자원감사기준 중 '일반기준(General Standards)'에 대한 내용으로 맞는 것은 무엇인가?

① 감사자들은 정신자세에 있어 독립적인 자세를 가져야 한다.
② 조사 중인 인사프로그램에 대한 의견으로 합리적인 토대를 제공할 수 있는 검사, 감찰, 조회 및 확인 등을 통하여 요구에 부합하는 증거자료가 얻어져야 한다.
③ 현재의 인사정책 및 관리상의 문제점 등을 파악하여, 그 문제점 등에 대해 원인분석을 해야 한다.
④ 이루고자 하는 목표달성을 위해 구체적인 변화 영역과 수단의 제시가 이루어져야 한다.

08 인적자원감사의 종류 중 외부감사에 대한 내용으로 가장 알맞지 <u>않은</u> 것은 무엇인가?

① 기업 외부의 전문가, 예를 들어 컨설턴트나 각종 연구기관, 대학 등에 의해 실시되는 것을 의미하며 보통 위탁감사라고도 한다.
② 장점으로는 이들이 가지는 전문성 및 독립성을 기반으로 객관적이고 새로운 평가를 할 수 있다는 점을 들 수 있다.
③ 단점으로는 감사에 상당한 시간과 비용이 초래될 수 있다는 점이 있다.
④ 전문성을 가지고 조직 내의 자료 및 정보의 수집을 쉽게 할 수 있다는 점이 장점에 해당한다.

해설 & 정답 checkpoint

09 ABC 감사에 대한 내용 중 'B 감사'에 대한 설명으로 맞는 것은 무엇인가?

① 인적자원관련 정책에 대한 실제효과를 대상으로 이를 측정하고 검토하며, 종합하고 판단하여 새로운 정책을 수립하는데 유용한 자료를 제공하는 것을 목적으로 하는 감사이다.

② 인적자원정책의 경영면(내용)을 대상으로 실시되는 감사이다

③ 인적자원정책의 경제면(비용)을 대상으로 실시되는 예산감사이다.

④ 경영에 있어 전반적인 관점을 가지고, 전체적인 인사 관련 정책에 관한 사실을 조사하고, 조직 내 인적자원관리 방침 및 시행과의 연관성, 정책의 기능과 운용실태에 대해 정기적으로 평가하고 비판하여 개선점을 찾아가고자 하는 목적이 크다.

09 ① : C 감사
②·④ : A 감사

10 인적자원감사의 시행순서에 대한 내용이 바르게 연결된 것은 무엇인가?

① 전반기록 : 회사의 조직도, 사내규정, 정부규제 등을 포함한 비재무적 기록과 일반재무기록, 회계기록 등에 대한 조사로 시작한다.

② 세부 인사기능 분석 : 감사영역이 확정되면, 그에 따라 어떠한 방법으로 자료를 수집할 것인가를 결정하게 된다.

③ 실사자료 수집방식 결정 및 비교, 분석 : 기업 전체적인 환경에 적합한 평가가 궁극적으로 이루어져야 하며, 이러한 관점에서 최종적으로 권고안이 작성되어야 한다.

④ 최종권고안 작성 : 전반적인 조사를 통한 회사전반의 상황과 문제점에 대한 분석이 끝나면, 구체적인 인사기능인 인력계획, 모집 및 선발, 훈련 및 개발, 보상 및 복리후생 등의 각각의 프로그램이 적합하게 이루어지고 있는지에 대해 분석하게 된다.

10 ② 실사자료 수집방식 결정 및 비교·분석
③ 최종권고안 작성
④ 세부 인사기능 분석

정답 09 ③ 10 ①

checkpoint 해설 & 정답

11 인적자원관리프로그램의 성공과 실패는 최고경영자의 지지와 적극적인 관심에 달려있기 때문에 인적자원관리 담당자뿐만 아니라 최고경영자의 관심이 필요하다.

01

정답 시스템을 통한 업무의 자동화와 전산화로 인해 업무처리의 시간과 인건비를 줄일 수 있고 이로 인해 생산성의 향상을 가져오게 되며, 정보시스템을 통한 각종 시뮬레이션을 통해 신속하고 정확한 의사결정이 가능하게 된다. 또한 인적자원 정보시스템을 통해 기업을 둘러싼 환경 변화에 신속히 대응하여 인력을 확보하고 배치, 개발 등을 할 수 있게 되어 탄력적이고 전략적인 인적자원관리를 할 수 있다.

정답 11 ②

11 인적자원감사 평가의 문제점 및 대책에 대한 설명으로 맞지 않은 것은 무엇인가?

① 평가에 대한 라인관리자와 인적자원관리부서의 태도와 신념에 있어서 차이가 발생할 수 있기 때문에, 의미가 있고 건설적인 평가가 되기 위해서는 상호 지원하는 분위기에서 실시되어야 한다.

② 인적자원관리프로그램의 성공과 실패는 인적자원관리 담당자의 절대적 능력이 중요하기 때문에, 최고경영자의 지지는 중요하지 않다.

③ 각각 해당되는 인사프로그램에 대한 목표는 반드시 행동양식이나 최종결과양식으로 진술되어야 한다.

④ 목표의 불명료성은 인적자원이용에 대한 프로그램의 평가에 있어 변화가 얼마만큼 일어났는지에 대해 판단하기가 어렵다는 것을 말한다. 이러한 판별곤란성을 줄이기 위해서는 프로그램에 참여하지 않은 비슷한 나이, 경험, 조직수준에 있는 통제집단이 필요하게 된다.

주관식 문제

01 인적자원 정보시스템의 도입으로 인한 효과에 대해 약술하시오.

02 인적자원 정보시스템의 특성에 대한 내용이다. 괄호 안에 알맞은 용어를 쓰시오.

- 인적자원 정보시스템의 구성요소들은 언제나 시스템 외부의 환경에 영향을 받고, 상호작용을 하기 때문에 (ㄱ)을 가지고 있다.
- 이러한 정보시스템들은 여러 (ㄴ)으로 구성되어 있다. (ㄴ)은 인적자원관리의 개별 활동인 확보, 개발, 평가, 보상, 유지 등의 구성요소라고 할 수 있다.
- 하위시스템의 구성요소들 간에 (ㄷ)이 존재한다.
- (ㄹ)은 하위시스템들 간 동적인 상호작용을 통해 스스로를 규제할 수 있으며, 환류를 통해 시스템들은 스스로 적응하고 시스템의 안정된 상태를 유지할 수 있도록 한다는 것을 의미한다.

해설 & 정답 checkpoint

02

정답 ㄱ. 개방시스템
ㄴ. 하위시스템
ㄷ. 상호의존
ㄹ. 자기조정

checkpoint 해설 & 정답

03
정답 ㄱ. 외부환경자료
ㄴ. 투입자료
ㄷ. 과정자료
ㄹ. 산출자료

04
정답 보상관리, 인사자료 관리, 확보관리, 근무시간 관리, 인적자원 관리 등이 있다.

03 인적자원 정보자료에 대한 내용이다. 괄호 안에 알맞은 용어를 쓰시오.

- (ㄱ): 조직 외적 자료인 법적, 환경적 요인에 관한 자료와 조직 내적 자료로 나누어진다.
- (ㄴ): 조직 및 직무정보시스템을 구성하는 자료와 구성 인력정보시스템에 대한 자료로 나누어진다.
- (ㄷ): 생산성 유인프로그램과 생산성 유지프로그램으로 나누어진다.
- (ㄹ): 개인수준에 있어서의 욕구충족, 성장 및 개발 관련 자료와 조직수준에 있어서의 생산성 유지 및 성장에 관한 자료가 있다.

04 인적자원정보시스템의 활용분야에 대해 3가지 이상 구분하여 쓰시오.

05 인적자원 감사의 역할에 대해 3가지 이상 구분하여 약술하시오.

06 인적자원감사기준에 대한 내용이다. 괄호 안에 알맞은 용어를 쓰시오.

• (ㄱ)은 적정한 기술훈련 및 숙달한 사람 또는 사람들에 의해 조사가 수행되어야 한다는 내용이다.
• (ㄴ)은 실사는 적정하게 계획되어야 하며, 만약 보조원이 수행하고 있다면 이를 적정하게 감독할 수 있어야 한다는 내용이다.
• (ㄷ)은 파악된 문제점 등에 대한 개선을 위한 뚜렷한 목표가 제시되어야 한다는 내용이다.

해설 & 정답 checkpoint

05

정답 인적자원 감사는 다음과 같은 역할을 한다.
첫째, 조직의 전반적인 효율성을 감사하고 평가하고, 근태율 및 이동률 등 기타 지표를 이용하여 조직건강에 대한 측정을 할 수 있다. 둘째, 정기적인 인적자원 감사를 실시함으로써 어떠한 추세가 악화되기 전에 탐지할 수 있다. 셋째로, 기존에 설정된 인적자원관리정책의 수행 여부에 대한 감사의 역할을 할 수 있다.

06

정답 ㄱ. 일반기준
ㄴ. 실사기준
ㄷ. 보고기준

checkpoint 해설 & 정답

07
정답 ㄱ. A 감사
ㄴ. C 감사
ㄷ. B 감사

07 인적자원감사 중 ABC 감사에 대한 내용이다. 괄호 안에 알맞은 용어를 쓰시오.

- (ㄱ) : 인적자원정책의 경영면(내용)을 대상으로 실시되는 감사이다. 이는 경영에 있어 전반적인 관점을 가지고, 전체적인 인사 관련 정책에 대한 사실을 조사하고, 조직 내 인적자원관리 방침 및 시행과의 연관성, 정책의 기능과 운용실태에 대해 정기적으로 평가하고 비판하여 개선점을 찾아가고자 하는 목적이 크다.
- (ㄴ) : 인적자원관련 정책에 대한 실제효과를 대상으로 이를 측정하고 검토하여 해당 연도에 있어서 조직균형상태뿐만 아니라 인적자원정책에 대해 재해석하고, 이를 종합하고 판단하여 새로운 정책을 수립하는데 유용한 자료를 제공하는 것을 목적으로 하는 감사이다.
- (ㄷ) : 인적자원정책의 경제면(비용)을 대상으로 실시되는 예산감사이다. 이는 인사정책에 대해 소요되는 경비를 파악하고, 그로 인한 예산의 적정성 등을 분석하고 평가하여 적정한 예산할당의 적합성 등에 중점을 두어 실시한다.

해설 & 정답 checkpoint

08 인적자원감사의 시행순서를 순서대로 쓰시오.

08

정답 '전반기록 → 세부 인사기능 분석 → 실사자료 수집방식 결정 및 비교, 분석 → 최종권고안 작성'의 순서대로 이루어진다.

09 인적자원관리 효과를 추정하는 접근 방법으로는 일반적으로 통계적 방법과 비통계적 방법이 대표적이다. 이 두 가지 방법을 비교하여 서술하시오.

09

정답 통계적 방법은 주로 기술통계학을 활용해서 쓰게 되며, 이는 그래프, 지표, 도표 또는 간단한 비율 등을 활용하게 된다. 이 방법이 유용한 자료가 되기 위해서는 비교할 수 있는 수치 등을 이용하여 적절한 판단을 할 수 있도록 해야 한다. 이에 비례로 비통계적 방법은 태도조사, 예산, 면접, 인사고과 등의 방법을 사용하게 된다. 주관적인 요소가 개입될 수 있다는 문제점이 있으므로 태도조사 등의 방법에 따른 결과는 모든 조직 구성원들에게 환류, 검토되어야 하며 이를 통해 필요한 변화가 초래될 수 있어야 한다.

고득점으로 대비하는 가장 똑똑한 수험서!

제 11 장

관리이론의 전개과정

제1절 현대사회와 관리이론의 대립 발전
제2절 보편적 관리이론의 주요 내용
제3절 상황이론과 전략적 선택이론
실전예상문제

제 11 장 관리이론의 전개과정

제 1 절 현대사회와 관리이론의 대립 발전

관리이론의 전개과정에 있어 그 기초를 마련한 이론은 과학적 관리론과 페이욜의 고전적 관리론에 해당되며, 이를 시작으로 전개된 이론에 이해가 인적자원관리를 이해하고 조직에 대해 이해하는 부분에 있어 중요한 의미를 갖는다.

1 과학적 관리론(Scientific Management Theory) 중요도 상중하

과학적 관리론은 19세기 후반과 20세기 초반에 미국의 테일러가 구성한 이론에 해당된다. 생산성 향상을 위해 표준 과업을 측정하고 관리하려고 한 이론이다.

(1) 과학적 관리론의 내용

① 시간 및 동작연구를 통해 표준과업을 측정하고 관리할 수 있게 되었다.
② 차별성과급제를 도입하여 정해진 과업 이상을 달성한 종업원들에게 높은 임금을 주었다.
③ 전문화의 원리에 따라 직무를 설계하여 체계적인 작업방식을 설계하여 작업능률을 향상시킬 수 있도록 하는 것을 강조하였다.

(2) 과학적 관리론의 한계와 비판

과학적 관리론에 의해 작업의 과학적 관리가 이루어져 생산성 향상에 큰 공헌을 한 것은 사실이지만 다음과 같은 한계와 비판을 받게 되었다.

① 인간의 신체를 기계화하는 철저한 능률 위주의 관리이론으로 비인간화를 초래하게 되었다. 후대에는 인간 없는 조직이론이라는 비판을 받기도 했다.
② 경제적 인간관을 가설로 하였기에 인간에 대한 지나치게 단순한 가정을 한다는 한계점이 있다.

2 고전적 관리론

관리일반이론의 제창자 중 하나인 페이욜은 프랑스의 사업가로 조직 내 구성요소들의 상호관련성에 대한 깊은 통찰력을 가지고서 경영관리 활동과 경영자의 수행 영역에 대해 이론을 제시하였다.

(1) 페이욜의 일반관리론의 내용 중요도 상 중 하

페이욜의 일반관리론에서는 경영관리 활동을 여섯 가지 종류로 구분하였으며, 그 중 가장 중요한 것은 관리적 활동으로 보았다. 그리고 관리 일반 원칙은 14가지로 구분하였다.

① 경영관리 활동

㉠ 기술적 활동 : 생산관리, 제조, 가공 등
㉡ 상업적 활동 : 구매, 판매, 물류, 마케팅 등
㉢ 재무적 활동 : 자본 조달과 운용 등
㉣ 보호적 활동 : 재화와 종업원의 보호와 관련 된 활동
㉤ 회계적 활동 : 재산목록, 대차대조표, 원가 및 통제
㉥ **관리적 활동 : 계획, 조직, 명령(지휘), 조정, 통제**

② 관리 일반 원칙

㉠ 분업화의 원칙 : 대규모 경영과 생산의 수행을 위한 필수적인 전제이다.
㉡ 권한과 책임 명확화의 원칙 : 직무 수행을 위해 권한과 책임이 상응해야 한다.
㉢ 규율유지의 원칙 : 규칙을 준수하고 이에 따라 일한다.
㉣ 명령 통일의 원칙 : 하위자의 직무수행자는 한사람의 직무 지시자에게 일원화된 지시를 받아야 한다.
㉤ 지침 일원화의 원칙 : 동일한 목표를 가지고 활동하는 집단은 한명의 지휘자로 하여금 동일하게 계획되고 협의되어야 한다.
㉥ 조직이익 우선의 원칙 : 조직 전체의 이익이 우선되어야 하며, 개인의 이익에 종속되어야 한다.
㉦ 보수 적정화의 원칙 : 보수의 금액과 지불방법이 공정해야 하며, 각 종업원들에게 최대의 만족을 줄 수 있어야 한다.
㉧ 집중화의 원칙 : 분화된 경영활동 전체의 결합을 가능하게 해야 한다.
㉨ 계층화의 원칙 : 모든 계층의 연쇄적 연결을 강조했으며, 의사결정은 계층에 따라야 한다.
㉩ 질서유지의 원칙 : 조직 내 물적 인적자원이 적재적소에 있어야 한다.
㉪ 공정성의 원칙 : 상급자가 하급자를 대할 때 공정하게 대해야 한다.
㉫ 고용안정의 원칙 : 고용의 안정에서 종업원들은 능력을 발휘할 수 있다.
㉬ 창의존중의 원칙 : 구성원들의 제안을 권장하고 창의성과 독창성을 존중해야 한다.
㉭ 협동단결의 원칙 : 협조와 단합으로 조화로운 조직을 추구해야 한다.

(2) 일반관리론의 한계

페이욜의 관리론적 사고가 어느 정도 조직의 구조적인 측면과 행위적 측면에 대해 설명하고 있다는 점에서 조직구조 연구의 초석이 되었다는 점에서는 의미가 크지만 다음과 같은 한계점을 가지고 있다.

① 과학적 관리론에 비해서 실증적 연구가 미비하여 과학적인 근거가 약하다.
② 개인의 이익보다는 조직의 이익을 우선시 하는데 역점을 두었다.
③ 테일러의 과학적 관리론에 비해 근거가 약하다는 치명적인 결점에 해당되는 것은 특히 요소와 원칙이 중복되었다는 점이다.

제 2 절 보편적 관리이론의 주요 내용

1 인간관계론(Human Relations Approach) 중요도 상중하

주요 이론으로는 메이요의 인간관계론(Human Relations Approach)이 있다. 해당 이론은 과학적 관리론에 따른 비인간화에 대해 회의 및 불만이 생기게 되었고, 이에 대한 비판으로 제기되었다. 호손실험을 통해 인적자원의 심리적 요소의 중요성에 대해 알게 되었다.

(1) 인간관계론의 내용

인간관계론은 과학적 관리론에 의한 비인간화에 대한 비판으로 제기된 이론에 해당되며 다음과 같은 내용이 해당된다.

① 조직 구성원들의 생산성은 경제적 유인으로만 자극받는 것이 아니라, 사회적, 심리적 요소에 의해서도 크게 영향을 받는다.
② 비공식적 집단을 중요시 한다.
③ 호손실험을 통해 인적자원의 심리적 요소의 중요성에 대해 알게 되었다.

(2) 호손실험의 내용

인간관계론에 대한 내용을 증명할 수 있었던 실험으로, 1924년에서 1932년에 걸쳐 미국 시카고에 있는 호손공장에서 실시된 호손실험을 통해 종업원들의 심리적 요인과 비공식적 조직이 생산성 향상에 많은 영향을 미친다는 것을 증명하게 되었다. 실험 방법은 다음과 같다.

① **조명시험**

조명의 질과 양이 노동자의 생산성에 영향을 미치는지에 대해 실험을 하게 되었고, 생산성 향상에 별다른 영향을 미치지 않는 것으로 결론을 얻게 되었다.

② **계전기 조립실험**

이는 6명의 여공들을 대상으로 실험한 것이며 비공식 조직의 리더를 자신들이 결정하게 하여 협력관계를 이루도록 하였다. 인간관계가 작업의 성과에 영향을 주었다는 것을 밝히게 된 것이다. 즉,

자신의 업무에 대한 긍지, 안정감, 심리적 욕구를 충족시켜 주면 생산성이 향상 되었다는 것을 알게 되었다.

③ **면접실험**

현장에서 일하는 근로자들에게 직무에 대한 환경과 만족도, 정책 등에 대한 인식 등을 면접을 통해 조사하게 되었으며, 이러한 면접을 통해 물리적인 환경보다는 인간관계의 심리적, 사회적 환경이 생산성 향상에 더 중요하다는 것을 알 수 있게 된 실험이다.

④ **배전기 권선실험**

배전기 권선공 14명을 대상으로 실험을 하게 되었으며, 자연스럽게 결성된 비공식조직의 인간관계에서 만들어진 규칙에 따라 작업을 수행한다는 것을 알게 되었다. 즉, 비공식조직에 대한 중요성에 대해 강조한 실험이다.

(3) 호손실험의 한계

① 조직 없는 인간이라는 비판을 받게 되었다.
② 비공식적 조직에 대해 지나치게 강조하여 조직 전체의 측면에서의 맥락은 무시되었다.
③ 과학적 타당성이 결여되어 있고, 갈등에 대해 지나치게 이상적인 태도를 보인다.

2 근대관리론 중요도 상중하

(1) 근대관리론의 등장

근대관리론은 과학적 관리론과 인간관계론의 절충으로 인해 등장한 것으로 개인목표와 조직의 목표의 합치가 이루어져야 한다는 조직론적 이론의 기초를 마련했다는 점에서 높이 평가 받게 되었다.

(2) 버나드와 사이먼의 이론

근대관리론에 있어서 버나드와 사이먼의 이론이 대표적이며 버나드와 사이먼은 조직을 '2인 이상의 사람들의 힘과 활동을 의식적으로 조정하는 협동체계'라고 정의하였고, 근대관리론 이론의 초석이 되었다.

① **버나드의 이론(협동시스템)**

버나드는 조직을 협동적인 체계로 보았으며 조직의 존재는 참여자들의 공헌과 만족이 균형을 유지하는지에 달려 있다고 주장했다. 이 균형을 유지하여 조직의 존속을 도모하는 것이 경영자의 본질적인 기능이라도 여겼으며, 공헌에 대한 보상에 있어서 물질적인 것뿐만 아니라 심리적인 보상도 포함해야 한다고 주장했다.

② **사이먼의 이론(의사결정시스템)**

전통이론과 인간관계론의 과도기적 교량을 담당했던 사이먼 역시 버나드와 같은 의사결정학파로 분류되기도 한다. 사이먼의 연구는 여러 학파에 큰 영향을 미쳤으며 통합적인 조직이론 개발에도 공헌한 바가 크다. 그의 이론도 조직을 존속시키는 조건이 곧 경영이고, 덧붙여 그 조건의 중심이 바로 의사 결정이라는 전제에서 시작하였으며, **사이먼이 주장하는 의사 결정은 순수 합리성을 지닌 '경제인' 모델과 구분되는 제한된 합리성을 지닌 '관리인' 모델로 설명**된다. 사이먼은 조직 구성원의 동의를 얻는 것이 조직에서 가장 중요한 것이며, 이러한 동의를 얻는 방법은 조직입장에서는 '권위'에 해당되고, 개인의 입장에서는 '자기통제'에 해당한다고 하였다.

3 행동과학이론 중요도 상중하

제2차 세계대전 이후 1950년대에는 새로운 사조인 행동과학이 태동하게 되었으며, 인간의 행위를 종합 과학적인 면모로 연구하여 인간의 행위를 규명하려고 하였다.

(1) 행동과학의 내용

행동과학은 종전까지 규정하기 어려웠던 인간에 대한 복잡성에 대해 많은 학문들의 지식을 가지고 종합적으로 파악하려는 성격을 가지고 있다. 그리고 조직의 공식적, 비공식적 모두를 고려하여 인간의 활동을 과학적으로 분석하고, 이를 객관적으로 연구 및 측정하려는 움직임을 의미한다. 즉, **생산성 및 인간성을 동시에 추구하고자 하는 이론이다.**

(2) 행동과학의 요건

행동과학의 연구대상은 인간의 모든 행위이며 종합 과학적인 연구방법을 택하고 있다. 이러한 행동과학은 두 가지 기본요건을 가지고 연구되어지는데 2가지 기본요건은 인간 행위를 취급하는 것이어야 한다는 것과 과학적 접근법을 적용해야 한다는 것이다.

(3) 행동과학의 특징

행동과학론자들은 단순한 연구를 넘어 실천적인 측면을 강조했으며, **다학문적 접근법을 통한 종합과학적 성격**을 가졌다는 점에서 조직행동론의 실질적인 기초가 되었다.

더 알아두기

행동과학론자의 견해와 주장

- **베니스(Benis)** : 급속한 사회 환경의 변화에 대해 경영자들의 조직의 변화담당자가 되어야 한다고 주장하였다.
- **셰퍼트(Shepard)** : 기존의 전통이론 내의 조직을 강압-타협의 체계로 간주하였으며, 이러한 조직을 협동-동의 체계로 바꿔야 한다고 주장하였다.
- **리비트(Leavitt)** : 조직 내의 권력을 평등화해야 조직효과성이 제고된다고 하였으며, 이를 위해서 독립적인 의사결정, 분권화, 개방적 의사소통과 참여를 중시해야 한다고 주장하였다.

제 3 절 상황이론과 전략적 선택이론

1 시스템이론

(1) 시스템의 정의와 속성

① **시스템의 정의**

시스템은 하나의 공통된 목표를 달성하기 위해 상호작용하는 여러 부분의 집합체를 시스템이라고 정의한다.

② **시스템의 속성**

시스템은 목표, 전체성, 개방성, 상호관련성의 5가지 속성을 가지고 있다.

더 알아두기

시스템의 속성

- 목표(goals) : 조직과 그 하위시스템은 목표지향적인 것으로 특정지어진다.
- 전체성(Wholism) : 전체는 부분의 합 이상의 개념을 가지고 있고, 시스템 내부의 분화에 따른 통합의 중요성을 나타낸다. 부분간의 대립적인 요소를 전체수준에서 통합하는 것이 조직의 유효성을 증대시킬 수 있다.
- 개방성(Openness) : 조직 내적, 외적 여건과 상호작용하면서 동태적인 균형을 유지하게 된다.
- 상호관련성(Interrelatedness) : 개방성뿐만 아니라 시스템 내 여러 부분간의 상호작용과 상호의존성을 가지게 된다.
- 통제 메커니즘(Control mechanism) : 시스템의 유지와 존속을 위해서는 피드백을 이용한 자기통제적인 수단을 지녀야 하며 끊임없이 분석되고, 조정되어져야 한다.

(2) 시스템이론 중요도 상중하

① **시스템이론의 의의**

조직을 하나의 전체 시스템으로 보고, 그것이 어떻게 분석 가능한 여러 개의 하위 시스템으로 구성되었는가를 연구하였다. 시스템 이론을 통해 경영이나 조직에 대한 안목이 폐쇄체계에서 개방체계로 바뀌게 되었으며, 조직에서의 복잡한 개념을 하위시스템으로 구분하여 보다 쉽게 이해할 수 있도록 하였다.

더 알아두기

폐쇄체계와 개방체계

- 폐쇄체계 : 조직과 환경의 상호작용이 거의 없다고 가정하고 있는 전통적 조직이론에 해당되는 체계에 해당하며, 폐쇄체계의 특징은 시스템과 환경이 격리되어 있다는 데에 있다.
- 개방체계 : 조직과 환경의 상호작용이 있다고 여기는 현대적 조직이론에 해당하며, 폐쇄체계에 비해 개방체계는 시스템 전체 또는 구성부분이 환경과 상호작용 할 수 있다고 하였다.

② **하위시스템의 분류**

시스템 이론에서는 조직의 복잡한 개념들을 체계적으로 이해할 수 있도록 **조직을 몇 개의 하위시스템으로 구분**시켰으며 다음과 같이 구분되어진다.

㉠ 목표·가치 하위시스템

조직의 가장 중요한 하위 시스템에 해당되며 조직은 전체사회 하나의 하위시스템으로 전체사회 시스템의 목표를 달성하는데 기여해야 한다.

㉡ 사회적·심리적 하위시스템

개인의 행위와 동기, 지위, 역할 등으로 이루어져 있으며, 내부 조직 구성요소인 과업, 기술, 구조뿐만 아니라 외부의 환경 영향도 받게 된다.

㉢ 기술적 하위시스템

과업의 수행을 위해 필요한 지식을 말하며, 투입을 산출로 전환하는데 필요한 기술을 포함한 하위시스템을 말한다.

㉣ 구조적 하위시스템

조직 내의 과업의 분화와 조정에 필요한 통합, 권한이나 커뮤니케이션 및 작업의 흐름 등과 관련된 시스템을 의미한다.

㉤ 관리적 하위시스템

조직을 환경에 관련시키고 목표를 정하며, 필요한 행동을 계획 및 조직 통제함으로써 전체 조직을 통제하도록 하는 것을 의미한다.

2 상황이론 중요도 상 중 하

상황이론은 시스템 이론의 추상성과 일반을 극복하고 좀 더 현실적인 이론으로 발전시키려는 과정에서 상황이론이 대두되게 되었다.

(1) 상황이론의 내용

① **상황이론의 분석과 관점**

㉠ 미시적 수준의 분석

분석의 수준에서 볼 때, 상황이론의 대상은 거시적 수준이 아닌 개별조직이나 집단, 개인 등으로 구분하여 각 요소들에 대해 분석하는 미시적 분석을 한다.

㉡ 결정론적 관점

상황이론은 인간본성의 기본가정에 비추어 볼 때, 임의론적 관점보다는 결정론적 관점을 취하고 있는데, 결정론이란 것은 **조직설계가 조직관리자의 외부환경이나 기술, 규모 등과 같은 상황요인에 따라 결정되는 것을 지향한다는 사고를 가진다는 것을 의미한다.**

② **상황이론의 특징**

상황과 조직특성간의 적합한 관계를 규명하였고, 조직과 환경 또는 기술과의 관계를 중요시하였다. 그리고 행동의 주체로서 조직체 그 자체를 분석 단위로 하는 특징을 가진다.

(2) 상황이론의 연구모형

① 상황이론의 변수

상황이론의 변수에는 상황변수, 조직특성변수, 조직유효성변수가 있으며 세 변수의 관계에서 조직특성의 적합성이 조직의 유효성을 결정하게 된다. 다시 말해, 조직특성변수와 조직유효성변수 사이에 적합과 부적합이라는 관계가 존재한다는 의미를 가진다.

㉠ 상황변수

기업 조직을 둘러싼 상황을 나타내는 특성인 환경, 기술, 규모를 나타낸다.

ⓐ **환경**: 기업의 생존과 발전에 영향을 미치는 외적 조건인 외부환경과 특정한 조직에서 인식 가능한 속성인 내부 환경으로 구분되어진다.

ⓑ **기술**: 일상적인 기술과 비일상적인 기술로 나누어진다.

ⓒ **규모**: 종업원의 수를 의미하며, 수용능력, 순자산 및 매출액 등으로 나타내어지기도 한다. 이러한 규모가 클수록 복잡성, 공식화, 분권화가 높다.

㉡ 조직특성변수

조직 내부의 특성을 나타내는 조직구조, 관리체계 등을 의미한다.

㉢ 조직유효성변수

조직의 성과 또는 능률 등을 나타내는 변수를 말한다.

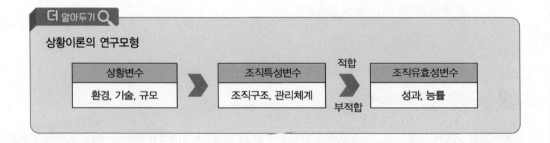

더 알아두기

상황이론의 연구모형

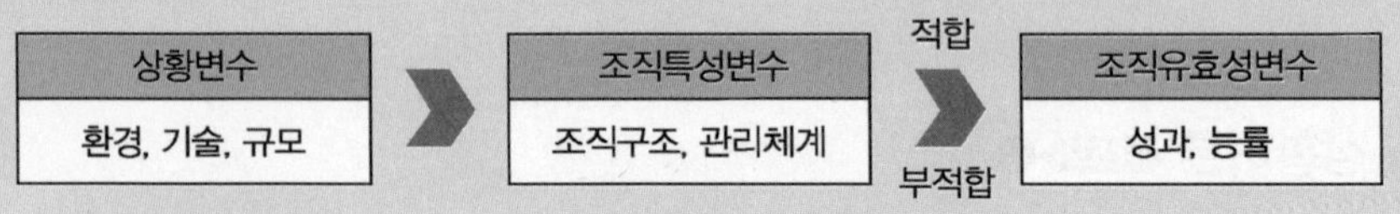

② 조직유효성의 측정

조직유효성을 측정하는데 있어서 많은 지표가 존재하지만, 이러한 지표들 중 가장 중요하게 여겨지는 지표는 크게 목표접근법과 시스템접근법 두 가지가 있다.

㉠ 목표접근법

조직의 유효성을 측정하는 데 있어 조직이 설정한 목표를 달성하는 정도를 척도로 하여 파악하는 것이 목표접근법의 내용이다. 생산성, 이윤, 매출액, 이익률 등의 지표로 측정하게 된다.

㉡ 시스템접근법

시스템 접근법은 목표달성의 척도보다는 그 목표에 도달하는 수단이나 과정을 중시하는 접근법을 의미한다. 예를 들어, 직무만족, 조직 몰입, 이직률 등으로 조직의 유효성을 측정한다.

(3) 상황이론의 평가

① **상황이론의 장점**

조직의 구성요소들과 해당 구성요소들의 관련성을 체계적으로 연구할 수 있는 개념체계를 제공해주어, 다양하고 폭넓은 분석적 시각을 가지고 조직이 변화할 수 있도록 유도해주는 가능성과 기초를 마련해 주었다. 그리고 이론과 실무를 연결해준다는 장점이 있다.

② **상황이론의 공헌**

조직의 행위와 분석단위를 구체화 할 수 있게 되었으며, 조직의 적합과 부적합 관계를 분석하는데 유용한 체계를 만들어주었다. 부적합 관계가 발견되면 그 원천도 알 수 있게 되었다는 점에서 공헌점이 크다.

③ **상황이론의 단점**

상황이론에는 조직변수와 상황변수가 포함되어 있기 때문에 타 이론들에 비해 다소 복잡하며, 환경변화에 대한 수동적인 반응전략만을 제시하는 경우가 많다. 그리고 부적합을 교정하는데 필요한 관리상의 기술이나 해결책을 제시하지 못한다는 단점이 해당된다.

3 전략적 선택이론(Strategic Choice Theory)

전략적 선택이론은 상황이론의 결정론적 관점을 비판하여 제시된 이론이다.

(1) 전략적 선택이론의 개념

① 전략적 선택이론은 차일드에 의해 1970년대 초에 정립되었으며, 조직의 객관적인 상황변수인 환경, 기술, 규모를 제약조건으로 둔 상태에서 의사결정 집단이 이를 고려하여 다양한 전략을 만들고, 이 중에서 선택하여 조직구조를 형성한다는 것을 말한다.

② 상황이론에서는 조직구조가 객관적 상황변수에 따라 바로 정해진다는 결정론적 관점을 취하고 있지만, 전략적 선택이론에서는 이를 한 단계 더 발전시켜 접근하였다. 상황변수 뿐만 아니라 경영자 및 의사결정 집단의 재량과 전략이라는 주관적 상황요인도 영향을 미쳐서 결정된다고 본다는 점에서 임의론적 관점을 취하고 있다.

(2) 전략적 선택이론에 대한 평가

전략적 선택이론은 경영자 및 의사결정 집단의 능동적 역할을 강조하여 상황이론의 결정론적 관점에서 오는 한계점을 수정하고 보완해주어, 경영자의 수동적 측면만을 보여주었던 상황이론의 한계를 극복했다는 점에서 의미를 가지게 된다. 하지만 의사결정 집단의 재량권이 대내외적 제약요건 때문에 재량권을 폭넓게 발휘하지 못하는 경우가 많아 이론의 한계점이 나타나게 되었다. 예를 들어 대내적으로 회사의 규모가 커짐에 따라 조직의 규정 및 관습이 고착화되어 의사결정 집단의 결정권이 영향을 끼치기 어려워지는 경우도 있으며, 대외적인 제약 조건에 따라 해당 집단이 의도한 대로 환경의 영향력을 조정하는 것이 어려운 경우도 생기게 된다는 한계점도 있다.

제11장

OX로 점검하자

※ 다음 지문의 내용이 맞으면 O, 틀리면 ×를 체크하시오. [1~9]

01 과학적 관리론은 19세기 후반과 20세기 초반에 미국의 테일러가 구성한 이론으로, 생산성 향상을 위해 표준 과업을 측정하고 관리하려고 한 이론이다. (   )

02 페이욜의 일반관리론에서는 경영관리 활동을 여섯 가지 종류로 구분하였으며, 그 중 가장 중요한 것은 상업적 활동으로 보았다. (   )

03 인간관계론은 과학적 관리론에 의한 비인간화에 대한 비판으로 제기된 이론에 해당되며 공식적 집단을 중요시 했다. (   )

04 인간관계론은 호손실험을 통해 증명되었다. (   )

05 과학적 관리론과 인간관계론의 절충으로 인해 등장한 것으로 개인목표와 조직의 목표의 합치가 이루어져야 한다는 조직론적 이론의 기초를 마련했다는 점에서 높이 평가 받고 있는 근대관리론의 대표적인 학자는 베니스와 셰퍼트가 있다. (   )

06 시스템은 하나의 공통된 목표를 달성하기 위해 상호작용하는 여러 부분의 집합체를 시스템이라고 정의하고 있으며, 시스템은 목표, 전체성, 개방성, 상호관련성의 5가지 속성을 가지고 있다. (   )

정답과 해설 01 O 02 × 03 × 04 O 05 × 06 O

02 여섯 가지 중 가장 중요한 것은 관리적 활동으로 보았으며, 관리적 활동으로는 계획, 조직, 명령, 조정, 통제의 내용이 있다.

03 조직 구성원들의 생산성은 경제적 유인으로만 자극받는 것이 아니라, 사회적, 심리적 요소에 의해서도 크게 영향을 받는다는 점에서 비공식적 집단을 중요시했다.

05 베니스와 셰퍼트 및 리비트는 행동과학론의 대표적인 학자에 해당한다. 근대관리론의 대표적인 학자는 버나드와 사이먼이 있다.

07 시스템이론에서는 조직의 복잡한 개념들을 체계적으로 이해할 수 있도록 조직을 몇 개의 하위시스템으로 구분시켰으며, 이 중 조직의 가장 중요한 하위 시스템에 해당되며 조직은 전체사회 하나의 하위시스템으로 전체사회시스템의 목표를 달성하는데 기여해야 한다는 의미를 가지는 하위시스템은 '사회적·심리적 하위시스템'에 해당된다. (   )

08 상황이론의 변수에는 상황변수, 조직특성변수, 조직유효성변수가 있으며 기업 조직을 둘러싼 상황을 나타내는 특성인 환경, 기술, 규모를 나타내는 변수는 상황변수에 해당한다. (   )

09 전략적 선택이론은 상황이론의 결정론적 관점을 비판하여 제시된 이론이다. (   )

정답과 해설 07 × 08 O 09 O

07 '목표·가치 하위시스템'에 대한 내용이며, '사회적·심리적 하위시스템'은 개인의 행위와 동기, 지위, 역할 등으로 이루어져 있으며, 내부 조직 구성요소인 과업, 기술, 구조뿐만 아니라 외부의 환경 영향도 받게 된다는 내용이 해당된다.

제 11 장 실전예상문제

checkpoint 해설 & 정답

01 인간관계론의 내용에 해당된다. 해당 이론은 과학적 관리론에 따른 비인간화에 대해 회의 및 불만이 생기게 되었고, 이에 대한 비판으로 제기되었다.

02 ① 기술적 활동 : 생산관리, 제조, 가공 등
② 상업적 활동 : 구매, 판매, 물류, 마케팅 등
③ 회계적 활동 : 재산목록, 대차대조표, 원가 및 통제

정답 01 ② 02 ④

01 과학적 관리론(Scientific Management Theory)에 대한 내용으로 바르지 않은 것은 무엇인가?

① 시간 및 동작연구를 통해 표준과업을 측정하고 관리할 수 있게 되었다.
② 조직 구성원들의 생산성은 경제적 유인으로만 자극받는 것이 아니라, 사회적·심리적 요소에 의해서도 크게 영향을 받는다고 주장하였다.
③ 차별성과급제를 도입하여 정해진 과업 이상을 달성한 종업원들에게 높은 임금을 주었다.
④ 전문화의 원리에 따라 직무를 설계하여 체계적인 작업방식을 설계하여 작업능률을 향상시킬 수 있도록 하는 것을 강조하였다.

02 페이욜의 일반관리론에서는 경영관리 활동을 여섯 가지 종류로 구분하였는데, 이를 바르게 연결한 것은 무엇인가?

① 상업적 활동 : 생산관리, 제조, 가공 등
② 기술적 활동 : 구매, 판매, 물류, 마케팅 등
③ 보호적 활동 : 재산목록, 대차대조표, 원가 및 통제
④ 관리적 활동 : 계획, 조직, 명령, 조정, 통제

해설&정답 checkpoint

03 페이욜의 일반관리론에 대한 내용으로 바르지 않은 것은 무엇인가?

① 조직의 이익보다는 개인의 이익을 우선시 하는데 역점을 두었다.
② 과학적 관리론에 비해서 실증적 연구가 미비하여 과학적인 근거가 약하다.
③ 조직의 구조적인 측면과 행위적 측면에 대해 설명하고 있다는 점에서 조직구조 연구의 초석이 되었다는 점에서는 의미가 크다.
④ 요소와 원칙이 중복된다는 점에서 이론의 결점이 있다.

03 개인의 이익보다는 조직의 이익을 우선시 하는데 역점을 두었다.

04 인간관계론에 해당하는 내용으로 바르지 않은 것은 무엇인가?

① 과학적 관리론에 따른 비인간화에 대해 회의 및 불만이 생기게 되었고, 이에 대한 비판으로 제기되었다.
② 호손실험을 통해 인적자원의 심리적 요소의 중요성에 대해 알게 되었다.
③ 비공식적 집단을 중요시한다.
④ 조직 구성원들의 생산성은 경제적 유인으로 자극받게 된다.

04 조직 구성원들의 생산성은 경제적 유인으로만 자극받는 것이 아니라, 사회적·심리적 요소에 의해서도 크게 영향을 받는다.

정답 03 ① 04 ④

05 근대관리론의 학자인 버나드의 이론에 대한 내용으로 바른 것은 무엇인가?

① 조직을 존속시키는 조건이 곧 경영이고, 덧붙여 그 조건의 중심이 바로 의사 결정이라는 전제에서 시작하였으며, 의사 결정은 순수 합리성을 지닌 '경제인' 모델과 구분되는 제한된 합리성을 지닌 '관리인' 모델로 설명되어진다.
② 조직 구성원의 동의를 얻는 것이 조직에서 가장 중요한 것이며, 이러한 동의를 얻는 방법은 조직입장에서는 '권위'에 해당되고, 개인의 입장에서는 '자기통제'에 해당한다고 하였다.
③ 조직을 협동적인 체계로 보았으며 조직의 존재는 참여자들의 공헌과 만족이 균형을 유지하는지에 달려 있다고 주장했다.
④ 조직의 공식적, 비공식적 모두를 고려하여 인간의 활동을 과학적으로 분석하고, 이를 객관적으로 연구 및 측정하려는 움직임을 의미한다.

06 행동과학이론에 대한 내용으로 바르지 않은 것은 무엇인가?

① 행동과학은 종전까지 규정하기 어려웠던 인간에 대한 복잡성에 내해 많은 학문들의 지식을 가지고 종합적으로 파악하려는 성격을 가지고 있다.
② 행동과학론자인 베니스(Benis)는 조직 내의 권력이 평등해야 조직효과성이 제고된다고 하였으며, 이를 위해서 독립적인 의사결정, 분권화, 개방적 의사소통과 참여를 중시해야 한다고 주장하였다.
③ 조직의 공식적, 비공식적 모두를 고려하여 인간의 활동을 과학적으로 분석하고, 이를 객관적으로 연구 및 측정하려는 움직임을 의미한다.
④ 행동과학론자들은 단순한 연구를 넘어 실천적인 측면을 강조했으며, 다학문적 접근법을 통한 종합과학적 성격을 가졌다는 점에서 조직행동론의 실질적인 기초가 되었다.

checkpoint 해설 & 정답

05 ①·② 사이먼의 이론에 대한 내용이다.
④ 행동과학이론에 대한 내용이다.

06 리비트(Leavitt)의 주장에 해당된다.

알아두기

행동과학론자의 견해와 주장
- 베니스(Benis) : 급속한 사회 환경의 변화에 대해 경영자들의 조직의 변화담당자가 되어야 한다고 주장하였다.
- 셰퍼트(Shepard) : 기존의 전통이론 내의 조직을 강압-타협의 체계로 간주하였으며, 이러한 조직을 협동-동의 체계로 바꿔야 한다고 주장하였다.
- 리비트(Leavitt) : 조직 내의 권력이 평등해야 조직효과성이 제고된다고 하였으며, 이를 위해서 독립적인 의사결정, 분권화, 개방적 의사소통과 참여를 중시해야 한다고 주장하였다.

정답 05 ③ 06 ②

해설 & 정답 checkpoint

07 시스템의 5가지 속성과 내용의 연결이 바르게 연결된 것은 무엇인가?

① 상호관련성(Interrelatedness) : 전체는 부분의 합 이상의 개념을 가지고 있고, 시스템 내부의 분화에 따른 통합의 중요성을 나타낸다. 부분간의 대립적인 요소를 전체수준에서 통합하는 것이 조직의 유효성을 증대시킬 수 있다.

② 전체성(Wholism) : 조직 내적, 외적 여건과 상호작용하면서 동태적인 균형을 유지하게 된다.

③ 목표(goals) : 개방성뿐만 아니라 시스템 내 여러 부분간의 상호작용과 상호의존성을 가지게 된다.

④ 통제 메커니즘(Control mechanism) : 시스템의 유지와 존속을 위해서는 피드백을 이용한 자기통제적인 수단을 지녀야 하며 끊임없이 분석되고, 조정되어져야 한다.

07 ① 전체성(Wholism)
② 개방성(Openness)
③ 상호관련성(Interrelatedness)

08 시스템이론의 하위시스템에 분류와 내용이 바르게 연결되지 <u>않은</u> 것은 무엇인가?

① 목표·가치 하위시스템 : 조직의 가장 중요한 하위 시스템에 해당되며 조직은 전체사회 하나의 하위시스템으로 전체사회시스템의 목표를 달성하는데 기여해야 한다.

② 사회적·심리적 하위시스템 : 개인의 행위와 동기, 지위, 역할 등으로 이루어져 있으며, 내부 조직 구성요소인 과업, 기술, 구조뿐만 아니라 외부의 환경 영향도 받게 된다.

③ 관리적 하위시스템 : 조직 내의 과업의 분화와 조정에 필요한 통합, 권한이나 커뮤니케이션 및 작업의 흐름 등과 관련된 시스템을 의미한다.

④ 기술적 하위시스템 : 과업의 수행을 위해 필요한 지식을 말하며, 투입을 산출로 전환하는데 필요한 기술을 포함한 하위시스템을 말한다.

08 구조적 하위시스템에 대한 내용이다. 관리적 하위시스템은 조직을 환경에 관련시키고 목표를 정하며, 필요한 행동을 계획 및 조직 통제함으로써 전체 조직을 통제하도록 하는 것을 의미한다.

정답 07 ④ 08 ③

checkpoint 해설 & 정답

09 규모가 클수록 복잡성, 공식화, 분권화가 높아진다.

10 상황이론은 조직의 적합과 부적합 관계를 분석하는데 유용한 체계를 만들어주었으며, 부적합 관계가 발견되면 그 원천도 알 수 있게 되었다는 점에서 공헌점이 크다.

정답 09 ② 10 ③

09 상황이론의 변수 중 상황변수에 대한 내용으로 맞지 않는 것은 무엇인가?

① 상황변수는 기업 조직을 둘러싼 상황을 나타내는 특성인 환경, 기술, 규모를 나타낸다.

② 규모는 종업원의 수를 의미하며, 수용능력, 순자산 및 매출액 등으로 나타내어지기도 한다. 이러한 규모가 클수록 복잡성, 공식화, 분권화가 낮아진다.

③ 환경은 기업의 생존과 발전에 영향을 미치는 외적 조건인 외부환경과 특정한 조직에서 인식 가능한 속성인 내부 환경으로 구분되어진다.

④ 기술은 일상적인 기술과 비일상적인 기술로 나누어진다.

10 상황이론의 평가에 대한 내용으로 바르지 않은 것은 무엇인가?

① 조직의 구성요소들과 해당 구성요소들의 관련성을 체계적으로 연구할 수 있는 개념체계를 제공해주어, 다양하고 폭넓은 분석적 시각을 가지고 조직이 변화할 수 있도록 유도해주는 가능성과 기초를 마련해 주었다.

② 상황과 조직특성간의 적합한 관계를 규명하였고, 조직과 환경 또는 기술과의 관계를 중요시하였다. 그리고 행동의 주체로서 조직체 그 자체를 분석 단위로 하는 특징을 가진다.

③ 조직의 행위와 분석단위를 구체화 할 수 있게 되었으며, 조직의 적합과 부적합 관계를 분석하는데 유용한 체계를 만들어주었다. 하지만, 부적합 관계를 알았다고 해서 그 원천까지는 알 수 없다는 한계점이 있다.

④ 상황이론에는 조직변수와 상황변수가 포함되어 있기 때문에 타 이론들에 비해 다소 복잡하며, 환경 변화에 대한 수동적인 반응전략만을 제시하는 경우가 많다.

11 전략적 선택이론에 대한 내용으로 바르지 않은 것은 무엇인가?

① 전략적 선택이론은 경영자 및 의사결정 집단의 능동적 역할을 강조하여 상황이론의 결정론적 관점에서 오는 한계점을 수정하고 보완해주었다.

② 경영자의 수동적 측면만을 보여주었던 상황이론의 한계를 극복했다는 점에서 의미를 가지게 된다. 하지만 의사결정 집단의 재량권이 대내외적 제약요건 때문에 재량권을 폭넓게 발휘하지 못하는 경우가 많아 이론의 한계점이 나타나게 되었다.

③ 차일드에 의해 1970년대 초에 정립되었으며, 조직의 객관적인 상황변수인 환경, 기술, 규모를 제약조건으로 둔 상태에서 의사결정 집단이 이를 고려하여 다양한 전략을 만들고, 그 중에서 선택하여 조직구조를 형성한다는 것을 말한다.

④ 상황변수 뿐만 아니라 경영자 및 의사결정 집단의 재량과 전략이라는 주관적 상황요인도 영향을 미쳐서 결정된다고 본다는 점에서 결정론적 관점을 취하고 있다.

주관식 문제

01 과학적 관리론의 한계와 비판에 대해 약술하시오.

해설 & 정답 checkpoint

11 임의론적 관점을 취하고 있다. 상황이론에서는 조직구조가 객관적 상황변수에 따라 바로 정해진다는 결정론적 관점을 취하고 있지만, 전략적 선택이론에서는 이를 한 단계 더 발전시켜 접근하였다.

01

정답 과학적 관리론에 의해 작업의 과학적 관리가 이루어져 생산성 향상에 큰 공헌을 한 것은 사실이지만 다음과 같은 한계와 비판을 받게 되었다. 인간의 신체를 기계화하는 철저한 능률 위주의 관리이론으로 비인간화를 초래하게 되었다. 후대에는 인간 없는 조직이론이라는 비판을 받기도 했다. 그리고 경제적 인간관을 가설로 하였기에 인간에 대한 지나치게 단순한 가정을 한다는 한계점이 있다.

정답 11 ④

안심Touch

checkpoint 해설 & 정답

02
정답 관리적 활동에는 계획, 조직, 명령(지휘), 조정, 통제가 있다.

03
정답 인간관계론은 과학적 관리론에 의한 비인간화에 대한 비판으로 제기된 이론에 해당되며, 조직 구성원들의 생산성은 경제적 유인으로만 자극받는 것이 아니라, 사회적, 심리적 요소에 의해서도 크게 영향을 받는다고 주장하였다. 그리고 호손실험을 통해 인적자원의 심리적 요소의 중요성에 대해 알게 되었으며 비공식적 집단을 중요시한다는 것을 증명했다.

02 페이욜의 일반관리론에서는 경영관리 활동을 여섯 가지 종류로 구분하였으며, 그 중 가장 중요한 것은 관리적 활동이라고 하였다. 관리적 활동에 해당하는 내용을 세 가지 이상 구분하여 쓰시오.

03 인간관계론의 내용에 대해 약술하시오.

04 다음의 내용 안에 들어갈 알맞은 용어를 쓰시오.

(ㄱ)은 과학적 관리론과 인간관계론의 절충으로 인해 등장한 것으로 개인목표와 조직의 목표의 합치가 이루어져야 한다는 조직론적 이론의 기초를 마련했다는 점에서 높이 평가받게 되었다. 대표적인 학자로는 (ㄴ)와 (ㄷ)이 있으며, (ㄴ)은 조직을 협동적인 체계로 보았으며 조직의 존재는 참여자들의 공헌과 만족이 균형을 유지하는지에 달려 있다고 주장했다. (ㄷ)은 조직을 존속시키는 조건이 곧 경영이고, 덧붙여 그 조건의 중심이 바로 의사 결정이라는 전제에서 시작하였으며, 의사 결정은 순수 합리성을 지닌 '경제인' 모델과 구분되는 제한된 합리성을 지닌 '관리인' 모델로 설명하였다.

해설 & 정답 checkpoint

04

정답 ㄱ. 근대관리론
ㄴ. 버나드
ㄷ. 사이먼

checkpoint 해설 & 정답

05
정답 ㄱ. 베니스
ㄴ. 셰퍼트
ㄷ. 리비트

05 행동과학은 종전까지 규정하기 어려웠던 인간에 대한 복잡성에 대해 많은 학문들의 지식을 가지고 종합적으로 파악하려는 성격을 가지고 있다. 이를 주장한 괄호안의 학자들의 이름을 쓰시오.

- (ㄱ): 급속한 사회 환경의 변화에 대해 경영자들의 조직의 변화담당자가 되어야 한다고 주장하였다.
- (ㄴ): 기존의 전통이론 내의 조직을 강압–타협의 체계로 간주하였으며, 이러한 조직을 협동–동의 체계로 바꿔야 한다고 주장하였다.
- (ㄷ): 조직 내의 권력을 평등화해야 조직효과성이 제고된다고 하였으며, 이를 위해서 독립적인 의사결정, 분권화, 개방적 의사소통과 참여를 중시해야 한다고 주장하였다.

06 시스템의 속성에 대한 내용이다. 괄호 안에 알맞은 용어를 쓰시오.

- (ㄱ) : 조직과 그 하위시스템은 목표지향적인 것으로 특징지어진다.
- (ㄴ) : 전체는 부분의 합 이상의 개념을 가지고 있고, 시스템 내부의 분화에 따른 통합의 중요성을 나타낸다. 부분간의 대립적인 요소를 전체수준에서 통합하는 것이 조직의 유효성을 증대시킬 수 있다.
- (ㄷ) : 조직 내적, 외적 여건과 상호작용하면서 동태적인 균형을 유지하게 된다.
- (ㄹ) : 개방성뿐만 아니라 시스템 내 여러 부분간의 상호작용과 상호의존성을 가지게 된다.
- (ㅁ) : 시스템의 유지와 존속을 위해서는 피드백을 이용한 자기통제적인 수단을 지녀야 하며 끊임없이 분석되고, 조정되어져야 한다.

해설 & 정답 checkpoint

06

정답 ㄱ. 목표
ㄴ. 전체성
ㄷ. 개방성
ㄹ. 상호관련성
ㅁ. 통제 메커니즘

checkpoint 해설 & 정답

07

정답 ㄱ. 목표·가치 하위시스템
ㄴ. 사회적·심리적 하위시스템
ㄷ. 기술적 하위시스템
ㄹ. 구조적 하위시스템
ㅁ. 관리적 하위시스템

07 **시스템 이론에서는 조직의 복잡한 개념들을 체계적으로 이해할 수 있도록 조직을 몇 개의 하위시스템으로 구분시켰으며 다음과 같이 구분되어진다. 괄호 안에 알맞은 용어를 쓰시오.**

- (ㄱ) : 조직의 가장 중요한 하위 시스템에 해당되며 조직은 전체사회 하나의 하위시스템으로 전체사회시스템의 목표를 달성하는데 기여해야 한다.
- (ㄴ) : 개인의 행위와 동기, 지위, 역할 등으로 이루어져 있으며, 내부 조직 구성요소인 과업, 기술, 구조뿐만 아니라 외부의 환경 영향도 받게 된다.
- (ㄷ) : 과업의 수행을 위해 필요한 지식을 말하며, 투입을 산출로 전환하는데 필요한 기술을 포함한 하위시스템을 말한다.
- (ㄹ) : 조직 내의 과업의 분화와 조정에 필요한 통합, 권한이나 커뮤니케이션 및 작업의 흐름 등과 관련된 시스템을 의미한다.
- (ㅁ) : 조직을 환경에 관련시키고 목표를 정하며, 필요한 행동을 계획 및 조직 통제함으로써 전체 조직을 통제하도록 하는 것을 의미한다.

08 상황이론의 연구모형에 대한 내용이다. 괄호 안에 알맞은 용어를 쓰시오.

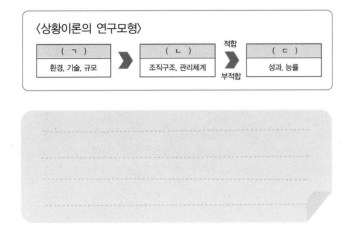

〈상황이론의 연구모형〉

(ㄱ): 환경, 기술, 규모 → (ㄴ): 조직구조, 관리체계 → (적합 / 부적합) → (ㄷ): 성과, 능률

해설 & 정답 checkpoint

08

정답 ㄱ. 상황변수
ㄴ. 조직특성변수
ㄷ. 조직유효성변수

여기서 멈출 거예요? 고지가 바로 눈앞에 있어요.
마지막 한 걸음까지 시대에듀가 함께할게요!

고득점으로 대비하는 가장 똑똑한 수험서!

제 12 장

조직구성원의 이해

제1절 개인행위의 설명모형과 변수
제2절 목표지향적 행위와 동기부여
실전예상문제

제12장 조직구성원의 이해

제 1 절 개인행위의 설명모형과 변수

1 개인행위의 의의

조직을 이해하여 인간관계관리를 잘 해나가기 위해서는 개인행위에 대한 영향요인과 변수에 대한 이해와 관계가 필요하다.

(1) 개인행위의 영향요인

개인에 대한 영향을 미치는 영향요인으로는 생리적 변수, 심리적 변수, 환경적 변수가 대표적이라 할 수 있다.

더 알아두기

개인행위의 영향요인

- 생리적 변수 : 육체적 능력, 정신적 능력
- 심리적 변수 : 지각, 학습, 태도, 퍼스널리티
- 환경적 변수 : 가족, 문화, 사회적 계급

(2) 개인행위의 설명모형

개인행위의 영향요인 중 심리적 변수에 대한 주요한 네 가지 요소인 지각(Perception), 학습(Learning), 태도(Attitudes), 퍼스널리티(Personality)를 연구의 초점으로 한다. 즉, 조직의 구성원으로서 개인은 지각을 통해 인간과 사물을 지각하고, 타인과 조직에 대한 태도를 형성하며, 일하는 동안 학습하면서 특정한 퍼스널리티를 형성하게 된다.

더 알아두기

개인행위의 설명모형

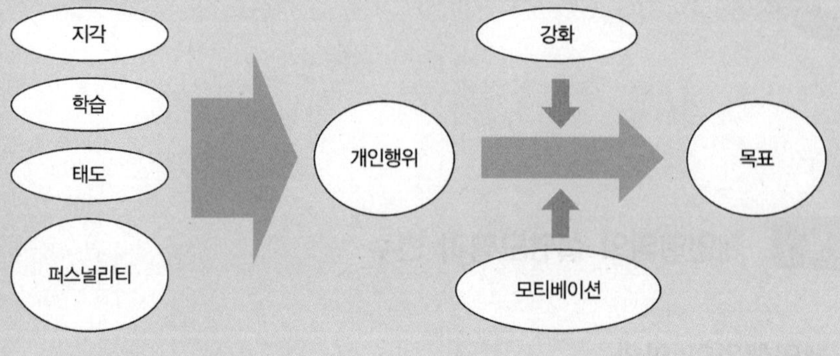

2 지각(Perception)

(1) 지각의 개념

① 지각은 외부환경의 자극을 받아들여 그것에 대한 하나의 상을 가지는 것을 의미하며, 외부의 환경과 개인을 일차적으로 연결시켜 주는 과정에 해당된다.

더 알아두기

개인의 지각과정

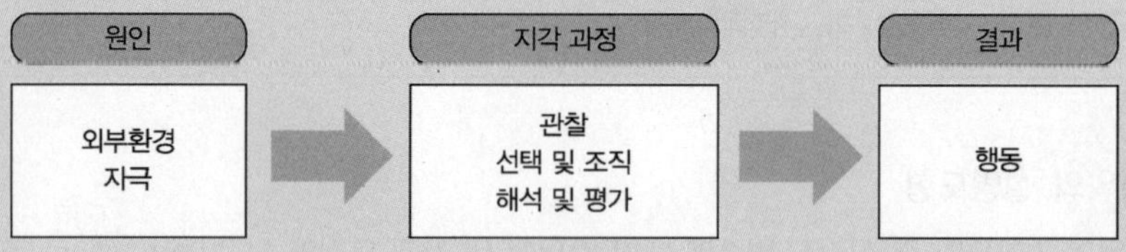

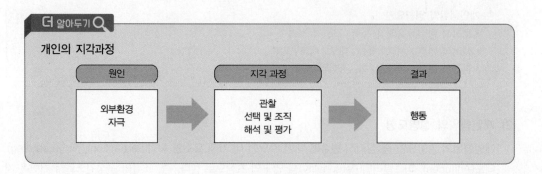

(2) 지각의 중요성 중요도 상중하

① 객관적인 현실세계와 지각된 세계의 사이에는 일반적으로 차이가 존재한다.

② 조직구성원은 서로가 서로를 지각하고, 타인에 의해서 지각되어지기도 하는데 이러한 과정에서의 지각상의 차이가 의사소통을 왜곡시키고 갈등을 촉진시키게 된다.

③ 조직에서 다른 사람들에 대한 잘못된 지각상의 오류와 평가는 조직 유효성에 영향을 미칠 수 있기 때문에, 공정하고 정확한 지각과 평가가 중요한 문제가 된다.

(3) 지각의 영향요인 중요도 상중하

지각을 하는데 있어서 영향을 미치는 요인은 크게 평가자와 피평가자의 특성, 평가가 이루어지는 상황으로 크게 나누어질 수 있다.

① 평가자의 특성

㉠ 욕구와 동기 : 평가자의 욕구와 동기에 따라 피평가자를 평가하는 잣대를 달리한다.

㉡ 과거의 경험 : 과거의 경험이나 학습을 통해 얻어진 편견에 의해, 피평가자를 일정한 방식으로 지각하게 된다.

㉢ 자아개념 : 자아개념은 자신을 지각하는 방식으로 평가자 자신만의 지각에 해당된다. 다시 말해 사물이나 사람을 지각하는 기본적 준거체계가 되어 피평가자를 평가하는 기준에 이용된다.

㉣ 퍼스널리티 : 외부환경의 조건에 관계없이 비교적 장기적으로 일관되게 결정되어진 개인의 독특한 심리적 자질들의 총체에 해당된다. 보통 그 사람의 인격이나 성격 등이 해당된다고 볼 수 있다.

② 피평가자의 특성

㉠ 신체적 특성 : 피평가자의 얼굴, 나이, 성별 키 등의 신체적인 정보 들을 의미한다.

㉡ 언어적 의사소통 : 언어사용의 정확도와 교양, 액센트, 사투리 등이 해당된다.

㉢ 비언어적 의사소통 : 얼굴표정이나, 시선, 제스처 등이 해당된다.

㉣ 사회적 특성 : 직업이나 지위, 종교 등의 특성이 해당된다.

③ 평가가 이루어지는 상황

㉠ 타인을 평가하는데 있어서 평가가 이루어지는 상황은 피평가자의 첫인상을 형성하는데 특히 중요한 기능을 하게 된다.

㉡ 평가가 이루어지는 상황은 피평가자와 만나는 장소, 동행자, 시기 등이 해당된다.

㉢ 상황적인 경우가 평가에 영향을 미치는 이유는, 일반적으로 사람들은 구체적인 상황에서 자신들의 퍼스널리티나 행동 가운데 선택적인 부분만을 보이는 것이 보통 습관화 되어져 있게 된다. 이러한 측면을 평가자가 볼 수 있게 되어 피평가자에 대한 평가가 가능해진다.

(4) 타인에 대한 지각과정 중요도 상중하

지각의 대상은 사람과 사물 그리고 상황과 사건에 걸치는 매우 광범위한 것이다. 그 중 사람(타인)에 대한 지각은 일반적 지각과 구별되며 대인지각이라 불린다. **대인지각은 타인에 대한 평가의 측면에 대한 지각과정을 의미한다.**

① 인상형성이론(Impression Formation)

㉠ 정의

인사형성이론은 사람이 타인에 대해 어떻게 인상을 형성하는가에 대한 이론으로 애쉬(S.E. Asch)가 체계적인 연구의 기초를 제시하였다.

㉡ 인사형성이론의 특징과 과정

ⓐ 일관성

단편적인 정보들은 통합하여 일관성 있는 특징을 형성하려는 경향을 의미한다. 이러한 일관성으로 인해 모순된 정보가 들어오게 되면 비일관성을 최소화하기 위해 정보를 왜곡하고 재구성한다.

ⓑ 중심특질과 주변특질

중심특질은 통일된 인상을 형성하는데 있어 중심적인 역할을 수행하는 특질을 말하며, 사람의 인상을 결정하는데 있어 중심특질만으로 결정을 하게 된다. 주변특질은 결정에 영향을 미치지 못하고 부수적인 역할만을 수행하는 특질을 의미한다.

ⓒ 합산원리와 평균원리

합산원리는 한 사람의 인상을 형성하는데 있어 여러 정보가 합쳐진다는 것을 의미하며, 평균원리는 이렇게 들어온 여러 정보들의 무게가 같으면 평균하여 평가한다는 것을 말한다.

ⓓ 초두효과(Primary Effect)

초두효과는 순서에 따라 인상의 형성에서 차지하는 중요도가 다르다는 것을 의미한다. 예를 들어 첫인상이 좋아야 그 사람에 대한 전반적인 신뢰를 하게 되고 좋은 인상을 형성하게 된다는 것이 해당된다고 할 수 있다.

② 귀인이론(Attribution Process)

㉠ 정의

지각 평가의 대상이 되는 행위의 원인을 추측하고 분석하는 귀인과정을 중심으로 연구한 하이더(F. Heider)에 의해 귀인이론이 창시되었다.

더 알아두기

귀인이론 지각과정

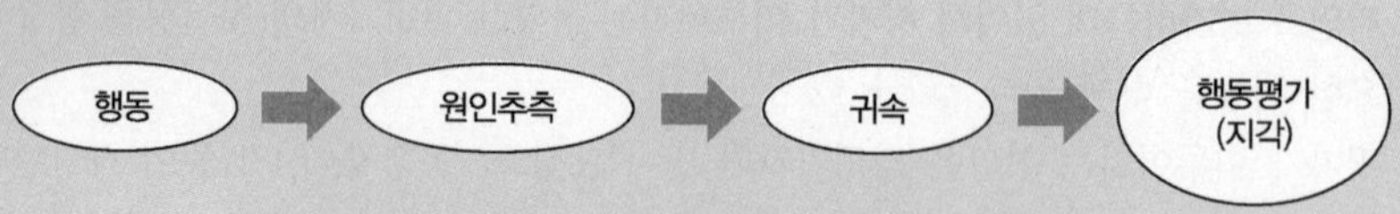

㉡ 귀인과정

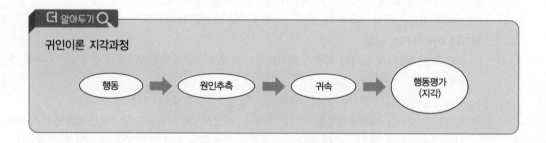

사람들은 타인의 행동을 보고 그 행동에 대한 원인을 추리하려는 경향이 있으며, 그 행동을 관찰하여 그 원인을 이해하고 찾으려고 하는 것이 귀인과정에 해당한다.

㉢ 원인의 귀속

그 행동의 원인이 내부에 있는지 외부에 있는지에 따라 원인의 귀속이 달라진다.

ⓐ 내적귀인 : 행동의 원인을 능력, 동기, 성격 등의 내적 요인에 의한 것으로 이해한다.

ⓑ 외적귀인 : 행동의 원인을 환경 등 외적 요인에 의한 것으로 이해한다.

㉣ 귀인과정의 편견과 오류

ⓐ 행위자-관찰자효과(Actor-Observer Effect)

자신의 행위는 외적인 귀속으로 하고, 타인의 행위는 내적인 귀속으로 하려는 성향을 의미한다.

ⓑ 자존적 편견(Self-Serving Bias)

동기적 편견이라고도 불리는데, 이는 자신의 자존심이나 자아를 지키고 높이는 방향으로 행위자의 행동 원인을 귀속시키려는 성향을 의미한다.

③ **인지부조화이론(Cognitive Dissonance)**

1950년대 페스팅거(L. Festinger)가 제시한 이론으로, **사람은 자신의 태도와 행동 간에 일관되지 않거나 모순이 있어 부조화가 나타나게 되면 두 가지 사이의 일관성을 회복하려고 노력한다는 것이** 인지부조화이론의 내용이다.

(5) 조직에서의 지각오류 중요도 상중하

조직에서의 지각오류는 다양한 형태로 나타나기 때문에 오류에 대한 이해를 통해 지각오류를 감소시키는 방안을 마련하는 것이 중요하다.

① **지각오류의 종류**

용어	내용
상동적 태도	해당 사람이 속한 집단의 특성에 근거하여 판단하는 오류(예; 국가, 종교, 학교 등)를 말한다.
현혹효과 (후광효과)	한 부분에 대한 호의적 또는 비호의적인 인상이 다른 평가 부분까지 영향을 미치는 효과를 말한다. 그리고 전반적인 인상을 구체적 차원에 대한 평가로 연관시키는 오류를 말하기도 한다.
주관의 객관화	자신과 비슷한 특성이나 관점을 다른 사람에게 귀속시키거나 전가하는 것을 의미한다(방어기제).
기대	평가자의 기대가 실제로 피평가자에게 나타나게 하는 것을 말하며 자기실현적 예언에 해당된다.
선택적 지각	외부적 상황이 모호할 경우 원하는 정보만 선택하여 판단하는 오류에 해당된다.
지각방어	개인에게 불쾌감 또는 위협을 주는 자극이나 상황적 사건이 있을 경우에 이에 대한 인식조차를 거부하여 방어를 구축하는 것을 의미한다.
대비효과	고과자가 피고과자를 평가할 때 자신이 가진 특성과 비교하여 고과하는 경우 발생하는 오류를 말한다. 그리고 한 피평가자에 대한 평가가 다른 피평가자에 대한 평가에 영향을 주는 것을 의미하기도 한다.
유사효과	평가자의 태도, 취미, 성별, 종교, 정치적 입장 등에서 자신과 유사하나 성향을 가진 사람에게 후한 평가를 하는 오류를 말한다.
분포적 오류	• 관대화 경향 : 근무성적 및 평정 등에 있어 평정결과의 분포가 우수한 등급 쪽으로 편중되는 경향을 보이는 오류를 말한다. • 가혹화 경향 : 근무성적 및 평정 등에 있어 평정결과의 분포가 낮은 등급 쪽으로 편중되는 경향을 보이는 오류를 말한다. • 중심화 경향 : 근무성적 및 평정 등에 있어 평정결과의 분포가 가운데 등급 쪽으로 집중되는 경향을 보이는 오류를 말한다.

② **지각오류의 감소방안**

㉠ 자기이해 : 누구나 지각오류를 범할 수 있다는 것을 인정하는 것이 필요하다.

㉡ 자기인정 : 평가자 자신이 완전무결한 인간이 아니라는 것을 인정하는 것이 필요하다.

㉢ 의식적 정보처리 : 지각의 과정에서 인지하게 된 '사실' 에 대해 신중하고, 의식적으로 검토하여야 한다.

㉣ 객관성 테스트 : 자극에 대해서 지각한 부분에 대한 해석을 다른 측정치와도 비교하는 등의 노력을 통해 정확성을 검토하고자 해야 한다.

3 학습(Learning)

학습은 연습이나 경험의 결과로서 나타나는 행위의 변화를 말하며, 비교적 영구적인 변화를 일으키게 된다.

(1) 학습과 행위변화 중요도 상중하

① 의의

조직구성원들에게 긍정적 자극을 주어 바람직한 행위의 변화가 유도될 수 있도록 해야 하는 것이 조직과 조직구성원 모두에게 필요하며, 이는 학습의 과정을 통해 이루어질 수 있다.

② 학습과정

개인의 행위변화가 어떠한 변화를 거쳐 학습되고 변화되어지는지에 따라 크게 행태론적과 인지론적 학습과정으로 구분되며 내용은 다음과 같다.

㉠ 행태론적 학습과정(Behavioral Learning)

행태론적 학습과정은 학습을 자극으로부터 어떠한 행위를 이끌어내는 과정으로 인식하였다.

ⓐ 반사적 행위(Respondent Behavior) → 고전적 조건화 이론

주위 환경에서 일어난 특별한 자극에 의해 나타나는 인간의 모든 반응을 의미한다.

ⓑ 작동적 행위(Operant Behavior) → 조작적 조건화 이론

스키너(B. F. Skinner)에 의해 제시된 이론으로 인가의 행동은 자극에 대한 수동적인 반응으로만 이루어진 것이 아니라, 스스로 행동하여 환경을 통제하는 자발적인 행동을 보인다는 것이며 이를 작동 행위라고 하였다. 이러한 작동 행위 뒤에 따르는 결과에 대한 보상을 통해 즉, 작동적 조건화과정을 통해 경영자는 조직구성원들의 행위를 통제하거나 영향을 줄 수 있다는 점을 주장하였다.

㉡ 인지론적 학습과정(Cognitive Learning)

인지론적 학습과정은 인간의 사고과정을 포함시켜 학습과정을 설명하였다.

ⓐ 관찰학습(Observational Learning)

타인의 행위를 보거나 행위의 결과에 대해 평가함으로써 행위를 학습하는 것을 의미한다.

ⓑ 인지학습(Cognitive Learning)

외부를 관찰하지 않고, 개념이나 이론을 학습하고 인지함으로써 바람직한 결과가 나올 수 있는 행위를 인식하고 학습하는 것을 의미한다.

(2) 조직사회화 프로그램의 도입 중요도 상중하

① 의의

조직사회화 프로그램을 통해 개인이 조직에서 요구하는 가치와 행동을 학습할 수 있도록 할 수 있다는 점에서 의의를 갖는다.

② 조직사회화 프로그램의 종류

㉠ 멘토링(mentoring) 프로그램

멘토(mentor)란 조직에서 후배들에게 조언이나 상담을 통해 영향을 줄 수 있는 선임자를 의미한다. 이러한 멘토가 후배들에게 필요한 업무 지식을 전달하는 역할 뿐만 아니라, 대인관계나 직장 생활 등을 잘 할 수 있도록 이끌어주는 역할을 하도록 하는 것이 멘토링이다.

㉡ 직장상사의 솔선수범행동
조직에서 상급자에 해당하는 조직구성원이 하급자에게 귀감이 될 수 있는 바람직한 조직행위를 솔선수범하여 실천함으로써 학습을 촉진하는 것을 의미한다.

㉢ 업무실패사례 공개프로그램
조직 내에서 업무수행에 있어 실패한 사례를 모아 알리고 학습함으로써 실패가 반복되지 않도록 하는 것을 의미한다.

4 태도

(1) 태도의 개념과 기능

① 태도의 개념

태도는 어떤 자극이나 대상에 대해 특정한 반응을 보이려는 정신적 준비상태에 해당한다. 다시 말해, 어떤 사물이나 사람에 대해 호의적 또는 비호의적인 방식으로 반응하려는 개인의 선유경향을 의미한다. 이러한 태도는 개인이 대상에 대해 보이는 반응에 대한 정보를 제공한다는 점에서 중요성을 가진다.

㉠ 태도의 세 가지 구성요소
ⓐ 정의적 요소 : 한 대상에 대한 감정을 의미하며, 호의 또는 비호의를 나타낸다.
ⓑ 인지적 요소 : 대상에 대해 가지고 있는 지각, 신념, 사고를 의미한다.
ⓒ 행위적 요소 : 특정 대상에 대해 어떤 방식으로 행동하려고 하는 경향이나 의도, 방식을 의미한다.

㉡ 태도의 세 가지 가정
ⓐ 가상적인 구성체 : 보통 우리는 태도를 직접 관찰할 수 없고 그 결과인 행위만을 볼 수 있기 때문에 태도를 가상적인 구성체라고 정의한다.
ⓑ 연속적인 평가 차원 : 하나의 대상에 대한 태도는 매우 호의적이거나 혹은 매우 비호의적인 그 끝과 끝 사이의 연속선상에서 파악 되는 평가 차원을 갖게 된다.
ⓒ 행위와의 관련성 : 태도는 반응에 따른 행위의 준비상태로 간주되어지기 때문에 행위와 관련이 있다고 가정한다.

② 태도의 기능

태도의 기능에 대해 카츠(D. Katz)는 네 가지로 나누어 설명하였다.

㉠ 적응기능 : 행위자가 욕구의 바람직한 상태를 달성하게 하는 기능에 해당된다. 즉, 바람직한 목표를 달성하고 그렇지 못한 결과를 피하게 해주는 역할을 한다.
㉡ 자기방어적 기능 : 행위자의 욕구가 이루어지지 않는 불안이나 위협에서 벗어나 자아가 붕괴되는 것을 막고 자아를 보호하게 하는 기능을 가지고 있다.
㉢ 가치표현적 기능 : 자신의 중심적인 가치를 타인에게 표현함으로써 자아 정체성을 강화하는 기능을 의미한다.

㉣ **탐구적 기능** : 외부환경이나 주변 대상을 이해하고 해석하는 기준을 마련해 주는 기능을 하는 것을 말한다.

(2) 태도변화의 과정과 관리 중요도 상중하

태도변화에 대한 이론에 관심을 가지게 된 이유는 태도의 변화로 인해 행위가 변화되기 때문임을 알게 되었기 때문이다. 그리고 이러한 태도변화에 대해서 크게 두 가지 관점에서의 입장이 대표적이다.

① **태도변화에 대한 두 가지 관점**

㉠ 전통적 입장
태도를 행위에 선행하는 인지과정의 한 요소로 파악하는 인지론의 일반적인 입장을 취하는 것이 전통적 입장이며, 이는 태도를 변화시키면 그 결과인 행위도 변한다고 주장한다.

㉡ 현대적 입장
전통적 입장과는 반대적인 입장을 취했으며, 벰(D.J.Bem)을 필두로 한 강화이론가들에 의해 주장되었다. 행위에 있어서의 인지과정을 인정하지 않고 우리가 타인의 태도를 아는 것은 타인의 행동을 관찰할 때에 가능하다고 하였다. 즉, 태도를 변화시키기 위해서는 행위를 변화시켜야 한다고 주장했다.

② **태도변화의 과정**
태도 변화의 과정은 해빙, 변화, 재동결의 세 단계를 거쳐 변화가 일어나게 되는데, 레빈(K. Lewin)이 주장하였다.

㉠ 해빙(Unfreezing) : 개인이나 집단에 변화를 일으킬 수 있는 동기유발을 하여 변화에 적응하고 준비할 수 있도록 하는 과정에 해당한다.

㉡ 변화(Change) : 켈만(H.C.Kelman)은 개인의 태도에 영향을 미치는 변화의 과정을 사회적인 영향력이라는 관점에서 세 가지 과정을 통해 이루어진다고 보았다.

ⓐ 순종(Compliance) : 부정적인 반응을 피하고, 긍정적인 반응만을 얻으려 할 때 발생한다.

ⓑ 동일화(Identification) : 타인 또는 집단과의 관계가 만족스러워 자아의 일부분으로 받아들여질 때 발생한다.

ⓒ 내면화(Internalization) : 유발된 태도와 행위가 자신의 가치관과 완전하게 일치할 때 발생한다.

㉢ 재동결(Refreezing) : 변화의 과정을 통해 새로 획득된 태도, 지식, 행위가 개인의 퍼스널리티나 계속적인 중요한 정서적 관계로 통합되고 고착화 되는 것을 의미한다.

③ **태도변화의 관리**
태도변화의 과정을 경영자 측에서 이해하고 조직에 적용시킴으로써 변화과정에서의 저항을 줄이고 조직의 유효성을 증진시킬 수 있게 된다는 측면에서 태도변화의 관리에 대해 관심이 높아지게 되었다.

㉠ **설득** : 논리적인 주장과 사실의 확인을 통해 태도를 변화시키는 것을 의미하며, 일반적으로 언어, 문서, 영상 등의 메시지로 구성된다.

㉡ **공포유발 또는 감축** : 타인에게 압박감이나 공포감을 주어 태도변화를 유도하는 것을 의미하며, 단체 교섭 시 노사 쌍방이 상대방 측에 위협을 주는 것이 해당된다고 할 수 있다. 다만, 협박과는 다르다는 것을 구별해야 한다.

㉢ **인지부조화의 유발** : 인지부조화의 상태에 놓이게 되면 개인은 본인의 태도, 사상, 행위들 간에 일관성을 유지하고 인지를 조화롭게 하려고 노력하게 된다. 이러한 기본적인 개인의 속성을 이용하여 인지부조화를 인위적으로 일으키는 형식으로 태도변화를 꾀할 수 있다.

㉣ **참여제도** : 태도변화를 일으키고자 하는 개인들을 조직의 의사결정에 참여하게 하는 방법이며, 이는 조직에서 개인들의 부정적인 태도를 줄이면서, 호의적인 태도를 유발시킬 수 있게 된다.

㉤ **여론지도자로서의 역할** : 태도변화를 효과적으로 수행할 수 있는 중요한 인물의 역할을 하는 자를 여론지도자로 하여 개인들의 태도발전에 영향을 미치게 하는 것을 의미한다.

(3) 직무만족과 조직몰입(Organization Commitment) 중요도 상 중 하

① 직무만족

㉠ 직무만족의 개념

직무만족은 직무에 대한 개인의 태도를 말하는 것으로, 한 개인이 직무나 직무경험을 평가할 때 오는 호의적이고 긍정적인 정서상태를 의미한다.

㉡ 조직유효성간의 관계

직무만족은 조직유효성에 상당한 영향을 미치게 되며, 이는 이직률과 결근율 및 생산성 등의 변수와 관련이 있다.

ⓐ 직무만족과 이직률 : 직무만족은 이직률을 낮춰주는 경향이 있기 때문에 음의 관계를 갖게 된다.

ⓑ 직무만족과 결근율 : 직무만족은 결근율 또한 이직률과 같이 낮춰주는 경향이 있기 때문에 음의 관계를 갖게 된다.

ⓒ 직무만족과 생산성 : 포터(L.W.Porter)와 롤러(E.E.Lawler Ⅲ)은 직무만족과 생산성 사이에 공정한 보상이 있으면 만족하게 된다고 주장하였다.

② 조직몰입

㉠ 조직몰입의 개념

조직몰입은 한 조직에 대한 개인의 동일시와 몰입의 상대적 정도를 의미하며, 즉, 한 개인이 자신이 속한 조직에 대해 일체감을 가지고 일에 몰두하느냐의 정도를 말한다.

더 알아두기

조직몰입의 구성요소

- 조직이 추구하는 목표나 가치관에 대한 강한 신뢰와 수용
- 조직목표 달성을 위한 공헌의 의지
- 조직의 일원이 되기를 바라는 강한 귀속욕구

㉡ 조직몰입의 선행변수와 결과변수

ⓐ 선행변수 : 개인적요인, 직무관련 요인, 구조적 요인, 직업경험

ⓑ 결과변수 : 참여도, 잔류의도, 직무몰입, 직무노력

㉢ 조직몰입의 촉진방안

ⓐ **배치** : 조직구성원 각자가 개인적으로 의미 있는 목표를 성취할 수 있는 기회를 가질 수 있도록 적절하게 배치되어야 한다.

ⓑ **복지** : 경영자는 종업원들의 복지에 진심으로 큰 관심을 가지려고 노력해야 한다.

ⓒ **자율성과 책임감 부여** : 가능한 종업원들이 보다 큰 자율성과 책임감을 가질 수 있도록 직무를 수정해야 한다.

ⓓ **조직목표에 대한 이해** : 종업원들이 조직목표가 왜 중요한지와 어떻게 달성될 수 있는지 잘 이해될 수 있도록 해야 한다.

③ 조직몰입의 역효과

㉠ 조직몰입이 너무 높으면 종업원들의 이동성과 경력발전에 저해가 되기도 한다.

㉡ 이직률의 하락으로 인해 승진기회가 줄어들게 된다.

㉢ 조직몰입이 큰 경우 조직을 비판할 의사가 없어, 부정적인 의미에서의 집단사고현상을 유발하기도 한다.

㉣ 이직이 없다면 새로운 사람의 유입 또한 없기 때문에 새로운 아이디어가 도입되지 못하게 되고, 오히려 이는 조직의 발전을 저해할 수도 있다.

5 퍼스널리티

(1) 퍼스널리티의 개념 및 이론 중요도 상중하

① 퍼스널리티의 개념

㉠ **퍼스널리티는 환경조건에 관계없이 비교적 장기적으로 일관되게 행위특성에 영향을 미치는 한 개인의 독특한 심리적 자질들의 총체이며, 주요특성으로는 독특함과 일관성이 있다.** 독특함은 타인과 구별되는 그 사람만의 특이한 점을 의미하며, 일관성은 환경조건에 관계없이 장기간 지속적으로 이루어진 것을 의미한다.

㉡ 퍼스널리티의 결정요인

퍼스널리티를 결정하는 주요한 요인으로는 선천적인 요인과 후천적인 요인이 있다.

ⓐ 선천적인 요인 : 유전인자에 의해 부모로부터 물려받아 형성되는 성격을 의미한다.

ⓑ 후천적인 요인

- 상황적 요인 : 한 개인이 살아가면서 환경변화에 적응해가면서 형성되게 된 성격이다.
- 문화적 요인 : 구성원들 간에 공유된 가치를 형성하면서 계승된 것이 개인의 성격에 영향을 주게 된다는 것을 말한다.
- 사회적 요인 : 가족이나 사회집단의 가치관 등이 개인의 성격형성에 중요한 요인으로 작용한다는 것을 의미한다.

② 퍼스널리티의 이론

퍼스널리티에 대한 이론으로는 정신역동이론, 인본주의적 퍼스널리티 이론과 특질이론이 대표적이며 내용은 다음과 같다.

㉠ 정신역동이론(Psycho Dynamic Theory)
정신역동이론은 프로이드(S. Freud)에 의해 제시되었으며, 퍼스널리티의 동태적인 측면에 강조를 둔 이론이다. 프로이든 인간의 행위는 숨겨진 동기와 무의식적 소망에 의해 지배된다는 가정을 하였다.

ⓐ 원초아(Id) – 무의식
퍼스널리티의 가장 원시적 본능을 말하며, 어떠한 억압도 싫어하고 쾌락을 추구한다.

ⓑ 자아(Ego) – 의식
원초아가 무의식을 내포하고 있지만 자아는 의식에 해당되며 퍼스널리티의 현실지향적인 부분에 해당한다. 자아는 원초아가 현실을 이해하여 그 에너지를 성취 가능한 방향으로 지도해주는 역할을 담당한다.

ⓒ 초자아(Super Ego) – 양심
초자아는 퍼스널리티에 윤리적, 도덕적 기준과 정의와 불의 등에 대한 차원을 첨가하게 해주며, 자아가 현실적인데 반해 초자아는 이상적인 측면이 있다.

㉡ 인본주의적 퍼스널리티 이론
정신분석학이론이나 행동주의 심리학이론의 기계적 환경설정론에 대항하여 등장했으며, 대표적인 학자로는 매슬로(A. Maslow)와 로저스(C. Rogers)가 있다. 이들이 중요하게 표방한 부분은 개인의 내적요인과 외적요인을 다 안다고 해서 타인의 행동을 예측할 수 없다는 것이었는데, 이는 인간은 성장이나 자기실현, 건강을 향한 강한 욕구 등 긍적적인 퍼스널리티의 측면을 가지고 있기 때문이다. 따라서 **중요한 과제는 자기실현을 충족할 수 있는 조건을 마련하는 것**이라고 주장했다.

㉢ 특질이론(Trait Theory)
특질은 개인의 사고나 행위가 일관성이 있으면서 또 다른 사람과 구별되는 독특한 특성을 갖게 만드는 소질을 말하며 이들의 총체가 퍼스널리티가 된다는 이론이다. 즉, **퍼스널리티가 독특한 특질로 구성되어 있으며 그 구조가 개인의 행위를 결정한다고 주장했다.**

(2) 퍼스널리티의 변수 중요도 상 중 하

경영자가 조직에서 개인의 차이를 관리하기 위해서는 다양한 연구결과에 따른 퍼스널리티의 변수를 확인하고 숙지해야 할 필요성이 있다.

① **퍼스널리티의 변수의 개념 및 통제의 위치**
통제의 위치는 개인이 자기의 삶와 생활에서 얻는 결과를 자신이 얼마나 통제할 수 있다고 믿는지를 측정하는 개념을 말하며, 자신의 운명을 자신들의 행동이 결정적인 역할을 한다는 내재론적 관점과 주변의 환경과 운 등이 운명을 결정적인 역할을 한다는 외재론적 관점이 있다.

② **퍼스널리티와 관련한 욕구**
퍼스널리티와 관련된 욕구로 성취·권력·친교욕구가 있으며 내용은 다음과 같다.

㉠ 성취욕구(Need for Achievement)
성취욕구는 강력하게 목표를 달성하려는 욕구를 의미하며, **성취욕구가 높은 사람은 도전적인 과업에 끌리게 되고 성과지향적인 경향을 갖는다.**

㉡ 권력욕구(Need for Power)

타인에 대해 영향력을 행사하거나 통제하고자 하는 욕구를 의미한다. 강한 권력욕구를 가졌다고 해서 독재적인 경향을 갖게 되는 것은 아니며, 특히 경영자의 경우는 어느 정도의 권력욕구를 가지고 있어야 경영을 잘할 수 있게 된다.

㉢ 친교욕구(Need for Affiliation)

친교욕구는 타인과 유쾌한 감정관계를 가지고, 친근하고 밀접한 관계를 확립, 유지, 회복하려는 욕구를 의미하며, 과업의 달성보다는 동료관계를 더 중시하는 경향을 보인다.

제 2 절 목표지향적 행위와 동기부여

1 동기부여의 개념 및 중요성

동기란 개인이 지닌 욕구나 충동을 자극하여 어떠한 행동을 유도하는 심리적인 힘을 의미하며, 이러한 부분을 강화하고자 하는 것이 동기부여의 목적이라 할 수 있다는 점에서 중요하게 여겨지게 되었고 그 내용은 다음과 같다.

(1) 동기부여의 개념

동기부여의 개념은 심리학의 모티베이션(Motivation)에서 비롯되었다. 심리학적인 관점에서의 모티베이션은 개인이 어떠한 목표를 달성하려는 행위를 일으키고 방향을 결정하여 유지하는 것으로 파악한다. 다시 말해 특정한 방식으로 개인에게 행위를 하게 만드는 충동적인 힘이며 강력한 목표지향성을 가지고 있다고 해서될 수 있다.

(2) 동기부여의 중요성

조직의 목표와 개인의 목표가 조화를 이루는 데에는 조직구성원들의 성과(Performance) 지향적 행동은 구성원의 능력(Ability)과 동기부여(Motivation)이 어우러져야 이루어질 수 있기에 중요성을 가진다.

$$P = f(A \times M)$$

2 동기부여의 접근법

(1) 전통적 접근법(경제인간설)

전통적 접근법은 맥그리거의 X이론에 입각한 것으로, 인간은 근본적으로 일하기를 꺼려하므로 일 자체보다는 그에 따른 보수를 가지고 동기부여를 할 수 있다는 관점을 갖는다.

(2) 인간관계론적 접근법(사회인간설)

인간관계론적 접근법은 조직이 성과를 내는데 있어서 인적 요소의 중요성을 강조하였다. 즉, 금전적 보상 뿐 아니라 개인의 심리적, 사회적 욕구의 충족이 있어야 동기부여가 가능하다는 관점을 갖게 된다.

(3) 인적자원적 접근법(복잡한 인간가설)

인간은 화폐나 애정 또는 성취동기, 의미 있는 일에 대한 욕구 등과 같은 물질적인 부분과 사회적인 욕구 부분 등이 서로 상호 관련한 복합적인 요인에 의해 동기부여가 된다고 간주하게 되었다. 인적자원적 접근법은 인간이 직무에 대한 공헌욕구를 지니고 있기에, 조직이 개인의 의사결정 능력과 그것에 대해 허용하게 되면 조직에 이익이 된다고 하였다. 또한 스스로의 통제나 방향설정이 직무의 만족도를 높인다는 것을 기본가정으로 하고 있다.

3 동기부여의 이론

동기부여의 이론은 크게 내용이론(욕구이론)과 과정이론으로 설명되고 있다. 내용이론은 어떠한 요인들이 동기부여를 시키는 데 크게 작용하게 되는가를 다루고 있으며, 과정이론은 동기부여가 어떠한 과정을 통해 발생하는가를 다루는 이론에 해당된다.

(1) 동기부여의 내용이론(욕구이론) 중요도 상 중 하

내용이론은 어떠한 요인들이 동기부여를 시키는 데 크게 작용하게 되는가를 다루고 있으며 다음과 같은 이론이 대표적이다.

① **매슬로(A. Maslow)의 욕구단계설(Need Hierarchy Theory)**

매슬로는 동기부여를 할 수 있는 인간의 욕구가 여러 계층으로 이루어져 있다고 파악하여, 욕구의 강도에 따라 단계별로 구분하였다.

㉠ 1단계 욕구: 생리적 욕구

의식주 등의 기본적 삶을 영위하고 싶은 인간의 가장 근본적 욕구에 해당한다.

㉡ 2단계 욕구: 안전의 욕구

신체적, 심리적, 사회적 지위에 대한 위험 등으로부터 안전하고 싶은 욕구에 해당한다.

㉢ 3단계 욕구 : 사회적 욕구, 애정과 소속의 욕구

인간관계에 관련된 욕구로써 타인과 사랑을 주고받고, 어딘가에 소속되어 관계를 맺고 사회적 상호작용을 하기를 원하는 욕구를 의미한다.

㉣ 4단계 욕구 : 존경의 욕구

자신의 가치를 발견하고 타인으로부터 인정이나 존경을 받고 싶어 하는 욕구를 말한다.

㉤ 5단계 욕구 : 자기실현의 욕구

자신의 잠재력을 최고로 발휘하여 목표와 이상을 실현함으로써 스스로를 성장시키고 발전하고 싶어 하는 욕구의 단계를 의미한다.

② **앨더퍼(C. P. Alderfer)의 ERG 이론**

ERG 이론은 매슬로의 욕구단계설에 나타난 문제점에 대해 해결하고 보완하고자 제시된 이론으로, 매슬로의 이론을 더욱 실증조사에 부합하게 수정하였다.

㉠ E, R, G의 내용

ⓐ E(존재욕구 ; Existence)

인간이 존재하기 위해 필요한 생리적·물질적 욕구를 의미하며, 매슬로의 이론에 대비하여 볼 때 생리적 욕구와 물리적 측면의 안전욕구에 해당한다고 볼 수 있다.

ⓑ R(관계욕구 ; Relatedness)

타인과의 관계에 대한 욕구로써 가족, 감독자, 동료 하위자 등 과 같은 주변인과의 의미 있는 인간관계를 형성하고 싶어 하는 욕구를 의미한다. 매슬로의 이론에 대비하여 볼 때 대인관계 측면의 안전욕구, 사회적 욕구, 존경의 욕구에 해당한다.

ⓒ G(성장욕구 ; Growth)

자아 성장을 위한 개인의 잠재력 개발 등의 모든 노력과 욕구가 해당되며, 매슬로의 이론에 대비하여 볼 때 존경의 욕구와 자기실현의 욕구에 해당한다고 볼 수 있다.

㉡ 매슬로의 욕구단계설 이론과의 차이점

ⓐ 좌절-퇴행

매슬로의 욕구단계설에서는 하위욕구가 충족되지 않으면 상위욕구로 진행하지 못한다고 가정하고 있지만, ERG 이론은 상위욕구로 진행하지 못하는 경우나 만족하지 못하는 때에는 그보다 낮은 하위욕구에 대한 욕망이 커진다고 가정하고 있다.

ⓑ 동시작용

매슬로는 단계별로 한가지의 욕구만을 설명하고 있지만, ERG 이론은 두 가지 이상의 욕구가 동시에 작용할 수 있다고 설명하고 있다는 점에서 차이가 있다.

ⓒ 하위욕구의 충족 배제

매슬로의 경우는 하위욕구가 충족이 되어야 순차적으로 상위 단계로 갈 수 있다고 가정하였지만, ERG 이론에서는 반드시 하위욕구가 충족되어야 할 필요는 없다고 가정하였다.

③ **허즈버그(F. Herzberg)의 2요인 이론**

허즈버그는 기존의 이론과 달리 조직의 관리체계가 구성원들의 욕구와 부합하지 못하게 되어 조직구성원들의 능력발휘가 제대로 되지 못하는 점에 문제의식을 느끼게 되었다. 이에 허즈버그는 200명의 기술자와 회계사를 대상으로 한 실증적 연구를 통해 전통적 동기이론과는 달리 **욕구의 만족과 불만족은 서로 다른 차원을 갖는다고 주장하였으며, 2요인 이론으로 구별하여 이론을 제시하였다.**

그리고 이러한 2요인은 서로 완전히 다른 차원에 속하기 때문에 상호간에 전혀 영향을 끼치지 못한다고 주장하였다.

㉠ 위생요인(불만족 요인)

조직구성원들의 직무에 대한 불만족을 감소시켜주는 환경적인 조건이 해당되며, 예를 들면 임금, 지위, 안전, 회사정책과 관리, 감독, 작업조건 등이 있다.

㉡ 동기요인(만족 요인)

조직구성원들로 하여금 더 나은 성과와 만족을 가져올 수 있도록 동기부여 하는데 효과적인 요인에 해당되며 예를 들면 성취감, 책임감, 일 그 자체, 자기실현, 도전, 인정 등이 있다.

④ **매클렐랜드(D. C. McClelland)의 성취동기 이론**

매클렐랜드는 인간의 모든 욕구는 살아가는 과정에서 서로 다르게 학습되고 그에 따라 개인이 각각 필요로 하는 욕구가 달라져 **욕구의 개인별 서열에 차이가 생긴다고 주장**하였다. 성취동기 이론에서는 욕구를 성취욕구, 권력욕구, 친교욕구 등에 초점을 두어 연구했다. 그리고 **성취욕구가 높은 사람은 다음과 같은 특징을 갖는다.**

㉠ **성과목표** : 자기 스스로가 성과목표를 정하기를 선호한다.

㉡ **피드백** : 자신의 업무수행에 대해 즉각적이고 효율적인 피드백을 원한다.

㉢ **목표설정** : 아주 쉽거나 아주 어려운 목표를 피하며, 곤란도와 위험이 중간정도인 목표에 도전하고 노력하면 달성할 수 있는 것을 선호한다.

㉣ **문제해결** : 문제해결에 대해 책임지는 것을 좋아하는 경향을 갖는다.

(2) 동기부여의 과정이론 중요도 상 중 하

과정이론은 동기부여가 어떠한 과정을 통해 발생하는가를 다루는 이론에 해당되며, 다음과 같은 이론이 대표적이다.

① **브룸(V. Vroom)의 기대이론**

㉠ 기대이론의 개관

기대이론은 레윈(K. Levin)과 톨만(E. Tolman)에 의해 처음 개념이 제시된 것으로 수단성 이론(Instrumentality theory) 또는 기대-유의성 이론(Expectancy-Valence theory)라고도 불린다. **브룸은 모티베이션을 여러 자발적인 행위들 가운데서 사람들의 선택을 지배하는 과정으로 정의했다.** 다시 말해, 개인은 여러 가지 행동 대안을 평가하여 가장 중요시되는 결과를 가져오리라 믿어지는 행동 대안을 선택한다고 주장했다.

㉡ 모티베이션에 작용하는 변수

모티베이션 정도에 대한 계산에 작용하는 변수들은 다음과 같다.

ⓐ 1차 및 2차 수준 결과

- 1차 수준 결과 : 일 자체와 직접적으로 관련이 있는 직무성과, 생산성, 인사이동 등이 포함된 결과를 의미한다.
- 2차 수준 결과 : 1차 수준 결과가 가져올 수 있는 보상과 관련이 있는 돈, 승진, 상사의지지 등이 포함된 결과를 의미한다.

ⓑ 유의성 : 결과에 대해 가지는 선호의 정도를 의미하며 기대효용이라고도 한다.
- 긍정적 유의성 : 보상, 승진, 인정 등
- 부정적 유의성 : 압력, 벌 등

ⓒ 수단성 : 1차 수준의 결과가 2차 수준의 결과를 가져오리라는 주관적인 기대감을 의미하는 확률 값을 말하며, −1에서 1까지의 값을 가진다.

ⓓ 기대 : 특정 행위에서 특정 결과가 나오리라는 가능성 또는 주관적인 확률과 관련된 믿음을 의미한다.

ⓔ 힘 : 브룸의 이론에서의 힘은 동기부여를 그 자체를 뜻하며, 이 힘은 개인이 행위의 방향을 정하는 역할을 하게 된다.

ⓕ 능력 : 어떤 과업을 성취할 수 있는 잠재력을 의미한다.

② 애덤스(J.S. Adams)의 공정성 이론(Equity Theory)

애덤스에 의해 제시된 사회적 비교이론 가운데 하나이며, 개인들의 행위가 타인들과의 관계와 비교하여 볼 때 공정성을 유지하는 쪽으로 동기부여가 된다는 논리의 틀을 가지고 있다.

㉠ 공정성 이론의 기본가정

작업자는 자신의 Input(투입물)과 Output(산출물)의 비율을 타인과 비교하여 공정성과 불공정성을 판단하게 되고, 불공정성이 지각되면 공정성을 유지하는 방향으로 행위를 하게 된다.

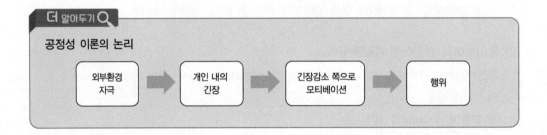

더 알아두기

공정성 이론의 논리

㉡ 불공정성의 반응행동

ⓐ 투입물과 산출물의 변화

자신의 생산성을 감소시키는 등 타인과의 비율과 균형을 맞춰 투입물을 변화시키는 행동을 보이거나, 승진 및 직무보상을 개선하기 위해 노력하여 산출물을 변화시키는 행동을 보이기도 한다.

ⓑ 준거인물의 교체

자신과 비교대상을 좀 더 현실성 있는 인물로 교체한다.

ⓒ 결근 및 이직

불공정성이 해소되지 않으면 결근이 잦아지거나 궁극에는 조직을 떠나게 된다.

③ 로크(E. A. Locke)의 목표설정이론(Goal Setting Theory)

목표설정은 조직구성원이 직무를 수행할 때 달성해야 할 목표를 분명히 해주는 것을 의미한다. 로크는 기대이론을 인지적 쾌락주의라고 비판하였고, 행동의 변화에 있어 의식적인 의도인 인지의 역할을 강조하였다.

④ **강화이론**

㉠ 강화의 개념과 원리

ⓐ 강화의 개념

강화이론은 인간행동의 원인을 먼저 일어나는 자극과 행동의 외적 결과로 규정하면서 이에 부합하는 세 가지 변수의 연쇄적인 관계를 설명하고 바람직한 행동을 학습할 수 있도록 강화 용인의 활용전략을 처방하는 심리학 이론 중에 하나이다.

ⓑ 강화의 원리

강화에는 적극적 강화, 부정적 강화(학습회피), 소거, 벌 등의 유형이 있으며, 이 중 적극적 강화와 부정적 강화(학습회피)는 바라는 행위를 강화해 주는 방식에 해당되며, 소거와 벌은 바라지 않는 행위를 약화시키는 방식에 해당된다.

㉡ 강화의 관리 방안

ⓐ 바람직한 행위의 증대방안

• 적극적 강화 유형

어떠한 자극을 주어 작동적인 반응을 증가시키는 것을 의미하며, 내재적 강화요인과 외재적 강화요인으로 설명된다.

- 내재적 강화요인 : 행위 그 자체와 심리적으로 관련되는 보상으로 만족감, 성취감 등이 해당된다.
- 외재적 강화요인 : 행위 그 자체와 심리적으로 직접 관련이 없는 보상으로 임금, 승진 등이 해당된다.

• 적극적 강화의 일정계획

강화요인의 발생을 공식적으로 구체화하여 바람직한 행위의 증대를 유인하는 것을 의미하며, 연속강화법과 부분강화법(단속강화법)으로 구분된다. 연속강화법은 정확한 반응을 낼 때마다 강화요인이 온다고 하였으며, 부분강화법(단속강화법)은 반응이 있을 때마다 강화가 주어지는 것이 아닌 경우를 의미한다.

더 알아두기

연속강화법과 부분강화법(단속강화법)

연속강화법	종업원들이 정확한 반응을 낼 때마다 강화요인이 오는 방법		
부분강화법(단속강화법)	간격법(반응 간격 기준)	고정간격법	요구되는 행위가 발생하더라도 앞의 강화가 일정시간이 지난 이후에 강화요인을 주는 방법을 의미하며 월급 등이 해당된다.
		변동간격법	어떤 평균을 기준으로 하여 종업원들의 예측 불가능한 변동적인 시간 간격으로 강화요인을 주는 방법을 의미하며, 칭찬, 승진, 감독방문 등이 해당된다.
	비율법(반응 횟수 기준)	고정비율법	요구되는 반응의 일정한 수가 나오면 강화요인이 주어지는 방법이며, 성과급 등이 해당된다.
		변동비율법	요구되는 반응수를 평균으로 하여 해당 반응수가 나와야 강화가 주어지는 방법이며 보너스 등이 해당된다.

더 알아두기

효과적인 일정계획의 지침
- 보상의 시기 : 보상시기는 바람직한 행위 직후에 바로 이루어지는 것이 효과적이다.
- 간격법과 비율법 : 일반적으로 비율법이 간격법보다 효과적이다.
- 다양성 : 강화체계를 여러 가지 방법과 상황에 따라 혼용하는 것이 효과적이다.
- 부정적 강화 유형(학습회피)
  종업원들에게 불쾌한 자극을 제거해 주어 행위를 강화시켜 주는 방법을 의미하며, 개인이 성과를 내면 불편한 상태의 자극을 끝나게 하도록 하는 도피학습과 개인의 행위가 불편한 자극을 미리 봉쇄할 수 있을 때의 절차를 말하는 회피학습이 있다.

ⓑ 바람직하지 않은 행위의 감소방안

소거와 벌의 경우가 바람직하지 않은 행위의 감소방안에 해당된다.
- 소거 : 보상되지 않는 상황이 반복되어 그 결과로 인행위의 반응률이 하락하게 되는 것을 의미한다.
- 벌 : 소거보다 더 강력하게 바람직하지 않은 행위의 빈도를 줄이게 하는 방법을 말한다.

4 동기부여 기법

동기부여는 개인과 조직 모두의 노력에 의해 이루어져야 하며, 동기부여를 효과적으로 하기 위한 기법은 다음과 같다.

(1) 개인차원의 동기부여 기법

① **적극적인 업무자세의 함양**

조직구성원들이 스스로 올바른 업무자세를 확립함으로써 스스로 동기 유발을 해야 한다.

② **명확한 자기경력의 구상**

명확한 목표를 가진 사람은 그렇지 못한 사람에 비해 일과 생활의 다방면에서 보다 적극적이고 긍정적이며 자발적인 태도를 갖추는 경우가 많기에 명확한 자기경력을 구상해야 한다.

(2) 조직차원의 동기부여 기법 중요도 상중하

① **직무재설계방식의 도입**

㉠ 직무충실화의 실행

직무충실화는 직무 성과가 직무 수행에 따르는 경제적 보상보다는 조직 구성원 개인의 심리적 만족에 달려 있다는 기본가정을 가지고 실행되었다. 즉, 개인들로 하여금 직무의 실행은 물론 직무의 계획과 통제의 과정에 참여할 수 있는 자유와 책임감을 가지게 하여, 자아 성장에 대한 기회나 의미 있는 업무경험등과 같은 긍정적인 동기요인을 제공받도록 일의 내용을 재편성하게 된다.

㉡ 선택적 근무시간제 도입

선택적 근무시간제는 핵심작업시간을 제외하고 출퇴근 시간을 신축적으로 선택하여 근무하도록 하는 제도를 말한다. 이는 개인의 가치관의 변화와 기업의 글로벌화 등으로 인해 근무시간제의 변화에 대한 요구가 늘어나게 되어 그 중요성이 커지게 되었다.

② **성과와 보상의 합치 프로그램**

㉠ 성과와 보상의 결속관계의 강화(보상관리의 원칙)를 위한 보상관리의 원칙은 다음과 같이 5가지로 크게 나누어 볼 수 있다.

ⓐ 가시성의 원칙 : 성과와 보상의 관련성을 인식할 수 있도록 보상은 가시적이어야 한다.

ⓑ 융통성의 원칙 : 보상의 양을 융통성 있게 주어야 한다.

ⓒ 낮은 비용의 원칙 : 조직의 관점에서는 보상의 비용이 낮을수록 바람직한 보상이라고 할수 있다.

ⓓ 수시성의 원칙 : 보상이 자주 주어질 때 종업원의 성과에 영향을 미치는 수단으로써의 유용성이 더 커지게 된다.

ⓔ 중요성의 원칙 : 종업원들이 보상을 중요한 것으로 느끼도록 다양한 보상시스템을 개발하여 개인의 니즈에 부합할 수 있도록 해야 한다.

㉡ 임금구조 개발과정에서의 공정성 제고

임금구조를 어떻게 설계할 것인가를 결정하고 설계하는 과정이 조직 구성원들에게 공정하게 받아질 수 있어야 한다. 임금은 개인들에게 있어 가장 기본적인 보상으로 구성원들의 업무수행에 의욕을 가지도록 하는 큰 강화요인이 되므로 형평성을 제고할 수 있는 임금구조의 개발이 중요하다.

㉢ 메리트 임금제도와 인센티브 시스템의 도입

ⓐ 메리트 임금제도(Merit-based Pay Plan)

메리트 임금제도는 타인의 주관적인 평가를 근거로 하여 개인의 성과에 대해 보상하는 프로그램을 의미한다. 이는 비가시적인 성과를 눈에 보이게 해준다는 특징을 갖는다.

ⓑ 인센티브 시스템(Incentive System)

인센티브 시스템은 객관적인 성과지표를 근거로 하여 개인의 성과에 따라 보상이 정해지도록 하는 프로그램을 의미한다. 이는 메리트 임금제도와 같이 주관적인 기준을 가지고 보상하지 않고, 성과와 보상간의 관계를 명문화하고 성과를 객관적으로 측정한다는 특징을 갖는다.

③ **임파워먼트(Empowerment)**

㉠ 임파워먼트의 개념과 특징

임파워먼트의 사전적인 의미는 '힘을 부여한다'는 것으로, 조직 구성원들에게 자신이 조직을 위해서 중요한 일을 할 수 있도록 확신을 심어주는 과정을 말한다. 확신을 심어주기 위해서는 권한을 위임해 주는 일, 그리고 개인이 일을 하는 과정에서 실제 의사결정에 깊이 참여함으로써 영향력을 느끼게 하는 일들이 전제되어야 한다.

ⓐ 임파워먼트의 개념

동기부여로서의 임파워먼트는 개인이 자신의 일을 유능하게 수행할 수 있다는 느낌을 갖도록 하는 활동과 그 결과 개인이 일을 하는 과정에서 지속적으로 주도권을 행사할 수 있도록 하는 것을 중요시해야 한다는 개념을 갖는다.

ⓑ 임파워먼트의 특징

- 임파워먼트는 조직 구성원들에게 사명의식을 갖게 해준다.
- 우수한 인재양성이나 확보에 초점을 두며, 또한 개인에게 기량을 발휘할 수 있도록 하여 자기계발을 할 수 있도록 해준다.
- 조직 구성원 스스로 의사결정권을 가지게 하여 통제력을 높여주며, 이를 통해 무기력감과 스트레스를 해소하여 강한 성취감을 갖게 해준다.
- 조직 구성원들이 고객 서비스 향상과 외부의 환경변화에 신속하게 대응하도록 해준다.

㉡ 임파워먼트의 실행과정

ⓐ 1단계 : 조직에서의 개인의 무력감 발생요인을 파악한다.

ⓑ 2단계 : 개인의 무력감을 유발하는 요인들을 제거할 수 있는 방안들을 수행한다.

ⓒ 3단계 : 과업수행의 자신감을 향상시킬 수 있는 방안들을 수행한다.

ⓓ 4단계 : 개인 스스로가 자신감을 회복하였다는 지각을 유도한다.

ⓔ 5단계 : 임파워먼트된 개인들이 더 높은 성과목표를 가지고 실행할 수 있도록 새로운 노력을 기울인다.

㉢ 임파워먼트의 촉진방안

ⓐ 역량에 기초한 임금시스템의 도입

조직구성원들의 성장 욕구의 충족과 형평성을 제고시킬 수 있는 방향으로 임파워먼트를 촉진하는 임금시스템의 도입을 해야 한다.

ⓑ 스트레스 관리

조직구성원들의 스트레스를 적정수준으로 유지할 수 있도록 해야 하며, 이를 위해 스트레스의 측정과 관리를 위한 재도를 개발하는 등의 노력을 기울여야 한다.

ⓒ 의미있는 사회적 보상의 개발

물질적인 보상과 심리적인 보상을 연계시킬 수 있는 방향으로 임파워먼트를 증진시키는 프로그램을 개발해야 한다. 흥미 있는 업무의 제공, 책임의 부여, 성취감의 부여, 우호적인 인간관계 등은 장기적인 효과를 가져 올 수 있다.

제12장

OX로 점검하자

※ 다음 지문의 내용이 맞으면 O, 틀리면 ×를 체크하시오. [1~14]

01 개인행위의 영향요인 중 심리적 변수에 대한 주요한 네 가지 요소로는 지각(Perception), 학습(Learning), 태도(Attitudes), 퍼스널리티(Personality)가 있다. (　　)

02 지각을 하는데 있어서 영향을 미치는 요인은 크게 평가자와 피평가자의 특성, 평가가 이루어지는 상황으로 크게 나누어질 수 있으며, 평가자의 특성에는 신체적 특성, 언어적 의사소통, 비언어적 의사소통, 사회적 특성이 있다. (　　)

03 타인에 대한 지각과정과 관련하여 1950년대 페스팅거(L. Festinger)가 제시한 이론으로, 사람은 자신의 태도와 행동 간에 일관되지 않거나 모순이 있어 부조화가 나타나게 되면 두 가지 사이의 일관성을 회복하려고 노력한다는 것을 표명한 이론은 '인사형성이론'이다. (　　)

04 학습과 관련하여 개인의 행위변화가 어떠한 변화를 거쳐 학습되고 변화되어지는지에 따라 크게 행태론적과 인지론적 학습과정으로 구분하여 학습과정을 설명하고 있다. 이 중 인지론적 학습과정은 학습을 자극으로부터 어떠한 행위를 이끌어내는 과정으로 인식하였다. (　　)

05 조직사회화 프로그램 중 조직에서 후배들에게 조언이나 상담을 통해 영향을 줄 수 있는 선임자가 후배들에게 필요한 업무 지식을 전달하는 역할 뿐만 아니라, 대인관계나 직장생활 등을 잘 할 수 있도록 이끌어주는 역할을 하도록 하는 것을 멘토링(mentoring) 프로그램이라고 한다. (　　)

06 태도변화에 대해 전통적인 입장과 현대적인 입장이 있는데, 현대적인 입장에서는 태도를 행위에 선행하는 인지과정의 한 요소로 파악하는 인지론의 일반적인 입장을 취하였다. 즉, 태도를 변화시키면 그 결과인 행위도 변한다고 주장하였다. (　　)

정답과 해설 01 O　02 ×　03 ×　04 ×　05 O　06 ×

02 피평가자의 특성에 해당되며, 평가자의 특성은 욕구와 동기, 과거의 경험, 자아개념, 퍼스널리티가 있다.

03 '인지부조화이론'에 대한 설명이다. '인사형성이론'은 사람이 타인에 대해 어떻게 인상을 형성하는가에 대한 이론으로 애쉬(S.E. Asch)가 체계적인 연구의 기초를 제시하였다.

04 행태론적 학습과정은 학습을 자극으로부터 어떠한 행위를 이끌어내는 과정으로 인식하였고, 인지론적 학습과정은 인간의 사고과정을 포함시켜 학습과정을 설명하였다.

06 전통적인 입장에 대한 설명이며, 현대적 입장에서는 행위에 있어서의 인지과정을 인정하지 않고 우리가 타인의 태도를 아는 것은 타인의 행동을 관찰할 때에 가능하다고 하였다. 즉, 태도를 변화시키기 위해서는 행위를 변화시켜야 한다고 주장했다.

07 태도변화의 과정은 해빙, 변화, 재동결의 세 단계를 거쳐 변화가 일어나게 된다. ( )

08 직무만족은 조직유효성에 상당한 영향을 미치게 되며, 이직률에도 영향을 미치게 된다. 결과적으로 직무만족은 이직률을 낮춰주는 경향이 있기 때문에 양의 관계를 갖게 된다. ( )

09 조직몰입을 촉진하기 위해서는 가능한 종업원들이 보다 큰 자율성과 책임감을 가질 수 있도록 직무를 수정해야 한다. ( )

10 퍼스널리티에 대한 이론 중 정신역동이론은 프로이드(S. Freud)에 의해 제시되었고, 원초아(Id), 자아(Ego), 초자아(Super Ego)로 구분하여 설명하였다. 이 중 퍼스널리티의 가장 원시적 본능을 말하며, 어떠한 억압도 싫어하고 쾌락을 추구하는 것은 '자아'에 해당한다. ( )

11 동기부여의 내용이론 중 매슬로의 욕구단계설에 있던 문제점에 대해 해결하고 보완하고자 제시된 이론으로, 매슬로의 이론을 더욱 실증조사에 부합하게 수정한 이론은 앨더퍼(C. P. Alderfer)의 ERG 이론이다. ( )

12 동기부여의 과정이론 중 애덤스에 의해 제시된 사회적 비교이론 가운데 하나이며, 개인들의 행위가 타인들과의 관계와 비교하여 볼 때 공정성을 유지하는 쪽으로 동기부여가 된다는 논리의 틀을 가지고 있는 이론은 공정성 이론(Equity Theory)에 해당한다. ( )

13 적극적 강화의 일정계획을 효과적으로 하기 위해서는 일반적으로 간격법이 비율법 보다 효과적이므로 간격법을 써야한다. ( )

14 조직차원의 동기부여 기법 중 개인들로 하여금 직무의 실행은 물론 직무의 계획과 통제의 과정에 참여할 수 있는 자유와 책임감을 가지게 하여, 자아 성장에 대한 기회나 의미 있는 업무경험 등과 같은 긍정적인 동기요인을 제공받도록 일의 내용을 재편성하게 하는 것은 직무충실화에 대한 내용이다. ( )

정답과 해설 07 O 08 × 09 O 10 × 11 O 12 O 13 × 14 O

08 직무만족은 이직률을 낮춰주는 경향이 있기 때문에 음의 관계를 갖게 된다.

10 원초아(Id)에 해당하는 내용이다. 자아(Ego)는 원초아가 무의식을 내포하고 있지만 자아는 의식에 해당되며 퍼스널리티의 현실지향적인 부분에 해당한다. 초자아(Super Ego)는 퍼스널리티에 윤리적, 도덕적 기준과 정의와 불의 등에 대한 차원을 첨가하게 해주며, 자아가 현실적인데 반해 초자아는 이상적인 측면이 있다.

13 일반적으로 비율법이 간격법보다 효과적이다.

제 12 장 실전예상문제

01 개인행위의 의의에 대한 내용으로 바르지 않은 것은 무엇인가?

① 개인에 대한 영향을 미치는 영향요인으로는 생리적 변수, 심리적 변수, 환경적 변수가 대표적이라 할 수 있다.
② 개인행위의 영향요인 중 환경적 변수에는 육체적 능력, 정신적 능력이 해당된다.
③ 개인행위의 영향요인 중 심리적 변수로는 지각, 학습, 태도, 퍼스널리티가 있다.
④ 조직의 구성원으로서 개인은 지각을 통해 인간과 사물을 지각하고, 타인과 조직에 대한 태도를 형성하며, 일하는 동안 학습하면서 특정한 퍼스널리티를 형성하게 된다.

02 지각에 대한 내용으로 바른 것은 무엇인가?

① 객관적인 현실세계와 지각된 세계는 보통 일치하기 때문에 지각에 대해 이해하는 것이 중요하다.
② 지각을 하는데 있어서 영향을 미치는 요인 중 평가자에 의한 특성에는 평가자의 언어적 의사소통, 사회적 특성 등이 해당된다.
③ 타인을 평가하는데 있어서 평가가 이루어지는 상황은 피평가자의 첫인상을 형성하는데 큰 영향을 미치지는 않는다.
④ 평가자는 과거의 경험이나 학습을 통해 얻어진 편견에 의해 피평가자를 일정한 방식으로 지각하게 된다.

해설 & 정답 checkpoint

01 생리적 변수에 대한 내용이다. 환경적 변수로는 가족, 문화, 사회적 계급이 해당된다.

02 평가자의 특성 중 과거의 경험에 의한 지각을 의미한다.
① 객관적인 현실세계와 지각된 세계의 사이에는 일반적으로 차이가 존재한다.
② 피평가자의 특성에 해당하는 것으로 신체적 특성, 언어적 의사소통, 비언어적 의사소통, 사회적 특징이 있다.
③ 타인을 평가하는데 있어서 평가가 이루어지는 상황은 피평가자의 첫인상을 형성하는데 특히 중요한 기능을 하게 된다.

정답 01 ② 02 ④

03 **인사형성이론의 특징중 다음 보기의 내용이 설명하는 것은 무엇인가?**

> 보 기
>
> 순서에 따라 인상의 형성에서 차지하는 중요도가 다르다는 것을 의미한다. 예를 들어 첫인상이 좋아야 그 사람에 대한 전반적인 신뢰를 하게 되고 좋은 인상을 형성하게 된다는 것이 해당된다고 할 수 있다.

① 초두효과
② 일관성
③ 중심특질과 주변특질
④ 합산원리와 평균원리

04 **귀인이론에 대한 설명으로 바르지 않은 것은 무엇인가?**

① 귀인이론은 '행동 → 원인추측 → 귀속 → 행동평가(지각)'의 지각과정을 거친다.
② '행위자-관찰자효과'는 자신의 행위는 외적인 귀속으로 하고, 타인의 행위는 내적인 귀속으로 하려는 성향을 의미한다.
③ 자신의 태도와 행동 간에 일관되지 않거나 모순이 있어 부조화가 나타나게 되면 두 가지 사이의 일관성을 회복하려고 노력한다는 이론은 '자존적 편견이론'이다.
④ 행동의 원인을 능력, 동기, 성격 등의 내적 요인에 의한 것으로 이해하는 것은 원인의 귀속을 내적으로 한다는 것이다.

checkpoint 해설 & 정답

03 초두효과(Primary Effect)에 대한 설명이다.
② 단편적인 정보들은 통합하여 일관성 있는 특징을 형성하려는 경향을 의미한다.
③ 중심특질은 통일된 인상을 형성하는데 있어 중심적인 역할을 수행하는 특질을 말하며, 사람의 인상을 결정하는데 있어 중심특질만으로 결정을 하게 된다. 주변특질은 결정에 영향을 미치지 못하고 부수적인 역할만을 수행하는 특질을 의미한다.
④ 합산원리는 한 사람의 인상을 형성하는데 있어 여러 정보가 합쳐진다는 것을 의미하며, 평균원리는 이렇게 들어온 여러 정보들의 무게가 같으면 평균하여 평가한다는 것을 말한다.

04 인지부조화이론(Cognitive Dissonance)에 대한 내용이다. 자존적 편견은 동기적 편견이라고도 불리는데, 이는 자신의 자존심이나 자아를 지키고 높이는 방향으로 행위자의 행동 원인을 귀속시키려는 성향을 의미한다.

정답 03 ① 04 ③

05 다양한 지각 오류 중에 보기의 내용이 설명하는 다음 중 무엇인가?

보 기

한 부분에 대한 호의적 또는 비호의적인 인상이 다른 평가 부분까지 영향을 미치는 효과를 말한다. 그리고 전반적인 인상을 구체적 차원에 대한 평가로 연관시키는 오류를 말하기도 한다.

① 상동적 태도
② 관대화 경향
③ 대비효과
④ 현혹효과(후광효과)

06 학습(Learning)에 대한 내용으로 바르지 않은 것은 다음 중 무엇인가?

① 학습은 연습이나 경험의 결과로서 나타나는 행위의 변화를 말하며, 비교적 영구적인 변화를 일으키게 된다.
② 조직구성원들에게 긍정적 자극을 주어 바람직한 행위의 변화가 유도될 수 있도록 해야 하는 것이 중요하므로, 조직에서의 노력은 전혀 필요 없다.
③ 행태론적 학습과정은 학습을 자극으로부터 어떠한 행위를 이끌어내는 과정으로 인식하였으며, 반사적 행위와 작동적 행위가 있다.
④ 인지론적 학습과정은 인간의 사고과정을 포함시켜 학습과정을 설명하였으며, 관찰학습과 인지학습이 있다.

해설 & 정답 checkpoint

05 현혹효과(후광효과)에 대한 설명이다.
① 해당 사람이 속한 집단의 특성에 근거하여 판단하는 오류를 말한다.
② 근무성적 및 평정 등에 있어 평정결과의 분포가 우수한 등급 쪽으로 편중되는 경향을 보이는 오류를 말한다.
③ 고과자가 피고과자를 평가할 때 자신이 가진 특성과 비교하여 고과하는 경우 발생하는 오류를 말한다. 그리고 한 피평가자에 대한 평가가 다른 피평가자에 대한 평가에 영향을 주는 것을 의미하기도 한다.

06 조직구성원들에게 긍정적 자극을 주어 바람직한 행위의 변화가 유도될 수 있도록 해야 하는 것이 조직과 조직구성원 모두에게 필요하며, 이는 학습의 과정을 통해 이루어질 수 있다.

정답 05 ④ 06 ②

checkpoint 해설 & 정답

07 연속적인 평가차원의 태도의 가정에 해당한다. 가상적인 구성체의 가정은 보통 우리는 태도를 직접 관찰할 수 없고 그 결과인 행위만을 볼 수 있기 때문이라는 내용이다.

08 해빙(Unfreezing)의 단계에 해당한다.
② 켈만(H. C. Kelman)은 순종, 동일화, 내면화 세 가지 과정을 통해 변화가 이루어진다고 보았다.
③ 변화의 과정을 통해 새로 획득된 태도, 지식, 행위가 개인의 퍼스널리티나 계속적인 중요한 정서적 관계로 통합되고 고착화 되는 것을 의미한다.
④ 동일화는 타인 또는 집단과의 관계가 만족스러워 자아의 일부분으로 받아들여질 때 발생한다.

정답 07 ③ 08 ①

07 태도의 개념에 대한 내용으로 바르지 않은 것은 다음 중 무엇인가?

① 태도는 어떤 자극이나 대상에 대해 특정한 반응을 보이려는 정신적 준비상태에 해당한다. 이러한 태도는 개인이 대상에 대해 보이는 반응에 대한 정보를 제공한다는 점에서 중요성을 가진다.
② 태도의 세 가지 구성요소로는 정의적 요소, 인지적 요소, 행위적 요소가 있다.
③ 태도는 가상적인 구성체를 가정하고 있으며, 이는 하나의 대상에 대한 태도는 매우 호의적이거나 혹은 매우 비호의적인 그 끝과 끝 사이의 연속선상에서 파악되는 평가 차원을 갖게 된다는 가정에 해당한다.
④ 태도는 어떤 사물이나 사람에 대해 호의적 또는 비호의적인 방식으로 반응하려는 개인의 선유경향을 의미한다.

08 태도 변화의 과정 중 다음 보기의 내용이 설명하는 다음 중 무엇인가?

보기
개인이나 집단에 변화를 일으킬 수 있는 동기유발을 하여 변화에 적응하고 준비할 수 있도록 하는 과정에 해당한다.

① 해빙(Unfreezing)
② 변화(Change)
③ 재동결(Refreezing)
④ 동일화(Identification)

09 **조직몰입의 역효과에 대한 내용으로 맞지 않는 것은 무엇인가?**

① 조직몰입이 너무 높으면 종업원들의 이동성과 경력발전에 저해가 되기도 한다.

② 이직률의 하락으로 인해 승진기회가 줄어들게 된다.

③ 조직몰입이 큰 경우 조직을 비판할 의사가 없어, 개인은 안정적으로 자신의 의견이나 생각을 말할 수 있다.

④ 이직이 없다면 새로운 사람의 유입 또한 없기 때문에 새로운 아이디어가 도입되지 못하게 되고, 오히려 이는 조직의 발전을 저해할 수도 있다.

10 **퍼스널리티에 대한 내용으로 맞지 않는 것은 무엇인가?**

① 퍼스널리티는 환경조건에 관계없이 비교적 장기적으로 일관되게 행위특성에 영향을 미치는 한 개인의 독특한 심리적 자질들의 총체이다.

② 퍼스널리티의 결정요인 중 유전인자에 의해 부모로부터 물려받아 형성되는 성격은 선천적인 요인에 해당한다.

③ 퍼스널리티의 결정요인 중 구성원들 간에 공유된 가치를 형성하면서 계승된 것이 개인의 성격에 영향을 주게 된다는 것을 말하는 것은 문화적 요인에 해당한다.

④ 퍼스널리티의 결정요인 중 가족이나 사회집단의 가치관 등이 개인의 성격형성에 중요한 요인으로 작용한다는 것을 의미하는 것은 상황적 요인에 해당한다.

해설&정답 checkpoint

09 조직몰입이 큰 경우 조직을 비판할 의사가 없어, 부정적인 의미에서의 집단사고현상을 유발하기도 한다.

10 퍼스널리티의 결정요인 중 가족이나 사회집단의 가치관 등이 개인의 성격형성에 중요한 요인으로 작용한다는 것을 의미하는 것은 사회적 요인에 해당한다.

정답 09 ③ 10 ④

11 매클렐랜드(D. C. McClelland)의 성취동기 이론동기에서는 성취욕구가 높은 사람은 여러 특징을 갖는다고 하였는데, 옳게 설명된 것은 무엇인가?

① 성취욕구가 높은 사람은 자기 스스로가 성과목표를 정하기를 선호한다.
② 자신의 업무수행에 대해 즉각적이고 효율적인 피드백을 받지 않아도 업무수행에 있어 문제가 없다.
③ 목표설정에 있어 아주 쉬운 목표를 피하며, 곤란도와 위험이 최상위인 목표에 도전하고 노력하면 달성할 수 있는 것을 선호한다.
④ 문제해결에 대해 책임지는 것을 부담스러워 한다.

checkpoint 해설 & 정답

11 ② 자신의 업무수행에 대해 즉각적이고 효율적인 피드백을 원한다.
③ 목표설정에 있어 아주 쉽거나 아주 어려운 목표를 피하며, 곤란도와 위험이 중간정도인 목표에 도전하고 노력하면 달성할 수 있는 것을 선호한다.
④ 문제해결에 대해 책임지는 것을 좋아하는 경향을 갖는다.

12 공정성 이론(Equity Theory)에 대한 내용으로 바르지 않은 것은 무엇인가?

① 브룸(V. Vroom)에 의해 창시된 이론에 해당하며 수단성 이론(Instrumentality theory) 또는 기대-유의성 이론(Expectancy-Valence theory)라고도 불린다.
② 작업자는 자신의 Input(투입물)과 Output(산출물)의 비율을 타인과 비교하여 공정성과 불공정성을 판단하게 되고, 불공정성이 지각되면 공정성을 유지하는 방향으로 행위를 하게 된다는 기본 가정을 가지고 있다.
③ 불공정성의 반응행동으로 투입물과 산출물의 변화를 들 수 있는데 이것은 자신의 생산성을 감소시키는 등 타인과의 비율과 균형을 맞춰 투입물을 변화시키는 행동을 보이거나, 승진 및 직무보상을 개선하기 위해 노력하여 산출물을 변화시키는 행동을 보이기도 한다.
④ 불공정성의 반응행동으로 자신과 비교대상을 좀 더 현실성 있는 인물로 교체한다.

12 브룸(V. Vroom)의 기대이론에 대한 설명이며, 공정성 이론(Equity Theory)은 애덤스에 의해 제시된 사회적 비교이론 가운데 하나이다.

정답 11 ① 12 ①

13 **강화이론에 대한 내용으로 바르지 않은 것은 무엇인가?**

① 강화에는 적극적 강화, 부정적 강화(학습회피), 소거, 벌 등의 유형이 있다.
② 바람직한 행위의 증대방안으로 적극적 강화 유형이 있으며, 내재적 강화요인과 외재적 강화요인으로 설명된다. 내재적 강화요인은 행위 그 자체와 심리적으로 직접 관련이 없는 보상으로 임금, 승진 등이 해당된다.
③ 적극적 강화의 일정계획의 방법으로는 연속강화법과 부분강화법(단속강화법)이 있다. 연속강화법은 정확한 반응을 낼 때마다 강화요인이 온다고 하였으며, 부분강화법(단속강화법)은 반응이 있을 때마다 강화가 주어지는 것이 아닌 경우를 의미한다.
④ 효과적인 일정계획 지침 중 보상의 시기는 바람직한 행위 직후에 바로 이루어지도록 해야 한다.

14 **동기부여의 기법에 대한 내용 중 보기에서 설명하는 것은 다음 중 무엇인가?**

보 기

핵심작업시간을 제외하고 출퇴근 시간을 신축적으로 선택하여 근무하도록 하는 제도를 말한다. 이는 개인의 가치관의 변화와 기업의 글로벌화 등으로 인해 근무시간제의 변화에 대한 요구가 늘어나게 되어 그 중요성이 커지게 되었다.

① 직무충실화의 실행
② 성과와 보상의 합치 프로그램
③ 선택적 근무시간제 도입
④ 임파워먼트(Empowerment)

해설 & 정답 checkpoint

13 외재적 강화요인에 대한 설명이다. 내재적 강화요인은 행위 그 자체와 심리적으로 관련되는 보상으로 만족감, 성취감 등이 해당된다.

14 선택적 근무시간제 도입에 대한 내용이다.
① 개인들로 하여금 직무의 실행은 물론 직무의 계획과 통제의 과정에 참여할 수 있는 자유와 책임감을 가지게 하여, 자아 성장에 대한 기회나 의미 있는 업무경험 등과 같은 긍정적인 동기요인을 제공받도록 일의 내용을 재편성하게 된다.
② 성과와 보상의 결속관계의 강화, 임금구조 개발과정에서의 공정성 제고, 메리트 임금제도와 인센티브 시스템의 도입의 방법이 있다.
④ 동기부여로써의 임파워먼트는 개인이 자신의 일을 유능하게 수행할 수 있다는 느낌을 갖도록 하는 활동과 개인이 일을 하는 과정에서 지속적으로 주도권을 행사할 수 있도록 하는 것을 중요시해야 한다는 개념을 갖는다.

정답 13 ② 14 ③

checkpoint 해설 & 정답

15 조직 구성원들이 고객 서비스 향상과 외부의 환경변화에 신속하게 대응하도록 해준다.

15 **임파워먼트에 대한 설명으로 바르지 <u>않은</u> 것은 무엇인가?**

① 임파워먼트는 우수한 인재양성이나 확보에 초점을 두며, 또한 개인에게 기량을 발휘할 수 있도록 하여 자기계발을 할 수 있도록 해준다.

② 임파워먼트는 자기계발에 초점이 되기 때문에, 고객 서비스 향상과 외부의 환경변화에 신속하게 대응하기에는 한계가 있다.

③ 임파워먼트는 조직 구성원들에게 사명의식을 갖게 해준다.

④ 조직구성원들의 성장 욕구의 충족과 형평성을 제고시킬 수 있는 방향으로 임파워먼트를 촉진하는 임금시스템의 도입을 해야 한다.

주관식 문제

01 **개인에 대한 영향을 미치는 영향요인에 대한 변수에 대해 다음 괄호 안에 들어갈 알맞은 용어를 쓰시오.**

- (ㄱ): 육체적 능력, 정신적 능력
- (ㄴ): 지각, 학습, 태도, 퍼스널리티
- (ㄷ): 가족, 문화, 사회적 계급

01

정답 ㄱ. 생리적 변수
ㄴ. 심리적 변수
ㄷ. 환경적 변수

정답 15 ②

02 지각을 하는데 있어서 영향을 미치는 요인은 크게 평가자 특성, 피평가자의 특성, 평가가 이루어지는 상황 세 가지로 크게 나누어질 수 있는데 각각에 대해 간단히 약술하시오.

03 타인에 대한 지각과정을 설명한 다양한 이론에 대한 내용이다. 다음의 괄호 안에 들어갈 알맞은 용어를 쓰시오.

- (ㄱ): 사람이 타인에 대해 어떻게 인상을 형성하는가에 대한 이론으로 애쉬(S. E. Asch)가 체계적인 연구의 기초를 제시하였다. 주요 특징으로는 일관성, 중심특질과 주변특질, 합산원리와 평균원리, 초두효과가 있다.
- (ㄴ): 지각 평가의 대상이 되는 행위의 원인을 추측하고 분석하는 귀인과정을 중심으로 연구한 하이더(F. Heider)에 의해 창시되었다. 해당이론의 지각과정은 '행동→ 원인추측 → 귀속 → 행동평가(지각)'의 순서로 진행된다.
- (ㄷ): 1950년대 페스팅거(L. Festinger)가 제시한 이론으로, 사람은 자신의 태도와 행동 간에 일관되지 않거나 모순이 있어 부조화가 나타나게 되면 두 가지 사이의 일관성을 회복하려고 노력한다는 내용의 이론이다.

해설 & 정답 checkpoint

02

정답 첫째, 평가자 특성으로는 평가자의 욕구와 동기, 과거의 경험, 자아개념과 퍼스널리티가 있다. 둘째, 피평가자의 특성으로는 신체적 특성, 언어적 의사소통, 비언어적 의사소통, 사회적 특성이 있다. 마지막으로 평가가 이루어지는 상황은 피평가자와 만나는 장소, 동행자, 시기 등이 해당되며, 이러한 상황은 피평가자의 첫인상을 형성하는데 특히 중요한 기능을 하게 된다.

03

정답 ㄱ. 인사형성이론
ㄴ. 귀인이론
ㄷ. 인지부조화이론

checkpoint 해설 & 정답

04
정답 ㄱ. 현혹효과(후광효과)
ㄴ. 지각방어
ㄷ. 기대
ㄹ. 상동적 태도

04 **지각오류에 대한 내용에 대한 내용이다. 다음의 괄호 안에 들어 갈 알맞은 용어를 쓰시오.**

- (ㄱ) : 한 부분에 대한 호의적 또는 비호의적인 인상이 다른 평가 부분까지 영향을 미치는 효과를 말한다. 그리고 전반적인 인상을 구체적 차원에 대한 평가로 연관시키는 오류를 말하기도 한다.
- (ㄴ) : 개인에게 불쾌감 또는 위협을 주는 자극이나 상황적 사건이 있을 경우에 이에 대해 인식하기 조차를 거부하여 방어를 구축하는 것을 의미한다.
- (ㄷ) : 평가자의 기대가 실제로 피평가자에게 나타나게 하는 것을 말하며 자기실현적 예언에 해당된다.
- (ㄹ) : 해당 사람이 속한 집단의 특성에 근거하여 판단하는 오류(예 국가, 종교, 학교 등)를 말한다.

05 행태론적 학습과정(Behavioral Learning)과 인지론적 학습과정(Cognitive Learning)에 대한 내용이다. 다음의 괄호 안에 들어갈 알맞은 용어를 쓰시오.

- (ㄱ): 고전적 조건화 이론에 해당하며, 주위 환경에서 일어난 특별한 자극에 의해 나타나는 인간의 모든 반응을 의미한다.
- (ㄴ): 조작적 조건화 이론에 해당하며, 스키너(B.F. Skinner)에 의해 제시된 이론으로 인가의 행동은 자극에 대한 수동적인 반응으로만 이루어진 것이 아니라, 스스로 행동하여 환경을 통제하는 자발적인 행동을 보인다는 것이며 이를 작동 행위라고 하였다.
- (ㄷ): 타인의 행위를 보거나 행위의 결과에 대해 평가함으로써 행위를 학습하는 것을 의미한다.
- (ㄹ): 외부를 관찰하지 않고, 개념이나 이론을 학습하고 인지함으로써 바람직한 결과가 나올 수 있는 행위를 인식하고 학습하는 것을 의미한다.

해설 & 정답 checkpoint

05

정답 ㄱ. 반사적 행위
ㄴ. 작동적 행위
ㄷ. 관찰학습
ㄹ. 인지학습

checkpoint 해설 & 정답

06
정답 ㄱ. 멘토링(mentoring) 프로그램
ㄴ. 직장상사의 솔선수범행동
ㄷ. 업무실패사례 공개프로그램

06 조직사회와 프로그램의 종류에 대한 내용이다. 다음의 괄호 안에 들어갈 알맞은 용어를 쓰시오.

- (ㄱ): 멘토(mentor)란 조직에서 후배들에게 조언이나 상담을 통해 영향을 줄 수 있는 선임자를 의미한다. 이러한 멘토가 후배들에게 필요한 업무 지식을 전달하는 역할 뿐만 아니라, 대인관계나 직장생활 등을 잘 할 수 있도록 이끌어 주는 역할을 하도록 하는 것을 말한다.
- (ㄴ): 조직에서 상급자에 해당하는 조직구성원이 하급자에게 귀감이 될 수 있는 바람직한 조직행위를 솔선수범하여 실천함으로써 학습을 촉진하는 것을 의미한다.
- (ㄷ): 조직 내에서 업무수행에 있어 실패한 사례를 모아 알리고 학습함으로써 실패가 반복되지 않도록 하는 것을 의미한다.

07 태도의 기능에 대해 카츠(D. Katz)는 네 가지로 나누어 설명하였다. 다음의 괄호 안에 들어갈 알맞은 용어를 쓰시오.

- (ㄱ) : 행위자가 욕구의 바람직한 상태를 달성하게 하는 기능에 해당된다. 즉, 바람직한 목표를 달성하고 그렇지 못한 결과를 피하게 해주는 역할을 한다.
- (ㄴ) : 행위자의 욕구가 이루어지지 않는 불안이나 위협에서 벗어나 자아가 붕괴되는 것을 막고 자아를 보호하게 하는 기능을 가지고 있다.
- (ㄷ) : 자신의 중심적인 가치를 타인에게 표현함으로써 자아 정체성을 강화하는 기능을 의미한다.
- (ㄹ) : 외부환경이나 주변 대상을 이해하고 해석하는 기준을 마련해 주는 기능을 하는 것을 말한다.

해설 & 정답 checkpoint

07

정답 ㄱ. 적응기능
ㄴ. 자기방어적 기능
ㄷ. 가치표현적 기능
ㄹ. 탐구적 기능

checkpoint 해설 & 정답

08
정답 ㄱ. 해빙
ㄴ. 변화
ㄷ. 재동결

08 태도변화의 과정에 대해 레빈(K. Lewin)이 주장한 내용이다. 다음의 괄호 안에 들어갈 알맞은 용어를 쓰시오.

- (ㄱ) : 개인이나 집단에 변화를 일으킬 수 있는 동기유발을 하여 변화에 적응하고 준비할 수 있도록 하는 과정에 해당한다.
- (ㄴ) : (ㄱ)의 과정을 통해 나타나며, 순종, 동일화, 내면화가 일어난다.
- (ㄷ) : (ㄴ)의 과정을 통해 새로 획득된 태도, 지식, 행위가 개인의 퍼스널리티나 계속적인 중요한 정서적 관계로 통합되고 고착화 되는 것을 의미한다.

09 태도변화의 관리에 대한 방법에 대한 내용이다. 다음의 괄호 안에 들어갈 알맞은 용어를 쓰시오.

- (ㄱ): 논리적인 주장과 사실의 확인을 통해 태도를 변화시키는 것을 의미하며, 일반적으로 언어, 문서, 영상 등의 메시지로 구성된다.
- (ㄴ): 타인에게 압박감이나 공포감을 주어 태도변화를 유도하는 것을 의미하며, 단체 교섭 시 노사 쌍방이 상대방 측에 위협을 주는 것이 해당된다고 할 수 있다. 다만, 협박과는 다르다는 것을 구별해야 한다.
- (ㄷ): 인지부조화의 상태에 놓이게 되면 개인은 본인의 태도, 사상, 행위들 간에 일관성을 유지하고 인지를 조화롭게 하려고 노력하게 된다. 이러한 기본적인 개인의 속성을 이용하여 인지부조화를 인위적으로 일으키는 형식으로 태도변화를 꾀할 수 있다.
- (ㄹ): 태도변화를 일으키고자 하는 개인들을 조직의 의사결정에 참여하게 하는 방법이며, 이는 조직에서 개인들의 부정적인 태도를 줄이면서, 호의적인 태도를 유발시킬 수 있게 된다.
- (ㅁ): 태도변화를 효과적으로 수행할 수 있는 중요한 인물의 역할을 하는 자를 여론지도자로 하여 개인들의 태도발전에 영향을 미치게 하는 것을 의미한다.

해설 & 정답 checkpoint

09

정답 ㄱ. 설득
ㄴ. 공포유발 또는 감축
ㄷ. 인지부조화의 유발
ㄹ. 참여제도
ㅁ. 여론지도자로서의 역할

checkpoint 해설 & 정답

10

정답 해당 변수와 직무만족과의 상관관계는 다음과 같다.

- 직무만족과 이직률 : 직무만족은 이직률을 낮춰주는 경향이 있기 때문에 음의 관계를 갖게 된다.
- 직무만족과 결근율 : 직무만족은 결근율 또한 이직률과 같이 낮춰주는 경향이 있기 때문에 음의 관계를 갖게 된다.
- 직무만족과 생산성 : 포터(L. W. Porter)와 롤러(E. E. Lawler Ⅲ)은 직무만족과 생산성 사이에 공정한 보상이 있으면 만족하게 된다고 주장하였다.

11

정답 조직구성원 각자가 개인적으로 의미있는 목표를 성취할 수 있는 기회를 가질 수 있도록 적절하게 배치되어야 하며, 경영자는 종업원들의 복지에 진심으로 큰 관심을 가지려고 노력해야 한다. 그리고 가능한 종업원들이 보다 큰 자율성과 책임감을 가질 수 있도록 직무를 수정해야 하며, 종업원들이 조직목표가 왜 중요한지와 어떻게 달성될 수 있는지 잘 이해될 수 있도록 해야 한다.

10 직무만족은 조직유효성에 상당한 영향을 미치게 되며, 이는 이직률과 결근율 및 생산성 등의 변수와 관련이 있다. 해당 변수와 직무만족과의 상관관계에 대해 약술하시오.

11 조직몰입의 촉진방안에 대해 약술하시오.

12 **퍼스널리티에 대한 이론 중 정신역동이론은 프로이드(S. Freud)에 의해 제시되었으며, 퍼스널리티의 동태적인 측면에 강조를 둔 이론이다. 해당 내용을 보고 괄호 안에 들어갈 알맞은 용어를 쓰시오.**

- (ㄱ) – 무의식 : 퍼스널리티의 가장 원시적 본능을 말하며, 어떠한 억압도 싫어하고 쾌락을 추구한다.
- (ㄴ) – 의식 : 의식에 해당되며 퍼스널리티의 현실지향적인 부분에 해당 한다. (ㄱ)가 현실을 이해하여 그 에너지를 성취 가능한 방향으로 지도해주는 역할을 담당한다.
- (ㄷ) – 양심 : 퍼스널리티에 윤리적, 도덕적 기준과 정의와 불의 등에 대한 차원을 첨가하게 해주며, (ㄴ)가 현실적인데 반해 (ㄷ)는 이상적인 측면이 있다.

해설 & 정답 checkpoint

12

정답 ㄱ. 원초아(Id)
ㄴ. 자아(Ego)
ㄷ. 초자아(Super Ego)

checkpoint 해설 & 정답

13
정답 ㄱ. 성취욕구
ㄴ. 권력욕구
ㄷ. 친교욕구

13 **다음은 퍼스널리티와 관련된 욕구에 대한 내용이다. 괄호 안에 들어갈 알맞은 용어를 쓰시오.**

- (ㄱ): 강력하게 목표를 달성하려는 욕구를 의미하며, 해당 욕구가 높은 사람은 도전적인 과업에 끌리게 되고 성과 지향적인 경향을 갖는다.
- (ㄴ): 타인에 대해 영향력을 행사하거나 통제하고자 하는 욕구를 의미한다.
- (ㄷ): 타인과 유쾌한 감정관계를 가지고, 친근하고 밀접한 관계를 확립, 유지, 회복하려는 욕구를 의미하며, 과업의 달성보다는 동료관계를 더 중시하는 경향을 보인다.

14 동기부여의 이론 중 매슬로(A. Maslow)의 욕구단계설에 대한 내용이다. 괄호 안에 들어갈 알맞은 용어를 쓰시오.

- (ㄱ) : 1단계 욕구로 의식주 등의 기본적 삶을 영위하고 싶은 인간의 가장 근본적 욕구에 해당한다.
- (ㄴ) : 2단계 욕구로 신체적, 심리적, 사회적 지위에 대한 위험 등으로부터 안전하고 싶은 욕구에 해당한다.
- (ㄷ) : 3단계 욕구로 인간관계에 관련된 욕구로써 타인과 사랑을 주고받고, 어딘가에 소속되어 관계를 맺고 사회적 상호작용을 하기를 원하는 욕구를 의미한다.
- (ㄹ) : 4단계 욕구로 자신의 가치를 발견하고 타인으로부터 인정받고 싶어 하는 욕구를 말한다.
- (ㅁ) : 자신의 잠재력을 최고로 발휘하여 목표와 이상을 실현함으로써 스스로를 성장시키고 발전하고 싶어 하는 욕구의 단계를 의미한다.

해설 & 정답 checkpoint

14

정답 ㄱ. 생리적 욕구
ㄴ. 안전의 욕구
ㄷ. 사회적 욕구 또는 애정과 소속의 욕구
ㄹ. 존경의 욕구
ㅁ. 자기실현의 욕구

checkpoint 해설 & 정답

15

정답 ㄱ. 존재욕구
ㄴ. 관계욕구
ㄷ. 성장욕구

15 **ERG 이론은 매슬로의 욕구단계설에 나타난 문제점에 대해 해결하고 보완하고자 제시된 이론으로 해당 내용은 다음과 같다. 괄호 안에 들어갈 알맞은 용어를 쓰시오.**

- E – (ㄱ): 인간에게 필요한 생리적·물질적 욕구를 의미하며, 매슬로의 이론에 대비하여 볼 때 생리적 욕구와 물리적 측면의 안전욕구에 해당한다고 볼 수 있다.
- R – (ㄴ): 가족, 감독자, 동료 하위자 등과 같은 주변인과의 의미 있는 인간관계를 형성하고 싶어 하는 욕구를 의미한다. 매슬로의 이론에 대비하여 볼 때 대인관계 측면의 안전욕구, 사회적 욕구, 존경의 욕구에 해당한다.
- G – (ㄷ): 개인의 잠재력 개발 등의 모든 노력과 욕구가 해당되며, 매슬로의 이론에 대비하여 볼 때 존경의 욕구와 자기실현의 욕구에 해당한다고 볼 수 있다.

16 동기부여의 이론에 대한 설명을 보고, 괄호 안에 들어갈 알맞은 용어를 이론 창시자와 이론명을 같이 쓰시오.

- (ㄱ) : 실증적 연구를 통해 전통적 동기이론과는 달리 욕구의 만족과 불만족은 서로 다른 차원을 갖는다고 주장하였으며, 위생요인(불만족 요인)과 동기요인(만족 요인)으로 구별하여 이론을 제시하였다. 그리고 이러한 두 요인은 서로 완전히 다른 차원에 속하기 때문에 상호간에 전혀 영향을 끼치지 못한다고 주장하였다.
- (ㄴ) : 인간의 모든 욕구는 살아가는 과정에서 서로 다르게 학습되고 그에 따라 개인이 각각 필요로 하는 욕구가 달라지게 되어 욕구의 개인별 서열에 차이가 생긴다고 주장하였다. 해당 이론에서는 욕구를 성취욕구, 권력욕구, 친교욕구 등에 초점을 두어 연구했다.
- (ㄷ) : 모티베이션을 여러 자발적인 행위들 가운데서 사람들의 선택을 지배하는 과정으로 정의했다. 다시 말해, 개인은 여러 가지 행동 대안을 평가하여 가장 중요시 되는 결과를 가져오리라 믿어지는 행동 대안을 선택한다고 주장했다.
- (ㄹ) : 목표설정은 조직구성원이 직무를 수행할 때 달성해야 할 목표를 분명히 해주는 것을 의미한다. 기대이론을 인지적 쾌락주의라고 비판하였고, 행동의 변화에 있어 의식적인 의도인 인지의 역할을 강조하였다.

해설 & 정답 checkpoint

16

정답 ㄱ. 허즈버그의 2요인 이론
ㄴ. 매클렐랜드의 성취동기 이론
ㄷ. 브룸의 기대이론
ㄹ. 로크의 목표설정이론

checkpoint 해설&정답

17

정답 ㄱ. 고정간격법
ㄴ. 변동간격법
ㄷ. 고정비율법
ㄹ. 변동비율법

17 강화의 관리 방안으로 적극적 강화의 일정계획에 대한 내용 중 부분강화법(단속강화법) 에 대한 내용이다. 괄호 안에 들어갈 알맞은 용어를 쓰시오.

- (ㄱ): 요구되는 행위가 발생하더라도 앞의 강화가 일정 시간이 지난 이후에 강화요인을 주는 방법을 의미하며 월급 등이 해당된다.
- (ㄴ): 어떤 평균을 기준으로 하여 종업원들의 예측 불가능한 변동적인 시간 간격으로 강화요인을 주는 방법을 의미하며, 칭찬, 승진, 감독방문 등이 해당된다.
- (ㄷ): 요구되는 반응의 일정한 수가 나오면 강화요인이 주어지는 방법이며, 성과급 등이 해당된다.
- (ㄹ): 요구되는 반응수를 평균으로 하여 해당 반응수가 나와야 강화가 주어지는 방법이며 보너스 등이 해당된다.

해설&정답 checkpoint

18 조직차원의 동기부여 기법과 관련하여 성과와 보상의 합치 프로그램 개발이 중요성을 지니게 되는데, 해당 내용 중 성과와 보상의 결속관계의 강화(보상관리의 원칙)를 위한 보상관리의 원칙에 대해 구분하여 쓰시오.

18
정답 가시성의 원칙, 융통성의 원칙, 낮은 비용의 원칙, 수시성의 원칙, 중요성의 원칙

19 임파워먼트의 촉진방안에 대해 약술하시오.

19
정답 조직구성원들의 성장 욕구의 충족과 형평성을 제고시킬 수 있는 방향으로 임파워먼트를 촉진하는 임금시스템의 도입해야 하며, 조직구성원들의 스트레스를 적정수준으로 유지할 수 있도록 해야 한다. 그리고 물질적인 보상과 심리적인 보상을 연계시킬 수 있는 방향으로 임파워먼트를 증진시키는 프로그램을 개발해야 한다.

여기서 멈출 거예요? 고지가 바로 눈앞에 있어요.
마지막 한 걸음까지 시대에듀가 함께할게요!

고득점으로 대비하는 가장 똑똑한 수험서!

제 13 장

기업조직의 환경과 문화적 특성

제1절 조직환경의 특성과 조직변화
제2절 기업문화에 의한 조직변화
실전예상문제

제13장 기업조직의 환경과 문화적 특성

제1절 조직환경의 특성과 조직변화

1 조직환경의 특성

(1) 조직환경의 분류

조직의 환경은 일반적으로 조직경계 안과 밖에 있는 모든 것을 의미하며, 구체적으로는 조직의 내부환경과 외부환경으로 나눌 수 있다.

① **조직의 내부환경** : 조직 경계 안에 있는 것을 의미하며, 조직 분위기 또는 조직 문화, 조직 목표 등이 해당된다.

② **조직의 외부환경** : 조직 경계 밖에 있는 것을 의미하며, 과업환경과 일반환경으로 구분된다.

(2) 조직의 과업환경과 일반환경 중요도 상중하

① **조직의 과업환경**

㉠ 과업환경의 개념

과업환경은 특정한 개별 조직에만 영향을 미치는 환경을 의미하며, 조직의 입장에서 볼 때 어느 정도 통제 가능한 환경에 해당한다.

㉡ 카스트(F. E. Kast)에 의한 과업환경의 구분

카스트(F. E. Kast)는 과업환경을 고객, 공급자, 경쟁자, 사회적 정치적 요소, 기술적 요소로 구분하였다.

② **조직의 일반환경**

㉠ 일반환경의 개념

일반환경은 모든 조직에 비교적 광범위한 영향을 미치는 환경을 의미하며, 조직의 입장에서 볼 때 통제 가능성이 희박한 환경에 해당한다.

㉡ 홀(E. H. Hall)에 의한 일반환경의 구분

홀(E. H. Hall)은 일반환경을 기술, 법, 정치, 경제, 인구, 생태, 문화의 일곱 가지로 구분하여 설명하였다.

ⓐ **기술적 환경** : 기술은 단순히 물질적인 것뿐만 아니라, 어떤 업무나 활동을 수행하기 위한 지식을 의미하며 환경 가운데에서도 상당히 동태적이다. 그러므로 기술변화를 빨리 적용시키는 것이 필요하다.

ⓑ **사회적, 문화적 환경** : 사회적 환경은 개인의 행위에 영향을 미치는 집단이나 문화, 가치관, 사회제도 등을 말하며, 문화는 신념, 태도, 가치관으로 정의된다.

ⓒ **법적, 정치적 환경** : 일반적으로 조직활동과 관련되는 법률의 변화와 시기에 따라 환경이 영향 받게 된다.

ⓓ **경제적 환경** : 정부의 금융정책이나 경제시책, 경제의 불황과 호황 상태 등을 의미한다.

ⓔ **기타 환경** : 다국적 기업의 출현에 따른 국가 간의 사회, 문화적, 경제적 제약 요인과, 환경보호론, 에너지 고갈의 문제들이 기타 환경에 해당한다.

(3) 조직환경의 불확실성

조직환경의 불확실성은 현대의 조직관리자가 반드시 극복해야 할 중대한 문제에 해당하며, 불확실성의 정도에 따라 조직구조, 행위, 전략 등이 다르게 시도되어야 한다.

① 환경의 불확실성의 구분 기준

구성요소의 수와 변화의 정도에 따라 기준이 나누어진다.

㉠ 구성요소의 수(단순성 - 복잡성)

과업환경을 구성하는 요소의 수가 많고 적음의 정도에 따라 매우 복잡한 환경에서 매우 단순한 환경까지 유형을 구분할 수가 있다.

㉡ 변화의 정도(안정 - 불안정)

과업환경이 변하는 속도가 빠르고 느린 상태를 의미하며, 그 정도에 따라 매우 동태적인 환경에서 정태적인 환경으로 유형을 구분할 수 있다.

② 환경의 불확실성의 구분기준에 따른 환경의 구분유형

㉠ 제1유형(단순 + 안정 → 낮은 불확실성)

㉡ 제2유형(복잡 + 안정 → 낮은 불확실성)

㉢ 제3유형(단순 + 불안정 → 높은 불확실성)

㉣ 제4유형(복잡 + 불안정 → 높은 불확실성)

제1유형은 관료제 조직과 같은 정태적인 조직의 유형을 취할 수 있고, 제4유형은 매트릭스 조직이나 프로젝트 조직과 같은 동태적인 조직의 유형을 취할 수 있다.

2 조직변화

(1) 조직변화의 개념과 접근법

① 조직변화의 개념

조직변화는 경제활동의 급변, 급속한 기술 발전, 법적규제의 변화 등과 같은 외부요인과 조직 내부의 구조, 관리, 행위 등에 따른 내부요인에 의해 발생하게 되며, 이러한 변화 속에서 조직은 조직분위기와 조직 문화를 중심으로 하는 조직 특성을 변화시켜 조직의 적합도를 유지하고 조직의 유효성을 증대시켜야 하는 필요성을 갖게 되었다.

더 알아두기

조직변화의 종류
- 자연적 조직변화 : 조직의 의사와 관계없이 유연하게 변하는 조직변화
- 계층적 조직변화 : 조직에서 의도적으로 목적을 가지고 유도하는 조직변화

② **조직변화의 접근법**

시스템이론에서 접근법을 들 수 있으며, 조직을 하나의 시스템으로 보고 여러 하위 시스템들이 전체적인 조직시스템과 적합한 관계를 맺고, 하위 시스템들 간 유기적인 관계가 형성 될 때 조직의 유효성이 높아진다는 점을 강조했다. 이를 통해 조직변화는 다음과 같이 크게 네 가지 방향에서 이루어지게 되었다.

㉠ 기술적 접근법 : 과학기술을 이용하여 조직변화를 모색하는 것으로, 과학적 관리법과 OR, 경영정보시스템(MIS) 등이 해당된다.

㉡ 관리적 접근법 : 경영관리의 일반을 말하며, 생산관리나 인사관리 계획, 조직, 지휘, 조정, 통제 등을 바람직한 방향으로 변화시키는 것을 의미한다.

㉢ 구조적 접근법 : 조직 구조를 상황에 적합하게 재설계하여 변화시키려는 것을 말한다.

㉣ 인간적 접근법 : 조직구성원들의 행동 및 태도변화를 통한 변화를 의미한다.

(2) 조직변화의 과정 중요도 상 중 하

조직변화는 크게 6단계를 거쳐 이루어진다고, 레빈과(K. Lewin)과 그레이너(L. E. Greiner)에 의해 주장되었다.

① **1단계 → 압력과 각성**

권력구조의 기반 자체가 흔들릴 필요성이 있음을 나타내며, 조직이 변화하기 위해서는 최고경영자가 그들이 처한 상황에 변동이 있어야 그들 자신과 조직에 변화가 필요함을 인식해야 한다. 1단계에서는 최고경영자의 변화에 대한 각성과 필요성에 대한 인식이 없다면 발동 자체를 하지 못하게 된다.

② **2단계 → 개입과 순응**

성공적인 조직 변화를 위해서는 변화를 주도할 외부인이 개입하고 순응하는 단계가 필요하게 된다. 이때 외부인은 주로 새로운 사람으로서 최고경영층에 도달할 수 있어야 하며, 조직의 관행을 개선할 때 그의 능력이 인정을 받을 수 있는 사람이어야 한다.

③ **3단계 → 진단과 인식**

외부인, 최고경영자 뿐만 아니라 전 계층까지 권력구조의 문제, 원인, 소재에 대해 규명하고자 노력해야 하며, 변화에 대한 인식을 확산시켜야 하는 단계에 해당한다.

④ **4단계 → 발견과 실행**

외부인의 능동적인 역할과 아울러 새로운 해결책을 위한 광범위하고 집약적인 탐구가 이루어지는 단계에 해당한다.

⑤ **5단계 → 실험과 조사**

변화에 대한 계획이 현실성이 있는지에 대해 검증하고 실천하여 그 결과를 조사하는 단계에 해당한다.

⑥ 6단계 → 강화와 수용

조직변화가 성공적으로 이루어지면 조직성과가 향상되고, 모든 계층에서의 변화에 대한 기대가 명확해 질 수 있다. 6단계에서 가장 중요한 것은 전 계층이 항구적으로 변화를 이용할 수 있도록 강화하고 수용할 수 있도록 노력해야 한다는 점이다.

(3) 조직변화에 대한 저항과 관리 중요도 상중하

조직변화에 대한 저항의 원인으로는 개인적인 측면과 체제적인 측면을 들 수 있으며, 이에 대한 저항에 대한 인식을 통해 관리기법을 연구해야 한다.

① 조직변화에 대한 저항

㉠ 개인적 측면

조직변화에 대한 심리적 부담과 불안감, 기존 기능의 무용화, 작업의 안정의 위협, 새로운 작업방법에 대한 습득 필요성 등에 의해 개인적인 저항이 나타나게 된다.

㉡ 체제적 측면

ⓐ 자원의 제약 : 변화를 시행하려는 의도는 충분하나, 이를 실시할 수단이 없는 경우이다.

ⓑ 매몰비용 : 현재 체제를 만드는데 많은 시간과 비용, 노력 등이 들어간 경우 현 체제를 확립한 사람들에 의해 저항 받게 된다.

ⓒ 규칙, 규정, 절차의 경직화가 심하면 외부인 개입이 어렵게 되어 변화가 힘들어진다.

ⓓ 비공식적 규범 : 비공식조직 내의 규범이 일종의 룰로서 작용하게 되는 경우를 말한다.

ⓔ 조직 간의 동의 : 타 조직과의 연관성은 조직구성원의 변화가능범위를 제약하게 된다.

② 저항의 관리기법

관리기법	내용
교육과 커뮤니케이션	• 정보가 전혀 없거나, 부정확한 정보와 분석이 있을 때 필요하다. • 장점 : 피변화자가 일단 설득되면 변화시행에 도움을 줄 수 있다. • 단점 : 다수와 관련되면 시간의 소비가 커진다. • 1:1 토론, 강의, 메모, 보고서 제출 등의 방법이 있다.
참여와 몰입	• 변화저항자의 힘이 강할 때 사용하는 기법이다. • 장점 : 참여한 사람이 변화에 대해 일체감을 갖고 정보를 제공해 줄 수 있다. • 단점 : 참여자들이 변화를 잘못 설계하면 시간이 많이 소요된다. • 변화담당 TFT 결성, 위원회 등을 구성하는 방법이 있다.
촉진과 지원	• 변화의 적응에 대한 문제로 사람들이 저항할 때 사용된다. • 장점 : 적응문제에는 가장 성공적이다. • 단점 : 시간과 비용이 과다 소비된다. • 불평의 경청, 새로운 훈련제공을 통한 사회적, 정신적 지원방법이 있다.
협상과 동의	• 변화로 인해 손해를 입게 되는 집단의 힘이 강할 때 사용하는 기법에 해당된다. • 장점 : 중요한 저항을 피하는데 효과적이다. • 단점 : 타인이 협상에 대해 각성하게 되면 많은 비용이 소비된다. • 노조에 임금인상안 제시, 조기퇴직과 연금 증액 등의 교환 협상 방법이 있다.

조작과 호선	• 다른 방법이 전혀 듣지 않거나 비용이 너무 많이 들 때 사용하는 방법이다. • 장점 : 신속하고 비용이 적게 든다는 장점이 있다. • 단점 : 조작되었다고 느끼는 경우에 추가적인 문제를 야기할 수 있다. • 조작으로는 선택적 정보제공, 의도적 사건구성이 해당되며, 호선은 변동에 강하게 저항하는 개인에게 적당한 지위를 부여하여 변화의 과정에 개입하게 하는 방법이 해당된다.
명시적, 묵시적 강압	• 신속한 변화가 필요하고, 변화의 주도자가 상당한 파워를 가지고 있는 경우에 쓸 수 있는 방법이다. • 장점 : 신속하고 어떠한 저항도 극복이 가능하다. • 단점 : 주도자에 대한 반감의 위험이 따른다. • 지시를 따르지 않으면 패널티를 주겠다는 묵시적 강압을 하는 방벙이 이에 속한다. 장기적인 관점에서는 그다지 추천되는 방법은 아니다.

제 2 절 기업문화에 의한 조직변화

1 조직문화의 개념

(1) 조직문화의 정의 및 중요성

① 조직문화의 정의

문화란 사회를 구성하고 있는 모든 사람들이 공통적으로 가지고 있는 가치관과 이념, 관습뿐만 아니라 지식과 기술을 포함한 거시적이고 종합적인 개념으로서 사회구성원의 행동과 사회체계를 형성하는 총합요소이다. 이와 같은 문화의 거시적 개념이 조직문화의 정의를 이루는 상위개념에 해당된다고 볼 수 있다. 조직문화는 일반적으로 조직구성원 간에 공유되고 전수되는 가치관과 신념 및 규범으로서, 조직 구성원의 행동 형성에 영향을 미치는 요소라고 정의되어진다. 그리고 이러한 조직문화는 타조직과의 구분을 가능하게 한다.

② 조직문화의 중요성

조직문화는 조직 전체의 운영과정에 영향을 미칠 수 있고, 효율적인 관리가 가능하다. 또한 응집된 구성원들의 가치관과 행동들에 의해 조직성과에 영향을 미칠 수 있게 되며, 더 나아가 기업 경쟁력의 원천이 될 수 있다.

(2) 조직문화의 기능과 조직성과 중요도 상중하

① 조직문화의 기능

조직문화는 순기능과 역기능을 동시에 가지고 있을 수 있으며, 내용은 다음과 같다.

순기능	역기능
• 일체감과 정체성 형성 • 헌신도 증가 • 안정감 형성 • 행동지침 형성	• 환경 적응력 약화 • 변화 저항력 강화 • 획일화 문제 • 합병 시 통합에 저해

② 조직성과

잘 개발되고 강한 조직문화에 의해 조직은 높은 성과를 이룰 수 있게 된다. 구체적으로 다음의 측면에서 조직성과 향상에 도움을 줄 수 있다.

㉠ 조직문화는 구성원들 간의 공유가치에 해당된다. 즉, 이러한 조직문화에는 조직의 기본적 가치와 고유의 특성들이 있으며 이와 같은 공유가치들이 구성원들에게 전달되는 과정에서 구성원들은 조직체와 동질성을 느낄 수 있으며, 안정감도 형성할 수가 있게 된다.

㉡ 조직문화에 의해 조직구성원들에게 공통의 의사결정 기준을 제공하게 되므로, 내부적인 단합과 결속이 유도될 수 있다. 그리고 환경의 변화에 조직적으로 대응할 수 있는 환경적응력을 제공하게 된다.

㉢ 조직문화는 조직구성원들에게 소속감을 고취시킨다는 점에서 조직몰입의 수준을 높여준다. 이는 구성원 상호간에 의견조율을 원만하게 해준다는 점에서 조직 효과성의 향상에 기여할 수 있다.

㉣ 강한 조직문화는 타 조직이 감히 모방할 수 없는 조직 고유의 역량으로서 지속적인 경쟁우위를 가질 수 있는 원천이 된다.

2 조직문화의 구성요소 중요도 상중하

조직문화는 다양한 요인이 복합적으로 작용하여 장기간 형성된 무형의 실체라고 볼 수 있다. 그래서 이러한 조직문화에는 수많은 문화요소를 포함하고 있다.

(1) 샤인(E.H. Schein)의 계층체계론

조직문화 이론의 권위자인 에드가 E. 샤인은 조직문화는 세 가지 수준에서 성립하는 것으로, 조직이 조직문화를 알기 위해서는 세 가지 수준을 모두 이해해야 한다고 주장하였다.

① 가공물과 창조물(가시적 수준)

눈에 보이는 가공물과 창조물이 해당되며, 조직구조, 언어와 행동, 기술이나 예술 또는 특정한 행동양식들을 통해 파악되는 수준의 것을 의미한다.

② **가치관(인지적 수준)**

가치는 구성원들이 중요하게 여기는 가치관에 해당되며, 무엇이 옳고 그르며 어떻게 행동해야 바람직한지에 대한 믿음, 목표, 철학 등의 인지적 수준을 의미한다.

③ **기본적인 가정(잠재적 수준)**

인간과 환경에 대해 당연한 것으로 받아들여지는 기본적인 가정이 해당된다.

(2) 피터스(Peters)의 7S 이론(맥킨지사)

조직문화를 이해하는데 고려해야 하는 일곱 가지 중요 요소에 대해 제시하였다.

① **공유 가치(Shared value)**

조직의 구성원 모두가 공동으로 소유하는 가치관, 이념, 전통 가치 등을 말하며, 공유 가치는 다른 조직 문화 구성 요소에 지배적인 영향을 주므로 조직 문화 형성에 가장 중요하다고 볼 수 있다.

② **전략(Strategy)**

조직체의 장기적인 방향과 기본 성격을 결정한다. 전략은 조직의 이념과 목적을 달성하기 위한 장기적인 방향을 제고시킴으로서 장기적 차원의 자원배분 패턴 등을 포함하게 된다.

③ **기술(Skill)**

기술도 조직 문화를 형성하고 있는 중요 요소로서 각종 기계 장치 및 첨단 산업 분야의 물리적인 하드웨어적 기술과 소프트웨어적 기술을 포함한다. 그리고 구성원에 대한 동기 부여와 행동 강화, 갈등 관리와 변화 관리, 목표 관리와 예산 관리 등 조직체 경영에 적용되는 관리 기술과 기법도 포함된다는 점에서 광범위하다고 볼 수 있다.

④ **구조(Structure)**

조직체의 전략을 수행하는 데 필요한 틀로서 조직 구조나 권한 관계 등을 의미한다. 구조는 관리 시스템과 더불어 구성원의 일상 업무 수행과 행동에 많은 영향을 주는 요소이다.

⑤ **관리 시스템(System)**

조직체 경영의 의사 결정과 일상 운영에 틀이 되는 관리제도 등 각종 시스템을 말한다. 보상 제도와 인센티브 정책, 경영 정보와 의사 결정 시스템, 경영 계획과 목표 설정 시스템 등 경영 전반에 걸친 각 분야의 경영 관리 제도와 절차를 포함한다.

⑥ **구성원(Staff)**

조직 문화는 조직 구성원들의 행동을 통하여 실제로 나타난다. 즉, 구성원은 조직문화의 구성요소로서 각자의 능력과 전문성, 가치관, 욕구와 동기, 지각 및 태도, 행동패턴 모두를 포함한다.

⑦ **리더십 스타일(Style)**

구성원을 이끌어 나가는 전반적인 조직 관리 스타일로서 구성원의 행동과 상호 관계, 기업의 조직 분위기에 직접적인 영향을 주게 된다.

3 조직문화의 유형 중요도 상중하

(1) 딜(T. Deal)과 케네디(A. A. Kennedy)의 조직문화 유형

딜과 케네디는 뚜렷한 신념과 구성원에 의한 공유가치와 일상생활에서의 가치구현 및 이를 구현해 줄 수 있는 제도의 완비에서 강한 문화의 특성을 찾았으며, 분류의 기준은 기업 활동과 관련된 위험의 정도와 의사결정 전략의 성공여부에 관한 피드백 속도의 두 가지 차원에 입각하여 총 4가지로 분류하였다.

① **거친 남성문화(무법/남성형)**

높은 위험을 부담하고 의사결정의 결과에 대한 피드백이 신속하게 나타나는 조직문화에 해당하며, 협동이 드물고 개인주의가 심한 문화에 해당한다. 이러한 문화유형의 예로는 건설, 화장품 회사, 벤쳐캐피탈, 컨설팅 업체 등을 들 수 있다.

② **열심히 일하고 잘 노는 문화(노력/유희형)**

위험성향이 적고 피드백이 빨리 이루어지는 환경에서 주로 형성되며, 팀워크와 통합 의례행사를 통한 단결력을 중시한다. 이러한 문화유형의 예로는 백화점, 컴퓨터 회사, 방문판매, 자동차 판매업, 부동산업 등을 들 수 있다.

③ **사운을 거는 문화(투기/전심전력형)**

높은 위험을 부담하고 늦은 피드백의 특징을 가지고 있는 조직유형에 해당한다. 이 형태의 조직문화는 투기적 결정을 내리고 그 결과를 수년이 지나야 알 수 있는 업종이 해당된다. 이러한 문화유형의 예로는 화학, 정유, 항공 등을 들 수 있다.

④ **과정문화(관료/절차형)**

위험성향이 낮고 피드백이 매우 느리게 나타나는 특성을 가진 유형으로 현재 일의 과정이나 절차에 집중하지만 그 결과에 대해서 정확하게 아는 것이 어려운 유형에 해당한다. 이러한 문화유형의 예로는 은행, 관공서, 대학, 공기업체 등을 들 수 있다.

(2) 해리슨(R. Harrison) 의 조직문화 유형

해리슨은 조직구조의 중요한 두 변수를 공식화와 집권화의 두 가지 차원에 입각하여 분류하였으며 네 가지 유형으로 구분하였다.

① **관료조직문화(역할문화)**

조직 구성원들의 역할이 상대적으로 단순하고 책임이 분명하며 경계가 명확한 문화유형이다. 모든 업무절차가 과학적인 방법으로 설정되어 있어 구성원들의 목적의식이 결여되어 있는 성향을 보인다.

② **권력조직문화(권력문화)**

조직 구성원들의 역할과 업무수행절차가 구체화 되어있지 않고, 소수의 실권자가 권한을 행사하여 조직을 이끌어나가며 통제하는 문화이다. 구성원들은 기본적으로 보상과 처벌에 의해 동기부여가 되는 경향을 보인다.

③ **행렬조직문화(지원문화)**

구성원의 역할과 업무수행이 조직체의 과업을 중심으로 이루어지며, 직무나 조직에 대한 열정보다는 구성원들간의 상호 협조, 귀속의식, 연관성 등을 조장하려고 하는 경향을 보인다.

④ **핵화조직문화(성취문화)**

구성원들의 역할과 상호관계가 조직의 공동목표를 중심으로 자발적인 관심과 협조에 의해서 이루어지는 특징을 갖는다.

(3) 데니슨(D. R. Denison)의 조직문화 유형

데니슨은 조직문화의 형성에 영향을 주는 요인으로 **기업환경과 이에 대한 기업의 적응행동을 중심으로 문화유형을 네 가지로 구분**하였다.

① **집단문화**

집단문화에서는 인간관계에 일차적인 관심을 가지고 있으며, **내부통합과 유연성을 강조**하고 있다. 성실, 신뢰가 핵심적인 가치관에 해당하며 애사심, 집단의 응집성, 소속구성원으로서의 자격 등이 조직구성원들에게 동기부여의 요인이 된다.

② **개발문화**

개발문화에서도 **집단문화와 같이 유연성과 변화를 강조하지만 외부환경에 더 많은 초점을 맞추고 있다는 점에서 차이점**이 있다. 성장, 자원획득, 창조성, 외부환경의 적응이 핵심적인 가치관에 해당하며 주된 동기부여의 요인들로 성장, 격려, 창조성, 다양성 등이 있다.

③ **합리문화**

합리문화에서는 **생산성과 성과 및 목적달성 등을 강조**한다. 이 문화유형에서 강조하고 있는 것은 조직의 목표 수행과 달성에 있고, 따라서 조직 유효성의 기준은 계획, 생산성, 능률이 해당된다고 할 수 있다.

④ **위계문화**

위계문화에서는 **조직내부의 능률, 통일성, 조성 및 평가를 강조**한다. 이 문화유형에서 강조하고 있는 것은 내부조직의 논리에 있으며, 특히 조직의 안정성을 강조하고 있다.

(4) 퀸(Quinn)의 경쟁가치모형

퀸은 조직문화 유형을 조직 구조에 대한 **유연성과 통제 차원, 조직의 초점에 관한 내부 외부의 차원에 입각하여 문화유형을 네 가지로 구분**하였다.

① **위계문화**

위계문화는 **관료제적 조직문화**로서, 공식화 및 구조화된 직무의 문화로 해석될 수 있다. 조직의 장기적인 관심사는 안정성, 예측력, 효율성에 있으며 질서와 규칙을 강조한다.

② **시장문화**

시장문화는 주로 경제적 시장논리를 통해 통제가 이루어진다. 이 문화에서의 **핵심가치는 경쟁력과 생산성**을 들 수 있다.

③ **친족문화**

친족문화에서는 팀워크, 구성원의 경영참가, 구성원에 대한 조직의 헌신 등이 강조된다. **조직 내 가족공동체적 인간관계를 강조**하며, 소속감과 신뢰 및 참여의 과정에서 친족문화의 가치가 발견된다.

④ **애드호크라시 문화**

애드호크라시 문화는 매우 빠르게 격변하는 상황에 가장 잘 반응할 수 있는 문화이다. 해당 문화는 항공우주산업, 정보통신 등과 같은 고난도 산업에서 주로 볼 수 있으며, 경영의 주요과업은 기업가 정신, 창의성을 증진시키는 등에 초점이 맞춰진다. 그리고 조직의 유연성을 강조하며, 외부환경에 적응하는 것에 높은 가치를 둔다.

4 조직문화 개발의 필요성 및 개발과정

(1) 조직문화 개발의 필요성

조직이 변화를 시도하기 위해서는 조직문화의 변화가 필수불가결한 요소이므로, 경영자는 조직의 환경 변화와 더불어 외부환경 뿐만 내부환경인 조직문화의 변화도 고려해야 한다. 조직의 성장은 외부적인 기술, 과업의 변화, 글로벌화 등의 외부환경과의 상호작용을 통해 이루어지는데, 이를 효율적으로 통합 조정하기 위해서는 새로운 공유가치와 신념 등에 대해 긴밀하게 인식하고 조직문화 개발을 해야 한다.

(2) 조직문화의 개발과정

조직문화를 개발하여 변화하게 하기 위해서는 우선 기존 문화를 정확히 파악한 후 새로운 문화를 모색함으로써 기존의 문화와 마찰을 줄여나가는 과정으로 진행되어야 한다.

① 현재의 조직문화를 분석하고 검토하여 바람직하지 않은 요소를 파악하여 변화방향을 모색해야 한다.

② 현재의 조직문화에 대한 규명이 끝나면, 조직이 지향하는 장기적 목적을 중심으로 바람직하고 적합한 새로운 조직문화를 탐색하는 것이 필요하다.

③ 새로운 조직의 비전과 조직문화가 결정되면 이를 기업 내에 정착시키기 위해서는 조직문화 변화의 속도와 범위, 기간 등에 대해 그 방향과 계획을 구체적으로 구상해야 한다.

④ 구체적인 행동계획을 수립하기 위해 변화담당자는 바람직한 조직문화의 요소와 행동계획의 유형을 중심으로 하여 조직문화의 개발활동을 체계화시키도록 노력해야 한다.

제13장

OX로 점검하자

※ 다음 지문의 내용이 맞으면 O, 틀리면 ×를 체크하시오. [1~8]

01 조직의 환경은 일반적으로 조직경계 안과 밖에 있는 모든 것을 의미하며, 과업환경과 일반환경은 조직의 내부환경에 해당한다. (   )

02 조직의 일반환경은 모든 조직에 비교적 광범위한 영향을 미치는 환경을 의미하며, 조직의 입장에서 볼 때 통제 가능성이 희박한 환경에 해당한다. (   )

03 조직변화의 접근법 중 기술적 접근법은 생산관리나 인사관리 등 계획, 조직, 지휘, 조정, 통제 등을 바람직한 방향으로 변화시키는 것을 의미한다. (   )

04 저항의 관리기법 중 정보가 전혀 없거나, 부정확한 정보와 분석이 있을 때 필요하며 1:1 토론, 강의, 메모, 보고서 제출 등의 방법을 이용하는 것은 '교육과 커뮤니케이션'의 기법에 해당한다. (   )

05 조직문화는 일반적으로 조직구성원 간에 공유되고 전수되는 가치관과 신념 및 규범으로서 조직구성원의 행동 형성에 영향을 미치는 요소로 정의되는데, 조직문화는 순기능만을 가지고 있기에 그 중요성이 크다. (   )

06 잘 개발되고 강한 조직문화는 조직 구성원간의 일체감 조성에 도움을 주지만, 조직성과 향상이나 기업 경쟁력을 높이는 효과는 미약하다. (   )

정답과 해설 01 × 02 O 03 × 04 O 05 × 06 ×

01 조직의 내부환경은 조직 경계 안에 있는 것을 의미하며, 조직 분위기 또는 조직 문화, 조직 목표 등이 해당된다.

03 기술적 접근법은 과학기술을 이용하여 조직변화를 모색하는 것으로, 과학적 관리법과 OR, 경영정보시스템(MIS) 등이 해당된다.

05 조직문화는 순기능과 역기능을 동시에 가지고 있을 수 있으며, 내용은 다음과 같다.
- 순기능 : 일체감과 정체성 형성, 헌신도 증가, 안정감 형성, 행동지침 형성
- 역기능 : 환경 적응력 약화, 변화 저항력 강화, 획일화 문제, 합병 시 통합에 저해

06 강한 조직문화는 타 조직이 감히 모방할 수 없는 조직 고유의 역량으로서 지속적인 경쟁우위를 가질 수 있는 원천이 된다.

07 에드가 E. 샤인은 조직문화는 세 가지 수준에서 성립하는 것으로, 조직이 조직문화를 알기 위해서는 가공물과 창조물, 가치관, 기본적인 가정의 세 가지 수준을 모두 이해해야 한다고 주장하였다. (   )

08 딜과 케네디는 기업 활동과 관련된 위험의 정도와 의사결정 전략의 성공여부에 관한 피드백 속도의 두 가지 차원에 입각하여 총 4가지로 분류하였는데, 이 중 거친 남성문화(무법/남성형)를 가진 업종은 화학, 정유, 항공 등이 해당된다. (   )

정답과 해설 07 O 08 ×

08 건설, 화장품 회사, 벤쳐캐피탈, 컨설팅 업체 등을 들 수 있으며, 화학, 정유, 항공 등은 사운을 거는 문화(투기/전심전력형)에 해당한다.

제13장 실전예상문제

01 조직의 환경에 대한 설명으로 바른 것은 무엇인가?

① 조직의 내부환경은 과업환경과 일반환경으로 구분된다.
② 과업환경은 모든 조직에 비교적 광범위한 영향을 미치는 환경을 의미하며, 조직의 입장에서 볼 때 통제 가능성이 희박한 환경에 해당한다.
③ 일반환경은 특정한 개별 조직에만 영향을 미치는 환경을 의미하며, 조직의 입장에서 볼 때 어느 정도 통제 가능한 환경에 해당한다.
④ 홀(E. H. Hall)은 일반환경을 기술, 법, 정치, 경제, 인구, 생태, 문화의 일곱 가지로 구분하여 설명하였다.

02 조직환경의 불확실성에 대한 설명으로 바르지 않은 것은 무엇인가?

① 환경의 불확실성은 구성요소의 수와 변화의 정도에 따라 기준이 나누어진다.
② 제1유형(단순 + 안정 → 낮은 불확실성)은 관료제 조직과 같은 정태적인 조직의 유형을 취할 수 있다.
③ 제3유형(단순 + 불안정 → 높은 불확실성)은 매트릭스 조직이나 프로젝트 조직과 같은 동태적인 조직의 유형을 취할 수 있다.
④ 변화의 정도는 과업환경이 변하는 속도가 빠르고 느린 상태를 의미하며, 그 정도에 따라 매우 동태적인 환경에서 정태적인 환경으로 유형을 구분할 수 있다.

해설 & 정답 checkpoint

01 ① 조직의 내부환경은 조직 분위기 또는 조직 문화, 조직 목표 등이 해당된다.
② 일반환경에 대한 내용이다.
③ 과업환경에 대한 내용이다.

02 제4유형(복잡 + 불안정 → 높은 불확실성)이 해당된다.

정답 01 ④ 02 ③

checkpoint 해설 & 정답

03 조직변화는 크게 6단계를 거쳐 이루어진다고, 레빈(K. Lewin)과 그레이너(L. E. Greiner)에 의해 주장되었다. 1단계(압력과 각성) → 2단계(개입과 순응) → 3단계(진단과 인식) → 4단계(발견과 실행) → 5단계(실험과 조사) → 6단계(강화와 수용)

04 협상과 동의에 대한 내용이다.

정답 03 ② 04 ④

03 레빈과(K. Lewin)과 그레이너(L. E. Greiner)는 조직변화를 크게 6단계에 걸쳐 이루어진다고 하였다. 바르게 연결된 것은 무엇인가?

① 압력과 각성 → 개입과 순응 → 발견과 실행 → 실험과 조사 → 강화와 수용 → 진단과 인식
② 압력과 각성 → 개입과 순응 → 진단과 인식 → 발견과 실행 → 실험과 조사 → 강화와 수용
③ 진단과 인식 → 발견과 실행 → 실험과 조사 → 강화와 수용 → 압력과 각성 → 개입과 순응
④ 진단과 인식 → 발견과 실행 → 강화와 수용 → 압력과 각성 → 실험과 조사 → 개입과 순응

04 저항의 관리기법에 대한 용어와 내용이 바르게 연결되지 않은 것은 무엇인가?

①	• 정보가 전혀 없거나, 부정확한 정보와 분석이 있을 때 필요하다. • 1 : 1 토론, 강의, 메모, 보고서 제출 등의 방법이 있다.
②	• 변화저항자의 힘이 강할 때 사용하는 기법이다. • 변화담당 TFT 결성, 위원회 등을 구성하는 방법이 있다.
③	• 변화의 적응에 대한 문제로 사람들이 저항할 때 사용된다. • 불평의 경청, 새로운 훈련제공을 통한 사회적, 정신적 지원방법이 있다.
④	• 변화로 인해 손해를 입게 되는 집단의 힘이 강할 때 사용하는 기법에 해당된다. • 노조에 임금인상안 제시, 조기퇴직과 연금 증액 등의 교환 협상 등의 방법이 있다.

① 교육과 커뮤니케이션
② 참여와 몰입
③ 촉진과 지원
④ 조작과 호선

05 조직문화에 대한 내용으로 바르지 않은 것은 무엇인가?

① 조직문화는 순기능만을 가진다.
② 조직문화는 일반적으로 조직구성원 간에 공유되고 전수되는 가치관과 신념 및 규범으로서 조직 구성원의 행동 형성에 영향을 미치는 요소라고 정의되어진다.
③ 강한 조직문화는 타 조직이 감히 모방할 수 없는 조직 고유의 역량으로서 지속적인 경쟁우위를 가질 수 있는 원천이 된다.
④ 조직문화에 의해 조직구성원들에게 공통의 의사결정 기준을 제공하게 되므로, 내부적인 단합과 결속이 유도될 수 있다.

06 피터스(Peters)의 7S 이론에서는 조직문화를 이해하는데 고려해야 하는 일곱 가지 중요 요소에 대해 제시하였는데 용어와 내용이 바르게 연결된 것은 무엇인가?

① 관리 시스템(System) : 조직체의 전략을 수행하는 데 필요한 틀로서 조직 구조나 권한 관계 등을 의미한다.
② 구조(Structure) : 조직문화의 구성요소로서 각자의 능력과 전문성, 가치관, 욕구와 동기, 지각 및 태도, 행동패턴 모두를 포함한다.
③ 공유 가치(Shared value) : 조직의 구성원 모두가 공동으로 소유하는 가치관, 이념, 전통 가치 등을 말하며, 조직 문화 형성에 가장 중요하다고 볼 수 있다.
④ 전략(Strategy) : 구성원을 이끌어 나가는 전반적인 조직 관리 스타일로서 구성원의 행동과 상호 관계, 기업의 조직 분위기에 직접적인 영향을 주게 된다.

해설 & 정답 checkpoint

05 조직문화는 순기능과 역기능을 동시에 가지고 있을 수 있다.

06 ① 구조(Structure)에 대한 내용이다.
② 구성원(Staff)에 대한 내용이다.
④ 리더십 스타일(Style)에 대한 내용이다.

정답 05 ① 06 ③

checkpoint 해설 & 정답

07 조직문화를 개발하여 변화하게 하기 위해서는 우선 기존 문화를 정확히 파악한 후 새로운 문화를 모색함으로써 기존의 문화와의 마찰을 줄여나가는 과정으로 진행되어야 한다.

07 조직문화의 개발에 대한 내용으로 바르지 <u>않은</u> 것은 무엇인가?

① 조직문화를 개발하여 변화하게 하기 위해서는 미래지향적인 부분에 중점을 두어야 하기 때문에 현재에 대한 문제 파악은 중요하지 않다.

② 조직의 성장은 외부적인 기술, 과업의 변화, 글로벌화 등의 외부환경과의 상호작용을 통해 이루어지는데, 이를 효율적으로 통합 조정하기 위해서는 새로운 공유가치와 신념 등에 대해 긴밀하게 인식하고 조직문화 개발을 해야 한다.

③ 새로운 조직의 비전과 조직문화가 결정되면 이를 기업 내에 정착시키기 위해서는 조직문화 변화의 속도와 범위, 기간 등에 대해 그 방향과 계획을 구체적으로 구상해야 한다.

④ 구체적인 행동계획을 수립하기 위해 변화담당자는 바람직한 조직문화의 요소와 행동계획의 유형을 중심으로 하여 조직문화의 개발활동을 체계화시키도록 노력해야 한다.

주관식 문제

01 조직변화에 대한 저항의 원인으로는 개인적인 측면과 체제적인 측면을 들 수 있다. 두 가지 측면으로 약술하시오.

01
정답 개인적 측면으로는 조직변화에 대한 심리적 부담과 불안감, 기존 기능의 무용화, 작업의 안정의 위협, 새로운 작업방법에 대한 습득 필요성 등에 의해 저항이 나타나게 된다. 체제적 측면으로는 자원의 제약, 매몰비용, 규칙, 규정, 절차의 경직화, 비공식적 규범, 조직 간의 동의 등이 원인으로 나타나게 된다.

정답 07 ①

02 저항의 관리기법에 대한 내용에 대해 다음 괄호 안에 들어갈 알맞은 용어를 쓰시오.

(ㄱ)	• 정보가 전혀 없거나, 부정확한 정보와 분석이 있을 때 필요하다. • 1:1 토론, 강의, 메모, 보고서 제출 등의 방법이 있다.
(ㄴ)	• 변화저항자의 힘이 강할 때 사용하는 기법이다. • 변화담당 TFT 결성, 위원회 등을 구성하는 방법이 있다.
(ㄷ)	• 변화의 적응에 대한 문제로 사람들이 저항할 때 사용된다. • 불평의 경청, 새로운 훈련제공을 통한 사회적, 정신적 지원방법이 있다.
(ㄹ)	• 다른 방법이 전혀 듣지 않거나 비용이 너무 많이 들 때 사용하는 방법이다. • 선택적 정보제공, 의도적 사건구성이 해당되며, 변동에 강하게 저항하는 개인에게 적당한 지위를 부여하여 변화의 과정에 개입하게 하는 방법이 해당된다.

03 조직문화의 순기능과 역기능에 대해 약술하시오.

해설 & 정답 checkpoint

02

정답 ㄱ. 교육과 커뮤니케이션
ㄴ. 참여와 몰입
ㄷ. 촉진과 지원
ㄹ. 조작과 호선

03

정답 조직문화는 순기능과 역기능을 동시에 가지고 있을 수 있으며, 순기능은 일체감과 정체성 형성, 헌신도 증가, 안정감 형성, 행동지침을 형성할 수 있다는 점을 들 수 있다. 역기능으로는 환경 적응력 약화, 변화 저항력 강화, 획일화 문제, 합병 시 통합에 저해 등이 있을 수 있다.

checkpoint 해설 & 정답

04
정답 ㄱ. 가공물과 창조물
ㄴ. 가치관
ㄷ. 기본적인 가정

04 조직문화의 구성요소에 대한 샤인(E. H. Schein)의 계층체계론에 대한 내용이다. 다음의 괄호 안에 들어갈 알맞은 용어를 쓰시오.

- (ㄱ) : 조직구조, 언어와 행동, 기술이나 예술 또는 특정한 행동양식들을 통해 파악되는 가시적 수준의 것을 의미한다.
- (ㄴ) : 무엇이 옳고 그르며 어떻게 행동해야 바람직한지에 대한 믿음, 목표, 철학 등의 인지적 수준을 의미한다.
- (ㄷ) : 인간과 환경에 대해 당연한 것으로 받아들여지는 잠재적 수준을 의미한다.

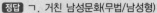

05 조직문화의 유형에 대한 딜(T. Deal)과 케네디(A. A. Kennedy)의 구분에 대한 내용이다. 다음의 괄호 안에 들어갈 알맞은 용어를 쓰시오.

- (ㄱ): 높은 위험을 부담하고 의사결정의 결과에 대한 피드백이 신속하게 나타나는 조직문화에 해당하며, 협동이 드물고 개인주의가 심한 문화에 해당한다.
- (ㄴ): 위험성향이 적고 피드백이 빨리 이루어지는 환경에서 주로 형성되며, 팀워크와 통합 의례행사를 통한 단결력을 중시한다.
- (ㄷ): 높은 위험을 부담하고 늦은 피드백의 특징을 가지고 있는 조직유형에 해당한다. 이 형태의 조직문화는 투기적 결정을 내리고 그 결과를 수년이 지나야 알 수 있는 업종이 해당된다.
- (ㄹ): 위험성향이 낮고 피드백이 매우 느리게 나타나는 특성을 가진 유형으로 현재 일의 과정이나 절차에 집중하지만 그 결과에 대해서 정확하게 아는 것이 어려운 유형에 해당한다.

해설 & 정답 checkpoint

05

정답 ㄱ. 거친 남성문화(무법/남성형)
ㄴ. 열심히 일하고 잘 노는 문화(노력/유희형)
ㄷ. 사운을 거는 문화(투기/전심전력형)
ㄹ. 과정문화(관료/절차형)

checkpoint 해설 & 정답

06

정답 ㄱ. 관료조직문화(역할문화)
ㄴ. 권력조직문화(권력문화)
ㄷ. 행렬조직문화(지원문화)
ㄹ. 핵화조직문화(성취문화)

06 **해리슨(R. Harrison)의 조직문화 유형의 구분에 대한 내용이다. 다음의 괄호 안에 들어갈 알맞은 용어를 쓰시오.**

- (ㄱ) : 조직 구성원들의 역할이 상대적으로 단순하고 책임이 분명하며 경계가 명확한 문화유형이다. 모든 업무절차가 과학적인 방법으로 설정되어 있어 구성원들의 목적의식이 결여되어 있는 성향을 보인다.
- (ㄴ) : 조직 구성원들의 역할과 업무수행절차가 구체화되어있지 않고, 소수의 실권자가 권한을 행사하여 조직을 이끌어나가며 통제하는 문화이다. 구성원들은 기본적으로 보상과 처벌에 의해 동기부여가 되는 경향을 보인다.
- (ㄷ) : 구성원의 역할과 업무수행이 조직체의 과업을 중심으로 이루어지며, 직무나 조직에 대한 열정보다는 구성원들 간의 상호 협조, 귀속의식, 연관성 등을 조장하려고 하는 경향을 보인다.
- (ㄹ) : 구성원들의 역할과 상호관계가 조직의 공동목표를 중심으로 자발적인 관심과 협조에 의해서 이루어지는 특징을 갖는다.

07 **데니슨(D. R. Denison)의 조직문화 유형의 구분에 대한 내용이 다. 다음의 괄호 안에 들어갈 알맞은 용어를 쓰시오.**

- (ㄱ) : 인간관계에 일차적인 관심을 가지고 있으며, 내부통합과 유연성을 강조하고 있다. 성실, 신뢰가 핵심적인 가치관에 해당하며 애사심, 집단의 응집성, 소속구성원으로서의 자격 등이 조직구성원들에게 동기부여의 요인이 된다.
- (ㄴ) : 유연성과 변화를 강조하지만 외부환경에 더 많은 초점을 맞추고 있다. 성장, 자원획득, 창조성, 외부환경의 적응이 핵심적인 가치관에 해당하며 주된 동기부여의 요인들로 성장, 격려, 창조성, 다양성 등이 있다.
- (ㄷ) : 생산성과 성과 및 목적달성 등을 강조한다. 이 문화유형에서 강조하고 있는 것은 조직의 목표 수행과 달성에 있고, 따라서 조직 유효성의 기준은 계획, 생산성, 능률이 해당된다고 할 수 있다.
- (ㄹ) : 조직내부의 능률, 통일성, 조성 및 평가를 강조한다. 이 문화유형에서 강조하고 있는 것은 내부조직의 논리에 있으며, 특히 조직의 안정성을 강조하고 있다.

해설 & 정답 checkpoint

07

정답 ㄱ. 집단문화
ㄴ. 개발문화
ㄷ. 합리문화
ㄹ. 위계문화

checkpoint 해설 & 정답

08
정답 ㄱ. 위계문화
ㄴ. 시장문화
ㄷ. 친족문화
ㄹ. 애드호크라시 문화

08 퀸(Quinn)의 경쟁가치모형에 대한 내용이다. 다음의 괄호 안에 들어갈 알맞은 용어를 쓰시오.

- (ㄱ): 관료제적 조직문화로서, 공식화 및 구조화된 직무의 문화로 해석될 수 있다. 조직의 장기적인 관심사는 안정성, 예측력, 효율성에 있으며 질서와 규칙을 강조한다.
- (ㄴ): 주로 경제적 시장논리를 통해 통제가 이루어진다. 이 문화에서의 핵심가치는 경쟁력과 생산성을 들 수 있다.
- (ㄷ): 팀워크, 구성원의 경영참가, 구성원에 대한 조직의 헌신 등이 강조된다. 조직 내 가족공동체적 인간관계를 강조하며, 소속감과 신뢰 및 참여의 과정에서 친족문화의 가치가 발견된다.
- (ㄹ): 매우 빠르게 격변하는 상황에 가장 잘 반응할 수 있는 문화이다. 해당 문화는 항공우주산업, 정보통신 등과 같은 고난도 산업에서 주로 볼 수 있으며, 경영의 주요과업은 기업가 정신, 창의성 증진 등에 초점이 맞춰진다. 그리고 조직의 유연성을 강조하며, 외부환경에 적응하는 것에 높은 가치를 둔다.

제 14 장

관리자의 기본적 임무

제1절 커뮤니케이션과 관리자
제2절 의사결정과 관리자
제3절 집단 간 갈등과 관리자
제4절 리더십과 관리자
실전예상문제

제14장 관리자의 기본적 임무

제 1 절 커뮤니케이션과 관리자

1 커뮤니케이션의 의의

(1) 커뮤니케이션의 개념과 역할

① **커뮤니케이션의 개념**

가장 기본적으로 상호간의 정보를 교환하는 과정을 의미하고 있으며, 조직이 복잡해질수록 커뮤니케이션의 의미가 좀 더 복잡하고 다양해진다.

② **커뮤니케이션의 역할**

커뮤니케이션을 통해 조직의 목표달성을 위한 여러 조직구성원들의 활동이 서로 조정이 되고 통합될 수 있다. 상호간의 커뮤니케이션이 효율적으로 진행되고 활성화된다면 조직의 유효성이 높아질 수 있고, 구성원들 또한 조직에 대한 만족도가 높아질 수 있다.

(2) 커뮤니케이션과 관리자의 책임

개인 간 또는 집단 간에 커뮤니케이션이 원활하지 못하게 되면 불필요한 오해와 반목현상이 일어날 수 있게 된다. 그러므로 커뮤니케이션이 효과적으로 진행될 수 있도록 관리자가 다음과 같은 노력을 해야 한다.

① 커뮤니케이션 관리자는 조직 내의 여러 가지 형태의 커뮤니케이션이 막힘과 잡음 없이 이루어질 수 있도록 만들어야 한다.

② 관리자 스스로가 조직 내에서 가장 중요한 커뮤니케이션의 주체임을 인식하고, 효과적인 커뮤니케이션을 통해 정확한 정보의 전달과 수령이 가능하도록 스스로의 능력을 개발해야 한다.

2 커뮤니케이션의 유형

조직 내의 커뮤니케이션의 유형은 크게 공식적인 커뮤니케이션과 비공식적인 커뮤니케이션의 두 가지로 나눌 수 있으며, 그 중 공식적 커뮤니케이션에서는 여러 연결 커뮤니케이션 네트워크가 존재하게 된다. 내용은 다음과 같다.

(1) 공식적 커뮤니케이션

① 커뮤니케이션의 방향

커뮤니케이션의 방향에 따라 한 조직 내 정보가 흘러가는 경로를 알 수 있으며 이에 따라 다음과 같이 나눌 수 있다.

㉠ 수직적 커뮤니케이션 : 상향식 커뮤니케이션과 하향식 커뮤니케이션이 해당되며 이는 라인 중심 조직에서의 의사소통 방식에 해당된다.

㉡ 수평적 커뮤니케이션 : 조정부서가 설치되어 있는 수평적인 연결 조직에서의 의사소통 방식에 해당된다.

㉢ 대각적 커뮤니케이션 : 라인-스태프 조직, 프로젝트 조직, 매트릭스 조직과 같이 대각적인 커뮤니케이션이 다양한 방향에서 일어나는 의사소통 방식에 해당된다.

② 커뮤니케이션 네트워크 중요도 상 중 하

커뮤니케이션에서 중요하게 다루어지는 분야 중에 하나로서 어떠한 구조로 조직 구성원들이 접촉되어 있는가를 보는 것이 있는데, 이는 그 정도에 따라 커뮤니케이션의 행위와 과업성과에 미치는 영향력이 다르기 때문에 중요하게 다루어지고 있으며 종류는 다음과 같다.

㉠ **쇠사슬형** : 대부분의 커뮤니케이션이 공식적인 명령체계에 따라 아래로만 흐르는 고층조직에서 흔히 일어나는 커뮤니케이션 유형이다.

㉡ **수레바퀴형** : 작업장에서 여러 작업자들이 한 사람의 감독자에게 보고하는 형태의 커뮤니케이션 유형이다.

㉢ **원형** : 태스크포스나 위원회를 구성하는 사람들 사이에 상호작용이 이루어지는 커뮤니케이션 유형이다.

㉣ **완전연결형** : 비공식적인 커뮤니케이션 유형의 네트워크이며, 리더가 없고 조직 구성원 누구든지 커뮤니케이션을 주도할 수 있는 유형에 해당한다.

(2) 비공식적 커뮤니케이션

① 비공식적 커뮤니케이션의 발생

조직 구성원들이 라인에 따라서만 의사소통을 하지 않고, 여러 가지 필요에 의해 직종과 계층을 넘어 인간적인 유대감을 갖고 커뮤니케이션을 유지하려는 이유에서 비공식적 커뮤니케이션이 발생하게 되었다. 비공식적 커뮤니케이션의 체계는 '그레이프바인(Grape vine)'라고도 불리며, 이는 경로가 포도 덩굴과 같이 얽혀있다는 뜻에서 유래되었다.

② 비공식적 커뮤니케이션의 분석기법

비공식적 커뮤니케이션의 분석기법으로는 '소시오메트리(Sociometry)'가 있으며, 이 기법은 집단 구성원들 간의 호의적인 또는 비호의적인 관계를 기초로 하여 분석하게 된다.

3 커뮤니케이션의 활성화 방안

커뮤니케이션의 활성화를 위해 다방면의 노력을 해야 한다. 커뮤니케이션이 원활하고 효과적으로 되어야만 조직의 유효성이 높아지고 바람직한 방향으로 작용하게 되기 때문이다. 이를 위해서는 커뮤니케이션의 주체와 객체 모두의 상호간 이해와 노력이 필요하며, 제도적인 방안 또한 마련되어야 한다. **고충처리제도, 문호개방정책, 카운슬링, 태도조사, 퇴직면접, 참여기법, 민원조사제도 등이 제도적 방안 도입**을 예로 들 수 있다.

제 2 절 의사결정과 관리자

1 의사결정의 의의

(1) 의사결정의 중요성과 의사결정 과정

① **의사결정의 중요성**

의사결정은 여러 가지 대체안 중에서 선택하는 과정을 의미하는데, 의사결정이 중요한 이유는 어떠한 의사결정이 어떻게 이루어지느냐 하는 문제가 조직 유효성에 중대한 영향을 미칠 수 있기 때문이다.

② **의사결정 과정**

의사결정의 과정은 다음과 같은 순서대로 진행되며, 필요에 따라서는 다시 과정을 재순환하게 된다.

> **더 알아두기**
>
> **의사결정 과정**
>
> 문제의 인식 → 행동 대체안의 탐색과 평가 → 대체안 중 선택 → 실행 → 결과평가

(2) 의사결정자의 속성

의사결정자는 합리적 경제인 모형과 관리인 모형으로 나누어지며 내용은 다음과 같다.

① **합리적 경제인 모형(이상적 의사결정자)**

합리적 경제인 모형은 18세기 애덤스미스의 고전경제학사상의 유물로서, 의사결정자는 '완전한 합리성'에 기초하여 의사결정을 한다고 가정하였다. 이를 위해 **합리적인 의사결정자는 가능한 모든 대체안을 탐색하고 평가**하게 된다.

② **관리인 모형(현실적 의사결정자)**

관리인 모형은 합리적 경제인 모형을 비판한 사이먼이 제시하였다. 사이먼은 **합리적인 의사결정자가 모든 대체안을 탐색할 수 없고,** 평가의 완전성 또한 부족할 수 있기 때문에 '최적'의 **이상적인**

의사결정보다는 '만족스러운' 의사결정을 추구하는 것이 실제적인 의사결정에 해당된다고 하였으며, 실제의 의사결정을 설명하기 위한 시도로 새로운 모형인 관리인 모형을 제시했다.

2 의사결정의 유형 중요도 상중하

(1) 개인적 의사결정과 집단적 의사결정

일반적으로 구조화가 잘 된 과업, 즉 정형적인 의사결정인 경우에는 개인보다는 집단적 의사결정이 효과적이다. 그리고 조직의 특성상 개인적인 의사결정 보다는 집단적인 의사결정이 이루어지는 경우가 더 많으며 이는 조직의 형태 변화와도 많은 연관성을 갖게 된다.

① **집단적 의사결정의 장점**

많은 지식과 관점을 이용할 수 있고, 구성원 상호간의 지적인 자극을 줄 수 있다는 점과 구성원의 결정에 대한 만족과 지지도가 높아질 수 있는 장점이 있다.

② **집단적 의사결정의 단점**

'집단양극화' 현상이 심화되는 경우 의견불일치에 따른 갈등과 악의적인 행동들이 나타날 수 있으며, 최적안의 폐기가능성, 신속하고 결단력 있는 행동의 방해 등이 일어날 수 있다.

(2) 정형적 의사결정과 비정형적 의사결정

정형적 의사결정은 일반적이고 보편적인 문제에 대한 의사결정 형태를 의미하며, 비정형적 의사결정은 독특한 상황에 대한 문제가 발생할 때 나타난다.

구분	정형적 의사결정	비정형적 의사결정
문제의 독특성	일상적이고 보편적인 문제가 해당된다.	독특하고 참신한 형태의 문제가 해당된다.
해결방안의 구체화 방안	조직정책이나 절차에 따라 사전에 명시되어 있다.	문제가 정의된 이후에 창의적으로 결정된다.
의사결정 계층	하위층에서 의사결정을 한다.	고위층에서 의사결정을 한다.
의사결정의 주요 조직형태	시장과 테크놀러지가 안정되어 있으며 일상적이고 구조화된 문제 해결이 많은 조직이 해당된다.	구조화가 잘 되어있지 않으며, 의사결정 사항이 비일상적이고 복잡한 조직의 형태가 해당된다.

(3) 확실성, 불확실성, 위험 아래서의 의사결정

① **확실성 아래서의 의사결정** : 의사결정의 결과를 확실하게 예측할 수 있는 상황의 의사결정에 해당한다.

② **불확실성 아래서의 의사결정** : 의사결정의 결과에 대해 상당히 많은 변수가 존재하여 고도의 불확실성이 존재하는 상황의 의사결정에 해당한다. 고도의 테크놀러지를 가진 조직처럼 변화가 심한 조직에서 주로 일어나게 되며, 일반적으로 최고관리자들에 의해 의사결정이 이루어지는 경우가 많다.

③ **위험 아래서의 의사결정** : 확실과 불확실성의 중간으로, 결과에 대해 어느 정도의 확률이 주어질 수 있는 상황의 의사결정에 해당되며, 조직에서 실제 의사결정의 대부분이 해당된다고 볼 수 있다.

(4) 전략적, 관리적, 업무적 의사결정

① **전략적 의사결정** : 주로 최고관리층에서 의사결정이 이루어지며, 총 자원을 제품시장의 여러 기회에 할당하는 문제에 대해 결정하게 된다.

② **관리적 의사결정** : 주로 중간관리층에서 의사결정이 이루어지며, 최대의 과업능력을 끌어내기 위해 기업의 자원을 조직화하고, 자원의 조달과 개발에 대한 문제를 다룬다.

③ **업무적 의사결정** : 주로 하위관리층에서 의사결정이 이루어지며, 주요 기능분야에 자원을 할당하고 일정계획을 수립하는 문제에 대해 결정한다.

3 집단의사결정의 효율화 방안(집단사고의 최소화) 중요도 상중하

(1) 집단사고의 개념 및 결과

① **집단사고의 개념**

집단사고는 응집력이 높은 집단에서 발생하는데, 이는 조직 구성원들간의 합의에 대한 요구가 지나치게 커져서 이것이 현실적인 다른 대안의 모색을 방해하는 경향을 나타내는 것을 의미한다.

② **집단사고의 결과**

집단사고가 너무 커지게 되면 의사결정의 질에 부정적인 결과를 초래하게 된다. 예를 들면 대체안의 탐색을 한정해 버리거나 선택안에 대한 재검토를 하지 않는 경우가 있으며, 전문가들의 조언을 무시해버리거나 결정을 지지하지 않는 집단에 대한 비호의적 태도를 취하는 경우를 예로 들 수 있다.

(2) 집단사고의 최소화 방안

집단사고의 부정적인 결과를 최소화하기 위해 조직 구성원들 모두가 노력해야 하며, 이를 위한 방안으로는 다음과 같은 방법이 있다.

① **직접 비판** : 집단구성원들 자신들을 직접 관여시키는 방안이다.

② **제안 활성화** : 가능성 있는 제안들을 보다 많이 이끌어내는 방안이다.

③ **비판적인 평가자** : 집단 리더들이 조직 구성원들로 하여금 여러 제안에 대해 비판적인 평가자가 될 수 있도록 장려하여 집단사고를 줄이는 방안이다.

4 효율적인 의사결정 기법의 개발

집단의사결정은 집단의 뜻과 가치관을 가장 충분히 반영하고 있는 의사결정이라고 볼 수 있기 때문에 효율적인 의사결정 기법의 개발이 필요하다.

(1) 명목집단법

명목집단은 구성원들 상호간의 대화나 토론이 이루어지지 않고, 개인 각자의 아이디어를 서면으로 제출하고 투표에 의해 의사결정을 하는 기법에 해당한다. 명목집단법은 모든 구성원들이 타인의 영향을 받지 않고 독립적으로 문제를 생각해 볼 수 있으며 의사결정까지의 시간이 짧은 장점이 있다. 그러나 이를 이끌어가는 리더가 자질이 있어야 하고 훈련되어 있어야 하며, 한 번에 한 문제밖에 처리할 수 없다는 단점도 있다.

더 알아두기

명목집단법의 과정
- 1단계 : 개인이 혼자서 제시되는 문제에 대해 생각해 보고 아이디어를 서면으로 작성
- 2단계 : 개인이 아이디어를 제출하며, 모아진 아이디어가 누구의 것인지 모르도록 함
- 3단계 : 집단은 아이디어에 대해 장단점, 타당성 등의 다양한 측면에서 토의함
- 4단계 : 집단은 아이디어에 대해 투표를 실시하고 최종적으로 가장 많은 점수를 얻은 것을 집단의 결정으로 함

(2) 델파이법 중요도 상 중 하

델파이법은 미국의 랜드연구소에서 개발한 의사결정기법으로서 우선 한 문제에 대해 다수의 전문가들의 독립적인 의견을 수집하고 해당 의견들에 대해 요약한 후에 해당 내용을 전문가들에게 배부한다. 그리고 전문가들의 의견이 합의가 이루어질 때까지 수차례에 걸쳐 피드백함으로서 다수의 전문가들이 의견을 종합하여 보다 체계화되고 객관화된 의사결정을 할 수 있도록 하는 방법에 해당한다. 그러나 많은 시간이 소요된다는 장점이 존재한다.

(3) 토론리더의 훈련

조직에서 가장 흔히 사용되는 방법으로 토론집단법(상호작용집단법)이 있으며, 이때 한사람의 리더가 토론을 리드하며 의사결정을 하도록 하는 방법에 해당한다. 이를 위해서는 토론리더가 해당 자질을 갖출 수 있도록 필요한 기능들에 대해 충분히 훈련받아야 한다.

제 3 절 집단 간 갈등과 관리자

1 갈등의 의의 중요도 상중하

(1) 갈등의 개념과 기능

① 갈등의 개념

갈등은 개인이나 집단이 함께하는 과정에서 겪게 되는 불편한 상황으로 인해 발생하며, 한 개인이나 집단의 기대, 목표 지향적인 행위가 타의에 의해 좌절되거나 차단되는 상황이 지각될 때 나타난다.

② 갈등의 기능

갈등은 역기능이 존재하지만, 반드시 부정적인 의미만을 갖지는 않고 조직의 모든 행위를 바람직하게 촉진시키는 결과를 가져온다는 점에서 순기능적인 면도 가지고 있다.

㉠ 갈등의 순기능(창조적 성격) → 강화시켜야 함

조직문제의 해결책으로 새로운 아이디어나 제도를 모색하게 도와주고, 조직 내부의 변화와 혁신의 분위기를 유발하여 구성원들 간의 결속력을 강화시키는 기능을 하는 순기능을 가진다.

㉡ 갈등의 역기능(파괴적 성격) → 약화시켜야 함

갈등이 심화되면 조직 구성원의 심리적 상태가 불안정하게 되고 이로 인해 조직에 부정적인 영향을 미치게 된다. 또한 갈등을 해결하려고 노력하는 동안은 조직의 성과나 목표달성에 집중할 수가 없게 된다.

(2) 갈등관의 전개과정

① 전통적 관점

전통적인 관점에서는 갈등의 순기능을 인정하지 않고, 부정적인 영향만을 미친다고 가정했다. 그리고 갈등이란 용어 자체를 폭력, 파괴, 비합리성과 같은 부정적인 용어들과 거의 동일하게 인식하였으며, 관리자들의 책임 일부는 조직에서 갈등을 제거하는 것이었다.

② 행위론적 관점

행위론적 관점에서는 조직의 성격상 내재적인 갈등이 불가피하기에 갈등의 발생은 조직 내에서 자연스럽게 나타날 수 밖에 없다고 인정하였다. 그래서 행위론자들은 갈등의 수용을 주장하였다.

③ 상호작용주의적 관점

상호주의적인 관점에서는 갈등의 순기능적인 부분을 인정하면서 갈등을 촉진해야 한다고 주장하였다. 즉, 갈등의 절대적 필요성을 인정한 견해이다.

2 집단 간 갈등의 원인과 결과 중요도 상중하

(1) 집단 간 갈등의 원인

집단 간 갈등의 원인은 의사소통이 원활하지 못한 것뿐만 아니라 다양하게 존재한다.

① **작업흐름의 상호의존성**

두 집단이 각각의 목표를 달성하는데 있어서 상호 간의 협조와 정보의 제공, 동조 또는 협력을 요구하는 정도를 상호의존성이라고 하는데, 해당 과업이 타 집단의 성과에 의해 좌우될 때 갈등의 가능성이 커진다.

② **불균형**

한 개인이나 집단이 장기적으로 접촉하는 개인이나 집단과 권력, 가치, 지위 등의 차이가 상당한 경우에 갈등의 가능성이 커진다.

③ **영역모호성**

한 부서나 개인이 역할을 수행할 때 그 방향이 분명하지 않거나 목표나 과업이 명료하지 못한 경우에 갈등이 생기기 쉽다.

④ **자원 부족**

한정된 예산이나 행정지원 등 부족한 자원에 대한 경쟁이 개인이나 집단의 작업관계에서 갈등을 유발할 수 있다.

(2) 집단 간 갈등의 결과

집단 간 갈등의 결과는 집단 내와 집단 간의 관계에 순기능적 또는 역기능적인 결과를 낳게 되며 다음과 같이 요약해 볼 수 있다.

① **집단 내에서의 변화**

구성원 간의 응집력이 증대될 수 있으며 집단의 과업지향성이 강화될 수 있다. 그리고 리더십의 전제화를 이루도록 하며 조직과 구조의 엄격화가 나타난다. 또한 통일성의 강조와 같은 변화도 나타나게 된다.

② **집단 간의 관계에서의 변화**

집단 간 적대감과 부정적인 태도가 증가될 수 있고, 부정적인 상동적 태도가 증대될 수 있다. 또한 집단 간의 커뮤니케이션의 감소되고 타 집단의 활동에 대한 엄격한 감시가 이루어지기도 한다.

3 갈등의 관리방안

갈등의 관리방안으로는 크게 갈등을 해결하고자 하는 것과 촉진하는 방안으로 크게 나누어 볼 수 있으며 내용은 다음과 같다.

(1) 갈등의 해결기법 중요도 상 중 하

갈등의 해결기법은 **갈등의 순기능을 극대화하고 갈등의 역기능을 최소화**하려는 기법에 해당한다.

① **문제해결**

문제해결은 대면전략이라고도 하며 갈등을 빚고 있는 집단들이 얼굴을 맞댄 회의를 통해 갈등을 줄이려고 하는 해결기법이다. 이 기법은 문제점에 대한 상호확인과 솔직한 의사표시를 통해 오해나 언어의 장애 때문에 발생하게 되는 갈등 해결에 있어 효과적인 방법이다.

② **협상**

토론을 통한 타협으로 서로 합의점에 도달하는 방법을 협상이라고 한다. 협상은 갈등을 빚는 양쪽이 서로 양보한다는 점에서 승자도 패자도 없는 전통적인 방식의 해결기법이다.

③ **상위목표의 도입**

상위목표는 집단들이 함께 힘을 합하지 않고서는 달성할 수 없는 매력적인 목표를 지칭하며, 갈등집단의 목표보단 넓은 개념인 '상위목표'를 도입하여 갈등을 해결하는 기법이다.

④ **조직구조의 개편**

조직 구조 자체의 문제로 인해 갈등이 일어나는 경우에 실시하는 방법이며, 이는 사고방식이나 양보 조직 구성원들의 행위적인 변화를 통해서 해결할 수 없기에 조직구조를 개편하는 방법을 사용하게 된다.

⑤ **자원의 증대**

갈등의 원인 중의 하나인 자원의 부족문제로 갈등이 발생하게 되는 경우에 사용하는 방법으로 자원을 늘림으로서 갈등을 해결할 수 있다. 이는 자원 부족의 경우 가장 효과적인 해결방법이지만 자원의 충분한 조직이 사실상 많지 않기 때문에 현실적인 제약이 따른다.

(2) 갈등의 촉진방안 중요도 상 중 하

갈등의 해결방안은 **갈등의 상황이 상당히 높은 경우에 사용**하는 방법이다. 하지만 갈등은 조직유효성을 높이는데 있어 중요한 역할을 하기 때문에 어느 정도의 갈등은 필요하다. 그래서 갈등의 정도가 너무 낮은 경우에는 오히려 관리자가 조직의 기능향상을 위해 갈등을 촉진하는 것이 필요하며 다음과 같은 방법이 있다.

① **의사소통**

관리자가 의사소통의 전달 과정에 의도적으로 개입하여 의사소통의 전언내용이나 경로 등을 조정하는 등의 방법으로 갈등을 촉진하는 것을 의미한다. 이 방법은 관리자의 지나친 간섭이 될 수도 있지만, 직접적으로 조직에 유익한 결과를 가져올 수 있는 방법이기 때문에 커뮤니케이션에 대해 관리자가 많은 신경을 써야한다.

② **조직 구성원의 이질화**

정체상태에 있는 단위부서가 있을 시에 해당 조직 내의 집단을 일깨워 변화시키는 방법을 통해 갈등을 조성하는 방법이다. 기존의 부서에 그 구성원들과는 전적으로 다른 가치관과 경험 등을 가진 하나 이상의 구성원을 새로이 추가시켜 이질적인 상황을 만드는 것이 해당된다.

③ **경쟁의 조성**

여러 단위부서들 사이에 경쟁상황을 조성하는 것으로 갈등을 촉진하는 것을 의미한다. 이 경우에 갈등이 상당히 강력하게 촉진되기 때문에 관리자의 감독 하에 적절한 기법의 사용이 요구되어진다.

4 권력과 조직정치

(1) 조직정치의 개념과 요인

① 조직정치의 개념

정치는 일반적으로 권력을 한 개인이나 집단이 의도적으로 추구할 때 형성된다. 그래서 조직의 권력은 조직의 정치와 바로 연결되기 마련이다. **조직정치는 집단이 선호하는 결과를 얻기 위한 일련의 의도적인 행위이며 권력획득의 수단으로서의 정치행위라고 할 수 있다.**

② 조직정치의 요인

조직정치를 야기하는 요인으로는 피라미드 조직구조, 객관적인 성과기준의 결여, 권력욕구의 강도, 자신감 부족, 수용에 대한 욕구의 정도가 해당된다.

(2) 조직정치와 관련한 경영자의 역할

① 윤리적 지침의 제시

조직정치와 관련된 **윤리적인 지침이** 제시되도록 하여야 한다.

> 더 알아두기
>
> **윤리적인 지침의 제시**
>
> - 공리주의적 결과의 기준 : 최대다수의 최대행복을 가져오는 정치행위여야 한다.
> - 개인권리의 기준 : 개인의 프라이버시, 자유로운 의사표현 등 모든 관계자의 권리를 존중해야 하는 정치행위여야 한다.
> - 분배적 정의의 기준 : 정치행위는 사람들을 자의적으로 다루어서는 안 되고, 공평하고 공정하게 다뤄져야 한다.

② 조직정치의 통제

개방과 신뢰의 조직분위기를 조성, 성과에 대한 객관적 기준의 마련, 최고경영자의 솔선수범, 개인목표와 조직목표의 조화가 이루어지도록 하는 등 **조직정치가 바람직한 방향으로 이루어질 수 있도록 통제방안을 마련해야 한다.**

제 4 절 리더십과 관리자

1 리더십의 의의

(1) 리더십의 개념 및 중요성

① **리더십의 개념**

리더십은 일정한 상황에서 목표달성을 위해서 개인이나 집단의 행위에 영향력을 행사하려는 과정으로 볼 수 있다.

② **리더십의 중요성**

리더십은 경영 자체와 동일시 할 정도로 경영학이나 조직론에 있어서 매우 중요한 위치를 차지하고 있다. 바람직한 리더십은 조직의 일체성을 높이고 환경에 대한 적응력을 높일 수 있으며, 조직의 목표를 성공적으로 성취할 수 있는 방향으로 조직의 전반적인 활동을 통제하고 통합하는 역할을 한다는 점에서 중요성을 지닌다.

(2) 리더십의 본질 중요도 상중하

리더가 영향력을 행사하기 위해서는 권력을 소유함으로서 가능하기에 리더십의 본질에 대해 알기 위해선 권력의 개념과 영향력의 과정에 대해 이해해야 한다.

① **권력의 개념**

권력은 한 개인이 다른 개인에게 어떠한 행동을 하도록 시킬 수 있는 능력을 의미한다. 이러한 권력의 원천에 대해 프렌치(J. R. P. French)와 레이븐(B. H. Raven)은 다섯 가지로 분류하였다.

㉠ **보상적 권력**: 권력수용자가 권력행사자에 의해 통제된다고 믿는 상이나 돈 등의 보상을 얻기 위해 권력을 따른다.

㉡ **강압적 권력**: 권력수용자가 권력행사자에 의해 통제된다고 믿는 처벌이나 보상의 억제 등을 피하기 위해 권력을 따른다.

㉢ **합법적 권력**: 합법적 권력을 권한이라고 부르며, 직권이나 제도적인 근거에 연유해서 권력이 행사된다.

㉣ **준거적 권력**: 권력수용자가 권력행사자의 특별한 자질을 찬양하거나 동일시하려고 할 때 생기는 권력에 해당된다.

㉤ **전문적 권력**: 권력행사자가 권력수용자들에 비해 특정분야에 있어 전문적인 지식을 가지고 있다고 판단하는 경우에 생기는 권력에 해당한다.

② **영향력의 과정**

영향력은 다른 사람의 행위에 영향을 미치는 과정을 말한다. 즉, 권력행사자가 권력수용자의 태도나 행위를 변화시키는 과정을 의미하며 그 과정은 다음과 같다.

㉠ **순종**: 보상을 받거나 처벌을 피하기 위해 수용자가 행사자를 따르는 것을 의미한다.

㉡ **동일화**: 수용자가 행사자와 만족스러운 관계를 유지하기 위해 행사자를 따르는 것을 의미한다.

㉢ **내면화**: 행사자에 의해 유도된 수용자의 행위가 그의 가치관과 일치가 됨으로서 행사자의 영향력을 받아들일 때 이루어지는데, 내면화는 가장 강력한 영향력 과정에 해당한다.

2 리더십이론의 전개과정 중요도 ▶ 상 중 하

(1) 리더십의 특성추구이론

특성추구이론은 리더가 될 수 있는 고유한 자질 내지 공통적인 특성이 존재한다는 가정 하에서 이루어진 연구흐름이며, 해당 이론에 따르면 리더가 고유한 개인적인 특성과 자질만 가지고 있다면 어떠한 상황이나 환경이 바뀌더라도 항상 리더가 될 수 있다고 주장하였다.

(2) 리더십의 행위추구이론

리더십의 특성추구이론에서 명확한 리더의 공통적인 특성을 찾아내는데 실패하자, 이번에는 리더의 행위에 어떠한 보편성이 있는지 살펴보게 되었다. 즉 리더의 행동유형을 밝히려는 방향으로 행위이론에 대한 연구가 이루어지게 되었다.

① **일차원적인 관점**

리더의 행위패턴을 하나의 직선상에 두고 양극단으로 구분할 수 있다고 가정한 후 어느 쪽이 바람직한가를 설명하고자 한 이론에 해당한다.

㉠ 민주적, 전제적, 자유방임적 리더십

탄넨바움과 슈미트는 리더십의 유형을 전제적 리더십과 민주적 리더십의 기준을 양극으로 하여 리더의 행위 유형을 나타내고자 하였다.

ⓐ 민주적 리더십 : 의사결정의 권한을 집단구성원들에게 대폭적으로 위양하는 유형

ⓑ 전제적 리더십 : 집단의 행위와 관련된 거의 모든 의사결정을 리더가 혼자서 하는 유형

ⓒ 자유방임적 리더십 : 리더로서 자신의 역할을 완전히 포기하는 유형

㉡ 종업원중심적, 직무중심적 리더십

리커트는 리더십의 유형을 종업원 중심적인 리더십과 이와 대조되는 직무중심적 리더십으로 구분하여 설명하였다.

ⓐ 종업원중심적 리더십 : 하급자의 인간적인 측면과 높은 성과 목표를 지닌 효율적인 작업집단을 구축하기 위해 노력을 쏟는 유형에 해당하며 가장 이상적이고 생산적인 리더십의 유형으로 보고 있다.

ⓑ 직무중심적 리더십 : 작업에 대해 계속적인 압력을 넣는 유형의 리더십에 해당하며 성과가 낮은 부문에서 더욱 자주 발견되는 특성이 있다.

② **이차원적인 관점**

㉠ 고려와 구조주도

미국 오하이오 주립대학 연구에 의한 것으로, 리더의 행위를 결정하는 관점을 고려와 구조주도의 두 가지 차원으로 설명하였다.

ⓐ 고려 : 리더와 조직구성원 간의 관계의 사회적인 측면에 해당하는 것으로서 우정이나 상호 신뢰, 존경 등을 표시하는 행위에 해당한다.

ⓑ 구조주도 : 직무나 인간을 조직화하는 업무적인 측면으로서 리더가 앞장서서 구조를 행하는 것을 의미한다.

ⓒ 구조주도가 높고 고려도 높은 리더십의 형태가 가장 성공적인 형태에 해당한다.

㉡ PM구조

일본의 미쓰미가 오하이오대학 연구의 개념을 이용하여 개발한 이론에 해당하며, 리더십의 기능을 **성과(Performance) 기능과 유지(Maintenance) 기능으로 구분**하였다.

ⓐ P기능(Performance) : 집단에서 목표달성이나 과제해결을 지향하는 기능을 말한다.

ⓑ M기능(Maintenance) : 집단의 자기보존 또는 집단의 과정 그 자체를 유지하고 강화하려는 기능을 말한다.

ⓒ 성과 지향적이고 동시에 유지 지향적인 리더십이 가장 성공적인 형태에 해당한다.

㉢ 매니지리얼 그리드 이론

블레이크와 무튼에 의해 착안된 이론이며, **리더십을 생산에 대한 관심과 인간에 대한 관심의 두 가지 차원으로 생각**하여 정의 내렸다. 매니지리얼 그리드 이론에서는 X축과 Y축을 두 가지 관심의 축으로 두고, 그 정도를 1에서 9까지의 등급으로 하여 좌표를 통해 리더의 위치를 어느 정도 표기할 수 있다. **인간에 대한 관심과 생산에 관한 관심이 모두 높은 형을 9.9형인 단합형이라고 하며, 가장 이상적인 리더십 형태에 해당**한다고 볼 수 있다.

(3) 리더십의 상황이론

① 리더십유효성의 상황이론

피들러에 의해 제안되었으며 **리더십의 유효성은 리더와 조직 구성원 간의 상호작용 스타일과 상황의 호의성에 따라 결정된다고 주장**하였다.

㉠ 상황의 분류

다음의 세 가지로 분류된다.

ⓐ 리더와 성원간의 관계(Leader–Member Relationship)

ⓑ 과업구조(Task Structure)

ⓒ 리더의 직위 권한(Position Power)

㉡ 리더와 상황의 적합관계

리더와 상황의 적합관계를 LPC점수로 나타냈다. LPC(Least Preferred Co–Worker)는 '가장 싫어하는 동료작업자'를 의미하는데, 리더의 특성은 리더에게 LPC에 대해 물어봄으로써 측정 가능해진다.

ⓐ **LPC 척도가 낮은 리더** : 과업지향적인 리더에 해당되며 집단상황이 매우 호의적이거나 비호의적인 상황에서 유리하다.

ⓑ **LPC 척도가 높은 리더** : 관계지향적인 리더에 해당되며 집단상황의 호의성이 중간인 상황에서 유리하다.

② 경로–목표이론

하우스에 의해 발전된 이론으로 하급자들이 열심히 동기 부여할 수 있는 리더의 행위를 연구하였다. 즉, **조직에서 리더는 하급자들이 추구하는 목표에 길잡이가 되는 경우에 효과적인 리더라**고 볼 수 있다는 관점에서 경로–목표이론이 제시되었다.

③ 기타 상황이론

㉠ 허시와 블랜차드의 상황모형

상황변수로서 특히 하급자들의 성숙도를 강조하는 리더십의 상황모형을 제시하였다. 그리고 리더행위를 과업행위와 관계행위 두 가지 차원을 축으로 네 가지 분면으로 분류하여 하급자의 성숙도에 따라 리더십도 적용되어야 한다고 주장하였다.

ⓐ **하급자의 성숙도가 최고에 달할 때**: 관계 행위의 일부를 제외하고는 하급자에게 영향력을 행사하지 않는 것이 좋다.

ⓑ **하급자의 성숙도가 높은 위치에 달할 때**: 리더가 과업 행위와 관계 행위를 줄여나가는 것이 좋다.

ⓒ **하급자가 어느 정도 성숙할 때**: 하급자에 대한 배려를 강하게 하는 지도를 하는 것이 좋다.

ⓓ **하급자의 성숙도가 최저일 때**: 인간관계에 대한 고려를 최소로 하고 직접적인 지도를 하는 것이 더욱 효과적이다.

㉡ **수직쌍 연결(Vertical Dyad Linkage: VDL 이론)**

수직쌍 연결이론에서는 리더는 하급자들을 각각 다르게 대한다는 관점에서 봤으며, 이로 인해 그들 간에 상이한 종류의 쌍 관계가 형성된다고 하였다. VDL 연구에 의하면 결과적으로 집단의 리더는 두 가지 부류의 하급자들로 구분했다.

ⓐ **집단 외 부류**: 리더가 하급자에게 재량권도 거의 주지 않고 냉담하게 대하는 부류이다.

ⓑ **집단 내 부류**: 리더가 하급자에게 재량권도 주고 집단 내에 있다고 생각하는 부류이다.

3 새로운 리더십 이론들의 개관

(1) 새로운 리더십 이론 중요도 상중하

① 변혁적 리더십

변혁적 리더십은 리더가 하급자들로 하여금 자기 스스로의 이익을 초월하여 더 나아가 조직의 이익에 대해 관심을 가지고 공헌할 수 있도록 고무시켜 주고, 부하 자신의 성장과 발전을 위해서도 노력하도록 중대한 영향을 미치는 리더십으로 **변화추구적이며 개혁적 성격을 띠고 있다.**

> 더 알아두기
>
> **변혁적 리더십의 과정**
>
> 리더의 행위 → 추종자의 자각 → 모티베이션 → 성과

② 자율적 리더십

자율적 리더십은 **구성원들 스스로가 자기통제를 통해 스스로 자신을 이끌어 나가는 리더십을 의미하며 셀프리더십이라고도 불린다.** 리더의 입장에서는 부하들이 그러한 리더십 능력을 가질 수 있도록 촉진하고 지원하는 역할을 해야 한다.

(2) 효과적인 리더십의 개발

① 리더십 스타일 개발을 위한 진단과 훈련

효과적인 리더십 스타일을 개발하기 위해서는 우선적으로 리더의 자기진단이 필요하며, 리더 개인의 특성 뿐 아니라 리더십 행위도 개발해야 한다.

> 더 알아두기
>
> **그리드 훈련의 6단계 기법**
> - 1단계 : 그리드 세미나 단계
> - 2단계 : 집단적 방법을 활용하도록 팀워크 개발 단계
> - 3단계 : 집단 간 개발단계
> - 4단계 : 이상적인 전략모델을 개발하는 단계
> - 5단계 : 이상적인 전략모델을 실행하는 단계
> - 6단계 : 체계적인 비판을 하는 단계

② 인재육성의 리더십의 개발

㉠ 인재육성형 리더로서의 역할 수행방법

ⓐ 구성원들의 잠재능력을 진단해야 한다.

ⓑ 구성원들의 능력이 향상되도록 도와줘야 한다.

ⓒ 구성원들에게 지적인 자극을 줄 수 있어야 한다.

ⓓ 구성원들이 능력을 발휘할 수 있는 조건을 구비해 주어야 한다.

ⓔ 구성원들이 업무완수의 기쁨을 느낄 수 있도록 도전적인 업무를 제시해 주어야 한다.

㉡ 코칭 스킬의 함양

현대 조직에서의 리더는 조직의 구성원들이 업무를 보다 자율적으로 수행할 수 있도록 어느 정도 **코칭을 해주는 리더의 역할이 강조**되어지고 있다. 다음 단계를 통해 리더가 효과적인 코치로서의 역할을 수행할 수 있다.

ⓐ **1단계(설명단계)** : 과업의 내용, 과업이 조직과 팀 전체적으로 갖는 의미, 작업방법, 결과의 수준에 대해서 설명하는 단계이다.

ⓑ **2단계(시범단계)** : 리더가 구성원들에게 업무 수행 방법과 요령을 시범적으로 보여주는 단계이다.

ⓒ **3단계(실행단계)** : 구성원들의 과업을 수행하는 과정에서 수시로 그러한 작업방식을 택한 이유에 대해 설명하도록 하며, 리더에게 가르쳐 보라고 하는 단계이다.

ⓓ **4단계(교정단계)** : 구성원들에게 작업 수행에 대한 결과에 대해 진단하여 교정하고, 효과적으로 수행한 일은 칭찬해 주는 단계이다.

③ 팔로우십과 셀프리더십

㉠ 팔로우십의 함양

팔로우십은 리더십의 유효성을 높이는 방향으로 리더의 영향력을 따르는 부하들의 특성 및 행동방식을 의미한다. 팔로우십은 일반적으로 리더십과 비교되는 구성원들의 특성으로 이해할 수 있으며 효과적인 팔로우십을 가지고 있는 팔로우들은 자신의 문제는 물론 집단이나 조직의 문

제에 관심을 가지고 있고 또한 자기계발을 통한 업무기량을 지속적으로 배양하고자 하는 특성을 가진다.

㉡ 셀프리더십 스킬의 제고

자율적 리더십을 발휘할 수 있도록 구성원 스스로가 셀프리더십 스킬을 가질 수 있도록 해야 한다. 예를 들어 업무수행과 결과에 대해 팀 구성원 상호간 격려하거나, 자기통제와 자기평가를 통해 스스로를 파악해야 한다. 그리고 자신 및 팀의 성과목표에 대한 기대수준을 더욱 높게 올릴 수 있도록 해야 한다.

제14장

OX로 점검하자

※ 다음 지문의 내용이 맞으면 O, 틀리면 ×를 체크하시오. [1~12]

01 커뮤니케이션은 공식적 커뮤니케이션의 방법만이 유일하고 효과적인 방법이다. ( )

02 의사결정의 과정은 '문제의 인식 → 행동대체안의 탐색과 평가 → 대체안 중 선택 → 실행 → 결과평가'의 순서대로 진행된다. ( )

03 비정형적 의사결정은 일반적이고 보편적인 문제에 대한 의사결정 형태를 의미하며, 정형적 의사결정은 독특한 상황에 대한 문제가 발생할 때 나타난다. ( )

04 집단사고는 응집력이 높은 집단에서 발생하는데, 이는 조직 구성원들간의 합의에 대한 요구가 지나치게 커져서 이것이 현실적인 다른 대안의 모색을 방해하는 경향을 나타내는 것을 의미한다. ( )

05 델파이법은 구성원들 상호간의 대화나 토론이 이루어지지 않고, 개인 각자의 아이디어를 서면으로 제출하고 투표에 의해 의사결정을 하는 기법에 해당한다. ( )

06 갈등은 개인이나 집단이 함께 하는 과정에서 겪게 되는 불편한 상황으로 인해 발생하며, 역기능적인 면만 있기 때문에 갈등은 반드시 제거해야 한다. ( )

정답과 해설 01 × 02 O 03 × 04 O 05 × 06 ×

01 조직 구성원들이 라인에 따라서만 의사소통을 하지 않고, 여러 가지 필요에 의해 직종과 계층을 넘어 인간적인 유대감을 갖고 커뮤니케이션을 유지하려는 이유에서 비공식적 커뮤니케이션이 발생하게 되었다.

03 정형적 의사결정은 일반적이고 보편적인 문제에 대한 의사결정 형태를 의미하며, 비정형적 의사결정은 독특한 상황에 대한 문제가 발생할 때 나타난다.

05 명목집단법에 대한 내용이다. 델파이법은 다수의 전문가들이 의견을 종합하여 보다 체계화되고 객관화된 의사결정을 할 수 있도록 하는 방법에 해당한다.

06 갈등은 역기능이 존재하지만, 반드시 부정적인 의미만을 갖지는 않고 조직의 모든 행위를 바람직하게 촉진시키는 결과를 가져온다는 점에서 순기능적인 면도 가지고 있다.

07 갈등의 해결기법 중 '협상'은 대면전략이라고도 하며 갈등을 빚고 있는 집단들이 얼굴을 맞댄 회의를 통해 갈등을 줄이려고 하는 해결기법이다. ( )

08 조직정치를 야기하는 요인으로는 피라미드 조직구조, 객관적인 성과기준의 결여, 권력욕구의 강도, 자신감 부족, 수용에 대한 욕구의 정도 등이 해당된다. ( )

09 매니지리얼 그리드 이론에서는 X축과 Y축을 생산에 관한 관심과 인간에 대한 관심의 두 축으로 두어 그 정도를 1에서 9까지의 등급으로 하였다. 이 중 5.5 형을 단합형이라고 하며, 가장 이상적인 리더십 형태에 해당한다고 볼 수 있다. ( )

10 리더십유효성의 상황이론에서는 리더와 상황의 적합관계를 LPC점수로 나타냈으며, LPC 척도가 높은 리더는 관계지향적인 리더에 해당되며 집단상황의 호의성이 중간인 상황에서 유리하다. ( )

11 수직쌍 연결이론에서는 리더는 하급자들을 각각 다르게 대한다는 관점에서 봤으며, 집단 외 부류와 집단 내 부류로 구분하였다. ( )

12 자율적 리더십은 리더십의 유효성을 높이는 방향으로 리더의 영향력을 따르는 부하들의 특성 및 행동방식을 의미한다. ( )

정답과 해설 07 × 08 O 09 × 10 O 11 O 12 ×

07 '문제해결'에 대한 설명이다. 토론을 통한 타협으로 서로 합의점에 도달하는 방법을 협상이라고 한다.

09 인간에 대한 관심과 생산에 관한 관심이 다 같이 높은 형을 9.9 형인 단합형이라고 하며, 가장 이상적인 리더십 형태에 해당한다고 볼 수 있다.

12 팔로우십에 대한 내용이다. 팔로우십은 일반적으로 리더십과 비교되는 구성원들의 특성으로 이해할 수 있으며 효과적인 팔로우십을 가지고 있는 팔로우들은 자신의 문제는 물론 집단이나 조직의 문제에 관심을 가지고 있고 또한 자기계발을 통한 업무기량을 지속적으로 배양하고자 하는 특성을 가진다.

제 14 장 실전예상문제

01 커뮤니케이션에 대한 내용으로 바르지 않은 것은 무엇인가?

① 가장 기본적으로 상호간의 정보를 교환하는 과정을 의미하고 있으며, 조직이 복잡해질수록 커뮤니케이션의 의미가 좀 더 복잡하고 다양해진다.
② 상호간의 커뮤니케이션이 효율적으로 진행되고 활성화 된다면 조직의 유효성이 높아질 수 있지만, 구성원들 입장에서는 업무 외적인 요소에 대한 부담이 커지게 되어 만족도가 떨어진다.
③ 커뮤니케이션 관리자는 조직 내의 여러 가지 형태의 커뮤니케이션이 막힘과 잡음 없이 이루어질 수 있도록 만들어야 한다.
④ 관리자 스스로가 조직 내에서 가장 중요한 커뮤니케이션의 주체임을 인식하고, 효과적인 커뮤니케이션을 통해 정확한 정보의 전달과 수령이 가능하도록 스스로의 능력을 개발해야 한다.

02 공식적 커뮤니케이션의 네트워크에 대한 용어와 내용이 바르게 연결된 것은 무엇인가?

① 쇠사슬형 : 대부분의 커뮤니케이션이 공식적인 명령체계에 따라 아래로만 흐르는 고층조직에서 흔히 일어나는 커뮤니케이션 유형이다.
② 원형 : 작업장에서 여러 작업자들이 한 사람의 감독자에게 보고하는 형태의 커뮤니케이션 유형이다.
③ 수레바퀴형 : 비공식적인 커뮤니케이션 유형의 네트워크이며, 리더가 없고 조직 구성원 누구든지 커뮤니케이션을 주도할 수 있는 유형에 해당한다.
④ 완전연결형 : 태스크포스나 위원회를 구성하는 사람들 사이에 상호작용이 이루어지는 커뮤니케이션 유형이다.

해설 & 정답 checkpoint

01 상호간의 커뮤니케이션이 효율적으로 진행되고 활성화 된다면 조직의 유효성이 높아질 수 있고, 구성원들 또한 조직에 대한 만족도가 높아질 수 있다.

02 ② 수레바퀴형
③ 완전연결형
④ 원형

정답 01 ② 02 ①

안심Touch

checkpoint 해설 & 정답

03 정형적 의사결정의 경우 조직정책이나 절차에 따라 사전에 명시되어 있고, 비정형적 의사결정의 경우 문제가 정의된 이후에 창의적으로 결정된다.

04 ①, ②번은 불확실성 아래서의 의사결정에 대한 내용, ③번은 위험 아래서의 의사결정에 해당한다.

정답 03 ② 04 ④

03 정형적 의사결정과 비정형적 의사결정에 대한 설명으로 바르지 않은 것은 무엇인가?

구분	정형적 의사결정	비정형적 의사결정
① 문제의 독특성	일상적이고 보편적인 문제가 해당된다.	독특하고 참신한 형태의 문제가 해당된다.
② 해결방안의 구체화 방안	문제가 정의된 이후에 창의적으로 결정된다.	조직정책이나 절차에 따라 사전에 명시되어 있다.
③ 의사결정 계층	하위층에서 의사결정을 한다.	고위층에서 의사결정을 한다.
④ 의사결정의 주요 조직형태	시장과 테크놀러지가 안정되어 있으며 일상적이고 구조화된 문제 해결이 많은 조직이 해당된다.	구조화가 잘 되어있지 않으며, 의사결정 사항이 비일상적이고 복잡한 조직의 형태가 해당된다.

04 확실성, 불확실성, 위험 아래서의 의사결정 중 확실성 아래서의 의사결정에 해당하는 것으로 바르게 설명된 것은 무엇인가?

① 의사결정의 결과에 대해 상당히 많은 변수가 존재하는 상황에서의 의사결정에 해당한다.
② 고도의 테크놀러지를 가진 조직처럼 변화가 심한 조직에서 주로 일어나게 되며, 일반적으로 최고관리자들에 의해 의사결정이 이루어지는 경우가 많다.
③ 결과에 대해 어느 정도의 확률이 주어질 수 있는 상황에서의 의사결정에 해당되며, 조직에서의 실제 의사결정의 대부분이 해당된다고 볼 수 있다.
④ 의사결정의 결과를 확실하게 예측할 수 있는 상황에서의 의사결정에 해당한다.

해설 & 정답 checkpoint

05 효율적인 의사결정 기법에 대한 내용으로 바르지 않은 것은 무엇인가?

① 명목집단법은 모든 구성원들이 타인의 영향을 받지 않고 독립적으로 문제를 생각해 볼 수 있으며 의사결정까지의 시간이 짧은 장점이 있다.
② 델파이법은 미국의 랜드연구소에서 개발한 의사결정기법으로서 다수의 전문가들이 의견을 종합하여 보다 체계화 되고 객관화 된 의사결정을 할 수 있도록 하는 방법에 해당한다.
③ 명목집단법은 한 번에 여러 가지 문제를 같이 처리할 수 있다는 장점이 있다.
④ 조직에서 가장 흔히 사용되는 방법으로 토론집단법(상호작용집단법)이 있으며, 이는 한 사람의 리더가 토론을 리드하며 의사결정을 하도록 하는 방법이다.

05 명목집단법은 이를 이끌어가는 리더가 자질이 있어야 하고 훈련되어 있어야 하며, 한 번에 한 문제밖에 처리할 수 없다는 단점이 있다.

06 갈등관의 전개과정에 대한 설명으로 바른 것은 무엇인가?

① 전통적인 관점에서는 조직의 성격 상 내재적인 갈등이 불가피하기에 갈등의 발생은 조직 내에서 자연스럽게 나타날 수 밖에 없다고 인정하였다.
② 상호주의적인 관점에서는 갈등이란 용어 자체를 폭력, 파괴, 비합리성과 같은 부정적인 용어들과 거의 동일하게 인식하였으며, 관리자들의 책임의 일부는 조직에서 갈등을 제거하는 것이었다.
③ 행위론적 관점에서는 갈등의 순기능적인 부분을 인정하면서 갈등을 촉진해야 한다고 주장하였다. 즉, 갈등의 절대적 필요성을 인정한 견해이다.
④ 전통적인 관점에서는 갈등의 순기능을 인정하지 않고, 부정적인 영향만을 미친다고 가정했다.

06 ① 행위론적 관점에 대한 내용이다.
② 전통적 관점에 대한 내용이다.
③ 상호작용주의적 관점에 대한 내용이다.

정답 05 ③ 06 ④

checkpoint 해설 & 정답

07 집단 간의 커뮤니케이션의 감소되고 타 집단의 활동에 대한 엄격한 감시가 이루어지기도 한다.

08 갈등의 해결기법 중 상위목표의 도입에 해당한다.
①·②·④는 갈등의 촉진방안에 해당한다.

09 개인의 프라이버시, 자유로운 의사표현 등 모든 관계자의 권리를 존중해야 하는 정치행위여야 한다.

정답 07 ② 08 ③ 09 ④

07 집단 간 갈등의 결과에 대해 바르지 않게 설명한 것은 무엇인가?

① 집단 간 갈등의 결과는 집단 내와 집단 간의 관계에 순기능적 또는 역기능적인 결과를 낳게 된다.
② 집단 간의 커뮤니케이션의 증가되어 타 집단의 활동에 대한 호의적인 관심을 가지게 된다.
③ 구성원 간의 응집력이 증대될 수 있으며 집단의 과업지향성이 강화될 수 있다.
④ 집단 간 적대감과 부정적인 태도가 증가될 수 있고, 부정적인 상동적 태도가 증대될 수 있다.

08 갈등의 관리방안 중 갈등의 해결기법에 해당하는 것은 무엇인가?

① 관리자가 의사소통의 전달 과정에 의도적으로 개입하여 의사소통의 전언내용이나 경로 등을 조정하는 등의 방법이다.
② 기존의 부서에 그 구성원들과는 전적으로 다른 가치관과 경험 등을 가진 하나 이상의 구성원을 새로이 추가시켜 이질적인 상황을 만드는 방법이다.
③ 상위목표는 집단들이 함께 힘을 합하지 않고서는 달성할 수 없는 매력적인 목표를 지칭하며, 갈등 집단의 목표보단 넓을 개념인 '상위목표'를 도입하는 방법이다.
④ 여러 단위부서들 사이에 경쟁상황을 조성하는 방법이다.

09 조직정치와 관련한 경영자의 역할에 해당하는 내용에 해당하는 설명으로 바르지 않은 것은 무엇인가?

① 조직정치와 관련된 윤리적인 지침이 제시되도록 하여야 한다.
② 최대다수의 최대행복을 가져오는 정치행위여야 한다.
③ 정치행위는 사람들을 자의적으로 다루어서는 안 되고, 공평하고 공정하게 다뤄져야 한다.
④ 개인의 프라이버시, 자유로운 의사표현 등이 최대한 자제되어야 한다.

10 **새로운 리더십 이론 중 변혁적 리더십에 대한 내용으로 바르지 않은 것은 무엇인가?**

① 스스로가 자기통제를 통해 스스로 자신을 이끌어 나가는 리더십을 의미한다.

② 리더가 하급자들로 하여금 자기 스스로의 이익을 초월하여 더 나아가 조직의 이익에 대해 관심을 가지고 공헌할 수 있도록 고무시켜 준다.

③ 부하 자신의 성장과 발전을 위해서도 노력하도록 중대한 영향을 미치는 리더십으로 변화추구적이며 개혁적 성격을 띠고 있다.

④ '리더의 행위 → 추종자의 자각 → 모티베이션 → 성과'의 과정을 통해 변혁적 리더십이 이루어진다.

주관식 문제

01 **커뮤니케이션의 활성화 방안에 대한 제도적인 방안 도입의 예를 약술하시오.**

해설 & 정답 checkpoint

10 자율적 리더십은 구성원들 스스로가 자기통제를 통해 스스로 자신을 이끌어 나가는 리더십을 의미하며 셀프리더십이라고도 불린다.

01

정답 커뮤니케이션의 활성화를 위해 다방면의 노력을 해야 한다. 그 중 제도의 도입이 필요하며, 고충처리제도, 문호개방정책, 카운슬링, 태도조사, 퇴직면접, 참여기법, 민원조사제도 등을 제도적 방안 도입의 예로 들 수 있다.

정답 10 ①

checkpoint 해설 & 정답

02
정답 ㄱ. 전략적 의사결정
ㄴ. 관리적 의사결정
ㄷ. 업무적 의사결정

03
정답 집단사고의 부정적인 결과를 최소화하기 위해 조직 구성원들 모두가 노력해야 하며, 이를 위한 방안으로는 다음과 같은 방법이 있다. 첫째, 직접비판으로 집단구성원들 자신들을 직접 관여시키는 방안이다. 둘째, 제안 활성화로 가능성 있는 제안들을 보다 많이 이끌어내는 방안이다. 셋째, 집단 리더들이 조직 구성원들로 하여금 여러 제안에 대해 비판적인 평가자가 될 수 있도록 장려하여 집단사고를 줄이는 방안이다.

02 **의사결정의 유형 중 전략적, 관리적, 업무적 의사결정에 대한 내용이다. 괄호 안에 알맞은 용어를 찾아 쓰시오.**

- (ㄱ): 주로 최고관리층에서 의사결정이 이루어지며, 총 자원을 제품시장의 여러 기회에 할당하는 문제에 대해 결정하게 된다.
- (ㄴ): 주로 중간관리층에서 의사결정이 이루어지며, 최대의 과업능력을 끌어내기 위해 기업의 자원을 조직화하고, 자원의 조달과 개발에 대한 문제를 다룬다.
- (ㄷ): 주로 하위관리층에서 의사결정이 이루어지며, 주요 기능분야에 자원을 할당하고 일정계획을 수립하는 문제에 대해 결정한다.

03 **집단사고의 최소화 방안에 대해 약술하시오.**

해설 & 정답 checkpoint

04 **갈등의 관리방안에 대한 내용이다. 다음의 괄호 안에 들어갈 알맞은 용어를 쓰시오.**

- (ㄱ): 대면전략이라고도 하며 갈등을 빚고 있는 집단들이 얼굴을 맞댄 회의를 통해 갈등을 줄이려고 하는 해결기법이다. 이 기법은 문제점에 대한 상호확인과 솔직한 의사표시를 통해 오해나 언어의 장애 때문에 발생하게 되는 갈등 해결에 있어 효과적인 방법이다.
- (ㄴ): 토론을 통한 타협으로 서로 합의점에 도달하는 방법이다. 이 방법은 갈등을 빚는 양쪽이 서로 양보한다는 점에서 승자도 패자도 없는 전통적인 방식의 해결기법이다.
- (ㄷ): 집단들이 함께 힘을 합하지 않고서는 달성할 수 없는 매력적인 목표를 도입하여 해결하는 방안이다.

04

정답 ㄱ. 문제해결
ㄴ. 협상
ㄷ. 상위목표의 도입

checkpoint 해설 & 정답

05

정답 ㄱ. 보상적 권력
ㄴ. 강압적 권력
ㄷ. 합법적 권력
ㄹ. 준거적 권력

06

정답 ㄱ. 순종
ㄴ. 동일화
ㄷ. 내면화

05 **권력의 원천에 대해 프렌치(J. R. P. French)와 레이븐(B. H. Raven)이 분류한 권력의 유형에 대한 내용이다. 다음의 괄호 안에 들어갈 알맞은 용어를 쓰시오.**

- (ㄱ): 권력수용자가 권력행사자에 의해 통제된다고 믿는 상이나 돈 등의 보상을 얻기 위해 권력을 따른다.
- (ㄴ): 권력수용자가 권력행사자에 의해 통제된다고 믿는 처벌이나 보상의 억제 등을 피하기 위해 권력을 따른다.
- (ㄷ): 합법적 권력을 권한이라고 부르며, 직권이나 제도적인 근거에 연유해서 권력이 행사된다.
- (ㄹ): 권력수용자가 권력행사자의 특별한 자질을 찬양하거나 동일시하려고 할 때 생기는 권력에 해당된다.

06 **영향력은 다른 사람의 행위에 영향을 미치는 과정에 대한 내용이다. 다음의 괄호 안에 들어갈 알맞은 용어를 쓰시오.**

- (ㄱ): 보상을 받거나 처벌을 피하기 위해 수용자가 행사자를 따르는 것을 의미한다.
- (ㄴ): 수용자가 행사자와 만족스러운 관계를 유지하기 위해 행사자를 따르는 것을 의미한다.
- (ㄷ): 행사자에 의해 유도된 수용자의 행위가 그의 가치관과 일치가 됨으로서 행사자의 영향력을 받아들일 때 이루어는 가장 강력한 영향력 과정에 해당한다.

07 리더십 이론 중 코칭 스킬의 함양에 대한 내용이다. 해당 단계를 통해 리더가 효과적인 코치로서의 역할을 수행할 수 있다. 다음의 괄호 안에 들어갈 알맞은 용어를 쓰시오.

- 1단계 (ㄱ) : 과업의 내용, 과업이 조직과 팀 전체적으로 갖는 의미, 작업방법, 결과의 수준 등에 대해서 알려주는 단계이다.
- 2단계 (ㄴ) : 리더가 구성원들에게 업무 수행 방법과 요령을 보여주는 단계이다.
- 3단계 (ㄷ) : 성원들의 과업을 수행하는 과정에서 수시로 그러한 작업방식을 택한 이유에 대해 설명하도록 하며, 리더에게 가르쳐 보라고 하는 단계이다.
- 4단계 (ㄹ) : 구성원들에게 작업 수행에 대한 결과에 대해 진단하여, 효과적으로 수행한 일은 칭찬해 주는 단계이다.

해설 & 정답 checkpoint

07

정답 ㄱ. 설명단계
ㄴ. 시범단계
ㄷ. 실행단계
ㄹ. 교정단계

checkpoint 해설 & 정답

08
정답 ㄱ. 고려
ㄴ. 구조주도
ㄷ. P기능
ㄹ. M기능

09
정답 리더십을 생산에 대한 관심과 인간에 대한 관심의 두 가지 차원으로 생각하여 정의 내렸다. 매니지리얼 그리드 이론에서는 X축과 Y축을 두 가지 관심의 축으로 두고, 그 정도를 1에서 9까지의 등급으로 하여 좌표를 통해 리더의 위치를 어느 정도 표기할 수 있다. 인간에 대한 관심과 생산에 관한 관심이 다 같이 높은 형을 9.9형인 단합형이라고 하며, 가장 이상적인 리더십 형태에 해당한다고 볼 수 있다.

08 리더십의 행위추구이론 중에 이차원적인 관점에 해당하는 내용에 대한 내용이다. 다음의 괄호 안에 들어갈 알맞은 용어를 쓰시오.

- (ㄱ): 리더와 조직구성원 간의 관계의 사회적인 측면에 해당하는 것으로서 우정이나 상호 신뢰, 존경 등을 표시하는 행위에 해당한다.
- (ㄴ): 직무나 인간을 조직화하는 업무적인 측면으로서 리더가 앞장서서 구조를 행하는 것을 의미한다.
- (ㄷ): 일본의 미쓰미가 오하이오대학 연구의 개념을 이용하여 개발한 이론에 해당하며, 집단에서 목표달성이나 과제해결을 지향하는 기능을 말한다.
- (ㄹ): 일본의 미쓰미가 오하이오대학 연구의 개념을 이용하여 개발한 이론에 해당하며, 집단의 자기보존 또는 집단의 과정 그 자체를 유지하고 강화하려는 기능을 말한다.

09 매니지리얼 그리드 이론에 대해 약술하시오.

고득점으로 대비하는 가장 똑똑한 수험서!

부 록

최종모의고사

제1회 최종모의고사
제2회 최종모의고사

제 1 회 최종모의고사

독학사 경영학과 4단계

제한시간 : 50분 | 시작 ___시 ___분 - 종료 ___시 ___분

정답 및 해설 741p

01 다음 중 개념체계의 구성에서 보강적 질적특성에 해당하는 것은?

① 중요성
② 중립성
③ 완전성
④ 적시성

02 한 기업이 다른 기업을 지배하는 경우에 보고기업이 지배기업과 종속기업으로 구성된다면 그 보고기업의 재무제표를 무엇이라 부르는가?

① 개별재무제표
② 연결재무제표
③ 비연결재무제표
④ 결합재무제표

03 다음 중 재고자산에 포함될 항목에 대한 설명으로 옳지 않은 것은?

① 선적지인도조건인 경우에 미착상품은 매입자의 재고자산이다.
② 적송품은 수탁자가 판매하기 전까지는 위탁자의 재고자산이다.
③ 담보로 제공된 저당상품은 담보제공자의 재고자산이 아니다.
④ 시송품은 매입자가 매입의사표시를 하기 전까지는 판매자의 재고자산이다.

04 기타포괄손익의 재분류조정에 있어서 당기손익으로 재분류하는 항목은?

① 기타포괄손익-공정가치 측정 범주 채무상품에서 발생한 평가손익
② 당기손익-공정가치 측정 금융부채의 신용위험변동으로 인한 평가손익
③ 기타포괄손익-공정가치 측정 범주 지분상품 투자에서 발생한 평가손익
④ 유형자산과 무형자산의 재평가잉여금

05 다음 중 유형자산에 대한 설명으로 옳지 않은 것은?

① 최초인식 후에는 원가모형이나 공정가치모형 중 하나를 회계정책으로 선택하여 유형자산 분류별로 동일하게 적용하여야 한다.
② 유형자산을 구성하는 일부의 원가가 당해 유형자산의 전체원가에 비교하여 유의적이라면 해당 유형자산을 감가상각할 때 그 부분은 별도로 구분하여 감가상각한다.
③ 유형자산의 감가상각 대상금액은 내용연수에 걸쳐 체계적인 방법으로 배분한다.
④ 유형자산의 잔존가치와 내용연수는 적어도 매 회계연도말에 재검토한다.

06 다음은 기업회계기준서 제1037호에 나타난 '충당부채, 우발부채, 우발자산'에 관한 설명으로 옳지 않은 것은?

① 충당부채의 법인세효과와 그 변동에 적용될 충당부채는 세전 금액으로 측정한다.
② 화폐의 시간가치 영향이 중요한 경우에도 충당부채는 의무를 이행하기 위하여 예상되는 지출액의 현재가치로 평가하지 아니한다.
③ 예상되는 자산처분이익은 충당부채를 측정하는데 고려하지 아니한다.
④ 제3자가 변제할 것으로 예상되는 경우에는 변제금액을 별도의 자산으로 인식하고 회계처리한다.

07 다음 중 무형자산의 측정과 관련하여 옳지 않은 것은?

① 무형자산을 최초로 인식할 때에는 원가로 측정한다.
② 새로운 제품이나 용역의 홍보원가는 무형자산의 원가에 포함한다.
③ 무형자산 원가의 인식은 그 자산을 경영자가 의도하는 방식으로 운용될 수 있는 상태에 이르면 중지한다.
④ 내용연수가 유한한 무형자산은 상각하고, 내용연수가 비한정인 무형자산은 상각하지 아니한다.

08 ㈜독도는 액면금액 ₩10,000,000의 사채(만기 3년, 표시이자 8%, 매기 말 지급)를 ₩9,500,000에 발행하였다. 이 회사가 사채의 발행과 관련하여 3년 동안 인식할 총이자비용은 얼마인가?

① ₩500,000 ② ₩1,300,000
③ ₩2,400,000 ④ ₩2,900,000

09 다음 중 금융자산의 후속 측정에 대한 설명으로 옳지 않은 것은?

① 상각후원가측정금융자산은 재무상태표 금융자산을 상각후원가로 표시하고, 유효이자율법으로 이자수익을 계산하여 당기손익으로 인식한다.
② 당기손익-공정가치측정금융자산은 재무상태표 금융자산을 공정가치로 표시하고, 금융자산평가손익을 당기손익으로 인식한다.
③ 기타포괄손익-공정가치측정금융자산은 재무상태표 금융자산을 공정가치로 표시하고, 금융자산평가손익을 기타포괄손익으로 인식한다.
④ 보고기간말 금융자산의 공정가치는 매도 등에서 발생할 수 있는 거래원가를 차감한 금액이다.

10 유동비율이 200%일 경우 이 유동비율을 감소시키는 거래는?

① 매출채권의 현금회수
② 상품의 외상매입
③ 장기대여금의 현금회수
④ 장기차입금을 통한 기계매입

11 ㈜독도의 당기 총영업비용이 ₩350,000이다. 기초에 비해 기말의 선급비용이 ₩20,000만큼 증가하였고, 미지급비용은 ₩50,000만큼 감소하였다. 당기에 영업비용으로 지출한 현금유출액은 얼마인가?

① ₩280,000
② ₩320,000
③ ₩380,000
④ ₩420,000

12 다음 중 퇴직급여에 대한 설명으로 옳지 않은 것은?

① 퇴직급여는 퇴직 이후에 지급하는 종업원급여를 말하며, 단기종업원급여와 해고급여는 제외된다.
② 보험수리적위험과 투자위험은 확정기여제도에 있어서는 기업이 부담하나 확정급여제도에 있어서는 종업원이 부담한다.
③ 재무상태표에 확정급여채무의 현재가치를 표시하며, 사외적립자산은 확정급여채무에서 차감하여 재무상태표에 순확정급여부채로 보고한다.
④ 확정급여채무의 현재가치와 당기근무원가를 결정하기 위해서는 예측단위적립방식을 사용한다.

13 다음 원가자료를 이용하여 가공원가를 바르게 계산한 것은?

• 직접재료원가	₩130,000
• 직접노무원가	₩85,000
• 직접제조경비	₩50,000
• 간접재료원가	₩6,000
• 간접노무원가	₩4,000
• 간접제조경비	₩10,000

① ₩105,000
② ₩135,000
③ ₩155,000
④ ₩215,000

14 당기에 발생한 제조원가와 관련된 자료이다. 당기제품제조원가를 바르게 계산한 것은?

• 직접재료원가	₩30,000
• 직접노무원가	₩45,000
• 제조간접원가	₩23,000
• 기초 재공품 재고	₩13,000
• 기말 재공품 재고	₩8,000
• 기초 제품 재고	₩40,000
• 기말 제품 재고	₩35,000

① ₩98,000
② ₩103,000
③ ₩108,000
④ ₩119,000

15 전기와 당기의 단위당 고정제조간접원가가 동일할 때 변동원가계산과 전부원가계산에 관련한 설명으로 잘못된 것은?

① 재고수준이 감소할 때 변동원가계산에 의한 이익이 전부원가계산에 의한 이익보다 크다.
② 전부원가계산에 의한 이익은 판매량과 생산량 모두에 영향을 받는다.
③ 재고수준의 변동이 없다면 두 원가계산방법의 이익은 같다.
④ 전부원가계산에서는 고정제조간접비 조업도차이가 발생하지 않는다.

16 P회사는 당기에 영업을 개시하여 10,000단위의 제품을 생산하고, 이 중 9,500단위의 제품을 판매하였다. 회사는 외부보고 목적으로 전부원가계산을, 관리목적으로 변동원가계산제도를 사용하고 있다. 기말제품재고액은 각각 얼마인가?

• 단위당 직접재료원가	₩22
• 단위당 가공원가	₩18
• 단위당 변동판매관리비	₩10
• 고정가공원가	₩110,000
• 고정판매관리비	₩70,000

① 전부원가계산 : ₩25,500
변동원가계산 : ₩20,000
② 전부원가계산 : ₩20,000
변동원가계산 : ₩25,000
③ 전부원가계산 : ₩34,000
변동원가계산 : ₩25,000
④ 전부원가계산 : ₩25,000
변동원가계산 : ₩34,000

17 당기 중에 발생된 직접노무원가 자료는 아래와 같다. 실제직접노동시간은 얼마인가?

• 표준직접노동시간	500시간
• 표준임률	₩100/시간
• 실제직접노무원가	₩68,000
• 임률차이(불리)	₩2,000

① 580시간
② 660시간
③ 680시간
④ 700시간

18 A회사는 20×1년 기초재공품 20,000개(완성도 20%)를 보유하였다. 당기 중 160,000개의 생산이 착수되었고, 170,000개의 제품이 완성 후 판매되었다. 기말재공품의 완성도는 40%이다. 모든 원가는 전 공정에서 일정하게 발생한다고 할 때 회사가 평균법 대신 선입선출법을 사용할 경우 완성품환산량의 차이는 얼마인가?

① 4,000개 감소
② 4,000개 증가
③ 16,000개 감소
④ 16,000개 증가

19 다음은 단일제품을 생산 및 판매하고 있는 S회사의 원가자료이다. 목표이익 ₩70,000을 달성하기 위한 판매량은 얼마인가?

• 매출액	₩360,000
• 총변동원가	₩240,000
• 고정제조원가	₩48,000
• 고정판매관리비	₩20,000
• 단위당 판매가격	₩18
• 단위당 변동제조원가	₩10
• 단위당 변동판매관리비	₩2

① 14,750개
② 17,250개
③ 20,000개
④ 23,000개

20 E회사의 1월 중 예산편성자료가 다음과 같을 때 1월 중 현금증가액은 얼마인가?

• 순이익	₩85,000
• 매출채권 증가분	₩30,000
• 매입채무 감소분	₩23,000
• 미지급비용	₩15,000
• 대손상각비	₩9,000
• 감가상각비	₩7,000

① ₩33,000
② ₩63,000
③ ₩109,000
④ ₩123,000

21 제조간접원가 예정배부율은 작업시간당 ₩10,000이다. 실제 작업시간이 500시간이고, 제조간접원가가 ₩200,000 과대배부 되었을 때, 제조간접원가 실제발생액은 얼마인가?

① ₩4,800,000
② ₩5,000,000
③ ₩5,200,000
④ ₩5,400,000

22 R사는 조립·절단 제조부문과 전력·관리 보조부문이 있다. 각 부문의 용역수수관계와 발생한 제조간접원가는 다음과 같다. 단계배분법에 의해 보조부문의 제조간접원가를 배부한다면 조립부문의 총제조간접원가는 얼마인가? (단, 전력부문부터 배부한다고 가정함)

구분	보조부문		제조부문	
	전력부문	관리부문	조립부문	절단부문
제조간접원가	₩200,000	₩400,000	₩200,000	₩360,000
전력부문	–	100kw	300kw	100kw
관리부문	50시간	–	10시간	40시간

① ₩408,000　② ₩430,000
③ ₩730,000　④ ₩752,000

23 Y사는 활동기준원가계산을 최근에 도입하였으며, 활동별 원가자료는 다음과 같다.

활동	원가동인	활동별 원가배부율
재료처리	구성 부품 수	₩40
기계가동	기계시간	₩3,000
조립	조립라인 시간	₩300

당월에 제품 50단위가 생산되었고, 이 제품을 만드는데 총 350개의 부품과 기계가동 21시간, 조립라인 10시간이 소요되었다. 완성된 제품의 단위당 직접재료원가는 ₩1,200, 직접노무원가는 ₩800이다. 당월에 생산된 제품의 단위당 원가는 얼마인가?

① ₩4,200
② ₩3,000
③ ₩3,600
④ ₩1,800

24 U사는 하나의 공정에서 제품 P와 Q를 생산하고 있다. 당기의 결합원가는 ₩40,000이고, P제품은 분리점에서 판매되고, Q제품은 추가가공 후에 판매된다. 다음 자료를 이용하여 균등이익률법으로 결합원가를 배부할 경우, 제품 P와 Q에 배부되는 결합원가는 얼마인가?

제품	생산량	추가 가공원가	단위당 판매가격
P	200개	-	₩150
Q	500개	₩8,000	₩100

	제품 P	제품 Q
①	₩15,000	₩25,000
②	₩15,000	₩33,000
③	₩18,000	₩22,000
④	₩18,000	₩30,000

주관식 문제

01 다음 자산과 부채의 측정기준과 관련하여 빈칸에 들어갈 알맞은 용어를 쓰시오.

<table>
<tr><th colspan="3">구분</th><th>내용</th></tr>
<tr><td colspan="2" rowspan="2">(①)</td><td>자산</td><td>과거에 지급한 대가
+ 발생한 거래원가</td></tr>
<tr><td>부채</td><td>과거에 수취한 대가
- 발생한 거래원가</td></tr>
<tr><td rowspan="6">현
행
가
치</td><td rowspan="2">(②)</td><td>자산</td><td>측정일에 동등한 자산의
원가로서 지급할 대가
+ 발생할 거래원가</td></tr>
<tr><td>부채</td><td>측정일에 동등한 부채에 대해
수취할 대가
- 발생할 거래원가</td></tr>
<tr><td rowspan="2">(③)</td><td>자산</td><td>측정일에 시장참여자 사이의
정상거래에서 자산을
매도시에 수령할 가격</td></tr>
<tr><td>부채</td><td>측정일에 시장참여자
사이의 정상거래에서
부채를 이전시에 지급할 가격</td></tr>
<tr><td rowspan="2">(④)</td><td>자산</td><td>측정일에 자산의 사용과
처분으로 인해 유입될
기대현금흐름의 현재가치</td></tr>
<tr><td>부채</td><td>측정일에 부채의 이행으로
인해 유출될 기대현금흐름의
현재가치</td></tr>
</table>

02 다음 자료를 보고 빈칸에 들어갈 알맞은 숫자를 쓰시오.

> ㈜한국은 취득원가가 600,000원인 기계장치를 보유하고 있다. 이 기계장치의 내용연수는 3년이고 잔존가치는 60,000원이다. 정률법 적용시 정률은 60%로 가정한다.

감가상각 방법	감가상각비			
	1차 연도	2차 연도	3차 연도	3차연도말의 감가상각누계액
정액법		(①)		(②)
정률법	(③)	(④)		

03 공헌이익의 산출방법 및 손익분기점과 관련하여 설명하시오.

04 영기준예산의 의의와 장단점을 설명하시오.

독학사 경영학과 4단계

제 1 회 최종모의고사

제한시간 : 50분 | 시작 ___시 ___분 – 종료 ___시 ___분

정답 및 해설 744p

01 인적자원관리의 패러다임의 변화에 대한 내용으로 바르게 설명된 것은 무엇인가?

① 성과 중심에서 연공 중심으로 바뀌고 있다.
② 직무중심의 인적자원관리에서 경력중심의 인적자원관리로 변하고 있다.
③ 근로생활의 질(QWL : Quality of Work Life) 중시에서 생산성 중시로 변화되고 있다.
④ 주체적, 자율적인 Y론적 인간관 중시에서 소극적, 타율적인 X론적 인간관 중시로 변화하고 있다.

02 인적자원의 기능적 활동과 그 내용의 연결이 바르게 된 것은 무엇인가?

① 인적자원의 확보 : 모집, 선발, 채용, 배치관리
② 인적자원의 개발 : 인간관계관리와 노사관계관리
③ 인적자원의 보상 : 조직설계 및 직무에 대한 설계
④ 인적자원의 활용 : 교육훈련, 능력개발, 승진, 인사평가, 경력관리

03 다음에서 말하는 직무분석의 방법은 다음 중 무엇인가?

> 관찰법의 방법을 좀 더 세련되게 만든 것으로, 종업원의 전체 작업과정이 진행되는 동안에 무작위로 많이 관찰함으로써 직무행동에 대한 정보를 취득하는 것을 말한다.

① 질문지법(Questionnaire)
② 중요사건 기록법(Critical Incidents Method)
③ 워크 샘플링법(Work Sampling Method)
④ 작업기록법

04 직무평가의 목적으로 맞지 않는 설명은 무엇인가?

① 공정한 임금체계의 확립에 기여한다.
② 인력개발의 합리성 제고에 도움을 준다.
③ 노사 간의 임금협상의 기초로써 합리적인 자료로 제공된다.
④ 생산성 향상 모델의 기초가 된다.

05 인사고과의 실시원칙에 대한 내용으로 바르지 않은 것은 무엇인가?

① 인사고과의 결과로 나온 부분에 대해서는 기존의 결과에 소급하여 재적용해야 한다.
② 인사고과자는 어떠한 편견 없이 공정한 원리와 기준에 맞게 피고과자의 직무수행 결과나 능력, 태도 등을 정확하게 평가해야 한다.
③ 인사고과의 과정과 결과에 대해서는 인사고과자와 피고과자 모두가 납득할 수 있어야 하며, 더 나아가 조직 내 모든 구성원들이 수용할 수 있도록 실시되어야 한다.
④ 인사고과의 실시 과정에서는 내·외부에서의 압력이나 간섭 없이 인사고과자가 독립적인 위치에서 실시될 수 있어야 한다.

06 다음에서 말하는 인사고과의 방법은 다음 중 무엇인가?

> 종업원이 직속상사와 협의하여 작업 목표량을 결정하고, 이에 따른 성과를 종업원과 상사가 함께 측정하고 고과를 하는 방식이다. 이 방법은 상급자와 하급자간에 목표를 설정함에 따라 관리되기 때문에 양자의 참여도가 높고, 지속적인 피드백이 이루어지면서 모티베이션이 증대되는 효과가 있다. 반면, 단점으로는 목표설정이 어렵고, 목표 이외의 사항에 대해서는 경시할 수 있는 가능성이 높다.

① 인적평정센터(HAC ; Human Assessment Center)
② 대조표법(Check-list Method)
③ 목표에 의한 관리방식(MBO ; Management By Objective)
④ 행위기준고과법(BARS ; Behaviorally Anchored Rating Scales)

07 인적자원계획의 중요성에 대한 내용으로 바르지 않은 것은 무엇인가?

① 인적자원계획은 추후 이루어지는 배치관리, 교육훈련, 임금관리 등 여러 분야의 일과도 상당한 연관성을 가지고 있기에 계획의 중요성이 크다고 할 수 있다.
② 계획적인 인력 배치와 이동, 승진 등을 위해서는 기업 조직 내 현재의 필요 인원의 수와 채용될 인원의 수만 파악하면 된다는 점에서 계획의 중요성이 크다.
③ 인적자원계획에 따라 계획된 인적자원의 수는 기업의 인건비 예산에 영향을 미치게 된다. 예를 들어 인력의 과잉은 인건비 부담을 많이 갖게 되고, 반대로 저임금 정책은 조직구성원의 사기를 떨어뜨려 생산성 저하를 일으킬 수 있다. 그러므로 적정한 인원수와 인건비 예산에 대해 철저히 고민해야 할 필요성이 있다.
④ 기업 내에서 이루어지는 일련의 교육 및 훈련 계획도 인적자원계획에 의해 계획된 인적자원의 수와 질적 수준에 맞게 계획되어야 한다는 점에서 중요성을 갖는다.

08 사내모집의 방법으로만 나열된 것은 다음 중 무엇인가?

① 인력재고표, 산학 협력, 인사기록부
② 인턴십 제도, 연고자 등용, 광고
③ 종업원 추천제, 사내공모제, 노동조합
④ 인력재고표, 사내공모제, 인사기록부

09 다음에서 말하는 면접의 방법은 무엇인가?

> 다수의 면접자가 한명의 피면접자를 평가하는 방식이다. 다수의 면접자가 의견교류를 통해 최적의 인재를 선발할 수 있다는 장점이 있다.

① 비정형적 면접
② 패널면접
③ 집단면접
④ 스트레스 면접

10 경력관리의 목적과 전제조건에 대한 내용으로 바르지 않은 것은 무엇인가?

① 종업원은 경력관리를 통해 자신의 성장욕구를 충족할 수 있다.
② 경력관리의 기본적인 성공의 전제조건은 행동과학이 내세우는 이론에 따른 개인주체성 존중의 인사 이념을 확립하는 것에 있다. 즉, 개인의 능력을 장기적이고 체계적으로 개발하려는 쪽에 포커스가 맞춰져야 한다.
③ 경력관리가 효율적으로 운영되기 위해서는 교육훈련, 이동, 승진, 직무순환 등의 타 인사시스템과 제도를 유기적으로 연계시켜 운영함으로써 그 효율성을 높이고자 하는 노력이 필요하다.
④ 경력관리를 통해 기업은 인적자원을 효율적으로 확보할 수 있지만, 경쟁우위의 확보에는 한계가 있다.

11 교육훈련 프로그램 중 교육 대상에 의한 분류 중 신입자 교육훈련으로만 바르게 짝지어진 것은 무엇인가?

① 입직훈련, 실무훈련
② 일반종업원 훈련, 기초훈련
③ 감독자 훈련, 실무훈련
④ 입직훈련, 관리자 훈련

12 다음에서 말하는 승진의 종류는 무엇인가?

> 승진은 했지만 직무내용이나 임금 등이 변동되지 않는 경우로, 승진 적체 현상이나 인사 정체의 심화에 따른 사기저하를 방지하기 위한 승진제도에 해당한다.

① 역직승진
② 신분자격승진
③ 대용승진
④ 조직변화승진(OC승진)

13 직무설계의 다양한 방법 중 직무전문화에 대한 내용으로 바른 것은 무엇인가?

① 직무능력은 높이고 단조로움을 해소하기 위한 방법의 하나로써 직무의 범위를 넓히는 것을 의미한다. 조직 구성원들에게 만족감을 주게 되어 이직률과 결근을 감소시킨다는 장점이 있으나, 작업량 증가로 인해 부담감을 줄 수 있다는 단점이 있다.
② 종업원의 권태감이나 단조로움을 제거하기 위한 방법으로 다른 직무를 담당하도록 하는 방법을 말하며, 책임감 증대 및 능력 발휘가 가능하다는 장점이 있다.
③ 허즈버그의 2요인 이론에 기초한 방법으로 과업의 내용과 양에 따른 직무특성 정도에 따라 직무의 내용을 풍부하게 만들어 종업원에게 자율성을 주는 방법으로서 더 많은 책임감을 부여하여 자신의 직무를 스스로 계획하고 실천하게 하는 방법이다.
④ 분업의 원리에 기초하여 직무 내용을 보다 세분화되도록 하는 것을 말한다. 단, 세분화된 작업의 단순화로 인해 권태감을 느낄 수 있으며 저임금로 인한 불만을 초래 할 수 있다.

14 **조직문화에 대한 설명으로 바르지 않은 것은 무엇인가?**

① 조직문화는 특정 조직과 타 조직을 구별할 수 있도록 해주는 조직의 고유한 특성을 의미한다. 이는 조직원들의 지각에 의해서 형성되기 때문에 주관적이고 상대적인 의미가 강하다.

② 조직문화는 조직 구성원들로 하여금 다양한 상황에 대한 해석을 하게 해주고, 통일된 의사결정을 할 수 있는 등의 행위를 불러일으키는 조직 내에 공유된 정신적 가치이다.

③ 조직문화는 기업 내의 구성원에게 일체감과 정체성을 부여해 준다. 이는 외부 상황이 급변할 때 조직구성원의 결속력을 강화시켜 주고, 일체화된 조직으로 뭉치게 하는 원동력이 된다.

④ 개인이 지닌 다양한 행동과 그에 따른 장점들이 그들이 조직문화에 동화되어가면서 점차 줄어들기 때문에 강한 조직문화는 제도적인 선입견을 형성하게 되어 다양성을 저해하게 된다.

15 **다음에서 말하는 임금제도는 무엇인가?**

> • 기업의 생산성의 증대를 노사협조의 결과로 인식함으로써 총매출액에 대한 노무비 절약부분을 상여금으로 모든 종업원에게 분배하는 방식을 의미한다.
> • 위원회제도의 활용과 판매 가치를 기초로 한 성과배분방식이며, 집단적 제안제도를 도입하여 조직구성원들 간의 협력과 팀워크를 발휘할 수 있도록 하였다.

① 이익분배제(Profit sharing plan)
② 럭커플랜(Rucker plan)
③ 스캘론플랜(Scanlon plan)
④ 순응임률제(Sliding scale wage plan)

16 **복리후생은 법적 강제성에 따라 크게 법정 복리후생과 법정 외 복리후생으로 나누어진다. 법정 복리후생으로만 엮어진 것은 무엇인가?**

① 퇴직금, 경조사 지원
② 동호회 지원, 산업재해보험
③ 학자금 제도, 하계휴가
④ 국민건강보험, 국민연금보험

17 **다음에서 말하는 인간관계관리제도의 종류는 무엇인가?**

> 기업에서 근로조건이나 대우에 대해 종업원이 갖는 불평이나 불만사항 등을 접수하여 처리하는 제도에 해당된다. 어려움에 대해 수시로 호소하게 하여 원만한 노사관계의 발전이 이루어지도록 활용되고 있으며, 기업 내 해당 부서는 종업원 개개인의 문제를 취급하고 불만사항에 대한 원인을 제거해 주는 역할을 한다.

① 고충처리제도
② 제안제도(Suggestion system)
③ 인사상담제도(Personal counselling)
④ 사기조사(Morale survey)

18 **단체협약의 구분에 있어 규범적 부분에 대한 내용으로만 바르게 짝지어진 것은 무엇인가?**

① 숍조항, 평화조항, 복리후생
② 교섭위임 금지조항, 쟁의조항, 고충처리기구
③ 휴가, 휴일, 노사협의회
④ 임금, 근로시간, 안전보건

19 **인적자원 정보 시스템의 의의와 특성에 대해 바르지 않은 설명은 무엇인가?**

① 인적자원관리와 연관된 각종 자료의 처리 및 정보의 산출과 각종 사안에 대한 의사결정을 내릴 때 유용한 정보들을 지원하기 위해 만들어진 시스템을 말한다.

② 이러한 정보 시스템들은 여러 하위시스템들 간 동적인 상호작용이 이루어지기 때문에 통제가 필요하다.

③ 정보시스템을 통한 각종 시뮬레이션을 통해 신속하고 정확한 의사결정이 가능하게 된다.

④ 인적자원 정보 시스템의 구성요소들은 언제나 시스템 외부의 환경에 영향을 받고, 상호작용을 하기 때문에 개방 시스템을 가지고 있다.

20 **인적자원감사기준에 대한 내용 중 '실사기준(Standards of Field Work)'에 대한 내용이 아닌 것은 무엇인가?**

① 실사는 적정하게 계획되어야 하며, 만약 보조원이 수행하고 있다면 이를 적정하게 감독할 수 있어야 한다.

② 현재 존재하고 있는 내부통제에 대한 적정한 연구 및 평가가 반드시 있어야 한다.

③ 감사자들이 조사를 실행하고 보고서를 준비함에 있어 전문가적 주의를 기울여야 한다.

④ 조사 중인 인사프로그램에 대한 의견에 대해 합리적인 토대를 제공할 수 있는 검사, 감찰, 조회 및 확인 등을 통하여 충분하고 요구에 부합하는 증거자료가 얻어져야 한다.

21 **다음은 어떠한 이론에 대한 내용인가?**

> 종전까지 규정하기 어려웠던 인간의 복잡성에 대해 많은 학문들의 지식을 가지고 종합적으로 파악하려는 성격을 가지고 있다. 그리고 조직의 공식적, 비공식적 모두를 고려하여 인간의 활동을 과학적으로 분석하고, 이를 객관적으로 연구 및 측정하려는 움직임을 의미한다. 즉, 생산성 및 인간성을 동시에 추구하고자 하는 이론이다.

① 인간관계론

② 행동과학론

③ 일반관리론

④ 과학적 관리론

22 **개인행위의 설명모형 중 개인행위의 영향요인 중 심리적 변수에 대한 주요한 네 가지 요소에 대한 용어가 번호와 맞지 않는 것은 무엇인가?**

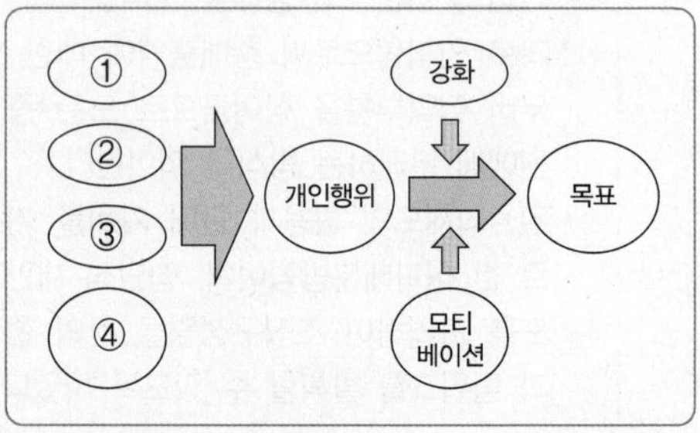

① 지각(Perception)

② 학습(Learning)

③ 태도(Attitudes)

④ 문화(Culture)

23 다음에서 말하는 조직변화에 대한 저항의 관리기법은 다음 중 무엇인가?

- 정보가 전혀 없거나, 부정확한 정보와 분석이 있을 때 필요하다.
- 장점 : 피변화자가 일단 설득되면 변화 시행에 도움을 줄 수 있다.
- 단점 : 다수와 관련되면 시간의 소비가 커진다.
- 1:1 토론, 강의, 메모, 보고서 제출 등의 방법이 있다.

① 참여와 몰입
② 교육과 커뮤니케이션
③ 촉진과 지원
④ 조작과 호선

24 갈등의 관리방안으로는 크게 갈등을 해결하고자 하는 것과 촉진하는 방안으로 나누어 볼 수 있는데, 이 중 '갈등의 해결기법'으로만 묶인 것은 무엇인가?

① 문제해결, 협상, 상위목표의 도입
② 의사소통, 조직구조의 개편, 상위목표의 도입
③ 조직 구성원의 이질화, 조직구조의 개편, 협상
④ 경쟁의 조성, 조직 구성원의 이질화, 자원의 증대

주관식 문제

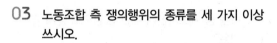

01 인적자원관리의 전개과정에 따른 시대의 변화에 해당하는 괄호 안에 맞는 대표적인 이론명을 쓰시오.

1. 생산성 강조시대 : 테일러의 (ㄱ)
2. 인간성 강조시대 : 메이요의 (ㄴ)
3. 생산성 및 인간성 동시 추구시대 : (ㄷ)

02 직무분석의 1차적인 목적에 대한 내용이다. 괄호 안에 해당하는 용어를 쓰시오.

직무분석의 1차적인 목적으로는 (ㄱ)를 작성하기 위한 것이며, 이를 통해 (ㄴ) 작성자료 또한 확보하게 된다. 그리고 (ㄱ)과 (ㄴ)를 토대로 (ㄷ)가 이루어 질 수 있다.

03 노동조합 측 쟁의행위의 종류를 세 가지 이상 쓰시오.

04 조직에서의 지각오류에 대해 세 가지 이상 쓰시오.

회계학

제 2 회 독학사 경영학과 4단계 최종모의고사

제한시간 : 50분 | 시작 ___시 ___분 - 종료 ___시 ___분

정답 및 해설 748p

01 재무제표 표시에 관한 설명으로 옳지 않은 것은?

① 기업은 현금흐름 정보를 포함한 발생기준 회계를 사용하여 재무제표를 작성한다.
② 한국채택국제회계기준에서 요구하거나 허용하지 않는 한 자산과 부채 그리고 수익과 비용은 상계하지 아니한다.
③ 부적절한 회계정책은 이에 대하여 공시나 주석 또는 보충자료를 통해 설명하더라도 정당화될 수 없다.
④ 재무제표는 위탁받은 자원에 대한 경영진의 수탁책임 결과도 보여준다.

02 다음 중 재고자산에 대한 설명으로 옳지 않은 것은?

① 원가흐름의 가정에 따라 매출원가와 기말재고금액은 달라지지만, 당기매입액과 매출액은 동일하다.
② 재고자산은 취득원가와 순실현가능가치 중 높은 금액으로 측정한다.
③ 재고자산의 감액을 초래했던 상황이 해소되거나 경제상황의 변동으로 순실현가능가치가 상승한 명백한 증거가 있는 경우에는 최초의 장부금액을 초과하지 않는 범위내에서 평가손실을 환입한다.
④ 완성될 제품이 원가 이상으로 판매될 것으로 예상하는 경우에는 그 생산에 투입하기 위해 보유하는 원재료 및 기타 소모품을 감액하지 아니한다.

03 다음 중 유형자산에 대한 설명으로 옳지 않은 것은?

① 예비부품, 대기성장비 및 수선용구와 같은 항목은 유형자산의 정의를 충족하면 유형자산으로 인식한다.
② 경영진이 의도하는 방식으로 자산을 가동하는 데 필요한 장소와 상태에 이르게 하는 데 직접 관련되는 원가는 유형자산의 취득원가에 포함한다.
③ 유형자산을 사용하거나 이전하는 과정에서 발생하는 원가는 당해 유형자산의 장부금액에 포함하여 인식한다.
④ 새로운 건물을 신축할 목적으로 취득한 토지와 건물의 대가는 모두 토지의 취득원가로 처리한다.

04 다음 중 감가상각에 대한 설명으로 옳지 않은 것은?

① 유형자산의 감가상각은 자산이 사용가능한 때부터 시작한다.
② 감가상각은 자산이 매각예정자산으로 분류되는 날과 자산이 제거되는 날 중 이른 날에 중지한다.
③ 유형자산의 공정가치가 장부금액을 초과하더라도 잔존가치가 장부금액을 초과하지 않는 한 감가상각액을 계속 인식한다.
④ 유형자산이 가동되지 않거나 유휴상태가 되면 감가상각이 완전히 이루어지기 전이라도 감가상각이 중단된다.

05 다음 중 투자부동산에 대한 설명으로 옳지 않은 것은?

① 투자부동산은 임대수익이나 시세차익 또는 두 가지 모두를 얻기 위하여 소유자나 금융리스의 이용자가 보유하고 있는 부동산을 말한다.
② 투자부동산은 공정가치모형과 원가모형 중 하나를 선택하여 모든 투자부동산에 적용한다.
③ 투자부동산의 공정가치 변동으로 발생하는 손익은 발생한 기간의 기타포괄손익에 반영한다.
④ 투자부동산의 손상, 멸실 또는 포기로 제3자에게서 받는 보상은 받을 수 있게 되는 시점에 당기손익으로 인식한다.

06 다음 중 수익인식 관련 자산과 부채에 대한 설명으로 옳지 않은 것은?

① 계약자산은 기업이 고객에게 이전한 재화나 용역에 대하여 그 대가를 받을 기업의 권리로 그 권리에 시간의 경과 외의 조건이 있는 자산을 말한다.
② 환불자산은 고객으로부터 대가를 받을 무조건적인 권리를 나타내는 자산이다.
③ 계약부채는 기업이 고객에게서 이미 받은 대가 또는 지급기일이 된 대가에 상응하여 고객에게 재화나 용역을 이전하여야 하는 기업의 의무를 말한다.
④ 환불부채는 고객에게서 받은 대가의 일부나 전부를 고객에게 환불할 것으로 예상하는 경우에 인식하는 부채이다.

07 유형자산에 손상이 발생하였는지 여부를 판단하기 위하여 매 보고기간 말마다 자산의 손상징후가 나타나는지 검토하도록 규정하고 있는데, K-IFRS에서 예시한 손상징후에 해당하지 않는 것은?

① 자산의 시장가치가 급격히 하락함
② 순자산의 장부금액이 시가총액보다 작음
③ 기업 환경이나 시장에서 기업에 불리한 영향을 미치는 변화가 발생함
④ 자산이 진부화되거나 물리적으로 손상된 증거가 있음

08 ㈜사랑은 2020년 초에 특허권을 30,000원에 취득하였다. 특허권의 내용연수는 10년, 잔존가치는 없으며 상각은 정액법을 적용하였다. 2021년 말 공정가치가 33,000원으로 상승한 경우 기타포괄손익으로 계상될 재평가 손익은 얼마인가? 단, 위 특허권은 재평가법을 적용하여 회계처리 하였다.

① 재평가이익 3,000원
② 재평가이익 6,000원
③ 재평가이익 9,000원
④ 재평가손실 9,000원

09 **다음 중 관계기업의 지분법에 대한 설명으로 옳지 않은 것은?**

① 관계기업은 투자자가 유의적인 영향력을 보유하는 기업을 말한다.
② 유의적인 영향력은 피투자자의 재무정책과 영업정책에 관한 의사결정에 참여할 수 있는 능력을 말한다.
③ 투자자가 피투자자에 대한 의결권의 20% 이상을 간접적 소유가 아닌 직접적 소유의 경우에만 유의적인 영향력이 있는 것으로 본다.
④ 기업은 지분법을 적용할 때 가장 최근의 이용 가능한 관계기업이나 공동기업의 재무제표를 사용한다.

10 **다음 자료는 ㈜독도가 11월 30일에 작성한 은행계정조정표이다. 이 자료로 미루어볼 때 11월 30일 ㈜독도의 장부상 당좌예금 계정잔액은 얼마인가?**

• 은행의 잔액증명서 잔액	₩14,300
• 미지급수표	₩3,000
• 미기록예금	₩5,000
• ㈜독도에 미통지된 어음추심 수수료	₩800
• ㈜독도에 미통지된 차입금이자	₩500

① ₩11,000
② ₩13,600
③ ₩15,000
④ ₩17,600

11 **㈜하나의 재무상태표상 선급임차료 기초금액이 200,000원이고 기말금액이 100,000원이다. 당기 포괄손익계산서상 임차료 비용 금액이 700,000원일 경우 ㈜하나가 당기중 현금으로 지급한 임차료는 얼마인가?**

① 500,000원
② 600,000원
③ 700,000원
④ 800,000원

12 **다음 중 현금흐름표의 활동 구분에 대한 설명으로 옳은 것은?**

① 일반적으로 이자지급은 투자활동으로 분류한다.
② 일반적으로 배당금 수입은 재무활동으로 분류한다.
③ 일반적으로 배당금 지급은 투자활동으로 분류한다.
④ 일반적으로 법인세의 납부는 영업활동으로 분류한다.

13 **A제품 생산을 위하여 구입한 재료 ₩450 중 직접재료원가 ₩150, 간접재료원가 ₩30을 사용하였을 경우 올바른 분개는?**

①	(차) 재공품	150	(대) 원재료	180
			제조간접원가	30
②	(차) 제품	180	(대) 재료원가	180
③	(차) 재공품	180	(대) 원재료	180
④	(차) 재료원가	180	(대) 직접재료원가	150
			간접재료원가	30

14 G사는 당해연도에 영업을 개시하였으며 당기 중 제품 100단위를 생산하여 80단위를 판매하였다. 다음의 원가자료를 이용하여 구한 변동원가계산과 전부원가계산의 단위당 제품원가와 영업이익 차이를 바르게 서술한 것은?

- 직접재료원가 ₩120,000
- 직접노무원가 ₩60,000
- 변동제조간접원가 ₩20,000
- 고정제조간접원가 ₩100,000
- 변동판매관리비 ₩50,000
- 고정판매관리비 ₩70,000

	변동원가 계산	전부원가 계산	영업이익 차이
①	₩3,000	₩2,000	변동원가계산이 ₩20,000만큼 크다
②	₩2,000	₩3,000	전부원가계산이 ₩20,000만큼 크다
③	₩2,500	₩4,200	전부원가계산이 ₩34,000만큼 크다
④	₩4,200	₩2,500	변동원가계산이 ₩34,000만큼 크다

15 정상원가계산에 대하여 잘못 서술한 것은?

① 평준화원가계산이라고도 한다.
② 변동제조간접원가는 실제원가, 고정제조간접원가는 예정배부율에 따라 결정된 원가를 적용한다.
③ 실제원가계산보다 원가의 적시성이 높다.
④ 직접재료원가와 직접노무원가는 실제원가를 적용한다.

16 개별원가계산을 채택하고 있는 E사는 20×1년의 제품 생산 원가자료는 다음과 같다. 기초제품재고액이 ₩80,000, 기말제품재고액이 ₩65,000일 때 손익계산서상 매출원가는 얼마인가?

작업지시서	작업상태	기초재공품	직접재료원가	직접노무원가	제조간접원가
#101	미완성		₩43,000	₩30,000	₩25,000
#102	완성	₩35,000	23,000	15,000	22,000

① ₩75,000
② ₩110,000
③ ₩158,000
④ ₩193,000

17 지난달 제품 25,000개를 판매하여 매출 ₩750,000, 영업이익 ₩25,000을 달성하였다. 손익분기점에서의 총공헌이익은 ₩500,000일 때 다음 중 옳은 것은?

① 단위당 변동원가는 ₩9이다.
② 공헌이익률은 40%이다.
③ 손익분기점은 22,000개이다.
④ 변동비는 매출액의 70%이다.

18 N회사는 제품 A, B, C를 생산하고, C제품 1개당 A제품 3개, A제품 1개당 B제품 2개를 판매한다. 단위당 공헌이익은 A, B, C 제품 각각 ₩1, ₩2, ₩5이고, 연간 고정비는 ₩80,000이다. 이 때 손익분기점에서 A제품의 판매량은 몇 개인가?

① 10,000개
② 12,000개
③ 20,000개
④ 26,667개

19 J회사는 1월 중 150개의 제품을 판매할 계획이다. 제품 1단위 생산에는 직접재료 2kg이 사용되고, kg당 구입원가는 ₩1,500이 예상된다. 다음의 자료를 이용하여 1월 원재료구입예산을 바르게 계산한 것은?

구분	1월 초 실제재고량	1월말 목표재고량
제품	20개	30개
원재료	20kg	15kg

① ₩427,000
② ₩450,000
③ ₩472,500
④ ₩487,500

20 U사는 세 종류의 제품 A, B, C를 생산하고, 제조간접원가의 배부기준은 직접노무원가를 사용한다. A제품에 배부되는 제조간접원가는 얼마인가?

- 직접재료원가 총액 ₩80,000
- 직접노무원가 총액 ₩200,000
- 제조간접원가 총액 ₩360,000
- A제품 직접재료원가 ₩40,000
- A제품 직접노무원가 ₩35,000
- A제품 제조간접원가 ( )

① ₩63,000
② ₩90,000
③ ₩96,000
④ ₩180,000

21 활동기준원가계산에 관한 설명 중 잘못된 것은?

① 제조간접원가를 활동별로 집계한 다음 제품에 배부하는 2단계 배부방법이다.
② 원가동인은 제조간접원가 배부기준과 같은 역할을 한다.
③ 제조간접원가의 비중이 낮은 기업에 적용할 경우 도움이 된다.
④ 다양한 원가동인을 인식하여 적정한 가격결정에 이용할 수 있다.

22 N사는 당월 제1공정에 원재료 1,000g을 투입하여 X제품 600g과 Y제품 400g을 생산하였다. X제품은 분리점에서 단위당 ₩25에 모두 판매되었으나, Y제품은 분리점에서 판매가 불가능하여 제2공정에서 추가가공을 거쳐 단위당 ₩40에 모두 판매되었다. 당월 제조원가는 제1공정은 ₩18,500, 제2공정은 ₩6,000이다. 순실현가치기준법에 의한 제품 Y의 g당 원가는 얼마인가?

① ₩18.5 ② ₩23.8
③ ₩24.5 ④ ₩33.5

23 C사는 제품 10,000개를 생산·판매하였다. 제품 단위당 판매가격은 ₩170, 변동제조원가는 ₩80, 변동판매관리비는 ₩40이다. 당사는 D사로부터 5,000개의 제품을 단위당 ₩110에 구입하겠다는 특별주문을 받았다. 이 때 소요되는 판매관리비는 ₩32,000이다. 회사의 최대 생산능력은 14,000개이므로 이 주문을 받아들일 경우 생산능력의 부족으로 기존고객에 대한 판매가 일부 감소하게 된다. 이 특별주문을 수락하는 경우 손익에 미치는 영향은 얼마인가?

① ₩38,000 증가
② ₩68,000 증가
③ ₩118,000 증가
④ ₩132,000 감소

24 R사는 10년 동안 정액법으로 감가상각하는 자동화설비를 구입하려고 한다. 이 설비는 10년 동안 법인세차감 후 매년 현금유입액은 ₩270,000이고, 잔존가치는 없을 것으로 예상된다. 회사의 회계적이익률이 최초투자액의 8%라면, 자동화설비의 원가는 얼마인가?

① ₩1,500,000
② ₩2,484,000
③ ₩2,700,000
④ ₩3,375,000

주관식 문제

01 다음 자료를 참고하여 물음에 답하시오.

(1) 최종 재무상태표 중 일부		
구분	연도초	연도말
재고자산	250,000원	280,000원
매출채권	270,000원	400,000원
매입채무	300,000원	200,000원
(2) 연간 발생한 거래		
매출채권 현금회수액	3,600,000원	
매입채무 현금지급액	2,900,000원	

(1) 당기의 매출액을 구하시오.

(2) 당기의 매입액을 구하시오.

(3) 매출총이익률이 40%로 꾸준하게 유지되고 있고 기말상품재고 280,000원이 실지재고 조사에 의해 파악된 금액이라고 할 때, 당기의 재고감모손실액을 구하시오.

02 ㈜한국은 액면금액 100,000원, 표시이자율 연5%, 만기 3년인 회사채를 발행하고 상각후 원가측정 금융부채로 분류하였다. 표시이자는 매년 말 지급하며, 사채의 명목상 발행일은 2021년 1월 1일이지만 실제발행일은 2021년 4월 1일이다. ㈜한국의 사채와 동일한 위험수준을 갖는 다른 회사의 사채가 시장에서 연 8%의 할인율로 거래되고 있으며 만약 ㈜한국이 2021년 1월 1일에 사채를 발행하였다면 92,269원의 현금을 수취하였을 것이다.

(물음 1) 2021년 4월 1일 발행시 ㈜한국이 수령하는 현금(미지급이자 포함)은 얼마인가?

(물음 2) ㈜한국이 사채발행일에 계상하는 사채할인발행차금은 얼마인가?

(물음 3) ㈜한국이 사채발행일부터 만기까지 인식하는 총이자비용은 얼마인가?

(물음 4) ㈜한국이 2022년도에 인식해야 하는 이자비용은 얼마인가?

03 K사의 당기 기초재공품은 2,000개(완성도는 30%)이며, 당기 중 30,000개를 새로 투입하였고 27,000개가 완성되었다. 기말재공품은 5,000개(완성도는 40%)이었다. 재료와 가공원가는 전 공정에 고르게 발생한다. 총완성품환산량과 당기완성품환산량을 구하시오.

04 결합제품에 대한 공통원가인 결합원가를 각 제품별로 배분하기 위한 방법 4가지를 제시하시오.

인사 조직론

제 2 회 독학사 경영학과 4단계 최종모의고사

제한시간 : 50분 | 시작 ___시 ___분 – 종료 ___시 ___분

정답 및 해설 751p

01 인적자원관리의 활동이 개인과 직무의 관점에서 조화로운 결합이 잘 이루어지게 되면, 상당히 의미 있는 결과를 낳게 된다. 결과에 해당하는 내용으로 알맞지 않은 것은 무엇인가?

① 높은 직무만족을 가진 개인의 경우 더 많은 직무성과를 이룰 수 있기 때문에 공헌도가 더 커진다고 할 수 있다.

② 장기적인 근속연수와 높은 출근율은 직무와 조직에 대한 지속적인 몰입도를 나타내는 지표가 되며, 중단 없이 과업의 수행을 가능하게 해주는 중요한 요소가 된다.

③ 높은 직무만족을 가진 개인의 경우 더 많은 직무성과를 이룰 수 있어 개인의 역량이 높아지지만, 그렇다고 해서 조직에 대한 공헌도가 높아진다고 볼 수는 없다.

④ 조직에서 장기적인 근속연수와 높은 출근율을 확보하지 못하게 되어 잦은 이직과 지각률이 높아지게 되면 과대한 간접비용을 초래할 수 있게 된다.

02 다음에서 말하는 인적자원관리와 관련된 용어는 무엇인가?

> 고도의 산업화로 인해 발생된 작업의 단순화와 전문화로 인해 종업원들은 소외감, 인간성 상실을 느끼게 되고, 빠르게 변화하는 경영환경하에서의 새로운 기술의 발달로 인한 업무환경의 불건전성에 대한 반응으로써 문제점이 나타나게 되었다. 이에 따라 이 용어는 종업원들이 직무를 수행함에 있어 만족감을 느끼도록 직무를 재구성하여 자기 개발이 가능하도록 노력하고자 하는 데서 제시되었다.

① 직무성과(Job performance)

② 근로생활의 질(QWL ; Quality of Work Life)

③ 직무만족(Job satisfaction)

④ 유지목표(Maintenance goal)

03 직무분석의 목적으로 맞지 않는 설명은 무엇인가?

① 공정한 임금체계의 확립에 기여한다.

② 조직구조의 재설계, 경력계획, 직무재설계 시의 기초자료로 필요하다.

③ 인재 모집, 선발 등 인재 발굴하기 위한 채용계획에 활용될 수 있다.

④ 합리적인 교육훈련의 기초자료로 사용될 수 있다.

04 직무평가의 방법에 대한 설명으로 바른 것은 무엇인가?

① 직무평가의 방법으로는 비계량적 방법인 요소비교법과 점수법, 계량적 방법인 서열법과 분류법으로 크게 나눌 수 있다.
② 점수법은 각 직무를 숙련, 책임, 노력, 직무조건 등의 여러 평가요소별로 나누어 중요도에 따라 각 요소들에 점수(가중치)를 부여한 후에 각 요소에 부여한 점수를 합산해서 해당 직무에 대한 가치를 평가하는 방법이다.
③ 서열법은 일정한 기준에 따라 직무의 등급을 사전에 미리 결정해 놓고 각 직무를 적절히 평가하여 해당 등급에 기입하는 방법을 말한다.
④ 요소비교법은 직무평가 방법 중 가장 비용이 저렴하고 절차가 간단한 방법으로, 각 직무의 상대적 가치들을 전체적이면서 포괄적으로 파악한 후에 순위를 정하는 방법이다.

05 인사고과의 목적에 대해 바르지 않은 설명은 다음 중 무엇인가?

① 정확하고 합리적인 인사고과를 통해 종업원의 현재의 위치에 대한 평가를 하고자 하는 목적이 강하다.
② 인사고과의 실시에 따라 획득된 종업원의 정보와 자료는 조직 내 종업원의 적정배치 및 이동 등 고용관리의 합리적 수행을 위한 기초자료 및 주요 기준으로 유용하게 활용된다.
③ 인사고과의 결과자료는 조직 내의 종업원에 대한 교육훈련 계획의 수립 및 실시방법의 결정과 실시결과의 평가를 위한 기초자료로 활용된다.
④ 조직 내 각 종업원의 직무수행능력 및 성과에 대한 인사고과의 자료는 직능급 및 성과급 등의 임금 결정기준으로 활용된다.

06 인사고과 요소의 선정에 있어서 지켜야 하는 요소에 대한 설명으로 바르지 않은 것은 무엇인가?

① 고과 요소는 직군별로 종업원의 질에 따라 선택해야 한다.
② 단일의 특정한 내용을 가지고 있는 고과 요소를 선택해야 한다.
③ 중복되는 요소와 피고과자 간에 차이가 없는 요소는 제외해야 한다.
④ 최대한 노련한 고과자의 주관적인 요소를 바탕으로 선정하고 해당 요소에 명확하게 정의를 부여해야 한다.

07 인적자원 과잉 시의 대응방안에 대해 바르게 짝지어진 것은 무엇인가?

① 작업분담제, 임시직 활용
② 초과근로, 아웃소싱
③ 조기퇴직제, 다운사이징
④ 파견근로자, 정리해고

08 다음에 괄호 안에 들어갈 ㄱ, ㄴ에 대한 용어가 옳게 짝지어진 것은 무엇인가?

> (ㄱ)는 채용 후에 성과를 낼 수 있는 지원자를 불합격시켰을 때 발생할 수 있는 오류를 말한다. (ㄴ)는 채용이 되었을 경우 성과를 낼 수 없는 지원자를 합격시키는 오류를 의미한다. 이러한 오류를 줄이기 위해서는 선발도구의 신뢰성과 타당성을 높여야 한다.

① 신뢰성 오류 – 타당성 오류
② 배치 오류 – 선발비율 오류
③ 배치 오류 – 2종 오류
④ 1종 오류 – 2종 오류

09 **교육훈련의 의의와 목적에 대한 내용으로 바르지 않은 것은 무엇인가?**

① 훈련은 특정 기업의 특정 직무수행에 도움을 주기 위한 장기적인 목표를 수행한다.
② 훈련은 특정 직무에 대한 직무기능의 습득을 통해 특정한 결과를 기대한다.
③ 교육은 인간으로서 할 수 있는 다양하고 보편적인 역할의 습득과 함양에 목표를 두며 다양한 결과를 기대하게 된다.
④ 개발은 경영 관리자에게는 통상적으로 훈련과 교육의 두 가지가 동시에 필요하게 된다.

10 **교육기법에 따른 분류 중 브레인스토밍에 대한 설명을 바르게 한 것은 무엇인가?**

① 일정한 장소에서 교육자와 피교육자가 일대일로 훈련하는 방식으로 수련의, 수련공들의 교육 시에 많이 사용된다.
② 롤플레잉 기법이라고도 불리며, 다른 직위에 해당하는 구성원들의 특정 역할을 연기해 보면서 각각의 입장을 이해하도록 하는 방법을 의미한다.
③ 문제해결을 위한 회의식 방법의 하나로써 적절한 소수의 인원이 모여 자유롭게 아이디어를 창출하는 방법이다.
④ 교육 참가자들이 소규모 집단을 구성하여 팀워크를 바탕으로 경영상 실제 문제를 정해진 시점까지 해결하도록 하는 혁신적인 교육기법으로 교육훈련의 제3의 물결이라고도 불린다.

11 **아지리스의 성숙–미성숙 이론에 대한 이론 중 ㄱ, ㄴ에 대한 내용이 바르게 연결된 것은 무엇인가?**

미성숙 단계(유아기)	성숙 단계(성인기)
(ㄱ)	능동적
의존적	(ㄴ)
단순한 행동양식	다양한 행동양식
종속적 지위	대등, 우월한 지위
자아의식 결여	자아의식 충만, 자기통제 가능

① 얕은 관심 – 독립적
② 장기적 안목 – 단기적 안목
③ 수동적 – 깊고 강한 관심
④ 수동적 – 독립적

12 **조직문화의 기능 중 순기능으로만 묶인 것은 무엇인가?**

① 일체감과 정체성을 부여, 조직의 전념도 형성
② 제도화 문제, 기업전체의 안정
③ 변화에 대한 장벽, 통일된 행동의 지침을 제공
④ 다양성에 대한 장벽, 인수합병에 대한 장벽

13 **다음에서 말하는 임금제도는 무엇인가?**

> 근로자의 계속고용을 위해 노사 간의 합의를 통해 일정 연령이 된 이후 근로자의 임금을 일정 비율씩 감소하도록 임금체계를 설계하는 대신 소정 기간 동안의 고용을 보장하는 임금제도에 해당한다.

① 성과급제(변동급제)
② 임금피크제도
③ 판매가격 순응임률제
④ 집단자극제(Group incentive plan)

14 복리후생의 성격에 대한 설명으로 바르지 않은 것은 무엇인가?

① 한 가지 형태가 아닌 다양한 형태(현물, 시설물 등)로 지급된다.
② 임금은 집단적인 보상을 원칙으로 하지만 복리후생은 개별적인 보상의 성격을 갖는다.
③ 기대소득의 성격을 가진다.
④ 노동에 대한 간접적 보상의 성격을 지닌다.

15 다음에서 말하는 노동조합의 숍 제도는 무엇인가?

> 조합원 유지 숍제도라고도 하며, 노동조합에 가입된 이후 일정기간 동안 조합원 자격을 유지해야 하는 제도에 해당한다.

① 클로즈드 숍(Closed shop)
② 메인터넌스 숍(Maintenance shop)
③ 에이전시 숍(Agency shop)
④ 프리퍼렌셜 숍(Preferential shop)

16 경영참가제도의 종류 중 자본참가에 해당하는 내용으로만 바르게 묶인 것은 무엇인가?

① 노사협의제, 종업원지주제도
② 생산성 이득배분, 노사협의제
③ 종업원지주제도, 스톡옵션
④ 이윤분배제도, 공동결정제

17 인적자원감사의 시행순서가 바르게 나열된 것은 무엇인가?

① 전반기록 → 실사자료 수집방식 결정 및 비교, 분석 → 세부 인사기능 분석 → 최종권고안 작성
② 세부 인사기능 분석 → 전반기록 → 실사자료 수집방식 결정 및 비교, 분석 → 최종권고안 작성
③ 실사자료 수집방식 결정 및 비교, 분석 → 전반기록 → 세부 인사기능 분석 → 최종권고안 작성
④ 전반기록 → 세부 인사기능 분석 → 실사자료 수집방식 결정 및 비교, 분석 → 최종권고안 작성

18 인간관계론의 내용을 증명한 호손실험의 한계에 대해 바르지 않게 설명한 것은 무엇인가?

① 조직 없는 인간이라는 비판을 받게 되었다.
② 비공식적 조직에 대해 지나치게 강조하여 조직 전체의 측면에서의 맥락은 무시되었다.
③ 과학적 타당성이 결여되어 있고, 갈등에 대해 지나치게 이상적인 태도를 보인다.
④ 경제적 인간관을 가설로 하였기에 인간에 대한 지나치게 단순한 가정을 한다는 한계점이 있다.

19 **다음에서 말하는 인적자원 관리 이론은 무엇인가?**

> 해당 이론은 차일드에 의해 1970년대 초에 정립되었으며, 조직의 객관적인 상황변수인 환경, 기술, 규모를 제약조적으로 둔 상태에서 의사결정 집단이 이를 고려하여 다양한 전략을 만들고, 이 중에서 선택하여 조직구조를 형성한다는 것을 말한다. 상황변수뿐만 아니라 경영자 및 의사결정 집단의 재량과 전략이라는 주관적 상황요인도 영향을 미쳐서 결정된다고 본다는 점에서 임의론적 관점을 취하고 있다.

① 전략적 선택이론(Strategic choice theory)
② 페이욜의 일반관리론
③ 시스템이론
④ 상황이론

20 **조직사회와 프로그램의 종류 중 다음은 무엇에 대한 설명인가?**

> 조직에서 후배들에게 조언이나 상담을 통해 영향을 줄 수 있는 선임자가 후배들에게 필요한 업무 지식을 전달하는 역할뿐만 아니라, 대인관계나 직장생활 등을 잘 할 수 있도록 이끌어주는 역할을 하도록 하는 것을 말한다.

① 직장상사의 솔선수범행동
② 업무실패사례 공개프로그램
③ 멘토링(mentoring) 프로그램
④ 행태론적 학습과정(Behavioral learning)

21 **동기부여의 이론 중 매슬로(A. Maslow)의 욕구단계설에 대한 용어와 내용이 바르게 연결된 것은 무엇인가?**

① 사회적 욕구 : 인간관계에 관련된 욕구로써 타인과 사랑을 주고받고, 어딘가에 소속되어 관계를 맺고 사회적 상호작용을 하기를 원하는 욕구를 의미한다.
② 애정과 소속의 욕구 : 자신의 가치를 발견하고 타인으로부터 인정을 받고 싶어 하는 욕구를 말한다.
③ 안전의 욕구 : 의식주 등의 기본적 삶을 영위하고 싶은 인간의 가장 근본적 욕구에 해당한다.
④ 생리적 욕구 : 신체적, 심리적, 사회적 지위에 대한 위험 등으로부터 안전하고 싶은 욕구에 해당한다.

22 **다음에서 말하는 퍼스널리티 이론은 무엇인가?**

> 프로이드(S. Freud)에 의해 제시되었으며, 퍼스널리티의 동태적인 측면에 강조를 둔 이론이다. 프로이든 인간의 행위는 숨겨진 동기와 무의식적 소망에 의해 지배된다는 가정을 하였고 퍼스널리티를 원초아(id), 자아(ego), 초자아(super ego)로 설명하였다.

① 특질이론(Trait theory)
② 정신역동이론(Psycho dynamic theory)
③ 욕구단계설(Need hierarchy theory)
④ 임파워먼트(Empowerment)

23 조직문화의 유형에 대한 딜(T. Deal)과 케네디(A.A. Kennedy)의 구분에 대한 내용이다. 다음 괄호 안에 들어 갈 용어와 번호가 맞는 것은 무엇인가?

> • (①) : 높은 위험을 부담하고 의사결정의 결과에 대한 피드백이 신속하게 나타나는 조직문화에 해당하며, 협동이 드물고 개인주의가 심한 문화에 해당한다.
> • (②) : 위험성향이 적고 피드백이 빨리 이루어지는 환경에서 주로 형성되며, 팀워크와 통합 의례행사를 통한 단결력을 중시한다.
> • (③) : 높은 위험을 부담하고 늦은 피드백의 특징을 가지고 있는 조직유형에 해당한다. 이 형태의 조직문화는 투기적 결정을 내리고 그 결과를 수년이 지나야 알 수 있는 업종이 해당된다.
> • (④) : 위험성향이 낮고 피드백이 매우 느리게 나타나는 특성을 가진 유형으로, 현재 일의 과정이나 절차에 집중하지만 그 결과에 대해서 정확하게 아는 것이 어려운 유형에 해당한다.

① 거친 남성문화(무법/남성형)
② 사운을 거는 문화(투기/전심전력형)
③ 과정문화(관료/절차형)
④ 열심히 일하고 잘 노는 문화(노력/유희형)

24 다음에서 말하는 '이것'에 해당하는 용어는 다음 중 무엇인가?

> '이것'은 응집력이 높은 집단에서 발생하는데, 이는 조직 구성원들 간의 합의에 대한 요구가 지나치게 커져서 이것이 현실적인 다른 대안의 모색을 방해하는 경향을 나타내는 것을 의미한다. '이것'이 너무 커지게 되면 의사결정의 질에 부정적인 결과를 초래하게 된다. 예를 들면, 대체안의 탐색을 한정해 버리거나 선택안에 대한 재검토를 하지 않는 경우가 있으며, 전문가들의 조언을 무시해버리거나 결정을 지지하지 않는 집단에 대한 비호의적 태도를 취하는 경우 등을 예로 들 수 있다.

① 델파이법
② 명목집단법
③ 정형적 의사결정
④ 집단사고

주관식 문제

01 인사고과를 실시함에 있어서 발생할 수 있는 고과 실시상의 오류에 대해 세 가지 이상 쓰시오.

02 복리후생에 대한 다양한 제도에 대한 내용이다. 괄호 안에 알맞은 제도에 대해 쓰시오.

- (ㄱ): 종업원들이 기업이 제공하는 복리후생제도나 시설 등 중에 각각 원하는 것을 선택하는 제도에 해당한다.
- (ㄴ): 종업원들이 전인적 인간으로써 균형된 삶을 추구할 수 있도록 지원하는 제도로써 조직, 개인, 가정의 삼위일체를 통한 삶의 질 향상을 강조하고 있는 제도이다.
- (ㄷ): 종업원들의 연령에 따라 변하는 생활패턴과 의식변화를 고려하여, 복리후생 프로그램을 그에 맞도록 다르게 제공하는 제도이다.

03 인적자원감사 중 ABC감사에 대해 세 가지 면으로 구분하여 약술하시오.

04 조직사회와 프로그램 종류 세 가지를 쓰시오.

여기서 멈출 거예요? 고지가 바로 눈앞에 있어요.
마지막 한 걸음까지 시대에듀가 함께할게요!

고득점으로 대비하는 가장 똑똑한 수험서!

최종 모의고사

정답 및 해설

제1회 최종모의고사 정답 및 해설
제2회 최종모의고사 정답 및 해설

최종 모의고사

제1회 정답 및 해설

회계학

❖ 제1회

01	02	03	04	05	06	07	08	09	10	11	12
④	②	③	①	①	②	②	④	④	②	④	②
13	14	15	16	17	18	19	20	21	22	23	24
③	②	④	①	②	①	④	②	①	①	③	③

*주관식 문제는 정답 별도 표시

01 정답 ④

보강적 질적특성에는 비교가능성, 검증가능성, 적시성, 이해가능성이 있다

02 정답 ②

연결재무제표는 단일의 보고기업으로서의 지배기업과 종속기업의 자산, 부채, 자본, 수익 및 비용에 대한 정보를 제공한다.

03 정답 ③

담보로 제공된 저당상품은 담보제공자의 재고자산이다.

04 정답 ①

기타포괄손익-공정가치 측정 범주 채무상품에서 발생한 평가손익과 해외사업장의 재무제표 환산으로 인한 외환차이는 기타포괄손익의 재분류조정에 있어서 당기손익으로 재분류하는 항목에 속한다.

05 정답 ①

최초인식 후에는 원가모형이나 재평가모형 중 하나를 회계정책으로 선택하여 유형자산 분류별로 동일하게 적용하여야 한다.

06 정답 ②

화폐의 시간가치 영향이 중요한 경우에 충당부채는 의무를 이행하기 위하여 예상되는 지출액의 현재가치로 평가한다.

07 정답 ②

새로운 제품이나 용역의 홍보원가는 무형자산의 원가에 포함하지 않는다.

08 정답 ④

총이자비용 = ₩10,000,000 + (₩10,000,000×8%×3년) − ₩9,500,000 = ₩2,900,000

09 정답 ④

공정가치는 측정일에 시장참여자 사이의 정상거래에서 자산을 매도하면서 수취하거나 부채를 이전하면서 지급하게 될 가격으로, 보고기간말 금융자산의 공정가치는 매도 등에서 발생할 수 있는 거래원가를 차감하지 않은 금액이다.

10 정답 ②

상품의 외상매입은 유동자산 및 유동부채가 증가하므로 유동비율(유동자산/유동부채)은 감소한다.

11 정답 ④

현금유출액 = ₩350,000 + ₩20,000 + ₩50,000
= ₩420,000

12 정답 ②

보험수리적위험과 투자위험은 확정기여제도에 있어서는 종업원이 부담하나 확정급여제도에 있어서는 기업이 부담한다.

13 정답 ③

가공원가는 직접재료비를 제외한 모든 원가의 합이다. 즉, [가공원가 = 직접노무원가 + 제조간접원가]이므로, ₩85,000 + ₩70,000 = ₩155,000

14 정답 ②

• 당기총제조원가 : ₩30,000 + ₩45,000 + ₩23,000 = ₩98,000
• 당기제품제조원가 : ₩13,000 + ₩98,000 − ₩8,000 = ₩103,000

15 정답 ④

전부원가계산에서는 고정제조간접비를 제품원가에 배부하므로 조업도차이가 발생한다.

16 정답 ①

• 전부원가계산 기말제품재고액 : (₩22 + ₩18 + ₩11) × 500단위 = ₩25,500
• 변동원가계산 기말제품재고액 : (₩22 + ₩18) × 500단위 = ₩20,000

17 정답 ②

₩68,000 − (실제직접노동시간 × ₩100) = ₩2,000,
실제직접노동시간 = 660시간

18 정답 ①

• 평균법의 완성품환산량이 선입선출법보다 기초재공품의 완성품환산량 만큼 크다.
• 완성품환산량 차이 : 기초재공품의 완성품환산량
= 20,000개 × 20%
= 4,000개 감소

19 정답 ④

$$\text{목표판매량} : = \frac{\text{고정비} + \text{목표이익}}{\text{단위당 공헌이익}}$$

$$= \frac{(₩48,000 + ₩20,000) + ₩70,000}{₩18 - (₩10 + ₩2)}$$

= 23,000개

20 정답 ②

현금증가액 : ₩85,000 − ₩30,000 − ₩23,000 + ₩15,000 + ₩9,000 + ₩7,000 = ₩63,000

21 정답 ①

• 제조간접원가 배부액 : 500시간 × ₩10,000 = ₩5,000,000
• 제조간접원가 과대배부액 = 예정배부액 − 실제발생액, ₩200,000 = ₩5,000,000 − 실제발생액, 실제발생액 = ₩4,800,000

22 정답 ①

조립부문의 총제조간접원가 : ₩408,000

구분	보조부문		제조부문		합계
	전력 부문	관리 부문	조립 부문	절단 부문	
배분전 원가	₩200,000	₩400,000	₩200,000	₩360,000	₩1,160,000
전력 부문	(200,000)	40,000	120,000	40,000	0
관리 부문		(440,000)	88,000	352,000	0
배분후 원가	₩0	₩0	₩408,000	₩752,000	₩1,160,000

23 정답 ③

- 총제조원가 : (₩1,200 + ₩800) × 50단위 + ₩40 × 350개 + ₩3,000 × 21시간 + ₩300 × 10시간 = ₩180,000
- 제품 단위당 원가 : ₩180,000 ÷ 50단위 = ₩3,600

24 정답 ③

제품	최종 판매가치	매출 총이익㉠	개별원가	결합원가 배분액㉡
P	₩30,000	₩12,000	–	₩18,000
Q	50,000	20,000	₩8,000	22,000
합계	₩80,000	₩32,000	₩8,000	₩40,000

- 평균매출총이익률

$= \frac{\text{매출총이익}}{\text{총 매출액}}$

$= \frac{\text{최종판매가치} - (\text{결합원가} + \text{개별원가})}{\text{최종판매가치}}$

$= \frac{₩80,000 - (₩40,000 + ₩8,000)}{₩80,000} = 40\%$

㉠ 매출총이익 = 최종판매가치 × 평균매출총이익률
㉡ 결합원가배분액 = 최종판매가치 − 매출총이익 − 개별원가

주관식 문제

01 정답

구분			내용
(① 역사적원가)		자산	과거에 지급한 대가 + 발생한 거래원가
		부채	과거에 수취한 대가 − 발생한 거래원가
현행가치	(② 현행원가)	자산	측정일에 동등한 자산의 원가로서 지급할 대가 + 발생할 거래원가
		부채	측정일에 동등한 부채에 대해 수취할 대가 − 발생할 거래원가
	(③ 공정가치)	자산	측정일에 시장참여자 사이의 정상거래에서 자산을 매도시에 수령할 가격
		부채	측정일에 시장참여자 사이의 정상거래에서 부채를 이전시에 지급할 가격
	(④ 사용가치 및 이행가치)	자산	측정일에 자산의 사용과 처분으로 인해 유입될 기대현금흐름의 현재가치
		부채	측정일에 부채의 이행으로 인해 유출될 기대현금흐름의 현재가치

02 정답

감가상각방법	감가상각비			
	1차 연도	2차 연도	3차 연도	3차연도 말의 감가상각 누계액
정액법	180,000	(①180,000) (주1)	180,000	(②540,000) (주2)
정률법	(③360,000) (주3)	(④144,000) (주4)	36,000 (주5)	540,000

(주1) (600,000 − 60,000) ÷ 3 = 180,000
(주2) 180,000 × 3 = 540,000
(주3) 600,000 × 60% = 360,000
(주4) (600,000 − 360,000) × 60% = 144,000
(주5) 내용연수 마지막 연도에는 잔존가치만 남도록 조정하였다.

03 정답

공헌이익은 매출액에서 변동비를 차감한 금액으로 매출액에서 고정비를 회수하고 이익을 획득하는데 공헌할 수 있는 금액이다. [공헌이익 = 매출액 − 변동비 = 고정비 + 이익] 손익분기점은 수익과 비용이 일치하여 이익이 0이 되는 판매량이나 매출액을 말한다. 즉 손익분기점에서는 이익이 0이 되어 공헌이익과 고정원가가 일치한다. [공헌이익 = 고정원가]

04 정답

영기준예산은 과거의 예산자료를 고려하지 않고, 예산을 원점에서 다시 새롭게 수립하는 방법이다. 하나의 사업에 대해 전년도 현황을 완전히 배제한 채 새롭게 검토하여 예산을 수립한다는 면에서 지속적인 평가가 가능하고, 환경변화에 신속하게 대응할 수 있다는 장점이 있다. 그러나 이미 검토가 끝나서 진행 중인 사업에 대해서 처음부터 다시 검토 작업을 진행하는 데 많은 시간과 노력의 낭비를 초래할 수 있다는 단점이 있다.

인사조직론

❖ 제1회

01	02	03	04	05	06	07	08	09	10	11	12
②	①	③	④	①	③	②	④	②	④	①	③
13	14	15	16	17	18	19	20	21	22	23	24
④	①	③	④	①	④	②	③	②	④	②	①

*주관식 문제는 정답 별도 표시

01 정답 ②

① 연공 → 능력 → 성과

③ 생산성 중시 → 근로생활의 질(QWL : Quality of Work Life) 중시

④ 소극적, 타율적인 X론적 인간관 중시 → 주체적, 자율적인 Y론적 인간관 중시

02 정답 ①

② 인적자원의 개발 : 교육훈련, 능력개발, 승진, 인사평가, 경력관리

③ 인적자원의 보상 : 임금관리와 복리후생의 관리

④ 인적자원의 활용 : 조직설계 및 직무에 대한 설계

03 정답 ③

③ 워크 샘플링법(Work Sampling Method)에 대한 내용이다.

① 직무에 관한 질문지를 작성하여 작업자로 하여금 이에 응답하도록 하여 직무정보를 수집하는 방법이다.

② 작업자들의 직무수행 행동 중에 중요하거나 가치가 있는 부분에 대한 정보를 수집하는 것을 말하며, 장점은 직무행동과 성과 간의 관계를 직접적으로 파악이 가능하다는 점을 들 수 있다. 단점은 수집된 직무행동을 평가 및 분류하는 데 많은 시간과 노력이 들어간다는 점이다.

④ 작업자가 매일 작성하는 일종의 업무일지를 가지고 수행하는 해당 직무에 대한 정보를 취득하는 방법을 의미하며, 비교적 종업원의 관찰이 곤란한 직무에 적용이 가능하다. 신뢰도가 높은 방법이지만, 직무분석에 필요한 정보를 충분히 획득하기는 힘들다는 단점이 있다.

04 정답 ④

④ 직무평가의 목적으로 생산성의 향상과는 거리가 있다.

05 정답 ①

① 고과 불소급의 원칙은 인사고과의 결과로 나온 부분에 대해서 기존의 결과에 소급하여 재적용하면 안 된다는 원칙을 말한다.

06 정답 ③

① 주로 중간관리자(manager) 선발을 위하여 사용된 방법이며, 중간경영층의 승진목적으로 개발된 고과방법이다. 인적평정센터법은 6명에서 12명 정도의 피고과자들을 일정기간 동안 합숙시키면서, 훈련받은 고과자들이 이들을 각종 의사결정 게임과 토의, 심리검사 등에 투입시키는 방식으로 진행된다.

② 평가에 적당한 표준 행동을 사전에 평가 항목에 배열해 놓고 해당사항을 체크하여 책정하는 방법이다.

④ 평정척도법의 결점이 보완된 것과 동시에 중요사건기술법이 발전된 형태로 고과자의 구체적 행동을 평가의 기준으로 삼고 있다. 장점은 직무성과에 초점이 맞춰지고, 구체적 행동이 평가기준이 되기 때문에 타당성과 신뢰성이 높다는 점과 피고과자의 바람직한 행위를 유도할 수 있다는 점을 들 수 있다. 반면 단점으로는 복잡성과 정교함이 요구되고, 시간과 비용 또한 많이 들어간다는 점을 들 수 있다.

07 정답 ②

② 계획적인 인력 배치와 이동, 승진 등을 위해서는 기업 조직 내에서 필요한 인원의 수뿐 만 아니라 현재 인원의 변동 관계까지도 사전에 파악되어야 하기에 적절한 인적자원계획이 선행되어야 한다는 점에서 중요성을 갖는다.

08 정답 ④

④번이 사내모집의 방법으로만 나열되었다.

09 정답 ②

① 미리 준비된 질문 항목 없이 자유롭게 문답하는 방식이며, 이때는 면접자의 노련함이 요구된다.

③ 특정 문제에 대한 토론을 통해 지원자의 태도 등을 파악하는 방식이다.

④ 면접자가 의도적으로 공격적인 태도를 취함으로써 피면접자에게 스트레스를 주는 방법이다. 이를 통해 피면접자의 인내, 감정 조절 능력 등을 파악한다.

10 정답 ④

④ 경력관리를 통해 기업은 인적자원을 효율적으로 확보할 수 있으며, 경력개발을 통해 기업은 핵심 기술을 축적하게 되어 경쟁우위에 있을 수 있다.

11 정답 ①

①번이 맞는 설명이다. 입직훈련, 실무훈련, 기초훈련이 신입자 교육훈련에 해당한다.

12 정답 ③

① 조직구조의 편성과 운영에 따라 이루어진 역직에 따라 승진하게 되는 제도이다.

② 종업원에게 주어진 신분계층 예를 들어 근속연수, 근무상황, 경력 등 직무에 관계없는 형식적인 요소들만을 고려해서 운영하는 승진방법에 해당한다.

④ 승진대상자에 비해 승진할 직위가 부족한 경우 조직변화를 통해 조직계층 자체를 늘려 조직구성원에게 승진기회를 확대해 주는 승진제도를 말한다.

13 정답 ④

① 직무확대

② 직무순환

③ 직무충실화

14 정답 ①

① 특정 조직과 타 조직을 구별할 수 있도록 해주는 조직의 고유한 특성을 조직풍토 또는 조직분위기라고 한다. 조직문화와는 다르게 조직원들의 지각에 의해서 형성되기 때문에 주관적이고 상대적인 의미가 강하다.

15 정답 ③

① 기업의 이윤 및 임금을 연관시킨 것으로, 기업의 이윤지수가 변할 때 그에 따라 순응하여 임률도 변동 및 조정하도록 하는 제도이다.

② 럭커가 주장한 성과분배방식으로 부가가치액의 증대를 목표로 하여 이를 노사협력체제에 의해 달성하고, 그 증가된 생산분의 향상분을 그 기업의 안정적인 부가가치 분배율로 노사 간에 배분하는 성과분배 제도에 해당한다.

④ 기업의 여러 가지 조건이 변동하게 되면, 이에 순응하여 임금률도 자동적으로 변동 및 조정되는 제도이다.

16 정답 ④

④ 국민건강보험, 국민연금보험, 산업재해보험, 고용보험의 사대보험과 퇴직금제도, 유급휴가제도 등 국가에서 정한 법률에 의거하여 강제적으로 실시해야 하는 제도를 말한다. 법정 외 복리후생은 기업의 의사 및 능력에 따라 임의적으로 시행하는 것으로 학자금 지원, 경조사 지원, 동호회 지원 등 다양하게 존재한다.

17 정답 ①

② 기업 조직체의 운영이나 작업의 수행에 필요한 여러 가지 개선안이나 아이디어 등을 일반 종업원들로 하여금 제안하도록 하고, 그 중 우수한 제안에 대해서는 적절한 보상을 실시하고 채택된 제안을 실천에 옮기는 제도이다.
③ 종업원 개인의 혼자 힘으로 해결할 수 없는 신상의 어려움이나 조직에 대한 불만 등이 있을 때 상담을 통해 전문적인 조언을 하고, 문제해결에 도움을 주어 인격성장을 촉진함과 동시에 개인직무에 충실할 수 있도록 사기를 양양시키는 제도에 해당한다.
④ 사기란 기업조직의 공통적인 목적을 달성하기 위해 조직구성원간의 일체감이 형성된 상태를 의미한다. 종업원들이 조직에 대해 갖는 긍정적 또는 부정적인 태도, 만족도와 애사심을 파악하여 조직의 건전성을 파악하는 것이 중요하며, 이를 위해 종업원의 사기를 조사한다.

18 정답 ④

④번이 바르게 짝지어졌다.

- 규범적 부분
  노동자들의 근로조건 및 기타 대우에 있어 일반적으로 행해지는 부분으로써 임금, 근로시간, 휴가, 휴일, 재해보상, 복리후생, 안전보건 등의 내용이 해당된다.
- 조직적 부분
  기업조직내의 노사관계를 규율하는 부분으로, 노사협의회나 고충처리기구 등의 구성과 운영에 관한 조항 등이 해당된다.
- 채무적 부분
  노동조합과 사용자 사이의 권리 및 의무를 규율하는 부분에 해당되며, 숍조항, 평화조항, 교섭위임 금지조항, 쟁의조항 등의 내용이 이에 해당된다.

19 정답 ②

② 하위시스템들 간 동적인 상호작용을 통해 스스로를 규제할 수 있으며, 환류를 통해 시스템들은 스스로 적응하고 시스템의 안정된 상태를 유지할 수 있도록 하는 '자기조정'의 특성을 갖는다.

20 정답 ③

③ 일반기준(General standards)에 대한 내용이다.

21 정답 ②

② 행동과학론에 대한 내용이다.
① 해당 이론은 과학적 관리론에 따른 비인간화에 대해 회의와 불만이 생기게 되었고, 이에 대한 비판으로 제기되었다. 호손실험을 통해 인적자원의 심리적 요소의 중요성에 대해 알게 되었다.
③ 관리일반이론의 제창자 중 하나인 페이욜은 프랑스의 사업가로 조직 내 구성요소들의 상호관련성에 대한 깊은 통찰력을 가지고서 경영관리 활동과 경영자의 수행영역에 대해 이론을 제시하였다.
④ 과학적 관리론은 19세기 후반과 20세기 초반에 미국의 테일러가 구성한 이론에 해당된다. 생산성 향상을 위해 표준 과업을 측정하고 관리하려고 한 이론이다.

22 정답 ④

④번이 맞지 않는 용어이다. 개인행위의 영향요인 중 심리적 변수에 대한 주요한 네 가지 요소인 지각(perception), 학습(learning), 태도(attitudes), 퍼스널리티(personality)를 연구의 초점으로 한다. 즉, 조직의 구성원으로서 개인은 지각을 통해 인간과 사물을 지각하고, 타인과 조직에 대한 태도를 형성하며, 일하는 동안 학습하면서 특정한 퍼스널리티를 형성하게 된다.

23 정답 ②

②번이 맞는 설명이다.

참여와 몰입	• 변화저항자의 힘이 강할 때 사용하는 기법이다. • 장점 : 참여한 사람이 변화에 대해 일체감을 갖고 정보를 제공해 줄 수 있다. • 단점 : 참여자들이 변화를 잘못 설계하면 시간이 많이 소요된다. • 변화담당 TFT 결성, 위원회 등을 구성하는 방법이 있다.
촉진과 지원	• 변화의 적응에 대한 문제로 사람들의 저항할 때 사용된다. • 장점 : 적응문제에는 가장 성공적이다. • 단점 : 시간과 비용이 과다 소비된다. • 불평의 경청, 새로운 훈련의 제공을 통한 사회적, 정신적 지원의 방법이 있다.
조작과 호선	• 다른 방법이 전혀 듣지 않거나 비용이 너무 많이 들 때 사용하는 방법이다. • 장점 : 신속하고 비용이 적게 든다는 장점이 있다. • 단점 : 조작되었다고 느끼는 경우에 추가적인 문제를 야기할 수 있다. • 조작으로는 선택적 정보제공과 의도적 사건구성이 해당되며, 호선은 변동에 강하게 저항하는 개인에게 적당한 지위를 부여하여 변화의 과정에 개입하게 하는 방법이 해당된다.

24 정답 ①

①번이 맞는 설명이다.

• 갈등의 해결기법 : 문제해결, 협상, 상위목표의 도입, 조직구조의 개편, 자원의 증대

• 갈등의 촉진방안 : 의사소통, 조직 구성원의 이질화, 경쟁의 조성

주관식 문제

01 정답 ㄱ. 과학적 관리론
ㄴ. 인간관계론
ㄷ. 행동과학론

02 정답 ㄱ. 직무기술서
ㄴ. 직무명세서
ㄷ. 직무평가

03 정답 파업, 태업, 준법투쟁, 보이콧, 피켓팅 등이 해당된다.

04 정답 상동적 태도, 현혹효과, 주관의 객관화, 대비효과 등이 해당된다.

최종 모의고사 제2회 정답 및 해설

회계학

❖ 제2회

01	02	03	04	05	06	07	08	09	10	11	12
①	②	③	④	③	②	②	③	③	④	②	④
13	14	15	16	17	18	19	20	21	22	23	24
①	②	②	②	①	②	③	①	③	④	②	①

*주관식 문제는 정답 별도 표시

01 정답 ①

기업은 현금흐름 정보를 제외하고는 발생기준 회계를 사용하여 재무제표를 작성한다.

02 정답 ②

재고자산은 취득원가와 순실현가능가치 중 낮은 금액으로 측정한다.

03 정답 ③

유형자산을 사용하거나 이전하는 과정에서 발생하는 원가는 당해 유형자산의 장부금액에 포함하여 인식하지 아니한다.

04 정답 ④

유형자산이 가동되지 않거나 유휴상태가 되더라도 감가상각이 완전히 이루어지기 전까지는 감가상각을 중단하지 않는다.

05 정답 ③

투자부동산의 공정가치 변동으로 발생하는 손익은 발생한 기간의 당기손익에 반영한다.

06 정답 ②

수취채권은 고객으로부터 대가를 받을 무조건적인 권리를 나타내는 자산이다.

07 정답 ②

순자산의 장부금액이 시가총액보다 큰 경우는 손상징후에 해당한다.

08 정답 ③

재평가이익(기타포괄손익) = 33,000 − (30,000 − 3,000 × 2년) = 9,000원

09 정답 ③

투자자가 직접으로 또는 간접으로 피투자자에 대한 의결권의 20% 이상을 소유하고 있다면 유의적인 영향력이 있는 것으로 본다.

10 정답 ④

당좌예금 계정잔액 = 14,300 − 3,000 + 5,000 + 800 + 500 = ₩17,600

11 정답 ②
당기지급액 = 100,000원 + 700,000원 − 200,000원 = 600,000원

12 정답 ④
법인세로 인한 현금흐름은 별도로 공시하며, 재무활동과 투자활동에 명백히 관련되지 않는 한 영업활동 현금흐름으로 분류한다.

13 정답 ①
직접재료원가는 재공품 계정으로, 간접재료원가는 제조간접원가 계정으로 처리한다.

(차) 재공품	150	(대) 원재료	180
제조간접원가	30		

14 정답 ②
- 변동원가계산의 단위당 제품원가
  : (₩120,000 + ₩60,000 + ₩20,000) ÷ 100단위 = ₩2,000
- 전부원가계산의 단위당 제품원가
  : (₩120,000 + ₩60,000 + ₩20,000 + ₩100,000) ÷ 100단위 = ₩3,000
- 재고수준 증가 시 전부원가계산 영업이익은 변동원가계산보다 ₩20,000 만큼 크다.
  : (기말수량 − 기초수량) × 단위당 고정제조간접원가 = (100단위 − 80단위) × (₩100,000 ÷ 100단위) = ₩20,000

15 정답 ②
정상원가계산에서 제조간접원가는 예정배부율에 따라 결정된 원가를 적용한다.

16 정답 ②
매출원가 = 기초제품재고액 + 당기완성품 − 기말제품재고액,
당기완성품 = 기초재공품 #102 + 당기총제조원가 #102,
₩80,000 + (₩35,000 + ₩23,000 + ₩15,000 + ₩22,000) − ₩65,000 = ₩110,000

17 정답 ①
- 단위당 판매가격 : ₩750,000 ÷ 25,000개 = ₩30/개
- 변동원가 : 손익분기점 공헌이익 = 고정원가이므로, ₩750,000 = 변동원가 + ₩500,000 + ₩25,000, 변동원가 = ₩225,000
- 단위당 변동원가 : ₩225,000 ÷ 25,000개 = ₩9/개
- 공헌이익률 : (₩30 − ₩9) ÷ ₩30 = 70%, 변동비율 = ₩9 ÷ ₩30 = 30%
- 손익분기점 판매량 : 판매량 × (₩30 − ₩9) = ₩500,000, 판매량 = 23,809개

18 정답 ②
- A : B : C = 3 : 6 : 1 이므로, 판매량은 A제품 3x개, B제품 6x개, C제품 x개이다.
- 총공헌이익 = 고정원가, 3x개 × ₩1 + 6x개 × ₩2 + x개 × ₩5 = ₩80,000, x = 4,000개
- A제품의 판매량 : 3 × 4,000개 = 12,000개

19 정답 ③
- 제품목표생산량 = 예산판매량 + 기말제품재고 − 기초제품재고, 150개 + 30개 − 20개 = 160개
- 원재료구입량 = 원재료사용량 + 기말원재료재고 − 기초원재료재고, (160단위 × 2kg) + 15kg − 20kg = 315kg
- 원재료구입예산 : 315kg × ₩1,500 = ₩472,500

20 정답 ①
- 제조간접원가배부율 :
  $\frac{₩360,000}{₩200,000}$ = ₩1.8/직접노무원가
- A제품에 배부되는 제조간접원가 : ₩1.8 × ₩35,000 = ₩63,000

21 정답 ③
제조간접원가의 비중이 높은 기업에 적용할 경우 도움이 된다.

22 정답 ④

제품	순실현가치	배분비율	결합원가 배분액	개별원가	총제조원가	g당 원가
X	₩15,000㉠	60%	₩11,100	-	₩11,100	₩18.5
Y	10,000㉡	40	7,400	₩6,000	13,400	33.5
합계	₩25,000	100%	₩18,500	₩6,000	₩24,500	

㉠ X제품 순실현가치 : ₩25 × 600g = ₩15,000
㉡ Y제품 순실현가치 : (₩40 × 400g) − ₩6,000 = ₩10,000

23 정답 ②

특별주문을 수락할 경우 ₩68,000 증가한다.

증분수익	증가: 5,000개×₩110 = ₩550,000 감소: 1,000개×₩170 = (170,000)	₩380,000
증분비용	증가: 변동제조원가 5,000개×₩80 = 400,000 판매관리비 32,000 감소: 변동원가 1,000개×(₩80+₩40) = (120,000)	− 312,000
증분이익		₩68,000

24 정답 ①

$$회계적이익률 = \frac{연평균순현금흐름 - 연평균감가상각비}{최초투자액}$$

$$8\% = \frac{270,000 - (최초투자액 \div 10)}{최초투자액}$$

최초투자액 = ₩1,500,000

주관식 문제

01 정답

(1) 3,600,000원 + 400,000원 − 270,000원
= 3,730,000원

(2) 2,900,000원 + 200,000원 − 300,000원
= 2,800,000원

(3) 250,000원 + 2,800,000원 − 3,730,000원 × (1 − 40%)
− 280,000원 = 532,000원

02 정답

(물음 1) 92,269 + (92,269 × 8% × 3/12) = ₩94,114

(물음 2) 100,000 − (94,114−1,250) = ₩7,136

(물음 3) 100,000 + (100,000 × 5% × 3) − 94,114
= ₩20,886

(물음 4) 2022년 이자비용 = (92,269 + (92,269 × 8% − 100,000 × 5%)) × 8% = ₩7,572

03 정답

(1) 평균법 총완성품환산량 : 29,000개

구분	① 물량의 흐름	② 완성품환산량
기초재공품(30%) 당기착수량	2,000개 30,000	
계	32,000개	
당기완성품 기말재공품(40%)	27,000 5,000	27,000개 2,000
계	32,000개	29,000개

(2) 선입선출법 당기완성품환산량 : 28,400개

구분	① 물량의 흐름	② 완성품환산량
기초재공품(30%) 당기착수량	2,000개 30,000	
계	32,000개	
기초재공품 완성품 당기착수 완성품 기말재공품(40%)	2,000 25,000 5,000	1,400개㉠ 25,000 2,000
계	32,000개	28,400개

㉠ 2,000개 × (1−30%) = 1,400개

04 정답

결합원가를 제품별로 배분하는 방법에는 물량기준법, 상대적 판매가치법, 순실현가치기준법, 균등이익률법이 있다.

인사조직론

❖ 제2회

01	02	03	04	05	06	07	08	09	10	11	12
③	②	①	②	①	④	③	④	①	③	④	①
13	14	15	16	17	18	19	20	21	22	23	24
②	②	②	③	④	④	①	③	①	②	①	④

*주관식 문제는 정답 별도 표시

01 정답 ③

③ 높은 직무만족을 가진 개인의 경우 더 많은 직무성과를 이룰 수 있기 때문에 조직에 대한 공헌도가 더 커진다고 할 수 있다.

02 정답 ②

② 근로생활의 질(QWL : Quality of Work Life)에 대한 내용이다. 이를 위해서 인적자원관리자는 근로생활의 질이 충족되어 개인의 목표와 조직의 목표가 동시에 달성될 수 있도록 끊임없이 연구해야 한다.

① 종업원 유효성의 중요한 기준이 된다.

③ 높은 직무만족을 가진 개인의 경우 더 많은 직무성과를 이룰 수 있기 때문에 공헌도가 더 커진다고 할 수 있다.

④ 유지목표는 과업 그 자체의 달성을 위한 조직의 목표에 초점을 두기보다는 조직의 과업과는 별도로 조직 자체의 유지 또는 인간적 측면에 관계된 목표를 의미한다.

03 정답 ①

① 직무평가의 목적에 해당한다.

04 정답 ②

① 직무평가의 방법으로는 비계량적 방법인 서열법과 분류법, 계량적 방법인 요소비교법과 점수법으로 크게 나눌 수 있다.

③ 분류법은 서열법을 좀 더 발전시킨 것으로 일정한 기준에 따라 직무의 등급을 사전에 미리 결정해 놓고, 각 직무를 적절히 평가하여 해당 등급에 기입하는 방법을 말한다.

④ 서열법은 직무평가 방법 중 가장 비용이 저렴하고 절차가 간단한 방법으로, 각 직무의 상대적 가치들을 전체적이면서 포괄적으로 파악한 후에 순위를 정하는 방법이다.

05 정답 ①

① 정확하고 합리적인 인사고과를 통해 종업원의 현재의 위치와 잠재적 유용성을 개인의 관점에서 뿐만 아니라 기업 전체의 경영관리상의 효율성을 제고하기 위함에도 그 목적이 있다.

06 정답 ④

④ 객관적인 요소를 선정하고 해당 요소에 명확하게 정의를 부여해야 한다.

07 정답 ③

③번이 맞는 설명이다. 초과근로, 임시직 활용, 아웃소싱, 파견근로자, 외국인 고용허가제 활용 등은 인적자원 부족 시의 대응방안에 해당한다.

08 정답 ④

④ '1종 오류 – 2종 오류'가 맞는 보기에 해당한다.

09 정답 ①

① 특정 기업의 특정 직무수행에 도움을 주기 위한 단기적인 목표를 수행한다.

10 정답 ③

① 도제훈련
② 역할연기법
④ 액션러닝

11 정답 ④

④ '수동적 – 독립적'이 맞는 설명이다.

12 정답 ①

①번이 맞는 설명이다. 일체감과 정체성을 부여, 조직의 전념도 형성, 기업전체의 안정성 증대, 통일된 행동의 지침을 제공한다는 순기능이 있다. 반대로 역기능에는 제도화 문제, 변화에 대한 장벽, 다양성에 대한 장벽, 인수합병에 대한 장벽, 저항 문제 등이 존재한다.

13 정답 ②

① 근로자가 달성한 작업성과에 따라 임금을 지급하여 근로자들의 노동률을 자극하려는 제도에 해당한다. 임금이 성과에 비례하기 때문에 임금수령액이 각자의 성과에 따라 증감한다.
③ 제품가격과 종업원에 대한 임금률을 연관시킨 것으로, 제품에 대한 판매가격이 변동하면 그에 따라 임률도 변동하도록 하는 제도이다.
④ 개인별 임금제도와 달리, 임금의 책정과 지급 방식을 종업원 집단별로 산정하여 지급한다.

14 정답 ②

② 임금은 개별적인 보상을 원칙으로 하지만 복리후생은 집단적인 보상의 성격을 갖는다.

15 정답 ②

① 결원 보충이나 신규 채용 시에 조합원만이 고용될 수 있는 제도로써 조합원 자격이 고용의 전제조건이 된다.
③ 대리기관 숍제도라고도 불리며, 조합원이 아니더라도 채용된 모든 종업원들이 노동조합에 일정액의 조합비를 납부하도록 하는 제도에 해당된다.
④ 우선 숍제도라고도 하며, 종업원 채용 시 조합원들에게 우선권을 부여하는 제도에 해당한다.

16 정답 ③

③번이 맞는 내용이다.
• 자본참가 : 종업원지주제도, 스톡옵션
• 성과배분참가 : 생산성 이득배분, 이윤분배제도
• 의사결정참가 : 노사협의제, 공동결정제

17 정답 ④

④번이 맞는 설명이다.

18 정답 ④

④ 과학적관리론의 한계에 해당하는 내용이다.

19 정답 ①

② 페이욜의 일반관리론에서는 경영관리 활동을 여섯 가지 종류로 구분하였으며, 그중 가장 중요한 것은 관리적 활동으로 보았다.
③ 조직을 하나의 전체 시스템으로 보고, 그것이 어떻게 분석 가능한 여러 개의 하위 시스템으로 구성되었는가를 연구하였다. 시스템 이론을 통해 경영이나 조직에 대한 안목이 폐쇄체계에서 개방체계로 바뀌게 되었으며, 조직에서의 복잡한 개념을 하위시스템으로 구분하여 보다 쉽게 이해할 수 있도록 하였다.
④ 상황과 조직특성 간의 적합한 관계를 규명하였고, 조직과 환경 또는 기술과의 관계를 중요시하였다. 그리고 행동의 주체로서 조직체 그 자체를 분석 단위로 하는 특징을 가진다.

20 정답 ③

① 조직에서 상급자에 해당하는 조직구성원이 하급자에게 귀감이 될 수 있는 바람직한 조직행위를 솔선수범하여 실천함으로써 학습을 촉진하는 것을 의미한다.
② 조직 내에서 업무수행에 있어 실패한 사례를 모아 알리고 학습함으로써 실패가 반복되지 않도록 하는 것을 의미한다.
④ 학습(Learning)과정에 대한 내용으로, 행태론적 학습과정은 학습을 자극으로부터 어떠한 행위를 이끌어내는 과정으로 인식하였다.

21 정답 ①

② 존경의 욕구
③ 생리적 욕구
④ 안전의 욕구

22 정답 ②

② 정신역동이론(Psycho dynamic theory)에 대한 설명이다.
① 특질은 개인의 사고나 행위가 일관성이 있으면서 또 다른 사람과 구별되는 독특한 특성을 갖게 만드는 소질을 말하며 이들의 총체가 퍼스널리티가 된다는 이론이다.
③ 매슬로는 동기부여를 할 수 있는 인간의 욕구가 여러 계층으로 이루어져 있다고 파악하여, 욕구의 강도에 따라 단계별로 구분하였다.
④ 임파워먼트의 사전적인 의미는 '힘을 부여한다'는 것으로, 조직 구성원들에게 자신이 조직을 위해서 중요한 일을 할 수 있도록 확신을 심어주는 과정을 말한다. 확신을 심어주기 위해서는 권한을 위임해 주는 일, 그리고 개인이 일을 하는 과정에서 실제 의사결정에 깊이 참여함으로써 영향력을 느끼게 하는 일들이 전제되어야 한다.

23 정답 ①

② 열심히 일하고 잘 노는 문화(노력/유희형)
③ 사운을 거는 문화(투기/전심전력형)
④ 과정문화(관료/절차형)

24 정답 ④

① 다수의 전문가들이 의견을 종합하여 보다 체계화되고 객관화된 의사결정을 할 수 있도록 하는 방법에 해당한다.
② 명목집단은 구성원들 상호 간의 대화나 토론이 이루어지지 않고, 개인 각자의 아이디어를 서면으로 제출하고 투표에 의해 의사결정을 하는 기법에 해당한다.
③ 정형적 의사결정은 일반적이고 보편적인 문제에 대한 의사결정 형태를 의미한다.

주관식 문제

01 정답 분포적 오류에 해당하는 관대화 경향, 가혹화 경향, 중심화 경향이 있으며 현혹효과, 논리적 오류, 대비오류, 상동적 태도, 시간적 오류, 연공오류 등이 있다.

02 정답 ㄱ. 카페테리아식 복리후생제도
ㄴ. 홀리스틱 복리후생
ㄷ. 라이프사이클 복리후생

03 정답 일본의 노무연구회에서는 인적자원 감사대상에 따라 ABC감사로 구분하였다. 첫째, A감사는 인적자원정책의 경영면(내용)을 대상으로 실시되는 감사이다. 둘째, B감사는 인적자원정책의 경제면(비용)을 대상으로 실시되는 예산감사이다. 셋째, C감사는 인적자원관련 정책에 대한 실제효과를 대상으로 하여 이를 측정하고 검토하는 감사이다.

04 정답 멘토링(mentoring) 프로그램, 직장상사의 솔선수범 행동, 업무실패사례 공개프로그램이 있다.

여기서 멈출 거예요? 고지가 바로 눈앞에 있어요.
마지막 한 걸음까지 시대에듀가 함께할게요!

년도 학위취득과정인정시험 답안지(객관식)

컴퓨터용 사인펜만 사용

★ 수험생은 수험번호와 응시과목 코드번호를 표기(마킹)한 후 일치여부를 반드시 확인할 것.

전공분야	
성 명	

수 험 번 호														
(1)	4	–			–			–						
(2)	①②③●	–	①②③④⑤⑥⑦⑧⑨⓪	①②③④⑤⑥⑦⑧⑨⓪	–	①②③④⑤⑥⑦⑧⑨⓪	①②③④⑤⑥⑦⑧⑨⓪	–	①②③④⑤⑥⑦⑧⑨⓪	①②③④⑤⑥⑦⑧⑨⓪	①②③④⑤⑥⑦⑧⑨⓪	①②③④⑤⑥⑦⑧⑨⓪	①②③④⑤⑥⑦⑧⑨⓪	

과목코드				
①②③④⑤⑥⑦⑧⑨⓪	①②③④⑤⑥⑦⑧⑨⓪	①②③④⑤⑥⑦⑧⑨⓪	①②③④⑤⑥⑦⑧⑨⓪	①②③④⑤⑥⑦⑧⑨⓪

교시코드			
①	②	③	④

응시과목			
1	①②③④	14	①②③④
2	①②③④	15	①②③④
3	①②③④	16	①②③④
4	①②③④	17	①②③④
5	①②③④	18	①②③④
6	①②③④	19	①②③④
7	①②③④	20	①②③④
8	①②③④	21	①②③④
9	①②③④	22	①②③④
10	①②③④	23	①②③④
11	①②③④	24	①②③④
12	①②③④		
13	①②③④		

과목코드				
①②③④⑤⑥⑦⑧⑨⓪	①②③④⑤⑥⑦⑧⑨⓪	①②③④⑤⑥⑦⑧⑨⓪	①②③④⑤⑥⑦⑧⑨⓪	①②③④⑤⑥⑦⑧⑨⓪

응시과목			
1	①②③④	14	①②③④
2	①②③④	15	①②③④
3	①②③④	16	①②③④
4	①②③④	17	①②③④
5	①②③④	18	①②③④
6	①②③④	19	①②③④
7	①②③④	20	①②③④
8	①②③④	21	①②③④
9	①②③④	22	①②③④
10	①②③④	23	①②③④
11	①②③④	24	①②③④
12	①②③④		
13	①②③④		

※ 감독관 확인란
㊞

관 리 번 호
(연번) / (응시자수)

답안지 작성시 유의사항

1. 답안지는 반드시 **컴퓨터용 사인펜을 사용**하여 다음 보기와 같이 표기할 것.
   보기 잘 된 표기: ● 잘못된 표기: ⓥ ⓧ ◑ ⊙ ◕ ○ ▩
2. 수험번호 (1)에는 아라비아 숫자로 쓰고, (2)에는 "●"와 같이 표기할 것.
3. 과목코드는 뒷면 "과목코드번호"를 보고 해당과목의 코드번호를 찾아 표기하고, 응시과목란에는 응시과목명을 한글로 기재할 것.
4. 교시코드는 문제지 전면의 교시를 해당란에 "●"와 같이 표기할 것.
5. 한번 표기한 답은 긁거나 수정액 및 스티커 등 어떠한 방법으로도 고쳐서는 아니되고, 고친 문항은 "0"점 처리함.

[이 답안지는 마킹연습용 모의답안지입니다.]

절취선

년도 학위취득과정 인정시험 답안지(주관식)

전공분야	
성 명	

수 험 번 호													
(1)	4	–			–			–					
(2)	①②③●	–	①②③④⑤⑥⑦⑧⑨⓪	①②③④⑤⑥⑦⑧⑨⓪	–	①②③④⑤⑥⑦⑧⑨⓪	①②③④⑤⑥⑦⑧⑨⓪	–	①②③④⑤⑥⑦⑧⑨⓪	①②③④⑤⑥⑦⑧⑨⓪	①②③④⑤⑥⑦⑧⑨⓪	①②③④⑤⑥⑦⑧⑨⓪	①②③④⑤⑥⑦⑧⑨⓪

★ 수험생은 수험번호와 응시과목 코드번호를 표기(마킹)한 후 일치여부를 반드시 확인할 것.

과목코드				
①②③④⑤⑥⑦⑧⑨⓪	①②③④⑤⑥⑦⑧⑨⓪	①②③④⑤⑥⑦⑧⑨⓪	①②③④⑤⑥⑦⑧⑨⓪	①②③④⑤⑥⑦⑧⑨⓪

교시코드			
①	②	③	④

번호	※ 1차 점수	※ 1차 채점	※1차확인 / 응 시 과 목 / ※2차확인	※ 2차 채점	※ 2차 점수
1	⓪ ①⑥ ②⑦ ③⑧ ④⑨ ⑤⑩				⓪ ①⑥ ②⑦ ③⑧ ④⑨ ⑤⑩
2	⓪ ①⑥ ②⑦ ③⑧ ④⑨ ⑤⑩				⓪ ①⑥ ②⑦ ③⑧ ④⑨ ⑤⑩
3	⓪ ①⑥ ②⑦ ③⑧ ④⑨ ⑤⑩				⓪ ①⑥ ②⑦ ③⑧ ④⑨ ⑤⑩
4	⓪ ①⑥ ②⑦ ③⑧ ④⑨ ⑤⑩				⓪ ①⑥ ②⑦ ③⑧ ④⑨ ⑤⑩
5	⓪ ①⑥ ②⑦ ③⑧ ④⑨ ⑤⑩				⓪ ①⑥ ②⑦ ③⑧ ④⑨ ⑤⑩

답안지 작성시 유의사항

1. ※란은 표기하지 말 것.
2. 수험번호 (2)란, 과목코드, 교시코드 표기는 반드시 컴퓨터용 싸인펜으로 표기할 것
3. 교시코드는 문제지 전면의 교시를 해당란에 컴퓨터용 싸인펜으로 표기할 것.
4. 답란은 반드시 흑·청색 볼펜 또는 만년필을 사용할 것. (연필 또는 적색 필기구 사용불가)
5. 답안을 수정할 때에는 두줄(=)을 긋고 수정할 것.
6. 답란이 부족하면 해당답란에 "뒷면기재"라고 쓰고 뒷면 '추가답란'에 문제번호를 기재한 후 답안을 작성할 것.
7. 기타 유의사항은 객관식 답안지의 유의사항과 동일함.

※ 감독관 확인란
㊞

[이 답안지는 마킹연습용 모의답안지입니다.]

컴퓨터용 사인펜만 사용

년도 학위취득과정인정시험 답안지(객관식)

★ 수험생은 수험번호와 응시과목 코드번호를 표기(마킹)한 후 일치여부를 반드시 확인할 것.

전공분야	
성 명	

수 험 번 호													
(1)	4	–			–			–					
(2)	①②③●	–	①②③④⑤⑥⑦⑧⑨⓪	①②③④⑤⑥⑦⑧⑨⓪	–	①②③④⑤⑥⑦⑧⑨⓪	①②③④⑤⑥⑦⑧⑨⓪	–	①②③④⑤⑥⑦⑧⑨⓪	①②③④⑤⑥⑦⑧⑨⓪	①②③④⑤⑥⑦⑧⑨⓪	①②③④⑤⑥⑦⑧⑨⓪	①②③④⑤⑥⑦⑧⑨⓪

과목코드				
①②③④⑤⑥⑦⑧⑨⓪	①②③④⑤⑥⑦⑧⑨⓪	①②③④⑤⑥⑦⑧⑨⓪	①②③④⑤⑥⑦⑧⑨⓪	①②③④⑤⑥⑦⑧⑨⓪

교시코드			
①	②	③	④

응시과목			
1	① ② ③ ④	14	① ② ③ ④
2	① ② ③ ④	15	① ② ③ ④
3	① ② ③ ④	16	① ② ③ ④
4	① ② ③ ④	17	① ② ③ ④
5	① ② ③ ④	18	① ② ③ ④
6	① ② ③ ④	19	① ② ③ ④
7	① ② ③ ④	20	① ② ③ ④
8	① ② ③ ④	21	① ② ③ ④
9	① ② ③ ④	22	① ② ③ ④
10	① ② ③ ④	23	① ② ③ ④
11	① ② ③ ④	24	① ② ③ ④
12	① ② ③ ④		
13	① ② ③ ④		

과목코드				
①②③④⑤⑥⑦⑧⑨⓪	①②③④⑤⑥⑦⑧⑨⓪	①②③④⑤⑥⑦⑧⑨⓪	①②③④⑤⑥⑦⑧⑨⓪	①②③④⑤⑥⑦⑧⑨⓪

응시과목			
1	① ② ③ ④	14	① ② ③ ④
2	① ② ③ ④	15	① ② ③ ④
3	① ② ③ ④	16	① ② ③ ④
4	① ② ③ ④	17	① ② ③ ④
5	① ② ③ ④	18	① ② ③ ④
6	① ② ③ ④	19	① ② ③ ④
7	① ② ③ ④	20	① ② ③ ④
8	① ② ③ ④	21	① ② ③ ④
9	① ② ③ ④	22	① ② ③ ④
10	① ② ③ ④	23	① ② ③ ④
11	① ② ③ ④	24	① ② ③ ④
12	① ② ③ ④		
13	① ② ③ ④		

※ 감독관 확인란
㊞

관 리 번 호
(연번) / (응시자수)

답안지 작성시 유의사항

1. 답안지는 반드시 **컴퓨터용 사인펜을 사용**하여 다음 보기와 같이 표기할 것.
   보기 잘 된 표기: ● 잘못된 표기: ⓥ ⊗ ◑ ⊙ ◕ ○ ▩
2. 수험번호 (1)에는 아라비아 숫자로 쓰고, (2)에는 "●"와 같이 표기할 것.
3. 과목코드는 뒷면 "과목코드번호"를 보고 해당과목의 코드번호를 찾아 표기하고, 응시과목란에는 응시과목명을 한글로 기재할 것.
4. 교시코드는 문제지 전면의 교시를 해당란에 "●"와 같이 표기할 것.
5. 한번 표기한 답은 긁거나 수정액 및 스티커 등 어떠한 방법으로도 고쳐서는 아니되고, 고친 문항은 "0"점 처리함.

[이 답안지는 마킹연습용 모의답안지입니다.]

절취선

년도 학위취득과정 인정시험 답안지(주관식)

★ 수험생은 수험번호와 응시과목 코드번호를 표기(마킹)한 후 일치여부를 반드시 확인할 것.

전공분야	
성 명	

수험번호													
(1)	4	–			–			–					
(2)	①②③●	–	①②③④⑤⑥⑦⑧⑨⓪	①②③④⑤⑥⑦⑧⑨⓪	–	①②③④⑤⑥⑦⑧⑨⓪	①②③④⑤⑥⑦⑧⑨⓪	–	①②③④⑤⑥⑦⑧⑨⓪	①②③④⑤⑥⑦⑧⑨⓪	①②③④⑤⑥⑦⑧⑨⓪	①②③④⑤⑥⑦⑧⑨⓪	①②③④⑤⑥⑦⑧⑨⓪

과목코드				
①②③④⑤⑥⑦⑧⑨⓪	①②③④⑤⑥⑦⑧⑨⓪	①②③④⑤⑥⑦⑧⑨⓪	①②③④⑤⑥⑦⑧⑨⓪	①②③④⑤⑥⑦⑧⑨⓪

교시코드			
①	②	③	④

답안지 작성시 유의사항

1. ※란은 표기하지 말 것.
2. 수험번호 (2)란, 과목코드, 교시코드 표기는 반드시 컴퓨터용 싸인펜으로 표기할 것
3. 교시코드는 문제지 전면의 교시를 해당란에 컴퓨터용 싸인펜으로 표기할 것.
4. 답란은 반드시 흑·청색 볼펜 또는 만년필을 사용할 것. (연필 또는 적색 필기구 사용불가)
5. 답안을 수정할 때에는 두줄(=)을 긋고 수정할 것.
6. 답란이 부족하면 해당답란에 "뒷면기재"라고 쓰고 뒷면 '추가답란'에 문제번호를 기재한 후 답안을 작성할 것.
7. 기타 유의사항은 객관식 답안지의 유의사항과 동일함.

※ 감독관 확인란
㊞

번호	※ 1차 점수	※ 1차 채점	※1차확인 / 응 시 과 목 / ※2차확인	※ 2차 채점	※ 2차 점수
1	⓪ ①⑥ ②⑦ ③⑧ ④⑨ ⑤⑩				⓪ ①⑥ ②⑦ ③⑧ ④⑨ ⑤⑩
2	⓪ ①⑥ ②⑦ ③⑧ ④⑨ ⑤⑩				⓪ ①⑥ ②⑦ ③⑧ ④⑨ ⑤⑩
3	⓪ ①⑥ ②⑦ ③⑧ ④⑨ ⑤⑩				⓪ ①⑥ ②⑦ ③⑧ ④⑨ ⑤⑩
4	⓪ ①⑥ ②⑦ ③⑧ ④⑨ ⑤⑩				⓪ ①⑥ ②⑦ ③⑧ ④⑨ ⑤⑩
5	⓪ ①⑥ ②⑦ ③⑧ ④⑨ ⑤⑩				⓪ ①⑥ ②⑦ ③⑧ ④⑨ ⑤⑩

[이 답안지는 마킹연습용 모의답안지입니다.]

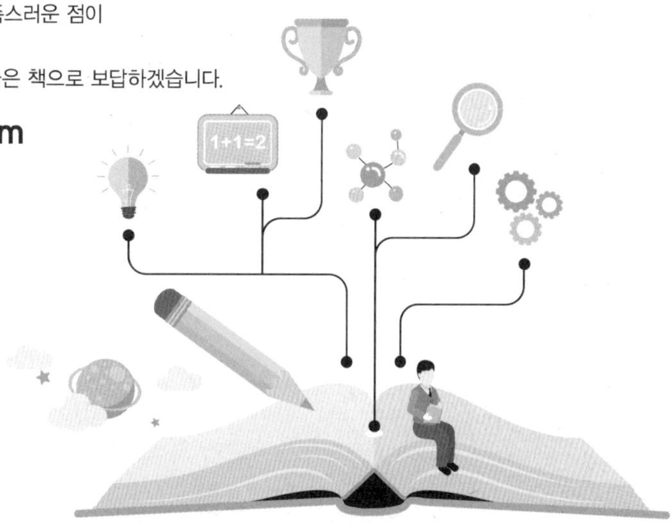

시대에듀 독학사 경영학과 4단계 통합본 Ⅱ (회계학/인사조직론)

초판발행	2021년 08월 27일 (인쇄 2021년 04월 30일)
발행인	박영일
책임편집	이해욱
저자	유준수·최민주
편집진행	송영진·강나연·최지우
표지디자인	박종우
편집디자인	차성미·김경원·박서희
발행처	(주)시대고시기획
출판등록	제10-1521호
주소	서울시 마포구 큰우물로 75 [도화동 538 성지 B/D] 9F
전화	1600-3600
팩스	02-701-8823
홈페이지	www.sidaegosi.com
ISBN	979-11-254-8909-2 (13320)
정가	30,000원